Pardey · Berechnung von Personenschäden

Berechnung von Personenschäden

Ermittlung des Erwerbs-, Haushaltsführungs- oder Unterhaltsschadens, auch bei Mithaftung oder Forderungsübergang

Tips und Taktik

von

Frank Pardey

C. F. Müller Verlag · Heidelberg

Die Deutsche Bibliothek – CIP-Einheitsaufnahme

Ein Titeldatensatz für diese Publikation ist bei
Der Deutschen Bibliothek erhältlich.

© 2000 C. F. Müller Verlag, Hüthig GmbH, Heidelberg
Printed in Germany
Satz: Strassner ComputerSatz, Leimen
Druck: Wilhelm Röck GmbH, Weinsberg

ISBN 3-8114-8798-1

Vorwort

Die Berechnung des von einem verantwortlichen Schädiger und dessen Haftpflichtversicherung für den teilweisen oder vollständigen Ausfall von Arbeitsleistungen zu ersetzenden Personenschadens bereitet erhebliche Probleme. Vor allem bei einer unentgeltlichen Arbeit, die fremdverursacht vereitelt und zeitgleich dem Betroffenen ohne einen eigenen finanziellen Verlust erspart wird, bleibt das normative Schadensbild unscharf. Diffus sind die Regeln zum Ausgleich des Einsatzes von Arbeitszeit und -kraft während einer Schadensbehebung. Der Schutzbereich der jeweiligen Haftungsnorm und der Blick auf einen Marktwert erhellen wenig. Bei der Verletzung einer Person, die im Haushalt arbeitet und daran verletzungsbedingt gehindert wird oder dabei verletzungsbedingt beeinträchtigt ist (Haushaltsführungsschaden), bestehen auch heute noch große Schwierigkeiten, legitime Ansprüche durchzusetzen.

Zu allen diesen Fragenkreisen wird die neuere Rechtsprechung veranschaulicht.

Das Werk ist zugleich die vollständig neubearbeitete und erweiterte Fassung der bis zur 3. Auflage als Band 38 in der Reihe „Heidelberger Forum" erschienenen Schrift: „Die Rechtsprechung des BGH zum Schadensersatz beim Ausfall von Haushaltsführung und Bareinkommen", die Frau Richterin am Bundesgerichtshof a.D. E. Scheffen und ich erarbeitet haben.

Wie bisher stehen die Grundsätze der Rechtsprechung zu Fragen des Erwerbsausfall- und Unterhaltsschadens wegen der Verletzung oder des Todes einer haushaltsführenden oder/und erziehenden Person im Vordergrund des Buches. Die allgemeinen Richtlinien, die im Spannungsverhältnis zwischen der Einzelfallgerechtigkeit und der gebotenen Typisierung praktisch weiterführen, führt das Werk an.

Berechnungsmethoden, Berechnungsmodelle und -formeln geben Orientierungsdaten zur Schadensabwicklung. Angesprochen werden Fälle von alleinstehenden Verletzten, von betroffenen Personen in der Doppel- oder Zuverdienerehe, für die Haushaltsführungsehe mit einem Alleinverdiener, für hinterbliebene Ehegatten mit und ohne Kinder, für Waisen. Daneben werden Berechnungsfragen bei einer Mithaftung, auch gegenüber mehreren Schädigern, und zur Verteilung der Forderung bei Legalzessionen, einschließlich der meist wenig beachteten rechnerischen Folgen der Verletzung einer Schadensminderungspflicht, verdeutlicht.

Vorwort

Die Besonderheiten eines jeden Schadensfalles erschweren es, allgemeingültige Ergebnisse herauszustellen. Regionale Besonderheiten und Handhabungen in den Oberlandesgerichtsbezirken, die ständige Fortentwicklung der Rechtsprechung und die Änderungen von Rechtsansichten lassen es nicht zu, den verschiedenen Vorschlägen und Beispielen uneingeschränkte Geltung beizumessen.

Anspruch auf allgemeine Anerkennung wird nicht erhoben. Diese Darstellung will bei den im Regulierungsalltag anstehenden zentralen Fragen helfen, eine zügige Abrechnung nach Personenschäden zu Vermögensnachteilen, bei Defiziten zur Arbeit und Freizeit, bei der Beeinträchtigung der Kraft zur Arbeit im Haushalt und in der Familie und zum Ausfall von Unterhaltsleistungen durchzuführen.

Wolfenbüttel, im November 1999 *Frank Pardey*

Benutzerhinweise

Die Reihe „Tips und Taktik" wird ausschließlich von Praktikern für Praktiker geschrieben. Die einzelnen Bände sollen vor allem dem Rechtsanwalt eine sachgerechte Mandatsarbeit erleichtern.

Durchgehende Randnummern und die ausführliche Schlagwortübersicht ermöglichen ein schnelles Nachschlagen zu bestimmten Fragen in den verschiedenen Zusammenhängen. Die Abkürzungen folgen den üblichen Gepflogenheiten. In der Marginalienleiste machen Tips auf besonders wichtige Punkte aufmerksam. Muster, Checklisten und Tabellen, Beispiele sind in einem jeweils eigenen Gelbton, Merksätze in grau unterlegt wie folgt:

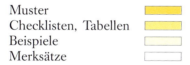

Die Muster, Checklisten, die Berechnungsvorschläge und Beispiele sowie alle Einzelheiten des Werkes sind mit größtmöglicher Sorgfalt erstellt. Jede Art einer Haftung für den Inhalt, zu den Anregungen, Hinweisen und Vorschlägen schließen Verlag und Autor aber aus. Bei dem ständigen Fluß der Rechtspraxis und Rechtsprechung sind Fehler niemals ganz zu vermeiden.

Die verschiedenen, erläuterten und vorgeschlagenen Berechnungsformeln lassen sich mit jeder Tabellenkalkulation unschwer umsetzen. Die rechnerischen Formeln und sachlichen Bezüge können jeweils aus den Tabellen entnommen und von daher übertragen werden. Für die Anwendung im konkreten Einzelfall ist es dann nur notwendig die „..." gekennzeichneten Felder auszufüllen.

Die in diesem Buch genannten Geldbeträge lauten durchgängig auf DM, die seit dem 1.1.1999 mit der Einführung des Euro bis zum 31.12.2001 Untereinheit der Währung in Deutschland ist. Umzurechnen ist nach dem amtlichen Kurs 1 Euro = 1,95583 DM. Es ist also ein DM-Betrag dementsprechend durch 1,95583 zu dividieren, um den Euro-Betrag zu erhalten. Das Ergebnis ist zu runden auf den nächstliegenden Cent bzw. Aufrundung der Mitte. Einen inversen Kurs (1 DM = x Euro) gibt es nicht. Ausländische Untereinheiten des Euro wären in den Euro und von diesem her durch Multiplikation mit 1,95583 in DM umzurechnen.

Benutzerhinweise

Da die Reihe „Tips und Taktik" ausschließlich von Praktikern für Praktiker geschrieben wurde, ist der Verlag für Anregungen aus der Praxis seiner Leser sehr dankbar.

Inhaltsverzeichnis

Vorwort V
Benutzerhinweise VI
Abkürzungsverzeichnis XV
Literaturverzeichnis XVII

1. Teil
Grundsätze zum Schadensersatz bei Verletzung oder Tötung

I. Haftungsgrund und Schadensabnahme 1
  1. Verschulden und Gefährdung 2
  2. Rechtsgüterverletzung und die Folgen 5
    a) Körper und Gesundheit 5
    b) Leben 7
    c) Schadensgruppen 7
    d) Anspruchsinhaber 8
      aa) Unmmittelbar betroffene Personen 9
      bb) Mittelbar betroffene Personen 10
II. Umfang des Ersatzes 13
  1. Grenzen der Zurechnung von Veränderungen 13
    a) Psychische Einflüsse 13
    b) Willensentschluß der betroffenen Person 17
    c) Kausalitätszweifel 18
    d) Rechtmäßige Alternative 21
    e) Rechtswidrigkeitszusammenhang und Schutzzweck der Norm .. 22
  2. Darlegungs- und Beweislast, Erleichterungen 24
  3. Naturalrestitution, Wertersatz 33
    a) Sachschaden 33
    b) Personenschaden 35
    c) Zeitpunkte der Schadensbestimmung 36
  4. Wirtschaftliche Nachteile 38
    a) Geldaufwand, Geldbedarf 38
      aa) Mehraufwand 38
      bb) Nutzlos gewordener Geldaufwand 39
      cc) Lebensfreude und Aufwendungen 41
    b) Aufwand an Arbeit und Zeit 42
      aa) Beseitigung eines Schadens 42

	bb) Mühewaltung	43
	cc) Beeinträchtigung der als frei eingeplanten Zeit	44
	dd) Rechtsverfolgung und -wahrung	45
c)	Differenz zwischen SOLL und IST	47
5. Wirtschaftliche Vorteile		48
6. Mitverursachung		53
a)	Mithaftung	54
b)	Berechnung von Haftungsanteilen bei mehreren Beteiligten	58
	aa) Haftungs- oder Zurechnungseinheit	58
	bb) Nebentäter	58
7. Schadensminderung		65

III. Anspruchsform und -dauer ... 66

1. Rente		66
a)	Zeitgrenzen	68
b)	Zahlungszeitpunkt	72
c)	Einheit von Erwerbs- und Mehrbedarfsrente	72
d)	Abänderung	73
e)	Abtretung, Pfändung	75
2. Kapital		76
a)	Wahlrecht	76
b)	Kapitalisierung	77
3. Außergerichtliche Abfindung		80

IV. Anspruchsübergang (Legalzession) ... 85

1. Gegenstand und Sinn des Rechtsübergangs		88
2. Kongruenz		89
a)	Zweckgleichheit	89
b)	Zeitliche Kongruenz	90
3. Familienprivileg		90
a)	Schutz der Familie	90
b)	Einfluß einer Haftpflichtversicherung	92
c)	Gestörte Gesamtschuld, Reduzierung der Forderung	93
d)	Schadensversicherung	94
4. Einfluß der Mithaftung auf den Anspruchsumfang		94
a)	Differenzlösung	95
b)	Quotenvorrecht bei sozialversicherten Personen	97
c)	Relativität bei der Aufteilung des Ersatzanspruches	98
d)	Sozialhilfebedürftigkeit	103
5. Realisierungsvorrang		105

V. Anspruchsverfolgung ... 105

1. Ansprüche zwischen Familienangehörigen		105
a)	Anspruchsbeschränkung	105

	b)	Erlöschen eines Anspruchs durch Leistung oder Erbfolge, Fortbestand eines Direktanspruchs		106
	c)	Anspruchsdurchsetzung		108
2.	Anspruchshinderung			108
	a)	Anspruchsverlust durch Zeitablauf		108
	b)	Verjährung		110
		aa)	Verjährungseinrede	110
		bb)	Verjährungsfrist	111
		cc)	Schutz vor Verjährung durch Anerkenntnis	119
3.	Leistungsklage			120
	a)	Bestimmtheit, Bezifferung		121
	b)	Freiheit bei der Schadensfeststellung		123
	c)	Antrag und Tenor		124
	d)	Grundurteil		125
	e)	Teilurteil		127
	f)	Nachforderungen		129
4.	Einstweilige Leistungsverfügung			130
5.	Feststellungsklage			133
	a)	Feststellungsinteresse		134
	b)	Verhältnis zum Leistungsbegehren		136
	c)	Materieller Gegenstand und Wirkung der Feststellung		137
6.	Beschwer und Streitwert			140
7.	Kosten			141

2. Teil
Ersatzfähige Nachteile bei Verletzung

I.	Wiederherstellung der Gesundheit (Gesundheitsschaden)			143
	1.	Behandlungskosten		144
		a)	Grundsatz	144
		b)	Zweckbindung	147
		c)	Schadensminderung	149
	2.	Begleitkosten		150
		a)	Zusatzaufwand	150
		b)	Allgemeiner, verletzungsbedingt erhöhter Lebensbedarf	152
		c)	Betreuung, Hilfe, Zuwendung	154
	3.	Besuchskosten		155
	4.	Ersparnis von Lebenshaltungskosten und Eigenanteile, Zuzahlung		158
	5.	Kongruente Leistungen		163
II.	Vermehrte Bedürfnisse, Mühewaltungen (Mehrbedarfsschaden)			169
	1.	Grundsatz		169

Inhaltsverzeichnis

2. Erhöhte Lebenshaltung	171
3. Pflege	175
a) Realer Aufwand	176
b) Fingierter Aufwand	178
c) Zurechnungsgrenzen	183
4. Kongruente Leistungen	183
III. Erwerbstätigkeit (Erwerbsschaden)	**185**
1. Erwerb und Erwerbsplan	185
2. Erwerbsnachteil	192
a) Mindereinkünfte	192
b) Ersparnis	195
c) Einsatz der verbliebenen Arbeitskraft	200
aa) Zuordnung	203
bb) Rechnerischer Einfluß der Obliegenheitsverletzung beim Forderungsübergang	206
d) Vorschlag zur Einschätzung eines Mindesterwerbsschadens	211
3. Entgeltliche Einsatzfelder	213
a) Abhängige Arbeit	213
b) Arbeitslosigkeit	219
c) Selbständige Tätigkeit	219
IV. Haushaltstätigkeit (Haushaltsführungsschaden)	**221**
1. Tat und Plan	224
2. Haushaltsspezifische Behinderung (haushaltsspezifische Minderung der Erwerbsfähigkeit)	227
3. Konkreter Aufwand	230
4. Pauschalierende Berechnung	231
a) Verallgemeinerter Vermögensnachteil	231
b) Berechnungsfaktoren	233
aa) Zeiteinsatz (Zeitaufwand)	234
bb) Geldwert	253
c) Vereinfachte Berechnungsvorschläge	258
d) Berechnungsbeispiele	260
5. Rechtsübergang	261
6. Handwerkliche Tätigkeiten, insbesondere bei Bauprojekten	264
V. Andere unentgeltliche Tätigkeiten	**267**
1. Betreuungstätigkeit	267
2. Pflegetätigkeit	268
3. Mitarbeit bei einem unterhaltsberechtigten Angehörigen, insbesondere dem Ehepartner	270
4. Mitarbeit im familienfremden Betrieb und Unternehmen	274
5. Familiäre Dienstleistungspflicht	276
6. Freiwillige, ehrenamtliche Dienstleistungen	279
7. Gefälligkeiten ohne relevanten wirtschaftlichen Wert	281
VI. Immaterielle Belastung	**283**

3. Teil
Ersatzfähige Nachteile bei Tötung

I. Grundsätze zum Unterhaltsschaden 289
   1. Unterhaltsbeziehungen 289
   2. Rückstände, Verzicht und Realisierbarkeit 295
   3. Ausdehnende Anwendung des § 844 Abs. 2 BGB 296
   4. Weitere Schadensfolgen 298
   5. Forderungsübergang 299

II. Ausfall von Barbeiträgen (Barunterhaltsschaden) 301
   1. Konkrete Berechnung 301
   2. Pauschalierende Berechnung 303
     a) Nettoeinkünfte 304
     b) Vermögensbildung 307
     c) Fixe Kosten der Haushaltsführung 309
     d) Verbleibende Einkünfte zum personenbezogenen Bedarf 314
     e) Unterhaltsanteile 315
        aa) Eigenverbrauchsanteil der getöteten Person 315
        bb) Verteilungsschlüssel 316
           (1) Ehegatten untereinander 316
           (2) Kinder 319
           (3) Familien mit Kindern 320
     f) Entgangener personenbezogener Barbeitrag 324
     g) Entgangener Beitrag zu Fixkosten, Fixkostenanteile 324
     h) Schadensberechnung und Vorteilsausgleich 326
        aa) Erwerbseinkünfte 326
        bb) Erbschaft 327
        cc) Versicherungsleistungen 328
        dd) Unveränderte Unterhaltsquelle, unterschiedliche Einkunftsarten ... 328
        ee) Anrechnungsfähige, unterhaltsmindernde Einkünfte von Kindern 330
     i) Zusätzliche Rechnungsfaktoren 334
     j) Zusammenfassende Modelle und Beispiele 337
   3. Besonderheiten bei der Doppel-, Zuverdienerehe 340
   4. Besonderheiten bei Vollwaisen 349

III. Ausfall der Haus- und Familienarbeit (Betreuungsunterhaltsschaden) 350
   1. Konkrete Berechnung 353
     a) Beschäftigung einer Hilfskraft 353
     b) Versorgung in einer Pflegefamilie oder in einem Heim 354
   2. Pauschalierende Berechnung 355
     a) Feststellung des Arbeitszeitdefizits 355
        aa) Gesamtarbeitszeitbedarf 356

Inhaltsverzeichnis

		bb) Mitarbeitspflicht	358
		(1) Mithilfe von Ehegatten	359
		(2) Ersatz beim Ausfall der Mitarbeit in der Doppelverdienerehe	360
		(3) Mithilfe von Kindern	363
	b)	Geldwert	363
	c)	Aufteilung eines einheitlich ermittelten Wertes auf mehrere Hinterbliebene und Anrechnungen	366
		aa) Versorgungsanteile	366
		bb) Ersparter Barunterhalt	367
		cc) Einkünfte von Waisen	370
	d)	Verwandtenhilfe	372
	e)	Entgang von Hausarbeit und Barunterhalt	374

IV. Einfluß der Mithaft zum Anspruchsgrund neben einem Vorteilsausgleich ... 375
   1. Vorrecht des hinterbliebenen Ehegatten im Außenverhältnis ... 376
   2. Berechnungsvarianten bei Mithaftung und fixen Kosten für die Doppelverdienerehe ... 380
   3. Aufteilung eines Ersatzanspruches beim Forderungsübergang ... 381
     a) Minderbelastung eines Sozialleistungsträgers ... 381
     b) Einfluß des Außenvorrechts auf relative Berechtigungen ... 386
     c) Verteilung zwischen mehreren Leistungsträgern ... 387

V. Beerdigungskosten ... 389

VI. Schmerzensgeld ... 391

Anhang

Anhang 1 Vergütungssätze: Stundenvergütungen nach BAT, BAT/O ... 394
Anhang 2 Pauschalierende Berechnung des Ersatzwertes zum Haushaltsführungsschaden ... 395
Anhang 3 Verteilungsmodell Familieneinkünfte (Barunterhaltsbeiträge und -anteile) ... 396
Anhang 4 Übersicht zum Zeitbedarf ... 397

Stichwortverzeichnis ... 399

Abkürzungsverzeichnis

a.A.	andere(r) Ansicht	EStG	Einkommensteuergesetz
a.a.O.	am angegebenen Ort	EuGH	Gerichtshof der Europäischen Gemeinschaften
abl.	ablehnend		
Abs.	Absatz	EuZW	Euopäische Zeitschrift für Wirtschaftsrecht
AcP	Archiv für die civilistische Praxis		
a.E.	am Ende	f./ff.	folgend/folgende
a.F.	alte Fassung	FamRZ	Zeitschrift für das gesamte Familienrecht
AG	Amtsgericht		
Alt.	Alternative	Fn.	Fußnote
AnwBl.	Anwaltsblatt	gem.	gemäß
Art.	Artikel	GG	Grundgesetz
Aufl.	Auflage	ggfs.	gegebenenfalls
BAG	Bundesarbeitsgericht	Halbs.	Halbsatz
BayObLG	Bayerisches Oberstes Landesgericht	h.M.	herrschende Meinung
		i.d.R.	in der Regel
BB	Betriebs-Berater	i.e.	im einzelnen
Bd.	Band	i.S.d.	im Sinne des/der
Beschl.	Beschluß	i.V.m.	in Verbindung mit
betr.	betreffend	JR	Juristische Rundschau
BFH	Bundesfinanzhof	JurBüro	Das juristische Büro
BG	Berufsgenossenschaft	JuS	Juristische Schulung
BGB	Bürgerliches Gesetzbuch	JZ	Juristenzeitung
BGBl.	Bundesgesetzblatt	KG	Kammergericht
BGH	Bundesgerichtshof	krit.	kritisch
BGHZ	Entscheidungen des Bundesgerichtshofs in Zivilsachen	LG	Landgericht
		LM	Lindenmaier-Möhring, Nachschlagewerk des BGH
BSG	Bundessozialgericht		
BVerwG	Bundesverwaltungsgericht	m.a.W.	mit anderen Worten
bzw.	beziehungsweise	MdE	Minderung der Erwerbsfähigkeit
DAR	Deutsches Autorecht	MDR	Monatsschrift für Deutsches Recht
dergl.	dergleichen		
ders.	derselbe	MedR	Medizinrecht
d.h.	das heißt	m.w.Nachw.	mit weiteren Nachweisen
DRiZ	Deutsche Richterzeitung	NA	Nichtannahme
DtZ	Deutsch-Deutsche Rechts-Zeitschrift	NdsRpfl.	Niedersächsische Rechtspflege
		NJ	Neue Justiz
Erl.	Erläuterung	NJW	Neue Juristische Wochenschrift

Abkürzungsverzeichnis

NJWE-FER	NJW-Entscheidungsdienst Familien- und Erbrecht	s.	siehe
NJWE-VHR	NJW-Entscheidungsdienst Versicherungs- und Haftungsrecht	S.	Seite
		SGb	Die Sozialgerichtsbarkeit
		SpuRt	Zeitschrift für Sport und Recht
NJW-RR	NJW-Rechtsprechungs-Report	StGB	Strafgesetzbuch
Nr.	Nummer	str.	streitig, strittig
NVwZ	Neue Zeitschrift für Verwaltungsrecht	StVG	Straßenverkehrsgesetz
		StVO	Straßenverkehrsordnung
NVwZ-RR	NVwZ-Rechtsprechungs-Report	u.U.	unter Umständen
NZM	Neue Zeitschrift für Mietrecht	VersR	Versicherungsrecht
NZV	Neue Zeitschrift für Verkehrsrecht	vgl.	vergleiche
		VRS	Verkehrsrechtssammlung
OLG	Oberlandesgericht	WPM	Wertpapiermitteilungen
OLG-NL	OLG-Rechtsprechung Neue Länder	WuM	Wohnungswirtschaft und Mietrecht
OLGR	OLG-Report	z.B.	zum Beispiel
OLGZ	Entscheidungen der Oberlandesgerichte in Zivilsachen	ZfS	Zeitschrift für Schadensrecht
		ZIP	Zeitschrift für Wirtschaftsrecht
		ZMR	Zeitschrift für Nfiet-und Raumrecht
OVG	Oberverwaltungsgericht	ZPO	Zivilprozeßordnung
Rn.	Randnummer	z.T.	zum Teil
r+s	Recht und Schaden	z.Z.	zur Zeit
Rpfleger	Der Deutsche Rechtspfleger		

Literaturverzeichnis[1]

Ackmann, Die deutsche und amerikanische Rechtsprechung zur Anrechenbarkeit von Erbschaftsstamm und -erträgen auf Unterhaltsersatzansprüche (§§ 844 Abs. 2 BGB) im Wege der Vorteilsausgleichung, JZ 1991, 818 ff, 967 ff.

Becker/Böhme, Kraftverkehrs-Haftpflicht-Schäden, 21. Aufl. 1999

Brunck, Schadensersatz bei Verletzung unternehmerisch tätiger Personen. Die Ermittlung des Schadensersatzes unter besonderer Berücksichtigung der Berechnung des entgangenen Gewinns, 1994

Drees, Ersatz des Unterhaltsschadens und Altersversorgung der Witwe, VersR 1992, 1169 ff.

ders., Schadensberechnung bei Unfällen mit Todesfolge, 2. Aufl. 1994

Dressler, Der Erwerbsschaden des im Betrieb des Partners mitarbeitenden Ehegatten, Festschrift für Steffen, 1995, S. 121 ff.

Dunz, Vereitelung von Gruppen- bzw. fremdnütziger Arbeitsleistung als Deliktsschaden des Verletzten, Festschrift für Steffen, 1995, S. 135 ff.

Eckelmann/Freier, Die unbefriedigende Regulierungspraxis bei Personenschäden im Straßenverkehr und ihre Konsequenzen, DAR 1992, 121 ff.

Eckelmann/Nehls, Schadensersatz bei Verletzung und Tötung, ADAC-Handbuch, 1987

Geigel, Der Haftpflichtprozeß, 22. Aufl. 1997

Gontard, Schmerzensgeld für Angehörige, DAR 1990, 375 ff.

Hofmann, Haftpflichtrecht für die Praxis, 1989

ders., Der Schadenersatzprozeß, 2. Aufl. 1992

Huber, Der Erwerbsschaden des Partners einer nicht-ehelichen Lebensgemeinschaft wegen Behinderung in der Haushaltsführung, Festschrift für Steffen, 1995, S. 193 ff.

Jaeger, Höhe des Schmerzensgeldes bei tödlichen Verletzungen im Lichte der neueren Rechtsprechung des BGH, VersR 1996, 1177 ff.

---

1 Nachgewiesen wird speziell weiterführendes, vertiefendes Schrifttum.

ders., Schmerzensgeldbemessung bei Zerstörung der Persönlichkeit und bei alsbaldigem Tod, MDR 1998, 450 ff.

Jahnke, Steuern und Schadenersatz, r + s 1996, 205 ff.

Janke, Rente oder Kapitalabfindung? Die Art und Weise des Ersatzes künftiger Schäden bei Personenverletzungen nach deutschem, englischem und US-amerikanischem Recht, 1995

Jung, Schadensersatz für entgangene Haushaltstätigkeit, DAR 1990, 161 ff.

Klekamp-Lübbe, Schadensersatzansprüche bei Verletzung nicht gewerbsmäßig tätiger Personen, 1991

Kriszeleit, Zivilrechtliche Schadenersatzansprüche in Geld und Steuerrecht. Die Auswirkungen der steuerlichen Behandlung von zivilrechtlichen Schadensersatzleistungen in Geld auf das Schadensrecht, 1994

Kullmann/Spindler, Schadensersatz und Steuern, Schriftenreihe der Arbeitsgemeinschaften des Deutschen Anwaltsvereins, AG Verkehrsrecht Bd. 16, 1993

Landau, Arbeitswissenschaftliche Bewertung der Haushaltsarbeit zur Festlegung von Schadensersatzansprüchen, DAR 1989, 166 ff.

Lenze, Hausfrauenarbeit, 1989

Lepa, Beweiserleichterungen im Haftpflichtrecht, Schriftenreihe der Arbeitsgemeinschaften des Deutschen Anwaltsvereins, AG Verkehrsrecht Bd. 13, 1991, S. 38 ff.

ders., Beweislast und Beweiswürdigung im Haftpflichtprozeß, Schriftenreihe der Arbeitsgemeinschaften des Deutschen Anwaltsvereins, AG Verkehrsrecht Bd. 5, 1988

ders., Schaden im Haftpflichtprozeß, Schriftenreihe der Arbeitsgemeinschaften des Deutschen Anwaltsvereins, AG Verkehrsrecht Bd. 15, 1992

ders., Schmerzensgeld/Mitverschulden, Schriftenreihe der Arbeitsgemeinschaften des Deutschen Anwaltsvereins, AG Verkehrsrecht Bd. 9, 1990

Ludwig, Schadensersatz bei verletzungsbedingtem Ausfall der Hausfrau (Berechnungsmethode nach dem „Münchner Modell"), DAR 1991, 401 ff.

Macke/Grunsky/Müller/Ege/Kendel, Ersatz des Unterhaltsschadens, Schriftenreihe der Arbeitsgemeinschaften des Deutschen Anwaltsvereins, AG Verkehrsrecht Bd. 7, 1988

Meyer, Georg, Der Anspruch des verletzten Arbeitnehmers auf Ersatz von Sozialversicherungsbeiträgen in der Rechtsprechung des Bundesgerichtshofes und nach dem Rentenreformgesetz 1992, 1993

Monstadt, Unterhaltsrenten bei Tötung eines Ehegatten, Rechtsgrundlage und Berechnung, 1992

Müller, Spätschäden im Haftpflichtrecht, VersR 1998, 129 ff.

Notthoff, Nebenkosten im Rahmen der Unfallschadensregulierung, VersR 1995, 1399 ff.

Odersky, Schmerzensgeld bei Tötung naher Angehöriger, Schriftenreihe der Jur.Stud.Ges. Regensburg, Heft 4, 1989

Rödl, Ehegattenmitarbeit im deutschen und französischen Recht, 1999

Scheffen/Pardey, Schadensersatz bei Unfällen mit Kindern und Jugendlichen, 1995

Seidel, Der Ersatz von Besuchskosten im Schadensrecht, VersR 1991, 1319 ff.

Schubel, Ansprüche Unterhaltsberechtigter bei Tötung des Verpflichteten zwischen Delikts-, Familien- und Erbrecht, AcP 1998, 1 – 34

Schulz-Borck/Hofmann, Schadenersatz bei Ausfall von Hausfrauen und Müttern im Haushalt, 3. Aufl. 1987, 4. Aufl. 1993, 5. Aufl. 1997

Tiebold, Schadenersatzansprüche bei Tötung und Verletzung einer Hausfrau und Mutter und Bewertung der Haushaltsarbeit, 1995

Weber, Der Kausalitätsbeweis im Zivilprozeß: Kausalität-Beweiswürdigung und Beweismaß, 1997

Weber-Grellet, Erwerbsschäden im Steuerrecht, DAR 1994, 52 ff.

Wussow, Das Unfallhaftpflichtrecht, 14. Aufl. 1996

Wussow/Küppersbusch, Ersatzansprüche bei Personenschäden, 6. Aufl. 1996

1. Teil
Grundsätze zum Schadensersatz bei Verletzung oder Tötung

Durch Verkehrsunfälle oder Freizeitunfälle, bei Spiel und Sport, im Zusammenhang mit einer ärztlichen Behandlung, wegen Vernachlässigung der Verkehrssicherung im Straßenverkehrsraum, auf privaten Flächen oder bei Veranstaltungen und anderen Begegnungen von Mensch, Tier, Anlagen und Gegenständen können die körperliche Unversehrtheit oder gesundheitliche Integrität einer Person beeinträchtigt werden. Verletzungsfolgen in Form physischer, psychischer oder psychosomatischer Störungen führen ebenso wie die Zerstörung des Rechtsguts Leben zu Personenschäden. Das außervertragliche Haftungsrecht hat die Aufgabe, dazu die Schadenslasten gerecht zuzuweisen, damit die Folgen wirtschaftlich angemessen bewältigt werden können.

I. Haftungsgrund und Schadensabnahme

Die Zurechnung des Schadens zu einer anderen Person als dem beeinträchtigten Rechtsgutträger stellt Fragen zum Haftungsgrund mit der haftungsbegründenden Kausalität und zum Haftungsumfang mit der haftungsausfüllenden Kausalität als dem Zusammenhang zwischen dem Schadensereignis und dem eingetretenen Schaden.[1]

Naturereignisse und -einflüsse verwirklichen ein allgemeines Lebensrisiko. Wer davon betroffen wird, hat die entstandenen Schäden selbst zu tragen.[2] Zumindest mittelbar muß der Wille und das Verhalten eines Menschen hinzukommen, um die Basis für dessen Störer- und Schadenshaftung zu geben.

---
1 *BGH* VersR 1993, 55 = NJW 1992, 3298 = DAR 1993, 23.
2 *BGHZ* 90, 255, 266, *BGH* VersR 1985, 1773, NJW 1995, 2633; *Herrmann* in NJW 1997, 153.

1. Verschulden und Gefährdung

4   Steht die Haftung wegen eines Verschuldens als individuelle Vorwerfbarkeit infrage, bedarf es zunächst der Feststellung eines bestimmten Verhaltens im Hinblick auf den rechtlich mißbilligten Erfolg.

5   Eine **Handlung** setzt ein **willensgetragenes**, beherrschbares **Verhalten** voraus, das der Bewußtseinskontrolle unterliegt.

6   Bei außerhalb der Person liegenden Umständen, die eine Willenssteuerung ausschließen, beim physischen Zwang unter fremder Einwirkung oder bei einem unwillkürlicher **Reflex** fehlt es an einem haftungsbegründenden Verhalten dieser Person.[3] So fehlt es bei der Reaktion aus dem Unterbewußtsein heraus an einem Haftungstatbestand, nicht aber z.B. bei dem Versuch, ein vielleicht stechendes Insekt durch das Hochreißen eines Armes abzuwehren, wodurch eine weitere Person verletzt wird.[4]

7   Die Haftung für ein **Unterlassen** setzt mit einer Pflicht ein, den negativen Ausgang eines Geschehens zu verhindern bzw. das Ausbleiben der Beeinträchtigung eines Rechtsgutes sicherzustellen. Bei dem Unterlassen einer gebotenen Handlung kann die Schadensverteilung nicht an einen realen Ablauf, an einen realen Zusammenhang zwischen dem schädigenden Verhalten und dem eingetretenen Nachteil anknüpfen. Zum Haftungsgrund sind gedachte, hypothetische Bewirkungsvorgänge zu beurteilen.

8   Die Verschuldenshaftung setzt weiter die Bewertung des (festgestellten) Verhaltens als **Vorsatz oder Fahrlässigkeit** angesichts der Schutzzonen, die Recht und Gesetz vorgeben, voraus. Vorsatz bedeutet Wissen und Wollen des rechtswidrigen Erfolgs in Erkenntnis um die Eignung des eigenen Verhaltens für den Erfolg und im Bewußtsein um die Pflichtwidrigkeit des Verhaltens. Fahrlässig verhält sich, wer die im Verkehr erforderliche Sorgfalt außer acht läßt. Der Begriff der Fahrlässigkeit ist zivilrechtlich nach objektiven Merkmalen zu bestimmen, nicht individuell.[5]

---

3 *BGHZ* 98, 135 = VersR 1986, 1241 = NJW 1987, 121.
4 *BGH* NJW-RR 1997, 1110, 1111 = VersR 1997, 834.
5 Zur Gruppenfahrlässigkeit bei Kindern und Jugendlichen nach dem Alter und der Entwicklungsstufe *Scheffen/Pardey* in Schadensersatz, Rn. 9 ff.

Von einem Verstoß gegen das Sorgfaltsgebot ist auszugehen, wenn nach einem objektivierten Beurteilungsmaßstab der Handelnde in seiner konkreten Lage den drohenden rechtswidrigen Erfolg des eigenen Verhaltens voraussehen und vermeiden konnte.[6]	9 **Sorgfaltsgebot**
Schuldhaft verhielt sich der Kraftfahrer nicht, der bei Fehlen einer konkreten Gefahrenlage mit 39 km/h an einer Verkehrsinsel mit Querungshilfe vorbeifuhr und eine die Straße überquerende Fußgängerin verletzte, die zuvor durch parkende Fahrzeuge verdeckt war.[7] Eine geringere Geschwindigkeit war nicht schon deswegen angezeigt, weil die Straße durch ein Wohngebiet führte. Das Sichtfahrgebot betrifft nur die Sicht vor dem Fahrzeug, nicht die seitliche Umgebung.	10 **Beispiel 1**

Der Fahrlässigkeitsvorwurf entfällt für den, der in einer von ihm nicht verschuldeten Gefahrenlage ohne Zeit, ruhig überlegen zu können, panisch und unsachgemäß mit schädlichen Folgen für andere reagiert.[8]

11

Die **Darlegungs- und Beweislast** für das willensabhängige Verhalten der anderen (schädigenden) Person trifft die beeinträchtigte Person. Der Ausschluß der Willenslenkung durch innere Vorgänge kann bei Beweislast der schädigenden Person diese nach § 827 BGB haftungsfrei werden lassen. Das Fehlen einer individuellen Deliktsfähigkeit gem. § 828 Abs. 2 BGB hat die schädigende Person darzutun und ggfs. zu beweisen.

12

Die Einstandspflicht zu Folgen, die durch das Verhalten anderer Personen bewirkt werden, führt nach Maßgabe des § 831 BGB bei **Verrichtungsgehilfen** zur Haftung für eigenes Verschulden. Verrichtungsgehilfe ist, wem von einem anderen, innerhalb dessen Einfluß- und Wirkungsbereichs allgemein oder für eine konkrete Situation bei einer gewissen Abhängigkeit Aufgaben übertragen sind, die nach den Weisungen eines Geschäftsherrn zu erledigen sind, ohne daß das Weisungsrecht ins einzelne gehen muß. Der Geschäftsherr muß jedenfalls die Tätigkeit der aktiven Person jederzeit beschränken oder nach Zeit und Umfang bestimmen können.

13

Nach § 832 BGB ist einzustehen bei dem Verhalten von Personen, für die eine **Aufsichtspflicht** zum Schutz anderer Personen besteht.

14

---

[6] *BGH* NJW-RR 1996, 980.
[7] *BGH* VersR 1998, 1128 = NJW 1998, 2816.
[8] *LG Düsseldorf* VersR 1996, 513 beim Kentern eines Bootes auf einem Fluß und dem Versuch, Halt an einem anderen Bootsinsassen zu finden.

15 Haftungsrechtlich sind darüber hinaus die Folgen des rechtswidrigen Verhaltens eines Dritten auszugleichen, wenn dieses Verhalten begünstigt worden ist, und vor allem, wenn die **Rechtspflicht** bestanden hat, ein solches **Verhalten** zu **verhindern**.[9]

16 Die **Tierhalterhaftung** ist angesichts der Schäden infolge typischer Tiergefahren eine Haftung für vermutetes Verschulden bei Nutztieren (§ 833 Satz 2 BGB) oder eine Gefährdungshaftung (§ 833 Satz 1 BGB), auch mit der Pflicht zur Zahlung eines Schmerzensgeldes (§ 847 BGB).

17 Ausnahmsweise kann es zur **Billigkeitshaftung** nach § 829 BGB kommen, wenn die gesamten Umstände die Einstandspflicht der schuldlos schädigenden Person erfordert.

18 Bei der **Gefährdungshaftung** geht es um Gefahrenbereiche. Entscheidend ist, ob die spezifische Gefahr, die nach dem Sinn der Haftungsnorm zur Schadloshaltung führen soll, auf eine Art und Weise real geworden ist, der die Norm beggnen will.

19 **Beispiel 2**

> Für den Halter eines **Kraftfahrzeugs** geht es um die soziale Verantwortung für die Gefahren beim zulässigen Betrieb des Kraftfahrzeugs. Wer durch den Betrieb eines Kraftfahrzeugs eine Gefahrenquelle eröffnet, hat für die von daher verursachten Schäden anderer Personen aufzukommen, wenn und soweit dies zumutbar ist. Das Merkmal „Betrieb des Kraftfahrzeugs" ist erfüllt, wenn das Kraftfahrzeug durch die Fahrweise oder Verkehrsbeeinflussung zu der Schadensentstehung beigetragen hat, das Schadensgeschehen durch das Kraftfahrzeug mitgeprägt worden ist. Dazu genügt es, wenn ein Unfall direkt durch eine andere Person ausgelöst wird, aber jedenfalls zurechenbar mitveranlaßt durch das Kraftfahrzeug, wie beim Sturz der Radfahrerin während der Vorbeifahrt des entgegenkommenden PKW´s[10] oder der Verletzung des Fußgängers, der ausweicht und stürzt, ohne mit dem Fahrzeug in Berührung gekommen zu sein. Ein anderer, eigenständiger Gefahrenkreis als über die Fortbewegungs- und Transportfunktion des Fahrzeugs ist dagegen betroffen – und damit die Betriebsgefahr zu verneinen – bei dem durch eine Auseinandersetzung bei der Unfallaufnahme und einen Alkoholtest ausgelösten Schlaganfall eines Unfallbeteiligten.[11]

---

9 *OLG Naumburg* VersR 1996, 1384 = r+s 1996, 401, *BGH* NA-Beschl. v. 30.4.1996 (fehlende Sicherungsmaßnahmen für ein Baugrundstück und einen Baukran, Stoß des verletzten Kindes seitens eines anderen Kindes).
10 *BGH* NJW 1988, 2802 = VersR 1988, 641.
11 *BGHZ* 107, 359 = NJW 1989, 2616 = VersR 1989, 923.

Der ausdrückliche oder stillschweigende Haftungsverzicht oder ein gesetzlicher **Haftungsausschluß** nehmen Ersatzansprüche. Ein mit der unmittelbar betroffenen Person ausdrücklich vereinbarter Haftungsausschluß erfaßt auch Ansprüche aus § 844 BGB. Ein stillschweigend zugrundeliegender Haftungsausschluß kann jedoch die nach § 844 BGB entstehenden Ansprüche unberührt lassen (wollen).[12]

20

2. Rechtsgüterverletzung und die Folgen

Die Verschuldens – und die Gefährdungshaftung schützen die Person, das Leben, den Körper und die Gesundheit.

21

a) Körper und Gesundheit

Die **Verletzung** des Körpers und/oder der Gesundheit bezieht sich auf die körperliche und seelische Integrität, das individuelle Wohlbefinden. Es geht um den physischen Eingriff in die körperliche Unversehrtheit oder eine physisch oder psychisch vermittelte (nicht nur unerhebliche) Störung der inneren Lebensvorgänge, auch vorgeburtlich. Die Kriterien des Erfolgs- (oder Verhaltens-)unrechts und der Rechtfertigung bestimmen die Haftungsgrenzen.

22

> Der Eingriff des Arztes ist selbst bei medizinischer Indikation nach dem überwiegend vertretenen Rechtsstandpunkt eine Körper- oder Gesundheitsverletzung. Zur Rechtswidrigkeit gelten dort eigenständige Regeln.

23

Beispiel 3

Der Schädiger hat auch für psychische Folgen eines von ihm zu verantwortenden Geschehens aufzukommen, wenn diese Folgen ohne das Haftungsereignis mit hinreichender Gewißheit nicht aufgetreten wären und sich nicht wieder zurückbilden.[13] Denn die **psychisch vermittelte Gesundheitsstörung** ist ebenso eine Verletzung der Gesundheit wie die direkte physische Folge eines Haftungsereignisses. Organische Ursachen müssen psychische Ausfälle, psychovegetative Auswirkungen nicht haben.

24

---

12 *BGH* VRS 65, 178.
13 *BGH* VersR 1991, 704, 705 = NJW 1991, 2347, 2348; VersR 1997, 752 = NJW 1997, 1640 = DAR 1998, 67; *OLG Saarbrücken* NJW 1998, 2912, *Schäfer/Baumann* in MDR 1998, 1080 – 1083.

Die ungünstige psychogene Verarbeitung eines Unfalls mit darauf beruhender Leistungsschwäche, Sprachstörungen und Lähmungserscheinungen, mit einer Wesensveränderung, kann demgemäß als psychisch vermittelte, haftungsbegründende **Primärfolge** ausgleichspflichtig sein, wenn sie für sich gesehen **Krankheitswert** hat. Dies betrifft z.B. Schockschäden. Dies kann z.B. auch bei einem Leistungsabfall und einem komplexen Beschwerdebild der Fall sein oder bei der Verschlimmerung eines Vorleidens.

25 Psychische Veränderungen sind seitens der verletzten Person einfacher nachzuweisen, wenn organische Ursachen zugrundeliegen und es z.B. ohne zusätzliches Leidensziel um mit der anschließenden Behandlung zusammenhängende Schreck-, Angst- oder Behandlungsneurosen geht. Symptome allein geben wenig Aufschuß. Angstneurotische Reaktionen zeigen sich z.B. als Klaustrophobie, Erstickungsangst, Existenzangst, Angstträume. Kommt es zu organischen Schäden und schließen sich **haftungsausfüllend** psychische Folgen an[14], ist grundsätzlich die Ersatzpflicht zu allen zurechenbaren wirtschaftlichen und immateriellen Verschlechterungen gegeben.

26 Als Auswirkung bei der mittelbar betroffenen Person hat selbst eine schwere Erschütterung durch tiefen Schmerz und Trauer wegen eines Haftungsereignisses zum Nachteil einer direkt betroffenen Person erst dann den Charakter einer eigenen Gesundheitsbeschädigung, wenn die Beeinträchtigung psycho-pathologisch faßbar ist.[15] Dies setzt – z.B. beim Miterleben des schweren Unfalls eines Angehörigen oder beim Erhalt der Todesnachricht – nach Art, Dauer und Schwere eine Erschütterung über das hinaus voraus, was nahestehende Personen bei einem schlimmen Erlebnis erfahrungsgemäß erleiden. Nur dann erstreckt sich die Einstandspflicht des Schädigers aus § 823 Abs. 1 BGB auf solche Fälle (**Fernwirkungsschaden**). Die Belastung unterhalb dieser Schwelle ordnet die Rechtsprechung den Wechselfällen des Lebens zu, die den Bereich des eigenen Lebensrisikos nicht verlassen. Reflexe eines haftungsbegründenden Ereignisses auf Dritte sind von der Haftung auszugrenzen, um eine uferlose Ausrichtung der Schutzrichtungen der Gefährdungs- und Verhaltensnormen auf die Umwelt des in erster Linie Geschützten zu vermeiden.[16]

---

14 *BGHZ* 132, 341 = VersR 1996, 990 = NJW 1996, 2425; *Frahm* in VersR 1996, 1212, *Jaeger* in MDR 1996, 888, *Lemcke* in r+s 1996, 306, *Probst* in JR 1997, 158, *Schlosser* in JZ 1996, 1082.
15 *BGH* VersR 1989, 853 = NJW 1989, 2317 = NZV 1989, 308 = DAR 1989, 263.
16 *BGH* VersR 1986, 240 = NJW 1986, 777, 778 = DAR 1986, 84.

b) Leben

Die Tötung einer Person ist regelmäßig Folge einer Verletzung des Körpers oder der Gesundheit. Wirtschaftliche Nachteile sind als **Unterhaltsschaden** der Unterhaltsberechtigten bei Tötung einer unterhaltspflichtigen Person auszugleichen, soweit es um wirkliche Nachteile infolge der Tötung und nicht (nur) infolge einer Verletzung geht. Der Tod des Unterhaltspflichtigen gehört dabei als Folge des Fehlverhaltens zur haftungsausfüllenden Kausalität[17]. **Immaterielle Beeinträchtigungen** der Angehörigen müssen objektiviert und wertbezogen umgesetzt werden, ohne daß es gem. § 844 Abs. 2 BGB und den Parallelnormen zum Ersatz eines immateriellen Schadens kommen darf.

27

c) Schadensgruppen

Der **gesundheitliche und wirtschaftliche Status**[18] der verletzten Person ist **wiederherzustellen**. Der Schädiger hat alle zurechenbare Verluste in der Form der Belastung mit einem negativen (Vermögens-)Wert, den Entzug eines positiven Wertes oder vereitelte Aussichten auszugleichen, einen positiven Vermögenswert zu erlangen. Ein ausgleichsfähiger **Gewinnentgang** liegt bei einer Gesundheitsbeeinträchtigung vor, wenn die betroffene Person ihre Arbeitskraft nicht mehr gewinnbringend nutzen kann, und ebenso, wenn sie durch das schädigende Ereignis einen Ausfall bei der Verwertung der Arbeitskraft erleidet. Begrifflich ist der Schaden wegen der wirtschaftlich relevanten Tätigkeiten, die die verletzte Person nicht oder nicht mehr in vollem Umfang erbringen kann, als Erwerbsausfallschaden zu kennzeichnen. Zu einem entgangenen Gewinn ist von Gewinnausfallschaden zu sprechen. Innerhalb dieser Gruppe ist zwischen dem Erwerbsschaden wegen einer selbständigen oder nichtselbständigen, entgeltlichen Arbeit oder wegen der Unmöglichkeit, einen Erwerbswunsch realisieren zu können und dem Haushaltsführungsschaden (Rn. 810 ff.) zu unterscheiden. Auch eine verhinderte, unentgeltlich geplante Arbeit kann – teilweise – zu einem Erwerbsschaden führen (Rn. 969 ff.). Zudem sind die familiär geschuldeten Dienste (Rn. 1002 ff.) nicht zu übersehen. Hinzu kommt der immaterielle Ausgleich.

28

---

17 *BGH* VersR 1993, 55; VersR 1996, 649 = NJW 1996, 1674.
18 Zur Rehabilitation durch Haftpflichtversicherer und Sozialleistungsträger *Budel/ Tille* in ZfS 1998, 321, *Budel/Buschbell* in VersR 1999, 158, *Steinfeltz* in VersR 1999, 688.

29 Die verletzungsbedingte **Wiedererkrankung**[19] ist genauso auszugleichen wie die Folgen der Ursprungsverletzung. Bei weiteren Folgen im wirtschaftlichen, beruflichen Umfeld kann dann aber eine zwischenzeitliche Veränderung die Zurechnung hindern (Rn. 64, 759).

30 Die Kosten der **Beerdigung** sind unabhängig davon zu erstatten, daß zu einem anderen Zeitpunkt solche Kosten auch anfallen würden oder angefallen wären. Beim Ausfall des **Barunterhalts** (Rn. 1100 f.) geht es um den Ausgleich des weggefallenen wirtschaftlichen Beitrags des Unterhaltspflichtigen zum Barbedarf der mittelbar Betroffenen. Der Verlust der im Haushalt tätigen Person ist subjektiv nicht ausgleichsfähig. Auszugleichen ist der (Unterhalts-) Bedarf angesichts der unentgeltlichen, höchstpersönlichen, gesetzlich geschuldeten Haushaltsführung, Pflege und Betreuung (**Betreuungsunterhaltsschaden**, Rn. 1263 ff.).

31 Folgende Schadensgruppen sind zu unterscheiden:
- Heilbehandlung: Gesundheitsschaden (Rn. 588),
- Vermehrte Bedürfnisse: Mehrbedarfsschaden (Rn. 651),
- Erwerbseinkünfte, Verdienst, Führung eines Haushalts für andere: Erwerbsausfallschaden mit Haushaltsführungsschaden (Rn. 702 und Rn. 810),
- Bestattung: Ersatz der Beerdigungskosten (Rn. 1384),
- Ausfall von Barunterhalt oder Betreuung, Pflege: Unterhaltsschaden (Rn. 1100 und Rn. 1263),
- Dienstpflicht: Dienstleistungsschaden[20] (Rn. 1002),
- Immaterielle Belastung: Immaterieller Schaden (Rn. 1034 ff., 1393 ff.),
- Sachschaden (Rn. 125 ff.).

d) Anspruchsinhaber

32 Der Erwerb des Schadensersatzanspruchs ist mit der Rechtsgutsverletzung oder der geschützten mittelbaren Betroffenheit verknüpft. Versicherungsansprüche oder Versicherungsleistungen führen zu einem vollständigen oder teilweisen **Forderungsübergang** mit der entsprechenden Kürzung des der betroffenen Person verbleibenden Anspruchsteils. Bei sozialversicherten Personen ist dies häufig bereits für den Zeitpunkt des Haftungsereignisses zu beachten.

---

19 *OLG Hamburg* NJW-RR 1991, 1431.
20 Der Begriff ist hier gefunden und gewählt, um direkt die Abgrenzung gegenüber dem Erwerbsschaden und dem Unterhaltsschaden deutlich werden zu lassen. Meist wird dazu keine eigene Schadensgruppe erwähnt.

aa) Unmmittelbar betroffene Personen

Die **verletzte Person** erwirbt den Ausgleichsanspruch i.S.d. §§ 249 ff., 842, 843, 847 BGB mit dem haftungsbegründenden Ereignis. Neben dem Ersatz des **Gesundheitsschadens** mit dem Heilungsaufwand und Zusatzaufwendungen ist die verletzte Person zu den Begleitkosten legitimiert, die bei anderen Personen (insbesondere den Angehörigen) entstehen. Wie zum **Mehrbedarf** schlechthin steht auch der Anspruch wegen unentgeltlicher Pflegedienste anderer Personen nur der verletzten, betreuten Person zu. Es kommt dagegen nicht zu einem Ersatzanspruch der Betreuungsperson, z.B. der Mutter, die sich verstärkt um ihr verletztes Kind kümmert. Der Anspruch der verletzten Person umfaßt darüber hinaus alle **wirtschaftlichen Folgebeeinträchtigungen**, also den Erwerbsschaden ebenso wie den Haushaltsführungsschaden oder den Mehrbedarfsschaden wegen der Behinderung in der Führung des Haushalts für sich selbst.

33

Auf der Basis der Gleichberechtigung zweifelt niemand mehr an dem eigenen[21] Ersatzanspruch des den Haushalt führenden, verletzten Ehegatten, während früher ein Entschädigungsanspruch des zur Haushaltsführung dienstleistungsberechtigten Ehegatten für richtig gehalten worden ist. Das verletzte Kind hat im Umfang und für die Dauer einer familienrechtlichen Mithilfspflicht keinen Ersatzanspruch wegen einer vereitelten Möglichkeit, im Haushalt zu arbeiten, soweit die Tätigkeit für die Familiengemeinschaft betroffen ist.

34

Der schädigungsbedingte Mehraufwand für die Pflege und Versorgung eines Kindes z.B. führt zu einem eigenen **vertragsrechtlich** eingebundenen Ersatzanspruch der pflegenden und versorgenden Eltern, wenn die Belastung Folge eines ärztlichen Fehlers bei einem Behandlungsvertrag ist.[22]

35

Die Übernahme der Heilungskosten von Kindern durch die **Eltern** kann zu deren Anspruch aus **§ 683 S. 1 BGB** gegenüber dem Schädiger führen.[23] Entsprechendes gilt, wenn ein (erwerbstätiger) Ehegatte für den anderen (im Haushalt tätigen) **Ehepartner** dessen Behandlungskosten zahlt. Werden jedoch Aufwendungen nicht in dem Bewußtsein getätigt, sich damit zugleich im Rahmen einer Schadensersatzverpflichtung des Schädigers gegenüber dem unterhaltsberechtigten Angehörigen zu be-

36

---

21 *BGHZ* 38, 55; 50, 304; 51, 109.
22 *BGHZ* 106,153 = NJW 1989, 1538.
23 Zum Unterhaltsregreß *BGH* VersR 1979, 350 = NJW 1979, 598, Anm. *Haase* in JR 1979, 333.

wegen, scheidet ein solcher Anspruch aus.[24] Die Zahlung von Unterhalt an ein volljähriges Kind gibt keine Grundlage für einen Ersatzanspruch des Unterhaltspflichtigen gegen den Unfallverursacher.[25]

37 Innnerhalb einer **Gütergemeinschaft** ist der verletzte Ehegatte unmittelbar von dem vollen, im Gesamtgut eintretenden Vermögensnachteil betroffen. Ihm steht schadensrechtlich nach Ansicht des *BGH*[26] aber keine wertmäßige Beteiligung zu. Der Schädiger hat vielmehr den Gesamthandsschaden als Teil des Gesamtguts zu kompensieren. Dieser Gesamthandsschaden ist nach dem Gewinnergebnis(-ausfall) zu ermitteln über die Verlustpositionen, die Berechnungsfaktoren sind. Entgangene Umsätze, zusätzlich aufzuwendende Kosten können dementsprechend zu ersetzen sein. Neben dem Erwerbsschaden gehört auch eine Schmerzensgeldforderung zu dem Gesamthandsschaden. Bei der regelmäßig gegebenen gemeinschaftlichen Verwaltung sind die Ehegatten (nur) gemeinsam berechtigt, einen Rechtsstreit zu führen. Dem Verletzten allein fehlt zu dem wirtschaftlichen Verlust wegen der Gewinnminderung im Gesamtgut die **Prozeßführungsbefugnis**. Eine gewillkürte Prozeßstandschaft mit dem Antrag, an die Ehepartner in Gütergemeinschaft zu leisten, wäre indes zulässig.

38 Angemessene, notwendige oder zweckentsprechende Aufwendungen der versuchten Heilung und alle Vermögensnachteile, die eine getötete Person **zu** ihren **Lebzeiten** erlitten hat, auch z.B. wegen der Aufhebung oder Minderung der Erwerbsfähigkeit während der Krankheit sowie die Vermehrung der Bedürfnisse während dieser Zeit, begründen Ansprüche nur in der eigenen Person. Spezialgesetze zur Gefährdungshaftung gehen z.T. ausdrücklich auf die Kosten der versuchten Heilung ein (vgl. § 86 Abs. 1 S. 1 ArzneimittelG, § 7 ProdHaftG, § 12 Abs. 1 UmweltHG) und ordnen solche Schadenspositionen in der Nähe des Unterhaltsschadens ein. Solche Ansprüche zur Heilung oder zum Erwerbsausfall gehen im Wege der **Gesamtrechtsnachfolge** auf die Erben über.

bb) Mittelbar betroffene Personen

39 Den **Ersatz mittelbarer Vermögensnachteile** sehen § 844 BGB, dessen Parallelnormen und § 845 BGB vor. Ansonsten bleiben mittelbar betroffene Personen deliktisch ohne Ausgleichsanspruch zu wirtschaftlichen

---

24 *BGHZ* 106, 153 = NJW 1989, 1538, 1539.
25 *OLG Frankfurt* MDR 1988, 1228.
26 *BGH* VersR 1994, 316 = NJW 1994, 652 = DAR 1994, 113 = FamRZ 1994, 295 = ZfS 1994, 323.

Nachteilen. Die mittelbar betroffene Person bleibt sogar selbst dann ohne Ausgleich, wenn sich der mittelbare Schaden über das Vermögens hinaus auswirkt.[27]

> Ein Betriebsinhaber ist als bloß mittelbar Belasteter bei der Verletzung eines Lebenspartners oder eines Angestellten selbst dann nicht anspruchsbefugt, wenn der (Familien-) Betrieb ohne die verletzte Person nicht (mehr) rentierlich fortgeführt werden kann (s. auch Rn. 998 f.). Ihm kann aber z.B. der Anspruch auf Ersatz des Erwerbschadens abgetreten werden, der dadurch in der Person des Arbeitnehmers eintritt, daß dieser während der Zeit einer Arbeitsunfähigkeit mit seiner Arbeitskraft nicht die Aufwendungen verdienen kann, die der Arbeitgeber (Betriebsinhaber) zur Erfüllung einer arbeitsvertraglichen Versorgungszusage macht.[28]
>
> Im Ergebnis trifft es zu, daß – wie das *LG Konstanz*[29] meint – bei der Verletzung der Politesse oder des Polizeibeamten ein Einnahmeausfall (Ertrag aus Strafbefehlen, Bußgeldbescheiden) für den Staat nicht in Betracht kommt. Dies hat aber nichts damit zu tun, daß die Vereitelung einer Geldstrafe oder -buße keinen Vermögensschaden[30] darstellt. Die Anstellungsbehörde bzw. die Behörde, deren Aufgaben wahrgenommen werden, ist vielmehr wirtschaftlich – nur – mittelbar betroffen. Bei der Beschädigung öffentlicher Sachen (z.B. des Blitzlichtstandgeräts) kann dagegen neben dem Ausgleich der Sachsubstanz doch[31] ein Einnahmeausfall zu ersetzen sein.

40
Beispiel 4

> Umzugskosten nach dem Tod der Mutter[32] bleiben ersatzlos, wenn die Voraussetzungen des § 844 Abs. 2 BGB nicht gegeben sind. Innerhalb eines Anspruches nach § 844 Abs. 2 BGB können solche Kosten als weitere Schadensfolge zu berücksichtigen sein.

41
Beispiel 5

---

27 *BGH* VersR 1984, 439 = NJW 1984, 1405 bei der Verschlimmerung der Alkoholerkrankung der Ehefrau nach Tötung des Ehemannes. Die Ehefrau war (zudem) seelisch beeinträchtigt, wenn auch nicht gesundheitlich selbst betroffen.
28 *BGHZ* 139, 167 = VersR 1998, 1253 = NJW 1998, 3276.
29 NJW 1997, 467, 468.
30 Beachte *BVerwG* NJW 1997, 3455 = DRiZ 1997, 239: Dem Dienstherrn entsteht ein Schaden, wenn sich ein Staatsanwalt Geld oder Schecks zueignet, die zur Erfüllung von Auflagen nach § 153a Abs. 1 StPO für eine gemeinnützige Einrichtung bestimmt sind, weil damit vereitelt wird, daß der Dienstherr die ihm übereigneten Gelder bestimmungsgemäß verwenden kann.
31 S. aber *LG Aachen* NJWE-VHR 1997, 23: Wegen der präventiven und repressiven Funktion der Geldbuße sei die Einnahmeerzielung Nebeneffekt, nicht Vermögensbestandteil gem. §§ 249 ff. BGB.
32 *LG Darmstadt* ZfS 1990, 259.

42　Zu den **Beerdigungskosten** (Rn. 1384) sind in erster Linie die **Erben** anspruchsberechtigt.

43　Zum Ausgleich des Ausfalls eines gesetzlich geschuldeten Unterhalts geht § 844 Abs. 2 BGB auf die Anspruchsbefugnis von **unterhaltsberechtigten Personen** ein. Dieses Anspruchsrecht hängt davon ab, daß zwischen der getöteten Person und der berechtigten Person im Zeitpunkt der Verletzung – nicht notwendig zur Zeit einer Pflichtverletzung, die erst einige Zeit später zu der Verletzung der dann getöteten Person geführt hat – ein gesetzliches Unterhaltsverhältnis bestanden hat.

44　Gem. § 845 BGB gilt spiegelbildlich entsprechendes zur Beeinträchtigung (bei Verletzung) oder zum Verlust (bei Tötung) angesichts des Anspruches auf die **Dienstleistung**, die regelmäßig mit der Unterhaltspflicht und Unterhaltsleistungen des hier Anspruchsberechtigten korrespondiert. Die Vermögensnachteile und den (subsidiären) Ersatzanspruch ordnet § 845 BGB bei Verletzung wie bei Tötung dem mittelbar betroffenen, gesetzlich Dienstberechtigten zu. Eltern haben einen Anspruch jeweils nach den ihnen einzeln entgangenen Diensten.

45　Der Anspruch der Berechtigten aus § 844 Abs. 2 BGB hat nach Höhe und Dauer ein eigenes Schicksal. Es können sich insbesondere Unterschiede wegen des Vorteilsausgleiches sowie wegen etwaiger Sozialleistungen mit einem Forderungsübergang ergeben. Mehrere Hinterbliebene sind **Teilgläubiger** bei einer einheitlichen Berechnung des Anspruchs.[33] Sie stehen dagegen nicht in Gesamtgläubigerschaft und zwar auch nicht zur Haushaltsführung, die nicht einmal – entweder dem Ehegatten oder dem Kind oder Kindern –, sondern allen Angehörigen geschuldet ist.

46　Der allgemeine Vermögensfolgeschaden infolge der **Aufhebung** der (ehelichen) **Lebensgemeinschaft** bei Tötung wird im Zusammenhang des § 844 Abs. 2 BGB **nicht** ersetzt (Rn. 1091).

---

33 *BGH* VersR 1972, 743 = NJW 1972, 1130; VersR 1973, 84.

II. Umfang des Ersatzes

1. Grenzen der Zurechnung von Veränderungen

Herkömmlich wird zwischen der haftungsbegründenden Kausalität mit der Verknüpfung zwischen dem zuzurechnenden Verhalten der inanspruchgenommenen Person und der Primärbeeinträchtigung (insbesondere der Rechtsgutsverletzung der betroffenen Person, aber auch der Verletzung eines Schutzgesetzes) sowie der haftungsausfüllenden Kausalität mit der Verknüpfung zwischen der Primärverletzung (-beeinträchtigung) und dem Schaden unterschieden. Wertungskorrektiv ist zur Haftungsausfüllung vor allem der Schutzbereich der Norm bei adäquaten Verläufen, nicht das Verschulden, das allein im Bereich der Haftungsbegründung verankert ist. Meist wird versucht, die Gesamtproblematik mit einem Zurechnungszusammenhang zu lösen.

47

a) Psychische Einflüsse

Bei einer **psychischen Kausalität**, z.B. dem Ausweichen mit der Folge eines Sturzes, um einen Zusammenstoß mit einem anderen Fahrzeug zu vermeiden, ohne daß sich die beteiligten Fahrzeuge oder Personen berührt haben, genügt der nahe zeitliche und örtliche Zusammenhang verschiedener Geschehensabläufe nicht allein, um die Kausalität zu beweisen. Die verletzte Person muß vielmehr einen wirklichen adäquaten Ursachenbeitrag der anderen Person beweisen.

48

Wenn psychische Ausfallerscheinungen bei wertender Betrachtung das allgemeine **Lebensrisiko** aktualisieren und nach Art, Intensität und Dauer die im Leben allgemeinhin zu gewärtigen Reaktionen auf unangenehme Ereignisse nicht überschritten werden, fehlt es jedenfalls am Rechtswidrigkeitszusammenhang, zum Fernwirkungsschaden s. Rn. 26.

49

50

Beispiel 6

> Das Scheitern einer Ehe oder Erziehungsprobleme mit allen ihren Folgen sind dem eigenen Lebensrisiko der verletzten Ehefrau und Mutter zuzuordnen, wenn nur zufällig ein Zusammenhang mit einem (Radfahrer-)Unfall besteht, diese Ereignisse aber nicht konkret durch den Unfall oder seine Folgen, z.B. angesichts eines anschließenden langen Krankenhausaufenthalts, ausgelöst worden sind.[34] Wer sich in einem rechtsstaatlichen

---

34 *OLG Köln* NJW-RR 1996, 986 = NZV 1996, 399 = r+s 1996, 23.

Umfang des Ersatzes

> Verfahren wahrheitswidrig eines Verbrechens zum Nachteil eines nahen Angehörigen (dessen Tötung) bezichtigt, ist wegen einer seelischen Beeinträchtigung des Angehörigen (z.B. der Ehefrau) jedenfalls mangels Zurechnungszusammenhangs nicht ersatzpflichtig.[35]

51
Beispiel 7

> Zurechenbare Schadensfolgen zeigen sich jedoch, wenn es bei einer im Alter von 14 Jahren verletzten Person unfallbedingt nach einer Hirnverletzung zu einer Wesensveränderung kommt und der Verletzte eine strafbare Handlung begeht, deshalb verurteilt und in eine Anstalt eingewiesen wird.[36] Eine solche Fehlentwicklung kann zu einem Schmerzensgeldanspruch führen.

52 Bei zweckfreien Aktualneurosen und **Konversionsneurosen**[37] bejaht die Rechtsprechung die Zurechenbarkeit, gleich, ob zum Haftungsgrund oder zur Haftungsausfüllung zu argumentieren ist. Bei solchen Fehlverarbeitungen kann das haftungsauslösende (Unfall-)Geschehen (unbewußt) zum Anlaß genommen sein, latente, ungelöste, häufig bis zur Kindheit zurückreichende Spannungen und innere Lebenskonflikte zu kompensieren, aber ohne darauf fixiert zu sein, sich der Verantwortung für das eigene Leben, die persönliche Lebensführung zu entziehen, z.B. nicht von dem Wunsch her, nun nicht mehr arbeiten zu müssen. Die verdrängten Konflikte werden abreagiert und verschoben, das Unfallereignis wird umgedeutet. Es werden z.B. angestaute Aggressionen mobilisiert und wieder verdrängt, zugleich werden unbewußt Beschwerden produziert. Es können z.B. Gangstörungen entstehen.[38]

53 Solche Neurosen müssen ausgelöst sein durch das maßgebende Geschehen. Eine Mitursächlichkeit genügt[39] aber. Der Schädiger haftet für alle psychischen Spätfolgen, die durch einen Unfall hervorgerufen werden, wenn die eigentlichen Unfallverletzungen als Auslöser gewirkt haben, auch wenn sie nur ein Faktor in einem **Ursachenbündel** sind.[40] Ob der Betroffene besonders labil ist und nur deshalb infolge des Unfallereignisses eine Neurose entwickelt, bleibt irrelevant. Die psychische Prädisposition, die **Anfälligkeit** der verletzten Person[41] muß der Schädiger ebenso

---

35 *OLG Düsseldorf* NJW-RR 1995, 159.
36 *BGH* VersR 1979, 739 = NJW 1979, 1654 nach *OLG Karlsruhe* VersR 1979, 164.
37 *BGH* VersR 1993, 589 = NJW 1993, 1523, *OLG Hamm* VersR 1995, 833.
38 *OLG Frankfurt* VersR 1993, 853.
39 *OLG München* r+s 1997, 115 = VRS 92, 165.
40 *BGH* VersR 1999, 862.
41 *OLG Frankfurt* r+s 1995, 258, *BGH* NA-Beschl. v. 31.1.1995, *OLG Braunschweig* VersR 1999, 201, *BGH* NA-Beschl. v. 31.3.1998.

hinnehmen wie er sonst den Schadensausgleich nach den individuellen Gegebenheiten bei ihr vorzunehmen hat.

54 Den Zurechnungszusammenhang verneint die Rechtsprechung unter dem Aspekt von **Begehrensvorstellungen** zur Sicherung des Lebens, wozu herkömmlich rechtlich mit den Bezeichnungen: Renten-, Tendenz-, Begehrensneurosen[42] gearbeitet wird. Rechtstechnisch ist über die Haftung des Schädigers nach dem Zweck der Haftungsnorm oder dem Sinn und Zweck des Schadensausgleichs oder nach dem Grundgedanken des § 254 BGB mit der Frage zu entscheiden, ob und inwieweit eine Fehlhaltung durch einen Willensakt und eine Rehabilitation überwindbar ist.

55 Der Verantwortungsbereich des Schädigers ist jedenfalls verlassen, wenn letztlich nicht das Unwert des schädigenden Verhaltens, sondern bei der äußeren Verbindung mit einem Haftungs-, Unfallgeschehen das eigene Lebensrisiko der betroffenen Person aktualisiert wird. Dies ist der Fall,

- wenn es um eine unangemessene Fehlverarbeitung bei der verletzten Person geht,
- wenn der den Versagungszustand auslösende Anlaß beliebig ist,
- wenn zufällig und auswechselbar ein schädigendes Ereignis als **Kristallisationspunkt** wirkt,
- wenn das schädigende Ereignis eher geringfügig (unbedeutend) ist,
- wenn also kein enger, innerer Zusammenhang mit dem Schadensereignis besteht,
- wenn keine Zweckverbindung zwischen der Verletzung und dem Unrechtsgehalt einerseits und der Neurose andererseits zu erkennen ist und die Neurose durch den Wunsch nach Lebenssicherung und Ausnutzung einer vermeintlichen Rechtsposition geprägt wird.

56
> Zum Fehlen eines Zurechnungszusammenhangs ist der Schädiger darlegungs- und beweispflichtig.[43] Erkenntnisunsicherheiten gehen zu seinen Lasten.

Zurechnungszusammenhang

57 Wirken Begehrensvorstellungen mit, ohne einen Anspruch auszuschließen, oder spielen neben weiteren Symptomen psychodynamische Sicherungs- und Entschädigungswünsche der betroffenen Person eine Rolle, muß

---

42 *BGH* VersR 1979, 718, 719 = NJW 1979, 1935, VersR 1986, 240 = NJW 1986, 777, 779 = DAR 1986, 84, Anm. *Dunz* in VersR 1986, 448; *OLG Nürnberg* VersR 1991, 536, 538. Solche Neurosen schwinden häufig, wenn keine Aussicht auf Entschädigung mehr besteht oder die Entschädigung endgültig versagt ist.
43 *BGH* VersR 1986, 240 = NJW 1986, 777 = DAR 1986, 84; NJW-RR 1989, 606 = DAR 1989, 224 = ZfS 1989, 261.

dies bei der Bemessung des Erwerbsschadens ebenso wie im Rahmen des Schmerzensgeldes einfließen.

58
Beispiel 8

> Ernsthafte Risiken für die Berufslaufbahn des Betroffenen aufgrund der vorgegebenen psychischen Struktur sind sowohl für die Dauer als auch für die Höhe des Verdienstausfallschadens bedeutsam. Der *BGH*[44] tritt für einen prozentualen Abschlag von den ohne derartige Risiken zu erwartenden Erwerbseinnahmen ein, ähnlich wie bei Prognoseschwierigkeiten angesichts eines wenig strukturierten Erwerbslebens (Rn. 113). Bei der Bemessung des Schmerzensgelds wirkt sich die besondere Schadensanfälligkeit ebenfalls mindernd aus, gleiches gilt zur psychischen Veranlagung und den darauf beruhenden Risiken.

59 Ist das Schadensereignis eine **Bagatelle**, ohne eine spezielle Schadensanlage des Verletzten zu treffen, scheitert die Zurechenbarkeit verursachter psychischer Folgen. Dazu stellt die Rechtsprechung strenge Anforderungen. Für den Bagatellcharakter kommt es auf eine eventuell erlittene Primärverletzung an. Dies muß eine vorübergehende, im Alltagsleben typische und häufig auch aus anderen Gründen als einem Schadensfall entstehende (geringfügige) Beeinträchtigung sein, wie sie beim Zusammenleben mit anderen Menschen nicht ungewöhnlich ist und üblicherweise den Betroffenen nicht nachhaltig beeindruckt. Diese Problematik läßt sich – auch im Rahmen des § 287 ZPO – nur unter Beratung und bei Hilfe durch Sachverständige, die die erforderliche Spezialausbildung und Erfahrung haben, abklären.[45]

60
Beispiel 9

> Eine Schädelprellung mit einem HWS-Schleudertrauma gehört dazu nicht[46]; die HWS-Distorsion und möglicherweise reversible Hirnfunktionsstörung ebenfalls nicht[47], auch nicht ein Unfall mit einem anschließenden erheblichen Narkosezwischenfall[48] oder der Radfahrerunfall mit einer starken Handprellung und einer Prellung im rechten Kniebereich.[49]

---

44 *BGH* VersR 1998, 201 = NJW 1998, 810 = DAR 1998, 63 = r+s 1998, 20, *Schiemann* in JZ 1998, 683.
45 *BGH* VersR 1997, 752 = NJW 1997, 1640 = DAR 1998, 67 = r+s 1997, 370.
46 *BGH* VersR 1998, 201 = NJW 1998, 810, s. auch *OLG Hamm* r+s 1999, 62.
47 *BGH* VersR 1998, 200 = NJW 1998, 813 = DAR 1998, 66 = r+s 1998, 22; *OLG Celle* NJWE-VHR 1998, 6.
48 *OLG Hamm* NJW 1997, 804 = r+s 1997, 114.
49 *OLG Braunschweig* DAR 1998, 316 = r+s 1998, 327, *BGH* NA-Beschl. v. 31.3.1998.

b) Willensentschluß der betroffenen Person

Solange der eigene Willensentschluß, der zur Selbstgefährdung führt, von dem vorwerfbaren Tun des Schädigers **herausgefordert** ist und auf einer mindestens im Ansatz billigenswerten Motivation, bleibt der Schädiger verpflichtet, den Schaden zu ersetzen, der infolge des durch die Herausforderung gesteigerten Risikos entsteht.[50]

61

Auch haftungsausfüllend wird der Kausalzusammenhang in diesen Grenzen nicht unterbrochen, wenn ein Willensentschluß der verletzten Person hinzukommt, der keine ungewöhnliche Reaktion darstellt, nicht vollständig frei und selbständig, sondern herausgefordert ist und die Folgen des Entschlusses nach Art und Entstehung nicht außerhalb jeder Wahrscheinlichkeit liegen. Die Reaktion der dann verletzten Person kann sogar schon vor dem eigentlichen Schadensfall nahegelegt sein.[51]

62

> Bei der vorgeschädigten Person[52], deren Minderung der Erwerbsfähigkeit von 30 % durch einen Unfall um weitere 30 % gesteigert wurde und die mit Vollendung des 60. Lebensjahres die gesetzliche Möglichkeit wahrnahm, ein vorgezogenes Altersruhegeld in Anspruch zu nehmen, während sie ohne den Unfall bis zur Vollendung des 63. Lebensjahres gearbeitet hätte, hinderte der Entschluß zur Verrentung die Zurechnung des Schadens nicht. Die Inanspruchnahme des Wahlrechts, ein vorgezogenes Ruhegehalt zu beziehen, war auch kein Verschulden gegen sich selbst. Darüber hinaus minderte der Umstand, daß die Person länger hätte arbeiten können, den Anspruch nicht, weil ihr die weitere Erwerbsarbeit nicht zuzumuten gewesen ist. Infolgedessen konnte die leistende LVA zum vorgezogenen Ruhegeld den Forderungsübergang geltend machen.

63

Beispiel 10

Die betroffene Person kann deswegen auch nach freier Willensentschliessung die persönlichen Lebensumstände ändern. Sie ist nicht – im Interesse des Schädigers – auf die Lebensführung im Zeitpunkt des Haftungsereignisses beschränkt. Sie darf andererseits den Schaden nicht willkürlich ausweiten. Über die spätere Entwicklung darf ihr mittels der Ersatzleistung des Schädigers nicht mehr zufließen, als sie ohne

64

---

50 *BGHZ* 132, 164 = VersR 1996, 715 = NJW 1996, 1533 (Haftung des Flüchtenden für den Schaden des verfolgenden Polizeibeamten); dazu *Kunschert* in NZV 1996, 485, *Teichmann* in JZ 1996, 1181.
51 *OLG Frankfurt* NZV 1997, 37, *BGH* NA-Beschl. v. 2.4.1996: Hochreißen des linken Beins vor dem Anstoß eines schleudernden Fahrzeugs, beim Anstoß sodann weitere Verletzung des degenerativ veränderten Knies, Meniskusabriß.
52 *BGH* VersR 1986, 812 = NJW 1986, 2762 = DAR 1986, 220.

das Haftungsereignis gehabt hätte. Jeder Entschluß zur Änderung des Lebensplans und der Lebensgestaltung, der davon motiviert ist, einen höheren (Schadens-)Ersatz zu erhalten, jede ungewöhnliche Reaktion auf das haftungsbegründende Ereignis und danach unterbricht den Zusammenhang mit der Schädigung.

65
Beispiel 11

> Ändert der ausländische Arbeitnehmer, der eigentlich nach sechs Jahren in seine Heimat zurückkehren wollte, nach einem Unfall seinen Plan und sucht er nun als beschränkt erwerbsfähige Person eine angemessene Versorgung, heiratet er und bleibt (aus diesem Grund) in Deutschland, ist jedenfalls der von dem Versorgungsgedanken bestimmte und damit unmittelbar verbundene Aufwand (Kosten der Bewerbung, Fahrtkosten, Umzugskosten) nicht[53] zu erstatten. Das Verbleiben in Deutschland mit der Folge, daß der Verdienstausfall nach den hiesigen Maßstäben bis zu Verrentung zu bemessen ist und nicht – wie bei der Rückkehr in die Heimat nur – nach den (wirtschaftlich ungünstigeren) Verhältnissen im Heimatland, ist demgegenüber beachtlich, wenn es (infolge der Heirat) lediglich zufällig dem Schadensereignis nachfolgt, ohne innerlich auf die Schadenshaftung bezogen zu sein. Dies wäre anzunehmen und die Erstattungsfähigkeit damit nicht eingeschränkt, wenn der Arbeitnehmer seine spätere Ehefrau z.B. während des verletzungsbedingten Aufenthalts im Krankenhaus kennengelernt hätte und er wegen des gemeinschaftlichen Haushalts sodann in Deutschland geblieben wäre.

c) Kausalitätszweifel

66

Kommen für eine ungünstige Veränderung **mehrere reale Ursachen** in Betracht, hat die betroffene Person die Kausalität zu einer bestimmten Verknüpfung nachzuweisen.

67
Beispiel 12

> Die betroffene Person hat zu beweisen, daß sie nach einem Verkehrsunfall an der von ihr in Aussicht genommenen Berufschance infolge des Unfalls und nicht infolge einer davon unabhängigen Vorschädigung, z.B. dem ein Jahr vor dem Unfall erlittenen Schlaganfall, gehindert worden ist.[54] Darauf zielen die Behauptung und der Gegeneinwand, daß die Verletzung den bestehenden, vorhandenen Zustand nicht ungünstig beeinflußt habe, z.B. die Arbeitsfähigkeit gar nicht mehr verschlechtert habe.

---

53 Vgl. *OLG Hamburg* NJW-RR 1991, 1431.
54 *BGH* VersR 1987, 179 = NJW 1987, 442 = DAR 1987, 56.

Liegen mehr als 10 Jahre zwischen einem Unfall und der Feststellung der Schwerbehinderteneigenschaft, hat das Versorgungsamt möglicherweise fehlerhafte Feststellungen getroffen und kommen unfallunabhängige Körperschäden hinzu, ist ein Ausgleichsanspruch angesichts eines vorgezogenen Altersruhegeldes gegeben, wenn die unfallbedingte Schädigung jedenfalls mitursächlich geworden ist.[55]	68
Bei mehreren Vorgängen, die jeweils allein den Schaden bewirkt hätten, macht demgegenüber jede Ursache einstandspflichtig (**Doppelkausalität**).[56] Bei der **Gesamtkausalität** selbständiger, kumulativ zusammenwirkender Ereignisse gilt gleiches. Summierte Ursachenketten[57] führen zur Gesamtschuld der Nebentäter.	69
Bei der **alternativen Kausalität** dann, wenn jeder Verhaltensbeitrag geeignet ist, den Schaden allein herbeizuführen, und festgestellt ist, daß einer der Beteiligten (Nebentäter) den Schaden verursacht hat, aber nicht aufgeklärt werden kann, wer den Schaden ganz oder teilweise bewirkt hat (also Urheber- oder Anteilszweifel bestehen), hilft § 830 Abs. 1 Satz 2 BGB der beeinträchtigten Person aus der Beweisnot.[58]	70
Die Frage nach **Zweiteingriffen** betrifft zur Haftung des Erstschädigers vor allem die haftungsausfüllende Kausalität. Der Zweitunfall mit seinen Folgen, der auf nicht ausgeheilte Primärverletzungen nach einem Erstunfall (Ersteingriff) zurückgeht, macht den Erstschädiger ersatzpflichtig.[59] Der Zusammenhang ist nur zu verneinen, wenn die betroffene Person selbst nach dem Erstunfall grob verkehrswidrig handelt und dadurch den Zweitunfall bewirkt. Der Kausalzusammenhang wird dann jedenfalls unterbrochen, wenn die verletzte Person nicht in Panik, Angst und Schrecken versetzt worden ist.	71
Bei einem **Fehlverhalten Dritter**, für das der (Erst-)Schädiger nicht kraft besonderer Normen einzustehen hat, wird regelmäßig die Zurechnung der Folgen zu der (ersten) Schädigungshandlung nicht unterbrochen, wenn dieses Verhalten und der entsprechende Verursachungsanteil bei der zuvor geschaffenen Gefahrenlage erfahrungsgemäß vorkommt. Auch der Vorsatz des Dritten trennt die Zurechnung nicht zwangsläufig, erst der nicht beeinflußbare Exzeß.	72

---

55 *OLG Bamberg* NZV 1996, 316 = VersR 1997, 71, *BGH* NA-Beschl. v. 19.3.1996.
56 *BGH* VersR 1983, 731.
57 *BGH* NJW 1994, 932, 934.
58 Näher *Scheffen/Pardey* in Schadensersatz, Rn. 80 ff.
59 *OLG Hamm* VersR 1995, 545.

73

Beispiel 13

> Der Erstschädiger hat (ggfs. im Rahmen seiner Haftungsquote) den Schaden zu ersetzen, der auf einer ärztlichen Fehlbehandlung nach einem Verkehrsunfall beruht, wenn und soweit kein grober Behandlungsfehler vorliegt.[60] Für die Verteilung im Innenausgleichsverhältnis zwischen dem Erst- und dem Zweitschädiger kommt es auf die jeweiligen Verursachungsbeiträge an mit der Folge, daß der Zweitschädiger intern frei sein kann.[61]

74 Bleibt das Ersterereignis für das Zweitverhalten unerheblich, besteht mit einem nachfolgenden Ereignis ein äußerer, als zufällig zu bewertender Zusammenhang und ist ein mit der früheren Schadenszufügung nicht mehr zusammenhängendes Geschehen in Gang gesetzt, hat der Erstschädiger dagegen nicht für die auf einen Zweiteingriff zurückzuführenden Folgen einzustehen.[62]

75 Die Zurechnung endet also,
- wenn kein einheitliches Schadensrisiko besteht,
- das von dem Ersteingriff her gesetzte **Schadensrisiko abgeklungen** ist,
- die Schadensentwicklung abgeschlossen ist.

76 Zugunsten des **Retters** (Nothelfer)[63] nach Eintritt eines Schadensereignisses, der selbst Nachteile erleidet, greifen deliktische Regeln oder die Maßgaben der Geschäftsführung ohne Auftrag.

77 Der Schädiger, der geltend macht, der Schaden wäre ohnehin aufgrund einer anderen **Reserveursache** eingetreten, hat diesen Einwand zu beweisen.[64] Dies betrifft hypothetische Abläufe, bei denen eine Verletzung auch mit einer anderen, durch einen Unfall und die anschließende Entwicklung abgebrochenen Kausalkette zu erklären sein soll, der Unfall der anderen Kausalverknüpfung bloß zuvor gekommen sei.

78

Beispiel 14

> Der Schädiger hat bei dem Erwerbsschadenverlangen eines verletzten Kindes dessen frühkindliche Geistesschwäche[65] oder bei dem Schmerzensgeldbegehren der verletzten Person die in der Entwicklung befindliche Gehirnerkrankung, die unfallunabhängig zu einer Gehirnblutung und daran anschließend zu weiteren Folgen[66] geführt haben soll, als hypothetische Ursache für den gleichen (Gesundheits-) Schaden zu beweisen.

---

60 *OLG Hamm* NZV 1995, 446 = r+s 1995, 341, *BGH* NA-Beschl. v. 11.7.1995.
61 Vgl. beim Fehler des Arztes als Zweitschädiger *OLG Düsseldorf* NJW-RR 1999, 99.
62 *BGH* VersR 1997, 458 = NJW 1997, 865 = DAR 1997, 157.
63 Zurechnungskriterien schildert *Gehrlein* in VersR 1998, 1330 – 1334; zu Rettungs- und Hilfeleistungskosten nach sozialrechtlichen Regeln *Heinze* in NZV 1994, 49 ff.
64 *BGH* VersR 1982, 348, 350.
65 *OLG Stuttgart* VersR 1989, 643, *BGH* NA-Beschl. v. 31.1.1989.
66 *BGH* VersR 1968, 804, 805.

Gelingt dem Schädiger ein solcher Nachweis, ist die Schadensersatzpflicht nur zu den früher eingetretenen Nachteilen gegeben.[67] Der Schaden ist also nur bis zu dem **Zeitpunkt** zu ersetzen, in dem sonst unfallunabhängig die tatsächlich überholte, bis dahin verdrängte Ursache (Schadensanlage) relevant geworden wäre. Wäre die unfallunabhängige, überholte Krankheit aber zum Stillstand gekommen oder läßt sich dies jedenfalls nach Maßgabe des § 287 ZPO nicht ausschließen, gehen die Zweifel zu der weiteren Entwicklung zu Lasten des Schädigers. Das Risiko dieser eigenen Entwicklung trägt nicht die verletzte Person.

79

Das regelmäßige Ausscheiden aus dem Erwerbsleben ist für die veränderten Einkommensverhältnisse beachtlich. In § 844 Abs. 2 BGB begrenzt das Gesetz ausdrücklich die Ersatzpflicht auf den mutmaßlichen Todeszeitpunkt der unterhaltspflichtigen Person, die getötet worden ist. Die hypothetische Entwicklung – der Wegfall des Unterhaltsanspruches – ist insofern beachtlich.

80

Die individuelle **Konstitution** einer verletzten Person, die den eigentlichen Schaden erst ermöglicht oder verstärkt, ist nicht unter dem Aspekt einer Reserveursache zu untersuchen. Sie ist keine vergleichbare Schadensanlage. Der Schädiger ist vielmehr einstandspflichtig, bei Erwerbsschäden und zum Schmerzensgeld aber mit einem gewissen **Abschlag**. Solche Schadensneigung wird teilweise als Mitursache seitens der verletzten Person verstanden.

81

d) Rechtmäßige Alternative

Mit dem Hinweis auf ein rechtmäßiges **Alternativverhalten** kann der Schädiger geltend machen, daß ein gleicher Schaden/Nachteil auch bei einem (hypothetisch) rechtmäßigen, verkehrsgemäßen, sachangezeigten und deswegen haftungsfrei bleibenden Verhalten bewirkt worden wäre. Dies entlastet ihn aber nicht, wenn der Schutzzweck der verletzten Norm gerade den Eintritt des Nachteils verhindern will. Anders ist es ausnahmsweise, wenn der zugrundeliegende Rechtsverstoß für den weiteren Ablauf wegen einer Schadensanfälligkeit des betroffenen Rechtsguts irrelevant bleibt. Bei Gesundheitsbeeinträchtigungen kann dies mit der Frage zusammentreffen, die zu Reserveursachen bezeichnet ist.

82

---

67 *BGH* NJW 1985, 676, 677, s. auch Rn. 591.

e) Rechtswidrigkeitszusammenhang und Schutzzweck der Norm

83 Auf rechtstheoretische Dogmen zur Unterscheidung zwischen der Schutzzwecklehre und dem Prinzip des Rechtswidrigkeitszusammenhangs kommt es praktisch nicht an. Häufig betrifft der Gesichtspunkt des Schutzzwecks Fragen zur haftungsbegründenden Kausalität. Besonders wichtig wird der Schutzzweck bei der Bestimmung des Umfangs eines zu ersetzenden Schadens.

84 Das Erfordernis des Rechtswidrigkeitszusammenhangs verlangt, daß der zum Ausgleich angemeldete Schaden im Bereich der Folgen liegt, deren Eintritt die Verhaltens- und Haftungsnorm ausschließen will. Bei einer zufälligen, äußeren Verbindung zwischen der von einer Person geschaffenen (abstrakten) Gefahr und einer späteren Beeinträchtigung fehlt es daran. Gesprochen wird dazu auch von der Begrenzung der Haftung durch den Schutzzweck der Norm.

85 Die Haftung nur innerhalb des Schutzzweckes der Norm grenzt die Einstandspflicht des Schädigers auf die Folgen im Bereich der (konkreten) Gefahren ein, auf die die einschlägige Norm oder der Vertrag, um den es geht – z.B. der Behandlungsvertrag mit einem Arzt –, nach dem inneren Gebot oder Verbot (bzw. der Verhaltenspflicht) ausgerichtet ist.

86
Beispiel 15

> Der Schlaganfall wegen der Erregung während der Unfallaufnahme wird dem Unfallverursacher nicht zugerechnet (Rn. 19).
>
> Nach Fehlern während einer vorgeburtlichen Beratung oder beim Abbruch einer Schwangerschaft und zu einer Sterilisation, Familienplanung wird nur zu dem **spezifischen Risiko** gehaftet, das der behandelnde Arzt verhindern sollte und wollte, nicht zur Geburt eines unbeeinträchtigten Kindes schlechthin.[68] Die Mutter, die – bei fehlerhafter vorgeburtlicher Untersuchung oder anderen ärztlichen Fehlern – nach der Geburt des schwerstbehinderten Kindes ihren Beruf aufgibt, kann den Einkommensverlust nicht ersetzt verlangen wie überhaupt der Verdienstausfall für die Zeit der Betreuung des Kindes nicht erstattungsfähig ist.[69] Betreuungs- und Pflegeleistungen werden abgedeckt durch den Ausgleich des Unterhaltsbedarfs in Höhe des doppelten Regelunterhalts, ggfs. neben dem Anspruch wegen des auf einer Behinderung beruhenden Mehrbedarfs.[70] Die Beerdigungskosten als wirtschaftliche Folgen der Geburt eines außer-

---

[68] Zu den schadensrechtlichen Folgen näher *Weber* in VersR 1999, 389 – 401; *Büsken* in VersR 1999, 1076.
[69] *BGH* VersR 1997, 698 = NJW 1997, 1638.
[70] *BGHZ* 86, 240; 89, 95; 124, 128.

> halb des Mutterleibes lebensunfähigen Kindes, die nicht angefallen wären, wenn ein indizierter Schwangerschaftsabbruch nicht unterblieben wäre, sind nicht Gegenstand der innerhalb eines Behandlungsvertrages bestehenden ärztlichen Pflichten.[71]

87

Bei der Gefährdungshaftung gilt in gleicher Weise wie bei der Verschuldenshaftung der Grundsatz, daß eine frühere Gefahrerhöhung irrelevant bleibt, die sich im Augenblick eines Unfalls neutralisiert hat.

88

Innerer Zusammenhang

> Trotz klarer naturwissenschaftlicher Kausalverknüpfung und Adäquanz[72] fehlt es an einem haftungsbegründenden, inneren Zusammenhang zwischen der Überschreitung einer zulässigen Geschwindigkeit und einem Unfall, wenn sich nicht die Gefahr auswirkt, die der Fahrer gem. § 3 StVO im kritischen Moment (zur Zeit der kritischen Verkehrslage) zu vermeiden gehabt hat.[73]

89

Alle Folgen mit einer bloß zufälligen äußeren Verbindung zur Verletzung verbleiben bei der verletzten Person, ohne den Schädiger in Anspruch nehmen zu können, wenn und weil sich das allgemeine **Lebensrisiko** realisiert. Außergewöhnliche Folgen nach einer Schädigungshandlung mit Primärschädigung werden von einer Einstandspflicht des Schädigers ausgenommen.

90

Beispiel 16

> Wird einige Zeit nach einem Unfall bei verschiedenen ärztlichen Untersuchungen eine Erkrankung entdeckt, die mit den unfallbedingten Verletzungen nicht zusammenhängt, aber im zeitlichen Kontext zu Einkommensverlusten wegen vorzeitiger Pensionierung führt, bleibt die verletzte Person ersatzlos. § 823 Abs. 1 BGB will nicht verhindern und davor schützen, daß bis zu der Gesundheitsverletzung unerkannte Erkrankungen weiterhin verborgen bleiben.[74]

> Vor Behandlungserschwernissen und Komplikationen infolge der Alkoholkrankheit schützt § 823 Abs. 1 BGB nicht, anders als bei Erschwernissen infolge Bluterkrankheit[75] und beim Hervortreten einer Penicillinunverträglichkeit.[76] Die Beachtung des Alkoholverbots ist keine Auswirkung des Unfalls, sondern eine Gefahr aus dem Bereich der allgemeinen Lebensrisiken. Erhöhte Heilbehandlungskosten und erhöhter Verdienst-

---

71 *OLG Düsseldorf* NJW 1995, 3059.
72 *BGH* NJW 1986, 1329, 1331.
73 *BGH* VersR 1987, 821 = NJW 1988, 58 = DAR 1987, 265.
74 *BGH* VersR 1968, 800 = NJW 1968, 2287.
75 *OLG Koblenz* VersR 1987, 1225 = VRS 72, 403.
76 *OLG Hamm* VersR 1997, 330.

> ausfall eines Unfallverletzten, die der alkoholkranken Person wegen des Alkoholverbots und -entzugs in einem Krankenhaus entstehen, sind vom Schädiger trotz adäquater Kausalität deswegen nicht auszugleichen.[77]

91 Das durch eine schädigende Handlung **aktivierte Leiden**, die Aktivierung der bestehenden Schadensanlage ändert an der haftungsrechtlichen Zurechnung[78] des Schadens auch (s. schon Rn. 53, 81) unter dem Aspekt des Schutzbereichs der Haftungsnorm nichts.

2. Darlegungs- und Beweislast, Erleichterungen

92 Die Darlegungs- und Beweislast zu allen anspruchsvoraussetzenden Merkmalen bestimmt sich nach der Anspruchslage und den einschlägigen materiellen Pflichtenstellungen. Wer einen Anspruch geltend macht, trägt die Darlegungs- und Beweislast für die anspruchsbegründenden Tatsachen. Der Gegner hat die anspruchshindernden, anspruchsvernichtenden und anspruchshemmenden Tatsachen darzulegen und zu beweisen.

93 Der Nachweis der schädigenden Handlung oder Unterlassung und des Zusammenhangs mit dem ersten Verletzungserfolg, der **Primärschädigung**, unterliegt dem Beweismaß des § 286 ZPO.

94
Beispiel 17
> Stehen haftungsbegründende psychische Folgen infrage, genügt die Schilderung, die betroffene Person habe tagelang nach dem Desaster geweint, sie habe wochenlang über das Ereignis nicht sprechen können, ohne Weinkrämpfe zu bekommen, sie sei nervlich total am Ende gewesen, sie habe einen seelischen Schock bekommen, schon nicht den Anforderungen an einen nachvollziehbaren Vortrag zur Primarbeeinträchtigung.[79]
>
> Die pränatale Schädigung des Embryos bei einem Verkehrsunfall oder aufgrund eines Verkehrsunfalls[80] unterliegt dem Nachweisgebot des § 286 ZPO. Erst die Folgeerkrankung ist nach § 287 ZPO einzuschätzen, s. auch Rn. 115.
>
> Bei der Hirnschädigung[81] nach einer ärztlichen Fehlbehandlung der Kindesmutter durch einen **Geburtshelfer** wegen eines zu spät durchgeführten Kaiserschnitts geht es für das Kind zunächst um die Frage nach dem

---

77 *OLG Braunschweig* VersR 1996, 715.
78 *OLG München* VersR 1991, 1391 = r+s 1991, 18.
79 *OLG Saarbrücken* NJW 1998, 2912.
80 *OLG Hamm* DAR 1999, 260.
81 *BGH* NJW 1998, 3417 = ZfS 1998, 414.

> Primärschaden. Zu der ersten Verletzungsfolge gehört die konkrete Ausprägung des Hirnschadens als Beeinträchtigung des gesundheitlichen Befindens des Kindes, z.B. die Frage nach hirnorganischen Funktionsstörungen, nach Verhaltensstörungen. Denn die Behandlung, zu der ein Erfolg nicht geschuldet wird, bedeutet keinen Nachteil. Der Zusammenhang zwischen der fehlerhaften Behandlung durch einen **Masseur** und Gesundheitsschäden[82] muß mit einem für das praktische Leben brauchbaren Grad an Gewißheit nachgewiesen sein.
>
> Bei 3 km/h Aufprallgeschwindigkeit prüft das *OLG Hamm*[83] eine an Sicherheit grenzende Wahrscheinlichkeit dafür, ob eine HWS-Verletzung bei dem Unfall erlitten sein kann, weil sonst im konkreten Fall eine Primärschädigung nicht zu erkennen gewesen wäre.

95 Das Maß des § 286 ZPO verlangt die an **Gewißheit** grenzende Sicherheit als eine jeden vernünftigen Zweifel ausschließende, der gewöhnlichen Lebenserfahrung entsprechende Wahrscheinlichkeit. Diese muß u.U. medizinisch wissenschaftlichen Kriterien standhalten, ohne daß wissenschaftliche und tatrichterliche Zweifel – denen die tatrichterliche Gewißheit „Schweigen gebietet" – völlig ausgeschlossen werden müssen. Vermutungen und Unterstellungen des Tatrichters (z.B. zu einem Unfallhergang) reichen aber nicht. § 286 ZPO kann gebieten, die **Sachaufklärung** mit Hilfe eines Sachverständigen, durch Anhörung der Beteiligten und Vernehmung von Zeugen durchzuführen.[84]

96 **Beweiserleichterungen** helfen der betroffenen Person verschiedentlich.

97
Beispiel 18
> Für den ursächlichen Zusammenhang zwischen dem Versagen eines Arztes und einem Gesundheitsschaden kommt es zur Erleichterung bis hin zur Umkehr der Beweislast beim Nachweis eines – in der juristischen Bewertung – groben Behandlungsfehlers. Die Annahme eines groben Behandlungsfehlers setzt ihrerseits den Nachweis voraus, daß der Arzt eindeutig gegen bewährte ärztliche Behandlungsregeln oder gesicherte medizinische Erkenntnisse verstoßen oder einen Fehler begangen hat, der aus objektiver Sicht unverständlich ist, weil er einem Arzt schlechterdings nicht unterlaufen darf.[85] Für Folgeschäden gelten diese Beweiserleichterungen nicht.[86] Es gilt dann aber das Beweismaß des § 287 ZPO.

---

82 *BGH* VersR 1989, 758.
83 OLGR 1998, 312 = ZfS 1198, 461 = VersR 1999, 990 = r+s 1998, 326. Selbst bei dem Maß des § 287 ZPO reichte dort der Vortrag des Anspruchstellers nicht zur Durchsetzung eines Ersatzanspruches aus.
84 *BGH* NJW 1999, 1860 = VersR 1999, 644.
85 *BGHZ* 138, 1; *BGH* NJW 1999, 862 = VersR 1999, 231.
86 *OLG Oldenburg* VersR 1999, 317 = NJWE-VHR 1998, 139.

> Der Verstoß gegen die Pflicht zur Erhebung und Sicherung medizinischer Befunde[87] sowie zur ordnungsgemäßen Aufbewahrung der Befundträger erleichtert bei hinreichender Wahrscheinlichkeit – nur – den Beweis für den Schluß auf ein reaktionspflichtiges positives Befundergebnis, nicht auf die Ursächlichkeit eines (Gesundheits-)Schadens. Erst wenn auf einen groben Behandlungsfehler zu schließen ist, weil die Verkennung des Befundes fundamental oder die Nichtreaktion grob fehlerhaft gewesen wäre, kommt es wieder zur Beweiserleichterung für die Kausalität.

98 Über einen **Anschein** bei Erfahrungssätzen mit Typizität ist die Beweisführung erleichtert zur Kausalität oder zum Verschulden. Solche Beweisgrundsätze gelten, wenn sich unter Berücksichtigung aller unstreitigen und festgestellten Einzelumstände und besonderen Merkmalen eines Vorgangs ein für die zu beweisende Tatsache nach der Lebenserfahrung typischer Geschehensablauf ergibt. Dann ist eine entsprechende Schlußfolgerung (bei einer tatsächlichen Vermutung) gerechtfertigt, solange keine ernsthafte Möglichkeit eines abweichenden Geschehensablaufs dargetan ist.

99
Beispiel 19

> Ist ein Unfallgeschehen typisch dafür, daß derjenige Verkehrsteilnehmer, der mit seinem Fahrzeug auf ein vorausfahrendes Fahrzeug aufgefahren ist, schuldhaft gehandelt haben muß (weil er unaufmerksam gewesen oder ohne ausreichenden Sicherheitsabstand gefahren ist), ist der Schluß auf das Verschulden gerechtfertigt. Besteht aber die ernsthafte Möglichkeit, daß der vorausfahrende Fahrer seinerseits aufgefahren ist und dadurch eine unvermutete Verkürzung für den nachfolgenden Fahrer hervorgerufen worden sein kann, kann die Schuldannahme fraglich sein.[88]

100 Bei zwei möglichen, typischen Geschehensabläufen ist kein Raum für den Anscheinsbeweis, wenn der Schädiger nur bei einem der Abläufe haften würde.[89] Fehlt es an Typiziät, muß nicht erst die Gegenseite diesen entkräften.

101
Kein Anscheinsbeweis

> Ist ein Auffahren möglich aber ebenso ein Spurwechsel des Vorausfahrenden mit Bremsverzögerung[90], fehlt es an der Basis für einen Anscheinsbeweis. Steht die Kollision mit dem vorausfahrenden Fahrzeug fest, entfällt ein typischer Ablauf als Grundlage für den Anschein mit Schluß auf

---

87 *BGH* VersR 1999, 1282.
88 Gegen Erschütterung des Anscheins insoweit *KG* DAR 1995, 482.
89 *OLG Hamm* r+s 1998, 193.
90 *OLG Hamm* MDR 1998, 712.

> ein Auffahrverschulden jedenfalls beim Kolonnenverkehr unter Wahrung der Regeln für das Verhalten innerhalb einer Kolonne.[91]

102 Für ein vorsätzliches Verhalten gibt es keinen Anschein. Auf den Vorsatz ist aus den äußeren Umständen zu schließen. So können sich die subjektiven Vorstellungen z.B. aus der Intensität und Gefährlichkeit eines Angriffs mit ausreichender Sicherheit ergeben, auch dazu, daß ein bedingter Vorsatz bei einer Körperverletzung die Verletzungsfolgen umfaßt.[92]

103 Die **Erfahrung** kann auch **gegen** eine **Kausalverknüpfung** sprechen.

104
Beispiel 20
> Nach gesicherten medizinischen Erkenntnissen macht sich eine leichtere Verletzung der Halbswirbelsäule innerhalb von längstens drei Tagen schmerzhaft bemerkbar. Dies schließt es aus, für später auftretende Beschwerden einen Ursachenzusammenhang mit einem Unfall über die Grundsätze des Anscheinsbeweises herzustellen.[93] Bei einer Kollisionsgeschwindigkeit von 6 km/h[94] ist die biomechanische Insassenbelastung so gering, daß es aus orthopädischer Sicht nicht vorstellbar ist, daß die Halbswirbelsäule dabei geschädigt werden kann. Bei Differenzgeschwindigkeiten von unter 8 km/h wird die biomechanische Belastungsgrenze von 5g nicht erreicht, ab der es durch Hyperflexion der Wirbelsäule zu HWS-Schleudertraumen kommen kann.[95] Es wird sogar bei einer kollisionsbedingten Geschwindigkeitsänderung unter 10 km/h die Entstehung eines HWS-Schleudertraumas auszuschließen sein (**Harmlosigkeitsgrenze**), jedenfalls einer besonderen Konstellation bedürfen[96] und bei der Differenzgeschwindigkeit bis 15 km/h[97] ebenso des Nachweises näherer Umstände bedürfen. Die nicht näher begründete ärztliche Diagnose reicht zur Überzeugungsbildung nicht.[98]

105 Der beeinträchtigten Person kommt zugute, daß dann, wenn es ihr an der Kenntnis von Einzeltatsachen mangelt, die nur bei einem besonders Sachkundigen vorhanden ist, von ihr **vermutete Tatsachen** als Behauptung eingeführt werden dürfen. Dies läuft nicht auf eine unstatthafte Ausforschung hinaus.[99]

---

91 *OLG Düsseldorf* VersR 1999, 729, 739.
92 Wie es zum Haftpflichtversicherungsschutz (§ 4 AHB, § 152 VVG) bedeutsam ist, *OLG Köln* NVersZ 1999, 288.
93 *OLG Karlsruhe* VersR 1998, 1041, NZV 1998, 153 = NJWE-VHR 1998, 84.
94 *OLG Hamm* r+s 1998, 325 mit *BGH* NA-Beschl. v. 13.1.1998; zum HWS-Schleudertrauma im Haftpflichtprozeß eingehend *Ziegert* in DAR 1998, 336 – 342.
95 *LG Heilbronn* NJW-RR 1998, 1555 = ZfS 1998, 173.
96 *OLG Hamburg* NZV 1998, 415; *OLG Karlsruhe* ZfS 1998, 375.
97 *OLG Hamm* NJW-RR 1999, 821 = NZV 1999, 292.
98 *OLG Frankfurt* NJW-RR 1999, 822.
99 *BGH* NJW 1995, 1160 = VersR 1995, 433.

Umfang des Ersatzes

106 Der Schadensbegriff des Haftungsrechts bedingt eine **Beweisnot** der beeinträchtigten Person. Mit dem Beweismaß des § 286 ZPO lassen sich die nicht realen Ereignisse, Vorgänge, Abläufe und Zusammenhänge, die gem. §§ 252 Satz 1, 842, 843, 844 BGB und den Parallelnormen maßgebend sind, nicht feststellen. Persönliche Entschlüsse und Einflüsse zum Lebensweg, zum Lebensstil, zu Lebensgewohnheiten verlangen Prognosen und Wahrscheinlichkeiten unterhalb einer Gewißheit. Unsicherheitsfaktoren zur beruflichen Entwicklung[100], zu Arbeitszeiten, Vergütungen, Verhältnisanteilen müssen bewältigt werden.

107 Die sachnotwendige **Beweiserleichterung** verwirklichen § 252 Satz 2 BGB und § 287 ZPO aus Billigkeitsgründen. Diese Normen verhindern, daß materiell berechtigte Ansprüche an prozessualen Anforderungen scheitern. Das Beweismaß wird reduziert, das Beweisverfahren (die Beweisaufnahme) nach dem Ermessen des Gerichts freier gestaltet. Sachlich gerechtfertigt ist dies, weil der Schädiger die andere Person in die Situation gebracht hat, in der die beweisrechtlichen Probleme auftreten.

108 Es geht nicht um eine Billigkeitsentscheidung zum Schaden oder gar darum, Ersatzansprüche nach Billigkeit zu gewähren.

109 Letztlich kommt es vielmehr zu einer **Plausibilitätsbeurteilung** und zwar zur gesamten Weiterentwicklung des Schadens, zur Frage nach Spät- und Folgeschäden im Anschluß an eine Primärverletzung, zu den wirtschaftlichen Nachteilen im engeren Sinn und weit darüber hinaus.

110 Im Geltungsbereich dieser Normen ist also zu beurteilen,
- ob und welche nachteiligen Folgen durch einen Pflichtenverstoß entstanden sind,
- ob und inwieweit ein Erwerbsausfallschaden (Verdienstausfall, Gewinnentgang, Haushaltsführungsschaden) oder ein Unterhaltsschaden besteht.

Schadensermittlung

111 Ein Verdienstausfall, ein Haushaltsführungsschaden kann seinem Umfang nach in diesem Sinn nicht „errechnet" werden. Er ist zu „ermitteln".

TIP
Anspruchsverluste vermeiden durch Beachtung des § 287 ZPO

112 Häufig hängt der Erfolg eines Schadensersatzbegehrens davon ab, die Reichweite und Kraft des § 286 ZPO einzugrenzen gegenüber der Wirkung und Stärke des § 287 ZPO mit der Einschätzung der ersatzfähigen Nachteile.

---

100 Zur Schätzung des Erwerbsschadens eines Kindes *Scheffen/Pardey* a.a.O. Rn. 524 ff.

Beispiel 21

Ob Beschwerden und Schmerzen im HWS- und LWS-Bereich auf einen Unfall zurückzuführen sind, ist eine Frage der haftungsausfüllenden Kausalität. Dann genügt wegen § 287 ZPO die Feststellung, daß die Unfallursächlichkeit der Beschwerden wahrscheinlicher ist als die Unfallunabhängigkeit[101], wenn die Primärverletzung feststeht.

Bei einem 23-jährigen, der wechselnden Tätigkeiten nachgegangen und zeitweise arbeitslos gewesen ist, ist nicht schlicht darauf zu schließen, er würde ohnehin, unabhängig von seiner Verletzung und dem Haftungsereignis in der Zukunft keine Erwerbseinkünfte erzielt haben.[102] Ergeben sich zur hypothetischen beruflichen Entwicklung hinreichende Anhaltspunkte weder für einen Erfolg noch für einen Mißerfolg, ist von einem durchschnittlichen Erfolg auszugehen (Rn. 722).

Beispiel 22
Geltungsbereich des § 286 ZPO und des § 287 ZPO

Gegenstand des Nachweisgebotes i.S.d. § 286 ZPO	Erleichterungen für die Darlegung (§ 287 ZPO)	Fundstelle
Auffahrunfall	HWS – Schleudertrauma, Hirnschädigung	*BGH* VersR 1987, 310 =NJW-RR 1987, 339
Gefahrbremsung	Fehlgeburt	*LG Berlin* NZV 1997, 45
Notbremsung	darauf beruhende Knieverletzung und Erwerbseinbuße	*BGH* VersR 1983, 985
Unfallgeschehen	kausaler Hirninfarkt	*OLG Celle* VersR 1980, 534

Beispiel 23
Verknüpfung: Primärverletzung – weitere Folgen

Gegenstand des Nachweisgebotes i.S.d. § 286 ZPO	Erleichterungen für die Darlegung (§ 287 ZPO)	Fundstelle
Faustschläge auf den Kopf	Gefäßruptur infolge der Faustschläge, Todesfolge	*BGH* VersR 1993, 55
Kopfverletzung	Verminderung der Sehfähigkeit	*OLG Zweibrücken* NJW-RR 1989, 221
Körperverletzung	Einschränkung der Leistungsfähigkeit im Haushalt	

---

101 *OLG Hamm* NJWE-VHR 1996, 61.
102 *BGH* VersR 1995, 422 = NJW 1995, 1023 = DAR 1995, 248.

Körperverletzung	Psychische Folgen, weitere Beeinträchtigungen	
Körper-, Unfallverletzung	Fortkommensschaden, immaterielle Nachteile	*BGH* NJW-RR 1989, 606
Körper-, Unfallverletzung	Heimaufenthalt, -unterbringung	*BGH* VersR 1995, 681 = NJW 1995, 1619 = ZfS 1995, 412
Minderdurchblutung der Placenta bei einem Verkehrsunfall	Hirnschädigung des danach geborenen Kindes[103]	
(Unachtsames) Öffnen der Beifahrertür, anschließender Sturz des herannahenden Radfahrers	multiple Prellungen, Schädelprellung, Gehirnerschütterung, HWS-Schleudertrauma, Felsenbeinfraktur mit Blutung im rechten Ohr, Infraktion der linken Schädelseite, kausaler Verdienstausfall	*OLG München* VersR 1996, 1036 = r+s 1996, 53, *BGH* NA-Beschl. v. 7.11.1995
Abgeheilte Primärverletzung	Psychische Erkrankung, Erwerbsunfähigkeit	*OLG Köln* VersR 1998, 1247

116
Beispiel 24
Arzthaftung

Gegenstand des Nachweisgebotes i.S.d. § 286 ZPO	Erleichterungen für die Darlegung (§ 287 ZPO)	Fundstelle
Unterlassener ärztlicher Hinweis bei Frakturbehandlung nach Treppensturz, darauf beruhende Gelenksarthrose	Gehbehinderung, Behinderung zur Erwerbsfähigkeit	*BGH* VersR 1986, 1121 = NJW 1987, 705
Ärztliche Behandlung, Übersehen, Radiusköpfchenluxation	Infektion, Amputation des Unterschenkels, verzögerte Korrektur, Bewegungseinschränkung Ellenbogengelenk	*OLG Oldenburg* NJWE-VHR 1998, 63

---

103 S. aber Rn. 94.

Gegenstand des Nachweisgebotes i.S.d. § 286 ZPO	Erleichterungen für die Darlegung (§ 287 ZPO)	Fundstelle
Konkrete Ausgestaltung des Gesundheitsschadens[104], Dauerhaftigkeit der Beschädigung	Invalidität	*BGH* NJWE-VHR 1998, 51

117

Beispiel 25
Unfallversicherung

§ 287 ZPO und § 252 BGB (näher Rn. 715 ff.) erleichtern wesentlich die Darlegung und **Substantiierung** eines jeden Nachteils. Eine mehr als konkrete Darstellung dürfen Schädiger, Haftpflichtversicherungen und Gerichte nicht verlangen. So sind in einem gerichtlichen Streitverfahren keine zu hohen Anforderungen an den Sachvortrag der verletzten Person, insbesondere zu den erforderlichen Prognosen, Schätzungen zu stellen.[105] Wegen eines lückenhaften Vortrags zur Schadensentstehung und -höhe darf die Schadensersatzklage nicht abgewiesen werden, solange greifbare Anhaltspunkte für eine Schadensschätzung vorhanden sind. Die klagende Partei darf aber auch nicht auf jeden näheren Vortrag zur Schadensentstehung und -höhe verzichten. Es sind vielmehr aussagekräftige Anhaltspunkte für eine Schätzung darzulegen. Stets sind die Bemessungsgrundlagen zu beschreiben, die Größenordnung des geltend gemachten Anspruchs und alle zur Fixierung des Anspruchs notwendigen tatsächlichen Umstände[106] sind mitzuteilen. Bei einem Rentenverlangen sind die Zeitgrenzen anzugeben (Rn. 284 ff.).

118

Wird es versäumt, Umstände vorzutragen, die die Vorstellungen zur Schadenshöhe rechtfertigen, kann die beeinträchtigte Person nur eine **Mindestschätzung** erreichen. Die Mindesteinschätzung eines Nachteils hat auf der Grundlage feststehender Beeinträchtigungen anhand greifbarer, plausibler Anhaltspunkte[107] zu erfolgen. Das klageweise geltendgemachte Ersatzbegehren darf nur dann voll abgewiesen werden, wenn die Schätzung ganz in der Luft hängen würde, jeder konkrete Anhalt fehlt.[108]

119

---

104 S. zum Nachweis des von außen auf den Körper wirkenden plötzlichen Ereignisses mit Anstoß an einen Gegenstand und anschließender Blutung in die Hirnwasserräume *OLG Koblenz* r+s 1999, 348.
105 *BGH* VersR 1998, 772 = NJW 1998, 1634 (Selbständige).
106 *BGHZ* 45, 91, 93 = NJW 1966, 780.
107 *BGH* VersR 1989, 857.
108 *BGH* NJW-RR 1992, 202.

120 Bei alledem kann die beeinträchtigte Person nur solange mit einem Entgegenkommen bei der Schätzung rechnen, das den Schädiger wegen seiner Einstandspflicht (zum Haftungsgrund) nicht unbillig belastet, solange die Beweisnot aus von ihr nicht zu vertretenden Gründen erwächst, ihr also der Beweis unzumutbar erschwert oder unmöglich ist.

121

Mitwirkung an Aufklärung

Derjenige, der an der Aufklärung – insbesondere bei Fragen zum Erwerbs-, Unterhaltsschaden – nicht wirklich mitwirkt, sondern sich eher einer Feststellung im einzelnen zu entziehen sucht, kann ebenso wie derjenige, der mögliche und zumutbare Feststellungen verhindert, zu seinen Gunsten die Schätzung des Schadens oder von Schadensanteilen nicht erwarten.

122

Beispiel 26

Zeigt sich bei einem Fahrzeugschaden, daß nicht alle Schäden auf das Unfallereignis zurückzuführen sind, und macht der Anspruchsteller zu den nicht kompatiblen Schäden keine Angaben oder bestreitet er Vorschäden, erhält er auch keinen Ersatz für die Schäden, die dem Unfallereignis zugeordnet werden können.[109] Argumentativ wird dazu angeführt, daß sich dann nicht ausschließen läßt, daß bereits erhebliche Vorschäden vorhanden gewesen sind und/oder jetzt kompatible Schäden doch schon durch das frühere Ereignis verursacht worden sind.

123 Selbstverständlich hat die **Schädigerseite** Anspruch auf **Einblick** in alle konkrete Daten, die einer Schadensberechnung zugrundegelegt werden sollen.[110]

124 Zur Abklärung von Befunden ist beim Personenschaden jedenfalls dann, wenn der Verlust des Beweismittels droht, das **selbständige Beweisverfahren** – zur Sicherung des Beweises (§ 485 Abs. 1 ZPO) mit Feststellungen zu Gesundheitsschäden und der Kausalität[111] – zuzulassen und einzuleiten.[112]

---

109 *OLG Köln* VersR 1999, 865, OLGR 1996, 202.
110 *BGH* VersR 1988, 837, 838 = NJW 1988, 3016 = DAR 1988, 268.
111 Für Zulässigkeit des Verfahrens auch zur Klärung eines Behandlungsfehlers *OLG Karlsruhe* VersR 1999, 887, *OLG Stuttgart* NJW 1999, 874 gegen *OLG Köln* VersR 1998, 1420.
112 Zur Erstattungsfähigkeit von Gerichtskosten *OLG Hamburg* MDR 1999, 765; zur Entstehung und Erstattung der Gebühren *OLG Hamburg* MDR 1999, 765.

3. Naturalrestitution, Wertersatz

a) Sachschaden[113]

Bei der Beschädigung einer Sache schuldet der Schädiger primär die **Wiederherstellung** im Interesse des Geschädigten an der Integrität des geschützten Rechtsgutes. Die Naturalherstellung setzt voraus, daß sie (noch) möglich ist. Bei der Veräußerung des unreparierten Fahrzeugs ist dies z.B. über den Reparaturaufwand nicht der Fall.

125

Der Herstellungsanspruch hat zwei **Formen**:

126

- § 249 S. 1 BGB verpflichtet, den Zustand herzustellen, der ohne das schädigende Ereignis bestehen würde, und nicht bloß, den Zustand vor diesem Ereignis wiederherzustellen.[114]
- § 249 S. 2 BGB stellt auf die Notwendigkeit eines Geldaufwandes zur Herstellung ab und läßt deswegen (z.B.) die Reparaturkosten für ein unfallbeschädigtes Fahrzeug nach dem Maß des fachgerecht erforderlichen Reparaturaufwandes[115] ausgleichen, selbst wenn die Reparatur nicht durchgeführt wird, oder führt auch zum Ausgleich für die Ersatzbeschaffung eines gleichwertigen Fahrzeugs (jedenfalls bei unfallbeschädigten neuen Fahrzeugen).

Bei der **Eigenreparatur** des unfallgeschädigten PKW wird an geschätzte Reparaturkosten als den zur Herstellung erforderlichen Geldbetrag[116] angeknüpft. Der zu ersetzende Betrag ist nach objektiven Kriterien zu bestimmen, losgelöst von real aufgewendeten Beträgen, auch wenn der Schaden subjektbezogen nach den individuellen Belangen des Geschädigten zu bemessen ist. **Maß** des Schadensersatzes ist der Aufwand für die Instandsetzung in einer Fachwerkstatt und zwar wegen des realisierten Integritätsinteresses des Geschädigten selbst dann, wenn der Toleranzbereich von 130 % des Wiederbeschaffungswertes – auch bei ge-

127

---

113 Zu den einzelnen Sachschadenspositionen beim Kraftfahrzeug einführend *Kirchhoff* in MDR 1999, 273 – 280.
114 Auf die Naturalrestitution kommt es z.B. beim Anspruch des Käufers aus § 463 BGB nicht an. Dort geht es schlicht um die Differenz zwischen dem Wert der mangelhaften Sache und dem Wert der Sache im mangelfreien Zustand.
115 Für das verletzte Rennpferd sind die Kosten der Wiederherstellung der Renntauglichkeit, nicht Kosten der Unterbringung und Fütterung zu ersetzen, *OLG Hamm* NJW-RR 1998, 957, 958.
116 *BGH* ZfS 1992, 156 = DAR 1992, 259 = VersR 1992, 710 = NJW 1992, 1618 = NZV 1992, 273.

werblich genutzten Fahrzeugen[117] – durch die Reparaturkosten nicht überschritten wird. Die Toleranzschwelle ist durch den Vergleich zwischen dem Reparaturaufwand (Reparaturkosten und Minderwert) einerseits und dem Wiederbeschaffungsaufwand[118] (Wiederbeschaffungswert abzüglich Restwert) andererseits zu errechnen.

128
Zeitaufwand

> Nicht entschädigt wird (neben den eingesetzten Ersatzteilkosten) die aufgewendete (Arbeits-, Frei-) Zeit.

129 Ggfs. ist der erstattungsfähige Betrag auf der Grundlage eines Sachverständigengutachtens zur Höhe der voraussichtlichen Reparaturkosten zu ermitteln. Dabei darf der Geschädigte insoweit „verdienen", als er seine eigenen Anstrengungen geldwert ausgeglichen erhält. Umgekehrt ist es dem Inhaber einer kommerziellen Reparaturwerkstatt nach dem Unfall des eigenen Kfz aber nicht zuzumuten, die Herstellungsarbeiten unter Verzicht auf Kapazitäten und einen Gewinn bei der Übernahme von Fremdarbeiten selbst durchzuführen.[119]

130 **Nebenkosten** der Herstellung können der Geldaufwand für das Abschleppen, die Überführung, die Zulassung sein (s. auch Rn. 181 ff.). Der Verlust des Tankinhalts z.B. kann weitere Schadensfolge sein. Bei der Inanspruchnahme der eigenen Kaskoversicherung durch die geschädigte Person führt die zusätzliche Belastung mit Versicherungsprämien – ggfs. in Höhe der Haftungsquote[120] – zu einem ersatzfähigen **Sachfolgeschaden**, für die Zukunft nach Schluß der mündlichen Verhandlung abzusichern und geltend zu machen mit der Feststellungsklage.[121] Widerspricht die Einschaltung dieser Versicherung der Schadensminderungspflicht, schließt § 254 BGB den Ausgleich des Prämiennachteils aus. Anders stellt es sich bei der Haftpflichtversicherung[122] und dort auch beim Innenausgleich über § 426 BGB zwischen mehreren Schädigern dar, weil die Folgen einer Rückstufung in der Schadensklasse eine Auswirkung des Versicherungsfalles und der Inanspruchnahme wegen eines fremden Schadens ist, nicht wegen eines eigenen Schadens(falles) anfällt. Abweichendes kann sich bei der Regulierung von Vermögensnachteilen auf der Basis vertragsrechtlicher Ersatzregelungen ergeben.

---

117 *BGH* NJW 1999, 500 = VersR 1999, 245; *OLG Hamm* VersR 1999, 330.
118 Beachte dazu *OLG Hamm* r+s 1999, 326 m.w.Nachw.
119 *OLG Düsseldorf* NJW-RR 1994, 1375.
120 *LG Wiesbaden* DAR 1998, 395.
121 *BGH* VersR 1992, 244 = NZV 1992, 107 = ZfS 1992, 48, *Schmalzl* in VersR 1992, 677.
122 *BGH* VersR 1978, 235.

Ggfs. hat der Schädiger das **Wertinteresse** zu ersetzen.   131

Bei der Beeinträchtigung von Handwerksarbeiten, Kunsthandwerkerprodukten, **Hobbyarbeiten**, Bastel- oder Strickerzeugnissen u. dergl. ist die Berechnung eines Anspruchs nach §§ 823 Abs. 1 (Eigentum, Besitz), 249, 251 BGB schwierig. Der Markt- und Geldwert der Gegenstände, die vielfach in Eigenarbeit während der nicht zur Erzielung von Einnahmen bestimmten Zeit hergestellt werden, führt insofern vom **Ergebnis der Freizeitarbeit** her – also über den Sachbezug der Arbeitsleistung – zu einem vermögensrechtlichen Ausgleich.   132

> Bei der Zerstörung eines in der Freizeit hergestellten Bastlerstücks stellte das *OLG Köln*[123] auf den Materialwert von 7.500 DM ab, den der Schädiger ersetzen mußte. Das *LG* hatte die aufgewandten Arbeitsstunden nach tariflichen Maßstäben herangezogen. Der *BGH*[124] hat i.S.d. § 249 S. 1 BGB den Wiederherstellungsaufwand nicht akzeptiert, zu dem zunächst 90.000 DM angegeben und zuletzt 49.000 DM gefordert worden sind. Da das Bastlerstück, ein schwimmfähiges Torpedoboot, ein Unikat war, hält der *BGH* die Herstellung durch Beschaffung einer gleichartigen oder gleichwertigen Sache nicht für möglich. Daraus leitet er her, ein Anspruch nach § 251 Abs. 1 BGB könne – mit den Grenzen des § 251 Abs. 2 BGB, die auch ideelle Interessen aufnehmen – nur zum Wertinteresse maßgebend sein. Der Geldwert des Ergebnisses der eigenen Leistung (dem Boot) soll nach seiner Ansicht höher sein können als die Materialkosten, u.U. sogar höher als die Summe aus dem Material und den aufgewandten Stunden. Die Verkehrsanschauung zur Bewertung des Modellbootes in Geld ist für ausschlaggebend erachtet worden. **Indikatoren** meint der *BGH* über einen Vergleich zwischen (mindestens) dem Marktpreis ähnlicher Standmodelle und (als Anhaltspunkt) dem Preis für ein vergleichbares gewerblich produziertes Schiffsmodell sowie (eventuell höchstens) einem auf Bestellung durch einen Gewerbebetrieb produzierten Modell (mit Fremdkosten, der Ersatzbeschaffung) finden lassen zu können.

133
Beispiel 27

b) Personenschaden

Der direkte Personenschaden ist immateriell.   134

Die Vermögensnachteile der **verletzten Person**, die häufig ebenfalls als Personenschaden bezeichnet werden, sind gem. § 249 BGB erstattungsfähig. Die Naturalrestitution findet sich bei der Verletzung von Körper   135

---

123 *OLG Köln* VersR 1983, 377.

oder Gesundheit primär als medizinische Rehabilitation und auch in einer beruflichen, sozialen Restitution.

136 Bei **Tötung** steht der direkt ausgelöste Schaden der Wiedergutmachung nicht offen. § 249 S. 2 BGB mit dem vorrangigen Schutz und der Erstattung des von der tatsächlichen Schadensentwicklung abgekoppelten, erforderlichen Herstellungsaufwandes paßt auf den ersatzfähigen Unterhaltsschaden nicht.

137
Unterhaltsschaden

> Der Ersatz des Unterhaltsschadens ist unabhängig von den allgemeinen schadensrechtlichen Vorschriften (§§ 249 ff BGB) abzurechnen.[125]

c) Zeitpunkte der Schadensbestimmung

138 Der **Anspruch** wegen eines Erwerbsausfall- oder Unterhaltsschadens und zu den anderen Schadensgruppen **entsteht** seinem Rechtsgrund nach mit der Beeinträchtigung. Wie zum Beginn der Verjährung wesentlich ist, entsteht ein Anspruch i.S.d. § 198 BGB dagegen erst mit der Fälligkeit.[126]

139 Ob die Naturalrestitution möglich erscheint oder nicht, bestimmen die Verhältnisse[127] im Zeitpunkt des Schadenseintritts.

140 Der für die **Wertermittlung** i.S.d. § 249 Satz 2 BGB maßgebende Zeitpunkt ist grundsätzlich der Zeitpunkt des Haftungsereignisses. Preissteigerungen und Wertveränderungen zwischen diesem Ereignis und der letzten mündlichen Verhandlung gehen aber zu Lasten des Schädigers.[128] Der aufzubringende (erforderliche) Geldbetrag ist nach den Umständen im Zeitpunkt der Herstellung zu bemessen. Die Höhe des Ersatzes bestimmt sich nach den Wertverhältnissen und deren Entwicklung im Zeitpunkt der Erfüllung.[129] Bei offener Herstellung kommt es in Streitverfahren also auf die Verhältnisse im Zeitpunkt der letzten mündlichen (Tatsachen-) Verhandlung an.

---

124 *BGHZ* 92, 85 = VersR 1984, 966 = NJW 1984, 2282.
125 *BGHZ* 86, 372 = VersR 1983, 458 = DAR 1983, 221, *Steffen* in VersR 1985, 605, 607.
126 *BGHZ* 55, 340, 341.
127 Vertragsrechtlich (z.B. beim Handelsvertreterausgleich) ist häufig allein der Moment des anspruchsauslösenden Ereignisses bedeutsam.
128 Beachte zur Bedarfsprognose bei Wiederbeschaffungskosten angesichts eines wirtschaftlichen Totalschadens *OLG Düsseldorf* VersR 1998, 864.
129 *BGHZ* 79, 249; 99, 81; 133, 246, 252.

> Kommt es infolge der Änderung des Steuertarifs zum Zeitpunkt der Schadensabrechnung und -ersatzleistung zu geringeren steuerlichen Lasten als sie nach den Rahmenbedingungen im Zeitpunkt des Haftungsereignisses und zuvor zu verzeichnen waren, wirkt sich dies angesichts der von der Schädigerseite zu vertretenden Verzögerung bei der Ersatzleistung nicht zugunsten des Schädigers aus.[130]

141
Beispiel 28

Örtlich kommt es in der Regel auf die Verhältnisse am Aufenthaltsort der betroffenen Person (zur maßgebenden Zeit) an.

142

Der Anspruch nach §§ 843, 844, 845 BGB, 10, 13 StVG, 8 HaftpflG, 38 LuftVG und den vergleichbaren Normen findet den Stichtag im Unfallzeitpunkt oder in dem (späteren) Zeitpunkt, in dem die unfallbedingte Schädigung zur Erwerbsminderung oder Erwerbsunfähigkeit führt (§ 843 BGB) oder Dienste unmöglich macht (§ 845 BGB) oder zu dem die unterhaltspflichtige Person – unfallbedingt – verstirbt (§§ 844, 845 BGB).

143

Die Schadensfeststellung ist vom Zeitpunkt des Haftungsereignisses her zu entwickeln, aber nicht auf die Verhältnisse in diesem Moment fixiert.[131] Nach dem Haftungsereignis eintretende Umstände[132], die eine exaktere Schadensfeststellung und Prognose ermöglichen, sind zu beachten. Zur Einschätzung des Schadens sind also über die im Anfangszeitpunkt vorhandenen Erkenntnisquellen hinaus alle verfügbaren Hilfsmittel einzusetzen und auszuwerten, bei gerichtlichen Entscheidungen nach dem Kenntnisstand im Zeitpunkt der letzten mündlichen Verhandlung. Insbesondere ist für die Grundlagen der Prognose eines erzielbaren Gewinns (Verdienstes) auf den Zeitpunkt der mündlichen Verhandlung, nicht auf den Zeitpunkt des Schadensereignisses abzustellen.[133]

144

Das **Prognoserisiko** zu Heilbehandlungsmaßnahmen (beim Gesundheitsschaden) und zu Änderungen bei Erwerbsvorgängen (beim Erwerbsschaden) trifft den Schädiger.

145

> Der Erfolg der Behandlung kann nicht „garantiert" sein. Bei Umschulungskosten ist für den Zeitpunkt des Entschlusses, die Umschulung für einen anderen Beruf zu beginnen, zu überprüfen, ob aus verständiger Sicht der Wechsel im Hinblick auf bevorstehende Erwerbseinbußen sinn-

146
Beispiel 29

---

130 *BGH* WPM 1970, 633.
131 *BGHZ* 74, 221 = VersR 1979, 622 = NJW 1979, 1403.
132 *BGH* VersR 1999, 106 = NJW 1999, 136 = ZfS 1999, 57.
133 *BGH* VersR 1997, 453 = NJW 1997, 941.

> voll ist und Erfolgsaussicht besteht. Stellt sich später heraus, daß die ursprünglichen Erwartungen nicht erfüllt werden (können), schadet das der verletzten Person nicht.[134]

3. Wirtschaftliche Nachteile

a) Geldaufwand; Geldbedarf

aa) Mehraufwand

147 Auf das haftungsbegründende Ereignis, die Haftungsgrundlage, zurückzuführende Folgen finden sich bei zusätzlichen Aufwendungen an Geld. Bei **realen Ausgaben** ist alles zu ersetzen, was objektiviert gesehen von einem verständigen, vernünftig und wirtschaftlich denkenden Betroffenen aufgebracht wird bzw. werden würde, um den zugefügten Nachteil auszugleichen oder zu beseitigen. Dies wirkt sich insbesondere zur Heilbehandlung, bei Ersatzkraftkosten, auch z.B. bei Umbaukosten als Mehrbedarf wegen einer bleibenden Behinderung, aus.

148
Ersatz des Aufwands

> Die „Erforderlichkeit, Notwendigkeit, Angemessenheit" des Aufwands wird vor der Bemessung des ersatzfähigen Betrages geprüft. Ein Verwendungsnachweis ist nicht zu führen. Eine Abrechnungspflicht zur Schadensersatzzahlung besteht nicht.

149 Als Mehraufwand zeigen sich im Einzelfall Steuernachteile. Ist die Schadensersatzleistung zu versteuern[135], hat vorher eine entsprechende **Steuerlast** aber nicht bestanden, hat der Schädiger für die Steuerschuld als Folgeschaden zusätzlich aufzukommen. Bei der Erhöhung eines Steuertarifs in der Zeit bis zur Schadensersatzleistung muß der Schädiger gegenüber der verletzten Person die zusätzliche steuerliche Last ausgleichen.[136]

150 Folgekosten bei der **Rechtsverfolgung, – wahrung** (Rn. 181) sind ebenfalls ein Mehraufwand. Die Kosten zum Ingangsetzen eines Strafverfah-

---

134 *BGH* VersR 1987, 1239 = NJW 1987, 2741.
135 Eingehend zu Schadensersatz und Steuern *Hartung* in VersR 1986, 264, *Jahnke* in r+s 1996, 205 – 213, *Kullmann* in VersR 1993, 385 – 392, *Weber-Grellet* in DAR 1994, 52 – 58.
136 Ebenso *Kullmann* in Schadenersatz und Steuern, S. 29.

rens gegen einen Unfallbeteiligten mit dem Ziel der Verwirklichung des staatlichen Strafanspruchs sind jedoch nicht dem Schutzzweck der Haftung (Rn. 85) des anderen Fahrzeughalters aus § 7 StVG[137] zuzuordnen, auch wenn durch ein solches Verfahren der Sachverhalt geklärt wird/ werden kann. In gleichem Sinn erstreckt sich der Zweck der Norm nicht auf Nebenklagekosten der verletzten Person[138] oder die Auslagen der betroffenen Person durch ein gegen sie[139] eingeleitetes Strafverfahren[140], das als Teil des allgemeinen Lebensrisikos verstanden wird und Folge des Tatverdachts, nicht der Verletzung eines Rechtsguts der betroffenen Person ist.

Einen echten **Bedarfsschaden** erfaßt der Ausgleich verletzungsbedingt erhöhter Lebensführungskosten (Rn. 661). 151

Die Kosten der **Beerdigung** sind nicht im Umfang tatsächlicher Aufwendungen auszugleichen, sondern nach eigenen Kriterien (Rn. 1384). 152

Die Schadensabwendungs- und minderungspflicht kann jede Ersatzberechtigung einschränken (Rn. 269). 153

bb) Nutzlos gewordener Geldaufwand

Aus einem Geldaufwand vor einem Haftungsereignis leitet sich ein Vermögenswert und Vermögensschaden der später verletzten Person nicht direkt ab. Bei vertragsrechtlichen Ansprüchen kommt es auf Rentabilitätsvermutungen[141] und auf den Schutz der Verwirklichung des wirtschaftlichen Ziels an, auf den die Aufwendungen ausgerichtet sind. Für nutzlos gewordene Aufwendungen gilt ohne Sonderverbindung die Rentabilitätsvermutung bei Leistung und (erwarteter) Gegenleistung aber nicht, zu Ausbildungskosten s. Rn. 742. 154

Ist eine Person zeitweise oder vollständig **gehindert**, persönlich einen Plan oder **Nutzen** zu realisieren, der **mit** einer **Sache oder** einem **Tier** angestrebt worden ist, sind dafür getätigte, nun teilweise individuell zweckverfehlte (frustrierte)[142] Aufwendungen deswegen nicht zwangsläu- 155

---

137 *BGHZ* 75, 230.
138 *OLG Köln* NJWE-VHR 1998, 273.
139 S. aber *LG Kaiserslautern* VersR 1995, 1450 zu den Kosten der Klage wegen und nach einer unzutreffenden Unfallschilderung
140 *BGHZ* 27, 138.
141 *BGH* NJW 1999, 2269.
142 Zur „vertanen Freizeit" bei einem abgebrochenen Konzertbesuch *AG Herne-Wanne* NJW 1998, 3651.

fig zu ersetzen. Die abstrakte Nutzungsmöglichkeit, der objektive Gebrauchswert allein sind nicht maßgebend.

156
Beispiel 30

> Wer[143] verletzungsbedingt nicht an geplanten Autorennen teilnehmen kann, erhält die für den Rennwagen investierten Eigenarbeiten und Instandsetzungskosten nicht zurück, auch nicht anteilig, z.B. bei auf 6 Rennen ausgerichteten Investitionen und 2 verhinderten Rennen zu 1/3. Die Aufwendungen sind vor dem Haftungsereignis entstanden. Die allgemeine Möglichkeit des Lebensgenusses, die damit vorbereitet worden ist, kann durch einen anderen geeigneten Fahrer genutzt werden.

157
Beispiel 31

> Bei einem Jagdausübungsrecht kommt es auf die ungeschmälerte Möglichkeit an, trotz einer Verletzung unbeeinträchtigt über die **Nutzungsrechte verfügen** zu können. Der Ausschluß der persönlichen Wahrnehmung und des persönliches Gebrauchs, der (abstrakten) Nutzung des Jagdausübungsrechts ist materiell als Vermögensschaden nicht anerkannt[144], weil der Gegenstand der Nutzung von dem Haftungsereignis nicht betroffen ist. Die Entschädigung für den Genuß einer Jagdberechtigung ist aber möglich, wenn das Jagdrecht (also das Be-, Nutzungsrecht) rechtswidrig **vorenthalten** wird.[145]

158 Indes dürfen konkrete, individuelle, materielle Gewinnchancen[146] nach Maßgabe des § 252 BGB niemals außer acht gelassen werden.

159 Der Beeinträchtigung der Dispositionsfreiheit der körperlich verletzten Person und der Störung der von ihr in Aussicht genommenen, geplanten Zwecke und Vermögensfunktionen ist innerhalb eines immateriellen Ausgleichs zu dem immateriellen Ziel des materiellen Aufwands Rechnung zu tragen.

160 Werden **Vorbereitungskosten** für einen **Urlaub** wertlos, weil die Verletzung daran hindert, den Urlaub anzutreten, oder muß ein Urlaub abgebrochen werden, ist Ersatz zu leisten.[147] Dies gilt bei Ansprüchen aus § 839 BGB wegen einer Amtspflichtverletzung, die die Reise vereitelt oder entwertet, oder wenn z.B. der Koffer entwendet wird, der die Reise wertlos (gegenüber dem Aufwand) werden läßt. Zu § 823 Abs. 1 BGB und den entsprechenden Normen der Gefährdungshaftung sollte bei der

---

143 *OLG Hamm* NJW 1998, 2292.
144 *BGHZ* 55, 146 = VersR 1971, 444 = NJW 1971, 796.
145 *BGH* JZ 1981, 281
146 Zum Ersatz entgangener Preisgelder bei dem verletzungsbedingten Ausfalls eines Dressurpferdes *LG Karlsruhe* NJW-RR 1997, 468 = r+s 1996, 264 (40.000 DM für ein Jahr).
147 *BGH* NJW 1956, 1234 (Seereise) und NJW 1973, 747.

Verletzung, die an der Reise vollständig hindert oder diese gegenüber der geplanten Art und Weise entwertet, nicht anders entschieden werden.

Für den Ehepartner fehlt es an jedem Rechtsgrund, angesichts der Verletzungen des anderen Ehepartners Schadensersatz für den Rücktritt von einer gebuchten, **gemeinsamen Urlaubsreise** zu verlangen.[148]

161

Bei einer, u.U. psychisch vermittelten (Rn. 26), Gesundheitsverletzung **naher Angehöriger**, die eine Reise geplant haben und diese wegen einer Tötung nicht unternehmen (können), muß die Belastung grundsätzlich zu einer Ersatzpflicht[149] des Schädigers führen können. Gegen die Ersatzfähigkeit spricht allerdings, daß nach der Lebenserfahrung ganz allgemein z.B. Eltern nicht kurz nach der Beerdigung des Kindes eine solche Reise antreten und der Ausfall der Reise von daher als Teil der Wechselfälle des Lebens dem eigenen Lebensrisiko zugewiesen werden kann.

162

Die Entbehrung des (entgangenen) Urlaubs ist immateriell mit Ausgleich nur über § 847 BGB einzuordnen und führt nicht kraft einer Kommerzialisierung des Urlaubsgenusses zu einem Vermögensschaden.[150] Die vertane Urlaubszeit trägt keinen Vermögens- oder Marktwert in sich. Solange die Genußentbehrung über eine Gesundheitsbeeinträchtigung vermittelt wird, sind die Grenzen des § 253 BGB zu beachten. Für eine erweiternde Auslegung der Sondervorschrift des § 651 f Abs. 2 BGB[151] fehlt ein Rechtsgrund.

163

Bei **Aufwendungen**, die nach einem Haftungsereignis in solchen Zusammenhängen für einen bestimmten Zeitraum **zusätzlich** anfallen, ist an einen gewissen Ausgleich zu denken.[152]

164

cc) Lebensfreude und Aufwendungen

Bei der verletzungsbedingten Beeinträchtigung des Lebensgenusses verhält es sich trotz zusätzlicher Aufwendungen, mit denen ein Ausgleich

165

---

148 *AG Langen* ZfS 1995, 325.
149 Bei *BGH* VersR 1989, 853 = NJW 1989, 2317 = DAR 1989, 263 für die Eltern verneint; beachte *Deutsch/Schramm* in VersR 1990, 715.
150 *BGHZ* 86, 212 = VersR 1983, 392 = NJW 1983, 1107; *LG Karlsruhe* VersR 1988, 1074.
151 Insofern kann eine Entschädigung wegen nutzlos aufgewendeter Urlaubszeit z.B. auch von Schülern verlangt werden, *BGHZ* 85, 168; s. weiter *Bocianiak* in VersR 1998, 1076, 1080 und *LG Hannover* NJW-RR 1989, 633: Tagesmindestsatz von 50 DM sowie nun *LG Frankfurt* NJW-RR 1998, 1590: Tagessatz: 130 DM.
152 *BGHZ* 66, 277 = NJW 1976, 1630.

versucht wird, grundsätzlich nicht anders als bei nun verfehlten, nutzlosen Aufwendungen.

166
Beispiel 32

> Trotz höherer Fahrtkosten wegen der veränderten Lebensführung dann, wenn nicht mehr wie zuvor in der Freizeit und zur Freizeitgestaltung an Sportveranstaltungen (passiv als Zuschauer oder auch als Teilnehmer ohne Profiambitionen) teilgenommen werden kann, werden solche Fahrtkosten in praxi nicht materiell abgegolten, während höhere Fahrtkosten zur Deckung der Daseinsvorsorge § 843 BGB zuzuordnen sind.

167 Ohne Teilhabe am gesellschaftlichen Leben ist jedoch ein menschenwürdiges Dasein mit freier Entfaltung der Persönlichkeit nicht zu gewährleisten. Daß die beeinträchtigte Person verletzungsbedingte tatsächliche Mehrkosten selbst tragen muß, ist nicht akzeptabel. Der immaterielle Ausgleich über § 847 BGB kann nur dann einen pauschalen Ausgleich übernehmen, wenn ein entsprechender Bemessungsfaktor wirklich einfließt. Dazu kommt es tatsächlich kaum oder jedenfalls nicht in relevanten Größenordnungen.

b) Aufwand an Arbeit und Zeit

168 Ein Zusatzaufwand kann auch an Arbeit oder an Zeit entstehen. Begrifflich wird hier auf Unterschiede zwischen dem eigenen Aufwand als freiwilligem Vermögensopfer und dem Schaden als unfreiwilligen Vermögensverlust verzichtet, um den Inhalt dessen abstecken zu können, was beim Einsatz von Geld (Rn. 147), Arbeit oder Zeit infolge einer Verletzung oder Tötung zur Beseitigung der eingetretenen Folgen einen ersatzfähigen wirtschaftlichen Nachteil (Schaden, zum Vorteil Rn. 203) ausmachen kann.

169
Ausgleichsfähigkeit

> Ausgleichsfähig sind solche Folgen nur im begrenzten Maß.

aa) Beseitigung eines Schadens

170 Muß infolge eines schädigenden Ereignisses eine Arbeit geleistet werden, die einen **Marktwert** und damit einen Vermögenswert hat, ist sie von dem wegen des Haftungsereignisses Ersatzpflichtigen abzugelten[153], wenn sie nicht wertend vom Schadensersatz auszugrenzen ist.

---

153 *BGHZ* 131, 220 = NJW 1996, 921 = ZIP 1996, 281 unter teilweiser Aufgabe von *BGHZ* 69, 34 = NJW 1977, 1446.

171

Vermögensschaden

> Vermögensschaden ist die tatsächlich geleistete zusätzliche geldwerte Arbeit, die ohne das schädigende Ereignis nicht angefallen und nicht erbracht worden wäre, also die zusätzliche Arbeitsaufwendung.

172

Zu der konkret erbrachten Arbeitsleistung mit einem Markt-, Vermögenswert gilt inhaltlich nichts anderes als für die (erstattungsfähige, § 252 BGB) verhinderte geldwerte Arbeitsleistung. Es kommt hier aber nicht darauf an, ob durch die Arbeit des Betroffenen ein gewinnbringender anderweitiger Einsatz der Arbeitskraft unterblieben ist. Unerheblich bleibt auch, ob der Betroffene ein entsprechendes Gewerbe ausübt oder einen entgangenen Verdienst nachweist. Wird die Arbeit in der Freizeit geleistet, findet insofern die Freizeittätigkeit ihren Geldausgleich.

173

So stellt die auf die Erhaltung oder **Wiederherstellung** einer **beschädigten Sache** ausgerichtete Arbeitsleistung einen Vermögenswert dar.

174

Beispiel 33

> Erstattungsfähig sind:
> - der anteilige Personal- und Verwaltungsaufwand als Herstellungsaufwand zur Schadensbeseitigung nach dem Verkehrswert der eigenen Arbeitskräfte ohne Rücksicht auf einen Lohnmehraufwand oder den Entgang anderweiten Verdienstes[154], aber wohl nur in den Grenzen der Selbstkosten ohne Gewinnanteile[155];
> - die für die Prüfung von Archivbeständen[156] erforderlichen Kosten, wenn es um eine Maßnahme geht, die unmittelbar dazu dient, nach einer fortgesetzten Entwendung aus dem Archiv die Eigentumsstörung zu beseitigen;
> - Arbeiten von eigenen Angestellten einschließlich einer zur Feststellung gelöschter Daten durchgeführten Inventur, die dazu dienen, eine Störung im geldwerten Vermögen des Unternehmens zu beheben, weil zuvor vorhandene Daten fehlen[157];
> - die Eigenreparatur des unfallbeschädigten Fahrzeugs orientiert an dem sachgerechten Reparaturaufwand als Herstellungsaufwand (Rn. 127).

bb) Mühewaltung

175

Um einen angemessenen, pauschalierenden (von manchen fingiert genannten) Ausgleich für eigene oder fremde zusätzliche Mühewaltung

---

154 *BGH* VersR 1983, 755 = NJW 1983, 2815, danach *OLG München* VersR 1987, 361 m. Anm. *Kunz*.
155 *OLG Hamm* VersR 1999, 330, 332 (Bergungskosten wegen eines verunfallten LKW).
156 *BGHZ* 76, 216, 218 = VersR 1980, 675 = NJW 1980, 1518.
157 *BGH* NJW 1996, 2924, 2925.

geht es bei der Beeinträchtigung der **Leistungsfähigkeit** für die Arbeiten **im Haushalt** sowie bei der **Pflege** einer verletzten Person als deren Mehrbedarf oder einem Freizeiteinsatz bei zusätzlich vom Schädiger der verletzten Person **aufgezwungenen Tätigkeiten**.

176
Mühewaltung

> Die zusätzliche Mühewaltung läßt sich, wenn ein Marktwert erkannt wird, als Maßnahme der Schadensbeseitigung verstehen. Für die Schadensregulierung ergibt sich daraus aber kein zwingender Maßstab zur Bemessung des Schadens. Auch ein Gedanke an den Verzicht auf ein Entgelt, der dem Schädiger kraft des Vorteilsausgleichs nicht zugute kommt, hilft nicht, den zu erstattenden Schadensbetrag zu ermitteln, solange keine allgemein anerkannten Tarife für die (zeitgebundenen) Dienste, die Arbeit oder Mühe festgelegt sind.

cc) Beeinträchtigung der als frei eingeplanten Zeit

177 Die von einer Erwerbstätigkeit freie Zeit (Freizeit, Urlaub) hat trotz ihrer sozialen Bedeutung und Ausgestaltung für sich gesehen im Verständnis des Schadensrechts keinen objektivierbaren Wert und Wertmaßstab. Wird dieser Zeitbereich verkürzt, ist kein Vermögensausfall zu verzeichnen.

178 Weit mehr als früher ist aber in der modernen Welt ein schadens-, verletzungsbedingter Einsatz in der eigentlich anders vorgestellten (Frei-)Zeit auszugleichen. Dies beruht weniger auf der Qualifikation der Zeit als Vermögenswert oder als immaterielles Gut. Im Vordergrund steht zur haftungsausfüllenden Kausalität eher der Schutzbereich der die Haftung begründenden Norm. Dies gilt zur Beeinträchtigung der körperlichen Integrität ebenso wie nach der Beschädigung einer Sache. Der **Zeitverlust** ist aber nach wie vor nur dann als Vermögensschaden akzeptiert, wenn er sich in der Vermögenssphäre objektivierbar niedergeschlagen hat, wie es zum Gewinnentgang (§ 252 BGB) evident ist.

179
Beispiel 34

> Die verletzte Person, die verletzungsbedingt Hausarbeiten verlegt in vorher zur Freizeitgestaltung eingeplante Zeiten, erhält einen Erwerbsschadensausgleich bei den Arbeiten für die Familienangehörigen und Ausgleich des Mehrbedarfsschaden bei den Hausarbeiten für sich selbst. Der Witwer oder die Witwe, die nach Tötung des Ehegatten die Haushaltsarbeit übernehmen und damit einen Teil der früheren Freizeit für die ausgefallenen Arbeiten einsetzen, erhalten Ersatz nach dem Maß des ausgefallenen Betreuungsunterhalts.

180 Bei Fremdkosten außerhalb des eigenen Aufgabenfeldes der betroffenen Person findet sich ebenfalls ein Vermögensschaden, also bei zusätzlichen

Kosten oder dem Wert für Arbeitsleistungen, die den Schaden beheben (z.B. bei der konkreten Berechnung des Haushaltsführungsschadens).

dd) Rechtsverfolgung und -wahrung

Zeitdefizite, **Zeitversäumnisse** zur außergerichtlichen Schadensregulierung erkennt die Rechtspraxis nicht als erstattungsfähige Schäden an. Den Arbeitsaufwand und Zeitverlust bei und zu der Ermittlung, Abwicklung des Schadens im Sinne der Rechtswahrung hat jeder Betroffene orientiert an dem Schutzzweck der Haftungsnorm (Rn. 85), nach Maßgabe der Verantwortungsbereiche und Praktikabilität weitgehend selbst zu tragen. Die Haftung wegen eines Personen- oder Sachschadens umfaßt diesen Aufwand nicht, weil – so meint der *BGH* – der Geschädigte unabhängig von seinem Wiederherstellungswillen und unabhängig von Maßnahmen zur Wiederherstellung betroffen wird. — 181

Die Abwicklung eines Schadens wird also dem eigenen Pflichtenkreis des Betroffenen zugewiesen. Eine vermögensrechtliche, wirtschaftliche Auswirkung bleibt irrelevant, weil der allgemeine Lebensbereich nicht verlassen sein soll. — 182

Der Aufwand des privaten Betroffenen im Rahmen der üblichen, typischen, nicht ungewöhnlichen Mühewaltung[158], d.h. der gewöhnliche Zeitaufwand zur Wahrung der eigenen Rechte und zur Durchsetzung von Ansprüchen, bleibt ohne Schadensausgleich. Entsprechendes gilt für die Rechtsperson oder Behörde, die angesichts der Häufung von Schadensfällen für solche Tätigkeiten spezielles Personal einsetzt. — 183 Gewöhnliche Mühewaltung

Personalkosten für die Schadensregulierung beim Ladendiebstahl sind nicht zu erstatten. Erstattungsfähig ist aber die angemessene, verhältnismäßige, pauschalierte „Fangprämie".[159] — 184 Beispiel 35

Der durch die unfallbedingte Versäumung eines Termins **entgangene Gewinn** macht eventuell anspruchsberechtigt.[160] — 185

Unberührt von dem Grundsatz der Nichterstattungsfähigkeit (Rn. 181) bleibt der fiktive Ansatz z.B. in Höhe von 5,00 DM[161] für das zweite — 186

---

158 *BGHZ* 66, 112, 114 ff. = VersR 1976, 857 = NJW 1976, 1256, Vorinstanz: *OLG Hamm* VersR 1976, 298.
159 *BGHZ* 75, 230, 231 = NJW 1980, 119.
160 *LG Darmstadt* ZfS 1994, 357.
161 *OLG Hamburg* NJW-RR 1987, 1449.

Mahnschreiben im Falle des Verzugs. Unberührt bleibt zur Abwicklung von Unfallschäden vor allem die Praxis zur **Kostenpauschale**, die keine Pauschale für den Zeitaufwand, sondern Ausgleich von Auslagen der Schadensbeseitigung sein soll.

187 Der **Höhe** nach werden häufig 30,00 DM[162] angesetzt. Eine Tendenz besteht, die Pauschale mit 50,00 DM zu bemessen.[163] Gegenwärtig sind 60,00 DM[164] angemessen.

188 Jedenfalls ist **bei Personenschäden** im Fall schwerer Verletzungen die in erster Linie zur Abwicklung von Sachschäden allgemein akzeptierte Pauschale deutlich **zu erhöhen**. Auch ohne konkreten Nachweis zusätzlich entstandener Kosten sind orientiert an dem Grad der Verletzungen und dem allgemeinen Aufwand bei der Heilbehandlung, zu einer Rehabilitation, für die Sorge um die Arbeitsfähigkeit und wegen aller zusätzlichen Anstrengungen zur Wiederherstellung der Arbeitskraft und der Sicherstellung eines Arbeitsplatzes Pauschalbeträge um 200,– bis 300,– DM vorstellbar.

TIP
Pauschale erhöhen und plausibel machen

189 **Beispiel 36**

> Mit gutem Grund spricht das *OLG Frankfurt*[165] davon, daß ein Freizeitaufwand, der weit über das übliche hinausgeht, anders zu behandeln ist als der allgemeine Aufwand an Zeit. Auch bei dem *OLG Frankfurt* ist allerdings nicht der ursprünglich von dem Betroffenen geltend gemachte Zeitaufwand von 40 Stunden (mit je 10,– DM), sondern nur eine Entschädigung unter Einbeziehung von Sachaufwendungen mit insgesamt 167,28 DM für nicht überhöht gehalten worden.

190 Die Zuordnung eines außergerichtlichen Aufwandes im übrigen, die Erstattungsfähigkeit **konkret nachgewiesener Kosten** beim Betroffenen entnimmt der *BGH* dem Verteilungsmaß, das § 91 ZPO zum Rechtsstreit normiert. Bloße Zeitversäumnis wird wiederum – anders als nach § 2 ZSEG – nicht ersetzt. Das Prozeßkostenrecht verzichtet aber auf materielle Gerechtigkeit, es läßt zugleich weitergehende materiellrechtliche Ansprüche unberührt[166] und ist deswegen zu einer materiellen Eingrenzung erstattungsfähiger Nachteile ungeeignet.

---

162 *KG* NZV 1995, 312, 315.
163 *AG Oldenburg* ZfS 1999, 288.
164 *Notthoff* in VersR 1995, 1399, 1402.
165 NJW 1976, 1320. Dort wird unzutreffend ein grobes Verschulden des Schädigers bemüht.
166 *BGHZ* 111, 168 = NJW 1990, 2060.

191
Beispiel 37

> Erstattungsfähig sind:
> - **Anwaltskosten** nach dem Maß der Erforderlichkeit und Zweckmäßigkeit und den individuellen Fähigkeiten und Möglichkeiten des Geschädigten aus der Sicht im Zeitpunkt des Schadens[167];
> - beim Eingriff in das Recht der elterlichen Sorge **Detektivkosten** zur Beseitigung einer Rechtsgutverletzung durch die Ermittlung des Aufenthalts des entzogenen Kindes und zwar dem Umfang nach so, wie ein verständiger Mensch vorgehen würde[168];
> - erforderliche Kosten für **Dolmetscher**[169];
> - Kosten für **Kopien** (auch aus Ermittlungsakten);
> - Kosten eines erforderlichen **Kredits** ausnahmsweise; insofern sind der Schädiger und ein Haftpflichtversicherer vorrangig um einen Vorschuß auf den endgültig abzurechnenden Schaden zu ersuchen, u.U. kann eine einstweilige Leistungsverfügung (Rn. 551) durchzusetzen sein.
> - Kosten eines vorangegangenen **Rechtsstreits** als Folgeschaden dann, wenn der Schutzzweck der Haftungsnorm darauf miteingeht, ansonsten bedeuten solche Kosten (zu Strafverfahrenskosten Rn. 150) einen reinen Vermögensschaden, den § 823 Abs. 1 BGB direkt nicht erfaßt;
> - erforderlich erscheinende, übliche Kosten eines **Sachverständigen** – u.U. auch eines selbständigen Beweissicherungsverfahrens – hinsichtlich der Klärung des Haftungsgrundes ebenso wie zur Einschätzung eines Schadens, z.B. des Haushaltsführungsschadens. Bei Schäden in der Größenordnung bis 1.000,00/1.5000,00 DM ist die Einholung eines Gutachtens jedoch regelmäßig als unverhältnismäßig einzuschätzen und sind deswegen Kosten nicht erstattungsfähig.[170] Bei unzutreffenden Informationen der betroffenen Person als Anknüpfungstatsachen für den Sachverständigen oder bei einem Auswahlverschulden der betroffenen Person schließt § 254 Abs. 2 BGB den Ausgleichsanspruch aus.

c) Differenz zwischen SOLL und IST

192

Welcher **Vermögensschaden** gegeben ist, beurteilt sich nach der **Differenzhypothese**. Die infolge des haftungsbegründenden Ereignisses eingetretene Vermögenslage ist mit der Lage zu vergleichen, die sich ohne

---

167 *BGHZ* 127, 348 = VersR 1995, 183 m. Anm. *Nixdorf* = NJW 1995, 446 = ZfS 1995, 48, *Höfle* in AnwBl. 1995, 208 und DAR 1995, 69.
168 *BGHZ* 111, 168, 177 = NJW 1990, 2060, 2062.
169 *LG Bielefeld* NZV 1991, 316.
170 Zu Sachverständigenkosten beim Sachschaden im einzelnen *Wortmann* in VersR 1998, 1204 – 1214.

jenes Ereignis ergeben hätte.[171] Die Differenzhypothese unterliegt einer normativen Kontrolle, die einerseits an der jeweiligen Haftungsgrundlage bzw. an dem sie ausfüllenden haftungsbegründenden Ereignis und andererseits an der darauf beruhenden Vermögensminderung mit Blick auch auf die Verkehrsanschauung auszurichten ist.

193 Die in die Gegenüberstellung einzubeziehenden Rechnungsposten sind wertend zu bestimmen (auszugrenzen) und zwar orientiert am Schutzzweck der Haftungsnorm sowie der Ausgleichsfunktion des Schadensersatzes.

194 Zu beurteilen ist die tatsächliche Lage und Entwicklung – der reale Ablauf nach dem Haftungsereignis (IST) – und die hypothetische Lage und Entwicklung ohne das Haftungsereignis (SOLL) mit fiktiven, vermuteten wirtschaftlichen Gegebenheiten und Verbesserungen. Weist der Vergleich der Vermögenslagen (SOLL abzüglich IST) ein dem Schädiger zuzurechendes rechnerisches Minus zu Lasten der betroffenen Person aus, zeigen sich wirtschaftliche Nachteile, die zu ersetzen sind.

195 **Normativ** ist der Schaden, der nicht als Differenz ausgerechnet werden kann, bei wertender Betrachtung aber ebenfalls als Vermögensnachteil auszugleichen ist. Darum geht es insbesondere beim Haushaltsführungsschaden verletzter Personen. Der Zeitbezug und Geldwert der (zu ersetzenden) Arbeitsleistung läßt die Einschätzung eines Ausgleichsbetrags zu.

5. Wirtschaftliche Vorteile

196 Seit alters her wird § 843 Abs. 4 BGB als Norm, die von der tatsächlichen Gewährung des Unterhalts durch eine andere Person spricht, dahin verstanden, daß auf einen Schaden solche Ersatz- und Ausgleichsleistungen nicht anzurechnen sind, die kraft ihrer inneren Natur dem Schädiger nicht zugute kommen sollen. Dies ist – auch – der Grundgedanke des Vorteilsausgleichs.

---

171 *BGHZ* (GSZ) 98, 212, 217 = NJW 1987, 50 m. Anm. *Rauscher* (zur Ersatzfähigkeit des Verlustes der Eigennutzung eines Hauses im Hinblick darauf, daß die betroffene Person auf die ständige Verfügbarkeit über die Sache wegen der eigenwirtschaftlichen Lebenshaltung angewiesen ist und die Sache in der Zeit des Ausfalls an sich selbst genutzt werden sollte).

197 Die Differenzhypothese bezieht zur Bestimmung des Schadens Verbesserungen, die die betroffene Person nach dem Haftungsereignis erfährt, mit ein. Das Prinzip des Vorteilsausgleichs formt dies näher aus und schänkt die reine Saldierung ein. Zugleich befaßt sich der Vorteilsausgleich mit dem schadensrechtlichen Bereicherungsverbot für eine beeinträchtigte Person. Schadensrechtlich soll ein gerechter Ausgleich zwischen den beim Schadensfall widerstreitenden Interessen des Schädigers und der betroffenen, verletzten oder geschädigten Person hergestellt werden.[172] Der Vorteilsausgleich ist deswegen wertend davon abhängig, daß er der betroffenen Person unter Beachtung der gesamten Interessenlage nach dem Sinn und Zweck des Schadensersatzrechtes nach Treu und Glauben zugemutet werden kann.

198 Vorteilsausgleich

> Das bei Personenschäden häufig mißverstandene Wort Vorteilsausgleich geht auf die Frage ein, ob wirtschaftliche Vorteile, die aufgrund des Schadensereignisses erwachsen, auf einen Schaden anzurechnen sind oder ob trotz einer im Ergebnis (wegen ausgleichender Leistungen Dritter) unveränderten wirtschaftlichen Lage Ersatz zu leisten ist. Einerseits soll die betroffene Person finanziell nicht besser gestellt werden als ohne das Schadensereignis. Andererseits darf die Anrechnung eines Vorteils die schädigende Person nicht unbillig von ihrer Ersatzpflicht entlasten.

199 Der Vorteilsausgleich schließt herkömmlich an die Schadensbestimmung an. Nach anderer Ansicht ist der Vorteilsausgleich in die Schadensfeststellung einzubeziehen. Eine sichere, für alle Schadensfälle gültige Abgrenzung zwischen der Schadens-, Nachteilsberechnung mit Darlegungs- und Beweislast der betroffenen Person und der Vorteilsanrechnung mit Darlegungs- und Beweislast des Schädigers bzw. des Haftpflichtversicherers ist den Erwägungen in der höchstrichterlichen Rechtsprechung nicht mehr zu entnehmen.

200 Zusätzlich versagt § 254 Abs. 2 BGB einen Ersatz zu allen Vermögens-(folge)schäden, die durch eine gebotene, angemessen erscheinende Schadensabwehr vermieden werden können. M.a.W. kürzt § 254 Abs. 2 BGB die Ersatzberechtigung um alle die wirtschaftlichen Beträge (Vorteile), die in Mißachtung der Obliegenheit zur Schadensminderung nicht erzielt werden.

201 Von dem Vorteilsausgleich unterscheidet sich die Anrechnung eines Geldbetrages auf den Ersatzanspruch der betroffenen Person, wenn ein For-

---

[172] *BGHZ* 8, 326; 10, 108; 30, 29; 49, 56, 62; 54, 269; 91, 357; VersR 1979, 323 (insoweit nicht in *BGHZ* 73, 109); VersR 1980, 455.

Umfang des Ersatzes

derungsübergang erfolgt mit der Folge der Aufsplittung der Ersatzberechtigung auf mehrere Rechtsträger.

202 Ganz anders als der schadensrechtliche Vorteilsausgleich setzt das Bereicherungsrecht an. Bereicherungsrechtlich (§§ 812 ff. BGB) erfaßt der auszugleichende Vermögensvorteil, die für den Bereicherungsschuldner verbesserte Vermögenslage z.B. weitgehend auch ersparte Aufwendungen. Mit dem schadensrechtlichen Vorteilsausgleich soll nicht in gleicher Weise ein Rechtserwerb und Wertzufluß ausgeglichen werden, der wirtschaftlich im Widerspruch zur Rechts- und Güterzuordnung steht.

203 Vorteile können sich als **Geldzufluß** oder **Wertzuwachs** ergeben durch eigene (nicht überpflichtige) Anstrengungen, durch die Leistung Dritter (zum Forderungsübergang Rn. 368 ff.) oder durch günstige gesetzliche Folgen (Erbfall; Wegfall von Sozialversicherungsbeiträgen; Steuervorteile) sowie durch Ersparnisse (ersparte Aufwendungen, ersparte Ausbildungs-, Verpflegungskosten). Werden solche wirtschaftlich günstigen Veränderungen schon innerhalb der Bemessung des Nachteils als Aufwand von Geld oder Vermögenswerten oder als Belastung mit Verbindlichkeiten angesetzt, sind sie niemals doppelt einzurechnen. Bei einer Haftungsquotierung können sich unterschiedliche Berechnungswege ergeben (s. zum Gesundheitsschaden Rn. 628, zum Erwerbsschaden Rn. 766).

204 Immer muß die Anrechnung **zumutbar** sein.

205
Beispiel 38

> Zumutbar ist es z.B.:
> - günstige, schadensausgleichende Folgen einer Umorganisation bei der betroffenen Person innerhalb einer verständigen wirtschaftlichen Betrachtung zu berücksichtigen,
> - mit dem Unterhaltsanspruch in der erneuten Ehe den Unterhaltsschaden des Witwers (oder der Witwe) entfallen zu lassen, da der Vorteil (Unterhalt in der neuen Ehe) bei der Tötung des bisherigen Ehegatten mit Auflösung der alten Ehe möglich ist und auf der neuen Eheschließung beruht.

206
Beispiel 39

> Nicht zumutbar ist z.B.:
> - die Anrechnung eines überpflichtigen Eigeneinsatzes der verletzten Person,
> - die Anrechnung einer schadensbehebenden Mehrarbeit von Mitarbeitern,
> - die Anrechnung der Hilfe der Schwiegermutter im Haushalt der verletzten, an der Haushaltsarbeit gehinderten Tochter,
> - die Anrechnung des Einsatzes der Großeltern, die den verwaisten Haushalt übernehmen und führen.

> Eine steuerschädliche, nachteilige Entwicklung muß sich die verletzte Person, die einen Schmerzensgeldbetrag zur vorzeitigen Tilgung eines Baukredits mit der Folge verwendet, daß Zinsen für den Kredit nicht mehr steuerlich geltend gemacht werden können und es zu erhöhten Steuern kommt, vom Schädiger nicht entgegenhalten lassen.[173] Der Nettoverdienstausfall ist vielmehr zugunsten der verletzten Person ohne den höheren steuerlichen Abzug zu berechnen. Der Schädiger erhält keinen Vorteil daraus, daß die verletzte Person das **Schmerzensgeld zur Schuldentilgung statt** zum **Ausgleich** der eingeschränkten **Lebensfreude** anderweit verwendet.

207
Beispiel 40

Der **Kongruenzgedanke** zum Vorteilsausgleich verlangt, den Vorteil nur auf den Schadensteil (Nachteil) zu beziehen und dort anzurechnen, dem er der Art nach entspricht und mit er eine Einheit bildet.

208

> Es sind nur Vorteile zu berücksichtigen, die mit dem jeweilig ausgleichsfähigen Nachteil innerhalb einer Schadensgruppe korrespondieren. Insbesondere in Fällen eines Forderungsübergangs von Schadensteilen wirkt sich dementsprechend eine Anrechnung unterschiedlich aus.

209
Kongruenz des Vorteils

> Ein Ersatzerwerb aus einer Tätigkeit nach einem Unfall, der die Fortsetzung der bisherigen Tätigkeit unmöglich macht, ist auf den Erwerbsschaden, nicht auf den Sachschaden zu beziehen. Im Zusammenhang mit der Erwerbstätigkeit stehende, (verletzungsbedingt) ersparte Aufwendungen stehen in einer Einheit mit dem Erwerbsschaden, nicht mit dem Gesundheitsschaden.

210
Beispiel 41

Der Vorteilsausgleich verlangt darüber hinaus, daß das schädigende und das vorteilsauslösende Ereignis identisch sind. Das Schadensereignis muß den Vorteil adäquat verursacht haben. Ein mittelbarer[174] Zusammenhang genügt innerhalb des Deliktsrechts.

211

> Der Verletzte, dem sein Arbeitgeber wegen der unfallbedingten Arbeitsunfähigkeit gekündigt hat, braucht sich die im Kündigungsschutzverfahren

212
Beispiel 42

---

173 *BGH* VersR1986, 389 = NJW 1986, 983.
174 Zum Schadensersatz wegen Nichterfüllung verlangt der *BGH* einen unmittelbaren Zusammenhang, so daß zwischen den Folgen der Nichterfüllung eines Grundstückskaufvertrages (Verzug, Kosten der Löschung einer Grundschuld und einer Auflassungsvormerkung) und Gewinnerzielungskosten (Makler, Steuerberater) zu trennen ist, *BGHZ* 136, 52 = NJW 1997, 2378, *Lange* in JZ 1998, 98: Ein Mehrerlös aus einem Deckungsverkauf ist auf den Nichterfüllungsschaden des Verkäufers nicht anzurechnen.

vereinbarte Abfindung grundsätzlich nicht anrechnen zu lassen.[175] Die Abfindung entschädigt zwar für den Verlust des Arbeitsplatzes, soll jedoch nicht die Verkürzung des Einkommens während einer verletzungsbedingten Arbeitsunfähigkeit ausgleichen, sondern etwaige Nachteile aus dem Arbeitsplatzverlust in der Zukunft unabhängig von der Arbeitsfähigkeit.

An dem erforderlichen Zusammenhang fehlt es, wenn bei einem Unfall die anspruchstellende Person verletzt und der Bruder getötet wird mit der Folge, daß die anspruchstellende Person später, als die Mutter stirbt, den Erbteil des Bruders ebenfalls erbt.[176]

Hat die getötete Person ihre Arbeitskraft zur Erfüllung der Unterhaltspflicht im Betrieb des Ehegatten eingesetzt, hat dies keinen Einfluß auf das im Betrieb verkörperte und später durch Verkauf realisierte Eigenvermögen.[177] Veräußert der hinterbliebene Ehegatte seinen Betrieb und bildet er dadurch Vermögen, mindern die Zinsen aus diesem Vermögen den Unterhaltschaden deswegen nicht. Um Vorteile, die mit der Verwertung der Arbeitskraft der getöteten Person zusammenhängen, geht es nicht.

213 **Steuerersparnisse** sind grundsätzlich anzurechnen. Nur bei einem eindeutigen Norm-, Verwendungszweck zugunsten der geschädigten Person führt eine **Steuervergünstigung** ausnahmsweise nicht zur Entlastung des Schädigers.

214

Beispiel 43

An einem solchen Zweck fehlt es bei einm Freibetrag für Arbeitnehmerabfindungen nach § 3 Nr. 9 EStG, der sich deshalb zugunsten des Schädigers auswirkt.[178] Über die Steuerprivilegierung durch § 34 Abs. 1, 2 Nr. 2 EStG für Kapitalentschädigungen z.B. kommt es als außerordentliche Einkünfte zu günstigeren Steuersätzen, um zu vermeiden, daß sich die Progression auf die außerordentlichen Einkünfte und gleichzeitig auf die laufenden Einkünfte auswirkt. Dieser steuerliche Vorteil bleibt der geschädigten Person.[179] Nicht zugunsten des Schädigers wirkt der Pauschbetrag für Körperbehinderte, § 33b EStG.[180] Etwas anderes würde im Widerspruch zu dem sozialpolitischen Sinn und Zweck der Steuerermäßigung stehen. Ein relevanter Steuervorteil besteht nicht, wenn die Steuerschuld verjährt ist.[181]

---

175 *BGH* VersR 1990, 495.
176 *BGH* VersR 1976, 471.
177 *BGH* VersR 1984, 353.
178 *BGH* VersR 1989, 845 = NJW-RR 1990, 37 = NZV 1989, 345 = DAR 1989, 343.
179 *BGH* VersR 1994, 733 = NJW 1994, 2084 = DAR 1994, 273 = ZfS 1994, 242, auch bei Höchstbesteuerung; s. weiter *BGHZ* 74, 103, 114, VersR 1988, 464 = DAR 1988, 52.
180 *BGH* VersR 1988, 464 = NJW-RR 1988, 470 = DAR 1988, 52; VersR 1989, 855.
181 *BGHZ* 53, 132, 137 = VersR 1970, 223 = NJW 1970, 461.

Die **Darlegungs- und Beweisführungslast** für die zu berücksichtigende Steuersparnis (also zum Steuervorteil) fällt der betroffenen Person zu. Sie hat die für die Berechnung des Ausfalls und dazu die maßgebenden steuerlichen Rahmenbedingungen aufzuzeigen.[182] **215**

Als gesetzlicher Fall des Vorteilsausgleichs ist in § 844 Abs. 2 BGB der Anspruch auf die mutmaßliche Lebzeit der getöteten Person begrenzt. Die zeitliche Begrenzung eines Anspruchs beim Erwerbsschaden bis zum Ruhestand kann ebenfalls so verstanden werden. **216**

Der kongruente Vorteil ist ziffernmäßig nach der Ermittlung des ausgleichsfähigen Nachteils in Abzug zu bringen (Formel: SOLL abzüglich IST abzüglich VORTEIL). Dies scheint selbstverständlich. Jeweils nach dem inhaltlichen Verständnis der Ansätze zum IST und zum VORTEIL bei Erwerbsschäden, vor allem bei einer Kürzung des Anspruches wegen einer Mithaftung zum Grund oder gar bei der Kürzung eines Anspruches wegen Verletzung der Obliegenheiten nach § 254 Abs. 2 BGB zum Schadensumfang ist dies aber nicht unproblematisch. Zudem trennt der *BGH* zwischen Erwerbsschäden (Rn. 765) und Unterhaltsschäden (Rn. 1354 ff.). **217**

6. Mitverursachung

Die Verteilung der wirtschaftlichen Lasten wird davon beeinflußt, ob die betroffene Person den Schadensfall mit herbeigeführt hat: Nach § 254 BGB kann die Schadensersatzpflicht verringert oder völlig ausgeschlossen sein. **218**

§ 254 BGB erfaßt Schadensersatz – und Entschädigungsansprüche. Entsprechend ist § 254 BGB anzuwenden mit ausdrücklicher Regelung in § 9 StVG, § 85 ArzneimittelG, § 27 AtomG, § 4 HPflG, § 34 LuftVG, § 6 ProdHaftH, § 11 UmweltHG. **219**

Für die Ansprüche **mittelbar geschädigter Personen** erweitert § 846 BGB (entsprechend anzuwenden bei einer Gefährdungshaftung) den Mitverschuldenseinwand auf Obliegenheitsverstöße der unmittelbar betroffenen Person. Die mittelbar geschädigte Person kann (daneben) eine eigene Obliegenheit(sverletzung) zur Abwendung oder Minderung des Schadens treffen. **220**

---

182 *BGH* VersR 1992, 886 = NJW-RR 1992, 1050 = DAR 1992, 300.

221 Der Einwand der Mithaftung (Mitschuld) greift zugunsten des Schädigers auch gegenüber dem **Zessionar** (§§ 404, 412 BGB).

222 Innerhalb eines Gesamtschuldverhältnisses mehrerer Schädiger ist für die Ausgleichslast zwischen ihnen ebenfalls auf das Verteilungsprinzip des 254 Abs. 1 BGB abzustellen.

a) Mithaftung

223
Verursachungsanteil

> Der Umfang des Schadensersatzes wird durch das Maß der Mit-Verursachung, den **Verursachungsanteil**, mitbestimmt.

224 Zu der Schadensentstehung geht es um ein der Schädigungshandlung vorausgegangenes Verhalten. Die Frage nach einer Mitverursachung kann sich aber auch auf den Schadensumfang beziehen, z.B. dann, wenn bei einem Brandschaden in Betracht kommt, daß Brandmelde- oder Einbruchsysteme den Schaden vermieden oder wesentlich geringer gehalten hätten. Bei Schadensersatzansprüchen aus Vertrag ist das dem Vertragsschluß zeitlich nachfolgende Fehlverhalten zu beachten, wenn und soweit der Vertragsschluß die Grundlage für die Entstehung des Ersatzanspruches schafft.

225 Der Wortlaut des § 254 BGB spricht ein schuldhaftes Verhalten des Betroffenen an. Die Mitschuld bzw. -haftung betrifft die **Sorgfalt**, die ein ordentlicher und verständiger Mensch **zur Vermeidung eigenen Schadens** anzuwenden pflegt, also die Sorgfalt, sich selbst vor Schaden zu bewahren. Es geht um den Schutz der eigenen Angelegenheiten, das Verschulden gegen sich selbst im Hinblick darauf, welche Risiken aus der eigenen Sicht erwartet werden und eingegangen werden können. Die individuelle Eigenart, persönliche Fähigkeiten, Kenntnisse und Erfahrungen sind bedeutsam. Die danach aufzubringende Sorgfalt muß erforderlich erscheinen, um sich soweit als möglich und zumutbar vor Schaden zu bewahren, und darauf ausgerichtet sein, einen Schaden von der Art des tatsächlich eingetretenen Schadens vermeiden zu können.

226
Beispiel 44

> Ein Fehlverhalten kann darin liegen, einer anderen Person, die für die übertragene Aufgabe nicht für geeignet gehalten werden durfte, Einwirkungsmöglichkeiten[183] auf die eigenen Rechtsgüter zu eröffnen.

---

183 *BGH* VersR 1988, 570 = NJW-RR 1988, 985.

227 Eine **reine Mitverursachung** ist zu berücksichtigen, wenn der Schädiger wegen schuldlosen Handelns haftet oder wenn zu Lasten des Geschädigten eine besondere Sach- oder Betriebsgefahr einfließt, vgl. §§ 17 Abs. 1 S. 2 StVG, 13 Abs. 1 S. 2 HPflG.

228 Versagt sein kann der Mitverschuldenseinwand aus **Schutzzweckerwägungen**, insbesondere wenn die Verhütung des entstandenen Schadens allein dem Schädiger obliegt.

229 § 254 Abs. 1 BGB und § 254 Abs. 2 BGB fragen nach dem, was einer betroffenen Person **möglich** und **zumutbar** ist. Ist ein risikobewußtes Verhalten nicht zuzumuten, liegt keine vorwerfbare Selbstschädigung vor.

230
Quote

> Entscheidend ist, inwieweit bei wertender Beurteilung die von der betroffenen Person gesetzte Ursache innerhalb der Grenzen liegt, bis zu der ihr eine Eigenquote, ein Selbstbehalt, ein Eigenanteil, ein ersatzlos bleibender Nachteil (der Mithaftungsanteil, die Mithaftquote) zugemutet werden kann.

231 Es darf eine Haftungs- bzw. **Mithaftungsquote** hinsichtlich **einzelner Verletzungen** ausgeworfen werden, wenn und soweit sich die erforderliche, aber vernachlässigte Eigenvorsicht unterschiedlich ausgewirkt hat.

232
Beispiel 45

> Der Ersatzanspruch des Fahrzeuginsassen ohne Sicherheitsgurt kann lediglich hinsichtlich der Ansprüche gemindert sein, für die das Nichtangurten mitursächlich geworden ist, nicht aber hinsichtlich anderer Ansprüche. Ausnahmsweise kann sogar trotz Verletzung einer Rechtspflicht zur Verwendung eines Sicherheitsgurtes die Mitbeteiligung (Mithaft) vollständig hinter dem Verantwortungsanteil des Schädigers zurücktreten.[184]

233 Die **quotenmäßige Verteilung** des Schadens hat in aller Regel beim **Erwerbsschaden** erst zu erfolgen, wenn der ersatzfähige Schaden der Höhe nach (einschließlich des Vorteils und/oder eines Minderungsfaktors nach § 254 Abs. 2 BGB) festgestellt ist: Der *BGH*[185] legt zum Erwerbsschaden den Vergleich zwischen den Einkünften aus einer verletzungsbedingt aufzugebenden Tätigkeit und der in Erfüllung der Schadensminderung aufzunehmenden und aufgenommenen neuen Tätigkeit zugrunde. Auf diesen Schaden[186] ist es ohne Einfluß, ob der Schädiger

---

184 *BGH* VersR 1998, 474 = NJW 1998, 1137 = DAR 1998, 191.
185 NJW-RR 1992, 1050 = VersR 1992, 886 = DAR 1992, 301 = NZV 1992, 313.
186 S. auch *BGH* VersR 1965, 376 zum Unterhaltsschaden bei anrechenbaren Einkünften aus einem ererbten Vermögen.

den entstandenen Schaden in vollem Umfang oder wegen eines Mitverschuldens bei der Schadensentstehung nur teilweise auszugleichen hat. Gleiche Rechenergebnisse zeigen sich nur, wenn ein mindernder Geldbetrag als berücksichtigungsfähiger Ertrag der verbliebenen Arbeitskraft verstanden als IST oder verstanden als VORTEIL bzw. zur Minderung i.S.d. § 254 Abs. 2 BGB auf derselben Berechnungsstufe einbezogen wird. Bei eigenen Erwerbseinkünften eines **Hinterbliebenen** als Vorteil wegen eines ersparten Unterhaltsbeitrags für die getötete Person oder zur Deckung des eigenen Lebensbedarfs **weicht** die Rechtsprechung von diesem Ansatz zur Quotierung und zum Vorteil aus Billigkeitsgründen **ab** (Rn. 1354 ff.).

234 Beim **Gesundheitsschaden** dagegen muß die quotenmäßige Verteilung erfolgen, nachdem der Schaden im engeren Sinn bestimmt ist, aber bevor z.B. eine Ersparnis berücksichtigt wird (Rn. 628). Beim **Mehrbedarfsschaden** wird sich dies in aller Regel nicht bemerkbar machen, weil eine Ersparnis dort Element der Schadensbestimmung ist. Der Mehrbedarf zeigt sich nur in der Höhe, in der er ohnehin anfallende Lasten übersteigt (Rn. 652).

235 **Beweispflichtig** ist der Schädiger. Er hat Tatsachen darzutun, aus denen sich ein Verstoß i.S.d. § 254 Abs. 1 BGB oder des § 254 Abs. 2 BGB ergibt, und zwar zur Ursächlichkeit dieser Tatsachen sowie zu deren Gewicht, Gewichtigkeit. Zum mitwirkenden Verschulden lassen sich **Strengbeweisführung** (§ 286 ZPO) zur haftungsbegründenden Kausalität – z.B. zu der Frage, ob es der verletzten Person möglich gewesen wäre, den Schaden zu mindern – und die **Beweiserleichterung** (§ 287 ZPO) zur haftungsausfüllenden Kausalität, zum Einfluß auf die Schadensentwicklung, zur Ursächlichkeit, zur Gewichtung, zum Umfang des Schadens, trennen.[187]

236 Im **Feststellungsurteil** sind alle Einwendungen zum Bestand oder der Durchsetzbarkeit der Forderung abschließend zu **bescheiden**.[188] Deswegen muß – auch – der Einwand der Mitschuld (Mithaft) geklärt sein. Ein Vorbehalt, den Mitverursachungsanteil zu bestimmen, ist unzulässig.[189]

237 Beim **Grundurteil** kann es der Prüfung im Betragsverfahren überlassen werden, ob und inwieweit hinsichtlich einzelner Schadenspositionen ein

---

187 *BGH* VersR 1986, 1208 = NJW 1986, 2945; VersR 1987, 45, 47 = NJW 1986, 2941, 2943.
188 *BGH* NJW 1978, 544.
189 *BGH* VersR 1997, 1294 = NJW 1997, 3176 = DAR 1997, 357.

mitwirkendes Verschulden i.S.d. § 254 Abs. 2 BGB Einfluß auf den Schadensausgleich hat. Zu § 254 Abs. 1 BGB, auch unter dem Aspekt einer mitwirkenden Betriebsgefahr, ist regelmäßig der Haftungsgrund betroffen. Gleichwohl kann u.U. gespalten werden. Ist der Mitschuldeinwand aber nicht vom Grund zu trennen, weil einheitlich ein Schadensereignis zu würdigen ist, kann kein Vorbehalt für ein Nachverfahren erfolgen.[190] Stets setzt der Vorbehalt für das Betragsverfahren voraus, daß ein mitwirkendes Verschulden nur zur Minderung, nicht zur Beseitigung der Haftung führen wird.[191]

> Im Betragsverfahren kann nur noch dem Mitverschulden betr. den Verstoß gegen die Anschnallpflicht und damit bezogen auf einzelne Unfallfolgen nachzugehen sein, während die Erwägungen zum Mitverschulden betreffend das Zustandekommen des Unfalls im Grundverfahren erledigt werden.[192]

238

Beispiel 46

Bei der **Teilklage** ist zu prüfen, inwieweit wegen der Mithaft bei dem Gesamtschaden die eingeklagte Teilforderung (noch) besteht, weil und wenn in dem Erheben der Teilklage das Zugeständnis des eigenen Mitverschuldens liegt[193], und zwar selbst dann, wenn der Restbetrag verjährt ist.[194] Dann ist nicht etwa der eingeklagte Schaden zu quotieren.

239

Zu empfehlen ist bei der Teilklage ein ausdrücklicher Hinweis darauf, daß ein Anspruch reduziert unter Quotierung wegen der Mithaftung (dem Selbstbehalt, Eigenanteil) gem. § 254 BGB (oder den Parallelnormen) geltend gemacht wird.

240

TIP
Teilklage

Bei einem Teil-Leistungsbegehren erwächst die Annahme zur Mithaft nur in **Rechtskraft**, wenn zugleich eine entsprechende Feststellung (ggfs. auf eine negative Feststellungswiderklage hin) getroffen wird. Ansonsten ist die Rechtskraft der Entscheidung auf den im Verfahren geltend gemachten Teil[195] begrenzt. Wegen der jeweils gesondert zu beantwortenden Kausalitäts- und Abwägungsfrage bindet die rechtskräftige Festsetzung einer Mithaftquote zum Schmerzensgeldanspruch nicht bei der Beurteilung der Mitverantwortung zur Frage des Verdienstausfalls, selbst wenn die Ansprüche in einer Klage verbunden sind (§ 260 ZPO).

241

---

190 *BGHZ* 63, 119 = NJW 1975, 106, 108.
191 *BGHZ* 76, 397 = NJW 1980, 1579.
192 *BGH* VersR 1981, 57 = NJW 1981, 287.
193 Vgl. *BGH* NZM 1998, 435.
194 *OLG München* NJW 1970, 1924.
195 *BGH* NJW 1981, 1045; NJW 1985, 2825; NJW-RR 1988, 749.

Umfang des Ersatzes

b) Berechnung von Haftungsanteilen bei mehreren Beteiligten

aa) Haftungs- oder Zurechnungseinheit

242 Die Rechtsfigur der Haftungs- und Zurechnungseinheit[196] vermeidet, daß im wesentlichen identische Verursachungsbeiträge zum Nachteil eines der Beteiligten mehrfach berücksichtigt werden.

243
Beispiel 47

> In der Haftungseinheit können mehrere Schädiger verbunden sein, wenn ihr Verhalten zu einem einheitlichen unfallursächlichen Umstand[197] geführt hat. In der Zurechnungs-, Tatbeitragseinheit kann die verletzte Person selbst mit einem Schädiger verbunden sein, wenn die Kausalbeiträge im wesentlichen deckungsgleich erscheinen und zu einer gefahrbringenden Situation (Gefahrenlage) geführt haben, zu der danach ein Schadensbeitrag einer anderen Person, also der haftungsbegründende Tatbeitrag eines weiteren Schädigers, hinzutritt.[198]

244 Die Beiträge der jeweiligen Einheit – besonders deutlich bei Mittätern, dem Täter und Teilnehmer i.S.d. § 830 Abs. 1 Satz 1, Abs. 2 BGB – sind mit einer gemeinsamen Quote zu erfassen.

245
Kausalbeitrag weiterer Personen

> Für die Abwägung nach § 254 BGB ist der Beitrag der Haftungs- oder Zurechnungseinheit dem Kausalbeitrag der weiter beteiligten Person, sei es die verletzte Person selbst oder sei es ein weiterer Schädiger, gegenüberzustellen.

bb) Nebentäter

246 Treten der verletzten Person Schädiger als Nebentäter gegenüber, bedarf es verschiedener Stufen der Abwägung und Berechnung.

Einzelabwägung

247 Zunächst sind die Verantwortungs – und Verursachungsanteile der verletzten Person und der mehreren Schädiger (Nebentäter) einzeln, gesondert gegenüberzustellen. Dadurch werden Einzelforderungen der verletzten Person gegenüber dem einzelnen Schädiger dem Wertansatz nach ermittelt.

---

[196] *Scheffen/Pardey* a.a.O. Rn. 94 ff.; s. auch *Kirchhoff* in MDR 1998, 377.
[197] Vgl. *OLG Hamm* MDR 1999, 34.
[198] *BGH* VersR 1996, 856 = NJW 1996, 2023; VersR 1996, 1151 = VersR 1996, 1151.

248

Beispiel 48

Dies kann sich wie folgt darstellen:

			Schaden:	13.944,00
Mit-Haftungsanteil	Quote	Haftungsanteil		Quote
Verletzte Person	1/5	20%	Schädiger 1	4/5	80%
Einzelforderung:					11.155,20
Verletzte Person	1/2	50%	Schädiger 2	1/2	50%
Einzelforderung:					6.972,00
Verletzte Person	4/5	80%	Schädiger 3	1/5	20%
Einzelforderung:					2.788,80

> Gesamtabwägung

249 Die Einzelabwägung ist zu überprüfen, wenn bei einem einheitlichen Vermögensschaden mehr als ein Schädiger in Anspruch genommen wird. Dann sind die Haftungsanteile, die Beiträge aller Beteiligten untereinander in Beziehung zu setzen (Gesamtschau). Dafür ist der Mithaftanteil auf einen einheitlichen Dividenden umzurechnen. Daraus errechnet sich sodann der von der verletzten Person durchzusetzende Gesamtschadensersatz, die insgesamt **quotierte Ersatzforderung**.

250

Beispiel 48a

Dies bedeutet zu den Ausgangswerten:

Mit-Haftungsanteil		Haftungsanteil		
Verletzte Person	4/20	Schädiger 1	16/20	
Verletzte Person	4/8	Schädiger 2	4/8	
Verletzte Person	4/5	Schädiger 3	1/5	
	Anteil:		Anteil:	Gesamtanteile:
Verletzte Person	4	Alle Schädiger:	21	25
Gesamtmithaftquote	16%	Gesamthaftungsquote		84%
ersatzlos bleibender Nachteil:	2.231,04	**Gesamtersatzanspruch**		11.712,96

> Gesamtanteile und Einzelschulden der einzelnen Schädiger

251 Daraus leiten sich von den jeweiligen Schädigern nach dem Verhältnis der Haftungsanteile untereinander zu berechnende **Wertanteile**, als von ihnen jeweils insgesamt maximal zu zahlende Geldbeträge, ab.

Umfang des Ersatzes

252
Beispiel 48b

In unserem Beispiel gilt dazu weiter:				
	Schädiger 1	Schädiger 2	Schädiger 3	Summe:
jeweilige Innenquote	16	4	1	21
jeweiliger Wertanteil	8.924,16	2.231,04	557,76	

253 Um den Gesamtschuldbetrag festzustellen, den die Schädiger aufzubringen haben, und um die jeweils aufzubringende Einzelschuld zu ermitteln, bedarf es weiterer Rechenschritte. Dogmatisch konstruktiv ist mit *Steffen*[199] zugrundezulegen, daß die verletzte Person mittels der Gesamtabwägung nicht von dem Risiko der Insolvenz eines (jeden der) Schädiger freizustellen ist. Die Gesamtabwägung soll die Lage der verletzten Person verbessern, indem nicht eine Addition der Eigenanteile innerhalb der Einzelabwägung stattfindet, sondern der selbst zu verantwortende Beitrag in Relation gesetzt wird zur allen Schädigern mit der Folge, daß die verletzte Person günstiger steht als nach der Einzelquotierung. Die Gesamtabwägung sieht aber nicht auf die Durchsetzbarkeit einer Ersatzforderung, um die es bei der Gesamtschuldbeziehung geht. Für die Insolvenzkorrektur ist die Gesamtabwägung deswegen rechnerisch erneut durchzuführen.

254
Beispiel 48c

Innerhalb des bisherigen Beispiels gilt dazu:
Korrektur zur Gesamtabwägung betr. Schädiger 1:

Mit-Haftungsanteil		**Haftungsanteil**		Anteile insgesamt
Verletzte Person	4	Schädiger 2 und 3	5	9
Gesamtmithaftquote	44 %	**Haftungsquote**	56 %	
erhöhter Eigenanteil/ Selbstbehalt	6.197,33	Forderung:	7.746,67	

Korrektur zur Gesamtabwägung betr. Schädiger 2:

Mit-Haftungsanteil		**Haftungsanteil**		Anteile insgesamt
Verletzte Person	4	Schädiger 1 und 3	17	21
Gesamtmithaftquote	19 %	**Haftungsquote**	81 %	
erhöhter Eigenanteil/ Selbstbehalt	2.656,00	Forderung:	11.288,00	

---

199 DAR 1990, 41, *Steffen/Hagenloch* in Haftungsprobleme bei einer Mehrheit von Schädigern, 1990, S. 7.

Korrektur zur Gesamtabwägung betr. Schädiger 1				
Mit-Haftungsanteil		**Haftungsanteil**		**Anteile insgesamt**
Verletzte Person	4	Schädiger 1 und 2	20	24
Gesamtmithaftquote	16,67 %	**Haftungsquote**	83,33 %	
erhöhter Eigenanteil/ Selbstbehalt	2.324,00	Forderung:	11.620,00	

Die Differenz zwischen dem erhöhten Eigenanteil der verletzten Person und dem ursprünglich ermittelten Eigenanteil betrifft jeweils das **Abrechnungsverhältnis** der verletzten Person zu dem einzelnen Schädiger. Den entsprechenden Betrag schuldet jeder Schädiger allein, nicht in Gesamtschuld mit den anderen Schädigern.

255

Im Beispiel zeigen sich die Einzelschulden nach diesem Prinzip wie folgt:				
	Schädiger 1	Schädiger 2	Schädiger 3	Summe:
Erhöhter Eigenanteil	6.197,33	2.656,00	2.324,00	
Ursprünglicher Eigenanteil	2.231,04	2.231,04	2.231,04	
Einzelschuld	3.966,29	424,96	92,96	4.484,21

256

Beispiel 48d

Gesamtschuld

Der Gesamtschuldbetrag, also der Betrag, der von den Schädigern als Gesamtschuldner gemeinschaftlich (§§ 840, 426 BGB) zu zahlen ist (Solidarhaftung, Solidarschuld), errechnet sich aus der Differenz zwischen dem insgesamt von den Schädigern geschuldeten Betrag und der Summe der Einzelschulden.

257

Für das Beispiel gilt weiter:	
Gesamtersatzforderung	11.712,96
Summe der Einzelschulden	4.484,21
Gesamtschuld	**7.228,75**

258

Beispiel 48e

Innerhalb der Gesamtschuld ergibt sich für jeden Schädiger eine **Belastungsgrenze** bis zu der er als Gesamtschuldner in Anspruch genommen werden kann. Diese Grenze ist der Differenz zwischen der gegen ihn gerichteten Einzelforderung und der Einzelschuld zu entnehmen. Innerhalb der Gesamtschuld hat also der einzelne Schuldner nicht mehr als diesen Betrag zu zahlen.

259

260
Beispiel 48f

Im Beispiel gilt:	Schädiger 1	Schädiger 2	Schädiger 3
Einzelforderung	11.155,20	6.972,00	2.788,80
Einzelschuld	3.966,29	424,96	92,96
Belastungsgrenze als Gesamtschuldner	7.188,91	6.547,04	2.695,84

261 Die Verurteilung als Gesamtschuldner kann nur „bis zu" diesem Betrag (der Belastungsgrenze) erfolgen bzw. ist bei einer Verurteilung zu kennzeichnen, daß der einzelne Schädiger, wenn er als Gesamtschuldner zu verurteilen ist, als Gesamtschuldner „nicht mehr als den Betrag von … aufzubringen hat".

262 Schließlich errechnet sich die Innenbelastung des einzelnen Schädigers für den **Innenausgleich** innerhalb der Gesamtschuldbeziehung durch die Differenz zwischen dem jeweiligen Gesamtanteil und der jeweiligen Einzelschuld. In der Quersumme kehren die Gesamtbeträge wieder (Gesamtersatzanspruch = Summe der Gesamtanteile muß sein wie Addition der Summe der Einzelschulden zuzüglich Summe der Innenanteile).

263
Beispiel 48g

Dementsprechend ist das Beispiel abzuschließen:	Schädiger 1	Schädiger 2	Schädiger 3	Kontrollbeträge
Gesamtanteile	8.924,16	2.231,04	557,76	11.712,96
Einzelschulden	3.966,29	424,96	92,96	4.484,21
Innenanteile	4.957,87	1.806,08	464,80	7.228,75

264 In der Praxis wird nicht selten auf einfachere Weise versucht, die Gesamtschuldfrage zu lösen. Andere Berechnungsweisen werden ebenfalls vertreten.

Berechnungsformel
Einzel – und Gesamtschuld von Nebentätern

265

Vorbemerkung: Die Rn. 247 ff. vorgeschlagene Berechnung stellt sich in Formeln und Bezügen wie folgt dar, wobei das Zeichen „/" in Spalten C und H den Bruch zur Mit-Haftung kennzeichnen soll. „*" steht für Multiplikation. „/" zwischen Zellenbezügen steht für Division.

	A	B	C	D	E	F	G	H	I	J
1						Schaden:				....
2	1. Einzelabwägung									
3	Mit-Haftungsanteil				Quote	Haftungsanteil				Quote
4	Verletzte Person	....	/	....	=B4/D4	Schädiger 1	=D4-B4	/	=D4	=G4/I4
5	Einzelforderung:		/							=J1*J4
6	Verletzte Person	....	/	....	=B6/D6	Schädiger 2	=D6-B6	/	=D6	=G6/I6
7	Einzelforderung:		/							=J1*J6
8	Verletzte Person	....	/	....	=B8/D8	Schädiger 3	=D8-B8	/	=D8	=G8/I8
9	Einzelforderung:									=J1*J8
10	2. Gesamtabwägung									
11	Mit-Haftungsanteil					Haftungsanteil				
12	Verletzte Person	=B4*B6*B8	/	=D4*B6*B8		=F4	=D12-B12	/	=D12	
13	Verletzte Person	=B6*B4*B8	/	=D6*B4*B8		=F6	=D13-B13	/	=D13	
14	Verletzte Person	=B8*B4*B6	/	=D8*B4*B6		=F8	=D14-B14	/	=D14	
15		Anteil:					Anteil:			Gesamt-anteile:
16	Verletzte Person	=B4*B6*B8				Alle Schädiger:	=G12+G13+G14			=B16+G16
17	Gesamt-mithaftquote				=B16/J16	Gesamt-haftungsquote				=G16/J16
18	ersatzlos bleibender Nachteil				=J1*E17	Gesamtersatz-anspruch				=J1*J17
19	3. Wertanteile	Schädiger 1	Schädiger 2	Schädiger 3	Summe:					
20	jeweilige Innenquote	=G12	=G13	=G14	=D20+C20+B20					
21	jeweiliger Wertanteil	=J18*B20/E20	=J18*C20/E20	=J18*D20/E20						
22	4. Insolvenzkorrekturen									
23	a) Korrektur zur Gesamtabwägung betr. Schädiger 1									
24	Mit-Haftungsanteil			Haftungsanteil Schädiger 2 und 3		Anteile insgesamt				
25	Verletzte Person	=B16		=G13+G14	=D25+B25					
26	Gesamtmithaftquote	=B25/E25		Haftungsquote	=D25/E25					
27	erhöhter Eigenanteil/Selbstbehalt	=B26*J1		Forderung:	=J1*D26					
28	b) Korrektur zur Gesamtabwägung betr. Schädiger 2									
29	Mit-Haftungsanteil			Haftungsanteil Schädiger 1 und 3	=E24					
30	Verletzte Person	=B25		=G12+G14	=D30+B30					
31	Gesamtmithaftquote	=B30/E30		Haftungsquote	=D30/E30					
32	erhöhter Eigenanteil/Selbstbehalt	=B31*J1		Forderung:	=J1*D31					
33	c) Korrektur zur Gesamtabwägung betr. Schädiger 3									
34	Mit-Haftungsanteil			Haftungsanteil Schädiger 1 und 2	=E29					
35	Verletzte Person	=B30		=G12+G13	=D35+B35					
36	Gesamtmithaftquote	=B35/E35		Haftungsquote	=D35/E35					
37	erhöhter Eigenanteil/Selbstbehalt	=B36*J1		Forderung:	=J1*D36					

Umfang des Ersatzes

	A	B	C	D	E	F	G	H	I	J
38	5. Einzelschulden	Schädiger 1	Schädiger 2	Schädiger 3	Summe					
39	Erhöhter Eigenanteil	=B27	=B32	=B37						
40	Ursprünglicher Eigenanteil	=E18	=E18	=E18						
41	**Einzelschuld**	=B39-B40	=C39-C40	=D39-D40	=B41+C41+D41					
42	6. Gemeinschaftliche Einstandspflicht									
43	Gesamtersatzforderung				=J18					
44	Summe der Einzelschulden				=E41					
45	**Gesamtschuld**				=E43-E44					
46	7. Belastungsgrenze innerhalb der Gesamtschuld	Schädiger 1	Schädiger 2	Schädiger 3						
47	Einzelforderung	=J5	=J7	=J9						
48	Einzelschuld	=B41	=C41	=D41						
49	**Belastungsgrenze als Gesamtschuldner**	=B47-B48	=C47-C48	=D47-D48						
50	8. Innenverteilung des Gesamtschuldbetrages	Schädiger 1	Schädiger 2	Schädiger 3	Kontrollbeträge	wie				
51	Gesamtanteile	=B21	=C21	=D21	=D51+C51+B51	=J18				
52	Einzelschulden	=B48	=C48	=D48	=D52+C52+B52	=E41				
53	Innenanteile	=B51-B52	=C51-C52	=D51-D52	=D53+C53+B53	=E45				

> Unanwendbarkeit der Regeln zur Gesamtabwägung

266 Zu **immateriellen Folgen** scheidet eine rechnerische Gesamtabwägung im vorstehenden Sinn aus, weil keine gesonderten Mithaftquoten zu berücksichtigen sind und der immaterielle Anspruch jeweils für das spezielle Verhältnis zu bestimmen ist.

267
Gesamtschau

> Da eine Mithaftung bei der Schmerzensgeldbemessung als Faktor einzufließen hat, darf einerseits die Verknüpfung in einer Haftungs- oder Zurechnungseinheit und andererseits das Prinzip der Gesamtabwägung nicht vollständig übergangen werden, sondern muß als integraler Bestandteil bei der Bemessung berücksichtigt werden.

268 Zur **Schadensminderungspflicht** (z.B. bei der Obliegenheit, eine verbliebene Restarbeitskraft einzusetzen,) gelten die Gedanken der Gesamtabwägung nicht. Zu § 254 Abs. 2 BGB ist ausschließlich innerhalb des Individualverhältnisses zwischen der verletzten Person und dem einzelnen Schädiger danach zu fragen, inwieweit eine Schadenskürzung gerechtfertigt ist.

7. Schadensminderung

Die Ersatzberechtigung wird – auch – davon bestimmt, ob und inwieweit die betroffene Person den Schaden ausreichend abgewendet oder vermindert hat. § 254 Abs. 2 Satz 1 BGB zielt **vor dem Eintritt eines Schadens** auf eventuelle Gefahrhinweise, eine Warnung des Schädigers zu dem Schaden, den der Schädiger nicht kannte oder nicht kennen mußte. Für die Zeit **nach dem Eintritt eines Schadens** zielt Abs. 2 auf die Abwendung oder Minderung der nachteiligen Folgen, auch darauf, daß ein in der Entwicklung befindlicher Schaden in Grenzen gehalten werden muß.

269

Die Obliegenheit zur Schadensabwendung und -minderung formt den Grundsatz des § 254 Abs. 1 BGB aus, daß die betroffene Person den Schädiger nicht für ein eigenes Fehlverhalten verantwortlich machen kann bzw. die betroffene Person in dem Umfang der Eigenverantwortung keinen Ersatzanspruch hat.

270

Eigenverantwortung

Der Aufwand, der den Pflichten (Obliegenheiten im eigenen Interesse) des § 254 Abs. 2 BGB entspricht, um den Schaden abzuwenden oder zu mindern, ist erstattungsfähig.

271

Die pflichtwidrige Fehlentscheidung einer anderen Person – sei es bei dem Kind die Entscheidung seiner Eltern, sei es bei einem Erwachsenen die Entschließung eines Sozialleistungsträgers – kann der direkt betroffenen, verletzten Person zuzurechnen sein (§§ 254 Abs. 2 Satz 2, 278 BGB). Das deliktische Ausgleichsverhältnis reicht als Sonderbeziehung i.S.d. § 278 BGB aus.[200]

272

Die **Schadensabwendungspflicht** der verletzten Person verwehrt ihr es, solche Aufwendungen zum Ausgleich zu stellen, die nicht entstanden wären, wenn sie die Beeinträchtigung selbst zu beseitigen haben würde, es also um einen Eigenschaden bei Eigenverantwortung unter Verzicht und Einschränkungen gehen würde und kein Schädiger und dessen Haftpflichtversicherung einzustehen hätten. Die verletzte Person darf nicht zu ihrem Vorteil auf Kosten eines Schädigers großzügig sein. Ausnahmsweise verhält sich dies – bei unscharfen Grenzen – anders, wenn eine Einschränkung bei der verletzten Person im Verhältnis zum Schädiger wegen der von diesem zu verantwortenden Schädigung (wertend) unzumutbar und deswegen überobligatorisch erscheint.

273

---

[200] Zur Anwendbarkeit des § 831 BGB bei Mitverursachung durch den eigenen Verrichtungsgehilfen ohne Entlastungsbeweis *BGH* NJW 1980, 2573, 2575.

274 Die **Schadensminderungspflicht** als Hauptanwendungsfeld des § 254 Abs. 2 BGB hat ihren besonderen Stellenwert beim Sachschaden.[201] Sie schlägt sich aber auch beim Gesundheitsschaden (Rn. 597), beim Erwerbsschaden (Rn. 751) und beim Unterhaltsschaden mit der etwaigen Pflicht des Hinterbliebenen, eine zumutbare Erwerbstätigkeit aufzunehmen (Rn. 1236), nieder. Beim Personenschaden treten jedoch die dogmatischen Probleme, die zum Sachschaden neben der Erforderlichkeit des § 249 S. 2 BGB und der Wirtschaftlichkeit des § 251 Abs. 2 Satz 1 BGB Schwierigkeiten bereiten, nicht auf.

275 Die **Darlegungs- und Beweislast** trifft den Schädiger. Die betroffene Person hat aber – vor allem beim Erwerbsschaden – eine gesteigerte, faktisch die vorrangige Darlegungslast.

276 Auch auf § 254 Abs. 2 BGB zur Schadensminderung bezieht sich die **Präklusion**[202] durch ein **Feststellungsurteil**, obwohl es um die Höhe des Anspruches geht, wenn die Tatsachen zur Zeit der (letzten) Tatsachenverhandlung entstanden sind. Die Rechtskraft steht, sofern die maßgebenden Tatsachen schon zu dieser Zeit der letzten mündlichen Verhandlung vorgelegen haben, andernfalls einer erneuten Geltendmachung durch den Schädiger und den Haftpflichtversicherer entgegen.

III. Anspruchsform und -dauer

277 § 843 BGB konkretisiert zum Mehrbedarf und zum Erwerbsausfall in Abs. 1 bis 3 die Art und Weise und die Form der Ersatzleistung als Rente oder Kapital. Ebenso äußern sich die Parallelnormen. Die Zeitgrenzen des jeweiligen Anspruchs folgen der materiellrechtlichen Basis.

1. Rente

278 Zu § 847 BGB obliegt es dem erkennenden Gericht, eine (monatliche) Rente zu gewähren oder einen Kapitalbetrag zuzusprechen. Der verletzten Person sollte aber eine **Schmerzensgeldrente** nur auf ihr Verlangen

---

201 Zum Kfz-Schaden, Sachverständigenkosten, dem Ausfallschaden (Mietwagen, Nutzungsausfall) s. eingehend *Wortmann* in ZfS 1999, 1 – 4.
202 *BGH* VersR 1988, 1139.

hin zuerkannt werden. Ein Hilfsantrag auf Zahlung einer Rente ist für zulässig zu erachten und sollte jedenfalls vorsorglich gestellt werden. Bei schweren Dauerleiden können Kapital und Rente nebeneinander stehen[203], also kombiniert werden. Die Verurteilung zur Rentenzahlung im Berufungsverfahren ist qualitativ ein unstatthaftes aliud[204], wenn der Kläger die landgerichtliche Entscheidung zum Schmerzensgeldkapital verteidigt und der Beklagte die Aberkennung oder jedenfalls Reduzierung des Kapitalbetrags begehrt.

279 Zum **Erwerbs- und Mehrbedarfsschaden** (§ 843 BGB) und zum **Unterhaltsschaden** (§ 844 Abs. 2 BGB) sowie zum **Dienstleistungsschaden** (§ 845 BGB) sieht das Gesetz die Rente als regelmäßige Zahlungsform vor. Der Rentenanspruch entsteht mit der Beeinträchtigung. Die Fälligkeit der einzelnen Beträge ist hinausgeschoben.

280 Die Rente zur **Vergangenheit** ist die Ausnahme. Selbst zum Gesundheitsschaden ist für die Vergangenheit die Rentenform aber nicht ausgeschlossen. Bei gesetzlichen Höchstbeträgen ist der Kapitalbetrag zur Vergangenheit nicht mit der Summe der fällig gewordenen, aufgelaufenen Renten identisch, für die ein Rentenhöchstbetrag gilt.

281 Die Klage auf Zahlung einer (künftigen) Rente ist schon statthaft, wenn und soweit die **künftige Leistung** mit einiger Sicherheit zu ermitteln ist (§ 258 ZPO). Ist die Entwicklung nicht übersehbar, ist der Leistungsausspruch allerdings ausgeschlossen.

282 Neben dem Rentenverlangen und -urteil darf keine Feststellung wegen künftiger Ansprüche auf Anpassung der Rente stehen. Insbesondere die wesentliche Veränderung der Lohn- und Preisverhältnisse ist im laufenden Rechtsstreit immer beachtlich. Eine Verjährungseinrede greift dazu nicht.[205] Zu § 323 ZPO kann eine Verjährung allenfalls nach Eintritt der wesentlichen Veränderungen in Betracht kommen.

283 Für das verletzte Kind kommt zu der Rente wegen Beeinträchtigung der Erwerbsfähigkeit vor Eintritt in ein erwerbsfähiges Alter nur die Feststellung[206] in Betracht, wegen der Unüberschaubarkeit der Entwicklung kaum die Leistung i.S.d. § 258 ZPO.

TIP
Feststellungsklage

---

203 *OLG München* VersR 1992, 508.
204 *BGH* NJW 1998, 3411 = VersR 1998, 1565.
205 *BGH* VersR 1970, 840 = NJW 1970, 1642.
206 *OLG Köln* VersR 1988, 1185.

a) Zeitgrenzen

TIP
Der Klageantrag ohne Zeitgrenze unterliegt der Teilabweisung

284 Die Klage auf Zahlung der wiederkehrenden Leistung muß immer eine zeitliche Begrenzung enthalten, weil die zeitlich offene Zahlung keinen materiellrechtlichen Grund findet.

285 Die **Mehrbedarfsrente** ist regelmäßig zeitlich unbegrenzt, d.h. auf die Lebenszeit der betroffenen Person, auszurichten. Ist eine bestimmte Dauer des Mehrbedarfs abzusehen, hat eine entsprechende Befristung zu erfolgen.

286 Die Rente wegen der Beeinträchtigung der Erwerbsfähigkeit verlangt im Antrag und im Urteilsausspruch eine Zeitgrenze unter Angabe eines Kalendertages. Der Anspruch wegen eines **Erwerbsschadens** endet spätestens in dem Zeitpunkt, mit dem die verletzte Person ohnehin aus dem Erwerbsleben ausgeschieden wäre. Im Todesfall kann sich ein Anspruch aus § 844 Abs. 2 BGB der unterhaltsberechtigten Angehörigen anschliessen (Rn. 1055).

287 Die Verdienstausfallrente soll entsprechend der **Regelaltersgrenze** (§ 35 SGB VI) bei Arbeitnehmern bis zum letzten Tag des Monats, in dem das 65. Lebensjahr vollendet wird, zuerkannt[207] werden können. Dies gilt trotz § 39 SGB VI auch für Frauen und für Frauen[208], die in der ehemaligen DDR beschäftigt waren und deren Altersrente nach dem 31.12.1996 beginnt. Bei Beginn der Rente zwischen dem 1.1.1992 und 31.12.1996 bestand übergangsweise die Regelaltersgrenze zur Vollendung des 60. Lebensjahres, auf die für den entsprechenden Personenkreis dann auch abzustellen gewesen ist.

288 Für die Zeit danach kommt es ggfs. zum Schadensausgleich auf die Differenz zwischen einem Altersruhegeld und einer Erwerbsunfähigkeitsrente, eine verletzungsbedingte Rentenminderung, an.

289 Bei **Beamten**, Richtern und Soldaten ist auf die jeweilige berufs- oder laufbahnspezifische gesetzliche Altersgrenze abzustellen. Das erfahrungsgemäß durchschnittliche Pensionsalter in bestimmten Berufsgruppen ist nicht maßgebend.

290 Gründe für eine im Einzelfall von der Regel abweichenden Einschätzung hat der Schädiger[209] im Einzelfall – als Reserveursache (Rn. 77) – darzulegen und nachzuweisen. Eine erhebliche Wahrscheinlichkeit des

---

207 *BGH* VersR 1988, 464 = DAR 1988, 52; VersR 1989, 855 = NJW 1989, 3150.
208 *BGH* NJW 1995, 3313 = VersR 1995, 1447 = ZfS 1995, 451.
209 *BGH* VersR 1985, 60, 62.

verletzungsunabhängig früheren Eintritts in den Ruhestand wird zu fordern sein. Es kommen in Betracht:
- individuelle gesundheitliche Vorbelastungen,
- verletzungsunabhängige Erkrankung,
- unstete Arbeitsweise,
- übliche Verhaltensweisen in einer vergleichbaren Personengruppe,
- Personalabbau mit überwiegend wahrscheinlicher Betroffenheit der verletzten Person im Falle ihrer Weiterbeschäftigung.

291 **TIP**
Sachverständiger

Durchschnittliche Maßstäbe allein sind gegen die verletzte Person nicht anzuführen. Zur Beurteilung besonderer gesundheitlicher Umstände wird regelmäßig ein ärztlicher Sachverständiger hinzuziehen sein.

292

Bei **Selbständigen** kann an das Alter von 70 Jahren anzuknüpfen sein.[210] Die (uneingeschränkte) Arbeits- und Leistungsfähigkeit ist umso eher auf ein höheres Alter zu prognostizieren, umso älter die verletzte Person ist. Für die Zeit nach dem 65. Lebensjahr kann aber eine Erwerbsschadensrente herabzusetzen sein, wenn die Einschränkung der Leistungsfähigkeit für diese Zeit absehbar ist.

293

Die Dauer des Anspruchs wegen **Beeinträchtigung in der Haushaltsführung** wird durch die Dauer der Behinderung bei den Haushaltsarbeiten bestimmt.

294
Behinderungsgrad

Soweit die Entwicklung voraussehbar ist, kann wegen unterschiedlicher **Behinderungsgrade** die Schadensrente für verschiedene Zeiträume in unterschiedlicher Höhe zu bestimmen sein.

295

Die gesetzlich geschuldeten Tätigkeiten im Haushalt (Rn. 295), auf die es beim Unterhaltsschaden für den Arbeitszeitbedarf und die Mithilfspflichten ankommt, und die tatsächliche Arbeit im eigenen Haushalt sind nicht identisch mit Erwerbsarbeiten bis zu bestimmten Altersgrenzen. In diesem Kontext setzen sich die individuellen Lebensgepflogenheiten uneingeschränkt durch. Wie z.B. zum Wohnen in einem Heim (Rn. 694) gibt es in diesem Kontext keine abstrakten Erfahrungssätze und Grenzen.

296

Es gilt aber zu beachten, daß die Leistungsfähigkeit mit zunehmendem Alter, wohl jedenfalls mit dem 68. Lebensjahr[211], hinsichtlich schwerer körperlicher Arbeit im Haushalt nachläßt. Dies ist bei der Plausibilitätsbeurteilung zu Arbeitszeiten für die Führung des eigenen Haushalts ebenso

---
210 *BGH* VersR 1976, 663.
211 *BGH* VersR 1974, 1016, 1018 = NJW 1974, 1651.

wie zu den Leistungen im Haushalt für andere Personen wesentlich. Eine Rente kann herabzusetzen sein oder ganz entfallen. Im Einzelfall kann die Rente zum Haushaltsführungsschaden – insbesondere bei einer dauernden Behinderung – auf einen früheren oder späteren Zeitpunkt als das 65. oder 68. Lebensjahr auszurichten sein. Verstärkt zu überprüfen ist, ob die Leistungsfähigkeit im Haushalt erst zum 75. Lebensjahr[212] oder 79. Lebensjahr[213] nachlassen wird. Insbesondere bei verletzten, alleinlebenden, ihren Haushalt allein führenden älteren Personen kann dies maßgebend werden.

297 Mit dem **75. Lebensjahr** wird für den praktischen Regelfall das Ende der eigenen Haushaltsführung anzunehmen sein. Deswegen sollte jedenfalls bei jungen verletzten Personen die Schadensrente zur Haushaltsführung bis zu diesem Zeitpunkt begrenzt werden.[214]

298
Altersgrenze bei Tötung

> Da es bei Verletzungen auf die tatsächliche Situation ankommt, muß die regelmäßige, erfahrungsgemäße Altersgrenze zur erschwerten oder ausfallenden Haushaltsführung nicht identisch sein mit einer Altersgrenze zur entgangenen Haushaltsführung im Tötungsfall mit der Frage nach der Pflicht zur Führung des Haushalts.

299 Zu lebenslangen Renten müssen Entscheidungsgründe stets die ausnahmsweise tragenden Erwägungen deutlich machen.

300 Die Unterhaltsschadensrente ist einerseits längstens bis zum **Tod des Berechtigten** aufzubringen. Wie der Unterhaltsanspruch gem. §§ 1586, 1615 BGB erlischt (s. aber § 1586 b BGB zum Geschiedenenunterhalt), kann die Schadensberechtigung nicht an der Erbfolge teilhaben. Um Zweifel zu der Wirkung der Verurteilung nach § 325 ZPO und eine Umschreibung des Titels (§ 727 ZPO) auszuschließen, ist indes die Begrenzung auf die Lebenszeit des Anspruchstellers im Antrag und im Tenor zu verlangen.

301 Spätestens (und andererseits) ist der Unterhaltsschaden durch den mutmaßlichen **Tod des Unterhaltsverpflichteten** begrenzt. Der geschätzte Zeitpunkt des natürlichen Todes des Unterhaltspflichtigen ist in einem Zahlungsantrag und einem Leistungsurteil mit einem **Kalendertag** anzugeben.[215]

302 Maßgebend ist die mittlere, durchschnittliche Lebenserwartung nach dem Zeitpunkt des Schadensereignisses. Diese ist anhand der Amtlichen Ster-

---

212 *BGH* VersR 1973, 84; 1973, 939, 941.
213 *BGH* VersR 1972, 743, 745 = NJW 1972, 1130.
214 *OLG Hamm* NJW-RR 1995, 599.
215 *BGH* VersR 1986, 463.

betafel des Statistischen Bundesamtes zu ermitteln und zwar ggfs. über Tabellen „verbundene Leben" mit statistisch belegten Möglichkeiten des Vorversterbens des Berechtigen, wozu dann allein ein Endzeitpunkt im Antrag genügen sollte.

Einfluß auf die Lebenserwartung haben – auch – der Beruf, der Gesundheitszustand, die Lebensgewohnheiten der unterhaltspflichtigen Person. Daß diese Person wegen einer Erkrankung früher verstorben wäre, hat der Schädiger nachzuweisen.[216] Die überdurchschnittlich höhere, eine längere Lebensdauer erschließt sich z.B. aus sportlichen Betätigungen nicht.

303

> Bei Tötung der Hausfrau ist dem Witwer die Rente wegen Ausfalls der Haushaltsführung dementsprechend regelmäßig bis zum mutmaßlichen Lebensende seiner Ehefrau nach deren hypothetischen Lebenserwartung zu gewähren. Zugleich ist nach den konkreten Umständen die Leistungsfähigkeit der Ehefrau einzuschätzen und zu beachten, daß die Leistungsfähigkeit einer Hausfrau im höheren Alter einer gewissen Beschränkung unterliegt, vgl. auch Rn. 298. Spätestens mit dem Zeitpunkt, in dem der Witwer in den Ruhestand tritt, trifft ihn zudem eine erhöhte Pflicht zur Mithilfe im Haushalt[217] mit der Folge, daß die einzusetzende Arbeitszeit reduziert ist.

304

Beispiel 49

Die zeitliche Beschränkung der Rente bis zu einer **Wiederheirat** ist unzulässig. Durch eine weitere Heirat erlischt der Unterhaltsschaden nicht (Rn. 1067 f.). Ggfs. steht dem Schädiger die Abänderungsklage zur Verfügung.

305

Unterhaltsschadensrenten **für Waisen** sind in der Regel auf die Vollendung ihres 18. Lebensjahres zu begrenzen.[218] Die Möglichkeit einer Abänderungsklage für den Schädiger bei längeren Zeiträumen wird in diesem Zusammenhang für unbillig gehalten und soll diesen unzumutbar belasten. Bei einer absehbaren oder sicher feststehenden Arbeitsunfähigkeit des berechtigten Kindes oder bei älteren Kindern kann ein späterer Zeitpunkt angezeigt sein. Entscheidend muß die Sicherheit sein, mit der die künftige Entwicklung beurteilt werden kann. Es kann dazu auf die Lebensstellung, die Begabung, den Entwicklungsstand des Kindes und den Bildungsstand der Eltern sowie von Geschwistern, die

306

---

216 *BGH* NJW 1972, 1515, 1517 = VersR 1972, 834.
217 *BGH* VersR 1960, 147; VersR 1971, 1065 = NJW 1971, 2066, insoweit nicht in *BGHZ* 56, 389.
218 Für ein 8jähriges Kind *BGH* VersR 1983, 688 = NJW 1983, 2197, insoweit nicht in *BGHZ* 87, 121.

Pläne der Eltern für das Kind ankommen. Etwaige fortdauernde Ansprüche sind für Kinder[219] durch ein **Feststellungsbegehren** und -urteil abzusichern.

307 Der aus § 845 BGB folgende **Leistungsanspruch der Eltern** ist nach den konkreten Umständen zeitlich zu befristen. Der *BGH* nennt in Tötungsfällen die Gründung eines eigenen Hausstandes oder hält die Eheschließung für wesentlich.[220] Oberlandesgerichte stellen auf die Vollendung des 25. Lebensjahres des Abkömmlings[221] oder die Volljährigkeit ab.[222]

b) Zahlungszeitpunkt

308 Die Rente ist **auf Verlangen** der berechtigten Person für drei Monate **im voraus** zu zahlen (§§ 843 Abs. 2 S. 1, 760 Abs. 2 BGB). Erlebt sie den Beginn des Vierteljahres, ist die Rückforderung ausgeschlossen (§ 760 Abs. 2 BGB).

309 In der Praxis wird mit entsprechender Antragsformulierung meist eine Vereinbarung zur monatlichen Zahlung fingiert. Zugleich verwehrt es die Klage auf monatliche Vorauszahlung gem. § 308 ZPO, eine Rente für eine längere Zeitperiode zuzuerkennen.

310 **TIP** Für **einzelne Zeitabschnitte** kann die Rente eine unterschiedliche Höhe haben, wenn die Besonderheiten des Einzelfalls dies wegen unterschiedlicher Umstände in einzelnen Phasen (z.B. bei unterschiedlich hohen Einkünften, bei unterschiedlich hohen Unterhaltsansprüchen) verlangen. Die Zuvielforderung für einzelne Zeitabschnitte ist dann nicht auf die Forderung zu anderen Zeitabschnitten zu verrechnen, § 308 Abs. 1 ZPO.[223] Eine monatlich überhöhte Forderung führt zur Teilabweisung.

c) Einheit von Erwerbs- und Mehrbedarfsrente

311 Die Rente zum Erwerbsschaden und zum Mehrbedarf ist nach eigenständiger Feststellung in einem **einheitlichen**, ziffernmäßig nicht aufge-

---

219 Der gesetzliche Vertreter kann die Ansprüche eines Kindes oder Jugendlichen auch für die Zeit nach deren Volljährigkeit verfolgen.
220 *BGH* VersR 1966, 735 (Sohn).
221 *OLG Düsseldorf* NJW 1961, 1408 (Sohn).
222 *OLG München* VersR 1952, 294.
223 *BGH* VersR 1990, 212 = DAR 1990, 54 = NZV 1990, 116.

teilten **Betrag**[224] auszudrücken. Der Anspruch wegen Vermehrung der Bedürfnisse und wegen Minderung oder Aufhebung der Erwerbsfähigkeit ist zwar andersartig. Beide Berechnungspositionen sollen im Laufe eines Rechtsstreits aber untereinander austauschbar sein.[225]

	312
Die Auswechslung von Beträgen zur Erwerbsminderung und eines Mehrbedarfs ist keine Klagänderung, solange es um das Begehren einer berechtigten Person geht. Innerhalb des einheitlichen Zahlungsverlangens darf es nicht zu einer Teilabweisung wegen anderer Begründung (Mehrbedarf statt Erwerbsausfall oder umgekehrt) kommen.	Keine Klageänderung

Der **Forderungsübergang** kann aber zu getrennten Berechtigungen führen, die eine Aufteilung gebieten. Der Rechtsübergang trennt also ggfs. die Einheitlichkeit von Mehrbedarf und Erwerbsnachteil, u.U. auch innerhalb eines Mehrbedarfs oder eines Erwerbsnachteils und zwar bei teilweiser Kongruenz. Wegen einer etwaigen späteren **Abänderung** nach § 323 ZPO sind jeweils maßgebende Einzelerwägungen kenntlich zu machen. | 313

d) Abänderung

§ 323 ZPO stellt zur rechtsgestaltenden **Abänderung** eines **Leistungsrententitels** auf die wesentliche Änderung entscheidungserheblicher Umstände ab[226] und gestattet es, die unrichtig gewordene Prognose zu korrigieren. Über § 323 ZPO ist letztlich zur Erwerbsminderung und zum Unterhaltsausfall in gewisser Weise die Anpassung an die Veränderungen zum Lohn- und Preisniveau zu erreichen, ohne daß eine volle Dynamisierung sicherzustellen ist. | 314

Die Leistungsklage, die wegen irriger Beurteilung der Rechtslage nicht als Abänderungsklage bezeichnet worden ist, läßt sich u.U. in eine Abänderungsklage umdeuten.[227] Eine neue Leistungsklage kann infragestehen bei der Änderung des Streitgegenstandes oder Änderung entscheidungserheblicher Tatsachen, z.B. wenn im Erstprozeß mangels Bedürftigkeit die Unterhaltsschadensklage abgewiesen worden ist, nun aber die Bedürftigkeit zur Unterhaltsbeziehung zu bejahen ist. Dann sollte aber im Erstprozeß die Feststellung nicht versäumt sein. | 315

---

224 *BGH* VersR 1960, 810, 811.
225 *BGH* VersR 1957, 394, 396.
226 *BGH* VersR 1985, 859 = NJW 1985, 3011.
227 *BGH* NJW 1992, 438, 439; konkret verneinend *BGH* NJW 1985, 1345, 1346.

Anspruchsform und -dauer

TIP 316 Angesichts unzureichender Bewertungen von Verletzungen hilft – auch zur Zukunft – nur ein Rechtsmittel.[228]

317 Da die Rente zur **Erwerbsfähigkeit** und zu **vermehrten Bedürfnissen** einheitlich auszuurteilen ist, sind zur Abänderung beide Positionen **austauschbar**. Die Austauschbarkeit ist nicht anders zu sehen als im Verlauf eines Rechtsstreits. Anders verhält es sich mit Renten wegen eines Unterhaltsschadens. Diese sind gegenüber der Rente i.S.d. § 843 Abs. 1 BGB schon von der mittelbaren Betroffenheit her selbständig und bleiben selbständig.

318 Die Wesentlichkeit einer Veränderung erfordert eine Gesamtschau zu allen Umständen. Bei dem Mehrbedarf besteht wirtschaftlich eine unmittelbare Beziehung zu einem Kaufkraftschwund, die nach den Maßgaben des § 323 ZPO eine spätere Änderung aber nicht rechtfertigt. Bei der Erwerbsunfähigkeitsrente wird die Entwicklung durch die Einkommensverhältnisse bestimmt, die zu einer Abänderung auf entsprechenden Antrag (§ 323 ZPO) auszuwerten sind.

319
Beispiel 50

> Verhältnisse, deren Änderung wesentlich sein kann, sind
> – Für die betroffene, berechtigte Person:
> • Zunahme oder Fortfall des Mehrbedarfs,
> • Verschlimmerung des Körper- oder Gesundheitsschadens,
> • Steigerung des Lohn-, Preisniveaus, der Lebenshaltungskosten,
> • Erhöhung des Unterhaltsbedarfs infolge Krankheit.
> – Für den Schädiger:
> • Wiederheirat des hinterbliebenen Ehegatten (Rn. 1068).

320 Eine wesentliche Änderung ist zu verneinen, wenn die Veränderung unter Einschluß aller Verbesserungen und Verschlechterungen nicht mindestens die Größenordnung von 10 % erreicht. Eine Stillhaltegrenze von 10 Jahren oder über einen anderen bestimmten Zeitraum nach einer Abänderung bis zu einer erneuten Abänderung ist nicht angezeigt.

TIP 321 Nach der Abänderung zum Pflegeaufwand ist zu diesem Schadensposten eine erneute Erhöhung[229] frühestens zu erwägen, wenn der Lebenshaltungsindex um mindestens weitere 15 % gestiegen ist und die künftige Entwicklung der Lebenshaltungskosten den gegenwärtigen Zuwachsraten entspricht.

---

228 *BGH* VersR 1981, 280.
229 *OLG München* VersR 1984, 246: Erhöhung um 16,66 %. Ein erhöhter Wäscheverschleiß wie andere Teilbeträge, die ursprünglich der Rentenberechnung zugrundegelegt worden waren, wurden nicht gesondert ausgewiesen.

Die Entwicklung der Lebenshaltungskosten führt bei Schmerzensgeldrenten nicht zu einer wesentlichen Änderung.

322

> Eine wesentliche Änderung der für die Höhe der Unterhaltsrente maßgebenden Verhältnisse liegt vor, wenn und weil zuvor anderen Unterhaltsberechtigten in der Revisionsinstanz abweichend von der Beurteilung durch die Vorinstanzen erheblich niedrigere Renten zuerkannt worden sind. Geht es[230] der Klägerin um die Anpassung des in Bezug auf sie rechtskräftig gewordenen, wiederkehrende Leistungen betreffenden Urteils an eine neue Lage, ist eine in zweiter Instanz erhobene Abänderungsklage i.S.d. § 323 ZPO gegeben. Wird dies in dem neuerlichen Berufungsverfahren als Folge dessen erstrebt, daß anderen Klägerinnen endgültig geringere Renten zuerkannt sind, ist das Begehren als sachdienlich zuzulassen.

323

Beispiel 51

§ 324 ZPO eröffnet die Möglichkeit, eine **Sicherheitsleistung** anordnen oder erhöhen zu lassen in dem Fall, in dem sich Vermögensverhältnisse eines Verpflichteten erheblich verschlechtern.

324

TIP

e) Abtretung, Pfändung

Renten wegen Verletzung des Körpers oder der Gesundheit und Renten wegen Entziehung einer Unterhaltsforderung sind nach § 850 b Abs. 1 Nrn. 1[231], 2 ZPO grundsätzlich unpfändbar und damit nicht abtretbar (§ 400 BGB; zur Aufrechnung § 394 BGB). Ausnahmen läßt § 850b Abs. 2 ZPO zu. Aufgelaufene, rückständige Renten behalten den Charakter als Rente. Die Summe einzelner Renten ist kein „Kapital". Nach anerkannter Rechtsprechung können die an sich unabtretbaren Rentenansprüche an denjenigen abgetreten werden, der dem (geschädigten) Rentenberechtigten laufend Bezüge zum jeweiligen Fälligkeitstermin in einer der Abtretung entsprechenden Höhe gewährt. Entscheidend ist, daß der Berechtigte entweder vor der Abtretung den vollen Rentenwert erhalten hat und behält oder die Abtretung durch die jeweils termingerecht zu leistenden Zahlungen bedingt ist.[232]

325

---

230 *BGH* VersR 1989, 974.
231 *OLG Köln* r+s 1991, 371.
232 *BGH* VersR 1988, 181, 182.

2. Kapital

326 Bei dem **Gesamtschaden**, der sich aus mehreren Schadensgruppen zusammensetzt, kann u.U. zu einer Forderungsposition **Kapital**zahlung **und** zu einer anderen Position **Rente** verlangt werden.

a) Wahlrecht

327 Für die **Vergangenheit** kann die berechtigte Person zum Erwerbs-, Mehrbedarfs- und Unterhaltsschaden zwischen Kapital und Rente wählen und zwar bis zum Schluß einer mündlichen Verhandlung in einer gerichtlichen Tatsacheninstanz.[233]

328 Zwischen Vergangenheit und Zukunft kann in gerichtlichen Streitfällen bei Erwerbs- und Unterhaltsschäden mit der Maßgabe des § 708 Nr. 8 ZPO durch die Klageerhebung und das ihr vorausgehende letzte Vierteljahr getrennt werden. Dazu ist ein Urteil ohne Sicherheitsleistung für vorläufig vollstreckbar zu erklären. Jedenfalls ist Zukunft die Zeit nach der letzten mündlichen Verhandlung oder dem Verkündungstermin.

329 Für die **Zukunft** kann gem. § 843 Abs. 3 BGB bei einem wichtigen Grund Kapitalabfindung gewählt und verlangt weden. Das Wahlrecht ist höchstpersönlich. Es kann nicht abgetreten werden. Es besteht für einen verbliebenen Schadensteil, wenn zuvor Zahlungen erfolgt sind.[234]

330 Ein **wichtiger Grund** liegt vor, wenn der Zweck der Ersatzleistung durch die Abfindung in einem Betrag eher erreicht wird als bei laufenden Zahlungen. Auch die (wirtschaftliche) Situation des Schädigers kann berücksichtigt werden. Ziel muß sein, einen angemessenen Ausgleich sicherzustellen. Die Voraussetzungen des wichtigen Grundes hat die berechtigte Person nachzuweisen.

331
Beispiel 52

> Ein wichtiger Grund kann angenommen werden, wenn bei einem Mehrbedarf zum Wohnen die teuere Fremdfinanzierung abgelöst oder bei einem Erwerbsschaden eine sichere Einnahmequelle geschaffen werden soll.

---

[233] *BGHZ* 59,187 = VersR 1972, 1017 = NJW 1972, 1711, 1712.
[234] *BGH* VersR 1982, 238, 240 = NJW 1982, 757.

Steht neben einem Kapital zur Vergangenheit eine Rente für die Zukunft infrage, ist – insbesondere bei **Höchstbeträgen** – sorgfältig die Wahl zwischen Kapital- und Rentenverlangen zu prüfen.[235]   **332 TIP**

Bei einem Schaden aus mehreren Schadensgruppen kann u.U. ein Rechnungsposten als Kapital, der andere als Rente verfolgt werden.   **333**

Gegenüber **mehreren Zahlungspflichtigen** ist eine einheitliche Zahlungsform erforderlich. Bei **mehreren Berechtigten** zu einem rechtlich selbständigen Anspruch ist die Entscheidung zwischen Rente und Kapital einheitlich[236] zu treffen. Beim Forderungsübergang steht der betroffenen Person das Wahlrecht für den ihr verbliebenen Anspruchsteil zu.[237]   **334**

Der Schädiger vermag nach geltendem Recht die Frage, ob Rente oder Kapital zuerkannt wird, niemals entscheidend[238] zu beeinflussen.   **335**

Die Abfindung in Kapital durch Urteil steht wegen der Art der Berechnung einer **Abänderung** – auch über § 323 ZPO – nicht offen.[239] Bei einverständlichen Regulierungen kann eine Änderung oder Anpassung nach Maßgabe der entsprechenden **Absprachen** erfolgen (Rn. 352).   **336**

Die Kapitalabfindung kann **abgetreten** werden. § 400 BGB steht nicht entgegen, weil der volle Wert vereinnahmt ist, keine fortlaufende Sicherung durch Rente infragesteht.   **337**

b) Kapitalisierung

Das Kapital muß den Betrag erreichen, der sich während der voraussichtlichen Laufzeit der Rente mit den Zinserträgen für die berechtigte Person ergeben würde.[240] M.a.W. ist eine Barwertberechnung durchzuführen.   **338**

---

235 Zu Fragen bei Überschreitung eines Haftungshöchstbetrages *Becker/Böhme* in Kraftverkehrshaftpflichtschäden, Rn. R 1 ff., zum Verteilungsverfahren bei mehreren Geschädigten nach § 156 Abs. 3 VVG dort Rn. R 23 ff., zur Kürzung nach § 155 Abs. 1 VVG bei einem Geschädigten dort Rn. 26 ff., zu § 12 StVG dort Rn. 29 ff.
236 *BGHZ* 59, 187, 191 = NJW 1972, 1711, 1712.
237 *BGH* VersR 1982, 238, 240.
238 *OLG Schleswig* VersR 1992, 462 = NJW-RR 1992, 95, *BGH* NA-Beschl.v. 24.9.1991.
239 *BGHZ* 79, 187 = VersR 1981, 283 = NJW 1981, 818 = DAR 1981, 45, vgl. auch *BGH* VersR 1983, 1034 = NJW 1984, 115 = DAR 1983, 390.
240 *BGHZ* 97, 52 = NJW-RR 1986, 650 = VersR 1986, 392 zur Berechnung des Kapitalwerts.

Anspruchsform und -dauer

339 Einfluß auf die Kapitalisierung haben:

- der Stichtag (Kapitalisierungszeitpunkt),
- das Alter der berechtigten Person,
- die Zahlungsweise (jährlich, unterjährig; vor- oder nachschüssig),
- der Zinsfuß,
- die Laufzeit der Rente,[241]
- Änderungen zur Höhe der Rente,
- steuerliche Auswirkungen.

340 Vielfach veröffentlichte – meist versicherungsmathematisch errechnete und geprägte – **Kapitalisierungstabellen**[242] helfen, auf einfachem Weg den Kapitalbetrag zu errechnen. Sorgfalt ist bei dem Zugriff auf die konkret anzuwendende Tabelle walten zu lassen. Sodann ist der dort zu findende (Kapitalisierungs-)Faktor mit dem Jahresrentenbetrag zu multiplizieren.

341

Beispiel 53
Kapitalisierung des Haushaltsführungsschadens mit lebenslangem Ansatz

Haushaltsführungsschaden monatlich	2.500,00	
Jahresrente (Monatsbetrag x 12)		30.000,00
Lebensalter der verletzten Person (gerundet auf volle Jahre, ggfs. für den Stichtag)	35	
danach Faktor aus Tabelle „Lebenslange Leibrente Frauen, Zinsfuß 5 %"		17,762
Kapitalbetrag		532.860,00

342

TIP

Mit **Zeitrentenfaktoren** rechnet die Regulierungspraxis **nicht**. Beim Fehlen spezieller Tabellen hilft eine Zeitrententabelle, die auf die Laufzeit für eine bestimmte Anzahl von Jahren abstellt, aber zumindest, einen annähernden Betrag einzuschätzen.

343

Beispiel 54

Insoweit wäre zu denken an:		
Haushaltsführungsschaden monatlich:	2.500,00	
Jahresrente (Monatsbetrag x 12)		30.000,00
Vollendetes Lebensjahr	35	
Mutmaßliche Lebenserwartung (über die Allgemeine Sterbetafel für Deutschland 1993/1994) weiblich	45,51	
danach Faktor über Tabelle „Zeitrente, Zinsfuß 5 %," (für vollendete Jahre)		18,361
Kapitalbetrag		550.830,00

---

241 Vgl. u.a. *Schlund* in BB 1993, 2025, 2027 bis 2030.
242 Kapitalisierungstabellen sind u.a. bei *Becker/Böhme*, a.a.O., S. 561 – 592 zu finden.

Ein **erster Annäherungswert** kann mittels der **vorschüssigen Rentenbarwertformel**, die z.B. vom *OLG Frankfurt* erläutert wird[243], noch schneller errechnet werden. Dazu muß neben dem monatlichen Schadensrentenbetrag lediglich die voraussichtliche Laufzeit in Jahren bekannt sein oder über eine durchschnittliche Lebenserwartung nach der Allgemeinen Sterbetafel zugrundegelegt werden. Neben einer Sterbetafel werden weitere Tabellen nicht benötigt.

344

Beispiel 55

Im Ausgangsbeispiel Rn. 341 (vgl. jetzt Beispiel A) und in dem abweichenden Beispiel Rn. 343 mit der kürzeren Dauer des Rentenanspruches von z.B. 30 Jahren (35 Jahre bis 65 Jahre) (jetzt Beispiel B) wäre auf diesem Berechnungsweg eine Einschätzung als Zeitrente wie folgt möglich:

	Beispiel A	Beispiel B
Haushaltsführungsschaden, Rente (monatlich, vorschüssig)	2.500,00	2.500,00
Laufzeit, Jahre (j)	35	45,51
Laufzeit, Monate (m = j x 12)	420	546,12
Zinssatz zur Kapitalisierung (regelmäßig 5 %)	5	5
q = 1 + (Zins/1200)	1,004166667	1,004166667
q hoch (m − 1)	5,709927076	9,646686536
Quotient 1: (Rente / (q (hoch (m−1))	437,833963	259,156343
(q hoch m) − 1	4,733718439	8,686881063
q − 1	0,0041667	0,0041667
Quotient 2: ((q hoch m) − 1) / (q − 1)	1136,092425	2084,851455
Barwert bei sofortiger Zahlung (Quotient 1 x Quotient 2)	**497.419,85**	**540.302,48**

Mit diesen Werten ist unschwer das rechnerische Ergebnis bei fortlaufender Auszahlung der monatlichen Rente über die Laufzeit hin zu vergleichen:

	Beispiel A	Beispiel B
Die Gesamtleistung würde – unverzinst – betragen:	1.050.000,00	1.365.300,00
Der Abzinsbetrag bei sofortiger Zahlung errechnet sich als Differenz zwischen der Gesamtleistung und dem Barwert:	552.580,15	824.997,52

345

---

[243] *OLG Frankfurt* NZV 1995, 67.

346

	Berechnungsformel Kapitalisierung von Rentenansprüchen	
	zur überschlägigen Einschätzung einer Kapitalabfindung, Rn. 344	
	A	B
1	Rente (monatlich, vorschüssig)	....
2	Laufzeit, Jahre (j)	....
3	Laufzeit, Monate (m = j x 12)	=B2*12
4	Zinssatz (regelmäßig Ziffer 5 für 5 %)	....
5	q = 1 + (Zins/1200)	=1+(B4/1200)
6	q hoch (m − 1)	=B5^(B3-1)
7	Quotient 1: (Rente / (q (hoch (m − 1))	=B1/B6
8	(q hoch m) − 1	=(B5^B3)-1
9	q − 1	=B5-1
10	Quotient 2: ((q hoch m) − 1) / (q − 1)	=B8/B9
11	Barwert bei sofortiger Zahlung (Quotient 1 x Quotient 2)	=B7*B10
12	Gesamtleistung − unverzinst −:	=B1*B3
13	Abzinsbetrag:	=B12-B11

3. Außergerichtliche Abfindung

347 Ein **Abfindungsvergleich**[244] kann alle Ansprüche erfassen oder einen Schadensteil.

348 **TIP** Dringend anzuraten sind klare, unmißverständliche Formulierungen, um eine Auslegung[245] der Vereinbarung entbehrlich zu machen und die betroffene Person vor vermeidbaren Nachteilen (z.B. durch Verjährung[246]) zu bewahren. Ein Irrtum zu Rechtsfolgen[247], die nicht Inhalt der rechtsgeschäftlichen Erklärung sind, bleibt später unbeachtlich.

349 Ist die Höhe des Ersatzes für das entzogene Recht auf Unterhalt in Gestalt entgangener Haushaltsführung vergleichsweise festgelegt, aber nicht die Dauer, ist keine ergänzende Vertragsauslegung möglich, da die Dauer das Gesetz bestimmt.

---

244 Dazu eingehend *Jahnke* in VersR 1995, 1145 – 1157.
245 *OLG Hamm* NZV 1994, 435; *OLG Oldenburg* DAR 1991, 147 m. *BGH* NA-Beschl. v. 8.5.1990; *OLG Saarbrücken* VersR 1985, 289 betr. Lohnfortzahlungsansprüche.
246 *OLG Hamm* r+s 1999, 107.
247 *OLG Hamm* r+s 1998, 220.

350
Beispiel 56

> Da das Gesetz auf die mutmaßliche Dauer des Lebens abstellt, kann ohne nähere Darlegung nicht davon ausgegangen werden, daß eine mit 53 Jahren getötete Frau bei überdurchschnittlich günstigen wirtschaftlichen Verhältnissen im Alter von mehr als 78 Jahren (bis über 82 Jahre hinaus) zur Haushaltsführung verpflichtet gewesen wäre.[248] Erst nach einem vereinzelten Sachvorbringen dazu wäre zu fragen, ob die hochbetagte Frau nach ihrem Gesundheitszustand auch zur Haushaltsführung noch in der Lage gewesen wäre.

351

Erledigungsklauseln mit Bezug auf Ansprüche aus einem bestimmt bezeichneten Schadensereignis ergreifen bei der Wortwahl: „ob bekannt oder nicht, ob gegenwärtig zu erkennen, vorauszusehen/ zu erwarten oder nicht" alle Ansprüche, die nicht besonders als fortbestehend bezeichnet werden. Wie die Worte abgefunden zu allen „etwaigen unvorhergesehenen Folgen", „allen Zukunftsschäden" bezieht sich die Formulierung „ein für allemal abgefunden wegen aller Schadensersatzansprüche" auf alle Spätfolgen.[249] Die Worte „mit allen Ansprüchen für jetzt und die Zukunft vorbehaltlos, also auch wegen unerwarteter und unvorhersehbarer Folgen endgültig abgefunden"[250] besagen dasgleiche.

352

Ausdrückliche **Anpassungsklauseln** ermöglichen es, wesentlichen Veränderungen, ggfs. nach Maßgabe des § 323 ZPO, Rechnung zu tragen. Der Lebenshaltungsindex ist ein angemessener Indikator zum Kaufkraftschwund[251] am ehesten bei Vergleichen zu Unterhaltsschäden, die der Versorgung dienen. Bei Erwerbsschäden ist eine Verknüpfung mit der Entwicklung von Löhnen oder Gehältern geeigneter.

353

Umfassend erledigt wird der Schadensausgleich noch nicht mit einer Formulierung, nach der alle Ansprüche „abgegolten" werden sollen, weil dann eine Anpassung kraft einer Vertragsauslegung möglich sein kann.

354
Beispiel 57

> Beim Vergleich über eine Unterhaltsschadensrente ist[252] eine ergänzende Vertragsauslegung möglich, weil und wenn der Versorgungszweck durch den Geldwertschwund nicht mehr erfüllt wird. Die Steigerung der Lebenshaltungskosten um 36 % ist aber allein kein Grund, an der Absprache nicht mehr festzuhalten. Bei Schmerzensgeldabsprachen liegt es angesichts der losen Verknüpfung mit dem Geldwert grundsätzlich anders. Die unterschiedlichen Funktionen der Ansprüche sind zu beachten.

---

248 *KG* r+s 1997, 461, *BGH* NA-Beschl. v. 8.7.1997.
249 *OLG Frankfurt* DAR 1993, 147 = VRS 84, 162, *BGH* NA-Beschl. v. 20.10.1992.
250 *OLG Koblenz* VersR 1996, 232.
251 Einführend zum Indexierungsverbot und seinen Ausnahmen nach dem Preisangaben- und PreisklauselG (PaPkG) mit der PrKV *Vogler* in NJW 1999, 1236 ff.
252 *BGHZ* 105, 243 = VersR 1989, 154 = NJW 1989, 289.

355 **Abgeschlossen** ist die Schadensregulierung, wenn jede Anpassung oder **Änderung**[253] ausdrücklich **ausgeschlossen** ist. Alle späteren Veränderungen fallen dann grundsätzlich in den Risikobereich der anspruchsberechtigten Person. Zu **Nachforderungen** kann es dennoch kommen, wenn sich die für die Schadenshöhe maßgebenden Umstände nach der Abfindungserklärung wesentlich verändert haben und der unveränderte Fortbestand des Vergleichs unzumutbar ist.[254] Mit der Änderung oder dem Wegfall der Geschäftsgrundlage oder angesichts einer erheblichen Äquivalenzstörung bei ungewöhnlicher Härte für die anspruchsberechtigte Person kann es u.U. zur Anpassung kommen. Dies ist indessen die Ausnahme.

356 Beispiel 58

Trotz des Verzichts auf alle derzeitigen und künftigen Ansprüche wegen des bestimmt benannten Haftungsereignisses[255] kann das Festhalten am Vergleich angesichts eines krassen Mißverhältnisses zwischen dem entstandenen Schaden und der Abfindungssumme treuwidrig sein: Ist der Eintritt einer erst später folgenschwer hervorgetretenen Beeinträchtigung (Hüftkopfnekrose) bei medizinischen Fachkenntnissen vorhersehbar gewesen, helfen der verletzten Person die Grundsätze zum Wegfall der Geschäftsgrundlage nicht. Haben aber konkrete Anzeichen für den Eintritt der Nekrose bei Vergleichsabschluß nicht vorgelegen und die Beteiligten einen solchen Verlauf nicht ernsthaft in Betracht gezogen, kommt dies der verletzten Person nach Treu und Glauben zugute.

357 Beispiel 59

Eine Anpassung scheidet aus, wenn eine gewisse Aussicht besteht, daß Beschwerden durch angemessene Heilbehandlung gemildert werden können.[256] Der Bindung an eine Abfindung steht nicht entgegen, daß die von der betroffenen Person eingeholte ärztliche Auskunft objektiv unrichtig ist.[257] Kommt es nach dem Abfindungsvergleich (für Vergangenheit, Gegenwart und Zukunft) zu epileptischen Anfällen, ist die Fortgeltung des Vergleichs nicht infragegestellt, wenn aus ärztlichen Gutachten die Möglichkeit solcher Anfälle zu ersehen gewesen ist.[258]

---

253 Zu Einwendungen gegenüber vollstreckbaren Anwaltsvergleichen *Münzberg* in NJW 1999, 1357.
254 *BGH* VersR 1990, 984 = NJW 1991, 1535.
255 *OLG Hamm* VersR 1987, 389 = VRS 71, 25, *BGH* NA-Beschl. v. 13.5.1986.
256 *OLG Hamm* VersR 1987, 509 = VRS 72, 2.
257 *OLG Hamm* NZV 1997, 440 = NJWE-VHR 1997, 228 (Knieschaden).
258 *OLG Düsseldorf* VersR 1996, 642 = NZV 1996, 482 = r+s 1995, 460, *BGH* NA-Beschl. v. 2.5.1995.

Außergerichtliche Abfindung

> Änderungen zum Umfang des gesetzlichen Krankenversicherungsschutzes sind – wie das *OLG Koblenz*[259] zu einer „Vergleichs- und Abfindungserklärung" aus dem Jahr 1984 meint – nicht außergewöhnlich und so überraschend, daß sie nicht als möglich erwartet werden konnten. Die infolge des Inkrafttretens des GRG am 1.1.1989 von der verletzten Person aufzuwendenden (Mehr-)Kosten, die früher von der Krankenkasse getragen worden sind, hat die verletzte Person deswegen selbst zu tragen gehabt.
>
> Mit dem Wortlaut „zur Abgeltung aller gegenseitigen Ansprüche aus dem Verkehrsunfall vom ..." werden alle als möglich erkannten Ansprüche erledigt. Dazu zählen Pflegeaufwendungen. Die Neuregelungen zu Pflegeleistungen im SGB V und SGB XI sind kein Anlaß, den Vergleich zum Nachteil des Schädigers und der Haftpflichtversicherung zu verändern.[260] Das *OLG Stuttgart* hat jedoch die Neuregelung zum 1.4.1995 zum Anlaß genommen[261], dem Haftpflichtversicherer Jahre nach einem gerichtlichen Vergleich entgegen zu kommen und den Vergleich auf die Höhe des Pflegegeldes hin anzupassen (Anrechnung von 400 DM als bisherigem Höchstbetrag bei der neuen Leistung von monatlich 800 DM).

358

Beispiel 60

Der Vergleich kann **Zukunftsschäden ungeregelt** lassen. Der – entsprechende – Vorbehalt[262] kann zeitlich oder gegenständlich ausgerichtet sein. Er sollte klar gefaßt sein, z.B. ausdrücklich bestimmte gesundheitliche Folgen bezeichnen, Verzögerungsschäden zum Ausbildungsgang ausnehmen oder zur verletzungsbedingten Minderung der Hausarbeitsfähigkeit einen bestimmten Prozentsatz nennen, jenseits dessen eine weitere Klärung vorbehalten bleiben soll.

359

Der **Teilvergleich** mit einem Vorbehalt kann dahin zu verstehen sein, daß die Regulierungsverhandlungen nicht abgeschlossen sind. Die **zeitliche Reichweite** der Hemmung der Verjährung ist aber niemals gewiß, wenn sie nicht konkret festgelegt ist.

360

Der Vergleich – insbesondere auch ein Teilerlaß (§ 425 BGB) – **wirkt** grundsätzlich nur zwischen den an dem Vertrag **Beteiligten**. Der Widerruf eines Gesamtschuldners beim bedingten Vergleich kann dazu führen, daß dieser den vollen Schaden zu zahlen hat, auch wenn der Berechtigte die Vergleichssumme durch andere Gesamtschuldner schon erhalten hat.[263]

361

---

259 VersR 1996, 232.
260 *OLG Celle* NZV 1998, 250 m. Anm. *Jahnke* in NZV 1998, 250 – 251, *OLG Koblenz* VersR 1999, 911, 912.
261 NZV 1997, 271.
262 *LG Bielefeld* NZV 1990, 193 beim „Vorbehalt zu künftigen materiellen Schäden" betr. Augenverletzungen
263 *OLG München* NJW 1995, 2422.

Bei konkurrierenden Sozialversicherungsträgern kann sich eine eingeschränkte Gesamtwirkung des Abfindungsvergleichs ergeben.²⁶⁴

362 Von der **Gesamtwirkung** eines **Erlaßvergleiches** wird ausgegangen, wenn der Vergleich mit dem Gesamtschuldner geschlossen wird, der im Innenverhältnis allein belastet ist.²⁶⁵

363 Bei Minderjährigen ist die **Genehmigung** beider Eltern, bei Halbwaisen des überlebenden Ehegatten bzw. der sorgeberechtigten Personen erforderlich. Pflegschaft oder Vormundschaft, Beistandschaft, Betreuungsverhältnisse²⁶⁶ können zu beachten sein.

364 Der Sozialversicherungsträger, auf den Ansprüche unter auflösender Bedingung des Wegfalls seiner Leistungspflicht (beim Ausscheiden aus der Versicherung) übergehen, ist in der **Verfügungsmacht** wegen des auflösend bedingten Forderungserwerbs **beschränkt.**²⁶⁷ Er kann nur insoweit über Ansprüche verfügen, als dadurch Rechte des (eventuell) nachberechtigten Versicherten nicht vereitelt oder beeinträchtigt werden (§ 161 Abs. 2 BGB). Ein vereinbarter Erlaß ist mithin gegenüber dem wieder selbst Berechtigten unwirksam.

365 Zu Wirkungen bei einem Forderungsübergang kommt es auf den maßgebenden Zeitpunkt²⁶⁸ und ggfs. Gutglaubensregeln (§§ 412, 407 BGB) an.²⁶⁹

366 Zur Vermeidung der Anwaltshaftung und eines Regresses ist den **Belehrungs- und Warnpflichten** des Anwalts sorgsam nachzukommen. Jede Einzelformulierung im Abfindungsvergleich ist sorgsam zu überprüfen. Auf eine etwaige Verjährung ist zu achten (Rn. 453).

TIP 367 Schwere Verletzungen und daraus folgende Behinderungen sowie die ärztlich dokumentierte Gefahr einer Verschlimmerung können Anlaß sein,

---

264 *BGH* VersR 1986, 810 = NJW 1986, 1861, Anm *Sieg* in SGb 1986, 397; beachte auch *BGH* VersR 1996, 1548 = NJW 1996, 3418 zum Verzicht auf übergegangene Ansprüche mit der Folge, daß auf den Geschädigten keine Ansprüche zurückfielen und dann keine Ansprüche auf den Sozialhilfeträger übergehen konnten bei einem Haftungshöchstbetrag.
265 *OLG Hamm* NJW-RR 1998, 486, *OLG Schleswig* MDR 1998, 1291.
266 Zum Abfindungsvergleich mit einem Betreuten *Meiendresch/Heinke* in r+s 1998, 485 – 487.
267 *BGH* VersR 1999, 382 = NJW 1999, 1782 = DAR 1999, 166.
268 Zu § 116 SGB X *BGH* VersR 1990, 437, VersR 1990, 1028 = NJW 1990, 2933; zu § 87a BBG *BGH* VersR 1988, 614.
269 Zum Einfluß eines Abfindungsvergleiches durch den Geschädigten auf einen Ersatzanspruch der Versorgungsverwaltung aus übergeleitetem Recht *OLG Frankfurt* VersR 1987, 592.

von einer Abfindungserklärung dringend abzuraten.[270] Bei einem Teilvergleich, einem Vorbehalt für Zukunftsschäden ist auf verjährungsrechtliche Folgen zu achten. Es sollte jedenfalls vor Ablauf von drei Jahren auf Feststellung geklagt oder ein den umfassenden Feststellungsausspruch ersetzendes Anerkenntnis (Rn. 497) eingeholt werden.

IV. Anspruchsübergang (Legalzession)

Öffentlichrechtliche (Sozial-) Versicherungsträger haben eine Vorleistungs- oder Zwischenfinanzierungsfunktion. Der Ersatzanspruch gegen den Schädiger geht auf sie (insbesondere die gesetzliche Krankenkasse, den Unfallversicherungs-, Rentenversicherungsträger)[271] unmittelbar im Zeitpunkt des Haftungsereignisses (Unfalls, Schadensfalles) über (§ 116 SGB X). Angeknüpft wird an das Bestehen des Versicherungsverhältnisses und die gesetzliche Leistungspflicht, ohne daß der Rechtsübergang einen eigenen Nachteil des Leistungsträgers voraussetzt. Die entfernte Möglichkeit künftiger Leistungen genügt. Eine Familienversicherung (über die Eltern) und die spätere eigene Pflichtversicherung des (verletzten) Abkömmlings sollen ein einheitliches Versicherungsverhältnis sein. Der Rechtsübergang scheidet nur aus, wenn Leistungen völlig unwahrscheinlich oder geradezu ausgeschlossen sind (z.B. wegen Nichterfüllung von Wartezeiten[272]). Bei einer Leistung, die sich als Systemänderung darstellt, vollzieht sich der Rechtsübergang im Zeitpunkt des Inkrafttretens der Neuregelung.[273]

368

§ 119 Abs. 1 SGB X[274] weist dem **Sozialleistungsträger** die Ersatzforderung der verletzten Person wegen entgangener **Pflichtbeiträge** (Beitragsregreß)[275] zu. Das Familienprivileg des § 116 Abs. 6 SGB X (Rn. 390) findet auf den Beitragsregreß keine Anwendung.[276] Seit dem 1.1.1992

370

---

270 *OLG Köln* VersR 1995, 1315.
271 Auch bei freiwilliger (Zusatz-)Versicherung, *BGH* VersR 1986, 698 = DAR 1986, 220, *OLG Oldenburg* VersR 1996, 480 = ZfS 1996, 332.
272 *OLG Bamberg* r+s 1998, 65, *BGH* NA-Beschl. v. 3.6.1997.
273 BGHZ 134, 381; *BGH* r+s 1999, 281.
274 Näher *Becker/Böhme* in Kraftverkehrshaftpflichtschäden, Rn. F 70 ff.
275 BGHZ 106, 284 = VersR 1989, 492 = NJW 1989, 2217.
276 BGHZ 106, 284 = VersR 1989, 492 = NJW-RR 1989, 727 = NJW 1989, 2217 = DAR 1989, 181 = NZV 1989, 225, *Rischar* in VersR 1998, 27 ff.

sind in § 116 Abs. 1 SGB X Versicherungsbeiträge, die von Sozialleistungen zu tragen sind, den Sozialleistungen gleichgestellt. Der Leistungsträger ist wegen § 62 SGB VI nicht (mehr) gehindert, vom Schädiger Zahlung von Rentenversicherungsbeiträgen zu verlangen, wenn der Verletzte bereits eine unfallfeste Position innehat.[277]

370 Die Voraussetzungen und der Umfang des Regreßanspruchs gegen den Verursacher eines im Gebiet eines anderen Mitgliedstaats der Europäischen Gemeinschaften eingetretenen Schadens bestimmt sich nach dem **Recht des Mitgliedstaats**, dem der Leistungsträger angehört.[278]

371 Bei **Beamten**, Richtern oder Soldaten und ihren Angehörigen sind §§ 87a BBG, 30 Abs. 2 SoldG oder über § 52 BRRG Landesbeamtengesetze zu beachten. Im Rahmen der Opferentschädigung gilt § 4 OEG. Im Zeitpunkt der tatsächlichen[279] Leistung tritt gem. § 67 VVG der **private Krankenversicherer** als **Schadensversicherer** an die Stelle der betroffenen Person. Beim privaten Krankentagegeld kommt es wegen des Charakters als Summenversicherung nicht zum Forderungsübergang.

372 Beim Bezug vom **Arbeitslosengeld** tritt der Rechtsübergang im Unfallzeitpunkt ein, bei Arbeitslosenhilfe aber im Zeitpunkt der Anzeige nach § 140 Abs. 1 Satz 3 AFG.[280] Auch bei Rehabilitationsleistungen der Bundesanstalt für Arbeit[281] kommt es dazu und zwar bei dem nicht sozialversicherten Verletzten im Zeitpunkt des Schadenseintritts, wenn zu dieser Zeit mit solchen Leistungen ernsthaft zu rechnen ist.

373 Bei **Sozialhilfeleistungen** ist zu Schadensfällen vor dem 30.6.1983 § 90 BSHG zu beachten mit einer Überleitungsanzeige als privatrechtsgestaltendem Verwaltungsakt. Seitdem sind Sozialhilfeträger und Sozialversicherungsträger gleichgestellt. § 116 SGB X geht der Grundnorm des § 90 BSHG zur Überleitung von Ansprüchen, die nicht Unterhaltsansprüche[282] sind, vor, wie § 90 Abs. 4 S. 2 BSHG festlegt. Zum Rechtsübergang kommt es auf den Zeitpunkt[283] an, in dem konkrete Anhaltspunkte

---

277 *BGHZ* 116, 260 = DAR 1992, 96; *BGHZ* 129, 366 = NJW 1995, 1968 = DAR 1995, 325, Anm. *Nixdorf* in NZV 1995, 337.
278 *EuGH* JZ 1994, 1113 = EuZW 1994, 758.
279 Auch der irrtümlichen Leistung: *OLG Hamm* r+s 1998, 184.
280 *BGHZ* 90, 334 = VersR 1984, 639 = NJW 1984, 1811, *BGHZ* 108, 296 = ZfS 1989, 407 = VersR 1989, 1212 = NJW 1989, 3158 = NZV 1990, 22.
281 *BGHZ* 127, 120 = VersR 1994, 1450 = NJW 1994, 3097.
282 Beachte zum Übergang von Unterhaltsansprüchen neben § 91 BSHG auch § 94 SGB VIII bei der Hilfe zur Erziehung und s. §§ 37, 38 BAFöG.
283 *BGHZ* 131, 274; 132, 39 (Anwendung des § 90 BSHG a.F. bei Verletzung vor dem 1.7.1983); 133, 129; *BGH* VersR 1998, 772 = NJW 1998, 1634.

für eine künftige Hilfsbedürftigkeit und die Leistungspflicht des Sozialhilfeträgers bestehen. Die betroffene Person ist zugleich aufgrund einer § 2 BSHG zu entnehmenden gesetzlichen Einziehungsermächtigung befugt, Schadensersatzansprüche im eigenen Namen für die Zukunft einzufordern. Die Rückübertragung schließt das *OLG Köln*[284] aus.

Für Leistungen der Sozialbehörde an einen Asylbewerber[285] gilt weder § 116 SGB X noch § 90 BSHG. 374

Sind ein Träger der Sozialversicherung und ein Versorgungsträger **nebeneinander** zur Gewährung sich inhaltlich deckender Sozialleistungen verpflichtet, geht der Anspruch gleichzeitig auf beide Leistungsträger über.[286] Mehrere Sozialleistungsträger sind (im Außenverhältnis) Gesamtgläubiger (§ 117 SGB X, § 428 BGB) mit einem Innenausgleich nach der Proportion der Leistungen. 375

Bei einem **Wechsel** in der **Zuständigkeit** des Sozialversicherungsträgers erwirbt der neue Leistungsträger (bei gleichartigen Leistungen wie zuvor) den Ersatzanspruch wie bei einer Legalzession nach §§ 398 ff., 412 BGB.[287] 376

Der Rechtsübergang steht unter der **auflösenden Bedingung** des späteren Wegfalls der Leistungspflicht des Leistungsträgers. Bei Beendigung der Mitgliedschaft tritt die verletzte Person ohne besondere Rückübertragung in die Rechte ein.[288] 377

Bei gem. §§ 412, 407 BGB befreienden Zahlungen an die betroffene Person hat der Sozialleistungsträger einen originären, öffentlichrechlichen[289] **Anspruch** auf **Herausgabe** gegen die betroffene Person (§ 116 Abs. 7 SGB X). Zahlung des Schädigers ohne Befreiung führt zu einem zusätzlichen Anspruch gegen den Zahlungsempfänger als Gesamtschuldner neben dem Schädiger. 378

Bei **irrtümlichen Versicherungsleistungen** eines Unfallversicherungsträgers (z.B. für ein verunglücktes Kind) kann der Versicherungsträger auf 379

---

284 NJW-RR 1998, 1762 = VersR 1998, 1262.
285 *LG Münster* VersR 1998, 739 m. Anm. *Jahnke*.
286 *BGH* VersR 1995, 600 = NJW 1995, 2413 = ZfS 1995, 290 zu § 116 SGB X neben § 5 OEG.
287 *BGH* VersR 1985, 732; 1998, 124; zum Rechtsübergang auf den Träger eines anderen Systems der sozialen Sicherung *BGH* VersR 1978, 660; 1983, 262 (Sozialleistungsträger – Dienstherr); 1983, 536.
288 *BGH* VersR 1999, 382 = NJW 1999, 1782 = DAR 1999, 166.
289 *OLG Frankfurt* NJW-RR 1997, 1087.

Anspruchsübergang (Legalzession)

einen **Bereicherungsanspruch** gegen das Kind verzichten und nachträglich eine Tilgungsbestimmung gegenüber dem unterhaltspflichtigen, beamteten Vater vornehmen. Dies stellt sicher, daß dem verletzten Kind unverzüglich eine notwendige ärztliche Versorgung ermöglicht wird, und belastet die unterhaltspflichtige Person durch den Bereicherungsanspruch des Leistungsträgers nicht unzuträglich.[290] Sozialrechtlich ist § 105 SGB X zu beachten.

1. Gegenstand und Sinn des Rechtsübergangs

380 Dem Leistungsträger steht beim Forderungsübergang der Anspruch der betroffenen Person zu. Der Übergang der Schadensersatzforderung hindert die doppelte wirtschaftliche Entschädigung der verletzten Person einerseits durch den eigenen Leistungs-, Versicherungsträger und andererseits durch den Schädiger, ohne den Schädiger und dessen Haftpflichtversicherung im größeren Umfang als gegenüber der betroffenen Person zu belasten und ohne die Schädigerseite zu befreien. Wirtschaftlich wird zugleich der Leistungsträger – im Gesamtergebnis praktisch geringfügig – entlastet. Um den Ersatz eines eigenen Schadens des Sozialversicherungsträgers oder Dienstherrn geht es nicht (zu § 119 SGB X Rn. 370).

381
Gesetzlicher Forderungsübergang

> Der Anspruchsinhalt und der Anspruchsumfang im Verhältnis zum Schädiger bleiben beim gesetzlichen Forderungsübergang[291] unverändert.

382 Von dem Forderungsübergang unterscheidet sich der **Rückgriff** des Unfallversicherungsträgers gem. § 110 SGB VII (und nach §§ 636, 637 RVO für die Zeit bis zum 1.1.1997) nach einem versicherten Arbeitsunfall oder einem gleichgestellten Schadensfall. Der Art und Höhe nach ist dazu seit dem 1.1.1997 (ebenfalls) die Höhe des zivilrechtlichen Ersatzanspruches gegen den für den Schadensfall verantwortlichen Schädiger maßgebend, während früher die satzungsgemäßen Sach- und Geldaufwendungen des Unfallversicherungsträgers auszugleichen gewesen sind.

---

290 *BGH* VersR 1986, 990 = NJW 1986, 2700.
291 Zu Teilungsabkommen zwischen Haftpflichtversicheren und Sozialleistungsträgern, *Becker/Böhme* in Kraftverkehrshaftpflichtschäden, Rn. P 1 bis P 21.

2. Kongruenz

Der Regreß des Sozialleistungsträgers ist der Höhe nach begrenzt auf den Wert der eigenen Leistung. 383

Übergangsfähig sind die „auf gesetzlichen Vorschriften" beruhenden Ansprüche. Das sind primär Schadensersatzansprüche. Vertragliche Ersatzansprüche werden (z.B. bei ärztlichen Behandlungsverträgen) erfaßt, wenn sie wegen der Verletzung von Pflichten entstanden sind, die im außervertraglichen Bereich nicht geringer zu beachten sind. Der Direktanspruch (§ 3 Nr. 1 PflVG) wird ebenfalls erfaßt, nicht aber der (Deckungs- oder ein Leistungs-[292])Anspruch aus der Privatversicherung. Aufwendungsersatzansprüche (bei Geschäftsführung ohne Auftrag) werden nur ausnahmsweise erfaßt.[293] 384

Damit die betroffene (verletzte oder mittelbar geschädigte) Person nicht benachteiligt wird, ist der Übergang durch das Erfordernis der Kongruenz begrenzt. Nur solche Ersatzansprüche gehen über, die den Nachteil ausgleichen, den auch die Sozialleistung ausgleichen soll. Nur wenn der Sozialleistungsträger **sachlich** dem Ersatzbegehren **entsprechende Leistungen** gewährt (sachliche Kongruenz), läßt sich von einer doppelten Entschädigung sprechen. 385

> Die Versorgungs-(Sozial-)leistung muß der Behebung des Schadens der **gleichen Art** dienen. 386

Auch für **private Schadensversicherer** grenzt die Voraussetzung der Kongruenz den Rechtsübergang ein. Dort gehen nur solche Schadensersatzansprüche über und kürzen dementsprechend direkt die eigene Berechtigung der verletzten Person, die dem Nachteil abhelfen sollen, auf den in gleichem Sinn die Leistung des Versicherungsträgers ausgerichtet ist. 387

a) Zweckgleichheit

Die sachliche Kongruenz (Zweckgleichheit) orientiert sich an den **Schadensgruppen** zum Personenschaden sowie der Gruppe Sachschaden hin- 388

---

[292] *OLG Düsseldorf* r+s 1995, 386: Unfallversicherung
[293] Näher *Waltermann* in NJW 1996, 1644, 1648, verneinend *OLG Karlsruhe* VersR 1988, 1081.

b) Zeitliche Kongruenz

389 Neben der sachlichen Zweckgleichheit ist der Zeitbezug entscheidend. Die Leistungen müssen sich auf den Zeitraum beziehen, für den Schadensersatzansprüche bestehen. Sind Leistungen für bestimmte Zeiträume voll, für andere nicht voll übergangsfähig, würde eine reine Addition z.B. von Unterhaltsschäden für verschiedene Zeiträume zu unzutreffenden Ergebnissen führen. Bei Renten muß also, wenn nur in einem bestimmten Zeitraum des Monats ein kongruenter Schaden entsteht, die monatliche Leistung des Sozialversicherungsträgers aufgeteilt werden.[294] Bei Krankengeld und Krankenpflege muß ggfs. nach Tagen abgerechnet werden.

3. Familienprivileg

a) Schutz der Familie

390 Bei nicht vorsätzlicher **Schädigung durch** einen **Familienangehörigen** mit häuslicher Gemeinschaft steht dem Übergang der Forderung auf den Sozialversicherungsträger § 116 Abs. 6 SGB X entgegen. Streitigkeiten über die Verantwortung sollen zu Schadensfällen nicht in der Familie ausgetragen werden (müssen). Der häusliche Frieden soll gewahrt bleiben. Zudem soll vermieden werden, daß die betroffene, versicherte Person bei dem Rückgriff auf den schädigenden Angehörigen selbst wirtschaftlich in Mitleidenschaft gezogen wird. Die Haushalts-, Familienkasse soll entlastet bleiben. Den Beitragsregreß (Rn. 370) betrifft dies aber nicht.

391 | Eine Feststellung bedarf keines Vorbehalts zum Ausschluß des Forderungsübergangs (aus Rechtsgründen) durch das Familienprivileg.[295]

---

[294] *BGH* VersR 1973, 939.
[295] *BGH* VersR 1983, 150.

Angehörige i.S.d. § 116 Abs. 6 SGB X sind verwandte, verschwägerte, verheiratete Personen und zwar unabhängig von einer sie verbindenden Unterhaltspflicht.

392

Die eheähnliche, **nichteheliche Gemeinschaft** soll der ehelichen Gemeinschaft nicht gleichstehen.[296] Bei Partnern einer nichtehelichen Lebensgemeinschaft[297] wird aber die entsprechende Anwendung des § 67 Abs. 2 VVG zunehmend[298] befürwortet. Jedenfalls sind sie Familienangehörigen gleichzustellen, wenn sie im Zeitpunkt des Versicherungsfalls mit einem gemeinsamen Kind, für dessen Unterhalt und Erziehung sie gemeinsam aufkommen, zusammenleben oder/und, wenn sie einen Partnerschaftsvertrag geschlossen haben oder in einem Partnerschaftsbuch (amtlich) registriert sind.

393

Das Pflegekind zählt jedenfalls bei einem längerdauernden Pflegeverhältnis und intensivem Pflegeverhältnis zu den Angehörigen.[299] Das Stiefkind, der frühere, geschiedene Ehegatte, Verlobte gehören dazu aber nicht.[300]

394

Häusliche Gemeinschaft ist die auf Dauer angelegte gemeinsame Lebens- und Wirtschaftsführung mit einem gemeinsamen Lebensmittelpunkt, einer Wohnung[301], aber noch beim Getrenntleben i.S.d. § 1567 Abs. 1 S. 2 BGB. Zwischen dem ausländischen Arbeitnehmer in Deutschland und seinen im Heimatland gebliebenen Kindern besteht eine solche Gemeinschaft aber nicht.[302]

395

§ 116 Abs. 6 S. 1 SGB X **schließt** den Forderungsübergang nur **aus**, wenn im Zeitpunkt der Schädigung als dem haftungsauslösenden Ereignis (z.B. einem Unfall) die Angehörigenbeziehung bestand. Der spätere Tod der geschädigten Person ändert daran nichts.[303] Auch die Scheidung danach beeinflußt den Ausschluß des Übergangs nicht mehr.[304]

396

---

296 So noch *BGH* VersR 1988, 253 = NJW 1988, 1091 = ZfS 1988, 136; *Bosch* in FamRZ 1988, 394, *Schirmer* in DAR 1988, 289, *Striewe* in NJW 1988, 1093; dagegen *Kohte* in NZV 1991, 89 – 96.
297 Anders *OLG Hamm* VersR 1993, 1513 = NJW-RR 1993, 1443 zur homophilen Gemeinschaft.
298 *OLG Hamm* NJW-RR 1997, 90, *LG Saarbrücken* VersR 1995, 158, *LG Potsdam* VersR 1997, 93, a.A. *OLG Frankfurt* MDR 1998, 1163.
299 *BGH* VersR 1980, 526 = NJW 1980, 1468, *OLG Stuttgart* NJW-RR 1993, 1418 = r+s 1993, 182.
300 *BGH* NJW 1977, 108.
301 *BGH* VersR 1986, 333 (Sohn mit Ehefrau bei Eltern); VersR 1980, 644 (Brüder beim Nachweis einer finanziellen Beteiligung).
302 *OLG Nürnberg* NZV 1988, 228 = ZfS 1989, 53.
303 *BGH* NJW 1970, 1844.
304 *BGH* NJW 1971, 1938.

397 § 116 Abs. 6 Satz 2 SGB X **verwehrt** die **Inanspruchnahme** des schädigenden Angehörigen, wenn im Zeitpunkt der Geltendmachung der übergegangenen Forderung (beim Rückgriff auf den Schädiger) die Ehe geschlossen ist und die häusliche Gemeinschaft besteht, also die Angehörigenbeziehung besteht.[305] Eine entsprechende *Anwendung* dann, wenn nach einem Unfall die häusliche Gemeinschaft zwischen Eltern und Kindern begründet wird, z.B. der Sohn den verletzten Vater aufnimmt, ist wegen der Manipulationsmöglichkeiten problematisch.[306] Wenn eine Manipulation aber – kraft tatsächlichen Nachweises und entsprechender Überzeugung – ausgeschlossen ist, sollte auch die Begründung der häuslichen Gemeinschaft bis hin zum Zeitpunkt der letzten Entscheidung über die Ersatzforderung (bei gerichtlicher Auseinandersetzung bis hin zur letzten mündlichen Verhandlung) genügen.[307]

398 Der **Vorsatz**, der das Privileg nimmt, muß die Schadensfolge umfassen. So verhält es sich z.B. nicht bei der Körperverletzung mit Todesfolge.[308]

b) Einfluß einer Haftpflichtversicherung

399 Das Privileg bleibt bestehen beim Haftpflichtversicherungsschutz[309] des Schädigers.

400 Es wirkt aber **nicht zugunsten** des **Haftpflichtversicherers** des schädigenden Angehörigen **gegenüber** dem Träger von **Sozialhilfe** bei Leistungen für den verletzten Angehörigen.[310] Der Gedanke der Akzessorietät, der den Direktanspruch gegen den Haftpflichtversicherer und den Haftungs-, Schadensersatzanspruch so miteinander verknüpft, daß ein isolierter Übergang des Direktanspruchs (ohne den Haftungsanspruch) ausscheidet und § 401 BGB uneingeschränkt wirkt, greift nicht. Wie der Direktanspruch durch den Tod des schädigenden Angehörigen und der Erbschaft des verletzten Angehörigen nicht untergeht (Rn. 440), ist zwischen dem (verneinten) Haftungsanspruch und dem (bejahten, aufrechterhaltenen) Direkt-, Versicherungsanspruch zu trennen wegen des Charakters der Sozialhilfe. Die Sozialhilfe ist nachrangig.

---

305 *BGH* VersR 1985, 471 = NJW 1985, 1958 = ZfS 1985, 106, *OLG Köln* VersR 1991, 1238.
306 Ablehnend *OLG Nürnberg* NZV 1988, 228 = ZfS 1989, 53 beim Zuzug der Kinder des ausländischen Arbeitnehmers.
307 *BGH* VersR 1977, 179.
308 *BGH* VersR 1986, 233 = NJW-RR 1986, 106 = r+s 1985, 300.
309 *OLG Hamburg* NZV 1993, 71; *OLG Hamm* NZV 1994, 441 = NJW-RR 1994, 536.
310 *BGHZ* 133, 192 = VersR 1996, 1258 = NJW 1996, 2933.

> Das Subsidiaritätsprinzip setzt sich durch, wenn die Sozialhilfe zeitlich nur deswegen nötig wird, weil der Haftpflichtversicherer nicht rechtzeitig vorher eintritt.

401

Subsidiaritätsprinzip

c) Gestörte Gesamtschuld, Reduzierung der Forderung

Infolge des Haftungsprivilegs wird, wenn der Angehörige als Schädiger und Gesamtschuldner neben einem **weiteren Schädiger** haftet, dessen Teil der **Ersatzpflicht eingeschränkt**. Der weitere Schädiger ist dem Forderungsübergang nur zu dem Anteil im Außen-, Haftungsverhältnis ausgesetzt, den er im Innenverhältnis zu dem Angehörigen bei einem Gesamtschuldausgleich letztlich zu tragen hätte.

402

> Verletzte Person: Ehegatte als Insasse im Familien-PKW
> Schädiger 1: Ehegatte als PKW-Fahrer; Haftpflichtversicherung
> Schädiger 2: Fremder PKW-Fahrer
> Uneingeschränkte Haftung beider Schädiger
> **Innenverhältnis der Schädiger:**
> Schädiger 1: 2/3
> Schädiger 2: 1/3
> **Schaden:**
> a) Heilbehandlung, Krankenkassenleistung 10.422,00
> b) Verbliebener sonstiger Nachteil 3.522,00
>
> | | Schädiger 1 | |
> |---|---|---|
> | | Außenverhältnis | Innenverhältnis |
> | Quote | 100% | 2/3 |
> | Ersatzpflicht zu a) Heilbehandlung (§ 116 Abs. 6 SGB X) | 0,00 | 0,00 |
> | Gesamtschuld zu b) sonstiger Nachteil | 3.522,00 | 2.348,00 |
>
> | | Schädiger 2 | |
> |---|---|---|
> | | Außenverhältnis | Innenverhältnis |
> | Quote | 100% | 1/3 |
> | Begrenzte Ersatzpflicht bei Forderungsübergang auf Leistungsträger zu a) Heilbehandlung | 3.474,00 | 3.474,00 |
> | Gesamtschuld zu b) sonstiger Nachteil | 3.522,00 | 1.174,00 |
>
> **Erläuterung:** Die fiktiven Schadenswerte kehren in Rn. 627 wieder. Für diese Berechnung sind jeweils die Summen herangezogen. Bei dem sonstigen Nachteil kann es im Einzelfall aber um einen monatlichen Rentenbetrag (Rn. 279) gehen.

403

Beispiel 61

> Bei der eingangs gekennzeichneten Fallkonstellation (dem mitfahrenden, unfallverletzten Ehegatten bei einer Unaufmerksamkeit des fahrenden Ehegatten und dem Sorgfaltsverstoß des Fahrers des weiter beteiligten Fahrzeugs z.B.), führt § 116 Abs. 6 SGB X dazu, daß der Leistungsträger zu der Schadensgruppe Gesundheit/Heilbehandlung nur von dem familienfremden Schädiger einen Teil ersetzt erhält und zwar nach Maßgabe dessen Innenbeteiligung (wegen der Innenquote von 1/3 letztlich also mit 3.474,00 DM bei dem Gesamtaufwand von 10.422,00 DM). Der schädigende Ehegatte hat darauf nichts zu zahlen. Der dem verletzten Ehegatten verbliebene Nachteil (in einer anderen Schadensgruppe) ist dagegen zwischen beiden Schädigern im Innenausgleich aufzuteilen.

d) Schadensversicherung

404 Zu dem Regreß eines Schadensversicherers ist ebenfalls der Forderungsübergang zu Lasten von Familienangehörigen ausgeschlossen und zwar wegen der Leistungen an den Versicherungsnehmer oder an Mitversicherte (§ 67 Abs. 2 VVG), nicht aber für Leistungen an die betroffene Person z.B. aufgrund des § 3 Nr. 9 PflVersG.[311] Maßgebend sind hier die Verhältnisse zur Zeit der Geltendmachung des Ersatzanspruches. Das *LG Kiel*[312] wendet § 67 Abs. 2 VVG analog an ohne häusliche Gemeinschaft, wenn der Versicherungsnehmer den Vater (als Schädiger) beerbt auch nach Einigung zwischen dem Vater und dem Versicherer über eine teilweise Rückzahlung der an den Sohn erbrachten Leistungen.

4. Einfluß der Mithaftung auf den Anspruchsumfang

405 Deckt die Leistung, die der betroffenen Person angesichts des Haftungsereignisses und dessen Folgen erhält, nicht deren gesamten Nachteil ab und ist der Schadensersatzanspruch gegen den Schädiger wegen einer Mithaftung reduziert (quotiert), stellt sich die Frage, wie die quotierte Ersatzforderung zwischen der betroffenen Person und dem Leistungsträger aufzuteilen ist mit der Folge getrennter Anspruchsteile (Teilersatzforderungen).

---

311 *BGHZ* 105, 140 = VersR 1988, 1062 = NJW 1988, 2734, *Schirmer* in DAR 1989, 14 ff.
312 VersR 1999, 705 = NJW-RR 1998, 1184.

406
Mithaftung

Bei der Mithaft zum Haftungsgrund (§§ 254 Abs. 1 BGB, 846 BGB) ist die quotierte Ersatzforderung gegen den Schädiger und die Haftpflichtversicherung nach unterschiedlichen Kriterien zwischen der betroffenen (u.U. mittelbar geschädigten) Person und einem Leistungsträger zu verteilen.

a) Differenzlösung

Bei Privatversicherten, bei Beamten und bei Arbeitnehmern (im Fall der Lohnfortzahlung) wird nach der Differenztheorie (§ 67 Abs. 1 VVG[313], § 87 a BBG, § 4 Abs. 3 LFG[314] bzw. § 6 Abs. 3 EFZG) abgerechnet mit einem Quotenvorrecht der beeinträchtigten Person im Innenverhältnis zwischen ihr und dem Leistungsträger (Versicherer, Dienstherr[315], Arbeitgeber). Innerhalb eines Arbeitsverhältnisses bleibt dies wenig praxisrelevant, solange während der Fortzahlung des Arbeitsentgelts kein restlicher Erwerbsschaden verbleibt.

407

Das Quotenvorrecht verbleibt dem Beamten, auch wenn den vom Dienstherrn/Versorgungsträger nicht gedeckten Teil des Schadens ein privater Krankenversicherungsträger ausgleicht und damit bei dem Beamten selbst keine wirtschaftliche Deckungslücke entsteht bzw. besteht. Die Zuerkennung des Quotenvorrechts will der *BGH*[316] nicht von der Zufälligkeit in der privaten Lebensgestaltung des Beamten abhängig machen. Bei Abschluß einer privaten Krankenversicherung kommt diese Lösung dem privaten Versicherungsträger als Schadensversicherer (bei ärztlichen Behandlungskosten) wegen § 67 Abs. 1 VVG zugute.

408

Die Differenztheorie bedeutet, daß die Verringerung des Schadensersatzanspruches wegen der Mithaftung (zum Grund) bei der Schadensberechnung zu Lasten der Teilersatzforderung des Leistungsträgers geht: Übersteigt die quotierte Ersatzforderung dem Betrag nach die Deckungslücke, wird diese Lücke der beeinträchtigten Person im vollen Umfang vom Schädiger ausgeglichen. Nur wenn wegen der Mithaft die quotierte Ersatzforderung unter dem Betrag der Deckungslücke liegt, ist der Ersatz-

409

---

313 Rechenbeispiele von *Lachner* in ZfS 1999, 184.
314 Mit einem Bruttoübergang im Zeitpunkt der Leistung (Anspruchserfüllung).
315 *BGH* NZV 1989, 268.
316 VersR 1997, 1537 = NJW-RR 1998, 237 = ZfS 1998, 47 (anders Vorinstanz *OLG Schleswig* NZV 1997, 79); VersR 1998, 639 = NJW-RR 1998, 1103 = NZV 1998, 243 = DAR 1998, 351.

und Ausgleichsanspruch der beeinträchtigten Person nach dem Maß der Quotierung im Außenverhältnis eingeschränkt. Die Differenztheorie führt zudem dazu, daß die Minderung eines Ersatzanspruches wegen eines Obliegenheitsverstoßes nach § 254 Abs. 2 BGB primär den Leistungsträger belastet (Rn. 770).

410 Der Differenzgedanke rechtfertigt sich durch Fürsorgeerwägungen und mit nachrangigen Legitimationen im Versicherungsverhältnis wegen der Prämien für die versprochene Versicherungsleistung bei einer Grenze dann, wenn die verletzte Person wirtschaftlich „bereichert" werden würde.

---

411   **Berechnungsmodell**
                            Differenztheorie

Anspruchsteil betroffene Person: Schaden abzüglich Leistung
Anspruchsteil Leistungsträger: Quotierte Ersatzforderung abzüglich Deckungslücke

	Schaden		Leistung		Deckungslücke
	3.472,00	abzüglich	2.000,00	ergibt	1.472,00
Haftungsquote	70%				als
Quotierte Ersatzforderung:	2.430,40	abzüglich			Anspruchsteil läßt offen 958,40

Erläuterung: Nach dem Verteilungsprinzip der Differenztheorie entfällt innerhalb des quotierten Gesamtanspruchs zunächst auf die betroffene Person der Differenzbetrag zwischen ihrem Schaden und der Leistung (als ihrem ungedeckten Schadensteil, der Deckungslücke). Im nächsten Schritt ermittelt sich, soweit noch offene Forderungsanteile vorhanden sind, der Anspruchsteil für den Leistungsträger. Dafür ist von der quotierten Ersatzforderung der Anspruchsteil des Betroffenen abzuziehen.

---

412 Die Differenztheorie kommt im Einzelfall sogar einem **haftpflichtversicherten Schädiger** zugute beim Innenausgleich mit einem weiteren Schädiger als Gesamtschuldner, wenn zu verteilende Schäden innerhalb des versicherten Wagnisses liegen.

413

Berechnungsvorschlag
– ohne Berücksichtigung einer Selbstbeteiligung –

Gesamtschuld   1.800.000,00
Innenanteile:
Schädiger 1   2/3
Schädiger 2   1/3

	Innenanteil	Deckungssumme für Schädiger 1	Deckungslücke für Schädiger 1
Schädiger 1	1.200.000,00	1.000.000,00	200.000,00 als Anspruchsteil des Schädigers 1 gegen Schädiger 2 läßt offen zum Ausgleichsanspruch gegen Schädiger 2
Schädiger 2	600.000,00		400.000,00 für den Haftpflichtversicherer des Schädigers 1 gegen Schädiger 2

b) Quotenvorrecht bei sozialversicherten Personen

414 Bei Schadensfällen vor dem 1.7.1983 war zu Lasten sozialversicherter Personen das Quotenvorrecht des Sozialversicherungsträgers zu beachten (absolute Theorie, § 1542 RVO, s. auch § 127 AFG a.F., § 90 BSHG a.F.).

415 Gem. § 116 Abs. 2 SGB X hat die versicherte Person in Fällen gesetzlicher **Haftungshöchstbeträge** (u.a. §§ 12 StVG, 9 HaftPflG, 15 UmweltHG) wegen des ihr nicht ersetzten Teils des Schadens bei ausschließlicher Haftung nach den entsprechenden Normen Vorrang vor dem Sozialleistungsträger. Die Beschränkung auf die Mindestversicherungssumme (§ 4 PflVG) ist kein solcher Fall, weil der Schädiger dann unbeschränkt zu leisten hat. Das Vorrecht gilt wegen des Schutzzwecks der Norm **zum gesamten Schaden**, nicht nur zu den Schäden, die mit den Leistungen des Sozialleistungsträgers kongruent sind.[317]

416 Berechnungsmodell

Berechnungsmodell Forderungsübergang bei Haftungshöchstbetrag		
Jährlicher Rentenschaden bei voller Haftung		40.000,00
Erstattungsfähigkeit begrenzt durch den maßgebenden Haftungshöchstbetrag	auf	30.000,00

---

[317] *BGHZ* 135, 170 = VersR 1997, 901 = NJW 1997, 1785 nach *OLG Düsseldorf* NZV 1996, 238.

Anspruchsübergang (Legalzession)

> Leistung 15.000,00
> Deckungslücke (Schaden abzüglich Leistung) 25.000,00
> **Anspruchsteil der betroffenen Person** 25.000,00
> innerhalb des Höchstbetrages.
> Berechnung zum Forderungsübergang:
> Höchstbetrag 30.000,00
> abzüglich
> Deckungslücke 25.000,00
> **übergehender Anspruchsteil** 5.000,00
> begrenzt durch die Höhe der Leistung.
> In der Fassung des Ausgangsmodells zeigt sich die Berechnung wie folgt:
>
> | | Jährlicher Schaden | | Leistung | | Deckungslücke |
> |---|---|---|---|---|---|
> | | 40.000,00 | abzüglich | 15.000,00 | ergibt | 25.000,00 |
> | Höchstbetrag als Forderung | 30.000,00 | | | | als Anspruchsteil |
> | | | | | | läßt offen |
> | | | | | | 5.000,00 |
> | | | | | | als Anspruchsteil des Leistungsträgers |

417 Gem. § 116 Abs. 5 SGB X kommt es, wenn der Sozialleistungsträger nach dem Haftungsereignis wirtschaftlich **nicht höher belastet** ist als vorher (z.B. bei der Witwenrente statt der Altersrente), zu einem Vorrecht der betroffenen Person im Innenverhältnis (Rn. 1375).

c) Relativität bei der Aufteilung des Ersatzanspruches

418 Der unmittelbare Zugriff auf den Ersatzanspruch im Moment des Schadensereignisses (bei Anspruchsentstehung) unter Gewährung eines sicheren Leistungsanspruches verträgt sich nicht mit einem Differenzgedanken. Gem. § 116 Abs. 3 Satz 1 SGB X ist bei einer Mithaftung der Schadensersatzanspruch stattdessen verhältnismäßig zwischen der betroffenen Person und dem Sozialleistungsträger aufzuteilen, auch bei Haftungshöchstbeträgen, Abs. 3 Satz 2.

419
Quotierte Schadensersatzforderung

> Das Prinzip der Relativität stellt für die Anspruchsteile im Außenverhältnis auf das Verhältnis zwischen dem ungedeckten Schadensteil bzw. der Leistung einerseits und dem Schaden andererseits ab. Dadurch wird die quotierte Schadensersatzforderung gleichmäßig verteilt zwischen der an-

Einfluß der Mithaftung auf den Anspruchsumfang

spruchsberechtigten (verletzten oder mittelbar geschädigten) Person und dem Leistungsträger. Es entstehen gleichrangige Forderungs-, Anspruchsanteile (Teilforderungen).

Dazu können – anders als bei § 116 Abs. 2 SGB X – nur die kongruenten Leistungen und Schäden in Bezug zueinander zu setzen sein.

420

421

Berechnungsmodell

**Berechnungsmodell
Relative Anspruchsaufteilung**

- Der Sozialleistungsträger erhält den Ersatzanspruch in Höhe der Haftungsquote seiner Leistung, zu der der Forderungsübergang eröffnet ist.
- Die betroffene Person darf auf die Haftungsquote aus dem ihr verbliebenen Restschaden (Schaden abzüglich Sozialleistung gleich Deckungslücke gleich ungedeckter Schadensteil) zugreifen.

a) Anspruchsteil Leistungsträger

$$\text{Quotierte Ersatzforderung} \times \frac{\text{übergangsfähige Leistung}}{\text{Schaden}}$$

$$= \text{Übergangsfähige Leistung} \times \frac{\text{quotierte Ersatzforderung}}{\text{Schaden}}$$

$$= \text{Übergangsfähige Leistung} \times \text{Haftungsquote}$$

b) Anspruchsteil betroffene Person

$$\text{Quotierte Ersatzforderung} \times \frac{\text{ungedeckter Schadensteil (Deckungslücke)}}{\text{Schaden}}$$

$$= \text{Deckungslücke} \times \text{Haftungsquote}$$

	Schaden:	abzgl.	Leistung:	ergibt	Lücke:
	3.472,00		2.000,00		1.472,00
	wird bei		wird bei		wird bei
Haftungsquote	70%		70%		70%
	zu		zu		zu
Quotierte					
Ersatzforderung	2.430,40	darin:	1.400,00	und	1.030,40
			Leistungsträger		betroffene Person
			Anspruchsteile		

Erläuterung: Bei diesen (fiktiven) Werten hat der Schädiger 30 % des Schadens (also 1.041,60 DM) nicht zu ersetzen. Die betroffene Person erhält durch die Sozialleistung und die ihr gegen den Schädiger verbliebende Ersatzforderung insgesamt (2.000,00 DM zuzüglich 1.030,40 DM =) 3.030,40 DM. Wirtschaftlich bleiben für die betroffene Person gegenüber dem Gesamtschadensbetrag (3.472,00 DM) ungedeckt 441,60 DM. Der weitere Betrag der Mithaft (der Eigenanteil in Höhe von 600,00 DM) wird dem Leistungsträger zugewiesen. Dessen Anspruchsteil (zu der eigenen Leistung) reduziert sich entsprechend.

Anspruchsübergang (Legalzession)

422 Ist auf die nach dem Haftungsereignis zu beanspruchende Sozialleistung (z.B. eine Hinterbliebenenrente) im Innenverhältnis ein eigenes **Einkommen** (z.B. der Witwe, des Witwers, einer Waisen) **anzurechnen**, bedeutet eine konsequente Fortführung der relativen Theorie, daß die Haftungsquote auf das eigene, im Innenverhältnis anzurechnende Einkommen bezogen wird und sich dementsprechend der wirtschaftlich ungedeckte Betrag zu Lasten der betroffenen Person um die Mithaftquote auf das eigene Einkommen erhöht.

423 Beispiel 62

	Schaden:	Leistung:	Lücke:
	3.472,00	2.000,00	1.472,00
Interne Anrechnung eigener Einkünfte deswegen		900,00	
		verbleibende Leistung:	erhöhte Lücke:
		1.100,00	2.372,00
Haftungsquote	70%	70%	70%
Ersatzforderung	2.430,40	770,00	1.660,40
		Leistungsträger	betroffene Person

Erläuterung: Wer so vorgeht, beläßt der betroffenen Person von dem Schaden (im Vergleich zum vorhergehenden Beispiel Rn. 421) wirtschaftlich nicht gedeckt 711,60 DM (3.472,00 DM abzüglich 1.100,00 DM abzüglich 1.660,40 DM). Der wirtschaftlich selbst verbleibende Ausfall nimmt zusätzlich (711,60 DM abzüglich 441,60 DM) 270,00 DM als 30 % (Mithaft) von 900,00 DM (eigene Einkünfte) auf. Dieses Moment der Minderdeckung muß aber ausgeschieden werden (s. nachstehenden Vorschlag).

424 Für die Relativität besteht kein Rechtsgrund, weil Haftung und Mithaftung mit dem eigenen Einkommen nichts zu tun haben und die Anrechnung im Innenverhältnis auf anderen Prinzipien als die (Mit-)Haftung im Außenverhältnis beruht. Diese Minderlösung verlangt nach **Korrektur**. Dafür bietet es sich nach der hier vertretenen Ansicht an, schlicht auf die Begrenzung der anteiligen Berechtigung des Leistungsträgers durch die Belastung mit der realen (gesetzlichen) Leistung anzuknüpfen.

425 Berechnungsvorschlag

Berechnungsvorschlag
Aufteilung des Ersatzanspruches bei auf die Sozialleistung anzurechnenden Einkünften

	Schaden:	Leistungsanspruch:	Lücke:
	3.472,00	2.000,00	1.472,00
Haftungsquote	70%	Anrechnung	70%
Ersatzforderung	2.430,40	900,00	1.030,40

verbleibende Leistung:
1.100,00

	zuzüglich
1.100,00	300,00
Anspruchsteil	Anspruchsteil
Leistungsträger	betroffene Person

Erläuterung: Die Korrektur kann nicht über eine relative Berechtigung im Innenverhältnis nach dem Verhältnis der Gesamtsumme aus der wirklichen Leistung und der Deckungslücke bei an sich zustehender Leistung (im Beispiel 1.100,00 DM zuzüglich 1.472,00 DM = 2.572,00 DM) gegenüber der quotierten Ersatzforderung (im Beispiel 2.430,40 DM) durchgeführt werden. Im Beispiel würde dies zu einer Kürzungsquote von 94,49 % führen mit Anspruchsteilen von 1.039,44 DM für den Leistungsträger und von 1.390,96 DM für die betroffene Person. Dadurch würde die Minderdeckung bei der betroffenen Person nicht behoben (3.472,00 DM − 1.100,00 DM − 1.390,96 DM = 981,04 DM), weil ihr nach wie vor die eigenen Einkünften entgegengehalten werden.

Die Korrektur muß sich stattdessen besinnen auf den Gleichklang der Reduzierung nach außen und der Korrespondenz: Schaden − Leistung = Lücke bzw. Quotierte Ersatzforderung = gekürzte Leistung + gekürzte Lücke und deswegen und dann Quotierte Ersatzforderung − gekürzte Leistung = gekürzte (anteilige gesetzliche) Leistung begrenzt durch die Höhe der wirklichen Leistung des Leistungsträgers. Ergibt sich rechnerisch dann ein Überschuß muß dieser Restbetrag von der (quotierten) Ersatzforderung der betroffenen Person zugutekommen, wie im vorstehenden Beispiel.

Zeigt sich rechnerisch kein überschießender Betrag verbleibt es bei der relativen Berechtigung direkt und allein über die Haftungsquote, wie nachstehende Werte erkennen lassen. Diese Werte machen zugleich einsichtig, daß das Prinzip ohne und mit Anrechnung im Innenverhältnis, bei voller oder eingeschränkter Haftung aufgeht:

	Schaden:	Leistungsanspruch:	Lücke:
	2.760,00	2.400,00	360,00
Haftungsquote	50%	Anrechnung:	50%
Ersatzforderung	1.380,00	200,00	180,00
		verbleibende Leistung:	
		2.200,00	zuzüglich
		1.200,00	0,00
		Anspruchsteil	Anspruchsteil
		Leistungsträger	betroffene Person

426

Berechnungsformel

	Berechnungsformel[318] Aufteilung des Ersatzanspruches bei auf die Sozialleistung anzurechnenden Einkünften			
	A	B	C	D
1		Schaden:	Leistungsanspruch:	Lücke:
2		....	....	=WENN(B2-C2>0;B2-C2;0)
3	Haftungsquote	....	Anrechnung:	=B3
4	Ersatzforderung	=B2*B3	....	=D2*D3
5			verbleibende Leistung:	
6			=C2-C4	zuzüglich
7			=WENN(C6<B4-D4;C6;B4-D4)	=WENN(B4-D4-C7>0;B4-D4-C7;0)
8			Anspruchsteil	Anspruchsteil
9			Leistungsträger	betroffene Person

427 Wirkt sich nach den überkommenen Grundsätzen der höchstrichterlichen Rechtsprechung im Außenverhältnis beim Unterhaltsschaden nicht die Haftungsquote und eine Ersparnis (ein Vorteil) aus (Rn. 1355), sollte die Relativität konsequent fortgeführt werden (Rn. 1378).

428 Auf die Folgen der Verletzung der **Schadensminderung** geht § 116 Abs. 3 Satz 1 SGB X nicht ausdrücklich ein. Dazu muß aber entsprechendes angenommen werden (Rn. 771).

429 Für Fälle des § 116 Abs. 3 S. 2 SGB X i.V.m. § 116 Abs. 2 SGB X (bei einem **Haftungshöchstbetrag**) sollte wegen des Wortlauts und der systematischen Stellung der Norm die relative Theorie fortgeschrieben und kein Vorrecht der betroffenen Person nach einer Aufteilung i.S.d. Abs. 3 Satz 1 – wie es auch vertreten wird – angenommen werden. Als **Kürzungsfaktor oder – quote** steht nicht die Haftungsquote bzw. das Verhältnis quotierte Ersatzforderung/Schaden zur Verfügung. Es muß wegen der Höchstgrenze weiter gekürzt werden. Liegt die quotierte Ersatzforderung über dem Höchstbetrag, entspricht der Kürzungfaktor Höchstbetrag/Schaden nach der hier vertretenen Ansicht der Systematik des Gesetzes am ehesten.

430

Berechnungsmodell

Berechnungsmodell – Vorschlag –
Anspruchsverteilung und Kürzung bei Haftungshöchstbeträgen

$$\text{Kürzungsfaktor:} \quad \frac{\text{Quotierte Ersatzforderung}}{\text{Schaden}} \times \frac{\text{Höchstbetrag}}{\text{Quotierte Ersatzforderung}}$$

$$= \frac{\text{Höchstbetrag}}{\text{Schaden}}$$

---

318 Vgl. Rn. 425.

Jährlicher Rentenschaden		40.000,00
Haftungsquote	80%	
Quotierte Ersatzforderung	32.000,00	
begrenzt durch den Haftungshöchstbetrag auf		30.000,00
Kürzungsfaktor		75%
(Berücksichtigungsfähige) Leistung	15.000,00	
Deckungslücke	25.000,00	
Übergehender Anspruchsteil (Leistung x Kürzungsfaktor)		11.250,00
Anspruchsteil betroffene Person (Deckungslücke x Kürzungsfaktor)		18.750,00

Erläuterung: Bei der Berechnung nach § 116 Abs. 2 SGB X hat die betroffene Person das Vorrecht bis zur Deckung der Lücke innerhalb des Anspruches im Außenverhältnis zum Schädiger. Würde bei der Mithaftung ein solches Vorrecht bejaht, würde die betroffene Person im Ergebnis von der Mithaft nicht betroffen, weil nach der Kürzung über die Haftungsquote die Auffüllung bis in Höhe der Deckungslücke erfolgen müßte:

Deckungslücke x Haftungsquote = 25.000 DM x 80 % = 20.000 DM,
Auffüllung durch den Restanspruch bis zum
Höchstbetrag mit 5.000 DM,
verbleibender Anspruchsteil für den Leistungsträger: 5.000 DM.

Erst wenn der vom Schädiger nicht ersetzte Teil höher ist als die Leistung (oder die Mithaftquote das Verhältnis Leistung/Schaden übersteigt), würde die betroffene Person wirtschaftlich die Folgen der Mithaft bemerken.

d) Sozialhilfebedürftigkeit

§ 116 Abs. 3 Satz 3 SGB X will verhindern, daß eine betroffene Person infolge des Forderungsübergangs und der Aufteilung der Schadensersatzforderung sozialhilfebedürftig wird. Der Forderungsübergang wird deswegen ausgeschlossen, wenn die geschädigte Person durch den Forderungsübergang und angesichts der ihr zufließenden Leistung zuzüglich des Forderungsanteils nach der relativen Theorie des § 116 Abs. 3 Satz 1 SGB X gegenüber der Lage vor dem haftungsbegründenden Ereignis mit den dann ausgefallenen Barmitteln hilfsbedürftig werden würde oder die Bedürftigkeit verstärkt wird. Statt auf die relative Theorie ist dann auf die Aussage der Differenztheorie abzustellen bei einer auflösenden Bedingung zum Forderungsübergang.

431

432 Tritt die Sozialhilfebedürftigkeit aus anderen Gründen (als dem Übergang der Forderung) ein und fehlt es an der bezeichneten Kausalverknüpfung, gilt § 116 Abs. 3 Satz 3 SGB X nicht. So verhält es sich[319], wenn der Ersatzanspruch zwar im Unfallzeitpunkt auf den Sozialhilfeträger übergeht, aber der geschädigten Person die Einziehungsermächtigung zusteht (als abgespaltenes Gläubigerrecht mit der Sachlegitimation, Leistung an sich selbst zu verlangen). Dem Prinzip des Nachrangs der Sozialhilfe muß uneingeschränkt Rechnung getragen werden, ohne daß der betroffenen Person wirtschaftliche Vorteile verschafft werden dürfen.

433 Die veränderte Aufteilung der Ersatzforderung ist nach oben zugunsten der betroffenen Person durch den im Einzelfall maßgebenden Sozialhilfebedarfssatz (Mindestbedarf) begrenzt. Ist dieser gedeckt durch die Leistung des Sozialleistungsträgers, ggfs. zuzüglich des nach der relativen Theorie verbleibenden Teilanspruches gegen den Schädiger, darf es zu keiner Verschiebung der Anspruchsteile kommen, weil der Grund für die Ausnahmenorm entfällt.

434
Berechnungsmodell

Berechnungsmodell
– Vorschlag –
Anspruchsverteilung bei Sozialbedürftigkeit

	Schaden	Leistung	Deckungslücke	Mindestbedarf:
	2.000,00	1.000,00	1.000,00	1.300,00
Haftungsquote	20%	20%	20%	Restbedarf oberhalb Leistung:
Ersatzforderung	400,00	200,00	200,00	300,00
		Anspruchsteil wird verringert um Erhöhungsbetrag für betroffene Person von:	Anspruchsteil ist zu erhöhen um die Differenz zum Restbedarf von:	
		100,00 auf:	100,00 auf:	
		100,00 Leistungsträger	300,00 betroffene Person	

---

[319] *BGHZ* 133, 129 = VersR 1996, 1126 = NJW 1996, 2508.

5. Realisierungsvorrang

Nach § 116 Abs. 4 SGB X hat bei **begrenzter Haftungsmasse**, d.h. dem aus tatsächlichen, wirtschaftlichen Gründen eingeschränkten Schadensausgleich, die versicherte, betroffene Person Vorrang. Es besteht ein Befriedigungsvorrecht[320] zugunsten des Altgläubigers mit dem verbliebenen Anspruchsteil im konkurrierenden Verhältnis zu dem erwerbenden Neugläubiger (Sozialleistungsträger) nach dem allgemeinen Rechtsgedanken in §§ 268 Abs. 3 Satz 2, 426 Abs. 2 Satz 2, 774 Abs. 1 Satz 2 BGB.   435

Trotz des Bezugs zu § 116 Abs. 1 SGB X ist nicht nur der kongruente Schaden einbezogen, sondern der gesamte Schaden. Das Vorrecht ist nach dem Schutzgedanken der Norm also unbegrenzt.[321] Es ist auf die Deckung aller Nachteile in allen Schadensgruppen zu erstrecken.   436

Zu einer solchen Situation kann es z.B. trotz Haftpflichtversicherungsschutzes bei unzureichender Haftpflichtsumme, begrenzter Deckungssumme[322] kommen.   437

V. Anspruchsverfolgung

1. Ansprüche zwischen Familienangehörigen

a) Anspruchsbeschränkung

Das **Haftungsprivileg** bzw. die Milderung der Haftung durch § 1664 BGB[323] und ebenso durch § 1359 BGB sollte sich nur zu solchen Pflichtverletzungen und Sorgfaltsverstößen durchsetzen, die mit dem engen persönlichen Kontakt und Zusammenleben, der häuslichen Gemeinschaft innerlich zu verknüpfen sind. Bei **Straßenverkehrsunfällen** jedenfalls   438

---

320 Zum früheren Recht *BGH* VersR 1979, 30 = NJW 1979, 271.
321 Vgl. *BGHZ* 135, 170 = VersR 1997, 901 = NJW 1997, 1785.
322 Zum Verteilungsverfahren nach § 156 Abs. 3 VVG *Hessert* in VersR 1997, 39, 42 f.
323 *BGHZ* 103, 338 = NJW 1988, 2667, *OLG Hamm* NJW-RR 1994, 415, *OLG Düsseldorf* NJW-RR 1999, 1042.

schränkt § 1359 BGB die Anspruchsberechtigung des verletzten Ehegatten gegenüber dem schädigenden Ehegatten nicht ein.[324] Im Verhältnis zu einem Elternteil sollte für Kinder entsprechendes gelten.[325] Bei einem Haftungsprivileg ist sorgsam zu erwägen, ob die Regeln der gestörten Gesamtschuld (Rn. 400) die Inanspruchnahme eines Zweitschädigers eingrenzen oder nicht.[326]

439 Das Familienprivileg (Rn. 390) schränkt – nur – den Rückgriff der Sozialleistungsträger oder Schadensversicherer auf den schädigenden Angehörigen ein.

b) Erlöschen eines Anspruchs durch Leistung oder Erbfolge, Fortbestand eines Direktanspruchs

440 Zahlt der Familienangehörige **Heilungskosten** bei der Schädigung durch eine andere Person, wird diese nicht befreit (Rn. 36). Zahlt und trägt der Ehegatte oder ein Elternteil Heilungskosten und Nebenkosten (Rn. 600 ff.) nach der Schädigung des anderen Ehegatten oder eines Kindes durch einen Familienangehörigen kann nichts anderes gelten. Ist der zahlende Angehörige zugleich der Schädiger, sollte der **Direktanspruch gegen einen Pflichthaftpflichtversicherer** unberührt bleiben aus den Gründen, die sogleich dargelegt werden.

441 Ob ein schädigender Ehegatte für den anderen im Wege des (Bar-)Unterhalts aufkommt oder Barbeiträge – nach einer zugefügten Verletzung – als Ausgleich eines Erwerbsschadens aufzufassen sind oder ob der schädigende Ehegatte den Haushalt führt (im Rahmen eines Unterhaltsbeitrags oder zum Ausgleich nach einer haftungsbegründenden Schädigung), steht inhaltlich gleich. Im Verhältnis zwischen Kindern und Eltern gilt entsprechendes. Wäre in einem solchen Fall die Leistung des Schädigers als **Naturalrestitution** zu verstehen und zu bewerten, ist der eingetretene Schaden gedeckt. Der deliktische Ersatzanspruch besteht nicht mehr. Ein Direktanspruch gegen den Haftpflichtversicherer kann wegen der Akzessorietät für nicht durchsetzbar erachtet werden.

442
Beispiel 63

> Wenn ein Elternteil beim Führen eines Kfz im Straßenverkehr durch unachtsames Verhalten sein minderjähriges Kind, für das er das Sorgerecht innehat, verletzt und später die unfallbedingte Pflege des Kindes

---

324 *BGH* VersR 1988, 628 = NJW 1988, 1208; VersR 1992, 823.
325 *OLG Hamm* VersR 1987, 670, *BGH* VersR 1987, 672.
326 Eingehend dazu mit eigenem Lösungsansatz *Muscheler* in JR 1994, 441 ff.

> leistet oder dies das Verhältnis des einen Ehepartner zum anderen betrifft, ist der eigentlich ausgleichsfähige Nachteil der verletzten Person kompensiert.

443 Indessen ist der **Bedarfsschaden** (z.B. bei Pflege, Rn. 671) unabhängig von der Bedarfsdeckung und erwächst im Moment der Erstschädigung, wenngleich er erst später jeweils monatlich fällig wird (Rn. 279, 459). Auch wird der Inhaber des Sorgerechts bzw. der Ehegatte bei der Pflege regelmäßig nicht tätig, um die eigene Pflicht-Haftpflichtversicherung wirtschaftlich zu entlasten. Selbst wenn innerhalb eines Familien – und Unterhaltsbandes die negativen Folgen aufgefangen werden und ein Pflegebedarf gedeckt wird, sollte daher der **Direktanspruch** durch das Erlöschen eines Haftungsanspruchs nicht beeinflußt werden. Das *OLG München*[327] argumentiert mit den Pflichten aus §§ 1601, 1610 BGB neben § 843 BGB und läßt im Umfang erbrachter Pflegeleistungen den Anspruch des geschädigten Angehörigen gegen den Haftpflichtversicherer gem § 426 Abs. 2 BGB auf den schädigenden, pflegenden Angehörigen (die Mutter) übergehen bei alleiniger Belastung des Haftpflichtversicherers im Innenverhältnis nach § 3 Nr. 9 PflVG.

444 Für den **Erwerbsschaden**, auch zur **Haushaltsführung** (Rn. 810) müßte gleichsinniges gelten. Allerdings vermag § 843 Abs. 4 BGB diese Auffassung nicht zu stützen, weil der Unterhalt durch den Schädiger, nicht durch einen anderen, geleistet wird.

445 Der Anspruch des verletzten Familienangehörigen gegen den schädigenden Angehörigen geht **nicht** mit § 1922 BGB durch **Konfusion** (Vereinigung von Forderung und Schuld) **zugunsten des Haftpflichtversicherers** unter, wenn der **Verletzte den Schädiger beerbt**.[328] § 425 Abs. 2 BGB wirkt wegen § 3 Nr. 2 PflVG vielmehr gegen den Haftpflichtversicherer mit der Folge, daß der zuvor entstandene und bestandene Ersatzanspruch weiter bestehen bleibt im Umfang der Grundlage des akzessorischen Direktanspruchs. Voraussetzung ist, daß die Ursache für die Verletzungen des erbenden Angehörigen vor dem Tod des schädigenden Erblassers gesetzt und damit die Haftungsbasis für alle zurechenbaren Folgen gelegt ist.

446

> Die Einstandspflicht des Haftpflichtversicheres hängt nicht davon ab, daß der Schädiger den Eintritt aller Verletzungsfolgen erlebt hat.

Direktanspruch

---

327 NJW-RR 1995, 1239.
328 *BGH* VersR 1996, 1258 = NJW 1996, 2933; *OLG Hamm* VersR 1995, 454 = r+s 1995, 176, *BGH* NA-Beschl. v. 14.3.1995, *LG Trier* NJW-RR 1999, 392.

c) Anspruchsdurchsetzung

447 Nach Trennung und Scheidung unterliegt ein deliktischer **Schadensersatzanspruch unter Ehegatten** keinen Einschränkungen mehr.[329] Er kann jedenfalls dann gegen den schädigenden Ehegatten ungehindert **durchgesetzt** werden, wenn zuvor unternommene Bemühungen um einen anderweitigen Ausgleich (vgl. Rn. 1046) rückgängig gemacht werden.

448 Die **Verjährung** ist **gehemmt** durch § 204 Satz 1 BGB, selbst wenn für die Zeit vor einer Trennung und Scheidung der **Ehegatten** eine Pflicht zum Stillhalten bei der Anspruchsdurchsetzung bejaht wird. § 204 Satz 2 BGB hemmt die Verjährung für Ansprüche zwischen **Eltern und Kindern** während der Minderjährigkeit der Kinder, auch bei nichtehelichen Kindern und zwar schon seit dem 1.7.1970. § 204 BGB gilt **auch**, wenn der Ehegatte oder Abkömmling neben dem Anspruch gegen den anderen Ehegatten bzw. Elternteil einen Anspruch gegen den **Haftpflichtversicherer** hat.[330]

2. Anspruchshinderung

a) Anspruchsverlust durch Zeitablauf

449 Die **Anzeigepflicht**[331] des Verletzten nach § 15 StVG ist eine **Ausschlußfrist** (mit der Dauer von zwei Monaten). Dem Ersatzpflichtigen soll zeitig Kenntnis vom Unfall verschafft werden, damit es ihm möglich bleibt, Beweise zu sichern, und sich ggfs. zu entlasten. Dazu muß auf den Betriebsvorgang und die schädigende Einwirkung hingewiesen werden. Schadensfolgen sind jedoch nicht im einzelnen zu beschreiben. Die Person des Anspruchstellers muß der Ersatzpflichtige nicht von vornherein kennen. Ist der Ersatzpflichtige unabhängig von einer Anzeige des Ersatzberechtigten informiert, genügt dies. Auf subjektive Elemente kommt es mit an. Der Fristbeginn entspricht dem Fristbeginn bei der Verjährung. Ein Rechtsverlust wegen Verletzung der Anzeigepflicht betrifft ausschließlich Ansprüche aus der Gefährdungshaftung.

---

329 *BGH* VersR 1988, 628 = NJW 1988, 1208.
330 *BGH* VersR 1987, 570 = NJW-RR 1987, 407; *OLG Hamm* r+s 1998, 234.
331 Vgl. auch § 40 LuftVG mit einer Frist von drei Monaten.

Bei Schäden durch Streitkräfte der Vertragspartner des NATO-Truppenstatuts während dienstlicher Tätigkeit[332] ist die besondere **Anmeldefrist** des Art. 6 Abs. 1 NTS-AG von drei Monaten nach Kenntnis vom Schaden und der Verantwortlichkeit[333] zu beachten. Da die Anspruchsprüfung eingeleitet werden soll, bedarf die Anzeige der Einzelheiten, die für den Schadensausgleich notwendig[334] sind. Trotz des materiellen Charakters sind bei Versäumung der Antragsfrist §§ 233 ff. ZPO entsprechend anwendbar.[335] Bei ablehnender Entschließung ist innerhalb einer zweimonatigen (prozessualen, nicht verzichtbaren Ausschluß-) Frist nach Zustellung Klage gegen die Bundesrepublik in Prozeßstandschaft zu erheben.[336] Die Entschließung kann geändert werden.[337] Für den Unfall mit sowjetischen Truppen[338] galten ähnliche Regelungen.

450

Über Zeit- und Umstandsmomente kann sich bei unerlaubten Handlungen in besonderen Fällen ergeben, daß der Geschädigte sein Recht **verwirkt**. Dies setzt voraus, daß sich der Schädiger wegen der Untätigkeit des Geschädigten über einen gewissen Zeitraum hin bei objektiver Beurteilung darauf einrichten darf und eingerichtet hat, das Recht werde nicht mehr geltend gemacht, und deswegen die späte (verspätete) Geltendmachung gegen Treu und Glauben verstößt.

451

Vor Ablauf der dreijährigen Verjährung greift der Einwand der Verwirkung grundsätzlich kaum. Beweisschwierigkeiten können aber durchschlagen[339], wenn der Schädiger Beweismittel im berechtigten Vertrauen darauf vernichtet hat, daß der Berechtigte nach Ablauf eines längeren Zeitraums mit Ansprüchen nicht mehr auf ihn zukommen wird.

452

Beispiel 64

---

332 *Heitmann* in VersR 1992, 160 f.
333 Mit zweijähriger Endfrist, *LG Kaiserslautern* VersR 1992, 330.
334 *BGH* VersR 1979, 838.
335 *OLG Karlsruhe* VersR 1990, 533 = NZV 1990, 73; *OLG Frankfurt* VersR 1989, 265.
336 *BGH* NJW 1979, 1709, NZV 1990, 346 = DAR 1990, 337 = NJW 1990, 3085.
337 *BGH* NZV 1996, 193.
338 Beachte *Heitmann* in VersR 1992, 162 f. und zu Entschädigungsansprüchen *OLG Naumburg* DtZ 1994, 412, *KG* DtZ 1996, 148, *OLG Brandenburg* DtZ 1997, 294, BGHZ 128, 312 = VersR 1995, 354 = NZV 1995, 227 = DtZ 1995, 198.
339 *BGH* VersR 1992, 1108.

b) Verjährung[340]

453 Der Gedanke der Verjährung hat einen eigenen Gerechtigkeitsgehalt. Die Verjährung dient der Wiederherstellung des Rechtsfriedens. Sie schafft Rechtssicherheit und verwirklicht Beweisinteressen.

454 Gehen Ansprüche im Zeitpunkt des schädigenden Ereignisses über, kommt es für die Verjährung allein auf die Verhältnisse bei dem Zessionar an. Ein Ablauf der Verjährung vor dem **Forderungsübergang**[341] wirkt gem. §§ 412, 404 BGB gegen den (späteren) Zessionar.

aa) Verjährungseinrede

455 Die Verjährungseinrede kann als tatsächliches Vorbringen nicht erstmals im Revisionsverfahren geltend gemacht werden, die Verjährung aber u.U. selbst dann noch wirken. Der Zeitpunkt ihrer erstmaligen Erhebung steht im Belieben[342] des Schuldners. Sie kann z.B. fallengelassen werden, indem sie nicht mehr aufrechterhalten wird.

456 Der **Verzicht** auf die Einrede ist nach Ablauf der Verjährungsfrist ohne weiteres möglich. Das Verbot des § 225 BGB erfaßt einseitige wie wechselseitige Erklärungen und Absprachen für die Zeit vor Eintritt der Verjährung. Ein vor Ablauf der Verjährungsfrist ausgesprochener Verzicht ist nicht dahin auszulegen, daß er nach der Vollendung der Verjährung wirken soll, weil dies eine unzulässige Umgehung des § 225 Satz 1 BGB bedeuten würde.[343] Der Verzicht als **konstitutive Befreiung** von der Verjährung ist statthaft (Rn. 497).

457 Die Einrede widerspricht **Treu und Glauben**, wenn der Schuldner den Geschädigten von der Wahrung der Verjährungsfrist oder der rechtzeitigen Unterbrechung der Verjährung (ganz oder teilweise) abgehalten oder nach objektiven Kriterien aus verständiger Sicht – auch schuldlos – zu der Annahme veranlaßt hat, Ersatzansprüche würden erfüllt oder nur mit sachlichen Einwendungen bekämpft. Insoweit ist der befristete – mit bestimmtem Endzeitpunkt versehene – oder der unbefristete Verzicht möglich. Dies gilt bis zu dem Zeitpunkt, in dem der Schuldner erklärt,

---

340 Zu den Besonderheiten im Delikts- und Schadensrecht eingehend *Lepa* in VersR 1986, 301 ff. und *Jahnke* in VersR 1998, 1343 ff und 1473 ff.
341 Der verjährte, kraft Quotenvorrecht zugeordnete Anspruchsteil, kann auch vom Leistungsträger nicht durchgesetzt werden, *KG* NZV 1999, 208.
342 *BGH* VersR 1988, 953, 954.
343 *BGH* VersR 1998, 124 = r+s 1998, 23.

er halte sich nicht mehr an die „Verzichts"erklärung gebunden. Ist die Absicht des Schuldners erkennbar, an dem „Verzicht" nicht (mehr) festhalten zu wollen – z.B. durch die Erhebung der Einrede –, hat der Berechtigte eine kurze Überlegungsfrist. Zwei Wochen sollten regelmäßig mindestens zugrundegelegt werden dürfen. U.U. reicht ein Monat. Drei Monate sind zu lang. Bei Wahrung der Frist greift § 270 Abs. 3 ZPO.

bb) Verjährungfrist

Die in § 852 BGB[344] vorgesehene Verjährungsfrist von 3 Jahren **beginnt** mit der Begehung der unerlaubten Handlung, wenn die Schadensursache gesetzt ist, auch wenn der Schaden erst später eintritt. Die **dreijährige** Verjährungsfrist des § 852 BGB beginnt gem. § 198 BGB mit der Entstehung des Ersatzanspruches. Dafür muß der Schaden dem Grunde nach entstanden sein, mag auch die Höhe noch nicht zu beziffern sein. Zu **berechnen** ist die Frist nach Maßgabe der §§ 187 Abs. 1, 188 Abs. 2 BGB. Der Tag der erforderlichen Kenntnis wird nicht mitgerechnet.

458

Die monatlichen **Renten** nach §§ 843 Abs. 1, 844 Abs. 2, 845 S. 1 BGB erwachsen jeweils erst im Zeitpunkt ihrer Durchsetzbarkeit bei Fälligkeit. Wenn vom deliktischen Entstehungsgrund her das maßgebende Stammrecht verjährt, betrifft dies zugleich die wiederkehrenden Leistungen.[345] Im übrigen gilt § 197 BGB mit der **vierjährigen** Verjährungsfrist für jede einzelne Leistung.[346] Dazu ist – auch wenn die Vergütung nach zwei Jahren verjähren würde[347] – als Beginn der Verjährung der Schluß des Kalenderjahres (§ 201 BGB) maßgebend, in dem der Verdienstausfall konkret eingetreten ist (§ 198 BGB).

459

> Der Erwerbsschaden für 1987 und 1988 ist ohne sonstigen Unterbrechungs-, Hemmungstatbestand mit einer Klage im Jahr 1993[348] nicht rechtzeitig geltend gemacht. Die im Jahr 1994 erhobene Klage kommt zu den vor dem 1. Januar 1990 fällig gewordenen Renten zu spät.

460

Beispiel 65

---

344 Teilungsabkommen unterfallen mit ihren selbständigen vertraglichen Forderungen § 852 BGB nicht.
345 *BGH* VersR 1973, 1066 = NJW 1973, 1684, VersR 1979, 55 = NJW 1979, 268.
346 *BGH* VersR 1967, 1183, 1184.
347 *BGH* NJW-RR 1989, 215 = MDR 1989, 250.
348 *OLG Hamm* Urt. v. 29.11.1995, 32 U 52/95, *BGH* NA-Beschl. v. 8.10.1996, VI ZR 17/96.

461 Trotz einer Fristverlängerung gem. § 218 Abs. 1 BGB ist zur jeweiligen einzelnen Rentenleistung (nicht zur Kapitalabfindung) auf § 197 BGB abzustellen. § 852 BGB wird durch die in § 218 BGB bestimmten Fristen[349] vollständig verdrängt. Die summierten, in einem Zahlbetrag geltend gemachten Renten behalten den Charakter als Rente.

462

künftige Rentenansprüche

> Künftige Rentenansprüche verjähren nach § 197 BGB selbst dann, wenn die Ersatzansprüche dem Grunde nach anerkannt oder festgestellt worden sind. Nur für die vor der Feststellung fällig gewordenen Renten gilt die 30-jährige Verjährung des § 218 Abs. 1 BGB.

463 Für die in § 852 BGB verlangte **Kenntnis** vom Schaden und von der Person des Ersatzpflichtigen genügt, daß der Geschädigte bei verständiger Würdigung – aus rechtskundiger Sicht – aufgrund bekannter Tatsachen den Anspruch gegen eine bestimmte Person mit hinreichender Aussicht auf Erfolg geltend machen kann. Gewißheit muß der Berechtigte nicht, er muß aber mehr als einen Verdacht haben. Letztlich muß es zumutbar sein, eine hinreichend aussichtsreiche Feststellungsklage zu erheben. Ob Einwendungen oder Einreden des Schuldners zu erwarten sind, ist ebenso unerheblich wie der Umfang und die Höhe des Anspruches im einzelnen. Erhebliche rechtliche Zweifel können im Einzelfall bei verwickelter Rechtslage bis zur Klärung eine Kenntnis ausschließen. Der Wegfall der Kenntnis ist unbeachtlich.

464 Der **Wissensvertreter**[350] tritt an die Stelle der berechtigten Person, z.B. entscheidet der Kenntnisstand der Mutter zu Behandlungsfehlern bei der Geburt für den Anspruch des Kindes. Als solcher darf sich der **Rechtsanwalt** z.B. der Einsichtnahme in die ihm zur Verfügung gestellten Ermittlungsakten[351] nicht enthalten. Seine Fehleinschätzung hindert den Verjährungseintritt nicht.[352] Bei Behörden kommt es auf die Kenntnis des für die Vorbereitung und Verfolgung der (Regreß-)Ansprüche zuständigen Bediensteten der verfügungsbefugten, mit Entscheidungskompetenz ausgestatteten Behörde[353] an.

465 Zur Kenntnis **vom Schaden** genügt allgemeines Wissen, u.U. aus der Sicht eines Sachkundigen. Sämtliche Schadensfolgen müssen nicht über-

---

349 *BGH* VersR 1998, 1387 = DAR 1998, 447 = NZV 1998, 456; zur Verjährung titulierter Zinsansprüche i.e. *Ricken* in NJW 1999, 1146, 1147 ff.
350 *BGH* VersR 1990, 167 = DAR 1990, 60.
351 *OLG Düsseldorf* VersR 1999, 893.
352 *OLG München* r+s 1998, 463.
353 *BGH* VersR 1985, 735 = NJW 1985, 2583; VersR 1986, 163 = DAR 1986, 22; VersR 1986, 917; VersR 1992, 627 = NJW 1992, 1755; NJW 1997, 1584.

sehen werden. Der Schadensumfang muß nicht bekannt sein.³⁵⁴ Der Betroffene muß aber wissen, daß er selbst geschädigt ist, als Inhaber der Ersatzforderung in Frage kommt.³⁵⁵ Zu welchem Zeitpunkt sich eine sich entwickelnde Kenntnis in beteiligten Fachkreisen durchgesetzt hat, ist nicht maßgebend. Es kommt auf den Zeitpunkt an, in dem der Verletzte selbst um die Schadensfolge weiß.³⁵⁶

§ 249 BGB spricht von der Pflicht, „Schadensersatz zu leisten". § 852 Abs. 1 BGB spricht von dem Ersatz des „entstandenen Schadens". Dies deutet auf ein Verständnis zum Schaden als Einheit (**Schadenseinheit**) hin trotz der unterschiedlichen Folgen und Schadensgruppen. Wegen der Schadenseinheit gelten alle Folgen als **bekannt**, die im ersten Zeitpunkt der Kenntnis als **durchaus möglich** vorauszusehen sind.

466

> Bei Knochenverletzungen, bei Kopfverletzungen³⁵⁷ ist häufig mit Komplikationen, bei einer Querschnittslähmung mit Darm- und Blasenstörung mit Spätfolgen³⁵⁸ zu rechnen. Der etwaige spätere Eintritt der Erwerbsunfähigkeit muß vorausbedacht werden, z.B. bei der Durchtrennung eines Nerven die Irreversibilität in Rechnung gestellt werden. Ansprüche nach § 844 Abs. 2 BGB sind mittels Feststellungsklage zu sichern, wenn sich der Fall des künftigen Eintritts der Voraussetzungen der Unterhaltspflicht voraussehen läßt.

467

Beispiel 66

Einer eigenständigen Verjährungsfrist unterliegen die – selbst für einen medizinischen Sachverständigen³⁵⁹ – nicht vorhersehbaren Folgen (Spätschäden, neue Schadensfolgen³⁶⁰), die nicht als (unfall-)ursächlich zu erkennen gewesen sind und sich gänzlich unerwartet³⁶¹ einstellen.

468

Die Anpassung an veränderte allgemeine Verhältnisse zum Ausgleich von Schwankungen der Höhe eines Unterhalts- oder auch Erwerbsschadens ist wegen der Auslösung durch vom Schadensereignis unabhängige äußere Umstände als neue Schadensfolge mit eigener Verjährung aufzufassen. Gleiches gilt bei Änderung persönlicher Verhältnisse wie z.B. angesichts der bei Auflösung einer zweiten Ehe wieder begründeten Ansprüche aus § 844 Abs. 2 BGB.³⁶²

469

---

354 *BGH* VersR 1984, 482 = DAR 1984, 289.
355 *BGH* NJW 1996, 117.
356 *BGH* NJW 1997, 2448 = VersR 1997, 1111.
357 *OLG Koblenz* VersR 1994, 866, *BGH* NA-Beschl. v. 8.2.1994.
358 *BGH* NJW 1998, 160 = NZV 1997, 476.
359 *OLG Hamm* NJW-RR 1999, 252 = r+s 1999, 105 (8-jähriges Kind).
360 Eingehend dazu *Müller* in VersR 1998, 129 – 140.
361 Zu unerwarteten Folgen nach anscheinend leichten Verletzungen *BGH* VersR 1979, 1106; 1982, 703; 1995, 571 = NJW 1995, 1614.
362 *BGH* VersR 1979, 55.

470 Die Kenntnis **zur Person** des Ersatzpflichtigen verlangt Kenntnis zur Identität, von Namen und Anschrift, der Ursächlichkeit und dem Verschulden. Wenn ein Zusammenhang offensichtlich ist, bedarf es der Kenntnis der Kausalkette im einzelnen nicht.[363] Kommen mehrere Verantwortliche bei einem Unfall in Betracht, beginnt die Verjährung in dem Zeitpunkt, in dem wesentliche Zweifel über die Person des Verantwortlichen – z.B. des Arbeitgebers[364] – nicht mehr bestehen, auch zur Arzthaftung.

471
Beispiel 67

> Bei der Arzthaftung gehört zur Kenntnis von einem schuldhaften Behandlungsfehler[365] das Wissen um die wesentlichen Umstände des Behandlungsverlaufs.[366] Der Patient muß um die Tatsachen wissen, aus denen sich das Abweichen des Arztes vom ärztlichen Standard[367] oder das Nichtergreifen erforderlicher Maßnahmen[368] ergibt, und damit wissen, daß es sich nicht um einen unvorhersehbaren unglücklichen Zufall[369] handelt.

472 Ausnahmsweise steht das **mißbräuchliche Nichtwahrnehmen**[370] der positiven Kenntnis gleich. Der Verletzte darf die Verjährung nicht einseitig verlängern, indem er die Augen vor einer sich aufdrängenden Kenntnis verschließt. Die Berufung auf die für den Verjährungsbeginn ausreichende Kenntnis verstößt andererseits gegen Treu und Glauben, wenn zunächst alle Beteiligten vorübergehende Folgen angenommen und sich darauf eingestellt haben, die tatsächlich später aufgetretene Gesundheitsbeschädigung aber außergewöhnlich schwer und existenzbedrohend ist.[371]

473 Ist die Verjährung in Lauf gesetzt, bleibt der **Forderungsübergang** auf einen Versicherungsträger ohne Einfluß.[372] Wenn der Verletzte keine Kenntnis hat, kommt es auf die Kenntnis bei dem Versicherer oder Leistungsträger an, auf den Ansprüche nach dem Unfall übergehen. Tritt die Rechtsnachfolge im Zeitpunkt des Haftungsereignisses ein, geht es ausschließlich um die eigene Kenntnis der sachbefugten Einrichtung[373]

---

363 *OLG Köln* VersR 1996, 1289 = NJWE-VHR 1996, 197.
364 *BGH* NJW 1999, 423 = VersR 1999, 585.
365 Zum Aufklärungsversäumnis *OLG Düsseldorf* NJW-RR 1999, 823.
366 *BGH* NJW 1985, 2194 =VersR 1985, 740.
367 *BGH* NJW 1991, 2350; VersR 1995, 659.
368 *OLG Zweibrücken* VersR 1998, 1286.
369 *OLG Oldenburg* NJW-RR 1998, 1245.
370 *BGH* VersR 1987, 820 = NJW 1987, 3120, NJW-RR 1988, 867, VersR 1989, 914 = NJW 1989, 2323; NJW 1996, 2933 = VersR 1996, 1258.
371 Einschließlich der Ärzte, *BGH* VersR 1991, 115.
372 *BGH* VersR 1983, 262, VersR 1984, 136, 137.
373 *BGH* VersR 1983, 536 = NJW 1983, 1912; VersR 1986, 917 = NJW 1986, 2315.

und dort um die Kenntnis des mit der Betreuung und Verfolgung der Regreßforderung betrauten Mitarbeiters.[374]

Gem. § 852 Abs. 2 BGB[375] **hemmen** (fortgesetzte[376]) **Verhandlungen** die Verjährung, bis eine Seite die Fortsetzung verweigert. Verhandlung ist jeder Meinungsaustausch über den Schadensfall zwischen dem Berechtigten und dem Verpflichteten[377], wenn nicht sofort erkennbar, eindeutig jeder Ersatz abgelehnt wird.[378] Es genügen Erklärungen des Verpflichteten, die den Geschädigten zu der Annahme berechtigen, der Verpflichtete lasse sich auf Erörterungen über die Berechtigung des Ersatzanspruches ein. Schon die Erklärung, der Anspruchsschuldner wolle dem Anspruchsinhaber seinen Standpunkt erläutern, der Anspruch sei verjährt, kann Verhandlungen beginnen lassen.[379] Eine Vergleichsbereitschaft oder eine Bereitschaft zum Nachgeben oder Entgegenkommen setzt die Norm nicht voraus.

474

Dem Umfang nach erstreckt sich die Hemmung regelmäßig auf sämtliche Ansprüche aus dem Schadensfall. Ob nur einzelne Ansprüche im Vordergrund stehen, bleibt gleich.[380] Die Verhandlung über einen abtrennbaren Teil eines Anspruchs bewirkt aber ausnahmsweise keine Hemmung zu einem anderen Teil, über den nicht verhandelt ist.[381]

475

Bei einem Ersatzanspruch aus § 844 Abs. 2 BGB genügt zugunsten der hinterbliebenen Kinder die Anmeldung und Verhandlung seitens des Ehegatten.[382] Dieser muß nicht zusätzlich als gesetzlicher Vertreter zugunsten der Kinder anmelden und von Beginn an verhandeln.

476

Ersatzanspruch gem. § 844 II BGB

Der Haftpflichtversicherer, der sich nach einer Schadensmeldung für zuständig erklärt und ernsthafte Zweifel an der eigenen Zuständigkeit nicht mitteilt, kann zum Ersatz verpflichtet sein, wenn deswegen der Anspruch gegen den richtigen Versicherer verjährt.[383]

477

---

374 *BGH* NJW 1996, 2508 = VersR 1996, 1126.
375 Die Norm ist am 1.1.1978 in Kraft getreten. Verhandlungen vor diesem Zeitpunkt hemmen nicht (*BGH* VersR 1983, 690, Anm. *Ahrens* in NJW 1983, 2077). Die Vorschrift ist jedoch auf Schadensereignisse vor dem 1.1.1978 anzuwenden. Insoweit gilt anderes als zu § 3 PflVG, *BGH* VersR 1986, 96 = NJW 1986, 2934.
376 Vgl. *OLG Hamm* NZV 1998, 24 = NJW-RR 1998, 101.
377 Nicht beim Anwaltsregreß, dazu gilt § 852 Abs. 2 BGB auch nicht analog, *OLG Hamm* NJW-RR 1999, 935.
378 *BGHZ* 93, 64, 67, VersR 1988, 718.
379 *BGH* NJW 1997, 3447 = NZV 1997, 396.
380 *BGH* VersR 1982, 674 = NJW 1982, 2001, VersR 1985, 1141.
381 *BGH* VersR 1998, 377 = NJW 1998, 1142 = NZV 1998, 108, Vorinstanz *OLG Köln* VersR 1997, 1268.
382 Zu § 3 PflVersG *BGHZ* 74, 393 = VersR 1979, 915 = NJW 1979, 2155.
383 *BGH* NJW 1996, 2724.

478 Die Hemmung endet mit der Ablehnung einer Regulierung durch unzweifelhafte Verweigerung seitens des Verpflichteten, dem klaren und **eindeutigen Abbruch** der Verhandlungen[384] oder infolge Untätigkeit des Berechtigten.[385]

479 Mit §§ 404, 407 BGB sollte bei einem Forderungsübergang der an den Verhandlungen nicht beteiligte Dritte die Hemmung für sich nutzen bzw. der Schuldner das Ende der Hemmung bewirken können.[386]

480 Für den **Direktanspruch** gilt § 852 BGB ebenfalls. Die späteste Frist von zehn Jahren nach dem Schadensereignis (§ 3 Nr. 3 Satz 2 Halbsatz 2 PflVG) gilt nicht absolut.[387] Ein individueller Verzicht hat Vorrang.

481 § 3 Nr. 3 S. 3 **PflVG** knüpft als Sondervorschrift zur **Hemmung**, die die Rechtsstellung des Geschädigten verbessern soll, an die – auch unspezifizierte[388] – Geltendmachung bis zur eindeutigen, endgültigen, umfassenden, schriftlichen Entscheidung des Versicherers an. Diese Entscheidung muß vom Versicherer kommen. Ein Schreiben des Geschädigten steht selbst dann nicht gleich[389], wenn eine mündliche Ablehnung durch den Versicherer bestätigt wird. Die schriftliche Entscheidung ist nur ausnahmsweise entbehrlich. So z.B. beim Abschluß eines Abfindungsvergleichs, durch den die Ansprüche endgültig erledigt werden sollen.[390] Es kann aber auch der Abschluß des schriftlichen Abfindungsvergleichs der schriftlichen Entscheidung gleichgestellt werden. Vorbehalte zur Zukunft sichern bei der Abfindung nicht die Fortdauer der Hemmung.[391] Eine positive[392] Entscheidung beendet die Hemmung, wenn die betroffene Person sicher sein kann, es werden künftige Forderungen freiwillig gezahlt, sofern die Schadensposten der Höhe nach ausreichend belegt sind. Eine solche Entscheidung liegt nicht[393] in Abrechnungsschreiben zu konkreten Leistungen auf einzelne Schadensposten, die nach unten korrigiert werden. Die vorläufige Abrechnung[394] ist keine relevante Entscheidung.

---

384 *BGH* NJW 1998, 2819 = VersR 1998, 1295 = ZfS 1999, 9.
385 *BGH* VersR 1986, 490 = NJW 1986, 1337.
386 Ebenso *Lepa* in VersR 1986, 306.
387 *OLG Düsseldorf* NZV 1990, 191, *BGH* NA-Beschl. v. 16.1.1990.
388 *BGH* VersR 1985, 1141, VersR 1987, 937 = DAR 1987, 285.
389 *BGH* NJW 1997, 2521 = VersR 1997, 637.
390 *BGH* NJW 1999, 1782 = VersR 1999, 382 = DAR 1999, 166.
391 Der Vorbehalt allein führt nicht zum konstitutiven Anerkenntnis, *OLG Karlsruhe* NJW-RR 1997, 1318 = NZV 1997, 480 = VersR 1998, 632.
392 *BGH* VersR 1992, 604.
393 *BGH* NJW-RR 1996, 474.
394 *OLG Frankfurt* r+s 1999, 12.

Die Wirkung der Hemmung erweitert § 3 Nr. 3 Satz 4 PflVG personell.	482
Ansprüche gegen den Entschädigungsfonds für Schäden aus Kraftfahrzeugunfällen (**Verkehrsopferhilfe**) verjähren ebenfalls in drei Jahren.[395] Der Aufwendungsersatzanspruch der Verkehrsopferhilfe[396] verjährt dagegen in 30 Jahren.	483
Innerhalb eines Versicherungsverhältnisses gilt § 12 Abs. 3 VVG.	484
Zur **Unterbrechung** durch **Klageerhebung** (§ 209 BGB) ist vom Streitgegenstand auszugehen. Die Unterbrechung betrifft Ansprüche in der Gestalt und in dem Umfang, wie sie klageweise geltend gemacht werden. Sie erfaßt nicht die Ansprüche, die nicht Gegenstand der Klage sind.[397]	485
Nach der vom *BGH*[398] vertretenen prozeßrechtlichen Auffassung vom Streitgegenstand ist Gegenstand des Rechtsstreits der als Rechtsschutzbegehren oder Rechtsfolgenbehauptung aufgefaßte eigenständige prozessuale Anspruch. Dieser wird bestimmt durch den Klageantrag, in dem die in Anspruch genommene Rechtsfolge konkretisiert ist, und den Lebenssachverhalt als Anspruchsgrund, aus dem die begehrte Rechtsfolge hergeleitet wird. Zu dem Klagegrund gehören alle Tatsachen, die bei natürlicher, den Sachverhalt seinem Wesen nach erfassenden Betrachtung, ausgehend vom Standpunkt der Parteien, zu dem zur Entscheidung gestellten (Tatsachen-)Komplex gehören, den der Kläger zur Stützung seines Rechtsschutzbegehrens dem Gericht zu unterbreiten hat. Ein bloß gemeinsamer Anlaß durch das schadensstiftende Ereignis ist nicht ausschlaggebend.	486
Die Klage zu Vermögensschäden unterbricht die Verjährung nicht zu Nichtvermögensschäden und umgekehrt.	487
Die Klage muß von dem **Berechtigten** erhoben sein. Wer Berechtigter ist, bestimmt das sachliche Recht. Die Berichtigung folgt der materiellrechtlichen Befugnis zur Verfügung, die auch bei einer Einziehungsermächtigung besteht.[399] Die Klage des Nichtberechtigten unterbricht dagegen nicht.	488
Bei dem im Lauf eines Rechtsstreits angepaßten **Leistungsantrag** bleibt es trotz Erhöhung der Forderung bei demselben Ersatzanspruch, der durch die Klageerhebung unterbrochen ist. Die Leistungsklage zum Kapital	489

---

395 *OLG Saarbrücken* ZfS 1999, 12.
396 *OLG Naumburg* VersR 1998, 90.
397 *BGHZ* 104, 268, 271; 132, 240, 242; *BGH* VersR 1996, 76, 77.
398 *BGHZ* 117, 1, 5; NJW-RR 1996, 1276.
399 *BGHZ* 46, 221, 229; 78, 1, 3, 5.

(§ 843 Abs. 3 BGB) unterbricht die Verjährung für die Rente nach § 843 Abs. 1 BGB. Die Leistungsklage unterbricht dagegen die Verjährung zu den im Zeitpunkt der Kenntnis vom Gesamtschaden voraussehbaren, aber nachträglich auftretenden Schadensfolgen nicht, da sie nur die eingeklagten Schadensfolgen erfaßt.

TIP 490 Nachträglich auftretende Schadensfolgen sind rechtzeitig vor Verjährung ggfs. durch Unterbrechungs-, Hemmungsmaßnahmen zu bewahren.

491 Die unbezifferte **Feststellungsklage** erfaßt verjährungsrechtlich den gesamten Anspruch, auch unwahrscheinliche Folgen.[400] Das die Ersatzpflicht allgemein aussprechende Feststellungsurteil genügt zu Rentenansprüchen für die Vergangenheit. Über § 218 Abs. 2 BGB kommt es zur Anwendbarkeit des § 197 BGB.[401]

492 Die Abweisung der negativen Feststellungsklage drückt den rechtskräftig festgestellten Anspruch i.S.d. § 218 BGB aus.[402] Aus sachlichen Gründen kommt diese Abweisung der Wirkung des Urteils gleich, das sich zum Gegenteil positiv äußert. Die bloße Verteidigung gegen die negative Feststellungsklage unterbricht die Verjährung regelmäßig aber nicht.[403]

493 Das **Grundurteil** führt **nicht** zur **dreißigjährigen Verjährungsfrist** über § 218 Abs. 1 BGB, weil es nur den Haftungsgrund, nicht aber den eingeklagten Anspruch feststellt und insoweit keine materielle Rechtskraft schafft.[404]

494 Bei der **Teilklage** ist angesichts des Gegenstandes des Verfahrens auch verjährungsrechtlich nur ein Teilbereich[405] betroffen. Die Klagerweiterung nach Ablauf der Verjährungsfrist beseitigt den Eintritt der Verjährung nicht. Die unabgegrenzte Teilklage unterbricht, wenn während des Rechtsstreits die erforderliche Abgrenzung nachgeholt[406] wird. Angesichts eines nicht aufgegliederten Antrages ist die Verjährung für jeden Teilanspruch in Höhe der Gesamtsumme unterbrochen, nicht jedoch zu den die Gesamtsumme übersteigenden Teilen der Einzelansprüche.[407]

---

400 *BGH* VersR 1967, 903.
401 *BGH* NJW-RR 1989, 215; VersR 1980, 927.
402 *BGH* NJW 1975, 1320, VersR 1985, 62, 63 = NJW 1985, 792.
403 *BGH* VersR 1972, 644 = NJW 1972, 1043; a.A. *OLG Stuttgart* NJW 1976, 970 bei der Begründung des Berechtigten, ihm stehe der bezifferte (Leistungs-)Anspruch zu und zwar wegen der Rechtskraftwirkung gegenüber einer Gemeinde, sowie immer dann, wenn an dem Leistungswillen und der Leistungsfähigkeit des Schuldners nach einer Feststellung kein Zweifel besteht.
404 *BGH* VersR 1985, 62, 63 = NJW 1985, 791.
405 *BGH* VersR 1988, 401 = NJW 1988, 965.
406 *BGH* VersR 1984, 782, 783 = NJW 1984, 2346.
407 *BGH* NJW-RR 1988, 692.

cc) Schutz vor Verjährung durch Anerkenntnis

495 Eine **Teilabfindung** (Rn. 347 ff.) kann – u.U. stillschweigend – mit einem pactum de non petendo (Stillhalteabkommen⁴⁰⁸) verbunden sein⁴⁰⁹, das vorübergehend zur Verweigerung der Leistung berechtigen soll und die Verjährung nach §§ 202 Abs. 1, 205 BGB **hemmt**.

496 Die Zahlung des Haftpflichtversicheres aufgrund mitgeteilter Prüfung der Sach- und Rechtslage ist ein **deklaratorisches Anerkenntnis**, das tatsächliche und rechtliche Einwendungen gegen die Haftung ausschließt.⁴¹⁰

497 Das **konstitutive Schuldanerkenntnis** führt zur dreißigjährigen Verjährungsfrist. Dies gilt insbesondere für die Vereinbarung, mit der von der Verjährungseinrede wie bei einem Feststellungsurteil (über § 218 BGB) befreit sein soll.⁴¹¹ Dabei muß es darum gehen, den Betroffenen klaglos stellen oder aus besonderem Anlaß langfristig Wirkungen hinausschieben zu wollen.

498 **Beispiel 68**

> Wenn die betroffene Person mit einem Regulierungsvergleich, der Ansprüche wegen bestimmter künftiger Schäden ausnimmt, – zugleich – zur Rücknahme einer anhängigen Klage bewegt werden soll, ist von der Verjährung konstitutiv befreit.⁴¹²
>
> Das *OLG Düsseldorf*⁴¹³ verknüpft einen Abfindungsvergleich, in dem weitere Ansprüche vorbehalten⁴¹⁴ worden sind für den Fall (als Bedingung), daß die Minderung der Erwerbsfähigkeit auf wenigstens 50 % ansteigt, mit der Freistellung von der Verjährungseinrede bis zu dem Zeitpunkt, in dem tatsächlich die 50 %-Grenze erreicht wird oder die Parteien übereinstimmend den Bedingungseintritt für gegeben erachten.

499 Das die Verjährung **unterbrechende Anerkenntnis** (§ 208 BGB) stellt auf ein tatsächliches Verhalten des Verpflichteten gegenüber dem Berechtigten ab, aus dem sich unzweideutig ergibt, daß dem Schuldner das Bestehen der Schuld bewußt ist und der Berechtigte darauf vertrauen

---

408 S. dazu *BGH* NJW 1999, 1022 und 1101.
409 *BGH* VersR 1986, 490 = NJW 1986, 1337.
410 *KG* VersR 1999, 504 = OLGR 1999, 44.
411 *BGH* VersR 1998, 1387 = DAR 1988, 447 = NZV 1988, 456; VersR 1992, 1091 = DAR 1992, 375; zum Umfang einer Regulierungszusage vgl. auch *OLG Celle* VRS 84 (1993), 161, *BGH* NA-Beschl. v. 29.9.1992.
412 *OLG Oldenburg* MDR 1997, 351 = r+s 1997, 116; zu einem verneinten Anerkenntnis vgl. *OLG Zweibrücken* NJW-RR 1997, 1316.
413 VersR 1999, 587.
414 Der Vorbehalt allein führt nicht zum konstitutiven Anerkenntnis, *OLG Karlsruhe* NJW-RR 1997, 1318 = NZV 1997, 480 = VersR 1998, 632.

darf, der Schuldner werde sich nicht nach Fristablauf auf Verjährung berufen.[415] Dieses Anerkenntnis kann sich auf den Grund beziehen und den gesamten Anspruch erfassen.[416] Es kann die Quote meinen[417] oder mit dem Stammrecht die daraus erwachsenden wiederkehrenden Leistungen betreffen.

500 Die **Begrenzung** auf einen bestimmten, abgrenzbaren Teil des Schadens muß **eindeutig** ausgedrückt sein. Ist dies nicht der Fall, können Leistungen auf einzelne Schadensgruppen ein umfassendes Anerkenntnis bedeuten.[418]

501 Anerkennen kann der Haftpflichtversicherer wegen § 10 Ziff. 5 AKB mit Wirkung[419] gegen den Versicherten und den Mitversicherten. Die Zahlung des Versicherers, die davon geprägt wird, daß die Deckungssumme klar zum Ausdruck gebracht ist, unterbricht die Verjährung hinsichtlich des über die Deckungssumme hinausgehenden Teils einer Schadensersatzforderung zu Lasten des versicherten Schädigers nicht.[420]

502 In der **Aufrechnung** mit einer bestrittenen und in Wahrheit nicht bestehenden Forderung gegen eine unbestrittene Forderung liegt je nach den konkreten Umständen ein die Verjährung unterbrechendes Anerkenntnis.[421]

3. Leistungsklage

503 Die gemeinsame Klage gegen den Kfz- Halter, Versicherungsnehmer und den Kfz-Haftpflichtversicherer[422] ist meist sachgerecht.

504 Der Nichtvermögensschaden und der Vermögensschaden sind niemals Rechnungsposten eines einheitlichen Anspruchs. Dementsprechend sind z.B. eine Erwerbsschadensrente (§§ 842, 843 BGB) und der Nichtvermögensschaden (§ 847 BGB), auch bei Klageverbindung, **prozessual zu trennen**.[423]

---

415 *BGH* NJW 1988, 1259.
416 *BGH* VersR 1984, 441, 442.
417 *BGH* VersR 1960, 831.
418 *BGH* VersR 1986, 96 = NJW 1986, 2943 = DAR 1986, 83, NJW-RR 1996, 474.
419 *BGH* VersR 1979, 284, abgrenzend zu § 5 Ziff. 7 AHB *BGH* VersR 1990, 497.
420 *OLG Braunschweig* NJW-RR 1989, 799.
421 *BGH* NJW 1989, 2469, 2470, Anm. *v. Maltzahn* in NJW 1989, 3143.
422 Zu prozessualen Besonderheiten *Liebscher* in NZV 1994, 215.
423 *BGH* VersR 1985, 1141.

a) Bestimmtheit, Bezifferung

Stets bedarf es der **anschaulichen Darlegung** zum Haftungs- und Schadensansatz, zur Bemessung des geltend gemachten Schadens, der Mitteilung der **Größenordnung** des Anspruchs und aller zur Fixierung des Anspruchs notwendigen tatsächlichen Umstände.[424] Letztlich müssen alle anspruchsbegründenden und – ausfüllenden Merkmale so lebensnah und plastisch gekennzeichnet sein, daß sich darauf ein Versäumnisurteil stützen läßt. Zu Renten sind Zeitgrenzen (Rn. 284) anzugeben.

504

> Die zur Wahrscheinlichkeit der Erzielung von **Einkünften** relevanten Ausgangstatsachen und Bemessungsgrundlagen sind vorzutragen. Die gesundheitliche Beeinträchtigung mit den Folgen für den Einsatz im **Haushalt** ist konkret, d.h. spezifisch, deutlich zu machen.[425] Die Angabe der abstrakten Minderung der Erwerbsfähigkeit genügt dagegen nicht. Das *OLG Karlsruhe*[426] fordert beim **Unterhaltsschaden** (§ 844 Abs. 2 BGB) die Darstellung dessen, was für eine vergleichbare Ersatzkraft aufzuwenden ist unter Angabe der Kosten einer gegen Stundenlohn arbeitenden Hilfe (beim alleinstehenden Witwer) und des Zeitaufwands sowie des ersparten Unterhaltsbeitrags mit den fixen Kosten.

505

Beispiel 69

Innerhalb einer Schadensgruppe und – art sind Berechnungsgrundlagen unselbständige, austauschbare Faktoren. Neuer Sachvortrag ändert den Klagegrund nicht. Die ziffern- und betragsmäßige Anpassung eines Leistungsantrages an eine fortschreitende Schadensentwicklung oder veränderte wirtschaftliche Verhältnisse verändert den Streitgegenstand ebenfalls nicht. Ein Gericht kann von sich aus einen einzelnen (unselbständigen) Schadensposten unberücksichtigt lassen und aus anderen Gründen den Ersatz zusprechen (beachte insbesondere Rn. 312). Für monatliche Einsatzbeträge gilt dies – zeitbezogen – aber nicht (Rn. 310). Ein Betrag darf nicht mit einem Betrag aus einem anderen Zeitabschnitt „verrechnet" werden.

506

Um selbständige Forderungen und damit prozessual selbständige Ansprüche handelt es sich, wenn sich die Schadensentstehung nach je besonderer Art trennen läßt und das Ersatzverlangen deswegen jeweils selbständigen Vortrag erfordert. Das über einen Rentenanspruch z.B. bei Erwerbsminderung und wegen vermehrter Bedürfnisse einheitlich – ziffernmäßig nicht aufgeteilt – zu entscheiden ist, ist wenig relevant. Selbständig sind die **Schadensgruppen**, z.B. der Ersatz der Kosten einer Hilfskraft im

507

---

424 *BGHZ* 45, 91, 93 = NJW 1966, 780.
425 *BGH* VersR 1972, 948 = NJW 1972, 1716; VersR 1978, 1170; VersR 1991, 179.
426 VersR 1991, 1190.

Haushalt, Verdienst-, Erwerbsausfall, der Unterhaltsschadensersatzanspruch mehrerer Hinterbliebener, die Anspruchsteile bei einem Forderungsübergang, der Sachschadensersatzanspruch **mehrerer Berechtigter**, wenn sich nicht aus materiellem Recht dazu etwas anderes ergibt.

508 Werden addierte Kosten geltend gemacht und **Zahlungen** in Abzug gebracht, wird von Gerichten die Klage u.U. für (zu) unbestimmt gehalten[427], wenn nicht klargestellt wird, auf welche Positionen die Zahlungen verrechnet sind. Darauf, daß aus Rechtsgründen der gesetzlich vorgegebenen Verrechnung[428] nachgegangen wird, kann und darf sich der Anwalt nicht – immer – verlassen.

509 Bei der Klage auf Zahlung eines **Teilbetrags** aus mehreren rechtlich selbständigen Ansprüchen bedarf es der **Aufteilung** oder der Bezeichnung eines Hauptbegehrens und der Hilfsansprüche mit einer bestimmten Reihenfolge. Andernfalls ist die Teilklage unzulässig.[429]

510 Es widerspricht nicht dem Erfordernis der Bestimmtheit eines Klageantrags (§ 253 Abs 2 Nr. 2 ZPO), wenn **mehrere unterhaltsgeschädigte Familienangehörige** die vorgestellte Größenordnung des jeweiligen Schadensersatzanspruches bezeichnen und sich zugleich mit einer anderen Aufteilung innerhalb des insgesamt geltend gemachten Betrages einverstanden erklären. Zu einer Teilabweisung kommt es nicht, wenn das Gericht den Gesamtbetrag zuspricht und nur abweichend[430] aufteilt.

511 Ein nicht abschließend bezifferter Antrag auf **angemessene** (monatliche) **Rente** ist zum Unterhaltsschaden[431] für zulässig zu erachten. Gleiches sollte beim Mehrbedarf und – in demgegenüber engeren Grenzen – zum Erwerbsschaden[432] angenommen werden und zwar zur Rente ebenso wie zum Kapital, immer unter Angabe der Bemessungsgrundlagen für die richterliche Schätzung und einer bezifferten Größenordnung. Das Darlegungs- und das Kostenrisiko werden dadurch nicht unzumutbar der Schädigerseite zugewiesen.

512 **TIP** Bei der Praxis der Gerichte ist indes dazu Vorsicht geboten und eine Bezifferung auf jeden Fall anzuraten, um Zulässigkeitsbedenken zu begegnen.

---

427 *OLG Frankfurt* ZfS 1995, 4, 7.
428 Zur Verrechnung von Zahlungen ohne Tilgungsbestimmung *OLG Zweibrücken* VersR 1999, 508.
429 *BGH* NJW 1990, 2068.
430 *BGH* VersR 1972, 948 = NJW 1972, 1716, NZV 1989, 353.
431 *BGHZ* 4, 138 = VersR 1952, 102, NJW 1970, 281.
432 Zur „angemessenen Wertminderung" beim Sachschaden *BGH* NJW 1982, 340 = VersR 1982, 96.

Beim Schmerzensgeldbegehren ist der Antrag, ein angemessenes oder ein in das richterliche Ermessen gestelltes Schmerzensgeld zu zahlen, unbestritten zulässig. Für einen Berufungsantrag muß sinnentsprechend gleiches gelten. Nach oben ist das Ermessen des Gerichts zur Entscheidung über das Schmerzensgeld nur bei Angabe einer Obergrenze begrenzt.

513

Ohne Angabe einer Obergrenze durch den Kläger ist das Gericht nicht gehindert, einen die Mindestsumme erheblich übersteigenden Betrag zuzusprechen.[433] Auch eine Eingrenzung auf einen prozentualen Rahmen (z.B. 20 % nach oben und unten) scheidet aus.

514

Jedes Leistungsurteil muß ausdrücken, welche Grundlagen die Prognose für die Zukunft hat. In die Zukunftsprognose nicht einbezogene und wegen Ungewissenheit nicht einbeziehbare Faktoren sind in den Entscheidungsgründen deutlich zu machen.[434] Nur dann kann später ggfs. eine Abänderung angeschlossen werden.

515

Prozeßkostenhilfe ist beim Schmerzensgeldbegehren für eine Klage auf Zahlung eines angemessenen Betrages zu bewilligen. Um die Größenordnung wird sich das bewilligende Gericht in diesem Verfahren abgrenzend bemühen müssen, da das Kostenrisiko nicht zuletzt wegen der Kostenerstattungspflicht gegenüber dem Gegner bedacht werden muß (§ 123 ZPO).

516

b) Freiheit bei der Schadensfeststellung

§ 287 ZPO ist zur Schadensfeststellung zu verstehen als Beweiserleichterung unter Beweismaßreduktion ähnlich wie § 252 Satz 2 BGB zur Prognose des entgangenen Gewinns. Gesicherte Grundlagen müssen gleichwohl vorhanden sein. In einem der jeweiligen Sachlage angemessenen Umfang können weniger wahrscheinliche Verlaufsmöglichkeiten ausgeschlossen werden. Prognoseschwierigkeiten sind durch Annäherungswerte, Durchschnittssätze, Staffelungen nach größeren Zeiträumen zu überwinden.

517

Über bestrittene Ausgangs- und Anknüpfungstatsachen oder – grundlagen[435] ist nach entsprechend konkretem Vortrag ggfs. Beweis zu erheben (z.B. zur Einkommensentwicklung, den Lebensverhältnissen) bei Ermitt-

518

---

433 *BGHZ* 132, 341 = NJW 1996, 2425.
434 *BGH* VersR 1990, 907 = NZV 1990, 307.
435 *BGH* VersR 1988, 837 = NJW 1988, 3016.

lung des Schadensumfangs. Der Tatrichter überschreitet das ihm eingeräumte Ermessen, wenn er sich eine Sachkunde anmaßt, über die er nicht verfügt.[436] Eine eigene Sachkunde hat das Gericht auszuweisen.

519 An Beweisanträge mit dem Ziel der Beweiserhebung ist der Richter nach dem Wortlaut der Norm nicht gebunden. Beweismittel – auf die eine Überzeugung gegründet wird – dürfen freier ausgewählt und freier gewürdigt werden als im Geltungsbereich des § 286 ZPO (Rn. 93). Dem Richter obliegt bei dem Ermessen, das es auszuüben gilt, eine Begründungspflicht, wie er auch wesentliches Parteivorbringen nicht übergehen darf.[437] Verfahrensfehlerhaft kann es sein, eine Schadensschätzung ohne erneute Vernehmung eines Zeugen in der Berufungsinstanz vorzunehmen, wenn von der erstinstanzlichen Schätzung abgewichen wird.[438]

520 Grundlagen einer Schätzung und ihre Auswertung sind in Entscheidungsgründen näher darzulegen. Das Bemühen darum, alle maßgebenden Umstände zu berücksichtigen, muß dargetan sein.[439] Alle wertbildenden, für die Bemessung einer Rente maßgebend werdenden Faktoren sind so genau wie möglich zu erfassen. Tritt ein weiterer Bewertungsfaktor hinzu, muß sich dies auf die Höhe auswirken. Der Notwendigkeit, bei der Entscheidung über eine Rente alle voraussehbaren Veränderungen zu berücksichtigen, wird der Richter nicht durch die Möglichkeit einer Abänderungsklage enthoben. Einzelne Posten einer Schadensschätzung sind jedoch nicht notwendig anzugeben.[440] Von einer Schätzung – auch einer Mindestschätzung – ist abzusehen, wenn diese mangels greifbarer Anhaltspunkte und tragfähiger Grundlage völlig in der Luft hängt.[441]

c) Antrag und Tenor

521

Formulierungsvorschläge

> **Erwerbsausfallrente**
> Die Beklagten werden als Gesamtschuldner verurteilt, der Klägerin/dem Kläger ab ... (Monat) eine monatliche Rente in Höhe von ... jeweils im voraus zum 1. eines Monats bis zum vollendeten ... Lebensjahr der Klägerin/des Klägers zu zahlen.

---

436 *BGH* VersR 1988, 466.
437 *BGH* VersR 1992, 1410.
438 *BGH* NJW-RR 1988, 1371.
439 *BGH* NJW-RR 1989, 606 = DAR 1989, 224.
440 *BGH* NJW 1978, 1373, *Klimke* in VersR 1979, 1078, *Imbach* in VersR 1979, 19.
441 *BGH* NJW-RR 1988, 410.

> **Unterhaltsschadensrente**
>
> Die Beklagten werden verurteilt, als Gesamtschuldner an die Klägerin/an den Kläger ... (Rückstände vor Klageerhebung in einem Betrag) nebst 4 % Zinsen seit dem ... zu zahlen.
>
> Die Beklagten werden weiter verurteilt, als Gesamtschuldner als Unterhaltsrente an die Klägerin/den Kläger mit Wirkung ab... (Tag) monatlich ... (Betrag), endend am ... (Endzeitpunkt), spätestens aber mit dem Tod der Klägerin/des Klägers abzüglich bezahlter ... (Betrag) zu zahlen. Die Rente ist jeweils für drei Monate vorauszuzahlen und ab dem Ersten des jeweiligen Monats mit 4 % zu verzinsen.

522

Erforderlich ist es, eine Beschränkung auf eine **Haftungshöchstsumme** nach Maßgabe des Verteilungsplans gem. § 156 VVG im Tenor auszudrücken. Bei einem **gestörten Versicherungsverhältnis** (§ 158c Abs. 3 VVG, § 3 Nr. 6 PflVersG) muß die Begrenzung auf die Mindestversicherungssumme im Tenor enthalten sein. Die Haftungsbegrenzung aus § 12 Abs. 1 StVG ergibt sich hinreichend aus dem Zusammenhang von Tenor und Gründen.

523

Der Leistungsausspruch, der die Begrenzung auf die Versicherungssumme nach § 158k VVG, § 3 Nr. 1 PflVersG nicht berücksichtigt, weil die Beschränkung der Haftung nicht geltend gemacht ist, ist nicht einschränkend zu interpretieren (vgl. dagegen Rn. 580 zur Feststellung). Im Vollstreckungsverfahren kann die Beschränkung der Haftung nicht mehr nachgeholt werden.

524

d) Grundurteil

§ 304 Abs. 1 ZPO ermöglicht das **Zwischenurteil** über den Grund aus prozeßwirtschaftlichen Gründen, um in einer Vorentscheidung Fragen abschichten zu können, die nicht nur die Höhe des eingeklagten Betrages betreffen.[442] Dieses Urteil hat feststellenden Charakter ohne die weite Wirkung der Feststellung.

525

Bei einer Feststellungsklage, die die bezifferte Leistungspflicht erstrebt, ist ein Grundurteil möglich[443], nicht aber beim unbezifferten Feststellungsantrag.

526

---

442 *BGH* VersR 1989, 603 = DAR 1989, 183.
443 So *BAG* NJW 1971, 774.

527 Das Grundurteil setzt einen nach Grund und Betrag streitigen Anspruch voraus und darf nur bei einem auf Zahlung oder Leistung anderer vertretbarer Sachen gerichteten Antrag ergehen. Das unbezifferte Feststellungsverlangen steht einem Zwischenurteil zum Grund nicht offen. Es kann nur zum (Teil-)Endurteil kommen.

528 Zur Höhe verlangt das Grundurteil einerseits, daß es weiterer tatsächlicher Feststellungen bedarf, und andererseits, daß mit hoher Wahrscheinlichkeit der Klaganspruch in irgendeiner Höhe Erfolg haben wird. Die Klagabweisung im Betragsverfahren ist aber nicht ausgeschlossen.[444] Bei der **Teilklage** ist ein Grundurteil möglich, wenn zu erwarten ist, daß sich trotz der Unbegründetheit einzelner Forderungen – die in einer bestimmten Reihenfolge zugrunde gelegt sind – jedenfalls auf die anderen Forderungen im Nachverfahren ein Betrag zugunsten des Anspruchstellers ergibt.[445]

529 Ist eine Grundentscheidung unzweckmäßig, weil die wesentlichen Tatsachen zum Grund und zur Höhe annähernd dieselben sind und eng zusammenhängen, darf ein Grundurteil nicht ergehen.[446]

530 Das Grundurteil muß alle zum Grund gehörenden Fragen erledigen.[447] Ob Rechnungsposten eines einheitlichen Anspruches aus Rechtsgründen ersatzfähig sind oder nicht, ist jedenfalls in der Regel keine Frage des Grundes des Anspruches. Bei einer Klagehäufung muß zu den Teilansprüchen feststehen, daß jeder Teilanspruch dem Grunde nach gerechtfertigt ist.

531 Wegen der Bindungswirkung des Grundurteils (§ 318 ZPO) muß jeder **Vorbehalt**, der den Grund der Haftung betrifft, **für das Betragsverfahren** im Tenor, zumindest in den Gründen, **deutlich** sein. Die Bindung erfaßt aber nur den Anspruch im Umfang der Anhängigkeit zur Zeit der letzten mündlichen Verhandlung im ersten Verfahrensabschnitt. Eine anschließende Klagerweiterung fordert die neue Prüfung zum Grund.[448] Im Urteil vom 1.6.1976[449] hat der *BGH* offengelassen, ob die Entscheidung über die Schadensersatzleistung in Form der Kapitalabfindung oder der Zahlung einer Geldrente dem Betragsverfahren vorbehalten werden darf. Es sollte ein Vorbehalt für das Betragsverfahren genügen.

---

444 *BGH* VersR 1989, 592.
445 *BGHZ* 89, 383, 388 = NJW 1984, 1226, 1227; *BGH* NJW 1993, 1779, 1782.
446 *BGH* MDR 1979, 384, 385.
447 *BGH* NJW-RR 1999, 212.
448 *BGH* VersR 1984, 390, 391, VersR 1984, 689; VersR 1987, 1243, Anm. *Nehls* in FamRZ 1988, 696.
449 VersR 1976, 987.

Das **Teilgrundurteil** ist Grundurteil neben dem es zu einem abweisenden Teilurteil oder bei Klagehäufung von Zahlung und Feststellung[450] zu einem Feststellungsurteil im Einzelfall kommen muß, um die Gefahr eines Widerspruchs der Entscheidung zum Feststellungsbegehren zu dem entschiedenen Zahlungsanspruch auszuschließen.

532

> Der auf Ersatz des ... (Sach- oder Personen-) Schadens (Verdienstausfalls ...) gegen die Beklagten zu ... gerichtete Klagantrag zu ... ist im Rahmen des geltend gemachten Gesamtschadens dem Grunde nach zu ... (z.B. 1/3) gerechtfertigt.
>
> Der gegen ... gerichtete Schmerzensgeldanspruch des Klägers/der Klägerin ist dem Grunde nach unter Berücksichtigung einer Mithaftungsquote des Klägers/der Klägerin von ... (z.B. 2/3) gerechtfertigt.

533

Formulierungsvorschläge zum Tenor

Einzelne tatsächliche Elemente zur Schadensberechnung oder zum Klagegrund können weder Gegenstand eines Teil-, noch eines Grundurteils sein.

534

Bei einem in erster Instanz unstatthaft erlassenen Grundurteil kann sich die Berufungsinstanz gem. § 540 ZPO i.V.m. § 538 Abs. 1 Nr. 3 ZPO im Fall der Entscheidungsreife abschließend, auch zum Betrag, äußern.

535

e) Teilurteil

Das Teilurteil ist Endurteil und trennt einen Prozeß in selbständige Verfahren. Es setzt – einem Rügeverzicht der Parteien (§ 295 Abs. 2 ZPO) nicht zugänglich – voraus, daß ein ziffernmäßig oder anders bestimmter und individualisierter, aussonderbarer, einer selbständigen Entscheidung zugänglicher Teil eines Verfahrensgegenstandes entscheidungsreif ist.[451] Die Teilentscheidung muß unabhängig von dem Ausspruch über den weiteren Gegenstand sein. Sie darf durch den weiteren Verlauf des Rechtsstreits unter keinen Umständen mehr berührt werden. Die Gefahr widersprechender Entscheidungen muß schlechthin ausgeschlossen sein und zwar auch im Hinblick auf die Rechtsmittelinstanz, also die abweichende Beurteilung und Einschätzung innerhalb des weiteren Instanzenzuges.[452] Dies gilt auch bei der subjektiven Klagehäufung.[453]

536

---

450 *BGH* NJW 1997, 1709, *OLG Düsseldorf* NJWE-VHR 1997, 30 = r+s 1997, 27.
451 *BGH* NJW 1999, 1718, 1719.
452 *BGHZ* 107, 236, 242 = NJW 1989, 2821; NJW-RR 1994, 379, 380.
453 *BGH* NJW 1999, 1035.

537 Eine gewisse Abhängigkeit von anderen Ansprüchen soll dem Erlaß eines Teilurteils nicht entgegenstehen. Unbilligkeiten infolge einer abweichenden Beurteilung in der Rechtsmittelinstanz sollen dann u.U. hinzunehmen sein.

538 Durch Teilurteil kann z.B. der materielle Schaden abgewickelt werden, während sich das Schlußurteil über den immateriellen Schaden verhält, weil prozessual selbständige Streitgegenstände betroffen sind. Eine Teilentscheidung kann u.U. sogar bei unselbständigen Rechnungsposten[454] erfolgen.

539 Das Teilurteil darf sich nicht beschränken auf:
- Feststellung einer Anspruchsgrundlage,
- Beurteilung der Elemente einer Ersatzforderung, wie den Zeitraum der Erwerbsunfähigkeit, einzelne Zeiten einer Erwerbsminderung, d.h. nicht die Feststellung, daß in bestimmten Zeiträumen die geschädigte Person voll erwerbsunfähig, in anderen Zeiträumen in der Erwerbsfähigkeit beschränkt, zu anderen Zeiten unfallunabhängig erwerbsunfähig gewesen ist,
- Berechnungsfaktoren einer einheitlichen Entschädigung, unselbständige Rechnungsposten, z.B. bei der Ermittlung eines entgangenen Gewinns.

540 Eine teilweise Klagabweisung ohne Bezifferung von Einzelposten scheidet aus. Bei einer eventuellen Klagehäufung ist die Abweisung des Hauptantrags durch Teilurteil grundsätzlich zulässig.[455] Über eine Widerklage kann durch Teilurteil nicht entschieden werden, wenn die Entscheidungselemente auch für die Entscheidung über die Klage erheblich sind.

541 Bei rechtlicher Teilbarkeit des Streitgegenstands oder dem klar abgegrenzten Streitgegenstand ist die (verselbständigte) Teilentscheidung unproblematisch (Beispiel: materielle Schäden – immaterielle Schäden, Rn. 538).

542 Die Einheitlichkeit eines Anspruchs bedeutet nicht seine Unteilbarkeit. Bei einem einheitlichen Anspruch mit Streit zum Grund verlangt das zusprechende (ziffernmäßig bestimmte oder sonst bestimmte und individualisierte) Teilurteil aber zugleich den Erlaß eines Grundurteils[456] zu den restlichen Anspruchsteilen. Denn der Grund ist unteilbar. Ob der Streit zum weiteren Betrag wirklich unabhängig ist von dem Streit zum Betrag „x", wird nach den tatsächlichen Verhältnissen und dem Sach- und Streitstand im Zeitpunkt des Erlasses des Teilurteils zu beurteilen sein.

---

454 *BGH* NJW 1992, 1769 gegenüber *BGH* NJW-RR 1991, 1468 beim Schadensersatzanspruch wegen Nichterfüllung zu frustrierten Aufwendungen und einem entgangenen Gewinn.
455 *BGH* VersR 1995, 1496.
456 *BGH* NJW 1992, 511.

543

> Ziffernmäßig kann klarstellend neben der Verurteilung zum Betrag „x" ausgesprochen werden, daß der den Betrag „x" übersteigende Anspruch dem Grunde nach gerechtfertigt ist.

Beispiel 70

544 Innerhalb eines **Betragsverfahrens** können unselbständige Rechnungsposten eines einheitlichen Schadensersatzanspruches Gegenstand des Teilurteils sein, die ziffernmäßig oder sonstwie bestimmt und individualisiert sind, wenn die Entscheidung zu diesem Teil unabhängig vom Ausgangs des Streits zum Rest ist.[457] Schmerzensgeldbegehren zu einzelnen **Zeitabschnitten**[458] sind wegen der Einheitlichkeit des Schmerzensgeldes problematisch. Bei etwaigen Vorbehalten sind jedenfalls klare Abgrenzungen geboten. Verdienstausfallschäden zu verschiedenen Zeiträumen sind dagegen ohne weiteres einem Teilurteil zugänglich.[459] Es ist auch statthaft[460], über den Mindestschaden ein Teilurteil zu erlassen und zugleich zu dem übersteigenden Betrag die Einholung eines Sachverständigengutachtens anzuordnen.

545 Gelangt ein unzulässiges Teilurteil in die Berufungsinstanz[461], kann ausnahmsweise das Berufungsgericht aus prozeßwirtschaftlichen Gründen den im ersten Rechtszug anhängig gebliebenen Teil an sich ziehen (§ 540 ZPO) und so insgesamt entscheiden.[462]

546 Bei einem rechtskräftigen Teilurteil, zu dem sich während des Berufungsverfahrens über das Schlußurteil Umstände zeigen, die eine Abänderung des Teilurteils rechtfertigen können, kann entweder eine selbständige Abänderungsklage (ohne Eingrenzung durch § 323 Abs. 2 ZPO) erhoben oder im Berufungsverfahren eine Abänderungswiderklage geltend gemacht werden.[463]

f) Nachforderungen

547 Die verdeckte, **bezifferte Teilzahlungsklage** bewirkt **Rechtskraft** zu dem geltend gemachten Anspruch im beantragten Umfang. Es muß nicht

---

457 *BGH* NJW 1992, 1769.
458 *Scheffen/Pardey*, a.a.O., Rn. 649 ff.
459 Beachte *OLG Stuttgart* NJW-RR 1996, 1085.
460 *BGH* NJW NJW 1996, 1478 m. abl. Anm. *Müller* in JZ 1996, 1189 – 1192.
461 Zur Heilung des Verfahrensmangels durch Verbindung der Rechtsmittel gegen das Teil- und das Schlußurteil *BGH* NJW 1991, 3036.
462 *BGH* VersR 1983, 735; NJW 1993, 1793, 1794 (auch bei der Frage nach der Ersatzfähigkeit von Schäden).
463 *BGH* NJW 1993, 1795.

erklärt werden, daß sich die berechtigte Person einen darüber hinausgehenden Anspruch vorbehält. Die Nachforderung weiterer Beträge aus demselben Schadensposten in einem späteren Rechtsstreit ist nach dem Klagerfolg im Erstprozeß möglich.[464] Auf § 323 ZPO mit veränderten Verhältnissen kommt es dann nicht an.

548 Indessen ist bei der **unbezifferten Klage** – insbesondere auf Zahlung von Schmerzensgeld – der Streitgegenstand von dem zur Anspruchsbegründung vorgetragenen Verletzungstatbestand bestimmt und umfaßt deswegen den gesamten Schaden. Wird ein Schmerzensgeld zugesprochen, ist mithin – regelmäßig – wegen der Rechtskraft das Verlangen eines weiteren Schmerzensgeldes aus demselben Verletzungsereignis ausgeschlossen. Nur zu Verletzungsfolgen, die objektiv nicht zu erkennen, nicht naheliegend oder vorhersehbar gewesen sind, ist eine weitere Anspruchsverfolgung denkbar.[465]

549 Nachforderungen werden ausgeschlossen sein, wenn ein (für statthaft zu haltender) unbezifferter Antrag zu Erwerbs- oder Unterhaltsschäden verfolgt wird oder, soweit § 287 ZPO wirkt, zur Bemessung des klageweise geltend gemachten Schaden. Immer wenn der gesamte Anspruch Gegenstand des Rechtsstreits ist, steht der späteren Nachforderung ohne die Voraussetzungen des § 323 ZPO die Rechtskraft entgegen. Bei Verdienstausfallschäden muß deswegen für die Teilklage zu erkennen sein, daß die in bestimmter Höhe begehrten, wiederkehrenden Leistungen nur einen Teil einer höheren Forderung darstellen sollen.[466]

550

TIP Die erkennbar offene Teilklage, deren Rechtskraft sich nicht auf den nicht eingeklagten Rest einer Forderung erstreckt, hält bei Geltung des § 287 ZPO die Zusatzklage bzw. Nachforderung sicher[467] offen. Jede Teilklage trägt das Risiko der negativen Feststellungswiderklage in sich.

4. Einstweilige Leistungsverfügung

551 Ein **Verfügungsanspruch** ist glaubhaft zu machen. Dazu gehören Nachweise zum Hergang des Haftungsereignisses mit allen Anspruchsvoraussetzungen und zu den kausalen Nachteilen.

---

464 *BGH* NJW 1997, 1990, zust. *Jauernig* in JZ 1997, 1127 beim vollen Erfolg – wegen § 308 Abs. 1 ZPO –; *BGH* NJW 1997, 3019 = VersR 1998, 122.
465 *BGH* NJW 1995, 1614 = VersR 1995, 471, 472.
466 *OLG Hamm* VersR 1998, 1571 = ZfS 1997, 411 = FamRZ 1998, 766.
467 *BGH* NJW 1998, 995 zur Aufrechnung im Vorprozeß beim erkennbaren Vorbehalt, nur einen Teil des Anspruchs zur Aufrechnung verwenden und im übrigen den Anspruch geltend machen zu wollen.

552

Beispiel 71

> Bei einem Haushaltsführungsschaden wird die relevante Behinderung durch Vorlage eines ärztlichen Attestes glaubhaft gemacht werden können, aus dem sich ergibt, daß die betroffene, berechtigte Person nicht in der Lage ist, Haushaltsarbeiten auszuführen.

553

Den **Verfügungsgrund** bejaht das *OLG Düsseldorf*[468] ausnahmsweise zur Regulierung eines Unfallschadens für Abschlagszahlungen auf den Erwerbs- oder Mehrbedarfsschaden durch einstweilige (Leistungs-)Verfügung (§ 940 ZPO). Dieses *OLG*[469] verlangt die Bedrohung der wirtschaftlichen Existenz, die glaubhaft zu machen ist.

554

Beispiel 72

> Eine Notlage kann im Einzelfall selbst nach dem Erlaß einer vorläufig vollstreckbaren Entscheidung zu bejahen sein, wenn die Zwangsvollstreckung durch den Gegner mittels Sicherheitsleistung abgewendet werden kann (beachte § 708 Nr. 8 ZPO).

555

Bei der pauschalierten Berechnung eines **Haushaltsführungsschadens** nach §§ 842, 843 BGB wie auch des **Unterhaltsschadens** nach § 844 Abs. 2 BGB fällt es aus praktischen Gründen schwer, eine wirtschaftliche Notlage zu bejahen. Die Notlage als solche genügt nicht für eine Leistungsverfügung. Bei der Beschäftigung einer Hilfskraft oder bei anderen (notwendigen) realen Aufwendungen indessen – deren Höhe durch eidesstattliche Versicherungen oder/und Vorlage eines Beschäftigungsvertrages glaubhaft gemacht werden kann – sollte eine Leistungsverfügung durchsetzbar sein, wenn andernfalls eine wirtschaftliche Notlage entsteht. Eine Notlage kann auch glaubhaft gemacht werden durch Vorlage von Belegen zu den laufenden monatlichen Aufwendungen und Lebenshaltungskosten.

556

Nach Ansicht des *OLG Düsseldorf* a.a.O. bedarf nur der existentiell gefährdete Gläubiger[470] einer Vorabsicherung, weil und wenn ein späteres Obsiegen die zwischenzeitlich eingetretenen Schäden nicht ausräumen könne. Solange Eltern eines Schwerverletzten in der Lage seien, den Mehrbedarf auszugleichen, fehle es – obwohl sie den Schaden nicht zu tragen haben – an einer solchen Gefahr. Es soll sogar ein vorab gezahltes Schmerzensgeld unabhängig von der Zweckrichtung der Zuwendung die wirtschaftliche Notlage ausschließen. Auch das *OLG Celle*[471] sieht bei Kindern auf deren Unterhaltsanspruch gegen die Eltern und meint zudem, Ansprüche nach dem BSHG seien vorrangig zu verfolgen.

---

468 VersR 1970, 331 = JR 1970, 143 m. Anm. *Berg*.
469 VersR 1988, 803.
470 Zur Notlage auch *OLG Saarbrücken* NJW 1986, 1549.
471 VersR 1990, 212.

557 Der von diesen Gerichten vertretene Standpunkt zur Inanspruchnahme von Sozialhilfe oder Unterhaltsleistungen Dritter steht aber im Widerspruch zum Charakter der Sozialhilfe sowie zur vorrangigen Einstandspflicht des Schädigers und einer Haftpflichtversicherung. Die Sozialhilfe soll Notlagen vermeiden, aber nicht einem Schädiger die Verzögerung einer Teil- Regulierung ermöglichen. Geht es um die Beziehung zwischen einem Schädiger und dem Unfallgeschädigten, dessen Existenzgrundlage betroffen ist, ist vorrangig der Schädiger – in den Grenzen des glaubhaft zu machenden Anspruches – heranzuziehen. Wegen der Schadensersatzpflicht nach § 945 ZPO wird der als Schädiger in Anspruch genommene Pflichtige wie der Pflichthaftpflichtversicherer auch nicht unzumutbar belastet. Vollstreckungserschwerungen bei einem Anspruch nach § 945 ZPO können zur Glaubhaftmachung des Anspruches nicht die strengsten Maßstäbe anlegen lassen. Daß die verbrauchte Leistung nicht wieder herausgegeben werden kann, betrifft den Charakter der Leistungsverfügung, die mehr als eine vorübergehende Regelung ist. Daraus ist nicht abzuleiten, die Notlage als anerkennenswerte Voraussetzung zu verneinen. Eher umgekehrt drängt sich die Notlage auf, wenn andernfalls die Sozialhilfe eingreifen muß, und wäre auf jeden Fall der Schädiger in Höhe des Sozialhilfemindestsatzes heranzuziehen. Wenn die Sozialhilfe verlangt, Ersatzansprüche vorrangig zu verfolgen (zu Beerdigungskosten Rn. 1385), kann nicht gleichzeitig der Ersatzanspruch wegen der Sozialhilfe ohne Schutz bleiben. Die Notlage zu verneinen, weil die Eltern eines Unfallgeschädigten unterhaltspflichtig sind, greift zudem über das betroffene Rechtsverhältnis hinaus. Das Schadensrecht geht dem Unterhaltsrecht nicht nach. § 843 Abs. 4 BGB hilft auch bei der Erkenntnis zu einer einstweiligen Verfügung. Nicht überzeugend ist es schließlich, Leistungszwecke verschiedener Schadenspositionen im Hinblick auf die Notlage zu vernachlässigen. Da es selbst im Sozialhilferecht nicht verlangt wird, Schmerzensgeld für den Lebensbedarf einzusetzen, kann dies zur Notlage schadensrechtlich nicht anders sein.

558 Im Falle der Eintrittspflicht eines Versicherers der betroffenen Person scheidet eine einstweilige Verfügung selbst dann aus, wenn die betroffene Person noch aktivlegitimiert ist. Der Not begegnen dann die Leistungen des eigenen Versicherers. Ggfs. sind auch unterstützende Angebote eines Haftpflichtversicherers anzunehmen. Kann trotz eines erheblichen Schadens mit Ausgaben zugewartet werden, sind diese zurückzustellen. Einer Leistungsverfügung bedarf es in solchen Fällen ebenfalls nicht.

559 Bei der Bemessung eines monatlichen Rentenbetrages ist Zurückhaltung geboten. Der Höhe nach kann die Verfügungsrente nicht nach Richtlinien, sondern nur nach Maßgabe des Einzelfalles und dem dringenden Lebensbedarf bestimmt werden. Immer ist auf die notwendigsten Kosten abzustellen, die zu erwartende Dauerschäden oder die Vernichtung der wirtschaftlichen Existenz abwenden. Darüber hinaus ist die Geltungsdauer abzustecken (regelmäßig maximal 6 Monate).

> Der/die Antragsgegner hat/haben – als Gesamtschuldner – an den /die Antragsteller(innen) beginnend mit der Wirksamkeit dieser Verfügung[472] jeweils monatlich, spätestens bis zum ... eines jeden Kalendermonats, fortlaufend eine Geldrente in Höhe von ... zu zahlen und zwar bis zum ... (Datum)/bis zum rechtskräftigen Abschluß des anhängigen Hauptsacheverfahrens in erster Instanz.

560

Formulierungsvorschlag zum Antrag und Tenor

5. Feststellungsklage

Wie eine Leistungsklage unterliegt auch die Feststellungsklage dem Gebot der Bestimmtheit (§ 253 Abs. 2 Nr. 2 ZPO).

561

a) Feststellungsinteresse

Das Feststellungsinteresse als besondere **Sachurteilsvoraussetzung**, der in jeder Verfahrenslage von Amts wegen nachzugehen ist, muß zu Personenschäden und ihren Folgen[473] weit verstanden werden.

562

Das Feststellungsinteresse ist von vornherein zu bejahen, wenn keine hinreichende Grundlage für die Zuerkennung einer betragsmäßig, zeitlich bestimmten Rente besteht.

563

> Zugunsten des Kleinkindes können wegen der in unbestimmter Zukunft liegenden, wahrscheinlichen Ersatzansprüche nach dem Tod der Mutter Feststellungen zu treffen sein.[474] Zugunsten der Eltern kann die nicht entfernte Möglichkeit der Schadensentstehung wegen (späteren) Wegfalls der Unterhaltspflicht des getöteten Kindes in Betracht kommen.[475]

564

Beispiel 73

---

472 Nicht ab Antragstellung.
473 Anders als bei Sachschäden und direkten Vermögensschäden, *OLG Karlsruhe* NZV 1998, 412.
474 *BGH* VersR 1976, 291, 292.
475 *OLG Celle* NJW-RR 1988, 990.

565 Maßvolle Anforderungen stellt der *BGH*.[476] Das Feststellungsinteresse ist bei schweren Verletzungen zu künftigen (auch immateriellen), weiteren Schäden nur zu verneinen, wenn aus der Sicht des Geschädigten bei verständiger Beurteilung kein Grund besteht, mit Spätfolgen wenigstens zu rechnen. Letztlich ist das Feststellungsinteresse bei einem Personenschaden immer zu bejahen, wenn weitere Schadensfolgen nicht auszuschließen sind. Es genügt immer die nicht eben entfernt liegende Möglichkeit künftiger Verwirklichung der Schadensersatzpflicht durch Auftreten weiterer, bisher noch nicht erkennbarer und voraussehbarer Schadensfolgen. Einem Verjährungseinwand muß vorgebeugt werden können.

566 Der Zulässigkeit der Feststellungsklage zu bestimmten Positionen steht nicht entgegen, daß ein entsprechender Anspruch in der Zukunft von der ungewissen Notwendigkeit entsprechender Maßnahmen abhängig ist.

567 Selbst eine bezifferte Feststellungsklage ist bei einem Feststellungsinteresse bedenkenfrei.

568
Beispiel 74

Die Feststellung ist dazu möglich, daß ein Schädiger bei Erwerb eines Vermögens in der Zukunft[477] – nach § 829 BGB – einstandspflichtig ist.

Das Anerkenntnis einer 50 %igen Haftung nimmt das Feststellungsinteresse und Rechtsschutzbedürfnis nicht.[478] Der Verzicht auf die Verjährungseinrede auf den Zeitraum von neun Jahren nimmt das Feststellungsinteresse nicht unbedingt.[479]

Liegt die Möglichkeit einer fortschreitenden gesundheitlichen Verschlechterung nahe und kann eine weitere Abklärung zu der kausalen Verknüpfung von Folgen mit einem Haftungsereignis erforderlich sein, ist zu Zukunftsschäden das Feststellungsinteresse zu bejahen.[480]

Das Feststellungsinteresse für den Hinterbliebenen ist zu bejahen, wenn derzeit wegen einer Sozialversicherungsrente kein offener Unterhaltsschaden verbleibt, aber nicht auszuschließen ist, daß sich dies künftig ändern wird.[481]

Bei Tötung eines Kindes ist eine Feststellungsklage zulässig für den Fall, daß eine Unterhaltpflicht in der Zukunft nicht fern liegt oder eine gewisse Wahrscheinlichkeit dafür besteht und der Unterhaltsschaden dann an die Stelle der Unterhaltsleistung tritt.[482] Dazu sind auszuwerten die

---

476 NJW-RR 1991, 917, NJW 1992, 560, NJW 1998, 160.
477 *BGH* VersR 1958, 485, VersR 1962, 811; vgl. auch *OLG Köln* VersR 1981, 266.
478 *OLG Hamm* NJWE-VHR 1997, 34.
479 *OLG Hamm* NJW-RR 1998, 751 = MDR 1998, 304.
480 Vgl. bei der Arzthaftung *OLG Oldenburg* NJW-RR 1996, 405 = OLGR 1996, 55.
481 *OLG Frankfurt* ZfS 1982, 33.
482 *BGH* VersR 1976, 291, s. schon Rn. 564.

> mutmaßliche Leistungsfähigkeit des Kindes einerseits (nach dem Alter, der Gesundheit, der Befähigung, der voraussichtlichen Entwicklung in Schule, Ausbildung und Erwerbstätigkeit, den Erwerbsmöglichkeiten und dem hypothetischen Erwerbswillen) und die mutmaßliche Berechtigung der Eltern andererseits.

569 Zu etwaigen (künftigen) **Steuernachteilen** sollte ein zusätzliches Feststellungsgesuch nicht übergangen werden.

570 Die **verneinende Feststellungsklage** kann sich auf in sich selbständige rechtliche Anspruchsgrundlagen beschränken, wenn ein einzelner Anspruch als Folge einer Rechtsbeziehung als selbständiges Rechtsverhältnis erscheint. Dies betrifft z.B. einen Anspruch wegen unerlaubter Handlung und folgt daraus, daß der Feststellungsantrag insoweit nur zulässig ist, wenn der konkrete Schuldgrund und Schuldgegenstand bezeichnet sind.[483]

571 Beispiel 75
> Für ein Feststellungsbegehren zur Anpassung an künftige Veränderungen (z.B. bei Erhöhung der maßgebenden Einkünfte, auch zur Unterhaltsbemessung) gibt es kein Feststellungsinteresse. Die Möglichkeiten des § 323 ZPO genügen regelmäßig. Ausnahmsweise kann es anders sein, wenn vorsehbar ist, daß eine vollständige Neuberechnung des (Unterhalts-) Schadens erforderlich werden kann wegen außergewöhnlicher Entwicklungen, weil der Verweis auf § 323 ZPO dann unzumutbar sein kann.
>
> Bei der Wiederheirat des Ehegatten, der nach § 844 Abs. 2 BGB legitimiert ist, ist keine Feststellungsklage für den Fall zulässig, daß der gegenwärtige Unterhaltsanspruch entfällt und der Unterhaltsschaden auflebt, weil eine neue Verjährungsfrist läuft.[484]

572 Soweit sich die Begehren decken, entfällt das Feststellungsinteresse für eine positiv behauptende Feststellungsklage, wenn und sobald eine Leistungsklage gesondert mit gleichem Streitstoff erhoben ist und diese nicht mehr einseitig zurückgenommen werden kann, wenn nicht die Feststellungsklage schon im wesentlichen entscheidungsreif ist.[485] Auch das Feststellungsinteresse für die negative Feststellungsklage entfällt, sobald die gegenteilige Leistungsklage erhoben ist und nicht mehr einseitig zurückgenommen werden kann.[486] Dazu ist daran anzuknüpfen, daß ein zunächst gegebenes Feststellungsinteresse weiter gegeben sein muß bis

---

483 *BGH* NJW 1984, 1556.
484 *BGH* NJW 1979, 268 = VersR 1979, 55.
485 *BGH* NJW-RR 1990, 1532.
486 *BGH* NJW 1994, 3107.

zur letzten mündlichen Tatsachenverhandlung, soll die Klage nicht dann unzulässig erscheinen.

573 Als Kehrseite der positiven Feststellungsklage ist ein in leugnende Form gekleideter Widerklageantrag unzulässig (§ 261 Abs. 3 Nr. 1 ZPO) wie überhaupt die zulässige positive Feststellungsklage der **negativen Feststellungsklage** ihren Raum nimmt.

b) Verhältnis zum Leistungsbegehren

574 Der nach der Leistungsklage erhobenen negativen Feststellungsklage steht der **Streitgegenstand** zur Leistung entgegen. Die negative Feststellungsklage sperrt mittels Rechtshängigkeit umgekehrt weder die spätere Leistungsklage noch die positive Feststellungsklage.

575 Das Wiederholungsverbot kraft materieller Rechtskraft zum selben Streitgegenstand betrifft nicht den Leistungsanspruch nach der (positiven) Feststellung zum (materiellen) Schaden[487] – der gerade Konsequenz zur Feststellung ist – oder die Feststellung zur Unterbrechung der Verjährung nach § 209 Abs. 1 BGB im Anschluß an einen Leistungsausspruch zu weiteren Schäden. Die Abweisung der positiven Feststellungsklage als unbegründet steht der späteren, auf dieselbe Forderung bezogenen Leistungsklage entgegen, wenn nicht unmißverständlich in der Primärentscheidung die nicht abschließende Beurteilung zum Ausdruck gebracht worden ist.

576 Der Antrag auf Verurteilung zur Leistung umschließt den **engeren Feststellungsantrag**.[488] Dem in dem Leistungsbegehren enthaltenen Feststellungsbegehren soll sogar ohne Hilfserklärung als „weniger"[489] stattgegeben werden können. Der **Übergang** von der Feststellung auf die Leistung ist keine der Sachdienlichkeitsprüfung offenstehende Anspruchsgrundänderung. Es handelt sich vielmehr um eine jedenfalls nach § 264 Nr. 2 ZPO – auch im Berufungsverfahren ohne Anfechtung des Feststellungsausspruches – zulässige Änderung.[490]

577 Berechtigten steht es frei, eine Feststellungsklage mit der Leistungsklage zum schon entstandenen Schaden zu verbinden.[491] Der **Aufspaltung** in

---

487 *BGH* NJW 1989, 393.
488 *BGH* MDR 1989, 623.
489 *BGH* VersR 1984, 389, Anm. *Dunz* in NJW 1984, 2296.
490 *BGH* NJW 1985, 1784, NJW 1992, 2296.
491 *BGH* NJW 1988, 142; *OLG Karlsruhe* VersR 1992, 370.

einen Leistungsantrag zu dem im Zeitpunkt der Klageerhebung entstandenen Schaden und in den Feststellungsantrag hinsichtlich des künftig drohend erscheinenden Schadens bedarf es nicht. Auf die Leistungsklage muß auch nicht übergegangen werden, wenn eine Schadensentwicklung während des Rechtsstreits ihren Abschluß findet. Aus Gründen der Prozeßwirtschaftlichkeit muß zwar die Feststellung hinter der Leistung zurücktreten. Sachgemäß erledigt wird der Streit aber auch zumeist in den Fällen der Schadensentwicklung bis zum Verfahrensabschluß ohne Spaltung, wenn nicht ausnahmsweise[492] vom Anspruchsgegner Übergang angeregt wird und weder ein Instanzverlust noch eine Verzögerung droht.

c) Materieller Gegenstand und Wirkung der Feststellung

Die **Wahrscheinlichkeit** der **Schadensentstehung** gehört zur materiellen Klagebegründung[493] des positiven Feststellungsbegehrens. Es kommt zum sachlichen Erfolg, wenn ein Schaden mit einer gewissen Wahrscheinlichkeit entstanden ist oder entstehen kann. Wegen mangelnder „gewisser Wahrscheinlichkeit" eines Schadens darf die Feststellungsklage nicht als unbegründet abgewiesen werden, sondern nur, wenn feststeht, daß kein Schaden entstanden ist.

578

Die positive Feststellung bedeutet je nach ihrem Inhalt[494] bei der Formulierung einer Ersatzpflicht, daß Grund und Umfang des Schadensersatzanspruches dem Streit entzogen sind. Nur die Bezifferung bleibt vorbehalten. Die Feststellung der Ersatzpflicht zum weiteren Schaden **erstreckt** sich auf immaterielle Schäden, wenn eine Eingrenzung auf den materiellen Schaden nicht[495] zu ersehen ist. Bei einer Mitverursachung darf die Quotierung nicht vergessen sein. Wenn in bezug auf materielle Schäden bei der Verschlimmerung eines Vorschadens absehbar ist, daß Anteile (s. Rn. 591 zum Gesundheitsschaden) nicht zu ersetzen sein werden, empfiehlt es sich jedenfalls, den Bezugspunkt der Ersatzpflicht zu kennzeichnen und abzugrenzen.

579

Guter Übung entspricht es, die **Beschränkung der Haftung** des Haftpflichtversicherers **auf** die **Versicherungssumme** (§ 158k VVG, § 3 Nr. 1

580

---

492 *BGH* LM § 256 ZPO Nr. 5.
493 *BGH* NJW 1991, 2707.
494 Zur Auslegung der Feststellung der Erstattungspflicht bei unfallbedingten Aufwendungen einer gesetzlichen Krankenkasse angesichts der Familienkrankenhilfe *BGH* VersR 1990, 1028 = NJW 1990, 2933; zur Bindungswirkung im einzelnen *Piekenbrock* in MDR 1998, 201.
495 *BGH* VersR 1985, 663 = NJW 1985, 2022; *OLG München* VersR 1996, 63.

PflVersG) im Feststellungstenor auszudrücken, z.B. wie folgt: Die Haftung des Beklagten zu ...) beschränkt sich auf die Versicherungssumme. Zur Klarstellung kann dieser Ausspruch entsprechend § 321 ZPO durch Urteilsergänzung[496] nachgeholt werden.

581
Formulierungsvorschläge Antrag und Tenor

Es wird festgestellt, daß die Beklagten – als Gesamtschuldner – verpflichtet sind, der Klägerin/dem Kläger den zukünftigen immateriellen Schaden (oder den immateriellen Zukunftsschaden oder z.B.: sämtliche gegenwärtig nicht hinreichend sicher übersehbaren immateriellen Schäden) unter Berücksichtigung eines Mitverschuldens der Klägerin/des Klägers zu ... (z.B. 1/3) sowie ... (z.B. 2/3) des zukünftigen materiellen Schadens zu ersetzen, der der Klägerin/dem Kläger aus dem Unfall vom ... (Datum) auf ...(Unfallstelle bzw. Kurzbeschreibung des Haftungsereignisses) entsteht, soweit Ansprüche nicht auf einen öffentlich-rechtlichen Sozialversicherungsträger oder sonstige Dritte übergegangen sind oder übergehen.

Insbesondere wahrscheinliche materielle Schäden:

Es wird festgestellt, daß der/die Beklagte(n), die Beklagte zu ... jedoch nur bis zur Höchsthaftung aus dem Versicherungsvertrag, als Gesamtschuldner verpflichtet sind, der Klägerin/ dem Kläger zu ... (z.B. 1/3) die materiellen Schäden zu ersetzen, die in Zukunft aus dem Unfallereignis vom ... entstehen, soweit die Ansprüche nicht auf öffentliche Versicherungsträger übergegangen sind.

Insbesondere etwaige Steuerschäden:

Es wird festgestellt, daß die Beklagte verpflichtet ist, dem Kläger den Steuernachteil zu erstatten, der dadurch entsteht, daß der ... (z.B. Verdienstausfallschaden) für die Jahre ... nicht in dem jeweiligen Jahr versteuert werden kann, sondern nach Zahlung ... in einer Summe versteuert werden muß.

Es wird festgestellt, daß ... verpflichtet sind, die auf die Schadensersatzleistung (oder/und Sozialversicherungsrenten)[497] jeweils zu entrichtende Einkommen- und Kirchensteuern zu zahlen (zu ersetzen).

Unterhaltsschaden:

Es wird festgestellt, daß die Beklagten als Gesamtschuldner verpflichtet sind, der Klägerin/dem Kläger den aus der Tötung des Vaters (der Mutter) entstandenen/über die Leistungsanträge hinausgehenden weiteren Schaden zu ersetzen.

---

496 *BGH* NJW-RR 1996, 1238 = VersR 1996, 1299.
497 Mit der Formulierung muß vermieden werden, daß die Steuer zusätzlich zu versteuern ist, wie es bei den Worten „eine Rente von ... zuzüglich zu entrichtende ... Steuer" nicht sichergestellt ist.

582 Die Rechtskraft schließt **Einwendungen** gegen den festgestellten Anspruch aus, die im Zeitpunkt der letzten mündlichen Verhandlung vorgelegen haben. Dies betrifft insbesondere den Mitverschuldenseinwand, auf den im Verfahren über die Höhe des Schadens nicht zurückgegriffen werden kann (Rn. 236). Auch der Einwand zur Schadensminderungspflicht betr. die Höhe des Schadens ist ausgeschlossen. Entsprechendes wird aber nicht zu gelten haben, wenn bei einem Vorschaden konkrete Aufwendungen nur teilweise ausgleichsfähig sind und der Feststellungsausspruch keine Einschränkung enthält, weil es – nur – um die Kausalität zur Ersatzfähigkeit eines Aufwandes (Schadens) geht. Nur solche Einwendungen und die diesen zugrundeliegenden Tatsachen sind nicht präkludiert, die noch nicht bestanden oder vorgelegen haben, also „neu" sind. Ob diese Tatsachen vorher erörtert worden sind, ist jedenfalls dann nicht entscheidend, wenn die Tatsachen hätten vorgetragen werden können.[498] Die Aufrechnung muß nicht vorbehalten sein, da sie mangels bestehender Aufrechnungslage gar nicht möglich[499] ist.

583 Bei der **negativen Feststellungsklage** ändert sich an der Darlegungs- und Beweislast durch die verschobenen Parteirollen nichts. Der Feststellungskläger hat nur zu beweisen, daß sich der Beklagte eines Anspruchs aufgrund eines bestimmten Lebenssachverhalts berühmt. Bei Unklarheiten dazu ist der auf Negation gerichteten Klage ebenso stattzugeben wie dann, wenn feststeht, daß der streitige Anspruch nicht besteht.[500] Bei teilweiser Begründetheit und teilweiser Unbegründetheit des von der Beklagtenseite behaupteten (ggfs. weiteren) Anspruches, ist die Klage teilweise abzuweisen und der Klage teilweise stattzugeben. Sie darf vollständig nur abgewiesen werden, wenn der bestrittene Anspruch feststeht. Die Abweisung der negativen Feststellung aus sachlichen Gründen bestätigt den Bestand des Rechtsverhältnisses und zwar mit Anklängen an ein Grundurteil selbst beim nicht bezifferten Anspruch[501] und unabhängig von einer möglicherweise unzutreffend zugrundegelegten Beweislast.

---

498 *BGH* VersR 1988, 1139 = NJW 1989, 105.
499 *BGHZ* 103, 298 = NJW 1988, 1380, 1381.
500 *BGH* NJW 1993, 1716 = VersR 1993, 857.
501 *BGH* NJW 1986, 2508, kritisch *Tiedtke* in NJW 1990, 1697; *BGH* NJW 1995, 1062 = VersR 1995, 1507.

6. Beschwer und Streitwert

584 Die Höhe der Beschwer bestimmt bei Renten (wiederkehrenden Leistungen) § 9 ZPO für die seit dem 1.3.1993 rechtshängig gewordenen Klagen mit dem 3 1/2 fachen Wert des einjährigen Bezuges oder dem Gesamtbetrag bei einer bestimmten Bezugsdauer. Rückstände kommen hinzu. Die nach Klageerhebung fällig gewordenen Beträge sind aber nicht hinzuzurechnen, auch dann nicht, wenn sie beziffert Gegenstand eines weiteren Antrags[502] werden. Die Beschwer durch Abweisung der Klage gegen den einen Unfallbeteiligten und gegen dessen Haftpflichtversicherer genügt nicht für die Zulässigkeit der Berufung gegenüber dem Haftpflichtversicherer hinsichtlich des anderen Unfallbeteiligten.[503] Leitet sich die Beschränkung des Feststellungsausspruches auf die Versicherungssumme nicht zweifelsfrei aus den Gründen mit den tatbestandlichen Feststellungen her, ist noch keine Beschwer gegeben.[504] Die in erster Instanz erfolgreiche Feststellungsklage kann nicht vom Kläger in die Berufungsinstanz mit dem Ziel gebracht werden, über einen Leistungsantrag die Klage zu erweitern.[505] Der mit der Feststellung erstinstanzlich unterlegene Kläger kann aber zweitinstanzlich auf Leistung übergehen, weil er beschwert ist.[506] Der *BGH*[507] geht mit der allgemeinen Meinung davon aus, daß bei Aufteilung in ein Teil- und Schlußurteil für das Schlußurteil allein die damit verbundene Beschwer maßgebend ist. Die Gefahr, daß einer Partei ein Rechtsmittel genommen wird, das bei einheitlicher Entscheidung gegeben wäre, wird hingenommen.[508] Beim Grundurteil ist die beklagte Partei im Umfang des dem Grunde nach zuerkannten Ersatzes beschwert. Der Wert der Beschwer erhöht sich bei einem unstatthaften Teilgrundurteil nicht[509], solange keine sachfremden Erwägungen zugrundeliegen. Zum Schmerzensgeld ist der Anspruchsteller bei Unterschreitung des angegebenen Mindestbetrages beschwert bzw. dann, wenn die zum Ausdruck gebrachte Größenordnung wesentlich verlassen ist. Wird die Betragsvorstellung (Größenordnung) dagegen erreicht, ist es

---

502 *BGH* NVersZ 1999, 239.
503 *BGHZ* 88, 360, 364.
504 *BGH* VersR 1986, 565.
505 *BGH* VersR 1988, 417 = NJW 1988, 827.
506 *BGH* VersR 1987, 411 = NJW-RR 1987, 249.
507 VersR 1989, 818 = NJW 1989, 2757.
508 *BGH* NJW 1996, 3216.
509 *BGH* MDR 1998, 179.

dem Kläger verwehrt, das zusprechende Urteil mit dem alleinigen Ziel eines höheren Schmerzensgeldes anzufechten.[510]

Der **Gebührenwert** folgt für den Rentenanspruch § 17 Abs. 2 Satz 1 GKG mit dem fünffachen Betrag des einjährigen Bezuges – ohne Kapitalisierung – oder dem (ggfs. sicher feststehenden) kürzeren Gesamtbetrag. Unterschiedliche Jahresbeträge lassen auf den Höchstbetrag zugreifen. Bei einer einverständlichen Kapitalabfindung sollte der streitige Vergleichsbetrag maßgebend sein. Zu Vertragsansprüchen gilt § 17 Abs. 2 Satz 1 GKG nicht. Bezogen auf den Tag der Klageeinreichung vorhandene Rückstände erhöhen den Wert (§ 17 Abs. 4 GKG). Die positive Feststellung wird meist mit einem Abschlag in Höhe von 20 % gegenüber derm Leistungsbegehren bewertet. Auf den Wert der negativen Feststellung wirkt sich deren Rechtskraftwirkung aus. Der volle Leistungswert ist maßgebend. Die Werte wirtschaftlich verschiedener **Haupt- und Hilfsbegehren** sind zu summieren, wenn über alle Anträge entschieden wird (z.B.: Teilschmerzensgeld, hilfsweise (in gleicher Höhe) anteiliger Vermögensschaden, höchsthilfsweise (in gleicher Höhe) anteiliger Ausgleich wegen Pflegeleistung). Beim Regreßprozeß der geschädigten Person gegen den eigenen Anwalt gilt allein § 9 ZPO.[511] Der Wert für den Deckungsprozeß gegen den Haftpflichtversicherer folgt §§ 3, 9 ZPO.

585

7. Kosten

Notwendige Kosten sind die wirtschaftlichen Folgen der zur Rechtsverfolgung und -verteidigung erforderlichen und geeigneten Maßnahmen. Mit den Kriterien des § 91 ZPO soll die materielle Kostenerstattungspflicht (Rn. 190) korrespondieren. Z.B. sind die Kosten des während eines Rechtsstreits eingeholten Privatgutachtens ausnahmsweise erstattungsfähig, wenn das Gutachten zur weiteren Begründung[512] des geltend gemachten Anspruchs – zumal innerhalb eines Betragsverfahrens – erforderlich ist. Dieser Aufwand kann klageweise materiell (zusätzlich) verfolgt werden. Auf das Kostenfestsetzungsverfahrens darf der Anspruchsteller nicht verwiesen werden. Bei gemeinsamer Klage gegen Halter, Fahrer und Ver-

586

---

510 *BGH* VersR 1999, 902 = NJW 1999, 1339 = DAR 1999, 215 = ZfS 1999, 192 im Anschluß an *BGHZ* 132, 341 = NJW 1996, 2425 = VersR 1996, 990, Vorinstanz *OLG Hamm* VersR 1998, 1392; zum Gebührenwert *Lappe* in NJW 1999, 1433.
511 *BGH* VersR 1979, 86.
512 *OLG Stuttgart* VersR 1997, 630.

sicherer sind Kosten eines weiteren vom Halter und Fahrer bestellten Anwaltes nicht erstattungsfähig.[513] Ausnahmsweise soll dies anders sein, wenn der Halter einen Anwalt einschaltet, bevor er Kenntnis von der Bestellung eines Prozeßbevollmächtigten durch den Versicherer erlangt.[514] Die gegenteilige Ansicht hält regelmäßig die Kosten mehrerer Anwälte für erstattungsfähig.[515]

587 Für den Schädiger werden die Kosten eines Schadensersatzprozesses zumeist außergewöhnliche Belastungen sein (§ 33 EStG). Eine Schadensersatzrente wird als dauernde Last unbeschränkt als Sonderausgabe und nicht nur wie eine oder als eine Leibrente (§ 10 Abs. 1 EStG) mit dem Ertragsteil steuerlich geltend gemacht werden können.

---

513 *OLG Koblenz* JurBüro 1994, 230 und MDR 1995, 263 (anders ausnahmsweise im Fall der Androhung eines Rückgriffs nach § 3 Nr. 9 PflVG); *OLG München* MDR 1995, 263; zur Festsetzung beim Obsiegen des Halters und Unterliegen der anderen Beklagten *OLG Karlsruhe* NZV 1994, 363 – zweifelhaft – (1/3 eigene außergerichtliche Kosten trotz voller Kostenlast der Haftpflichtversicherung im Innenverhältnis).
514 *KG* ZfS 1998, 110, abl. Anm. *van Bühren* in r+s 1998, 217, beachte auch *OLG Karlsruhe* NZV 1998, 508 bei der Befürchtung des Haftpflichtversicherers, es gehe um einen gestellten Unfall.
515 *LG München I* MDR 1998, 713.

2. Teil
Ersatzfähige Nachteile bei Verletzung

I. Wiederherstellung der Gesundheit (Gesundheitsschaden)

588 Checkliste

Zum Gesundheitsschaden weist die **Abrechnungsbasis** des § 254 Abs. 2 BGB die Grenzen der Ersatzfähigkeit aus. Gesprochen wird auch von der beschränkten Normativität oder einer Soziabilitätsschranke.[516] Die Maßgaben des § 251 Abs. 2 BGB besagen nichts, da dort Kriterien der Wirtschaftlichkeit abwägen helfen sollen, um die es bei der körperlichen Integrität nicht geht und nicht gehen darf.

Checkliste: Heilbehandlung

Schadensposition	Art des Nachweises
I. Gesundheitsschaden	
1. Behandlungskosten	konkret
zuzüglich	
2. Zusatzaufwand	konkret
zuzüglich	
3. Besuchskosten	konkret
ggfs. abzüglich	
4. Ersparnis (z.B. 21 Tage zu 15,00)	pauschal
II. Aufwendungspauschale (Einmalbetrag)	pauschal
III. Weitere Schäden (ggfs. monatliche Rente oder Kapitalabfindung)	konkret oder pauschalierend

Erläuterung: Der Gesundheitsschaden kann sich aus verschiedenen Einzelansätzen zusammensetzen, die in diesem Abschnitt näher erläutert werden. Daneben können allgemeine Schadenspositionen abzurechnen sein, an die in der Liste beispielhaft mit dem Hinweis auf die Aufwendungspauschale (beachte Rn. 188) erinnert wird.

---

[516] *Mertens* in Der Begriff des Vermögensschadens im Bürgerlichen Recht, S. 170.

Wiederherstellung der Gesundheit (Gesundheitsschaden)

> Die Erstattungsfähigkeit weiterer Schäden wird für Verletzungsfälle in den folgenden Abschnitten dieses Kapitels aufgeschlüsselt.

Beispiel 76
Zur Zeit der Einleitung indizierte **Rettungskosten** (Einsatz eines Rettungsfahrzeugs, Rettungshubschraubers) werden z.B. zu den Heilungskosten zu rechnen sein, selbst wenn sich nachträglich herausstellt, daß die eingeleitete Hilfsmaßnahme nicht erforderlich gewesen ist.[517]

Beispiel 77
Beispielsweise ist vor allem auf den **Haushaltsführungsschaden** hinzuweisen. Auch bei einem unfallbedingten stationären Aufenthalt sollte daran gedacht werden. Die in tatrichterlichen Kreisen herrschende Ansicht, daß für die Zeit im Krankenhaus bei einer 100 % Erwerbsunfähigkeit im Einpersonenhaushalt die Notwendigkeit der Haushaltsführung entfällt, ist nicht zu teilen. Die Versorgung der Wohnung und Wäsche erfordert auch bei einer solchen Lage einen gewissen Ausgleich über Stundenvergütungen, Rn. 863, 914 ff.

1. Behandlungskosten

a) Grundsatz

589 Verletzungsbedingt entstandene Heilbehandlungskosten sind auszugleichen, soweit sie objektiviert gesehen **angemessen** sind. Der Schädiger hat die verletzte Person **nach ihrer persönlichen Lage** und ihren persönlichen Besonderheiten zu entschädigen, in denen er sie betroffen hat, selbst wenn dies zu erhöhten Schadensaufwendungen führt. **Unvernünftige**, aller Lebenserfahrung widersprechende **Maßnahmen** der verletzten Person zur Sicherung der Heilbehandlung und unverhältnismäßige Aufwendungen begründen keinen Ersatzanspruch, zur Wiederherstellung der Gesundheit i.e.S. ebenso wie zu dem Begleitaufwand oder den Besuchskosten. Das erforderliche Vertrauensverhältnis zwischen Arzt und Patient allein rechtfertigt **nicht jedes Belieben** bei der Wahl einer Behandlung und der Arztwahl und nicht jede Weitergabe einer Arztrechnung zur Behandlung einer Verletzungsfolge. Die verletzte Person hat Anspruch nur auf Ausgleich der Kosten und Honorare (Honorarsätze), die sie aus verständiger Sicht ohne eine Schädigung durch eine andere Person ebenso akzeptiert hätte oder hinnehmen müßte. Soweit das *OLG Braun-*

---

517 *LG Köln* NJW-RR 1991, 989.

schweig formuliert[518], es sei dem Verletzten gestattet, zur Behebung körperlicher Unfallschäden den Arzt seines Vertrauens zu konsultieren, auch wenn dieser ein höheres Arzthonorar in Rechnung stelle, geht dies recht weit.

Die verletzte Person kann den Schaden also abrechnen unter Beachtung folgender Gesichtspunkte: 590

- Alter und Gesundheitszustand, ggfs. bei etwaigen Vorschädigungen,
- konkrete Heilungsbedingungen,
- persönliche, wirtschaftliche Stellung,
- eigener Lebenszuschnitt (z.B. zur Wahl von Krankenhauszusatzleistungen entscheidend),
- individuell mögliche, zumutbare, übliche Inanspruchnahme von Behandlungsleistungen.

Beispiel 78

> Behandlungskosten eines Angehörigen ausländischer Streitkräfte in einem **Armeekrankenhaus** sind in dem Umfang ersatzfähig, in dem sie die entsprechenden Kosten in einem deutschen Krankenhaus übersteigen[519], selbst wenn die verletzte Person nicht (dienstrechtlich) verpflichtet ist, sich in dem Armeekrankenhaus behandeln zu lassen. Die verletzte Person ist berechtigt, sich in einer den persönlichen Verhältnissen entsprechenden Weise und unter Obhut von Pflegepersonal behandeln zu lassen, das dieselbe (Mutter-)Sprache beherrscht; zumal wenn keine Kosten ausgelegt werden müssen. Bei Heilbehandlungskosten für Angehörige ausländischer Streitkräfte kann andererseits nicht geltend gemacht werden, die Heilbehandlung werde vom Heimatstaat unentgeltlich gewährt, da es sich um eine freigiebige Leistung handelt, die dem Schädiger nicht zugutekommt.[520]
>
> Privatärztliche Behandlungskosten[521] sind dem gesetzlich krankenversicherten Verletzten zu erstatten, wenn die privatärztliche Behandlung aus der Sicht eines verständigen Menschen in der Lage des Verletzten nach der Art der Verletzung und dem individuellen Lebensstandard erforderlich ist.
>
> Es kann angemessen sein, zu einer Heilmaßnahme oder einer (erforderlichen) Operation die Reise zu einem **Spezialarzt** (in dem Heimatland) zu unternehmen.[522]
>
> Gleichermaßen können Kosten für (zeitlich begrenzte) Akupunkturbehandlungen[523], für **spezielle Therapien**, für Heilpraktiker bei Erforder-

---

518 Urteil vom 22.4.1998, 3 U 207/97.
519 *BGH* VersR 1989, 54 = NJW-RR 1989, 670 = DAR 1989, 23.
520 *OLG Celle* NZV 1989, 187, *BGH* NA-Beschl. v. 13.12.1988.
521 *BGH* VersR 1991, 559 = NJW 1991, 2340 = DAR 1991, 220.
522 *BGH* VersR 1969, 1040 = NJW 1969, 2281.
523 *OLG Koblenz* VersR 1998, 1256.

> lichkeit zu erstatten sein. Für Behandlungen durch Heilpraktiker wird bisher allerdings regelmäßig schadensrechtlich ebenso wie zur Leistungspflicht von (privaten) Krankenkassen[524] auf die medizinische Notwendigkeit abgestellt. Ist für die besonderen Umstände des Einzelfalls bei der betroffenen Person nachgewiesen, daß die Einschaltung eines Heilpraktikers oder eine andere Maßnahme, die jedenfalls einen gewissen wissenschaftlichen Ansatz erkennen läßt, geboten ist, muß dies indes schadensrechtlich genügen. Das Schadensrecht ist nicht an dem Maßstab der wissenschaftlich allgemein anerkannten (Untersuchungs- oder Behandlungs-) Methode (Schulmedizin[525]), sondern an den persönlichen Verhältnissen der verletzten Person ausgerichtet.

591 Entstehen Gesundheitsschäden – bei einer Vorschädigung – ohne Einfluß durch das Haftungsereignis, fehlt es an einer Basis für eine Ersatzforderung (überholende Kausalität, Rn. 78 f.). Werden die Schäden durch das Haftungsereignis ausgelöst, besteht dagegen die Ersatzforderung auch bei einer Vorschädigung (beim Erwerbsschaden oder zum Schmerzensgeld u.U. eingeschränkt, Rn. 81). Eine Frage nach einer wesentlichen Ursache stellt sich unfallversicherungsrechtlich, aber nicht haftungs-, schadensrechtlich. Davon zu unterscheiden ist die Schadensberechnung, wenn der Schaden zwar in vollem Umfang zu ersetzen ist, aber nur ein Teil der Behandlungskosten unfallbedingt erwächst, ein anderer Teil dagegen nicht unfallbezogen ist, d.h. keinen unfallbedingten, keinen ersatzpflichtigen Aufwand darstellt, sondern wirtschaftliche Folge einer unfallunabhängigen Gesundheitsbeeinträchtigung ist. Dann sind die Ursachenbereiche abzugrenzen (anders z.B. beim Übergewicht und einem Mehrbedarf, Rn. 653). Zu ersetzen sind (voll, aber auch nur) die Mehrkosten. Den von dem Haftungsereignis unabhängigen (Mit-)Ursachenteil hat der Schädiger nicht aufzubringen. Die jeweiligen (An-)Teile sind nach dem Beweismaß des § 287 ZPO zu bestimmen.

---

524 *OLG Braunschweig* r+s 1991, 199; *OLG Düsseldorf* VersR 1995, 773 (zu § 1 MBKK 76). – Die Psychotherapie-Richtlinien der gesetzlichen Krankenkassen wendet z.B. *AG Hanau* r+s 1998, 344 (bei Rücknahme der Berufung durch die beklagte Versicherung) nach einer ärztlichen Verordnung zur Erstattung von psychotherapeutischen Behandlungskosten gegenüber einer privaten Krankenkasse nicht an.

525 Zur Erstattungspflicht der Krankenkassen bei Außenseitermethoden *BGHZ* 133, 208 = VersR 1996, 1224 = NJW 1996, 3074, *OLG Hamm* VersR 1997, 1342, *LG München* I NJW 1996, 2435 für experimentelle Therapien; *BSGE* 81, 182 = NJW 1999, 1811 = MedR 1999, 43: Eine neuartige Methode muß wissenschaftlich anerkannt sein und sich in der klinischen Anwendung bewährt haben (zu § 39 SGB V).

> **Berechnung anteilig erstattungsfähiger Behandlungskosten**
> Heilbehandlungskosten   25.000,00
> Verursachungsanteil   40 %
> Ersatzberechtigung   10.000,00
>
> **Erläuterung:** Entstehen Behandlungskosten, die in jedem Fall entstanden wären, ist deren Anteil aus insgesamt abgerechneten Behandlungskosten konkret herauszurechnen. Es ist auch statthaft, Prozent-, Bruchteile heranzuziehen, die einerseits den nicht zu ersetzenden Aufwand und andererseits den (voll) zu ersetzenden Aufwand wiedergeben. So kann es sich bei einem durch einen Unfall verschlimmerten, ohnehin behandlungsbedürftigen, aber nun erhöhte Kosten verursachenden Hüftgelenksleiden[526] oder einem bestehenden, behandlungsbedürftigen Schaden an einem Arm und Folgen nach einer fehlerhaften Operation dieses Arms, die zur Lähmung von Fingern, der Verkrümmung des Handgelenks führt[527], verhalten. Eine etwaige Mithaftung oder eine Obliegenheit nach § 254 Abs. 2 BGB betrifft daran anschließend den zu ersetzenden Aufwand.

b) Zweckbindung, keine fiktiven (fingierten) Ansätze

Behandlungskosten sind zweckgebunden und zweckorientiert. Sie sind nur ersatzfähig, wenn zumindest die Absicht besteht, die Behandlung tatsächlich durchführen zu lassen.[528] Fiktive (im engeren Wortsinn: imaginäre) Behandlungskosten sind dagegen nicht ersatzfähig. In aller Regel ergibt sich die Absicht zur Behandlung aus der Behandlungsbedürftigkeit und den schon zu einer Behandlung getroffenen Maßnahmen. Der Abschluß eines Behandlungsvertrages ist weder Fälligkeitsvoraussetzung noch sonstige Anspruchsvoraussetzung, aber **Indiz** zur Feststellung der Absicht, sich operieren oder behandeln lassen zu wollen.

Grundlage für die Schätzung der Höhe eines Geldersatzbetrages ohne durchgeführte Behandlung müssen von der verletzten Person eingeholte Behandlungspläne und Kostenkalkulationen sein. Der Grundsatz des § 253 BGB, daß immaterielle Schäden in den durch das Gesetz bestimmten Fällen ausgeglichen werden, gilt zur Schadenskompensation beim Ausgleich des Wertinteresses (§§ 250, 251 BGB), nicht zur Naturalrestitution

---

526 *BGH* VersR 1979, 640 = NJW 1979, 2313.
527 Vgl. *BGH* VersR 1988, 1139 = NJW 1989, 105, 106.
528 So ist *BGHZ* 97, 14 (konkret zu einer kosmetischen Narbenkorrektur; allgemein aber dort formuliert unter II. 3. der Entscheidungsgründe) nach *BGHZ* 63, 285 = VersR 1975, 342 = NJW 1975, 640 zu verstehen.

Wiederherstellung der Gesundheit (Gesundheitsschaden)

nach § 249 BGB. Dieser Grundsatz soll nach Ansicht des *BGH* indes beim Wertersatz zum Gesundheitsschaden durchgreifen, obwohl die Befugnis der verletzten Person, über § 249 S. 2 BGB Gelderstattung statt Herstellung verlangen zu dürfen, sie begünstigen soll. Da der Gesundheitsschaden keinen an objektivierbaren wirtschaftlichen Verhältnissen ausgerichteten oder auszurichtenden (Geld-)Wert hat und kraft des individuellen Persönlichkeitsbezugs nicht einem Markt für Dienstleistungen offensteht, ist für den Ersatz (teilweiser oder vollständiger) fiktiver Operationskosten[529] kein Raum. Andernfalls wird die Ausrichtung des i.S.d. § 249 Satz 2 BGB erforderlichen Geldbetrags verfehlt, die Heilbehandlung anzustreben und bewirken zu können.

595 Die Rechtsordnung weist die Kompensation für eine fortdauernde, nicht behandelte Beeinträchtigung der Gesundheit allein § 847 BGB zu. Es schlägt nur – wenn überhaupt die Voraussetzungen für einen Schmerzensgeldanspruch gegeben sind – der immaterielle Aspekt durch, z.B. beim Verzicht auf die an sich mögliche Narbenkorrektur. Dies betrifft:

- den Verzicht auf eine indizierte Behandlung oder Operation,[530]
- Krankenhauskosten (den nicht realisierten Aufwand für einen stationären Krankenhausaufenthalt),
- die Rehabilitation oder Kur,
- nicht angefallene Zusatzleistungen (z.B. die nicht gewählte Chefarztbehandlung, wenn dem Verletzten an sich eine Chefarztbehandlung zugestanden hätte, der Chefarzt aber nicht in Anspruch genommen worden ist).

596
Beispiel 79

> Vor Jahrzehnten blieb beim *LG Stuttgart*[531] eine Klage erfolglos, mit der um Schadensausgleich wegen Unfallverletzungen nachgesucht wurde, wobei eine vierwöchige Krankenhausbehandlung erforderlich gewesen wäre, die verletzte Ehefrau darauf aber verzichtete, weil ihr Ehemann Facharzt für innere Medizin und sie bereits ein Jahr zuvor länger im Krankenhaus gewesen war. In diesem Fall hätte das *LG* nicht – wie geschehen – einen Ersatzanspruch wegen fiktiver Krankenhauskosten verneinen dürfen, um eine schadensrechtlich nicht statthafte Bereicherung der verletzten Person auszuschließen. Stattdessen wäre auf einen Schadensersatzanspruch wegen der erforderlichen häuslichen Pflege durch

---

529 *BGHZ* 97, 14 = VersR 1986, 550 = NJW 1986, 1538; *Grunsky* in JuS 1986, 441, *Hohloch* in JR 1986, 367, *Rinke* in DAR 1987, 14, *Zeuner* in JZ 1986, 640.
530 Zur Korrektur eines mißlungenen kosmetischen Operation (Brustverschönerung) *OLG Köln* NJWE-VHR 1998, 163.
531 NJW 1976, 1797.

> den Ehemann oder eine andere Person und den Mehrbedarf für die Dauer der gesundheitlichen Beeinträchtigung (Rn. 665, 671 ff.) sowie eine Behinderung in der Haushaltsführung für sich selbst und den Ehemann, die Familie (Rn. 834 ff.) abzustellen gewesen.

c) Schadensminderung

597 Inwieweit der verletzten Person Maßnahmen zur Entlastung des Schädigers obliegen, bestimmen die konkreten Verhältnisse der verletzten Person und die Zumutbarkeit. Zur Verringerung eines Heilaufwands geht es – auch zu Lasten eines Sozialversicherungsträgers, der erfolgversprechende Maßnahmen nicht veranlaßt[532] – im wesentlichen um die Durchführung von Heilmaßnahmen. Operationen müssen gefahrlos sein. Zudem muß eine sichere Heilungsaussicht gegeben sein.

598 Beispiel 80
> Verweigert die verletzte Person eine medizinisch gebotene Psychotherapie, ist der Anspruch nicht zu mindern, wenn der Mangel an Einsicht in die Notwendigkeit der Therapie und an Motivation zu dieser Therapie gerade auf einer psychischen und intellektuellen Anlage beruht.[533] Die Furcht, die eigene (militärische) Karriere erheblich zu gefährden, kann es rechtfertigen, eine gebotene Therapie zu unterlassen.[534]

599 Grundsätzlich ist es der verletzten Person nicht zuzumuten, für eine ärztliche Behandlung oder Operation nachzuforschen, ob eine kostengünstigste Möglichkeit u.U. auch im nahen europäischen Ausland besteht. Es bleibt freilich abzuwarten, ob die Schadens-Rechtsprechung bei veränderten Bedingungen zu ärztlichen Leistungen verlangen wird, ggfs. **Kostenvoranschläge** einzuholen. Bei verschiedenen Möglichkeiten, im nahen Lebensumfeld eine angemessene Behandlung und Wiederherstellung der Gesundheit erreichen zu können, kann das eigene (§ 254 Abs. 2 BGB) und damit das dem Schädiger gegenüber wahrzunehmende (Kosten-)Interesse dies trotz eventuell höherer Kosten nur ausnahmsweise fordern. Andernfalls würde das Prinzip für die Erstattungsfähigkeit, die Bemessung des Aufwands nach den persönlichen, subjektiven, individuellen Verhältnissen einzuschätzen, zugunsten einer Erkundigungspflicht der verletzten Person, die dem Schädiger nützen soll, aufgegeben.

---

[532] *BGH* VersR 1981, 347.
[533] *OLG Hamm* NJW 1997, 804 = r+s 1997, 114.
[534] *OLG Hamm* NZV 1998, 413 = r+s 1999, 61.

2. Begleitkosten

a) Zusatzaufwand

600 Zu den Kosten der Behandlung kommen hinzu reale Aufwendungen für:
- ärztliche Bescheinigungen,
- Arztberichte,
- zur Wahrnehmung von Behandlungsterminen erforderliche Fahrtkosten, (wie bei Fahrtkosten der Angehörigen) bemessen in Anlehnung an § 9 Abs. 3 ZSEG mit 0,40 DM/km[535] oder auch nur in Höhe von 0,30 DM/km.[536]

Die in § 3 EStG aufgeführten Leistungen bleiben **steuerfrei**.[537] Es kommt insoweit weder zu zusätzlichen Nachteilen für die verletzte Person noch zu Ersparnissen oder Vorteilen bei ihr.

601 Arztbesuche des verletzten Angestellten während der Arbeitszeit unter Gehaltsfortzahlung führen nicht zu einem ersatzfähigen Vermögensschaden des (mittelbar betroffenen) Arbeitgebers.[538] Zu Arztbesuchen unentgeltlich aktiver Personen gilt nichts anderes. Der Entgang eines **Verdienstes** während solcher Zeit kann aber die verletzte Person zur Geltendmachung eines (eigenen) Erwerbsschadens befugen. Kosten der **Betreuung** von kleinen Kindern der verletzten Person während ihrer Behandlung, während eines Arzttermins, sind nicht anders zu behandeln als die Babysitterkosten während des Besuchs bei einer verletzten Person. Zur **Haushaltstätigkeit** wird sich in vergleichbarer Weise ein **Erwerbsausfallschaden** selten finden, weil auch bei einem außerordentlichen Zeiteinsatz für ambulante Maßnahmen die Hausarbeit, die unbeeinträchtigt ausgeführt werden kann, zeitlich so disponiert werden kann und muß, daß kein weiterer Schaden entsteht.

602 Übliche **Geschenke** oder **Trinkgelder** für ein Pflegepersonal sind (anders als die Blumengeschenke oder andere Präsente Dritter, die die ver-

---

535 *OLG Hamm* NZV 1997, 182 = NJWE-VHR 1997, 107, DAR 1998, 317; a.A. *OLG Braunschweig* r+s 1991, 199: über die reinen Betriebskosten mit 0,15 DM/km.
536 *OLG Hamm* NJW-RR 1993, 409, 0,40 DM/km hält dieser Senat für zu hoch.
537 Insbesondere seitens der Kranken-, Pflege-, gesetzlichen Unfallversicherung, Leistungen aus der Arbeitslosenversicherung, Sachleistungen aus der gesetzlichen Rentenversicherung; zum Krankengeld *BGH* VersR 1986, 914 = NJW-RR 1986, 1216, zur Unfallversicherung und zum Arbeitslosengeld *BGH* NJW 1980, 1788.
538 *LG Aachen* ZfS 1986, 34.

letzte Person besuchen⁵³⁹) ebenfalls erstattungsfähig. Während von Haftpflichtversichererseite dazu auf einen geringen Umfang geachtet wird und das *LG Lüneburg* 1973 bei einer zehntägigen Behandlung 49,00 DM akzeptiert, aber 89,00 DM für überhöht erachtet hat⁵⁴⁰, werden heute für jede Woche eines stationären Aufenthalts 100,00 DM kaum übersetzt sein, wenn die individuellen Lebensverhältnisse der verletzten Person dem entsprechen.

603 Bei einer stationären Behandlung sind darüber hinaus reale zusätzliche Kosten der **Kommunikation** erstattungsfähig. Bei einem **Miet-, Münzfernsehgerät** sind – entgegen *OLG Köln*⁵⁴¹ – die vollen Aufwendungen anzusetzen, wenn die in angemessener Weise erreichbare kostengünstigste Lösung gesucht ist und genutzt wird.⁵⁴² Bei Fernsehgeräten und dergleichen stehen immer allein die Zusatzkosten für die Möglichkeit an, das Gerät einschalten zu können. Um allgemeine, ohnehin anfallende Kosten geht es dabei nicht. Mittels **Telefons** kann die Kommunkation nur aufrechterhalten werden, wenn Fremdeinrichtungen mit erhöhten Aufwendungen genutzt werden; die Verwendung des eigenen Telefons bei stationärer Behandlung ist ausgeschlossen. Dazu bedarf es Pauschalierungen, um die Zusatzbelastungen einschätzen zu können. Auf die vollen Kosten einer Telefonnutzung ist – entgegen *AG Offenburg*⁵⁴³ – nicht abzustellen, weil Allgemeinkosten, verletzungsunabhängig anfallende Gebühren nicht vom Schädiger zu tragen sind. Das *OLG Hamm*⁵⁴⁴ zieht bei einem längeren Krankenhausaufenthalt des schwerverletzten Familienvaters pauschal 25 % der Telefonkosten ab.

604 Das *OLG Celle*⁵⁴⁵ verlangt den konkreten **Nachweis**, daß die Benutzung solcher Geräte medizinisch geboten ist, und will sonst keinen Ersatz zusprechen, weil die allgemeinen Lebenshaltungskosten betroffen seien. Das Merkmal „medizinisch geboten" gibt aber keine rechtsdogmatisch, schadensrechtlich klar abgrenzende Argumentationshilfe, sondern ist eher ein Behelf, wirtschaftliche Zusatzlasten der verletzten Person selbst zu-

---

539 *LG Oldenburg* ZfS 1985, 40; *Schleich* in DAR 1988, 145, 146.
540 VersR 1975, 1016.
541 NJW 1988, 2957 = NZV 1989, 113 = ZfS 1988, 204 (Ersatz von 3/5 der Aufwendungen), für die Erstattung der Fernsehgrundmiete z.B. *AG Offenburg* ZfS 1995, 252.
542 *Pardey* in NJW 1989, 2314.
543 ZfS 1995, 252.
544 DAR 1998, 317.
545 VersR 1992, 1417, 1418.

zuweisen, statt den verantwortlichen Schädiger heranzuziehen. Es stehen haftungsausfüllend schlichte Begleitkosten infrage. Darüber hinaus zeigen Patientenbefragungen vielfach, daß zu Informations- und Unterhaltungsmöglichkeiten ein relativ geringerer Zufriedenheitsgrad in Krankenhäusern erreicht wird als zur medizinischen Versorgung, pflegerischen Betreuung. Bei ganzheitlicher Betrachtung eines beeinträchtigten Gesundheitszustandes hat jede Handlungsweise, die das Lebensgefühl psychisch stützt, einen gewissen positiven Einfluß. Jeder Einfluß dieser Art ist aus dieser Sicht medizinisch geboten, weil er den Heilungsverlauf zu fördern vermag und solange er jedenfalls diesen Verlauf nicht negativ beeinflußt.

b) Allgemeiner, verletzungsbedingt erhöhter Lebensbedarf

605   Alle erhöhten Kosten im Zusammenhang mit der Heilung führen aber nicht zu einem gesondert bezifferbaren und über § 249 BGB zum Ausgleich zu stellenden Ersatzanspruch. Der zusätzliche Aufwand für die eigene **Verpflegung** und unmittelbare Versorgung der verletzten Person (z.B. mit besonderer Kleidung) während einer stationären Behandlung z.B. ist nicht anders als die Verpflegung, Versorgung bei ambulanter Behandlung im häuslichen Umfeld direkt dem allgemeinen Lebensbedarf zuzuordnen und gibt deswegen keinen Anspruch auf Ausgleich als Begleitkosten der Schadensbewältigung. Gleiches gilt bei dem finanziellen Aufwand und Einsatz, der mit dem subjektiv gestörten Lebensgenuß zusammenhängt. Der wirtschaftliche Verlust ist dann Folge der veränderten **Freizeitgestaltung**, die äußerlich mit der Verletzung zusammenhängt, aber nicht in einem inneren Zusammenhang mit ihr steht, weil und wenn viele (verschiedene) Möglichkeiten des Freizeitverhaltens nebeneinander zur freien Wahl stehen. Dies gilt für Erwachsene und Kinder, Jugendliche gleichermaßen. Der Bereich des allgemeinen Lebensbedarfs, der verletzungsbedingt erschwert oder verschlechtert ist, ist dem Ausgleich über ein Schmerzensgeld zugewiesen. Insbesondere erfaßt der Schmerzensgeldanspruch den (**immateriellen**) Aspekt der **Langeweile** und des Vertreibens der Langeweile, auch bei materiellen Aufwendungen. Erst bei einem **Mehrbedarfsschaden** wegen vorübergehender oder bleibender Behinderungen außerhalb der allgemeinen Lebenshaltungskosten kommt es zu einem getrennten Schadensposten, z.B. bei der notwendigen Betreuung oder Hilfe, ggfs. zu einem **Haushaltsführungsschaden**, auch während einer stationären Behandlung einer alleinstehenden Person für die Dinge des Alltags, die in der eigenen Wohnung sichergestellt sein müssen.

Es besteht aber kein Anspruch – weder pauschal noch unter Nachweis einzelner konkreter Aufwendungen – auf Ersatz von Kosten für **Informationen**, eine **Unterhaltung**, z.B. den Lesestoff bei einem elfwöchigen Krankenhausaufenthalt[546] oder in anderer Lage nach einer Verletzung während des Heilungsverlaufs, und zwar unabhängig davon, ob die Information, Unterhaltung den Heilungsprozeß subjektbezogen fördert, unterstützt oder lediglich nicht erschwert. Die erhöhte Inanspruchnahme von Fernsehgeräten, eines Telefons oder anderer Einrichtungen der modernen multimedialen Welt während Zeiten einer ambulanten Behandlung im häuslichen Umfeld z.B. bleibt Teil der allgemeinen Lebenslage und des allgemeinen Lebensbedarfs, der verletzungsbedingt um immaterielle Belastungen erhöht ist. Der (erstmalige oder) vermehrte Gebrauch von Zeitschriften, Zeitungen, Büchern, Musikkassetten, CD-Playern, Computerspielen oder dergleichen betrifft ebenfalls allein den Umstand, daß die freie Zeit, die Langeweile vertrieben werden soll. Weder teilweise noch in voller Höhe sind deswegen Anschaffungskosten oder andere Aufwendungen in diesem Bereich erstattungsfähig. Die wegen der freien Zeit und der Nutzung dieser Zeit, die wegen der Verletzung nicht anders verwendet werden kann, anfallenden zusätzlichen, erhöhten Aufwendungen bleiben Teil des allgemeinen Lebensbedarfs zur Gestaltung der **Freizeit**.

606

Trotz eines realen Vermögensaufwands bei verletzungsbedingten Nachteilen mit einem Mehraufwand für PKW-Fahrten, den der Verletzte für zwei Jahre (1984 bis 1986) mit 3.780,00 DM beziffert hat, hat der *BGH*[547] auf den Verzicht auf die Teilnahme an Sportveranstaltungen, den damit verbundenen Verlust an Lebensfreude und die Kompensation durch die vermehrten Fahrten abgestellt. Das Schmerzensgeld soll – so der *BGH* weiter – seinem Wesen nach auch solche erhöhte Aufwendungen erfassen, mit denen die verletzte Person versucht, eine wegen der Verletzung nicht mehr mögliche Betätigung durch eine andere Beschäftigung auszugleichen oder zu ersetzen.

607

Beispiel 81

Bei diesem schadensrechtlichen Verständnis erhält die verletzte Person den ihr zustehenden angemessenen Gesamtausgleich häufig aber nur, wenn der Gesetzgeber insbesondere über § 833 BGB und § 53 Abs. 3 LuftVG (bei der unbeschränkten Haftung zu den beim Betrieb militärischer Luftfahrzeuge infolge eines von außen her plötzlich einwirkenden, u.U. akustischen, nicht notwendig mechanischen Ereignisses entstehenden Körper- oder Gesundheits-, Sachschäden) hinaus, vor allem zu

608

---

546 *OLG Köln* VersR 1989, 1309 = ZIP 1989, 1583.
547 *BGH* VersR 1992, 618 = NJW-RR 1992, 792.

§§ 7, 18 StVG und für andere Fälle der Gefährdungshaftung[548], einen Anspruch auf billige Entschädigung für den Schaden, der nicht Vermögensschaden ist, einführt. Der angemessene Gesamtausgleich verlangt zudem, daß die Schadenspraxis den zusätzlichen Faktor wirklich berücksichtigt und ein entsprechendes Bemessungselement die Höhe des Schmerzensgeldes (ausgewiesenermaßen) beeinflußt. Zugunsten der verletzten Person wirkt sich dann aus, daß sie von dem Nachweis der Verwendung einer solchen Pauschale befreit ist.

c) Betreuung, Hilfe, Zuwendung

609

TIP

Der *BGH*[549] spricht davon, daß während einer stationären Behandlung erbrachte (unentgeltliche) **Pflegeleistungen** wirtschaftlich vom Schädiger auszugleichen sind. Diese Leistungen und Zuwendung sind schadensrechtlich wie bei einer nachstationären Pflege, Betreuung abzugelten. Für den Stundensatz ist zu berücksichtigen, ob es um Leistungen neben der Tätigkeit von Fachkräften geht, auch wenn die Leistungen an die Stelle von Tätigkeiten treten, die sonst Pflegekräfte erbringen müßten. Die Hilfstätigkeit neben der Tätigkeit von Fachkräften muß zu einem niedrigeren Wertansatz pro Stunde führen als die alleinige Hilfe, Pflege.

610 Die **Behandlungspflege** (Verabreichung von Arzneimitteln, Wechsel von Verbänden, Spülungen, Einreibungen, Messen von Temperatur, Blutdruck) ist Teil des Behandlungsaufwandes. Wird die Behandlungspflege (ganz oder teilweise) durch Angehörige unentgeltlich geleistet, schuldet der Schädiger im Rahmen der Erforderlichkeit der Pflege nach dem Maß des Angemessenen einen Geldausgleich. Die verletzungsbedingt erforderliche **Grundpflege** mit Hilfebereichen zu Verrichtungen des täglichen Lebens (Körperpflege, Ernährung – mundgerechtes Zubereiten, Aufnahme der Nahrung –, Mobilität – Aufstehen, Zu-Bett-Gehen, An-, Auskleiden, Gehen, Stehen, Treppensteigen –) kann bei unentgeltlicher Unterstützung der verletzten Person durch Angehörige ebenfalls zu einem Erstattungsanspruch für die aufgewandte Zeit führen. Ob solche Leistungen als Pflegekosten wegen der Pflegebedürftigkeit zum Gesundheitsschaden oder zum Mehrbedarfsschaden eingeordnet werden, wirkt sich auf die Schadensabrechnung nicht aus. U.U. hat dies aber Einfluß auf einen der verletzten Person **verbleibenden Teil** des Ersatzanspruchs bei Leistungen einer gesetzlichen Versicherung oder auch einer privaten Schadensversicherung angesichts eines Forderungsübergangs.

---

548 Beachte *Müller* in ZRP 1998, 258, 260.
549 *BGHZ* 106, 28.

Betrag	Fundstelle	Besonderheiten
8,00 DM	*OLG München* NZV 1989, 471	Vielstündiger Einsatz zugunsten des Ehegatten während eines Krankenhausaufenthalts mit nächtlicher Hilfe und regelmäßig dreimaligem Umbetten.
8,00 DM	*OLG München* VersR 1995, 1506	Zusätzliche heilungsbedingte Betreuung durch die Lebensgefährtin im Krankenhaus; jedenfalls Ersatz der Aufwendungen; ein höherer Stundensatz war (für 1989) nicht geltend gemacht.

611
Beispiel 82
Stundensätze

Nach Ansicht des *BGH*[550] hat die Zeit der vermehrten, inneren, emotionalen **persönlichen Zuwendung** und Nähe der Eltern während der Krankenhausbehandlung ihres Kindes, die Zeit einer Aktivierung des Kindes oder einer Beschäftigung mit dem Kind, die vor der Verletzung kein Korrelat gehabt hat, oder eine solche Zuwendung des einen Ehepartners während der Behandlung des anderen Ehepartners keinen „Marktwert". Ein solcher Einsatz eines Angehörigen ist als Vermögenseinbuße nicht hinreichend objektivierbar. Die persönliche Verbundenheit und die dafür aufgewandte Zeit entziehen sich der Umrechnung in Geld. Dazu erwächst der verletzten Person selbst bei einem erheblichen Zeitaufwand der anderen Person kein Vermögensschaden.

612

Die schadensrechtlich berücksichtigungsfähige Betreuung setzt voraus, daß sie sich so weit aus dem selbstverständlichen, originären Aufgabengebiet der Eltern heraushebt, daß nicht nur theoretisch, sondern als praktische Alternative ein vergleichbarer Einsatz fremder Hilfskräfte in Betracht kommt.[551]

613
Betreuungskosten

3. Besuchskosten

Vermögensfolgeschaden sind notwendige, unvermeidbare, wirtschaftliche Nachteile naher Angehöriger, die die verletzte Person mittelbar treffen und unmittelbar der Aufrechterhaltung des Kontakts zu ihr dienen. Dies meint in erster Linie die für den Besuch der verletzten Person während deren stationärer Behandlung anfallenden Kosten. Da die Kosten den

614

---

550 *BGHZ* 106, 28 = VersR 1989, 188 = NJW 1989, 766, *Grunsky* in JZ 1989, 344, *Schlund* in JR 1989, 238.
551 *BGH* VersR 1999, 1156 = NJW 1999, 2819.

Verletzten nicht wirtschaftlich belasten, sind sie dem Schädiger nur anzulasten, soweit besondere Sachgründe den Ersatz ausnahmsweise rechtfertigen. Davon ist auszugehen, wenn Besuche für die Gesundung des Patienten medizinisch notwendig sind, den Heilerfolg zu fördern vermögen, und die wirtschaftlichen Einbußen mit dem Heilungsaufwand in einem engen inneren Zusammenhang stehen sowie unvermeidbar sind.

615
Besuchskosten

> In engen Grenzen ordnet die Rechtsprechung solche Schadensfolgen den Heilungskosten als Nebenkosten zu.[552]

616 Es ist die innere, nahe **persönliche Beziehung** zwischen Besucher und Besuchtem, nicht ein äußeres formales Verwandtschaftsband oder die Hülle der Ehe, relevant. Das *LG Münster*[553] hält – überzeugend – die auf **Verwandschaftsverhältnisse** abstellende Rechtsprechung für zu eng. Es gewährt Ersatz für Besuchskosten durch die Lebensgefährtin (Lebensabschnittspartnerin) als der Person, die wegen des Näheverhältnisses zu dem Verletzten einem Familienangehörigen gleichzustellen sei. Der Grad einer Verwandtschaft oder Schwägerschaft oder die Ehe haben allein Einfluß auf die tatsächliche Feststellung, ggfs. eine Beweiswürdigung zur erforderlichen Enge der Beziehung zwischen der verletzten Person und der besuchenden Person. Bei Lebensgemeinschaften (Rn. 393, 883) hilft es dem Tatrichter, eine solche Feststellung (indiziell) zu treffen, wenn die Ehe jedenfalls vor Abschluß der Schadensregulierung geschlossen ist.

617 Das *OLG Koblenz* sieht sich im Anschluß an den *BGH*, wenn es für den Besuch eine medizinische Notwendigkeit (Nützlichkeit) für die Gesundung der verletzten Person (nach seiner Befindlichkeit) verlangt.[554] Die Erwünschtheit eines Besuchs genügt danach nicht. Zutreffend verlangen jedoch das *LG Münster*[555] und das *OLG Hamm*[556] keinen eng „medizinisch gesicherten Nachweis" zu **positiven Auswirkungen** des Besuchs auf den **Heilungsprozeß**. Das *OLG Hamm* verzichtet a.a.O. auf einen „förmlichen Beweis", wenn und weil der psychische Beistand auch aus medizinischer Sicht einen wesentlichen Beitrag zur Rekonvaleszenz zu leisten pflegt. Die allgemeine Lebenserfahrung genügt in der Tat, um die Anspruchsvoraussetzung „medizinisch geboten" beurteilen zu können.

618 Für die **Häufigkeit** der Besuche lassen sich keine allgemeinen Maßstäbe aufstellen. Bei Ehepartnern werden in vielen Fällen nicht mehr als zwei

---

552 *BGH* VersR 1991, 559 = NJW 1991, 2340 = DAR 1991, 220.
553 NJW 1998, 1901 = r+s 1997, 460 gegen *LG Oldenburg* ZfS 1989, 45.
554 VersR 1998, 1256 m. *BGH* NA-Beschl. v. 19.5.1998.
555 NJW 1998, 1901 = r+s 1997, 460.

Besuchsfahrten wöchentlich während eines mehrmonatigen stationären Aufenthalts anzusetzen sein. Der komaartige Zustand legitimiert z.B. u.U. sogar tägliche Besuche.[557]

Teil der ersatzfähigen Besuchskosten sind Aufwendungen für die notwendige **Pflege** und **Betreuung** von kleinen Kindern, Babysitter-Kosten, wenn die Ehefrau und Mutter während des Besuches ihres Ehemannes oder ihres verletzten Sohnes im Krankenhaus die kleinen Kinder (Geschwister) währenddessen nicht unentgeltlich von Nachbarn oder Verwandten betreuen lassen kann. Wendet der Schädiger ein, eine unentgeltliche Hilfe sei möglich gewesen, trägt er hierfür die Darlegungs- und Beweislast[558], da die Vernachlässigung der **Schadensminderungspflicht** (der verletzten Person) infrage steht.

619

Vor allem kommen **Fahrtkosten** in Betracht. Die Fahrtkosten sind an der wirtschaftlichsten Beförderungsart auszurichten. Beim Einsatz eines PKW[559] sind die Betriebskosten maßgebend. Häufig wird mit 0,40 DM/km mit Mittelwerten der Fahrtstrecken abgerechnet. Die Ansätze des § 9 Abs. 3 ZSEG geben einen ausgewogenen Anhalt für die Schadensregulierung. Auf die Beträge, die gesetzliche oder private Krankenkassen anerkennen oder leisten, ist nicht abzustellen. Das Leistungsverhältnis zwischen der versicherten Person und dem Krankenversicherer besagt für den Schadensausgleich nichts, weil andere Interessen und Maßstäbe zugrundeliegen.

620

Ebenfalls sind erforderliche **Übernachtungskosten** ausgleichsfähig.

621

Der **Verdienstausfall** des besuchenden Ehegatten oder der Eltern stellt einen möglichen Nebenschaden der verletzten Person dar. Der unselbständig erwerbstätige Elternteil kann die Arbeitsstunden abrechnen, die er nicht nachholen kann und für die er nur durch Gewährung unbezahlten Urlaubs von seiner Arbeit freigestellt wird. Für den selbständig erwerbstätigen Elternteil ist der der Besuchszeit unmittelbar zuzurechnende, auf andere Weise nicht aufzufangende Gewinnentgang entscheidend.

622

Vermögenswerte Nachteile infolge der Einschränkung der zeitlichen Disposition des Besuchers durch die Besuche nimmt der *BGH*[560] abweichend von § 252 BGB von der Erstattungsfähigkeit aus. Solche Nachteile z.B.

623

---

556 DAR 1998, 317.
557 *OLG Saarbrücken* NZV 1989, 25, *LG Saarbrücken* NJW 1988, 2958.
558 *BGH* VersR 1989, 1308 = NJW 1990, 1037 = DAR 1990, 58.
559 *OLG Hamm* NJW-RR 1993, 409; NJW-RR 1995, 599.
560 *BGH* VersR 1991, 559 = NJW 1991, 2340 = DAR 1991, 220, *Grunsky* in JuS 1991, 907.

dadurch, daß ein Geschäft erst zu einem späteren Zeitpunkt aufgebaut oder vergrößert werden kann, meint der *BGH* ebenso wie Erschwernisse oder Einbußen im beruflichen Weiterkommen nicht als Besuchskosten klassifizieren zu können. Dazu sieht er (deliktsrechtlich) nicht ersetzbare Drittschäden als gegeben an.

624 Die während des Besuchs verlorene **Arbeitszeit im** und für den **Haushalt** ist nicht auszugleichen, wenn und soweit die Hausarbeit ohne weiteres nachgeholt werden kann oder eine Vorarbeit unschwer möglich ist. Wie es die Schadensminderungspflicht (der verletzten Person) dem Selbständigen gebietet, im zumutbaren Umfang zeitlich ggfs. **umzudisponieren**, müssen auch die im Haushalt tätigen Personen, Ehepartner, Elternteile alle Möglichkeiten der zeitlichen Disposition im Interesse daran nutzen, unerläßliche Zusatzkosten so gering wie möglich zu halten. Der *BGH* hält es „ersichtlich" für möglich, die Arbeiten, die auf die Besuchszeit entfallen, vor- oder nachzuarbeiten, wenn Besuche ohne Einstellung einer Ersatzkraft möglich gewesen sind. Die (entgeltliche) Beschäftigung einer anderen Person wird indessen in allen vergleichbaren Schadensbereichen vom *BGH* nicht für ausschlaggebend erachtet, dort reguliert nur die Zumutbarkeit einer Vor- oder Nacharbeit.

625 Ein Ausgleich für einen **Umzug** mit allen Kosten kommt nur ausnahmsweise infrage.[561]

4. Ersparnis von Lebenshaltungskosten und Eigenanteile, Zuzahlung

626 **Ersparnisse** an Lebenshaltungskosten während einer stationären Behandlung, Kur, Rehabilitation beeinflussen die **Schadensberechnung** im Verhältnis zum Schädiger. Die allgemeinen Verpflegungskosten als Aufwand zur Lebenshaltung sind nicht erstattungsfähig. Nur erhöhte Kosten (Mehraufwand) sind gem. § 249 BGB zu ersetzen. Die ersparten allgemeinen Kosten werden zwar erfahrungsgemäß bei der stationären Behandlung, die die körperliche Bewegung erschwert, aber noch gestattet, durch einen erhöhten, sonst nicht anfallenden Konsum wertmäßig aufgezehrt. Mittels einer solchen Verrechnung und Gegenüberstellung darf aber nicht die Grenze der Erstattungsfähigkeit überschritten werden, die es versagt, die Allgemeinkosten zu berücksichtigen (Rn. 605).

---

[561] *BGH* VersR 1979, 350 = NJW 1978, 598.

Ersparnis von Lebenshaltungskosten und Eigenanteile, Zuzahlung

627

Beispiel 83

Anrechnung einer Ersparnis
I. Gesundheitsschaden:
Heilbehandlungskosten	10.500,00
zuzüglich Zusatzaufwand	147,00
zuzüglich Besuchskosten	90,00
anrechnungsfähige Ersparnis (z.B. 21 Tage zu 15,00)	–315,00
Gesamtansatz zu I:	10.422,00
II. Haushaltsführungsschaden	3.472,00
III. Aufwendungspauschale	50,00
Ersatzforderung (Summe aus I., II., III.)	**13.944,00**

Erläuterung: Die Einsatzbeträge können jede andere Größe haben. Handelt es sich teilweise um monatliche Renten (Rn. 278) ist ggfs. eine gesonderte Berechnung geboten neben der Berechnung zum Einmalbetrag. Die Höhe einer etwaigen Ersparnis bestimmt sich nach dem Einzelfall, Rn. 633 f.

628

Bei einer **Mithaftung** zum Anspruchsgrund darf die Ersparnis (anders als beim Erwerbsschaden, Rn. 766) erst im Anschluß an die Quotierung in die Berechnung einfließen. Da die Ersparnis Bezug zu den Lebenshaltungskosten, nicht zur Behandlung hat, ist es hier nicht legitimiert, die Ersparnis im Anrechnungsbetrag um den Mithaftanteil geringer anzusetzen.

629

Berechnungsmodell

Berechnungsmodell, -vorschlag
Haftungsquotierung bei Heilbehandlungskosten

	Beispiel A	Beispiel B
Heilbehandlungskosten (I)	10.500,00	10.500,00
Besuchskosten pp (I a)	287,00	287,00
Gutachterkosten (I b)	0,00	400,00
Haushaltsführungsschaden, Kapital oder Summe von Rentenbeträgen, (II)	3.472,00	3.472,00
Summe (I, I a, I b, II)	14.259,00	14.659,00
Haftungsquote	70 %	70 %
Quotierte Ersatzforderung	9.981,30	10.261,30
anrechnungsfähige Ersparnis (zu I)	–315,00	–315,00
Verbleibende Forderung	9.666,30	9.946,30

Erläuterung: Das Beispiel A schließt an die Werte in Rn. 627 an, wobei mit 287,00 DM die Einzelbeträge von 147,00 DM, 90,00 DM, 50,00 DM hier zusammengefaßt sind unter dem Aspekt der Besuchskosten. Auf diese Einzelbeträge kommt es insoweit nicht entscheidend an, auch nicht auf einen Eigenanteil (Rn. 630), der als weitere Schadensfolge vor der Quotierung einzuordnen ist.
Wird dagegen die Haftungsquote (z.B. bei 70 %) auf den in Rn. 627 errechneten Betrag von 13.944,00 DM bezogen, würde (bei demselben Ge-

Wiederherstellung der Gesundheit (Gesundheitsschaden)

> samtansatz) eine quotierte Ersatzforderung von (13.944,00 DM x 70 % =) 9.760,80 DM errechnet. Der höhere Betrag von 94,50 DM zugunsten der anspruchsberechtigten Person entspricht dem (ersatzlos bleibenden) Mithaftanteil (100 % – 70 % = 30 %) von der Ersparnis (315,00 DM x 30 % = 94,50 DM).
>
> Das Beispiel B zeigt auf dem Rechenweg wie im Beispiel A den Einfluß eines weiteren Schadensbetrages (Gutachterkosten).

630 Dem Grundprinzip des Schadensausgleichs entspricht es, daß der Schädiger für jede wirtschaftliche Zusatzlast aufzukommen hat, die die verletzte Person nach ihrer persönlichen Lage trifft. Dies bezieht verletzungsbedingt **erhöhte Belastungen für Versicherungen**[562] ein. Der **Eigenanteil** oder eine Zuzahlung sollen den Aufwand der Krankenversicherung reduzieren helfen, um Beiträgssätze stabilisieren zu können. Im Außenverhältnis zum Schädiger und dessen Haftpflichtversicherung wird die **Schadenslast** zur Heilbehandlung als solche dadurch nicht berührt. Der **Eigenanteil** an Kosten bei Leistungen der gesetzlichen Krankenversicherung, insbesondere bei einer stationären Behandlung (nach § 39 SGB V ab Vollendung des 18. Lebensjahres), betrifft die **interne Verteilung** von Lasten zwischen der (mit-)versicherten (verletzten) Person und dem (Sozial-)Leistungsträger. Eigenanteile der verletzten Person im Verhältnis zu Krankenkassen, Zuzahlungspflichten bei Krankenkassenleistungen, führen – wie das *OLG Hamm*[563] ohne Begründung annimmt – zu einem erstattungsfähigen, ihr verbleibenden Schadensansatz (z.B. bei Arzneimitteln, bei Transporten, bei Zahnbehandlungen). Da der Leistungsträger in diesem Umfang gar nichts leistet, sind in diesem Umfang keine kongruenten Anteile zu seinen Gunsten festzustellen. Die verletzte Person hat zudem keine sozialrechtliche Möglichkeit, sich von der Zuzahlung im Schadensfall befreien zu lassen. Kein Eigenanteil (keine Zuzahlung) zum stationären Aufenthalt fällt bisher an, wenn ein Krankenhausaufenthalt im selben Jahr mit der entsprechenden Dauer für die Zuzahlung vorangegangen ist. Die Inanspruchnahme zusätzlicher Leistungen folgt der allgemeinen Regel zur Erstattungsfähigkeit (Rn. 571 ff.).

---

[562] Zur Prämienerhöhung bei der Krankenhaustagegeldversicherung *BGH* VersR 1984, 690 = NJW 1984, 2627; zu Ausgleichsansprüchen bei der Erhöhung von Unfallversicherungsbeiträgen *Sieg* in VersR 1993, 526.

[563] VersR 1997, 330, 331; zum Verlust des Beitragsnachlasses in der BG *BGH* NJW 1989, 2116.

631

Berechnungsmodell

Berechnungsmodell, -vorschlag
Eigenanteile, Zuzahlungen bei Heilbehandlung

	ohne Eigenanteil	mit Eigenanteil
Heilbehandlungskosten	10.500,00	10.500,00
abzüglich Eigenanteil	0,00	–238,00
anrechnungsfähige Ersparnis	–315,00	–315,00
ergibt Zwischensumme (I)	10.185,00	9.947,00
Eigenanteil als weitere Schadensfolge (Ia)	0,00	238,00
Haushaltsführungsschaden, Kapital oder Summe von Rentenbeträgen, (II)	3.472,00	3.472,00
Ersatzforderung, Summe (I, Ia, II)	13.657,00	13.657,00

Erläuterung: Gegenüber dem Beispiel Rn. 627 ergibt sich die geringere Ersatzforderung in der Summe, weil die weiteren, zusätzlichen Schadenspositionen (insgesamt 287,00 DM) außer Ansatz geblieben sind. Diese weiteren Positionen haben keinen Einfluß auf die Verteilungsfragen zur Ersparnis und zur Zuordnung des Eigenanteils.

Bei der vorgeschlagenen Abrechnung mit Eigenanteil wirkt sich infolge Substraktion und Addition zu Lasten des Schädigers nichts zusätzlich aus. Gekürzt wird aber der Schadensteil unter I. Dies ist wesentlich für den auf eine Krankenkasse übergehenden Teil der Ersatzforderung (Rn. 637 ff.). Der Anspruchsteil der Kasse ist eingangs zum Aufwand von 10.500,00 DM in jedem Fall zu vermindern um den Eigenanteil in Höhe von 238,00 DM auf 10.262,00 DM.

632

Das *OLG Celle*[564] sieht bei Personen, die den Barbedarf der Familie nicht erarbeiten, keinen Schaden im Umfang der allgemeinen, gewöhnlichen Aufwendungen für Verpflegung (also die häuslichen Ersparnisse bei stationärer Behandlung). Es kehrt dazu den allgemeinen Gedanken des § 843 Abs. 4 BGB spiegelbildlich um und will dem Schädiger deswegen nicht entgegenhalten, es sei im Bereich der Baruntherhaltsgewährung tatsächlich nichts erspart, wenn die verletzte Person für ihren Barbedarf und Unterhalt nicht aufzukommen hat. Das Gericht sieht keinen Grund dafür, einerseits den Schaden in der Person des Verletzten zu errechnen und andererseits darauf abzustellen, daß Ersparnisse der barunterhaltsleistenden und – pflichtigen Person zugute kommen. Bei einem verletzten Soldaten sieht der *BGH*[565] – teilweise vergleichbar – keine Ersparnis während eines Krankenhausaufenthaltes, wenn und weil die ihm zu

---

[564] NJW 1969, 1765, 1766; NZV 1991, 228 m. Anm. *Schröder* in NZV 1992, 139.
[565] *BGH* VersR 1978, 251.

Wiederherstellung der Gesundheit (Gesundheitsschaden)

gewährende Versorgung neben der Heilfürsorge die unentgeltliche Bereitstellung von Gemeinschaftsverpflegung umfaßt. Jedenfalls für verletzte erwerbslose (haushaltsführende) Personen im Familienverbund und Abkömmlinge ohne Erwerbseinkommen muß aber ihr Barunterhaltsanspruch und von daher die ihnen wirtschaftlich zugutekommende Unterhaltsersparnis berücksichtigt werden. Auf einen eigenen Erwerbs(ausfall)schaden der verletzten Person kommt es für die Frage der Anrechnung von häuslichen Ersparnissen daher nicht an, obwohl die allgemeinen Lebenshaltungskosten aus den Unterhaltsbeiträgen (vgl. Rn. 1102) bestritten werden.

633 Die unabhängig von einer stationären Behandlung oder Kur, Rehabilitation anfallenden Kosten für den allgemeinen Lebensbedarf werden regelmäßig mit **Beträgen zwischen 7,00 DM und 20,00 DM täglich** angesetzt.

634

Beispiel 84
Häusliche Ersparnis

Das *KG*[566] will bei Kindern die Hälfte des Betrages abziehen, der bei Erwachsenen zu berücksichtigen ist. Das *AG Berleburg*[567] hat hingegen schon bei einer 16-jährigen Schülerin 15,00 DM angenommen, während das *LG Mannheim*[568] bei einem Zivildienstleistenden auf 10,00 DM abgestellt und das *OLG Zweibrücken*[569] 1991 für eine Hausfrau ebenfalls von 10,00 DM gesprochen hat, nachdem der *BGH* 1984[570] 10,00 DM[571] nicht kritisiert hat.

635 Bei dem Anspruch der verletzten, haushaltsführenden Person darf die häusliche **Ersparnis nicht mit** einem von ihr oder für sie aufzubringenden **Eigenanteil verrechnet** werden, wie es das *OLG Celle*[572] bei gleich hohen Ersparnissen und Eigenanteilen annimmt. Damit kürzt das *OLG* die Ersatzforderung ohne Rechtsgrund. Bei den Ersparnissen handelt es sich um einen Abzugsposten. Der Eigenanteil bleibt dagegen für die Schadensberechnung neutral. Für die betroffene Person selbst ist dieser Anteil ersatzfähig. Die Frage, ob Ersparnisse bei der verletzten Person oder bei einem Sozialleistungsträger zu berücksichtigen sind, beeinflußt zudem den Umfang des Forderungsanteils. Selbst wenn die Ersparnis abweichend von der hier vertretenen Ansicht der betroffenen Person zugewiesen wird, darf aber die vom *OLG* vorgenommene Verrechnung nicht erfolgen, weil dieses Vorgehen bereits den ersatzfähigen Schaden zu gering ansetzt.

---

566 VersR 1979, 137 = DAR 1979, 494.
567 ZfS 1989, 373.
568 ZfS 1989, 296.
569 NZV 1992, 150 = ZfS 1992, 195.
570 VersR 1984, 583 = NJW 1984, 2628.
571 Zu diesem Ansatz kommt *OLG Hamm* NJW-RR 1995, 599 auch noch 1994.

> Bei der Berechnung mit Eigenanteil zeigt Rn. 631, daß bei den zugrundegelegten Werten die Behandlungskosten i.e.S. mit 9.947,00 DM anzusetzen sind und 238,00 DM hinzukommen (gesamt = 10.185,00 DM) oder von 10.500,00 DM die Ersparnis mit 315,00 DM abzuziehen ist (= 10.185,00 DM). Sind Ersparnis und Eigenanteil gleich hoch (z.B. mit 238 DM) läßt das *OLG* Celle a.a.O. beide Beträge außer Ansatz, während von 10.500,00 DM nun im Ergebnis – nur – 238,00 DM abzuziehen sind und die Ersatzforderung also – im Vergleich – wegen der geringeren Ersparnis um 77,00 DM höher liegen muß: 10.500,00 DM – 238,00 DM = 10.262,00 DM.

636

Beispiel 85

6. Kongruente Leistungen

Zu Heilbehandlungskosten i.e.S. ergeben sich beim Forderungsübergang (Rn. 368 ff.) praktisch in aller Regel keine Kongruenzprobleme, weil die Fremdleistungen den Schaden der versicherten Person decken. Mit dem Heilungsaufwand (Arzt-, Behandlungskosten, Aufwendungen für Arzneien, Heilmittel, stationäre Behandlung) sind Leistungen der ambulanten oder stationären Behandlung, die häusliche Krankenpflege neben einer ärztlichen Behandlung (§§ 27, 37 ff. SGB V, 15 SGB VI) kongruent.

637

Die Beschränkung einer Erstattungsfähigkeit von Heilbehandlungskosten angesichts einer behandlungsbedürftigen, verschlimmerten Vorschädigung wirft kein Kongruenzproblem wie bei einer quotierten, reduzierten Ersatzforderung auf. Bei einer Reduzierung des Anspruchsrechts wegen Mithaft gelten die erläuterten Verteilungskriterien zwischen einem Leistungsträger und der betroffenen Person (Rn. 405 ff., zu Besonderheiten s. sogleich Rn. 645 ff.).

638

Zu **Zusatzaufwendungen** und **Besuchskosten**[573] kann bei im Haushalt tätigen Personen oder bei Kindern, Jugendlichen ohne eigene Erwerbseinkünfte kein Übergang stattfinden, weil es an mit der Ausrichtung des Schadensersatzes zweckgleichen Versicherungsleistungen fehlt. Der *BGH*[574] spricht davon, daß die Aufwendungen, die über den Mehrbedarf hinausgehen, mit dem Ersatz für den Verdienstausfall deckungsgleich sind.

639

---

572 VersR 1992, 1417, 1418.
573 *OLG München* VersR 1978, 373.
574 VersR 1984, 583 = NJW 1984, 2628. Nach dem Kontext müssen die Kosten gemeint sein, die den allgemeinen Lebensunterhalt unabhängig von einer stationären Behandlung betreffen.

Daraus leitet sich her, daß solche Kosten in Bezug zu setzen sind zu dem Ersatz für einen Erwerbsnachteil einer verletzten Person, insbesondere also bei einem Erwerbsschaden im engeren Sinn. Ob der *BGH* bei dem Ersatz eines Erwerbsausfallschadens in Form des Haushaltsführungsschadens damit einen Übergang bejahen möchte, ist offen.

640 Das *OLG Zweibrücken*[575] bejaht bei **Krankenkassenleistungen** (im Rahmen der Familienhilfe) den Übergang des Anspruches auf Erwerbsausfall in Form des **Haushaltsführungsschadens** (als ausgefallener Unterhaltsleistung für die Familienangehörigen, Rn. 814). Nach der hier vertretenen Ansicht ist trotz der schadensrechtlichen Konstruktion des Ausfalls der Fremdversorgung, – betreuung für andere Personen als Erwerbsausfall nicht die Kongruenz zwischen der Heilbehandlungsleistung des Sozialversicherungsträgers und dem Erwerbsausfallschadensteil zu bejahen. Eine solche Kongruenz besteht nur bei Barleistungen des Leistungsträgers, denen Lohnersatzcharakter (Krankengeld, Verletztengeld) zukommt. Die teilweise gegenüber früher veränderte Abrechnungspraxis eines Sozialversicherungsträgers bei der Gewährung von Leistungen ist nicht entscheidend. An dem herkömmlichen System mit den Unterschieden zwischen echten Barleistungen und der Gewährung insbesondere der (stationären) Behandlung und dem Fürsorgegedanken des gesamten Sozialversicherungssystems an der Stelle einer reinen Kostenerstattung (wie bei Privatversicherungen) hat sich nichts geändert. Daß die Leistungen eines Sozialversicherungsträgers während stationärer Behandlung auch dem allgemeinen Lebensunterhalt[576] dienen, die stationären Behandlungskosten kalkulatorische Behandlungs-, Unterkunfts- und Verpflegungsanteile einschließen, verlangt keine andere Beurteilung.

641 Nach der höchstrichterlichen Rechtsprechung ist die Ersparnis zu häuslicher Verpflegung (Rn. 634) auf den weiteren, restlichen Erwerbsschadensanspruch, nicht auf den Anspruchsteil des Sozialversicherungsträgers, zu beziehen. Dort entscheidet der zeitlich vorrangige teilweise Übergang des Anspruchs auf Ersatz des Verdienstausfalls auf den Sozialversicherungsträger (im Zeitpunkt des schädigenden Ereignisses) gegenüber dem (bei einer Lohn- oder Gehaltsfortzahlung erst im Zeitpunkt der Lohnfortzahlung) übergehenden Anspruchsteil des Arbeitgebers, der deshalb den um die Ersparnis verringerten Anspruch erhält.[577]

---

[575] NZV 1992, 150 = ZfS 1992, 195.
[576] *BGH* VersR 1984, 583 = NJW 1984, 2628, *Klimke* in NJW 1986, 2355, *Schmalzl* in VersR 1995, 516.
[577] *BGH* VersR 1984, 583 = NJW 1984, 2628.

642

Berechnungsmodell

Berechnungsmodell Zuordnung einer Ersparnis bei Anspruchsaufteilung zum Erwerbsschaden			
	Schadensberechnung	Übergang Krankenkasse	verbleibender Anspruch
Heilbehandlungskosten	10.500,00		
anrechnungsfähige Ersparnis (21 Tage zu 15,00)	−315,00		
ergibt Heilbehandlungsschaden	10.185,00	10.185,00	0,00
Erwerbsschaden (deckt Ersparnis ab)	3.472,00	315,00	3.157,00
Ersatzforderung (Summe aus Heilbehandlungs- und Erwerbsschaden)	13.657,00	10.500,00 begrenzt durch die Leistung	3.157,00

Das *OLG Zweibrücken*[578] verneint einen Zusammenhang zwischen der häuslichen Ersparnis und dem nach seiner Ansicht (Rn. 640) bei der haushaltsführenden Person auf den Leistungsträger übergegangenen Anspruch, weil die Ersparnis nicht dadurch eintrete, daß die verletzte Hausfrau unfallbedingt erwerbsunfähig geworden sei. Auch ein Erwerbsunfähiger müsse sich verpflegen. In der Tat ist zugunsten der verletzten, haushaltsführenden Person[579] oder auch eines nicht erwerbstätigen Kindes zu entscheiden und der **Abzug** wegen der **Ersparnisse** in diesen Fällen der **Krankenkasse** zuzuordnen: Nicht die verletzte, haushaltsführende Person und ihre Familie oder das verletzte Kind, sondern die Leistungsträger haben m.a.W. den verringerten Ansatz in der (anteiligen) Berechtigung zum Außenverhältnis gegenüber dem ersatzpflichtigen Schädiger hinzunehmen. Auch darf ein eventueller Eigenanteil niemals (Rn. 635) übergangen werden. Die zitierte Ansicht des *BGH* (Rn. 641) zum Verdienstausfall ist für das interne Verhältnis zwischen der haushaltsführenden Person und dem Sozialversicherungsträger nicht ergiebig. Eine mit der Konstellation zwischen dem Arbeitgeber und dem Sozialversicherer vergleichbare Konstellation findet sich beim Haushaltsführungsschaden im Verhältnis zum Sozialversicherer nicht. Die ersparten Kosten werden nicht durch die Haushaltsführung aufgebracht, erwirtschaftet und korrespondieren mit der Haushaltsführung weder finanziell noch wertmäßig. Für den Haushaltsführungsschaden der alleinstehenden

643

---

578 NZV 1992, 150 = ZfS 1992, 195.
579 Mit Ansatz wie hier *Küppersbusch* in Personenschäden, Rn. 174.

Wiederherstellung der Gesundheit (Gesundheitsschaden)

Personen als vermehrte Bedürfnisse und die rechtlich entsprechende Einordnung der Haushaltsführung für die eigene Person (Rn. 812) versagen die von dem hier vertretenen Ansatz abweichenden Argumentationsansätze überhaupt. Einen Erwerbsausfallschaden gibt es dazu und dort nicht. Die Ersparnis steht aber gerade im Kontext der Eigenversorgung im Haushalt, also des Mehrbedarfs.

644

Berechnungsmodell

Berechnungsmodell, -vorschlag
Zuordnung einer Ersparnis, Haushaltsführungsschaden,
kein Eigenanteil (Rn. 630)

	Schadensberechnung	Übergang Krankenkasse	verbleibender Anspruch
Heilbehandlungskosten	10.500,00	10.500,00	0,00
anrechnungsfähige Ersparnis	−315,00	−315,00	
ergibt Heilbehandlungsschaden	10.185,00	10.185,00	0,00
Haushaltsführungsschaden (Kapital oder Summe) – deckt Ersparnis nicht ab –	3.472,00	0,00	3.472,00
Ersatzforderung	13.657,00	10.185,00	3.472,00

Erläuterung: Die verletzte Person erhält also den Erwerbsausfall mit 3.472,00 DM (oder einen gleich hohen Betrag als Mehrbedarf für die Versorgung des eigenen Haushalts oder des Eigenanteils für den Haushalt im Mehr-Personen-Haushalt) ungeschmälert ersetzt. Die Ersparnis (für die häusliche Verpflegung) belastet die verletzte, zur Haushaltsführung beeinträchtigte Person nicht.

Wird mit der hier abgelehnten Ansicht die Ersparnis beim Erwerbsausfall oder – rechtlich – dem entsprechenden Mehrbedarf wegen der Beeinträchtigung im Haushalt eingestellt, mindert sich der Anspruch der verletzten Person ohne Eigenanteil auf 3.157,00 DM wie im Beispiel Rn. 642.

645 Bei einer **Mithaftung** mit der Folge der Anspruchskürzung im Außenverhältnis, ist im Falle des § 116 SGB X die relative Kürzung ohne Besonderheiten zu beachten, wenn der Erwerbsschaden angesichts der Ersparnis aufgeteilt wird. Bei der Einordnung der Ersparnis im Außenverhältnis versteht es sich aber nicht zwangsläufig, daß die Kürzung im Außenverhältnis die verletzte Person dazu berührt. Im vollen Umfang wird vielmehr wegen der unterschiedlichen Schadensgruppen der Leistungsträger den verringerten Ersatzanspruch hinzunehmen haben.

Zuordnung einer Ersparnis bei Anspruchsaufteilung, Haushaltsführungsschaden, *ohne* Eigenanteil			
	Schadensberechnung	Übergang Krankenkasse	verbleibender Anspruch
Heilbehandlungskosten	10.500,00	10.500,00	0,00
Haushaltsführungsschaden			
– deckt Ersparnis nicht ab –	3.472,00	0,00	3.472,00
Summe	13.972,00	0,00	3.472,00
Haftungsquote	70 %	70 %	70 %
Quotierte Forderung	9.780,40	7.350,00	2.430,40
anrechnungsfähige Ersparnis	–315,00	–315,00	
Ersatzforderung	9.465,40	7.035,00	2.430,40

Erläuterung: Die relative Theorie ist gewahrt innerhalb der Schadensgruppen. Sie begünstigt bei diesem Verständnis im Ergebnis die verletzte haushaltsführende Person oder ein (mitversichertes) verletztes Kind aus den Gründen, die hier zum Forderungsübergang zugrundegelegt sind (Rn. 380).

646

Ersparniszuordnung ohne Eigenanteil

Bei einer **Zuzahlung**, einem Eigenanteil ist die Entlastung eines Leistungsträgers und die Belastung der verletzten Person zu beachten (Rn. 630). Die Zuzahlung, die keinen Zusammenhang mit einer Ersparnis hat, muß immer für das Außenverhältnis zur Berechtigung der verletzten, betroffenen Person führen, da in der entsprechenden Höhe eine Leistung des Leistungsträgers fehlt. Hinsichtlich einer Ersparnis neben einem Eigenanteil gelten bei Mithaftung keine Besonderheiten gegenüber der Darlegung für die Ersparnis ohne Eigenanteil, Rn. 628 f., 646.

647

Zuordnung einer Ersparnis bei Anspruchsaufteilung, Haushaltsführungsschaden, *mit* Eigenanteil			
	Schadensberechnung	Übergang Krankenkasse	verbleibender Anspruch
Heilbehandlungskosten	10.500,00	10.500,00	0,00
abzüglich Eigenanteil			
(z.B. 14 Tage zu 17,00)	–238,00	–238,00	
anrechnungsfähige Ersparnis	–315,00	–315,00	
ergibt Heilbehandlungsschaden	9.947,00	9.947,00	0,00
Haushaltsführungsschaden			
(Kapital oder Summe)			
– deckt Ersparnis nicht ab –		3.472,00	3.472,00
Eigenanteil als weitere Schadensfolge		238,00	238,00
Ersatzforderung	13.657,00	9.947,00	3.710,00

648

Ersparniszuordnung mit Eigenanteil

Wiederherstellung der Gesundheit (Gesundheitsschaden)

> **Erläuterung:** Aus den geschilderten Gründen (Rn. 631) belastet den Schädiger die Ein- und Zuordnung des Eigenanteils nicht zusätzlich. Die Zuweisung des Eigenanteils steht darüber hinaus nicht im Widerspruch zu dem Gedanken, daß die verletzte Person diesen Anteil im internen Leistungsverhältnis aufbringen soll, um den Leistungsträger zu entlasten, weil die Entlastungsfunktion auf die allgemeine Leistungsbeziehung ausgerichtet ist, nicht auf Schadensfälle mit Regreßmöglichkeit, die den Leistungsträger weiter entlastet. Darüber hinaus ist der Kongruenzgedanke ein Zuordnungskriterium, das wertenen Einflüssen offen steht. Die Bewertung der Gesamtlage fordert die Minderberechtigung des Leistungsträgers.
>
> Werden Ersparnisse, wenn kein Eigenanteil anfällt, anfänglich berücksichtigt, aber dann, wenn zusätzlich der Eigenanteil entsteht, auf den Erwerbsausfall-, Mehrbedarfsteil bezogen, ergibt sich die Differenz von 77,00 DM (s. Rn. 636) zu Lasten der haushaltsführenden Person, die den Unterschied zwischen dem Eigenanteil und den Ersparnissen (315,00 DM abzüglich 238,00 DM) wiederspiegelt, um die die verletzte Person und die barunterhaltspflichtige Person nach der persönlichen Betroffenheit im konkreten Zeitpunkt (bei diesen Wertgrößen) wirtschaftlich real mehr belastet sind. Eine solche unterschiedliche Zu- und Einordnung der Ersparnis in beiden Situationen ist zum internen Verhältnis zwischen der (mit-)versicherten Person und dem Leistungsträger gar nicht zu rechtfertigen.
>
> Für die betroffene Person kommen ggfs. die in Rn. 627 angesprochenen Positionen (dort mit 287,00 DM angenommen) hinzu.

649 Auf den **Dienstherrn** geht der Anspruch wegen der Heilbehandlung (im Krankheitsfall) in Höhe von Beihilfeleistungen[580] über. Der Dienstherr, auf den der Anspruch wegen des Erwerbsschadens im Verletzungszeitpunkt übergeht, braucht sich (später) ersparte häusliche Aufwendungen nicht entgegenhalten zu lassen.[581] Die Ersparnis kann nur auf den Anspruchsteil einer Krankenkasse, die die Kosten der Behandlung (später und mit der Ersparnis zeitlich korrespondierend) übernimmt, bezogen werden.

650 Bei der **privaten Krankenversicherung** ist das vertraglich umgrenzte Risiko entscheidend. Dort sind z.B. Krankenhauskosten versichert. Von Leistungen des privaten Krankenversicherers bei stationärer Behandlung wird der Erwerbsschaden und damit ein Schadensteil, dem die häuslichen Ersparnisse (in ihrem Gegenwert als Gehaltsbestandteil) entsprechen,

---

[580] *BGH* VersR 1992, 829 = NJW 1992, 1556. Bei entsprechenden vorläufigen Hilfeleistungen im Krankheitsfall wäre die Leistungen mit Realisierung der Schadensersatzforderung zurückzuzahlen.
[581] So *BGH* VersR 1980, 455 = NJW 1980, 1787.

nicht erfaßt.⁵⁸² Mithin kann auf die private Krankenkasse bei dem privatkrankenversicherten Beamten und auch den mitversicherten Angehörigen dazu nichts übergehen. Eine Ersparnis ist deswegen – immer – bei dem Berechtigungsteil dieser Kasse zu berücksichtigen.

II. Vermehrte Bedürfnisse, Mühewaltungen (Mehrbedarfsschaden)

§ 843 BGB und die vergleichbaren Normen stellen klar, daß vermehrte, gesteigerte, erhöhte Bedürfnisse der individuellen Lebenssphäre vom Schädiger zu ersetzen sind.

651

1. Grundsatz

Gemeint sind infolge verletzungsbedingter Defizite gegenüber dem bisherigen Lebenszuschnitt erhöhte Lasten, also die im Vergleich mit dem Lebensbedarf des gesunden Menschen zusätzlich anfallenden Lasten. Abzustellen ist auf **dauernde, regelmäßige, zusätzliche** wirtschaftliche Nachteile bzw. einmalig für einen erhöhten Bedarf in der Zukunft anfallende Kosten⁵⁸³ nach den Gegebenheiten bei der verletzten Person.

652

> Ein Übergewicht⁵⁸⁴ gestattet keine Anspruchsminderung, auch wenn dadurch verletzungsbedingte Erhöhungen der Bedürfnisse beeinflußt werden, weil der Schädiger den Schaden so auszugleichen hat, wie er sich nach der jeweiligen individuellen Situation beim Verletzten zeigt (s. aber zu Behandlungskosten bei einer behandlungsbedürftigen Vorschädigung Rn. 592).

653

Beispiel 86

Im Unterschied zum Gesundheitsschaden (dem Heilungsaufwand und -bedarf zur Wiederherstellung der Gesundheit), für den zumindest die nachgewiesene Absicht, den Aufwand zu tätigen, unabdingbar ist und

654

---

582 Vgl. *BGH* VersR 1971, 127 = NJW 1971, 2402.
583 *BGH* VersR 1964, 1307; VersR 1974, 162 = NJW 1974, 41; VersR 1982, 238 = NJW 1982, 757.
584 So jedenfalls *OLG Oldenburg* NJWE-VHR 1998, 18 = NdsRpfl. 1997, 306, 307.

fiktive Aufwendungen nicht ausgeglichen werden, geht es um die **Restitution** des Lebenszuschnitts, der **Lebensführung bei** der **objektiven Erforderlichkeit** i.S.d. § 249 S. 2 BGB.

655 Im Unterschied zum Bereich des § 847 BGB geht es **nicht** um die **Lebensfreude** bzw. die Verkürzung der Möglichkeiten, das Leben zu gestalten. Die Schadenspositionen aus § 843 BGB und § 847 BGB sind getrennt zu beurteilen. Zu einer Doppelentschädigung nach beiden Gesichtspunkten darf es nicht kommen.

656
Beispiel 87

> Beim unfallbedingten Verlust des Sprech- oder Sehvermögens ist der verletzten Person nicht einerseits ein Schmerzensgeld dafür zuzuerkennen, daß sie sich nicht mehr wie früher verständigen und nicht mehr wie früher die Freizeit (z.B. durch den Besuch von Museen, Ausstellungen, Veranstaltungen) gestalten kann, und andererseits zugleich ein Ersatz nach § 843 BGB bei Aufwendungen für eine **Begleitperson**, mit der gegen Entgelt an der Stelle von Gesprächen mit anderen Besuchern ein Meinungsaustausch erfolgen kann[585] oder die gegen Entgelt die Ausstellung, den Geschehensablauf beschreibt.
>
> Eine (mögliche) Beeinträchtigung der Befriedigung sexueller Bedürfnisse gehört dem Bereich des Immateriellen an. Mehraufwendungen sind nicht gesondert erstattungsfähig.[586]

657 Bereiche der **Daseinsvorsorge** weist der *BGH* in diesem Kontext § 842 BGB zu. Einen verletzungsbedingten, gem. § 287 ZPO zu schätzenden Mehraufwand dafür, statt vorher gewohnter Großeinkäufe täglich Fahrten für kleinere Einkäufe zu unternehmen, erachtet er[587] für ersatzfähig, ohne § 843 BGB mit einem Mehrbedarf zu erwähnen.

658 Infolge der erlittenen Behinderung erhöhte Kosten einer begonnenen oder auch ersatzweise aufgenommenen **Ausbildung** (auch Förder-, Nachhilfeunterricht) oder die Zusatzkosten einer Beschäftigung in einer Behindertenwerkstatt, eine berufsausbildungsbegleitende Behandlung nach dem Konzept eines (professionellen) Instituts für Reha-Management[588] sollten **Erwerbsschaden** sein. Sie werden nach anderer Ansicht[589] als Mehrbedarfsschaden abgerechnet. Materielle Aufwendungen zur **Aktivierung** der verbliebenen **Arbeitskraft** sollten nicht den vermehrten Bedürfnissen, sondern dem Erwerbsschaden zugeordnet werden. Anschaffungs-

---

585 Vgl. *OLG Bamberg* MedR 1988, 99 m. *BGH* NA-Beschl. v. 10.12.1985.
586 *OLG Düsseldorf* r+s 1997, 504.
587 *BGH* VersR 1992, 618 = NJW-RR 1992, 792.
588 *LG Heilbronn* ZfS 1998, 247.
589 *OLG Hamm* VersR 1992, 459 m. *BGH* NA-Beschl. v. 11.6.1991.

kosten für ein **Fahrzeug**, das aus **beruflichen Gründen** notwendig ist, sind ebenfalls beim Erwerbsschaden zu erfassen, auch die Kosten einer Umrüstung eines Kraftfahrzeugs des verletzten Erwerbstätigen, während die erhöhten Betriebskosten auch bei dieser Person Mehrbedarfsschaden sind.

Da früher ein als Rente geleisteter Schadensersatz (anders als einkommensteuerfreies Kapital) wegen der periodischen Zahlweise der Steuerpflicht unterworfen wurde, war dementsprechend die darauf (nur) wegen der Zahlungsweise anfallende **Einkommensteuer** vom Schädiger zusätzlich zu ersetzen. Mit Urteil vom 25.10.1994 hat der *BFH*[590] zu den Schadensersatzrenten, die nicht als Ersatz für andere, bereits steuerbare Einkünfte geleistet werden, klargestellt, daß diese nicht bloß wegen der Zahlweise einkommenssteuerpflichtig sind. **659**

Nun bleiben Renten zum Ausgleich **vermehrter Bedürfnisse** und **Schmerzensgeldrenten**, also alle Renten, die nicht die wirtschaftliche Leistungsfähigkeit des Zahlungsempfängers erhöhen, steuerfrei. Der Ausgleich des Haushaltsführungsschadens muß demnach[591] wohl auch, soweit die Haushaltsführung für andere Personen in der Gleichstellung mit einer Erwerbstätigkeit infrage steht, steuerfrei bleiben. **660**

2. Erhöhte Lebenshaltung

Wegen der Erleichterungen zu Folgeschäden bedarf es zum Mehrbedarf nur der **Darlegung** und des Nachweises der **wesentlichen Ansätze**.[592] Bei Pflegeleistungen sollte der konkrete Einsatz anschaulich dargelegt werden, u.U. mit einem Einsatzschema. **661**

Der Mehrbedarf ist nach den tatsächlich erforderlichen, verletzungsbedingten Mehranforderungen und – aufwendungen zu bemessen[593], nicht abstrakt nach einem Prozentsatz der Minderung der Erwerbsfähigkeit. Die Kosten sind **konkret** nach dem Zeitpunkt der Schädigung mit der daran anschließenden Prognose zur Zukunft zu bestimmen. **Pauschalierungen** sind nicht ausgeschlossen. Eine **Kapitalabfindung** liegt insbesondere dann nahe, wenn es um die (einmalige) **Anschaffung** eines Hilfsmittels geht. **662**

---

590 *BFHE* 175, 439 = NJW 1995, 1238 = VersR 1995, 856 = NZV 1995, 206 = FamRZ 1995, 555 = BB 1995, 77.
591 Beachte bisher *BGH* VersR 1985, 859 = NJW 1985, 3011.
592 *BGH* VersR 1992, 618 = NJW-RR 1992, 792.
593 *OLG Oldenburg* NJWE-VHR 1998, 18 = NdsRpfl. 1997, 306, 307.

Vermehrte Bedürfnisse, Mühewaltungen (Mehrbedarfsschaden)

663
Zusätzliche Vermögensbildung

Auf tatsächlich entstandene Kosten oder einen Einsatz-, Verwendungsnachweis mit einer Art Abrechnung von Ausgaben kommt es nicht an. Elemente einer (zusätzlichen) Vermögensbildung der verletzten Person mindern den Ersatzanspruch bei der Schadensberechnung oder jedenfalls mittels des Vorteilsausgleichs.

664

Ein erhöhter Bedarf zeigt sich bei jedem Aufwand zur Linderung der Störung voraussichtlich dauernder körperlicher Beschwerden (also zur Linderung eines Dauerleidens) und zur Vermeidung der Verschlechterung von Störungen.

665
Mehrbedarf

Liste zum Mehrbedarf
(Beispiele)

- Arznei-, Pflegemittel[594],
- Diät,
- Mehraufwand für Kleidung (erhöhter Verschleiß, Erforderlichkeit von Gummistrümpfen u. dergl.),
- Anschaffung und Reparatur von Körperersatzstücken,
- Kosten einer Kur[595],
- Massagen, krankengymnastische Übungen[596],
- Beschaffung orthopädischen Schuhwerkes (Mehrpreis gegenüber „gewöhnlichen" Schuhen)[597],
- Stärkungsmitteln nach Verordnung[598],
- Erhöhte Versicherungsprämien (z.B. Mehrkosten einer freiwilligen Krankenversicherung[599], unfallbedingter Zuschlag bei Lebensversicherung[600]),
- Zusatz-Verpflegung,
- Kosten für die Benutzung von öffentlichen Verkehrsmitteln,
- Deckung eines Transportbedarfs über die Ersatzbeschaffung eines automatik-getriebenen PKW's[601], vor allem die Kosten der erhöhten Abnutzung bzw. die Anschaffungskosten für ein behindertengerechtes Fahrzeug und die Betriebskosten[602] (Mehrbetrag über die gewöhn-

---

594 Soweit diese nicht Teil der Heilungskosten sind.
595 Anders bei der Kur mit krankengymnastischen Übungen, die zum Heilungsaufwand zählt, weil sie der Wiederherstellung der Gesundheit dienen soll.
596 *KG* NZV 1992, 236.
597 *LG Aachen*, *OLG Köln* r+s 1989, 400, *KG* NZV 1992, 236.
598 *BGH* VersR 1958, 176 = NJW 1958, 627.
599 OLG Karlsruhe NZV 1994, 396 = VersR 1994, 1250 = ZfS 1994, 241.
600 *OLG Zweibrücken* VersR 1996, 864 = NZV 1995, 315 = ZfS 1995, 413 m. *BGH* NA-Beschl. v. 31.1.1995.
601 *BGH* VersR 1992, 618 = NJW-RR 1992, 792.
602 S. auch Rn. 1140.

lichen Anschaffungs – und Betriebskosten hinaus[603]), also: Differenzbetrag zwischen den von der Familie (ohne den Verletzungsfall) aufgewendeten Anschaffungskosten für ein Fahrzeug und den Kosten für ein Fahrzeug, das bei der Lage des Verletzten aus verständiger Sicht angemessen ist, Umbaukosten: Anhängervorrichtung, Lift und spezifische Folgelasten dazu (Batterie, Drehstromgenerator),
- Kosten für bauliche Sonderausstattungen, Aufwand für behindertengerechten Umbau eines Wohnhauses oder der Wohnung[604], z.B. Einbau eines Fahrstuhls[605], Verbreiterung von Türen, zusätzliche Bodenbeläge, besondere Bad-, Sanitäreinrichtungen, Einbau einer Heizung in die Garage[606], Umgestaltung der Zugänge, der Außenanlagen, des Gartens[607],
- Beteiligung an Kosten und der Verzinsung eines benötigten Kapitals für die Deckung eines flächenmäßigen (räumlichen, wohnlichen) Mehrbedarfs, dabei nicht der Aufwand für die Bildung von Eigentum (den Erwerb von Grundeigentum)[608], aber bewertbar über die Errichtungskosten pro qm (z.B.: 50 qm x 3.500,00 DM) mit Abzug von pauschal 10 %.[609]

Gewerbliche Fremdrechnungen insbesondere bei Umbaumaßnahmen (Rn. 665, 670) müssen zur **Höhe** des Mehrbedarfs schadensbewertend um Anteile **bereinigt** werden, die von der verletzten Person und ihrem subjektiven Bedarf unabhängige Vermögenswerte betreffen, z.B. bei einer Gesamtrechtsnachfolge zu einer verbesserten Vermögenssubstanz führen. Statt der Baukosten können deswegen im Einzelfall nur die Kapitalbeschaffungskosten den konkreten Mehrbedarf wiedergeben. Es ist daran zu denken, bei dem Bau/Ausbau eines Eigenheims pauschalierend Mietsätze für vergleichbare Räumlichkeiten heranzuziehen und zu kapitalisieren. Bei **Eigenleistungen** der Familienangehörigen oder anderer

666

---

603 *OLG München* VersR 1984, 245 = DAR 1984, 58: Sonderausstattung, Teil der Anschaffungskosten, zusätzliche Kosten des Betriebs. *OLG Stuttgart* ZfS 1987, 165: 75 % Erstanschaffungskosten, 40 % Gesamtaufwand als Mehrbedarf. S. auch *OLG Brandenburg* r+s 1996, 139 = OLG NL 1996, 51 = DtZ 1996, 147: Zuschuß zu Anschaffungskosten, um notwendige anderweitige Fahrtkosten zu vermeiden, die Beweglichkeit der betroffenen Peron zu erhöhen und die Pflege zu erleichtern, auch wenn der Betrag in das Kfz der Eltern investiert wird.
604 *BGH* VersR 1982, 238 = NJW 1982, 757.
605 *OLG Frankfurt* DAR 1990, 181, 182.
606 *OLG Stuttgart* VersR 1998, 366, *BGH* NA-Beschl. v. 14.10.1997.
607 *OLG Düsseldorf* VersR 1995, 1449: Kein Ersatz der Kosten für einen rollstuhlgerechten Umbau einer Eigentumswohnung, wenn nicht feststeht, daß die Rollstuhlbenutzung zwingend weiter erforderlich sein wird.
608 *OLG Hamburg* Urt. v. 5.7.1995, 13 U 38/94, *BGH* NA-Beschl. v. 12.11.1996 VI ZR 234/95.
609 *OLG Stuttgart* VersR 1998, 366, *BGH* NA-Beschl. v. 14.10.1997.

Vermehrte Bedürfnisse, Mühewaltungen (Mehrbedarfsschaden)

Personen ist pauschalierend auf Werte abzustellen, die etwas zum Mehraufwand und – bedarf der verletzten Person aussagen. Stundenentgelte für die helfenden Personen können dies in dem meisten Fällen nicht sein.

667 Strittig ist, ob die Kosten der Errichtung eines privaten **Schwimmbades** Mehrbedarf sein können. Der *OGH Wien*[610] hat dies bei dem Jugendlichen, dem unfallbedingt beide Beine amputiert werden mußten, verneint.[611] 1971 war das *OLG Nürnberg* anderer Auffassung.[612] Ein solcher Aufwand ist geeignet, Aufwendungen für ärztliche Behandlungen, Operationen und andere Maßnahmen zu vermeiden oder jedenfalls hinauszuzögern und zur Gesunderhaltung beizutragen. Zur Eigentums-, Vermögensbildung steht § 843 BGB aber nicht zur Verfügung. Deswegen können allenfalls Finanzierungs- und **am ehesten Betriebskosten** ausgeglichen werden.

668
Beispiel 88

> Das *LG Bonn*[613] verneinte die Erstattungsfähigkeit eines Kuraufenthaltes, weil eine Kur 15 Jahre nach einem Unfall nicht notwendig erschien und ein **Prognoserisiko** zum Kurerfolg und der Kur der verletzten Person nicht zugute gehalten wurde. Von der gegnerischen Versicherung war stets eine amtsärztliche Untersuchung angeregt worden. Da sich die verletzte Person weder einem Amtsarzt noch einem anderen fachkundigen Arzt vorgestellt hatte, ist dem *LG* zu folgen. Der Gedanke der Prognose muß in ähnlichen Fällen indes zum Nachteil des Schädigers ausschlagen, weil er mit der Pflicht zur Wiederherstellung (§ 249 BGB) das Risiko des Erfolgs der Heilbehandlung und aller damit im Zusammenhang stehenden, gebotenen, fördernden Maßnahmen zu tragen hat.
>
> Daß für die 14-Jährige nach einer Knieverletzung, die die Benutzung von Unterarmstützen erforderlich macht, die Kosten der **Begleitperson** beim **Urlaub** in Spanien nicht zu ersetzen sind[614], muß vom Einzelfall bestimmt gewesen sein. Zusatzkosten für einen Urlaub können bei einem andauernden Leiden grundsätzlich erstattungsfähig sein.

669 **Gewöhnliche Lebenshaltungskosten**, die vor und nach dem Haftungsereignis gleichermaßen anfallen, sind kein Mehrbedarf. Ist über reale Aufwendungen ein Gesamtbedarf ermittelt, sind solche regelmäßigen, allgemeinen (normalen) Kosten der Lebenshaltung also **in Abzug** zu bringen. Lebenshaltungskosten, die der Verletzte während einer schadens-

---

610 VersR 1992, 259.
611 Unter Kritik von *Huber* in VersR 1992, 545.
612 VersR 1971, 260, s. auch *OLG Frankfurt* VersR 1990, 912 m. *BGH* NA-Beschl. v. 9.1.1990.
613 VersR 1996, 381.
614 So *OLG Düsseldorf* VersR 1995, 548.

bedingten **Verlängerung** der (theoretischen oder praktischen) **Ausbildung** (etwa der Schulzeit) aufzubringen hat,[615] sind nicht ersatzfähig, weil der Unterhaltsbedarf nicht verletzungsbedingt steigt und eine zeitlich verlängerte Unterhaltsbedürftigkeit kein Mehrbedarf ist. Ein wegen einer verlängerten Ausbildungszeit infolge der verletzungsbedingt hinausgeschobenen Einkunftschancen zu verzeichnender Erwerbsverlust ist nach Maßgabe der zu schätzenden, verzögerten Einkünfte als Erwerbsschaden (Verdienstausfall) geltend zu machen.

Fiktiv vorstellbare Aufwendungen (z.B. bei Anmietung einer Hausanlage oder Wohnung), die erhöhten Bedürfnissen entsprechen, auf deren Einsatz aber verzichtet wird (z.B. auf die Benutzung einer solchen Anlage), können nach der hier vertretenen Ansicht nicht abgerechnet werden. Z.B. können auch Um-Baukosten für eine Wohnung nicht fiktiv (ohne entsprechende Maßnahmen oder Aufwendungen) für erstattungsfähig gehalten werden. Das Merkmal „Erforderlichkeit" des Mehraufwandes entfernt sich nicht von den konkreten Gegebenheiten. Einen abstrakten Ausgleich gibt es nicht. Die Dispositionsfreiheit wie bei Sachschäden (§§ 249, 251 BGB) schlägt zu Personenschäden wegen des immateriellen Bezugs nicht durch. Die konkreten Verhältnisse zur Zeit der Schadensberechnung sind indiziell auszuwerten (z.B. über Nachweise zu realen Aufwendungen). Sie geben praktisch hinreichend sicheren Aufschluß über den (wirklichen) Bedarf. Eine Befürchtung, der Schädiger könne sich durch Verzögerung der Schadensregulierung seiner Ersatz- und Einstandspflicht entziehen, kann in diesem Stadium einer Auseinandersetzung zwischen verletzter Person und der Schädigerseite nicht legitimieren, den Bedarfsansatz abstrahierend weit abzustecken und von den realen Verhältnissen abzukoppeln.

670

3. Pflege

Die Hilfs- und **Pflegebedürftigkeit** als Folge des Haftungsereignisses (meist bei Querschnittslähmungen, geistigen Störungen, auch bei Gehbehinderungen) führt zum Anspruch des Verletzten aus § 843 BGB in dem Umfang, in dem die gesundheitlichen Defizite Pflegeleistungen erforderlich machen.

671

Notwendige, bestimmte, einzelne Hilfestellungen angesichts einer vom Schädiger zu verantwortenden Behinderung sind ebenso wie ein Pflege-

672

---

615 *BGH* VersR 1992, 1235.

Vermehrte Bedürfnisse, Mühewaltungen (Mehrbedarfsschaden)

bedarf im Bereich der Behandlungspflege und der Grundpflege nach den **konkreten** Verhältnissen zu entschädigen. Die allgemeine hauswirtschaftliche Versorgung der verletzten Person (Einkaufen, Kochen, Reinigen der Wohnung, Spülen, Wechseln, Waschen der Wäsche und Kleidung, Beheizen) darf aber **nicht** in die **Berechnung** dieses **Pflegemehrbedarfs** einfließen, auch wenn letztlich die Rente gem. §§ 842, 843 BGB einheitlich festzusetzen ist (Rn. 311).

673
Beispiel 89

> Das *OLG Bremen* hat vor der Einführung der gesetzlichen Pflegeversicherung[616] der Sache nach aktuell angenommen, daß bei dem verletzten volljährigen Sohn, der in Haushaltsgemeinschaft mit seiner Mutter lebte, Tätigkeiten (der Mutter) zur Essenszubereitung, der Versorgung der Wäsche, zum Bettenmachen, nicht vom Schädiger auszugleichen gewesen sind. In gleichem Sinn ist bei dem Pflegebedarf eines geschädigten Kindes nicht der Grund(pflege- und betreuungs-)bedarf des Kindes als Mehrbedarf zu entschädigen.

674 Bei schwerstbehinderten Personen[617] können die Aufwendungen für die Unterkunft und (ambulanten) Versorgung in einer Wohnung verlangt werden, vgl. Rn. 665. Eine kostengünstigere Lösung durch stationäre Betreuung muß nicht gewählt werden. Auf die Lebensgestaltung und -führung darf über die Höhe der zu ersetzenden Kosten allenfalls eingeschränkt Einfluß genommen werden und zwar dann, wenn die Kosten in keinem vertretbaren Verhältnis zu der Qualität der Versorgung der fremdgeschädigten Person stehen. Abzustellen ist auf ein sinnvolle Disposition. Die von daher angemessenen Aufwendungen sind meist ohne sachverständige Hilfe nicht sachgerecht ab- und einzuschätzen.

675 Bei der Schadenshaftung innerhalb der Familie ist zwar der Bedarf eines verletzten Ehegatten oder Kindes durch den Pflegeeinsatz des schädigenden Ehegatten oder der schädigenden Eltern gedeckt. Gegen den Kfz-Haftpflichtversicherer besteht nach der hier vertretenen Ansicht gleichwohl der Direktanspruch weiter, Rn 443.

a) Realer Aufwand

676 **Effektiv entstandene**, notwendige **Pflegekosten** hat der Schädiger im Brutto-Umfang zu ersetzen. Solche Kosten entstehen auch dann, wenn

---

616 VersR 1972, 940 als Vorinstanz zu *BGH* VersR 1973, 1067 und insoweit nicht beanstandet.
617 Besonders instruktiv *OLG Bremen* VersR 1999, 1030 – 1032, *BGH* NA-Beschl. v. 24.11.1998.

eine bereits beschäftigte Pflegekraft zusätzlich wegen weiterer Folgen tätig sein muß.

677
Stundensatz

Bei Beschäftigung einer Pflegekraft sind erfahrungsgemäß mindestens 25,00 DM pro Stunde anzusetzen.[618]

678

Aufwendungen durch einen erforderlichen Heimaufenthalt hat der Schädiger zu übernehmen, ggfs. unter Berücksichtigung häuslicher Ersparnisse wie bei stationärem Krankenhausaufenthalt (Rn. 631). Effektive Aufwendungen können zudem wegen der Kosten für den Aufenthalt in einem **Tagespflegeheim** und daneben wegen einer **Hilfe im Haushalt** zu erstatten sein.

679

Es sind aber nicht die Kosten für eine Hilfe ersatzfähig, die Eltern für die auf sie entfallenden Arbeiten im Haushalt beschäftigen, um sich ihrem verletzten Kind intensiver widmen zu können. Ohne einen eigenen Ersatzanspruch (der indes z.B. bei einem Behandlungsvertrag und Geburtsschäden gegeben wäre) bei rein deliktischen Ausgleichsverhältnissen ist diese wirtschaftliche Last ein nicht erstattungsfähiger Drittschaden der Eltern. Auch jeder andere Aufwand der Eltern zu ihrer Erholung und zu ihrem Versuch, sich angesichts der zusätzlichen Pflegeleistungen zu entlasten, bleibt ein nicht erstattungsfähiger Drittschaden. Nur die Beschäftigung der Hilfskraft bei und zu der Pflege für das Kind (oder für den verletzten Ehepartner) ist ein ausgleichsfähiger Bedarfsschaden des Verletzten (des Kindes oder des Ehepartners).

680

Die **Schadensminderungspflicht** schränkt die Wahl bei Pflegeleistungen kaum ein. Da der Schädiger dafür verantwortlich ist, daß sich die verletzte Person in der Lage befindet, die die Inanspruchnahme einer Pflegeleistung erforderlich macht, muß er hinnehmen, wenn die verletzte Person eine ihren früheren Lebensverhältnissen annähernd ähnlichen Lebensmittelpunkt und Entfaltungsraum sucht. Nur die Unvernunft setzt im Kosteninteresse des Schädigers Grenzen.

681
Beispiel 90

Einer älteren Frau wurden neben den Kosten für das Tagespflegeheim unter Abzug einer häuslichen Ersparnis von (– nur –) 7,00 DM täglich weitere Kosten in Höhe von 600,00 DM für eine Haushaltshilfe zur Betreuung abends, an den Wochenenden und an Feiertagen zugesprochen.[619] Eine u.U. (gegenüber dem Tagespflegeheim und der Hilfe zu Hause) kostengünstigere Unterbringung in einem Altenpflegeheim ist einer be-

---

618 Vgl. *Budel* in ZfS 1998, 81.
619 *OLG Köln* VersR 1988, 61 = FamRZ 1989, 178 = MDR 1989, 160.

troffenen Person gegen ihren Willen nach Maßgabe des § 254 Abs. 2 BGB nicht zuzumuten. Die wirklich zumutbare, angemessene, unschwer mögliche und gesicherte Hilfe, Pflege und Betreuung zu Hause wird es der verletzten Person aber verwehren, den Schädiger auf die Erstattung einer stationären Pflege in Anspruch zu nehmen.

b) Fingierter Aufwand

682 Die **unentgeltlich geleistete**, erforderliche **Pflege** seitens der Angehörigen oder eines Ehepartners ist Schadensabhilfe. Die nach der Disposition eines verständigen Menschen in der besonderen Lage der verletzten Person einzuschätzende **zusätzliche zeitliche Belastung** der betreuenden Person stellt als **Mehraufwand** über den allgemeinen Lebensbedarf hinaus den Bedarfsschaden der verletzten Person dar. Im Rahmen des Angemessenen ist diese Mehrleistung unter marktgerechter Bewertung vom Schädiger auszugleichen. Der Vermögenswert der Pflegeleistung ist objektivierbar. Die freiwillig übernommene Pflege formt die Möglichkeiten der leistenden Pflegeperson aus, ihre Arbeitskraft einzusetzen.

683
Beispiel 91

Eine angemessene Schadenskompensation verfehlt das *OLG Stuttgart*[620], das bei verletzungsbedingt zusätzlichen Kosten für sonntägliche Ausfahrten eines kleinen Kindes allein auf § 847 BGB abstellt. Solche Ausfahrten sind Erwerbsarbeiten ähnlich, z.B. mit den (entgeltlichen) Betreuungsarbeiten bei (schwer-, körperlich-, geistig-) behinderten Personen zu vergleichen. Als von einer Verletzung abhängige Betätigung ist eine solche Arbeitsleistung und zusätzlich notwendige Betreuung Mehrbedarfsschaden aber nur dann, wenn sie sich in der Vermögenssphäre niederschlägt und über die z.B. den Eltern ohnehin obliegende Zuwendung (beachte Rn. 612) hinausgeht.

684 Für den Ausgleich des Pflegeaufwands bei familiärer Schadensabhilfe ist eine Feinaufgliederung des Zeiteinsatzes zu empfehlen. Aufzeichnungen zum Tagesablauf nach dem Haftungsereignis geben Anhaltspunkte dafür, den Zeitaufwand zur Pflege (die Zeit, die wegen der Behinderung erforderlich ist) als **Betreuungsmehraufwand** herauszufiltern

685 Der *BGH* hat früher[621] formuliert, daß bei der Sicherstellung der Pflege in der Familie die zusätzliche Mühewaltung angemessen auszugleichen, aber nicht auf die Kosten einer fremden Pflegekraft abzustellen ist. Dies

---

620 VersR 1977, 846, 847.
621 *BGH* VersR 1978, 149.

war früher von dem Gedanken bestimmt, die Pflege in der Hausgemeinschaft sei weniger aufwendig und anstrengend bzw. beschwerlich als die Arbeit einer Pflegekraft. Dieser Gedanke trägt aber gerade in der Fällen schwerer Behinderung (bei Geburtsschäden oder nach Verkehrsunfällen) nicht mehr. Grundsätzlich ist der Höhe nach **mindestens** auf den **Nettolohn** einer vergleichbar entgeltlich eingesetzten, angestellten Hilfskraft abzustellen. Ob bei der Pflege einer schwerstpflegebedürftigen Person mit den daraus folgenden besonderen Anforderungen an die Pflegeperson Kriterien zu innerfamiliären Lösungen eingreifen können, die die Beschränkung auf den Nettolohn tragen (Rn. 926), oder die Tätigkeit eines Familienmitglieds Abschläge von einer tariflichen Vergütung verlangt, hat der *BGH* im Urteil vom 10.11.1998[622] offen gelassen.

Erfahrungswissen, erforderliche Kenntnisse tragen die Eingruppierung zur Bestimmung des Ersatzwertes. Die Anlehnung an **BAT VII** ist nicht selten zu finden. Bedarf es nur einer geringeren Qualifikation erfolgen Abzüge. Zu Zuschlägen kommt es, wenn eine häusliche Pflege „rund um die Uhr" erforderlich ist, nachts, an Sonn- und Feiertagen, im Urlaub anfällt und teilweise Anforderungen stellt, die über den gewerblichen Bereich der Eingruppierung nach BAT VII hinausgeht. An die Stelle der Maßstäbe des BAT (Rn. 928 ff.) sollten jedoch **immer** die ggfs. höheren **Tarife** für **Pflegekräfte** treten und zwar auch bei Tätigkeiten eines Angehörigen als Pflegekraft.[623] Nur diese Vergütungssätze sind geeignet, den Wert des Pflegebedarfs zu erschließen.

686

Kommt es auf diesem Weg zu einem Geldwert für die familiäre Pflege (u.U. nach Stundenvergütungen, vgl. Rn. 937, in Fällen leichterer Behinderungsgrade) kann unter Multiplikation mit der aufzubringenden Stundenzahl ein durchschnittlicher Wochenwert bestimmt werden, der hochrechenbar ist (vgl. Rn. 907). Bei der häuslichen, familiären Schwerstpflege empfiehlt es sich jedoch, unter Gewichtung der Pflegeerfordernisse direkt zu einem Monatswert zu finden.

687

Betrag	**Fundstelle**	**Besonderheiten**
8 DM	*OLG München* NZV 1989, 471 = VRS 77, 257, 260, insoweit nicht in VersR 1989, 1056, *BGH* NA-Beschl. v. 13.6.1989	Einsatz von 7:00 bis 21:00 mit Therapiezeit von ca 3/4 Stunde täglich, nächtliche Hilfe beim Umbetten (i.d.R. dreimalig); vor dem Unfall 3 Stunden täglich Tätigkeiten für den Ehemann, 1988, s. auch Rn. 979, 1264.

688

Beispiel 92 Stundensätze

---

622 *BGH* VersR 1999, 252 = NJW 1999, 421 = DAR 1999, 111
623 *Drees* in VersR 1988, 184, 785.

Vermehrte Bedürfnisse, Mühewaltungen (Mehrbedarfsschaden)

12 DM	*LG Hanau* ZfS 1994, 443, 445	Dauernde Hilfen für Ehegatten beim An- und Auskleiden, der Körperpflege, bei den Toilettengängen, bei der Zubereitung der Nahrung; Zeitaufwand 7 Stunden täglich.
12 DM	*OLG Nürnberg* VersR 1986, 173 = VRS 77, 257, 260 im Ergebnis nicht beanstandet durch *BGH* VersR 1986, 174	Im Haushalt der Eltern lebender volljähriger Sohn war auf ständige Bezugsperson angewiesen bei unfallbedingter Wesensveränderung mit dauernder körperlicher und seelischer Behinderung, 100 % Erwerbsunfähigkeit; Zeitaufwand 5 Std/Tag.
15 DM[624] (BAT X)	*OLG Hamm* DAR 1994, 496 = OLGR 1994, 210 = NZV 1995, 318 = r+s 1995, 182	Pflege eines Kindes durch die Mutter ohne spezielle Kenntnisse und Fähigkeiten der Mutter in einem Pflegeberuf möglich; hirnorganisches Psychosyndrom des Kindes. Während des Aufenthalts in einem Reha-Zentrum wurden Pflegekosten für die Zeit der häuslichen Betreuung an Wochenenden, Feiertagen sowie während der Ferien zuerkannt, z.T. wurden Überstunden berücksichtigt.
15 DM	*OLG Bremen* VersR 1999, 1030, *BGH* NA-Beschl. v. 24.11.1998	Nachtbereitschaft bei schwerstmehrfachbehindertem Kind.
20 DM	*OLG Köln* VersR 1992, 506 = VRS 82, 1, 4, Vorinstanz *LG Köln* VersR 1992, 330	Verletzter Zivildienstleistender in Vorbereitung auf ein Medizinstudium erlitt Querschnittslähmung, wurde 100 % erwerbsunfähig und kehrte in Haushalt seiner Eltern zurück, in dem ein Bruder lebte. Hilfe beim An- und Auskleiden, bei der Darm- und Blasenentleerung, besondere tägliche Zuwendung wegen psychischer Belastungen. Zusätzlich 15,00 DM/Stunde für Reinigungsarbeiten.

---

624 Ebenso für die Zeit bis 1994 *OLG Düsseldorf* Urt. v. 15.8.1996 8 U 53/92 m. *BGH* NA-Beschl. v. 6.5.1997 VI ZR 327/96 trotz des Blicks auf die Vergütungsgruppe Kr V mit einer Stundenvergütung von 21,31 DM.

Betrag	Fundstelle	Besonderheiten
20 DM	*OLG Hamm* NJW-RR 1994, 415 = ZfS 1993, 333 = NZV 1994, 68 = r+s 1994, 15	Intensivpflege durch Mutter bei Querschnittslähmung eines 4jährigen Kindes, 6 Std/Tag Mehraufwand. Spezielle Pflegekenntnisse der Mutter waren erforderlich.
20 DM	*OLG Bremen* VersR 1999, 1030, *BGH* NA-Beschl. v. 24.11.1998	Pflege und Versorgung eines schwerstmehrfachbehinderten Kindes, Organisation und Koordinierung der Pflege

689

Beispiel 93
Tagesbeträge

Betrag	Fundstelle	Besonderheiten
16 DM	*OLG Frankfurt* ZfS 1991, 155	Unfall 1983; Betreuung des Sohnes im eigenen Haushalt durch die Mutter, Hilfeleistung zu Mahlzeiten, der Versorgung, der Wäsche, bei Arztbesuchen, monatlich 500,00 DM zuerkannt.
20 DM	*BGH* VersR 1986, 391 = NJW 1986, 984	Ehefrau pflegte Mann; mtl. 600,00 DM.

690

Beispiel 94
Monatsbeträge

Betrag	Fundstelle	Besonderheiten
1.500 DM	*LG Bremen,* *OLG Bremen* ZfS 1991, 229	Versorgung durch die Großmutter, zum Unfallzeitpunkt 8jähriges Mädchen, apallisches Syndrom, für sprech- und fast bewegungsunfähige 14-Jährige war Fremdhilfe durch Pflegerin mit 6 Std/Tag notwendig, Putzfrau 2x wöchentlich, tags und nachts ständige Pflege, Fürsorge und Hilfeleistung, mitabgegolten Kosten für spezifische Übungs-, Lerngeräte, Sonderaufwand.
2.800 DM	*OLG Oldenburg* VersR 1993, 753	Pflegekraft mit gewisser Erfahrung und Neigung zur Betreuung Schwerstbehinderter, volle Ausbildung nicht erforderlich.

Gibt bei fremdverursachter Schädigung ein Ehepartner die zuvor ausgeübte Halbtagstätigkeit auf, um dem verletzten Ehegatten beim An- und Auskleiden sowie der Fortbewegung ständig helfen zu können, kann der **bisherige eigene Verdienst** Anhalt zur Feststellung des subjektbezogenen Vermögenswerts der Pflegedienste sein.[625] Dies gilt z.B. bei Beurlaubung

---

625 *OLG Frankfurt* ZfS 1990, 5: 2.122 DM.

> unter Wegfall der Bezüge[626] und der Pflege rund um die Uhr dann, wenn sich ein kostengünstigerer Weg gegenüber der Beschäftigung familienfremder Pflegkräfte (mehr als 9.120,00 DM) zeigt. Für das Kind, das wegen eines ärztlichen Fehlers in den ersten 20 Minuten nach der Geburt dauernd pflegebedürftig wird, stellt jedoch das *OLG Koblenz*[627] bei der Mutter, die ihren Beruf aufgibt und das Kind pflegt, über den Lohn einer Pflegehelferin wieder auf den Marktwert für die Pflegeleistung ab.

691 Wegen der Rentenversicherungspflicht nicht erwerbsmäßiger Pflegepersonen bei der Pflege in der häuslichen Umgebung mit Anspruch auf Leistungen aus der Pflegeversicherung unter einem Ensatz von wenigstens 14 Stunden wöchentlich ist zusätzlich jedenfalls die Belastung mit den **Rentenversicherungsbeiträgen** Teil des der Schadensbehebung dienenden Aufwands: Zunächst ist die Frage, ob der Träger einer Pflegeversicherung vom Schädiger Ausgleich für (Renten-) Versicherungsbeiträge verlangen kann, die wegen der Alterssicherung der unentgeltlich tätigen Pflegeperson anfallen (§ 44 SGB XI), unterschiedlich beantwortet worden. Nach Ansicht des *BGH*[628] stellen die Rentenversicherungsbeiträge für die Pflegeperson einen ersatzpflichtigen Schaden dar, zu dem der Ersatzanspruch der verletzten Person gem. § 116 Abs. 1 SGB X auf die Pflegekasse übergeht. Diese Rechtsfolge zeigt sich zusätzlich zu dem das Pflegegeld betreffenden Rechtsübergang und unabhängig von dem der verletzten Person zustehenden Ersatzanspruch für die Tätigkeit der Pflegeperson.

692 Die verletzte Person selbst hat keinen durchsetzbaren Anspruch auf **Versicherungsbeiträge** für die Pflegeperson.[629] Sie kann bei der unentgeltlichen Tätigkeit von Angehörigen – bisher, Rn. 685 – den Wert der Pflegeleistung nicht nach Bruttoaufwendungen (einschließlich aller Arbeitgeber- und Arbeitnehmeranteile für soziale Sicherungssysteme, Sozialversicherungen) abrechnen. Im Einzelfall sind aber Aufwendungen für eine Versicherung, insbesondere eine Alters- und Krankenvorsorge der pflegenden Person erstattungsfähig und zwar wie bei hauswirtschaftlicher Hilfe, wenn die helfende Person eine Arbeitsstelle aufgibt, dies zu einer angemessenen Lösung führt und der Gesamtaufwand ebenfalls angemessen ist. Ist die Person verletzt, die unentgeltlich Pflege geleistet hat und weiterhin leisten wollte, verhält es sich anders. Sie hat Anspruch

---

626 *OLG Frankfurt* VersR 1994, 942.
627 VersR 1992, 612.
628 VersR 1999, 252 = NJW 1999, 421 = DAR 1999, 111 nach *LG Hannover* VersR 1998, 255.
629 Zur sozialen Sicherung häuslicher Pflegepersonen *Leube* in SGb 1998, 97 ff.; zum Unfallversicherungsschutz *ders.* in NZS 1995, 343.

auf Ausgleich des Erwerbsnachteils, der bei unentgeltlichen Leistungen für akzeptabel gehalten wird.

c) Zurechnungsgrenzen

Die Pflegebedürftigkeit, die Folge des altersgemäßen individuellen körperlichen **Zustandes** oder Folge einer verletzungsunabhängigen Erkrankung oder Vorerkrankung ist, trennt das Kriterium der Zurechnung (Rn. 67, 77) von dem haftungsbegründenden Ereignis.   693

> Ob sich die verletzte Person auch ohne das Schadensereignis wegen Altersabbaus in ein Heim hätte begeben müssen, ist nur auf Grundlage eines entsprechenden ärztlichen Fachwissen zu beantworten. Die **Beweislast** trägt der Schädiger, weil es um eine vom gewöhnlichen Ablauf der Dinge abweichende Lebensentwicklung geht. Zum gewöhnlichen Lauf des Lebens gehört es nicht, daß sich Menschen von einem bestimmten Alter an in Heimbetreuung begeben müssen, Rn. 295. Dies meint der *BGH*[630] im Fall einer verletzten 82-jährigen Rentnerin, die im eigenen Haushalt ohne Hilfe gelebt hat und erst nach der unfallbedingten Amputation eines Beines oberhalb des Kniegelenks in ein Heim der Arbeitwohlfahrt gekommen ist mit voller Versorgung, auf die sie nun angewiesen gewesen ist.

694

Beispiel 95

Die **Rente** (Rn. 279) wegen eines Mehrbedarfs ist meist unbegrenzt zu gewähren, bei absehbarer bestimmter **Dauer** ausnahmsweise zu befristen. Für die Behandlungspflege gilt dies vor allem, wenn der Wegfall des Pflegebedarfs mit einer uneingeschränkten Wiederherstellung der körperlichen Integrität abzusehen ist. Bei der Grundpflege kann nach den Lebensverhältnissen und der Konstitution der verletzten Person eher die Befristung bis zu einem 75. oder 80. Lebensjahr zu erwägen sein, wie sie auch zur hauswirtschaftlichen Versorgung (und entsprechenden Pflegeanteilen) in Betracht kommt.   695

4. Kongruente Leistungen

Zu vermehrten Bedürfnissen sind im wesentlichen Leistungen für Kuren, Körperersatzstücke, orthopädische und sonstige Hilfsmittel kongruent mit entsprechendem Forderungsübergang (Rn. 368 ff.).   696

---

630 VersR 1995, 681 = NJW 1995, 1619 = ZfS 1995, 421, *OLG Hamm* MDR 1998, 902 (im Unfallzeitpunkt 80-Jährige).

Vermehrte Bedürfnisse, Mühewaltungen (Mehrbedarfsschaden)

697 Bei Pflegeleistungen, die sozialversicherungsrechtlich abstrakt berechnet werden, ist für den Umfang des Übergangs der zivilrechtliche Anspruch im Einzelfall konkret festzustellen.[631] Zum Forderungsübergang kommt es insbesondere wegen kongruenter Leistungen aus der **Pflegeversicherung**.[632] Es geht über ein Anspruch auf Erstattung von Rentenversicherungsbeiträgen für die familienangehörige Pflegeperson (Rn. 691) bei einer Last, die originär, von vornherein – nur – bei der Pflegekasse erwächst. Das Pflegegeld nach §§ 53 ff. SGB V a.F. bzw. § 36 SGB XI ist mit dem Anspruch auf Ersatz des Haushaltsführungsschadens wegen der eigenen Bedürfnisse (Rn. 812) kongruent.

698 Die Einführung des Anspruchs auf häusliche Pflegehilfe gegenüber der Krankenkasse ist eine Systemänderung mit der Folge[633], daß der kongruente Schadensersatzanspruch auf den Sozialversicherungsträger frühestens mit Inkrafttreten des SGB V seit dem 1.1.1989 erfolgt ist. Der Wechsel zum SGB XI mit Wirkung vom 1.1.1995 ist eine erneute Systemänderung und keine bloße Systemerweiterung.[634]

699 Zum Pflegebedarf eines Kindes soll[635] das Krankengeld nach § 45 SGB V kongruent sein. Die Verletztenrente ist ausschließlich auf die Aufhebung oder Minderung der Erwerbsfähigkeit bezogen, nicht auf Mehraufwendungen.[636]

700 Ersatzleistungen, die der unfallbedingt erblindeten Person zustehen, sind nicht auf das Blindengeld i.S.d. BSHG[637] anzurechnen. Pflegegeldleistungen nach §§ 68, 69 BSHG rechnet das *OLG Frankfurt*[638] wegen deren Zweckbestimmung, eine kostenträchtige Heimunterbringung zu vermeiden und die Pflegebereitschaft nahestehender Personen zu wecken oder zu erhalten, nicht an. Ein Anspruch eines Verletzten auf Schadensersatz wegen vermehrter Bedürfnisse geht jedoch auf den **Sozialhilfeträger** über, soweit und sobald infolge des schädigenden Ereignisses mit der Lei-

---

631 § 558 RVO a.F. gegenüber § 843 BGB, *BGH* VersR 1978, 149; NJW-RR 1993, 322.
632 *OLG Bremen* r+s 1997, 238. Zum Regreß näher *Budel* in ZfS 1988, 81 – 84 = r+s 1997, 133 – 139; *Küppersbusch* in NZV 1997, 30 ff. und in Ersatzansprüche bei Personenschäden, Rn. 516 ff., *Plagemann* in DAR 1997, 428 – 432, *Schwarz* in ZfS 1999, 273.
633 *BGHZ* 134, 381 = VersR 1997, 723 = NJW 1997, 1783.
634 So *OLG Koblenz* VersR 1999, 911; *LG Bamberg* VersR 1998, 1441, offen gelassen von *BGH* ZfS 1999, 334 = r+s 1999, 281. S. weiter *Schwarz* in ZfS 1999, 273.
635 *Küppersbusch* in Personenschäden, Rn. 459.
636 *BGH* NJW 1970, 1685.
637 *BGH* VersR 1988, 181, *OLG Hamm* VersR 1977, 133. I.d.R. wird Blindenhilfe unabhängig vom Einkommen und Vermögen gewährt.
638 VersR 1994, 942, 943, *BGH* NA-Beschl. v. 18.1.1994.

stungspflicht des Sozialhilfeträgers nach den konkreten Umständen des Einzelfalles (bei konkreten Anhaltspunkten auch zur Bedürftigkeit des Geschädigten) ernsthaft zur rechnen ist.[639]

701 Bei einer Mithaftung sind privat Pflegeversicherte nicht besser zu stellen als gesetzlich Pflegeversicherte. Eine Ungleichbehandlung liegt nicht im Konzept der Pflegeversicherung und ist durch Unterschiede zwischen § 67 VVG (Rn. 407) und § 116 SGB X (Rn. 418) nicht legitimiert.

III. Erwerbstätigkeit (Erwerbsschaden)

702 Beeinträchtigungen dadurch, daß die Arbeitskraft verletzungsbedingt gar nicht mehr oder jedenfalls nicht mehr in vollem Umfang genutzt werden kann, sind gem. §§ 842, 843 BGB; §§ 87, 89 ArzneimittelG, §§ 29, 30 AtomG; § 32 Abs. 5, 6 GenTG, §§ 6, 8 HaftPflG, §§ 36, 38 LuftVG, §§ 8, 9 ProdHaftG, §§ 11, 13 StVG, §§ 13, 14 UmweltHG bei einem zum Schadensersatz verpflichtenden Tatbestand auszugleichen. Entsprechend gilt § 842 BGB gem. § 618 Abs. 3 BGB, § 62 Abs. 3 HGB. Die Ausgleichspflicht für Vermögensnachteile besteht auch bei einer Amtspflichtverletzung, nach den Gefahrenabwehrgesetzen, gem. § 7 StrEG.

1. Erwerb und Erwerbsplan

703 Der Erwerbsschaden bezieht sich auf die wirtschaftlichen Nachteile infolge der Beeinträchtigung der Arbeitskraft. Über konkrete Erwerbseinbußen hinaus ist zu Erwerbsaussichten, der Beeinträchtigung einer beruflichen Entwicklung, die Verzögerung des Eintritts in das Erwerbsleben, den Verlust von beruflichen Aufstiegschancen Schadensersatz zu leisten. Trennscharf ist zwischen Nachteilen für den Erwerb und für das Fortkommen, dies zu verstehen als berufliche, wirtschaftliche Entfaltung des Individuums, nicht abzugrenzen. Letztlich nimmt der Fortkommensschaden als Folgeschäden solche Beeinträchtigungen auf, die das Vermögen ähnlich wie bei der Beeinträchtigung hinsichtlich des Erwerbs treffen.

---

639 *BGH* VersR 1996, 349 = NJW 1996, 726 = FamRZ 1996, 279.

704 Zu einem **Gewinnausfall** (§ 252 BGB) als Teil des Herstellungsaufwandes kommt es, wenn der Nutzungswert einer erwerbswirtschaftlich eingesetzten Sache verkürzt wird, und gleichermaßen, wenn Produktionsmittel nicht gewinnbringend genutzt werden können. Für die Einschätzung eines entgangenen Gewinns ist es ohne Belang, ob der Ausfall des Gewinns als Folge einer Sachbeschädigung oder als Folge der Beeinträchtigung der körperlichen Unversehrtheit bzw. infolge der Unmöglichkeit, eine Sache zu nutzen, oder infolge der Unmöglichkeit, die persönlichen Kräfte wirtschaftlich zu nutzen, infrage steht.

705 Ob zu der Ersatzberechtigung wegen **vereitelter Erwerbsaussichten** die Ersatzfähigkeit bereits in § 249 BGB angelegt ist und § 252 S. 1 BGB dies klarstellt, bleibt weitgehend theoretisch. Zumindest erweitert § 842 BGB mit den Parallelnormen die Grenzen des Ersatzes von Vermögensschäden gegenüber § 253 BGB mit einer mangelnden Erstattungsfähigkeit von Nichtvermögensschäden. Die vermögensrechtliche Relevanz des Einsatzes der Arbeitskraft erschließt sich jedenfalls über die Sondernormen.

706 Für die verletzte Person muß (aber) eine **konkrete Vermögenseinbuße** gegeben sein[640] als negative Bilanz zwischen dem hypothetischen, angestrebten, vereitelten Soll-Zustand und dem realen Ist-Zustand (Rn. 192, 730). Dazu muß die betroffene Person konkret in der Ausübung ihrer Arbeit oder an der Verwertung der Arbeitskraft, geschäftsspezifisch oder greifbar **tätigkeitsbezogen beeinträchtigt** sein. Es muß ein sonst zu erwartender wirtschaftlicher Gewinn nicht (mehr) mit herbeigeführt werden können oder es muß zu einer reduzierten Arbeitsfähigkeit kommen, ohne daß die unselbständige Aktivität auf der Basis des Gewinnausfalls bei einem Beschäftigungsbetrieb auszugleichen ist.

707 Die Beeinträchtigung, die Minderung oder der Wegfall der Arbeitskraft führt nach Ansicht des *BGH* nicht[641] unmittelbar zu einem Vermögensnachteil. Allein die fremdverursachte Störung der Arbeits(-kraft) und/ oder (Arbeits-)Zeit legitimiert keinen Ausgleichsanspruch und zwar weder zur Leistungsfähigkeit auf dem allgemeinen Arbeitsmarkt noch zur Arbeit im Haushalt oder angesichts der Belastung der eigentlich als von einer Arbeit frei geplanten Zeit. Die Zeit, in der die Arbeitskraft genutzt werden kann oder könnte, trägt keinen Vermögenswert in sich selbst.

---

640 *BGH* VersR 1965, 489; 1968, 396; 1977, 130; 1978, 1170; 1984, 639.
641 *BGHZ* 54, 55 = VersR 1970, 766; VersR 1977, 282; 1995, 422 = NJW 1995, 1023 = DAR 1995, 248.

> Einen abstrakten Erwerbs-Mindestschaden für die Beeinträchtigung, die Minderung oder den Ausfall der Arbeitskraft, erkennt die Rechtsprechung nicht an.

708

Wer seinen Lebensunterhalt und – aufwand mit Einkünften aus **Kapitalvermögen**, nach einem Erbfall oder Lotteriegewinn oder aus anderen Gründen, auch angesichts des Ertrags der eigenen Arbeitsleistung zuvor, oder aus **Vermietung/Verpachtung** bestreitet und durch eine körperliche Verletzung daran nicht gehindert wird, hat **keinen Erwerbsschaden.** Andernfalls würde doch der abstrakten Kraft zur Arbeit oder zur Mitarbeit zugunsten anderer Personen, die nicht realisiert worden ist und auch künftig nicht eingesetzt werden sollte, schadensrechtlich als Vermögenswert eingeordnet (Rn. 706).

709

Wer nach dem Haftungsereignis **dasselbe Arbeitsgebiet** (mit gleichen Einkünften) wie zuvor **auszufüllen** vermag, hat wegen der abstrakt bleibenden Minderung der Arbeits-, Berufs- und Erwerbsfähigkeit keinen Erwerbsschaden, und zwar selbst dann nicht, wenn er dauerhaft behindert ist. Diese Situation steht normativ der Gehalts-, Entgeltfortzahlung nicht gleich. Dort ist ein Ausfall bis zu dem Zeitpunkt zu verzeichnen, in dem der Verletzte wiederhergestellt ist und seinen Arbeitsplatz wieder ausfüllen kann. Hier geht es dagegen um Folgen der Tätigkeit einer beeinträchtigten, behinderten Arbeitskraft, die den Arbeitgeber oder Dienstherrn bzw. den Betriebsinhaber als nicht anspruchsbefugte Personen mittelbar betreffen. Dies gilt auch, soweit die behinderte Person nicht in gleicher Zeit das Arbeitsergebnis einer nicht behinderten Person erbringen kann. Das Ergebnis bzw. Produkt der Arbeit(szeit) schützen §§ 842, 843 BGB für die mittelbar von dem haftungsbegründenden Ereignis berührte Person nicht, selbst wenn sie allein und unmittelbar von den wirtschaftlichen Folgelasten betroffen ist.

710

Vertragsrechtliche Konstruktionen, die im voraus für den Fall einer Fremdschädigung das Entgelt bei Weiterbeschäftigung in einen Entlohnungsteil und einen Zuschlag aus sozialer Fürsorge o. dergl. aufsplitten wollen, sind irrelevant. Es kann auch nicht für den Fall einer Fremdschädigung eine Sonderregel zur Entlohnung fingiert werden. Absprachen, eine fürsorglich getragene Entgeltregelung dem Schädiger nicht zugute kommen zu lassen, sind nur zu beachten, wenn sie zugleich in Fällen der Eigenverletzung anzuwenden wären. Andernfalls würde ein wirtschaftlicher Nachteil konstruiert zu Lasten eines Dritten. Auch der nachträgliche Verzicht auf Rückzahlung eines sozial bestimmten Entgeltteils, zu dem angesichts der Behinderung abstrakt eine Arbeitswertigkeit zugrundegelegt wird, wäre eine unzulässige Schadensmanipulation. Nichts anderes

711

Erwerbstätigkeit (Erwerbsschaden)

gilt zu einer als Zuwendung bezeichneten Entgeltlösung seitens eines Dienstherrn oder Arbeitgebers. Daß die Zuwendung nur die Eigenverletzung ohne Beteiligung und Einstandspflicht eines Dritten erfassen soll, nicht aber haftungsbegründend verursachte Beeinträchtigungen, ist schadensrechtlich ausgerichtet und so nicht durchzusetzen.

712
Folgelast für Arbeitgeber

Die Folgelast für Dienstherrn und Arbeitgeber bei Weiterbeschäftigung der verletzten Person bleibt ein mittelbarer Vermögensschaden, den die Rechtsordnung im Verletzungsfall nicht für ersatzfähig erklärt. Nur der Gesetzgeber vermag dies zu ändern, indem er an die abstrakte Minderung der Arbeitsfähigkeit eine Ersatzberechtigung des Dienstherrn oder Arbeitgebers knüpft.

713 Rechtlich steht es gleich, ob die Arbeitskraft vor dem haftungsbegründenden Ereignis eingesetzt oder ein Plan zur Verwendung der Arbeitskraft in der Zukunft gefaßt worden ist. Wer geplant hat, seine freie Zeit künftig erwerbswirtschaftlich zu verwenden, an der Realisierung seines Planes aber gehindert wird, hat ebenso Anspruch auf Ausgleich wegen der vereitelten Gestaltung der Zukunft mit dem Beweismaß des § 287 ZPO wie derjenige, der seiner bisher ausgeübten Erwerbsarbeit nicht mehr so wie zuvor nachgehen kann. Bei dem vereitelten Plan, künftig anders als bisher die Zeit zur Erzielung von Einnahmen zu verwenden, sind zusätzliche tatsächliche Probleme zu bewältigen. Spezifische Ansätze aus der Vergangenheit zur Prognose für die Zukunft fehlen. Bei der Erfassung und Bemessung des Erwerbsschadens von verletzten Kindern wird dies besonders deutlich.

714
Erwerbsaussicht

Es genügt eine tatsächliche Erwerbsaussicht. Ob auf die Erwerbseinkünfte (bereits) ein Rechtsanspruch besteht, ist nicht entscheidend. Ein entgangener Verdienst, der nur durch Verletzung eines gesetzlichen Verbotes erzielt worden wäre, ist freilich nicht ersatzfähig[642], weil die betroffene Person nicht als Schadensersatz den Gewinn erhalten darf, den andere gesetzliche Vorschriften verhindern wollen.

715 Nach § 252 S. 2 BGB muß die Erwartung, den Gewinn bzw. Verdienst zu erzielen, abstrahierend nach dem gewöhnlichen Verlauf oder real nach den besonderen Umständen **wahrscheinlich** sein. Ohne Darlegung konkreter Grundlagen dazu ist ein Ersatzverlangen nicht durchzusetzen. Die verletzte Person muß die Tatsachen darlegen und beweisen, aus denen sich die überwiegende Wahrscheinlichkeit ergibt, daß ohne das Haftungsereignis Einkünfte zu erwarten gewesen sind (wären). Daran ist mit

---

642 *BGHZ* 67, 119, 122, 75, 366, 368, 79, 223, 231; VersR 1986, 596 = NJW 1986, 1486.

§ 252 BGB eine tatsächliche Vermutung anzuschließen, daß ein Verdienst erreicht worden wäre. Ein Gewinn gilt nach dem gewöhnlichen Lauf der Dinge auf der Grundlage dessen als entgangen, was zu einer Ausbildung oder/und der konkreten beruflichen Lage abstrahierend festzustellen ist. Daß Einkünfte dennoch aus bestimmten Gründen nicht erreichbar gewesen sind (wären), steht dagegen zur Darlegungs- und Beweislast des Schädigers.

> Nicht behebbare Unsicherheiten in der Prognose zum Verlauf der Dinge gehen zu Lasten des Anspruchstellers.[643] Der **Nachteil der Unaufklärbarkeit** einer vom (i.S.d. § 252 Satz 2 BGB) **gewöhnlichen Verlauf** der Dinge **abweichenden Situation** trifft den Schädiger.[644]

716

Prognose

Zwischen dem gewöhnlichen Lauf der Dinge und den besonderen Umständen bestehen graduelle Unterschiede. Der gewöhnliche Verlauf i.S.d. § 252 S. 2 BGB sollte jedoch nicht dahin verstanden werden, daß dazu niemals etwas bewiesen werden muß.[645] Nur gerichtsbekannte Tatsachen bedürfen nach allgemeiner Regel (§ 291 ZPO) keines Beweises. (Einfache) Erfahrungssätze wirken bei § 252 S. 2 BGB zu dem gewöhnlichen Verlauf aber jedenfalls mit starker Indizkraft. Die getroffenen Anstalten und Vorkehrungen, die § 252 S. 2 BGB unmittelbar anspricht, sind praktisch wichtig, um zu Überzeugungen kommen zu können.

717

> Der künftige Sport-Profi hat bei einer fremdverschuldeten Verletzung Anspruch auf materiellen Ausgleich der vereitelten Perspektiven, dies aber nur auf einer relativ gesicherten Grundlage. Trägt er vor[646], ihm sei ein vorteilhafter Vertrag entgangen, ist zunächst festzustellen, daß der Vertrag tatsächlich an den eingetretenen Verletzungen gescheitert ist.
>
> Die gegenüber dem Ehemann erklärte Absicht der seit einem oder zwei Jahren haushaltsführenden, dann verletzten Ehefrau, sie wolle im kommenden Jahr wieder eine Erwerbsarbeit aufnehmen, genügt – wie das *OLG Frankfurt* ausführt[647] – nicht, um zu ihren Gunsten einen Verdienstausfall hinreichend wahrscheinlich werden zu lassen. Maßnahmen, um einen solchen Plan zu realisieren, waren in jenem Fall nicht eingeleitet worden. Es fehlte schon an der Bewerbung um einen konkreten Arbeitsplatz. Der einem Dritten gegenüber formulierte Wille, eine selbständige Existenz aufzubauen – im Streitfall war die Eröffnung eines vegetarischen

718

Beispiel 96

---

643 *BGH* VersR 1990, 907 = NZV 1990, 307.
644 *BGH* VersR 1995, 681 = NJW 1995, 1619 = ZfS 1995, 412.
645 Vgl. aber *BGH* NJW 1964, 661, 663.
646 *BGH* VersR 1993, 969 = NJW 1993, 2383.
647 MDR 1995, 1012.

Spezialitätenrestaurants angesprochen worden – gibt kein ausreichendes Fundament zur Schätzung eines Erwerbsschadens.[648] Die gedankliche Vorbereitung reicht selbst vor dem Hintergrund früherer gastronomischer Tätigkeiten nicht aus, wenn und weil eine Gewinnaussicht zu spekulativ bleibt.

719 Welche Einkünfte wie lange konkret erzielt werden können, ist von vielen Faktoren abhängig, bei in jungen Jahren verletzten Personen beginnend mit dem „Ob" zum Schul- und Ausbildungabschluß, mit dem „Wie" eines Abschlusses als Zugangsmöglichkeit für einen Arbeitsplatz, mit dem „Ob" zu einem Arbeitsplatz, also der Erreichbarkeit einer Einkunftsquelle, und dem „Wie" und „Wie lange" eines Arbeitsplatzes, also zur Höhe und Dauer von Einkünften beim Einsatz der Arbeitskraft.

720
Checkliste

Einfluß auf die Einschätzung haben:
- Veranlagung,
- Begabung,
- Fähigkeit,
- Strebsamkeit,
- Neigung,
- körperliche, geistige, seelische Entwicklung,
- Verhalten gegenüber der Umwelt,
- begonnener Werdegang,
- Erreichbarkeit des Abschlusses einer begonnenen Ausbildung,
- Chancen zum Berufseinstieg und -aufstieg,
- beruflicher Werdegang,
- Qualifikation, Stellung der nächsten Angehörigen,
- eigene Aktivitäten trotz Beeinträchtigung,
- weitere individuelle Entwicklung und Entfaltung.

721 Statistisches Material kann allenfalls äußerst begrenzt Aufschluß zu persönlichen Entschlüssen und zum individuellen Lebensweg geben.

722
Durchschnittlicher Erfolg

Ohne Anhaltspunkte für einen überwiegenden Erfolg oder Mißerfolg ist nach der höchstrichterlichen Rechtsprechung[649] von einem durchschnittlichen Erfolg auszugehen und auf dieser Grundlage die weitere Prognose und Schätzung anzuschließen. Für die Prognose sind Entwicklungen nach dem haftungsbegründenden Ereignis auszuwerten (Rn. 144).

---

648 *OLG Hamm* NZV 1994, 109.
649 *BGH* VersR 1998, 770 = NJW 1998, 1633; NJW-RR 1999, 1039.

	Erwerb und Erwerbsplan

> Der *BGH* läßt großzügige Schätzungen zu. Er[650] hält bei einer schweren Verletzung (Schädelhirntrauma 3. Grades, drei Kopfoperationen, X-Bein Fehlstellung, Hirnsubstanzdefekte) während des Besuchs der 4. Grundschulklasse die Schätzung für nicht fernliegend, daß – angesichts der Mitteilung zur Aufnahme in die 5. Klasse des Gymnasiums – 18 Jahre später auf Dauer ein höheres Einkommen als 2.600,00 DM brutto und später von mehr als 3.660,00 DM erreichbar ist. Dies bestätigt der *BGH* bis zum Zeitpunkt des Eintritts in den Ruhestand (am 31.1.2031). Bei einem jungen Menschen ist nicht ohne konkrete Anhaltspunkte anzunehmen, er werde auf Dauer ihm zu Gebote stehende Möglichkeiten für eine gewinnbringende Erwerbstätigkeit nicht nutzen.[651] Die konsequente Fortsetzung einer eingeschlagenen Berufs-, Fachrichtung wird ebenfalls zugrundegelegt werden dürfen.

723

Beispiel 97

Verbleibende Risiken der Prognose sind nach Ansicht des *BGH* durch **Abschläge vom** ermittelten **Ersatzbetrag** aufzufangen.

724

Die Wiederherstellung der Gesundheit und (vollen) Arbeitskraft sowie Erwerbsfähigkeit allein läßt die Vermögenseinbuße und den Erwerbsschaden noch nicht fortfallen. Der Ersatzanspruch besteht vielmehr, solange die verletzte Person an der uneingeschränkten Nutzung ihrer Arbeitskraft gehindert ist, sie ihre Arbeitskraft nicht wieder so einzusetzen vermag, wie vorher geschehen und (oder) für die Zukunft geplant. Der Vermögensschaden **endet** also (erst) mit Wegfall der konkreten, auf der Verletzung beruhenden Umstände, die der Wiederaufnahme der Erwerbstätigkeit entgegenstehen, die verletzte Person z.B. als Arbeitnehmer eine Weiterbeschäftigung verwirklichen kann.[652]

725

Das Fortbestehen der unfallbedingten Beeinträchtigung der Erwerbsfähigkeit hat die verletzte Person ebenfalls substantiiert vorzutragen und ggfs. nachzuweisen. Eine Schadensersatzklage ist nur **schlüssig**, wenn dargelegt wird, daß und inwieweit die verletzte Person die Tätigkeit nicht in der bisherigen, konkret geplanten Ausgestaltung ausüben, dieser Tätigkeit nicht mehr in der konkreten Art und Weise nachgehen kann. Auf eine allgemeine Leistungsfähigkeit, Belastbarkeit kommt es nicht an. Entscheidend ist die gesundheitliche Beeinträchtigung für die konkret infragestehenden Tätigkeiten, das konkrete Arbeitsfeld nach seinen speziellen Anforderungen und der Arbeitsplatz-, Leistungsbeschreibung, für das entgangene Einkünfte geltend gemacht werden.

726

---

650 NJWE-VHR 1996, 141.
651 *BGH* VersR 1997, 366 = NJW 1997, 937, VersR 1998, 772 = NJW 1998, 1634.
652 *BGH* VersR 1991, 703 = NJW 1991, 2422 = DAR 1991, 260.

2. Erwerbsnachteil

a) Mindereinkünfte

727 Der Erwerbsschaden ergibt sich aus dem **Vergleich zwischen den Einkünften**[653] aus der verletzungsbedingt unmöglichen (aufgegebenen) Tätigkeit und der (zumutbarerweise noch) ausübbaren (ausgeübten) Tätigkeit bzw. (vereinfacht formuliert) dem Unterschied zwischen den früheren Einkünften (weil sie die künftigen sind) einerseits und den Einkünften aus einer ersatzweise aufgenommenen Tätigkeit andererseits.

728 Die von der verletzten Person mit herbeigeführte und selbst beeinflußte Einnahmedifferenz hindert die **Zurechnung** des wirtschaftlichen Nachteils nicht, wenn und weil der Willensentschluß nach Art und Entstehung des Schadens nicht außerhalb Wahrscheinlichkeit liegt und keine ungewöhnliche Reaktion darstellt, Rn. 62.

729 Vorzeitige Ruhestandsbezüge, Renten bei vorzeitiger Berufs-, Erwerbs- oder Dienstunfähigkeit reduzieren das IST nicht, weil sie Gegenwert der verbliebenen Arbeitskraft sind. Das Entgelt, das infolge eines Vorsorgesystems an die Stelle ausgefallener Vergütungen tritt, deckt nicht zugunsten des Schädigers, sondern läßt die Forderung übergehen. Angesichts des Rechtsübergangs und der **Anspruchsaufteilung** verbleibt für die betroffene Person (bei voller Haftung) nur die Differenz zwischen der Rente/Bruttopension und dem vereitelten Gehalt/Lohn als durchsetzbarer **Schadensteil**, der nicht selten in solchen Fällen als „Schaden" bezeichnet wird. Bei Inanspruchnahme einer **flexiblen Altersgrenze** geht ein Anspruchsteil jedoch nicht auf den Sozialleistungsträger über, während sich die verletzte Person auf den eigenen Ersatzanspruch zur Ermittlung des Ausfalls nach dem Haftungsereignis zugleich die (wegen des Alters an der Stelle eines Lohns gezahlte) Rente anrechnen[654] lassen muß. Erst mit dem Erreichen der Altersgrenze ist also der Schaden (bei Beamten ebenso wie bei sozialversicherten Personen) aus dem Unterschied zwischen der bei einem unbeeinträchtigten Ablauf erreichbaren Rente (Pension, hypothetisches Altersruhegeld) und der realen Rente (Pension, Erwerbsunfähigkeitsrente) zu errechnen. Eine Leistung des Vorsorgeträgers über

---

653 Beachte *BGH* NJW-RR 1992, 1050 = VersR 1992, 886 = DAR 1992, 301 = NZV 1992, 313.
654 *BGH* VersR 1982, 166; zur Inanspruchnahme des vorzeitigen Altersruhegelds Rn. 63.

die an sich zu zahlende Rente/Pension hinaus kann dann immer noch einem Rechtsübergang unterzogen sein, so daß Deckungslücke und Anspruchsteil der betroffenen Person dementsprechend verringert sind.

730

Berechnungsmodell

Berechnungsmodell Erwerbsschaden		
	Variante 1	Variante 2
1. SOLL (erwarteter monatlicher Verdienst ohne das Haftungsereignis)	5.000,00	5.000,00
	abzüglich	
2. IST (tatsächlicher monatlicher Verdienst nach dem Haftungsereignis)	2.000,00	(s. unter 4.)
	ergibt	als
3. Monatlicher Nachteil	3.000,00	5.000,00
	als	abzüglich
4. VORTEIL (tatsächlicher monatlicher Verdienst nach dem Haftungsereignis)	(s. unter 2.)	2.000,00
5. Ersatzforderung (Schaden) bei voller Haftung	3.000,00	3.000,00

Erläuterung: Die Einordnung des mit der beeinträchtigten Arbeitskraft erzielten Verdienstes als IST statt als VORTEIL oder die Zuweisung einer Ersparnis (Rn. 748) zum SOLL statt zum VORTEIL darf die Berechnung des Schadens nicht beeinflussen. Gleichwertig ist die Variante 2 nur deswegen, weil der monatliche Nachteil nicht als Schaden, sondern als rechnerischer Zwischenwert verstanden ist (beachte Rn. 737, 764).

Einkünfte sind **monatsweise** zu **erfassen**, wenn und weil die Erwerbseinkünfte so bezogen sind und in der Lebenswirklichkeit so zum Unterhalt verwendet werden, zur Schadensrente Rn. 309. Jahreseinkünfte sind steuerlich maßgebend. Sie können auch wesentlich sein bei einer Sozialhilfe und der Frage nach dem Übergang eines Anspruches (Rn. 798). Einmalige Einkünfte in einem Jahr aber sind sogar auf Tage zu verteilen (Rn. 786), weil sie so (anteilig) verdient werden.

731

Unterschiedlich hohe Einkünfte in verschiedenen **Zeiträumen** sind konsequenterweise nicht direkt zu saldieren und schon gar nicht über Jahre, auf die Lebenseinkünfte hin. Sonst nicht erzielte Einkünfte sind nur nach Maßgabe der Regeln zum Vorteilsausgleich (Rn. 196 ff.) gegen-, bzw. anzurechnen. Auf ein- und denselben Zeitraum muß sich auch auswirken, daß der **Willensentschluß** einer verletzten Person zur weiteren Gestaltung des Erwerbslebens an der Zurechnung eines Nachteils nichts (Rn. 62) ändert. Gewinnphasenverschiebungen können die Ersatzberechtigung nicht ausdehnen. Eventuelle (vorstellbare) Gewinne in künftiger

732

Erwerbstätigkeit (Erwerbsschaden)

Zeit können nicht dafür herangezogen werden, den tatsächlichen, zeitbezogen ermittelten Verdienstausfall zu erhöhen.

733
Beispiel 98

> Beim Verdienstausfall wegen der Verzögerung des Berufseintritts sind Wehr-, Ersatzdienstzeiten zu berücksichtigen. Beim Wechsel des Studiums ist für den **Verzögerungsschaden** die real verlängerte **Studiendauer** zu beachten, wenn die Verlängerung nicht auf Unfallfolgen oder andere dem Einfluß der verletzten Person entzogenen Umständen beruht.[655]
>
> Wenn in 2 Jahren 44.000 DM zu erreichen gewesen wären, verletzungsbedingt aber 22.000 DM erzielt worden sind (z.B. wegen verzögerten Eintritts in das Erwerbsleben), ist ein Erwerbsschaden zu bejahen, obwohl der Entschluß gefaßt worden ist, sofort eine andere Arbeit aufzunehmen, die in denselben 2 Jahren zu Einkünften von sogar 52.800 DM geführt hat.[656]
>
> Keinen Minderverdienst findet dagegen das *OLG Köln*[657], indem es den wegen der Verletzung in einem bestimmten Zeitraum von 2 Jahren (nach der Verletzung) real erreichten (höheren) Verdienst (38.876,99 DM) und den in diesem Zeitraum fiktiv zu erzielenden (niedrigeren) Verdienst (35.770,50 DM) gegenüberstellt. Dies entspricht teilweise einem zeitlichen Kongruenzgedanken. Wäre auf den SOLL/IST – Vergleich monatsweise abgestellt worden, hätte sich teilweise anderes gezeigt.

734

Die unentgeltliche **Tätigkeit im Haushalt** ist ebenso eine wirtschaftlich sinnvolle Verwertung der verbliebenen Arbeitskraft und ein zumutbarer Einsatz zur Verringerung eines Erwerbsschadens wie jede andere ersatzweise aufgenommene, ausgeübte Tätigkeit. Der Wert der tatsächlichen Tätigkeit in einem (ehelichen) Haushalt mindert also den Erwerbsschaden, wenn die verletzte Person die Erwerbstätigkeit nach dem haftungsbegründenden Ereignis aufgibt und stattdessen den Haushalt der Familie (anders als vorher, ggf. umfassender als vorher) versorgt.[658]

735
Wertermittlung Hausarbeit

> Der so erzielte (erzielbare) spezifische Wert ist nach den Regeln zum Haushaltsführungsschaden zu bestimmen und dem Erwerbsnachteil gegenüberzustellen.

736

Bei einer **Mithaftung** betr. den Anspruchsgrund ist die Quotierung erst nach der Berechnung zum SOLL, IST und VORTEIL durchzuführen (Rn. 762).

---

655 Beachte dazu *OLG Hamm* NZV 1999, 248.
656 *OLG Frankfurt* NZV 1998, 249.
657 VersR 1998, 507.
658 *BGH* VersR 1979, 622, 623 = NJW 1979, 1403, 1404.

737 Berechnung bei Mithaftung

> **Berechnungsvarianten Mithaftung bei Erwerbsschaden**
>
> | | Variante 1 | Variante 2 | falsch |
> |---|---|---|---|
> | 1. SOLL (erwarteter Ertrag der Arbeitskraft) | 5.000,00 | 5.000,00 | 5.000,00 |
> | 2. Reales IST (genutzte Arbeitskraft) oder | 2.000,00 | | |
> | VORTEIL (genutzte Arbeitskraft) | | 2.000,00 | |
> | 3. Ersatzanspruch bei voller Haftung | 3.000,00 | 3.000,00 | |
> | Haftungsquote wegen Mithaftung zum Haftungsgrund | 70 % | 70 % | 70 % |
> | 4. Quotierte Ersatzforderung | 2.100,00 | 2.100,00 | 3.500,00 |
> | | | | |
> | Vorteil (Ersatzerwerb, genutzte Arbeitskraft) | | | 2.000,00 |
> | Differenz wäre: | | | 1.500,00 |
>
> **Erläuterung:** Die Werte schließen an das Beispiel in Rn. 730 an für den Fall, daß das Haftungsereignis zu 30 % mitverursacht worden ist und nur ein Haftungsanspruch zu 70 % besteht. Wird der Vorteil erst berücksichtigt, nachdem der Schaden wegen der Mithaftung quotiert worden ist, wird die Ersatzforderung um den vollen Vorteilsbetrag gekürzt (Spalte: „falsch"). Dies entspricht der Erwägung zur Anrechnung eines kausalen Vorteils nach der Quotierung des ersatzfähigen Schadens. Dies widerspricht aber dem einheitlichen Schadensverständnis zum Erwerbsschaden bei der Beeinträchtigung der Arbeitskraft mit der Gegenüberstellung aller relevanten Einkünfte.

Sind für einen bestimmten **Zeitraum** Rentenansprüche (Rn. 279) rechtskräftig zuerkannt worden, hat dies keine **Rechtskraftwirkung**[659] dahin, daß für andere, zukünftige Zeiträume eine ähnliche Höhe anzunehmen ist. Ist ein bestimmter monatlicher (beachte Rn. 731) Verdienstausfall zuerkannt und nicht angefochten worden, kann das Berufungsgericht gleichwohl eine deutlich höhere Ausgangssumme für die Schadensberechnung zugrundelegen.[660] Es darf nur keinen höheren Ausfall zusprechen (zu § 308 ZPO s. auch Rn. 310).

738

b) Ersparnis

Ersparnisse sind als Schadensberechnungsfaktor innerhalb der Ermittlung des ausgleichsfähigen Nachteils oder als Vorteil nach Maßgabe der

739

---

659 *BGH* VersR 1995, 469 = NJW 1995, 2227 = ZfS 1995, 170.
660 *BGH* NJWE-VHR 1996, 141.

Regeln zum Vorteilsausgleich zu berücksichtigen. Der Vorteilsgedanke ist nicht auf positive wirtschaftliche Zuflüsse beschränkt.

740
Berechnungsmodell

Berechnungsmodell Berücksichtigung geplanter Investitionen und bisheriger Aufwendungen		
	richtig	falsch
1. SOLL		
a) Ausgangssoll pro Zeit- oder Sacheinheit (z.B. erwarteter Roherlös bei Masttieren)	278,25	278,25
	abzüglich	
b) Ersparter Aufwand pro Einheit Hypothetische, variable Betriebskosten	217,04	217,04
	abzüglich	
Reale Investition bisher (z.B. Kosten der Mast für ein Tier)	165,30	
	ergibt	
Differenz	51,74	51,74
		ergibt
c) verbleibendes Soll pro Einheit (Einkommensverlust)	226,51	61,21
	abzüglich	
2. IST pro Einheit (z.B. für ein Tier erzielter Erlös)	0	0
	ergibt	
3. Schaden pro Einheit (Differenz zwischen SOLL und IST)	226,51	61,21
Ersatzforderung sodann für 251 Einheiten (z.B. Masttiere):	56.854,01	15.363,71

Erläuterung: Sind Investitionen erfolgt, ist der Gewinnausfall nach dem entgangenen Erlös abzüglich noch ersparter Betriebskosten zu bemessen. Der i.S.d. §§ 249, 252 BGB wegen der Unveräußerlichkeit von Tieren[661] auszugleichende Einkommensverlust, der auf eine fehlerhafte Behandlung von Masttieren in einem Schweinemastbetrieb zurückzuführen ist, erstreckt sich insofern auch auf die bisherigen realen Aufwendungen für die Mast.

---

[661] *BGH* NJW 1997, 2943 = VersR 1997, 1154.

Selbst von dem Gedanken des Vorteilsausgleichs her hat die verletzte Person, wenn sich der Schädiger im einzelnen auf **gesetzlich bedingte** Ersparnisse beruft und damit seiner Substantiierungspflicht genügt[662], wegen ihrer Nähe zu den maßgebenden Umständen und Gegebenheiten **darzulegen**, daß die von der Gegenseite behauptete Vergünstigung tatsächlich nicht besteht. Für andere Ersparnisse nach den konkreten Verhältnissen der betroffenen Person, muß ebenfalls ihre gesteigerte (sekundäre) Darlegungslast nach einer näheren Schilderung der Schädigerseite bejaht werden.

741

Ersparte **Ausbildungskosten** sind bei Berufs- oder **Erwerbsunfähigkeit** wegen mangelnder zeitlicher Kongruenz nicht mit/gegen Nachteile aus anderen (monatlichen) Zeitabschnitten zu verrechnen. Allenfalls kann auf ein Quartal abgestellt werden. Jahresverdienste sind nicht zwangsläufig bedeutsam, weil die Erwerbsschadensrente auf Monate bezogen ist (§§ 843 Abs. 2, 760 BGB), s. aber auch Rn. 733. Infolge einer Verletzung **nutzlos** gewordene **Ausbildungskosten** bleiben als solche demgegenüber ersatzlos. Der Vermögensschaden wird ausgeglichen über den Ersatz des Verdienstausfalls (Erwerbsschaden), der auf der Basis der begonnenen Ausbildung mit der nicht beeinträchtigten Arbeitsfähigkeit zu erzielen gewesen wäre (Rn. 720, 778). Werden aber ersparte Ausbildungskosten angesetzt, sind diese in jedem Fall mit den bisherigen Investitionen in die (berufliche Zukunft) zu verrechnen. Dabei sind in Aussicht genommene, für den geplanten, erwarteten Vermögenszuwachs notwendige Aufwendungen zum SOLL mindernd anzusetzen (vgl. Berechnungsmodell Rn. 740).

742

Im Fall einer fortgeführten, **veränderten Beschäftigung** sind ersparte, **berufsbezogene**, – bedingte **Aufwendungen** einerseits beim realen Verdienst und andererseits beim erwarteten Verdienst einzuordnen. Erst der Vergleich der Resteinkünfte gibt den Schaden wieder. Dabei ist **pauschalierend** ein Satz von 5 % zugrundezulegen,[663] wie es bei Unterhaltsberechnungen praktiziert wird, sich dort indes zugunsten der erwerbstätigen Person auswirkt, weil dadurch die für Unterhaltszwecke verfügbaren, einsetzbaren Einkünfte reduziert werden. Der *BGH* geht im Urteil vom 28.4.1992[664] auf diese Anrechnungsfrage nicht ein. **Ersparte Fahrtkosten** machen aber bei größeren Wegstrecken einen nicht nur unerheblichen Betrag aus. Solche hat der *BGH* schon 1980[665] berücksichtigt wissen

743

---

662 Zu Steuern *BGH* VersR 1987, 668.
663 *AG Brake* NJWE-VHR 1998, 8.
664 VersR 1992, 886 = NJW-RR 1992, 1050 = DAR 1992, 301.
665 VersR 1980, 455 = NJW 1980, 1787.

Erwerbstätigkeit (Erwerbsschaden)

wollen und die Verkehrsanschauung herangezogen, nach der diese Kosten notwendiger Teil der Beschäftigung seien, wenn die Beschäftigung ohne Einsatz von Fahrtkosten nicht ausgeübt werden kann. Eine solche Ersparnis ist nicht nur äußerlich mit dem Ausfall verknüpft, sondern steht im sachlichen, inneren Zusammenhang mit dem Verdienstausfall. Dementsprechend verringern zusätzliche wirtschaftliche Lasten durch die verstärkte Inanspruchnahme z.B. eines PKW´s für den Weg zur Arbeit den anzurechnenden Betrag einer ersatzweisen, zumutbar aufzunehmenden (Rn. 751) Beschäftigung.[666]

744 Ggfs. ist eine entsprechende Ersparnis zu **korrigieren um** den **Verlust** eines **Steuervorteils** nach den zeitlich einschlägigen steuerrechtlichen Regelungen.

745 Andere **kongruente** wirtschaftliche **Ersparnisse** mindern ebenfalls den ersatzfähigen Schadensbetrag. Dazu gehört der mit den hypothetischen Einkünften unabdingbar verknüpfte Mehrbedarf oder Mehraufwand, der ohnehin die (auszugleichenden) Einkünfte reduziert hätte. Alle zur Lebenshaltung wegen der nicht erzielten Einkünfte (Soll) ersparten Kosten[667], die nach den Lebensverhältnissen an dem Ort, an dem die vereitelten Einkünfte (Soll) zu erzielen gewesen wären, zusätzlich aufzubringen gewesen wären, sind vom Schädiger nicht zu erstatten. Die abweichende Ansicht muß die Anrechnung für unzumutbar (Rn. 205) halten.

746
Beispiel 99

> So können höhere Mietkosten in der Groß – Stadt der niedrigeren Miete bei ländlichen Lebensverhältnissen oder beim Leben in einer kleinen Stadt gegenüber zu stellen sein. Auch ist der allgemeine Aufwand für den Unterhalt (vgl. Rn. 1102) an einem Ort, an dem die jetzt verletzte Person unbeeinträchtigt der (nun vereitelten) Arbeit nachgehen würde, u.U. deutlich günstiger als an dem anderen Ort, an dem die verletzte, beeinträchtigte Person lebt. Diese Differenz des Unterhaltsaufwandes, eine solche Differenz zwischen den Mieten bei gleichem Komfort muß ersatzlos bleiben.

747 Sind die **tatsächlichen Kosten** (zum berufsbedingten Aufwand, der Lebenshaltung, zur Miete) für die Zeit nach dem Haftungsereignis **niedriger** als die Kosten, die zu den prognostizierten Verhältnissen zu verzeichnen wären, ist der (bei der Reihenfolge Soll abzüglich Ist) negative Unterschiedsbetrag nicht selbstverständlich von den Einkünften abzuziehen. Ein solches Vorgehen würde rechnerisch die Forderung (wegen der Addition des doppelten Negativum) erhöhen. Dies ist – nur – gerechtfertigt, wenn sich wegen der realen Kosten eine zusätzlich **erstattungsfähige Nebenfolge** zeigt.

---

666 *BGH* VersR 1998, 1428 = NJW 1998, 3706.
667 *OLG Bamberg* VersR 1967, 911.

748

Berechnungsmodell

Berechnungsmodell Erwerbsschaden und Ersparnis			
Einkünfte	Beispiel A	Beispiel B	Beispiel C
SOLL = hypothetischer, erwarteter Verdienst	5.000,00	5.000,00	5.000,00
IST = tatsächlich erzielter Verdienst	2.000,00	2.000,00	2.000,00
Differenz	3.000,00	3.000,00	3.000,00
Ersparnisse			
a) Berufsbedingter Aufwand			
Hypothetischer Aufwand	250,00	250,00	100,00
Realer Aufwand	100,00	100,00	250,00
Differenz	150,00	150,00	0,00
b) Sonstiger ersparter Mehraufwand zur Lebensführung			
Notwendige Kosten bei Erzielung der vereitelten Einkünfte		2.000,00	1.600,00
Reale, vergleichbare (kongruente) Kosten		1.600,00	2.000,00
Differenz		400,00	0,00
c) Summe berufsbedingter Aufwand und sonstiger Mehraufwand		550,00	0,00
Einkommensverlust = monatlicher Rentenschaden (Differenz: Differenz der Einkünfte abzüglich Summe Ersparnisse)	2.850,00	2.450,00	3.000,00

Vereinfachter Berechnungsweg			
	Beispiel A	Beispiel B	Beispiel C
SOLL = hypothetischer, erwarteter Verdienst	5.000,00	5.000,00	5.000,00
notwendiger Aufwand	250,00	2.250,00	1.700,00
Differenz	4.750,00	2.750,00	3.300,00
IST = tatsächlich erzielter (erzielbarer) Verdienst	2.000,00	2.000,00	2.000,00
notwendiger Aufwand	100,00	1.700,00	2.250,00
Differenz	1.900,00	300,00	-250,00
Unterschied der Differenzbeträge begrenzt durch die Differenz zwischen Soll und Ist als Einkommensverlust = monatlicher Rentenschaden	2.850,00	2.450,00	3.000,00

Erläuterung: Wie in dem Beispiel Rn. 730 begrenzt die Differenz der Einkünfte die Ersatzforderung zum Erwerbsschaden nach oben (Beispiel C). Je nach dem Umfang einer Ersparnis (Beispiel A und B) reduziert sich

> aber die Ersatzforderung. Zum berufsbedingten Aufwand (notwendige Fahrtkosten) ist darauf stets zu achten (Beispiel A).
>
> **Verteuert** sich die **Lebensführung** (z.B. weil eine kostengünstige Dienstwohnung nach dem haftungsbegründenden Ereignis nicht mehr genutzt werden kann, stattdessen mit höheren Mietbelastungen eine andere, vergleichbare Wohnung angemietet werden muß) müssen diese zusätzlichen wirtschaftlichen Nachteile für erstattungsfähig erachtet werden (vgl. Rn. 147). Dann müßte nach den Werten im Beispiel C der Schädiger **zusätzlich** (monatlich) 550,00 DM aufbringen [1.700,00 DM – 2.250,00 DM = –550,00 DM, auch zu berechnen über 3.300,00 DM – (–250,00 DM) = 3.550 DM], allerdings nicht auf den Erwerbsschaden (darauf sind maximal 3.000,00 DM zu zahlen), sondern zum Ausgleich des weiteren **Vermögensfolgeschadens** nach § 249 BGB.

749 Steuerersparnisse der verletzten Person kommen dem Schädiger grundsätzlich zugute (Rn. 213). Die steuerliche Vergünstigung, die durch einen schadensbedingen Verlust ausgeglichen wird, mindert die Ersatzpflicht aber selbstverständlich nicht. Erhält die verletzte Person eine **Sozialrente**, ist zu berücksichtigen, daß die Rente – lediglich – mit ihrem Ertragsanteil, nicht dem Kapitalrückzahlungsanteil, der Einkommensteuer unterliegt.[668] Würde diese Steuerfolge außer Betracht bleiben, würde die geschädigte Person ein höheres Einkommen als ohne das Haftungsereignis erreichen, ohne daß der Zweck der steuerlichen Regel dies gebietet. Bei Beamten als Empfängern von **Versorgungsbezügen** ist ein Freibetrag[669] zu berücksichtigen.

750
Schätzung des Steuervorteils

> Ohne nähere Angaben der verletzten Person kann ein Steuervorteil zu ihrem Nachteil geschätzt werden (Rn. 215).

c) Einsatz der verbliebenen Arbeitskraft

751 Erzielbare, aber tatsächlich nicht erreichte Einkünfte sind in die Schadensberechnung als negativer Rechenfaktor einzubeziehen, wenn eine verbliebene Arbeitskraft entgegen § 254 Abs. 2 BGB nicht schadensmindernd eingesetzt wird.

752 Die verletzte Person muß die verbliebende **Arbeitskraft** so **nutzbringend** wie möglich **einsetzen**.[670] Sie hat sich aktiv um eine geeignete Arbeitsstelle

---

668 *BGH* VersR 1988, 464 = NJW-RR 1988, 470 (Berufs- und Erwerbsunfähigkeitsrente aus der Rentenversicherung), *OLG Köln* VersR 1998, 1247, 1248.
669 *BGH* VersR 1992, 886 = NJW-RR 1992, 1050 = DAR 1992, 300 = NZV 1992, 313.
670 *BGH* VersR 1983, 488, *BGHZ* 91, 357 = VersR 1984, 939.

zu bemühen. Erforderlichenfalls muß die verletzte Person den Heimatort verlassen[671], die Inanspruchnahme eines Kraftfahrzeugs, ev. sogar die Anschaffung eines PKW kann[672] zumutbar sein. Hindern persönliche Eigenschaften daran[673], eine Arbeitsstelle zu finden, ist der betroffenen Person nach den Umständen des Falles der Arbeitsmarkt verschlossen und gibt es für sie keine zumutbare Erwerbstätigkeit, wird gegen die Pflicht zum gewinnbringendem Einsatz der verbliebenen Arbeitskraft nicht verstoßen. Die zumutbarerweise verstärkte Aktivität im Haushalt (z.B. bei einer Erwerbsunfähigkeit die Übernahme von Arbeiten, die vorher durch eine Hilfsperson gegen Entgelt ausgeführt worden sind, vgl. auch Rn. 734 ff.) steht indessen jeder anderen Verwertung der verbliebenen Arbeitskraft gleich.

Wird die verletzte Beamtin oder der verletzte Beamte **vorzeitig** in den **Ruhestand** versetzt, ist es dem Zivilgericht wegen der Feststellungswirkung des die Pensionierung aussprechenden Verwaltungsaktes verwehrt, selbst zu prüfen, ob die Verletzungen die Zurruhesetzung objektiv rechtfertigen.[674] Erfolgt die Zurruhesetzung einer beamteten, verletzten Person aber aus sachfremden Gründen (zwecks Personalabbau), kann sich der Dienstherr gegenüber dem Schädiger nicht auf Verletzungsfolgen berufen.[675] U.U. hat die Reaktivierung zu erfolgen, wenn dem Einwand des § 254 Abs. 2 BGB begegnet werden soll. Der beamteten Person selbst kann allenfalls entgegengehalten werden, sie habe pflichtwidrig nichts unternommen, um den Eintritt der Bestandskraft des Bescheides über die Pensionierung zu verhindern oder diesen Bescheid nicht mit Rechtsbehelfen und Rechtsmitteln angegriffen.[676]

753

Die Obliegenheit der verletzten Person, sich weiterzubilden oder/und an Umschulungsmaßnahmen teilzunehmen, setzt voraus, daß Aussicht auf den Erfolg der **Umschulung** und einer nutzbringenden Tätigkeit in dem neuen Beruf besteht.[677]

754

> Die Umschulung zu einem der bisherigen Tätigkeit – nach der Einkommensstruktur wie auch sozial – gleichwertigen Beruf muß möglich und zumutbar sein.

755

Umschulung

---

671 *BGH* VersR 1961, 1018; VersR 1962, 1100.
672 Beachte *BGH* VersR 1998, 1428 = NJW 1998, 3706.
673 *BGH* VersR 1996, 332 = NJW 1996, 652 = DAR 1996, 144.
674 *OLG Koblenz* VersR 1997, 1289 = NJW-RR 1997, 1455.
675 *OLG Düsseldorf* Urt. v. 7.6.1995 15 U 76/94 m. *BGH* NA-Beschl. v. 5.3.1996 VI ZR 235/95.
676 *OLG Hamm* Urt. v. 29.1.1996 6 U 54/94 m. *BGH* NA-Beschl. v. 25.2.1997 VI ZR 175/96, *OLG München* NZV 1997, 518.
677 Dies ist für eine türkische Gastarbeiterin wegen fehlender Beherrschung der deutschen Sprache verneint worden, *BGH* VersR 1991, 437.

Erwerbstätigkeit (Erwerbsschaden)

756 Die **Ersatzpflicht** des Schädigers umfaßt grundsätzlich die Kosten einer Umschulung zur Abwendung eines Verdienstausfallschadens, wenn nach verständiger Beurteilung Erfolgsaussichten gegeben sind und bei dem Verhältnis zu den ohne solche Maßnahme zu erwartenden Einbußen des Verletzten die Umschulung objektiv sinnvoll erscheint.[678] Der Anspruch auf Ersatz der Umschulungskosten dient dem Interesse des Geschädigten an einem vollen finanziellen Ausgleich und zugleich dem Bedürfnis, sich wie zuvor vollwertig beruflich betätigen zu können.

757 Ist ein Verletzter auf seinen Wunsch für eine **höher qualifizierte** Arbeit ausgebildet worden, hat der Schädiger die Umschulungskosten grundsätzlich nur in dem Umfang zu gewähren, in dem sie auch bei der Ausbildung zu einem gleichwertigen Beruf angefallen wären. Der Schädiger kann jedoch die erstattungsfähigen Umschulungskosten nicht im Wege der Vorteilsausgleichung um den Mehrverdienst kürzen, den der Verletzte in seinem neuen Beruf erzielen wird.[679]

758 Der **Zurechnungszusammenhang** zwischen der Schädigungshandlung und den Kosten einer Umschulung entfällt, wenn die Änderung des beruflichen Lebensweges derart von einer eigenständigen Entscheidung des Verletzten geprägt ist, daß die Schädigung nur als äußerer Anlaß (Rn. 62 ff.) für diese Entwicklung zu bewerten ist.[680] An die Ausgrenzung der Ersatzpflicht des Schädigers sind strenge Anforderungen zu stellen.[681]

759
Beispiel 100

> Muß der Verletzte unfallbedingt in einen anderen Beruf wechseln, in dem er über viele Jahre tätig ist und mehr verdient als in seiner früheren Stellung, und wechselt er danach ohne Notwendigkeit – lediglich um sich weiter zu verbessern – in einen anderen Beruf, kann es an einem haftungsrechtlichen Zusammenhang mit dem Unfallereignis fehlen, wenn er nunmehr berufliche Fehlschläge mit Einkommenseinbußen erleidet.

760 Den Schädiger trifft die **Beweislast** dafür, daß die verletzte Person gegen die Pflicht verstößt, eine mögliche und zumutbare Arbeit aufzunehmen.[682] Dies schließt den Beweis dafür ein, daß die verletzte Person auf dem Arbeitsmarkt vermittelbar ist.[683] Die verletzte Person hat aber innerhalb einer prozessualen Mitwirkungspflicht darzulegen, welche Arbeiten zumutbar und durchführbar erscheinen und welche Maßnahmen zur Er-

---

[678] *BGH* VersR 1982, 767; 1982, 791; 1991, 596, *OLG Koblenz* VersR 1995, 549 = NZV 1995, 322 = r+s 1995, 183 m. *BGH* NA-Beschl. v. 24.1.1995.
[679] *BGH* VersR 1987, 1239.
[680] *BGH* VersR 1991, 596; 1991, 1293.
[681] *BGH* VersR 1991, 1293.
[682] *BGH* VersR 1971, 348.
[683] *BGH* VersR 1997, 1158 = NJW 1997, 3381 = DAR 1997, 355.

langung einer bestimmten, zumutbaren Arbeit unternommen worden sind. Dann hat der Schädiger zu beweisen, daß die verletzte Person entgegen ihrer eigenen Darstellung die konkret bezeichnete zumutbare Arbeit hätte aufnehmen oder z.B. die Teilnahme an einer Umschulung hätte wiederholen können.[684] Die Regeln des Anscheinsbeweises können helfen. U.U. soll es es zu einer Umkehr der Beweislast kommen.[685]

aa) Zuordnung

Das Verständnis zum Erwerbsschaden (Rn. 706 f.) fordert rechnerisch, die auf die Arbeitskraft bezogene Obliegenheitsverletzung vor der Quotierung wegen der Mithaftung zum Haftungsgrund zu berücksichtigen. Dann wird der auf der Grundlage des § 254 Abs. 2 BGB mindernd einfließende Betrag nur verringert um den Eigenanteil wegen der Mithaftung zum Grund in Abzug gebracht. Dies wird dem Bezugspunkt der Schadensminderungspflicht gerecht. Eine Minderung nach Quotierung betr. den Haftungsgrund würde dagegen ebenfalls (Rn. 737) den Bezugspunkt der Obliegenheit verschieben.

761

762

Berechnungsmodell

Berechnungsmodell, -vorschlag Zuordnung der Haftungsquotierung beim Erwerbsschaden	
1. SOLL (erwarteter Ertrag der Arbeitskraft)	5.000,00
2. Ertrag der verbliebenen Arbeitskraft a) IST oder VORTEIL Real erzielte Einkünfte	2.000,00
b) Pflichtwidrig nicht genutzte Arbeitskraft (Schadensminderung) Hypothetisch (zusätzlich) erreichbare Einkünfte	500,00
c) Zwischensumme (erzielte und erreichbare Einkünfte)	2.500,00
3. Differenz (zwischen 1. und 2.) als ersatzfähiger Nachteil als Ersatzanspruch bei voller Haftung	2.500,00
Haftungsquote wegen einer Mithaftung betr. den Haftungsgrund	70 %
4. Quotierter Ersatzanspruch (monatlich)	1.750,00
Erläuterung: Die Zahlenwerte führen das Beispiel in Rn. 737 fort.	

---

684 *BGH* VersR 1979, 424.
685 *BGH* VersR 1983, 488.

Erwerbstätigkeit (Erwerbsschaden)

763 Über andere Berechnungswege kommt es im monatlichen Ausgangswert zu deutlich niedrigeren Forderungen.

764

Beispiel 101

Zuordnung der Haftungsquotierung beim Erwerbsschaden Nicht gleichwertige Berechnungsvarianten bei Erwerbsschäden		
	A	B
1. SOLL (erwarteter Ertrag der Arbeitskraft)	5.000,00	5.000,00
2. Reales IST / Vorteil	2.000,00	s.u.
3. Ersatzfähiger Schaden bei voller Haftung	3.000,00	5.000,00
Haftungsquote wegen einer Mithaftung betr. den Haftungsgrund	70 %	70 %
4. Quotierte Ersatzforderung	2.100,00	3.500,00
VORTEIL	s.o.	2.000,00
Schadensminderung (pflichtwidrig nicht genutzte restliche Arbeitskraft)	500,00	500,00
verbleibende monatliche Ersatzforderung wäre:	1.600,00	1.000,00

Erläuterung: Spalte *A* weist die Forderung aus, wenn die Schadensminderung nach der Quotierung (s. das Ausgangsbeispiel in Rn. 737) in voller Höhe einfließt. Zugleich zeigt Spalte *A*, daß im Vergleich zu der Berechnung in Rn. 762 eine um 150,00 DM niedrigere monatliche Forderung ermittelt wird, wenn die Minderung zum Schadensumfang nachgestellt wird. Dieser Betrag entspricht 30 % (Mithaftungsanteil = 100 % abzüglich Haftungsquote) vom Betrag der Schadensminderung in Höhe von 500,00 DM und zwar als Konsequenz der unterschiedlichen Einordnung des mindernden Betrages zur Differenz bzw. Quote. Spalte *B* setzt den in Rn. 737 als falsch bezeichneten Abrechnungsweg fort für den Fall eines Obliegenheitsverstoßes, also den zumutbaren, aber unterbliebenen Einsatz der verbliebenen Arbeitskraft.

765 Der Verletzte darf – wie der *BGH*[686] herausstellt – bei der Mithaft **nicht** die **Einnahmen** aus einer **ersatzweise aufgenommenen Tätigkeit** vorrangig **auf** die **Quote anrechnen**. Bei Barunterhaltsschaden der Hinterbliebenen ist dies zu den Einkünften anders (Rn. 1354). Für diese ist der Teil des verursachten Schadens, der von der Haftung des Schädigers nicht abgedeckt ist, mit dem Vorteil (einer Ersparnis) aus Billigkeitsgründen zu verrechnen.

---

[686] *BGH* VersR 1992, 886 = NJW-RR 1992, 1050 = DAR 1992, 301.

766

Beispiel 102

Erwerbsschaden, Mithaftung und Vorteilsausgleich			
	richtig	falsch Variante 1	falsch Variante 2
Verdienst vorher, Soll	5.000,00	5.000,00	5.000,00
Verdienst nachher, Ist	2.000,00		
Ausfall	3.000,00	5.000,00	5.000,00
Haftungsquote des Schädigers	70 %	70 %	70 %
Quotierte monatliche Ersatzforderung	2.100,00	3.500,00 abzüglich	3.500,00 abzüglich Differenz zwischen
Verdienst nachher		2.000,00	2.000,00
sowie Mithaftbetrag			1.500,00
in Höhe von			500,00
		würde als Forderung ergeben: 1.500,00	würde als Forderung ergeben: 3.000,00

Erläuterung: Infolge des Selbstbehalts (durch die Mithaftung) zu 30 % (900,00 DM) ist der entstandene Schaden der verletzten Person in dieser Höhe nicht vom Schädiger zu ersetzen, s. Rn. 737.

Auf dem aus Rechtsgründen unzutreffenden Berechnungsweg (Variante 2) zeigt sich dagegen der ersatzlos bleibende Teil mit 1.500,00 DM. Wäre dazu ein Vorteilsausgleich durchzuführen, weil der Barvorteil (2.000,00 DM) den Ausfall übersteigt, wäre ein Abzug mit der Differenz zwischen dem Vorteil (2.000,00 DM) und dem ersatzlos bleibenden Teil (1.500,00 DM) in Höhe von 500,00 DM vorzunehmen. Im Ergebnis wird der Betrag von 3.000,00 DM erreicht, der den unquotierten Schaden wiedergibt. Auf die Mithaftung bei der Schadensentstehung käme es nicht an.

Entscheidend ist dabei weniger der Blick auf die Billigkeitsrechtsprechung zum Unterhaltsausfall als auf das Prinzip der Berechnung des Erwerbsausfalls. In der vorstehenden Variante 2 würde nur immer entweder der Vorteil oder die Mithaft mindernd zu beachten sein und zwar je nach dem Verhältnis des Vorteils zum Soll. Liegt dieses Verhältnis über dem Mithaftanteil kürzt der Vorteil, wenn die Verrechnung im Rahmen der Billigkeit akzeptiert wird. Liegt dieses Verhältnis darunter, kürzt der Mithaftanteil (Mithaftbetrag). Das hängt damit zusammen, daß erst quotiert und dann nach dem Ist bzw. Vorteil im Zahlenvergleich mit der Höhe des Mithaftbetrags gefragt wird.

Geschieht dies nicht, wird erst die Differenz gebildet (zwischen Soll und Ist bzw. Vorteil) und anschließend quotiert, kommt es zu einem anderen Bild. Da dann das Ist bzw. der Vorteil bereits anteilig eingeflossen sind, kann sich ein positiver, zusätzlicher Vorteil rechnerisch nicht ergeben.

Erwerbstätigkeit (Erwerbsschaden)

Soll	5.000,00			
Ist, Vorteil	2.000,00			
Ausfall	3.000,00			
Verhältnis Ist zu Soll	40 %			
		Volle Haftung	Variante A	Variante B
Haftungsquote		100 %	70 %	30 %
Quotierte monatliche Ersatzforderung		3.000,00	2.100,00	900,00

bb) Rechnerischer Einfluß der Obliegenheitsverletzung beim Forderungsübergang

767 Die unterschiedlichen Innenzuweisungstheoreme (Rn. 405ff) führen bei gleichzeitiger Mithaftung und Verletzung der Schadensminderungspflicht zu weiter veränderten Berechtigungen einerseits der betroffenen Person und andererseits des Leistungsträgers.

768 Bei Einbindung in ein Beamtenverhältnis begünstigt die Differenztheorie die betroffene Person zusätzlich zur Verletzung der Schadensminderungspflicht. Der Beamtin oder dem Beamten ist vom Schädiger eine Kürzung des Ersatzanspruchs wegen einer nicht genutzten Restarbeitskraft nur begrenzt entgegenzuhalten, während sich die Verringerung der Ersatzforderung immer zum Nachteil des Dienstherrn auswirkt.

769
Beispiel 103

Erwerbsschaden, Differenztheorie, volle Haftung			
	Beispiel A	Beispiel B	Beispiel C
Soll	5.000,00	5.000,00	5.000,00
Ist	0,00	0,00	0,00
Wert nicht genutzte Arbeitskraft	1.900,00	2.000,00	2.100,00
Differenz	3.100,00	3.000,00	2.900,00
Haftungsquote	100 %	100 %	100 %
Quotierte Forderung	**3.100,00**	**3.000,00**	**2.900,00**
Vorzeitige Ruhestandsbezüge	2.000,00	2.000,00	2.000,00
Deckungslücke der verletzten Person	3.000,00	3.000,00	3.000,00
erstattungsfähig bis zur Höhe der Forderung im Außenverhältnis:	**3.000,00**	**3.000,00**	**2.900,00**
Restlicher Anspruchsteil des Dienstherrn:	100,00	0,00	0,00

Erläuterung: Betragen vereitelte, ohne das Haftungsereignis erzielbare Nettoeinkünfte 5.000,00 DM, beläuft sich der Ersatzanspruch bei voller Haftung auf diesen Betrag. In Höhe einer Leistung des Dienstherrn bei vorzeitiger Pensionierung in Höhe von 2.000,00 DM wäre dieser anspruchsberechtigt. In Höhe der Deckungslücke von 3.000,00 DM wäre die betroffene Person anspruchsberechtigt, deren Schaden durch die Summe aus den Ruhestandsbezügen und dem Anspruchsteil gegen den Schädiger voll abgedeckt wäre. Bei solcher voller Haftung kürzt ein Obliegenheitsverstoß den eigenen Anspruchsteil der betroffenen Person erst[687], wenn mit der erhalten gebliebenen Arbeitskraft ein höherer Verdienst zu erzielen wäre, als die Ruhestandsbezüge ausmachen.

770 Berechnungsmodell

Berechnungsmodell, -vorschlag
Erwerbsschaden, Differenztheorie, quotierte Haftung und Schadensminderung

	Beispiel A	Beispiel B	Beispiel C	Beispiel D
Soll	5.000,00	5.000,00	5.000,00	5.000,00
Ist	0,00	0,00	0,00	0,00
Wert nicht genutzte Arbeitskraft	500,00	714,00	800,00	2.000,00
Differenz	4.500,00	4.286,00	4.200,00	3.000,00
Haftungsquote	70 %	70 %	70 %	70 %
Quotierte Forderung	3.150,00	3.000,20	2.940,00	2.100,00
Vorzeitige Ruhestandsbezüge	2.000,00	2.000,00	2.000,00	2.000,00
Deckungslücke	3.000,00	3.000,00	3.000,00	3.000,00
erstattungsfähig bis zur Höhe der Forderung im Außenverhältnis:	3.000,00	3.000,00	2.940,00	2.100,00
Restlicher Anspruchsteil des Dienstherrn	150,00	0,20	0,00	0,00

begrenzt durch die Höhe der geleisteten Ruhestandsbezüge.

Erläuterung: Ist wegen der Mithaft zum Grund die Ersatzforderung auf 70 % begrenzt, beträgt die quotierte Ersatzforderung 3.5000,00 DM (5.000,00 DM x 70 %). Dem vorzeitig pensionierten Beamten steht wiederum neben der Leistung (2.000,00 DM) ein Anspruchsteil in Höhe der Deckungslücke (3.000,00 DM) zu. Der Dienstherr ist in Höhe von 500,00 DM legitimiert (Berechnungsmodell Rn. 411). Die weitere Kürzung wegen der pflichtwidrig nicht genutzten, verbliebenen Arbeitskraft wirkt sich bei der erläuterten Einordnung des Minderungsbetrages (Rn. 761) dann so aus, wie es für verschiedene Wertansätze nebeneinander dargestellt ist.

---

[687] *OLG Frankfurt* NZV 1993, 471; *OLG Karlsruhe* VersR 1998, 1115, *BGH* NA-Beschl. v. 6.5.1997.

Erwerbstätigkeit (Erwerbsschaden)

> Wer den Wert der **Schadensminderung** im Außenverhältnis **anders orientiert** (Rn. 764), kommt direkt zur Einsicht, daß für die Beamtin oder den Beamten der Obliegenheitsverstoß den eigenen Anspruchsteil kürzt, wenn die Deckungslücke höher ist als die Differenz zwischen der quotierten Forderung und dem Wert der zumutbar einsetzbaren Arbeitskraft.
>
> | | Beispiel E | Beispiel F | Beispiel G |
> |---|---:|---:|---:|
> | Soll | 5.000,00 | 5.000,00 | 5.000,00 |
> | Ist | 0,00 | 0,00 | 0,00 |
> | Differenz | 5.000,00 | 5.000,00 | 5.000,00 |
> | Haftungsquote | 70 % | 70 % | 70 % |
> | Quotierte Forderung | 3.500,00 | 3.500,00 | 3.500,00 |
> | Wert nicht genutzte Arbeitskraft | **490,00** | **500,00** | **550,00** |
> | **Verbleibende Forderung** | 3.010,00 | 3.000,00 | 2.950,00 |
> | Vorzeitige Ruhestandsbezüge | 2.000,00 | 2.000,00 | 2.000,00 |
> | Deckungslücke der verletzten Person danach: | 3.000,00 | 3.000,00 | 3.000,00 |
> | als Anspruchsteil erstattungsfähig bis zur Höhe der verbleibenden (quotierten) Forderung mit: | **3.000,00** | **3.000,00** | **2.950,00** |
> | Restlicher Anspruchsteil des Dienstherrn begrenzt durch die Höhe der Ruhestandsbezüge. | 10,00 | 0,00 | 0,00 |

771 Bei Einbindung in das Sozialversicherungssystem unter Geltung der **relativen Theorie** (§ 116 Abs. 3 SGB X, Rn. 418) kann daran gedacht werden, für den Fall einer Verletzung der Schadensminderung den Gedanken der Relativität fortzuschreiben. Dies muß schon zur vollen Haftung (der Ersatzberechtigung zu 100 %) bei Minderung wegen eines (persönlichen oder zurechenbaren) Obliegenheitsverstoßes zum Einsatz der Arbeitskraft gelten.

772
Berechnungsmodell

> **Berechnungsmodell, -vorschlag**
> **Erwerbsschaden, Relative Theorie**
>
> | | | Variante |
> |---|---:|---:|
> | Soll | 5.000,00 | 5.000,00 |
> | Wert nicht genutze Arbeitskraft | **500,00** | s.u. |
> | Differenz | 4.500,00 | 5.000,00 |
> | Haftungsquote | 100 % | 100 % |
> | Quotierte Forderung | 4.500,00 | 5.000,00 |
> | Wert nicht genutze Arbeitskraft | s.o. | **500,00** |
> | Verbleibende Forderung | 4.500,00 | 4.500,00 |
> | Leistung | 2.000,00 | 2.000,00 |
> | Deckungslücke | 3.000,00 | 3.000,00 |

Erwerbsnachteil

> **Kürzungsquote jeweils zur Leistung und Deckungslücke:**
> Quotierte Forderung/Schaden   90 %
> Forderung/Schaden   90 %
> **Anspruchsteil Leistungsträger**   1.800,00   1.800,00
> **Anspruchsteil betroffene Person**   2.700,00   2.700,00
>
> **Erläuterung:** Es darf nicht die Haftungsquote (100 %) umgesetzt werden, weil dann zwischen den Anspruchsberechtigten mehr verteilt wird, als insgesamt gegen den Schädiger wegen der Minderung im Außenverhältnis zur Verteilung zur Verfügung steht. Die Quote der relativen Berechtigung (Kürzungsquote) muß nun vielmehr dem Verhältnis zwischen dem Ersatzanspruch (Ersatzforderung) und dem Schaden entnommen werden. In der Variante ist zum Ersatzanspruch die verbleibende Forderung heranzuziehen, weil die Kürzung wegen der Mithaft nach Berechnung des quotierten Anspruches erfolgt ist. Bei einem Wert für die nicht genutzte Arbeitskraft von z.B. 2.000,00 DM erhält die betroffene Person nach dieser Berechnungsweise immerhin 1.800,00 DM. Der Leistungsträger bekommt dann 2.700,00 DM von den insgesamt zu verteilenden 4.500,00 DM (Soll 5.000,00 DM abzüglich Minderungsbetrag 500,00 DM).
>
> Der Beamte hätte bei gleichen Ausgangswerten von den 4.500,00 DM zur Auffüllung der Deckungslücke 3.000,00 DM zugewiesen erhalten, der Dienstherr hätte daneben 1.500,00 DM regressieren können.

Bei zusätzlicher Minderung des Ersatzanspruchs nach § 254 Abs. 2 BGB neben der Quotierung zum Grund bedarf es ebenso weiterer Verteilungskriterien, weil die Relativität über die Haftungsquote nicht ausreicht, dem zusätzlich im Außenverhältnis verminderten Anspruch Rechnung zu tragen. Es liegen Berechnungserwägungen nach dem vorstehend beschriebenen Prinzip nahe.

773

Berechnungsmodell, -vorschlag			
Erwerbsschaden, relative Theorie und Schadensminderung			
	Beispiel A	**Beispiel B**	**Beispiel C**
Soll	5.000,00	5.000,00	5.000,00
Wert nicht genutze Arbeitskraft	**500,00**	**2.000,00**	s.u.
Differenz	4.500,00	3.000,00	5.000,00
Haftungsquote	70 %	70 %	70 %
Quotierte Forderung	3.150,00	2.100,00	3.500,00
Wert nicht genutze Arbeitskraft	s.o.	s.o.	**2.000,00**
Verbleibende Forderung	3.150,00	2.100,00	1.500,00
Leistung	2.000,00	2.000,00	2.000,00
Deckungslücke	3.000,00	3.000,00	3.000,00

774

Berechnungsmodell

> **Kürzungsquote jeweils zur Leistung und Deckungslücke:**
> Quotierte Forderung/Schaden   63 %   42 %
> Verbleibende Forderung/Schaden   63 %   42 %   30 %
> **Anspruchsteil Leistungsträger** 1.260,00 840,00   600,00
> **Anspruchsteil betroffene Person** 1.890,00 1.260,00 900,00
>
> Erläuterung: Bei dieser Verteilung zwischen den Anspruchsberechtigten kann die Kürzungsquote dem Verhältnis quotierte Forderung/Schaden, der in der Ausgangssituation ohne Reduzierung nach § 254 Abs. 2 BGB der Haftungsquote entspricht, entnommen worden, wenn der Abzug wegen § 254 Abs. 2 BGB vorher stattgefunden hat. Dann gibt die quotierte Forderung schon die verbleibende Forderung wieder.
>
> Das Ergebnis zum Außenverhältnis weicht in der Variante vom Beispiel B jeweils bei einem Minderungsbetrag in Höhe von 2.000,00 DM in Höhe der Mithaftquote auf den Minderungsbetrag ab. 2.000,00 DM x 30 % = 600,00 DM. Der Unterschied im Außenverhältnis verteilt sich im Innenverhältnis nach dem Unterschied bei der relativen Kürzungsquote (42 % – 30 % = 12 %; 2.000,00 DM x 12 % = 240,00 DM für den Leistungsträger, 3.000,00 DM x 12 % = 360,00 DM für die betroffene Person). Zugleich ist mit dem Verhältnis Deckungslücke/Schaden (3.000,00 DM/5.000,00 DM entspricht 3/5 oder 60 %) und nach der Mithaftquote zum Minderungsbetrag (30 % von 2.000,00 DM sind 600,00 DM) über den Berechnungsschritt 600,00 DM x 3/5 = 360,00 DM der Unterschiedsbetrag für die betroffene Person auszumachen.
>
> Mit der Kürzungsquote: quotierte Forderung/Schaden darf in der Variante nicht gerechnet werden, weil dann die summierten Anspruchsteile den quotierten Ersatzbetrag ausmachen würden und sich die Minderung rechnerisch nicht auszuwirken vermag.

775 Die **Gegenüberstellung** der **Verteilungskriterien** zum Innenverhältnis zeigt die Verschlechterung der betroffenen Person bei der Relativität gegenüber der Differenz.

776

Beispiel 104

	Vergleich			
	Differenztheorie		Relative Theorie	
		Variante		Variante
Soll	5.000,00	5.000,00	5.000,00	5.000,00
Haftungsquote	s.u.	70 %	s.u.	70 %
Schadensminderung	500,00	s.u.	500,00	s.u.
Quotierte oder reduzierte Ersatzforderung	4.500,00	3.500,00	4.500,00	3.500,00
Schadensminderung	s.o.	500,00	s.o.	500,00
Haftungsquote	70 %	s.o.	70 %	s.o.
Quotierte und reduzierte Ersatzforderung	3.150,00	3.000,00	3.150,00	3.000,00

Kürzungsquote (Ersatzforderung/Schaden)			63 %	60 %
Leistung (Pension, Rente)	2.000,00	2.000,00	2.000,00	2.000,00
Deckungslücke	3.000,00	3.000,00	3.000,00	3.000,00
Anspruchsteil Leistungsträger	150,00	0,00	1.260,00	1.200,00
Anspruchsteil verletzte Person	3.000,00	3.000,00	1.890,00	1.800,00

Erläuterung: Die Einzelberechnungen folgen den erläuterten Berechnungsschritten (Rn. 770 und 774). Bei einem höheren Minderungswert steht der Anspruchsteil der betroffenen Person nach der Relativität gegenüber der Differenz im Vergleich besser da.

d) Vorschlag[688] zur Einschätzung eines Mindesterwerbsschadens

§ 252 BGB, § 287 ZPO lassen die abstrakte Berechnung im Sinne eines pauschalen Mindestschadens nicht zu.[689] Bei schweren Schädigungen in jungen Jahren und dem Fehlen geeigneter Anknüpfungsmomente zur Beurteilung des Erwerbsschadens sollte aber ein ersatzfähiger Mindesterwerbsschaden den Ausgleich des Erwerbsnachteil sichern helfen (Rn. 119). Bei verletzten Kindern oder Jugendlichen kann ein solcher Mindesterwerbsschaden mit dem Zeitpunkt des vermutlichen Schul- und Ausbildungsabschlusses beginnen. 777

778

Vorschlag Einschätzung des Mindesterwerbsschadens bei schwerer Schädigung in jungen Jahren	
Entwicklungsphase zur Zeit der Verletzung	Mindesterwerbsschaden bei Erwerbsunfähigkeit nach Berufsgruppe und pauschalierten Einkünften
Hauptschule	Einfacher Dienst; Erwerbsschadensrente nach Einstufung bis A 5 oder BAT VIII, oder über Durchschnitt zu BAT IXb oder nach Lohngruppe 2
Real-, Mittelschule	Mittlerer Dienst; Erwerbsschadensrente nach Einstufung bis A 9 oder bis BAT Vc oder über Durchschnitt zu BAT VIb.

---

688 S. schon *Pardey* in Dokumentation 2. Tagung Verkehrsopferschutz 1998, Deutsche Interessengemeinschaft für Verkehrsunfallopfer e.V., S. 19 ff., 33.
689 *BGH* VersR 1995, 469 = NJW 1995, 2227 = ZfS 1995, 170.

Erwerbstätigkeit (Erwerbsschaden)

> Bei der bereits begonnenen praktischen Ausbildung könnte eine Mindesterwerbsschadensrente nach dem Tariflohn für Gesellen anhand des Durchschnittseinkommens in der konkreten Berufssparte angenommen werden. Ggfs. haben Abschläge zu erfolgen, Rn. 722, 724. Bei einer Verletzung während des Besuchs der Sekundarstufe II ist an eine Mindesterwerbsschadensrente unter Einstufung in den gehobenen Dienst mit der Gehaltsstufe ab A 9 bis A 13 oder bis BAT IIa oder über den Durchschnitt nach der Vergütungsgruppe BAT IVb zu denken. Entsprechend ist beim Hochschulbesuch über den höheren Dienst an die Stufen ab A 13 bis A 16 oder bis BAT I oder den Durchschnitt nach BAT Ib zu denken.
>
> Vorstellbar ist es weiter, den **Mindestschaden** sogleich **für das Lebensalter** zu präzisieren und/oder dabei nach dem hypothetischen Ausbildungsstand auszurichten. Dies erleichtert für jeden Monat der unveränderten Beeinträchtigung den direkten Zugriff auf einem bestimmten Mindestbetrag. So könnten für erwerbsunfähige, verletzte Personen Mindesteinkünfte wie folgt zugrundegelegt werden:
>
> - Bis 45 Jahre jedenfalls nach dem Endgrundgehalt A 5,
> - anschließend jedenfalls nach dem Endgrundgehalt A 6.
> - Vermutlich erreichter Realschulabschluß oder gleichwertiger Abschluß und gleichwertige Qualifikation:
>   bis einschließlich 30 Jahre nach A 6, Altersstufe 3,
>   von 31 bis 43 Jahre nach A 7, Altersstufe 7,
>   bei 44 bis 55 Jahre nach A 8, Altersstufe 11,
>   ab 56 Jahre nach A 9, Altersstufe 11.
> - Vermutlich erreichte allgemeine Hochschulreife oder gleichwertige Qualifikation:
>   bis 30 Jahre nach A 9, Altersstufe 3,
>   bei 31 bis 39 Jahren nach A 10, Altersstufe 7,
>   bei 40 bis 51 Jahre nach A 11, Altersstufe 9,
>   ab 52 Jahre nach A 12, Altersstufe 11;
> - Vermutlich erreichter Hochschulabschluß oder gleichwertige Qualifikation:
>   bis 36 Jahre nach A 13, Altersstufe 5,
>   bis 46 Jahre nach A 14, Altersstufe 9,
>   ab 47 Jahre nach A 15, Altersstufe 10.

780 Zur Bestimmung der Höhe eines Mindesterwerbsschadens ist darüber hinaus immer ein Durchschnittseinkommen nach Besoldungsgruppen oder einschlägigen Tarifverträgen auszuwerten.

3. Entgeltliche Einsatzfelder

a) Abhängige Arbeit

Entgeltorientiert erhält die Arbeitskraft den entscheidenden Vermögensinhalt durch den Einsatz im Arbeitsleben und den damit verbundenen eigenbezogenen Nutzen. Bei abhängig Beschäftigten erschließt sich dementsprechend der Schaden aus dem Gegenwert für die Arbeit in der Form von Lohn oder Gehalt. Die Fortzahlung von Lohn oder Gehalt berührt den Schadensersatzanspruch grundsätzlich nicht.[690]

781

Die **gegen Entgelt** in einem **Haushalt** ausgeübte Dienstleistung steht jeder anderen Erwerbsarbeit gleich. Die Tätigkeit kann eine Vollzeit- oder Teilzeitbeschäftigung, sie kann eine Haupt - oder Nebentätigkeit sein. Ist eine Putzhilfe in mehreren Haushalten beschäftigt[691] und überschreiten einzelne geringfügige Beschäftigungen zusammen die sozialversicherungsrechtlich geltende Geringfügigkeitsgrenze, besteht zwar Sozialversicherungspflicht. Auch dann, wenn Beschäftigungen der Einzugsstelle nicht gemeldet sind – obwohl insgesamt Sozialversicherungspflicht besteht, weil die Einzelbeschäftigungen zusammen die sozialversicherungsrechtliche Grenze der Geringfügigkeit überschreiten –, bleiben Vertragsverhältnisse rechtswirksam. Die Erzielung von Einkünften wollen die versicherungsrechtlichen Normen nicht verhindern. Kann eine für die nahe Zukunft geplante entgeltliche Tätigkeit in einem Haushalt verletzungsbedingt nicht aufgenommen werden, hat der Schädiger in gleicher Weise für den Ausfall der (künftig angestrebten) Einkünfte aufzukommen. Daß eine entgeltliche Tätigkeit in einem fremden Haushalt bevorgestanden hat, ist im Streitfall mit hinreichend sicheren Anknüpfungsmomenten zu belegen. Verträge zwischen Angehörigen und Verwandten sind denkbar, dürfen aber nicht fingiert sein.

782

Als Verdienstausfall auszugleichen sind alle verletzungsbedingt verringerten, ausfallenden **Einkünfte** mit allen Zulagen für besondere (regelmäßige) Anstrengungen[692] oder Aufenthaltsorte[693] sowie Lohnersatzleistungen. **Entgeltbestandteil** für den Arbeitnehmer sind die **Aufwendungen** des **Arbeitgebers** zur Erfüllung einer arbeitsvertraglichen Versorgungszusage

783

---

690 *BGHZ* 7, 30; std. Rspr.
691 *BGH* VersR 1994, 355 = NJW 1994, 851 = NZV 1994, 183, anders Vorinstanz *OLG Karlsruhe* ZfS 1993, 223.
692 Zu Erschwerniszulagen *OLG Hamm* OLGR 1996, 90 = ZfS 1996, 211.
693 Zum Auslandszuschlag *BGH* FamRZ 1980, 342.

Erwerbstätigkeit (Erwerbsschaden)

einschließlich der Rückstellungen[694] – im Vorfeld der nach Eintritt des Versorgungsfalles anstehenden Rente.

784 **Nebenbeschäftigungen** müssen als nachhaltig (wahrscheinlich) erzielbar nachgewiesen sein. Für nebenberufliche Einkünfte von abhängig Beschäftigten kann zur Prognose für die Zukunft das Durchschnittseinkommen der letzten drei Jahre (wie bei Selbständigen) dienen[695], wenn nicht ein kürzerer Zeitraum ausreichend aussagekräftig ist. **Trinkgelder** mögen mit 1,00 DM/Arbeitsstunde[696] eingeschätzt werden, wenn keine anderen, besser geeigneten Anhaltspunkte vorliegen. **Prämien** für mehrere Jahre sind anteilig auf ein Jahr umzurechnen.

785 Das Urlaubsentgelt und ebenso **einmalige jährliche** Zahlungen, insbesondere Zuwendungen (zusätzliches Urlaubsgeld, Weihnachtsgeld) sind Entgelt für geleistete Arbeit und deswegen der verletzten Person zu erstatten. Bei der Berechnung des Ausfallbetrages ist die jährliche Zuwendung auf die Jahrestage unter Abzug von Urlaubs- und Freistellungstagen zu verteilen[697], weil der Jahresverdienst an den restlichen Arbeitstagen verdient wird.

786
Berechnungsformel

Berechnungsformel für anteilige jährliche Zuwendungen

$$\text{Gratifikation} \times \frac{\text{Krankheitstage (Kalendertage)}}{\text{Jahrestage abzüglich Urlaubs-, Freistellungstage}}$$

787 Echte Aufwandsentschädigungen sind kein Entgelt und Gegenwert für eine Tätigkeit. Sie sind nicht zu erstatten, soweit die korrespondierenden Aufwendungen nach dem Schadensfall nicht entstehen. Auslösungen[698] sind ebenfalls nicht Teil eines Entgelts, soweit sie Mehraufwendungen (Spesen, Kleidergeld) für Arbeiten an wechselnden Orten abdecken. Wird die Auslösung nicht verbraucht, vermehrt sie das Einkommen und ist schadensrechtlich auch so zu behandeln. Das Kindergeld ist kein Einkommen.[699]

788 Nach der **modifizierten Nettolohntheorie** ist an das Nettoeinkommen zuzüglich der Steuern auf die Ersatzleistung anzuknüpfen und zwar nach

---

[694] *BGHZ* 139, 167 = VersR 1998, 1253 = NJW 1998, 3276.
[695] Vgl. unterhaltsrechtlich *OLG Hamm* NJWE-FER 1999, 180.
[696] *LG Osnabrück* FamRZ 1999, 946 (Kellner, Taxifahrer).
[697] *BGHZ* 133, 1 = VersR 1996, 1117 = NJW 1996, 2296, Vorinstanz *OLG München* NJW-RR 1996, 736, *Notthoff* in ZfS 1998, 163.
[698] *BGH* VersR 1979, 622 = NJW 1979, 1403.
[699] *BGH* NJW 1997, 1909 = FamRZ 1997, 806.

der Einkommenssteuertabelle (nicht der Lohnsteuertabelle), da der Ersatzbetrag für den Verdienstausfall nach §§ 24 Nr. 1, 34 Abs. 2 Nr. 2 EStG einem ermäßigten Steuersatz unterliegt und in die Lohnsteuertabelle eingearbeitete Freibeträge dem Geschädigten nicht zugute kommen.[700] Im allgemeinen soll nach wie vor davon ausgegangen werden dürfen, daß der Geschädigte kirchensteuerpflichtig ist. An Sozialabgaben ist anzuknüpfen. Die **Bruttomethode** legt der Schadensberechnung das Bruttoeinkommen zugrunde. Der Verdienstausfallschaden bei abhängig beschäftigten Personen kann grundsätzlich nach dem Bruttoverdienst berechnet werden, weil die Schadensersatzrente als Ersatz für entgangene Einnahmen nach § 24 Nr. 1 a EStG selbst der Einkommensteuer unterliegt. Der Ersatz trägt also den von der verletzten Person abzuführenden Steueranteil in sich. Wegen der Kompensation von Steuernachteil und Steuervorteil bedarf es – jedenfalls – zumeist keiner Feststellung steuerlicher Ansätze.

789 Ein Unterschied zwischen den Methoden, die bloße Berechnungsweisen sein sollen, ergibt sich je nach Lage des Einzelfalles, wenn sich die Ersatzleistung in einem anderen Veranlagungszeitraum als die ersetzte Leistung niederschlägt, und vor allem wegen der unterschiedlichen Beweislasten. Bei der Bruttomethode trägt die verletzte Person die Beweislast für das Bruttoeinkommen ohne das schädigende Ereignis. Der Schädiger hat anrechnungsfähige Steuervorteile und Sozialabgaben vorzutragen und ggfs. dazu Beweis zu führen bei Mitwirkungspflichten des Geschädigten. Bei der Nettomethode steht die verletzte Person prozessual ungünstiger dar. Die Meinungsdifferenz zwischen dem III. und VI. Zivilsenat des *BGH*, welcher Methode der Vorzug zu geben ist, ist behoben[701], seitdem der VI. Zivilsenat der Bruttotheorie u.U. den Vorzug[702] einräumt, und vor allem, seitdem dieser Senat steuerliche Progressionsdifferenzen[703] so austariert sehen willen, daß sich dieselben Ergebnisse zeigen.

790 Steuerersparnisse (Rn. 790)[704] und ersparte Sozialversicherungsbeiträge[705] sind zu berücksichtigen.

---

700 *BGH* VersR 1988, 183.
701 *Kullmann* in VersR 1983, 149; *Hofmann* in NZV 1993,139.
702 VersR 1990, 748 = DAR 1990, 288.
703 *BGH* VersR 1995, 104 = NJW 1995, 389 = DAR 1995, 109 = ZfS 1995, 90, *Hoffmann* in NZV 1995, 94, *Rüßmann* in LM § 249 (Ha) BGB Nr. 51 mit Beispiel bei quotenmäßiger Haftung.
704 *BGH* VersR 1986, 162 = NJW 1986, 245; VersR 1987, 668 = NJW 1987, 1814.
705 *BGH* VersR 1986, 914 = DAR 1986, 317; VersR 1988, 183 = DAR 1988, 23; VersR 1991, 437 = DAR 1991, 52.

791

Beispiel 105

> Die erwerbstätige Ehefrau, die mit ihrem ein höheres Einkommen erreichenden Ehemann gemeinsam zur Steuer veranlagt wird mit der Folge eines höheren Steuersatzes, kann vom Schädiger – nur – den geringeren Steuerbetrag ersetzt verlangen, der sich ergibt, wenn sie allein veranlagt wird.[706]

792 Die Bruttobetrachtung ist geboten bei einer Lohn- oder Gehaltsfortzahlung unselbständig beschäftigter, verletzter Personen und zweckmäßig bei verletzten Beamten, während die Nettosicht bei verletzten unselbständig beschäftigten Personen einfacher zu handhaben sein kann.

793 Der Bruttoansatz ist erforderlich zur Berechnung des Unterhaltsschadens[707], solange das Finanzamt Ehegatten einbehaltene Steuerbeträge zurückzuerstatten hat und diese Beträge voll für den Unterhalt damit zur Verfügung stehen.

794 Gem. §§ 842, 843 BGB ist ein **Rentenverkürzungsschaden**[708] zu ersetzen (Rn. 729). Auch die bereits berufsunfähige Person kann einen Rentenschaden erleiden, wenn sie unfallbedingt erwerbsunfähig wird und dadurch Rentenanwartschaften nicht mehr erhöht werden können.[709]

795

Beispiel 106

> Da § 7 SGB VI nur Personen die freiwillige Versicherung gestattet, die nicht versicherungspflichtig sind, und eine Höherversicherung für die Zeit ab 1.1.1992 mit Inkrafttreten des SGB VI nur bei Personen fortgesetzt werden kann, die für die Zeit zuvor von dem damals noch bestehenden Recht der Höherversicherung Gebrauch gemacht haben, kann bei einer geringfügigen Beschäftigung nach einem Unfall ein Leistungsverkürzungsschaden in der Rentenversicherung erst zu erstatten sein, wenn sich dieser mit Eintritt des Versicherungsfalles konkret ergibt.[710] Ist die geringfügige Beschäftigung aber gleichsam als therapeutische Maßnahme aufgenommen worden, ohne daß die verletzte Person zu dieser Arbeitsaufnahme dem Schädiger gegenüber verpflichtet gewesen ist und hat der Schädiger für die volle Erwerbsunfähigkeit aufzukommen, hat der Schädiger die **auf das rentenversicherungspflichtige Einkommen** entrichteten **Beiträge** zur Rentenversicherung[711] in vollem Umfang (Arbeitgeber- und Arbeitnehmeranteil) als Teil des Verdienstausfalls zu erstatten.

---

706 *BGH* VersR 1979, 640.
707 VersR 1990, 748 = DAR 1990, 288.
708 Vgl. *OLG Hamm* r+s 1998, 465 beim Verlangen, zum Ausgleich für Rentennachteile Zahlungen auf das Beitragskonto bei der BfA zu leisten.
709 *OLG Hamm* r+s 1995, 258.
710 *BGH* VersR 1994, 186 = NJW 1994, 132.
711 Zum Beitragsschaden im einzelnen *Hänlein* NJW 1998, 105, 106 – 108.

Die Mittel zur Aufstockung eines **privaten Versicherungsschutzes** konnten früher zumeist nicht verlangt werden.[712] Ob dies bei einem veränderten Rentensystem anders zu beurteilen ist, sollte höchstrichterlich abgeklärt werden.	796
Zum **Forderungsübergang** sind der Nettolohn, Sozialversicherungsbeiträge sowie Steuern zu unterscheiden. Aus dem Nettolohn sind ggfs. Anteile für Verpflegung und Fahrtkosten herauszurechnen. Die infolge einer Berufs-, Erwerbsunfähigkeit (beachte schon Rn. 729) gezahlte Erwerbsunfähigkeitsrente ist **kongruent** mit dem Erwerbsschaden. Werden daneben Versorgungsbezüge gezahlt, die wegen der Rente gekürzt sind, geht auf den Versorgungsträger in Höhe der gekürzten Bezüge der weitere Erwerbsschadensersatzanspruch über, ohne daß der Forderungsübergang auf den Sozialversicherungsträger berührt wird.[713] Zwischen Sozialleistungen einer Berufsgenossenschaft und einem Ersatzanspruch wegen unfallbedingter Rentenkürzung besteht zeitliche und sachliche Kongruenz.[714]	797
Wegen der erforderlichen **zeitlichen** Kongruenz, nach der sich die Sozialleistung auf denselben Zeitraum beziehen muß wie der Schaden(sersatz), kann u.U. – bei einem Krankengeld – nach Tagen abzurechnen. Bei einem Verdienst, der im Laufe von drei Monaten während eines Jahres erzielt wird, handelt es sich um das Jahreseinkommen, wenn der Lebensbedarf dadurch sichergestellt wird. Dann ist die zeitliche Kongruenz mit der während eines Jahres insgesamt bezogenen Sozialhilfe gegeben. Wird aber in der restlichen Zeit des Jahres der Lebensunterhalt aus anderen Quellen als den Einkünften bestritten, ist der Jahresbetrag der erhaltenen Sozialhilfe nur mit dem dreimonatigen Anteil kongruent.[715]	798

	Zeitraum 1	Zeitraum 2
Soll: Erwartete Einkünfte, monatlich	2.126,00	2.126,00
Ist: Erzielte, erreichbare Einkünfte, monatlich	0,00	1.740,00
Versicherungsleistung, monatlich	545,80	545,80
	1. bis 14.6.	15. bis 30.6.

797

Beispiel 107

---

712 *BGHZ* 87, 181, 189 = NJW 1983, 1669, 1671, s. auch *OLG Stuttgart* VersR 1999, 630, 631 für das schwer behindert geborene Kind, das im Alter von 10 1/2 Jahren dauernd erwerbsunfähig geworden ist.
713 *BGH* NJW-RR 1991, 1177.
714 *OLG Hamm* NZV 1997, 121. Es fehlte dort eine Deckungslücke für die betroffene Person.
715 *BGH* VersR 1997, 751 = NJW 1997, 2175 = ZfS 1997, 250 = NZV 1997, 302.

Erwerbstätigkeit (Erwerbsschaden)

	Soll			Soll		
1/2 Monat	1.063,00			1.063,00		
	Ist			**Ist**		
1/2 Monat	0,00			870,00		
	Schaden	Leistung	Lücke	Schaden	Leistung	Lücke
	1.063,00	272,90	790,10	193,00	272,90	0
Haftungsquote	60 %			60 %		
Quotierte Ersatzforderung	637,80	163,74	474,06	115,80	115,80	
		Übergang			**Übergang**	

Erläuterung: Infolge der unterschiedlichen Verhältnisse (Soll abzüglich Ist) innerhalb eines Monats ist bei den angenommenen Werten nach den Tagen der ersten und zweiten Monatshälfte getrennt abzurechnen. Der Schaden von 1.063,00 DM (erste Monatshälfte) und 193,00 DM (zweite Monatshälfte) reduziert sich durch die Mithaftung.

Nach früherem Recht (Rn. 414) war wegen des Quotenvorrechts der Leistungsträger begünstigt. Dieser hätte seine volle anteilige Leistung (272,90 DM) regressieren können, der Restanteil (364,90 DM) hätte der betroffenen Person zugestanden. Unter Geltung der relativen Theorie (Rn. 418) steht die betroffene Person günstiger, der Forderungsbetrag ist anteilig nach der Quote aufzuteilen (Leistung bzw. Deckungslücke x Haftungsquote, s. Rn. 421).

In der zweiten Monatshälfte besteht keine Deckungslücke. Die Leistung (der Leistungsteil) übersteigt den Schaden. Infolgedessen ist nach neuem Recht wie schon nach altem Recht allein der Leistungsträger berechtigt, die Forderung dazu geltend zu machen. Er kann allerdings nur den um die Haftungsquote verminderten Betrag durchsetzen (115,80 DM).

Wegen der Zeitkongruenz ist dagegen **nicht** eine **Gesamtverteilung** zu dem Gesamtschaden (1.063,00 DM + 193,00 DM = 1.256,00 DM) und der Gesamtforderung (637,80 DM + 115,80 DM = 753,60 DM, rechnerisch wie 1.256,00 DM x 60 % = 753,60 DM) vorzunehmen. Von daher würde die monatliche Leistung von (2 x 272,90 DM) 545,80 DM neben der Lücke von (1.256,00 DM - 545,80 DM =) 710,20 DM stehen. Die relativen (60 %) Beträge von 327,48 DM (Leistungsträger) und von 426,12 DM (betroffene Person) würden sich im Zahlenwert auf den Forderungsbetrag gegenüber dem Schädiger von 753,60 DM aufsummen. Wegen der Zeitkongruenz geht auf den Leistungsträger aber nur der Betrag von (163,74 DM + 115,80 DM =) 279,54 DM über. Der betroffenen Person stehen gegen den Schädiger noch 474,06 DM zu.

798   Zur Gesamtgläubigerschaft mehrerer Leistungsträger kommt es bei einem gleichen Forderungsrang mehrerer Leistungsträger (Rn. 375). Sind ein beamtenrechtlicher Versorgungsträger und ein Sozialleistungsträger nebeneinander ohne Gesamtgläubigerschaft bei einer wegen einer Mit-

haftung quotierten Ersatzforderung beteiligt, folgt der Anspruchsteil des Versorgungsträgers dem Anspruchsteil der Person, die Versorgungsleistungen bezieht (vgl. Rn. 1383).

b) Arbeitslosigkeit

Bei der verletzten arbeitslosen Person ist auf die Lohnersatzfunktion des Arbeitslosengeldes oder der Arbeitslosenhilfe[716] und auf die Voraussetzungen für diese Leistungen abzustellen (Verfügbarkeit zur Vermittlung auf dem Arbeitsmarkt). Die Möglichkeit der Tätigkeit bleibt zwar abstrakt. Die betroffene Gegenleistung hängt aber konkret von der Fähigkeit zur Arbeit nach dem zuvor erzielten Einkommen ab. — 799

Der im Zeitpunkt des haftungsbegründenden Ereignisses (vorübergehend) Arbeitslose erleidet einen Verdienstausfallschaden, wenn er wahrscheinlich ohne dieses Ereignis eine Arbeitsstelle gefunden hätte[717] und – nur – wegen der Beeinträchtigung der körperlichen Integrität an der vollen Nutzung der Arbeitskraft gehindert ist. — 800

c) Selbständige Tätigkeit

Bei dem verletzten Unternehmer, Selbständigen[718], bei Kaufleuten oder frei beruflich, künstlerisch tätigen Personen ist die Schadensfeststellung subtil. — 801

Zunächst muß eine geschäftsspezifische Beeinträchtigung gegeben sein. — 802

> Der Vortrag zu einer Daumenverletzung, die eine Produktionsumstellung erforderlich macht, reicht zum Beleg einer solchen Beeinträchtigung nicht aus, wenn nicht zugleich Produktionsmehrkosten oder eine darauf zurückzuführende Gewinneinbuße dargetan werden.[719]

803
Beispiel 108

Nicht die Dauer und Intensität ihres Arbeitseinsatzes, ihre Arbeitszeit, die direkte Wertigkeit ihrer Arbeitskraft, sondern der Wert der Tätigkeit nach dem wirtschaftlichen Erfolg und damit der Gewinnausfall bestimmen so- — 804

---

716 Zum Forderungsübergang Rn. 372.
717 *BGH* VersR 1991, 703 = DAR 1991, 260 = NJW 1991, 2422.
718 *BGHZ* 54, 45 = VersR 1970, 766 = NJW 1970, 1411 (Chemiker); Nachweise zur Rechtsprechung für verschiedene Gruppen Selbständiger bei *Scheffen* in VersR 1990, 926, 928 li. Sp. unter b).
719 So *OLG Köln* ZfS 1993, 261 ff.

dann den ausgleichsfähigen Schaden. Der **entgangene Gewinn** läßt sich mit Bilanzen, Gewinn- und Verlustrechnungen, Einkommens- und Umsatzsteuerbescheiden beim Vergleich zwischen den letzten Jahren vor dem Schadensereignis und der Zeit danach ermitteln.[720] Die Folgen des Schadensereignisses und schadensunabhängige Faktoren wie die Konjunkturentwicklung, Fehldispositionen oder auch eine mögliche Steigerung des Umsatzes sind voneinander und gegeneinander abzugrenzen. Steht nur ein kurzer Beurteilungszeitraum zur Verfügung, ist dieser auszuloten.[721]

805   Bei Verletzung des **Gesellschafters** hat dieser nur Anspruch auf Ausgleich der unfallbedingten Minderung des Gewinnanteils, der ggfs. quotenmäßig zu bestimmen ist, anders eventuell bei Ehegatteninnengesellschaften.

806   Der Hinweis auf die tatsächliche **Einstellung** einer **Ersatzkraft** genügt, um das Entgelt als Ersatz für den Gewinnausfall für erstattungsfähig halten zu können, weil und wenn der Einsatz von Ersatzarbeitskräften oder das Erbringen von Mehrleistung und Überstunden verletzungsbedingt notwendig geworden ist. Dann kann[722] davon ausgegangen werden, daß der Aufwand das Betriebsergebnis bzw. den Gewinn verringert hat. Lohnkosten einer fiktiven Ersatzkraft sind insofern Schätzhilfe, zumindest sobald hinreichend sicher abgeklärt ist, daß ohne den Ausfall des Verletzten ein Gewinn erwirtschaftet worden wäre und die Ersatzkraft deshalb wirklich nötig ist. Die Kosten für tatsächlich eingestellte Ersatzarbeitskräfte oder gleichzustellende Mehraufwendungen sind dann letztlich in voller Höhe zu erstatten, wenn durch ihren Einsatz ein Betriebsergebnis erreicht wird, daß nicht höher liegt als das vergleichsweise heranzuziehende Ergebnis ohne das Haftungsereignis und damit ohne den Mehraufwand. Jedenfalls bei einer Minderung der Erwerbsfähigkeit von über 50 % mag im Einzelfall einiges dafür sprechen, daß die verbliebene Leistungsfähigkeit nicht mehr (entscheidend) Einfluß auf die Tätigkeit einer Ersatzkraft haben kann. Abstrakt darf aber nicht[723] auf das Gehalt einer Ersatzkraft abgestellt werden.

807   Ein **Liquidationsschaden** kann bei einer unfallbedingten Geschäftsauflösung erstattungsfähig sein. Hat ein Betrieb **nicht rentabel** gearbeitet, kann u.U. unterstellt werden, daß der Geschädigte unter Aufgabe des

---

720 Instruktiv zur Berechnung *OLG Hamm* NZV 1995, 316 beim Zahnarzt und *OLG Karlsruhe* VersR 1998, 1256 m. *BGH* NA-Beschl. v. 19.5.1998 zum Gewinnphasenverschiebungsschaden beim Orthopäden.
721 *OLG Hamburg* VersR 1997, 248, *BGH* NA-Beschl. v. 2.7.1996.
722 *BGH* VersR 1997, 453 = NJW 1997, 941 = NZV 1997, 174 = ZfS 1997, 90 = ZIP 1997, 202.
723 *OLG Oldenburg* NJWE-VHR 1998, 90 für die Gastwirtin.

Betriebes Arbeitnehmer mit der Folge geworden wäre, daß ihm jedenfalls das entsprechende Arbeitseinkommen entgangen ist.[724]

Gewerbesteuern, die auf den ohne den Unfall erzielten Gewinn zu entrichten wären, auf den Ersatzanspruch aber nicht zu zahlen sind, weil sie nicht unmittelbar auf das Steuerobjekt (den werbenden Betrieb) zurückzuführen sind und deswegen nicht zum Gewerbeertrag gehören, sind im Wege des Vorteilsausgleichs schadensmindernd anzurechnen.[725]

808

Ebenso ist der durch den **Wegfall** von **Umsatzsteuern** (bei der Ersatzleistung mangels Leistungsaustausches gegenüber der Umsatzsteuerpflicht bei den Leistungsentgelten ohne das Haftungsereignis, z.B. Provisionen eines Handelsvertreters) rechnerisch zu verzeichnende Vorteil auf die Ersatzleistung anzurechnen.[726]

809

III. Haushaltstätigkeit (Haushaltsführungsschaden)

Der Schaden wegen der Beeinträchtigung bei der Hausarbeit orientiert sich an dem konkreten Erfolg des Einsatzes der Arbeitskraft im Haushalt in dem Umfang, in dem er verletzungsbedingt entfällt. Der eigenständige Schadensausgleich zu der Beeinträchtigung, die die Hausarbeit erschwert oder vereitelt, erfolgt für die Eigenversorgung im Haushalt und für die Versorgung von Haushalts-, Familienangehörigen. Auch unterstützende Tätigkeiten sind als tatsächliche Beiträge zur Haushaltsführung zu berücksichtigen (Rn. 869 ff.).

810

> Der Umfang einer familien- unterhaltsrechtlichen Pflicht zur Haushaltstätigkeit ist – anders als zu § 844 Abs. 2 BGB – nicht entscheidend.

811

Werden der Person die im **Haushalt für sich selbst anfallenden Arbeiten** verletzungsbedingt erschwert oder unmöglich gemacht und lassen sich diese Arbeiten nur noch mit Unterstützung durch Angehörige oder Freunde oder innerhalb einer Nachbarschaftshilfe oder nur mit eigenen über-

812

---

724 *BGH* VersR 1960, 526 (Aufgabe eines Fuhrbetriebes).
725 *BGH* VersR 1979, 519, 520 = NJW 1979, 915, *Hofmann* in VersR 1980, 807, 810.
726 *BGH* VersR 1987, 668 = NJW 1987, 1814.

mäßigen Anstrengungen bewältigen, besteht ein Anspruch auf Wertausgleich in der Schadensgruppe „**vermehrte Bedürfnisse**" (§§ 843 Abs. 1 2. Alt., 249 S. 2 BGB).[727]

813 Der ausgleichsfähige eigenwirtschaftliche Bedarf im Haushalt stellt auf den für die Haushaltsführung objektiv erhöhten (eigenen)[728] Lebensbedarf ab.

814 Bei den im Mehr-Personen-Haushalt für andere erbrachten Haushaltsarbeiten ist die verletzungsbedingte Beeinträchtigung **Erwerbsausfallschaden** (§ 843 Abs. 1 1. Alt. BGB).

815
Beispiel 109

Der Begriff Pflegegeld oder Pflegekosten in einer Abfindungserklärung soll nach Ansicht des *BGH*[729] den Anspruch auf Ersatz vermehrter Bedürfnisse ebenso wie den Anspruch auf Erwerbsschaden erfassen, so daß Leistungen beide Aspekte (zur Rente s. Rn. 311) abgegolten haben.

816 Nachdem in einem älteren Leitsatz des *BGH*[730] von der Leistung des gesetzlich geschuldeten Beitrags zum Familienunterhalt die Rede war, ist klargestellt, daß der gesetzliche Unterhaltsbeitrag bei der Anwendung der §§ 842, 843 BGB[731] und der für die Gefährdungshaftung vergleichbaren Normen irrelevant ist. Es kommt zum Umfang des Haushaltsführungsschadens, wie der *BGH* immer noch[732] betonen muß, nicht auf das Maß einer Unterhaltspflicht an. Entscheidend ist allein, welche Arbeit die verletzte Person ohne den Schadensfall tatsächlich im Haushalt leisten würde. Die ohne den Schadensfall geleistete Mithilfe bzw. Hausarbeit anderer Familienangehöriger beeinflußt die Höhe des Ersatzanspruchs nur insofern, als diese Arbeit von der verletzten Person nicht erbracht werden sollte und dazu kein Arbeitszeitdefizit eintritt. Dennoch spricht der *BGH* vom **Beitrag zum Familienunterhalt**[733] (beachte Rn. 881 ff.).

817

Irrtümer zu Lasten betroffener Personen beruhen nicht selten darauf, daß nicht ausreichend zwischen den Zeiteinsätzen der einzelnen Haushaltsmitglieder (auch bei unterstützenden Tätigkeiten) sowie dem Eigenbereich (der Eigenversorgung) und der Tätigkeit für andere Personen (der Fremdversorgung) innerhalb einer Lebens- und Wohngemeinschaft unterschieden wird.

---

727 *BGH* VersR 1998, 1388 = NZV 1998, 456 = DAR 1998, 447.
728 *BGH* VersR 1996, 1565 = NJW 1997, 256.
729 *BGH* VersR 1998, 1388 = NZV 1998, 456 = DAR 1998, 447.
730 *BGH* VersR 1974, 162 = NJW 1974, 41, dazu *Deutsch* in SGb 74, 390, *Grasmann* in FamRZ 75, 30, *Meurer* in NJW 74, 640.
731 Statt des § 845 BGB im Leitbild früherer, überholter Vorstellungen von der Beziehung zwischen Mann und Frau.
732 VersR 1996, 1565 = NJW 1997, 256 = r + s 1997, 22.
733 *BGH* VersR 1996, 1565 = NJW 1997, 256.

Haushaltstätigkeit (Haushaltsführungsschaden)

818 Wesentliche **Unterschiede** zwischen der Berechnung des Anspruchs wegen der teilweise oder vollständig vereitelten Haushaltsführung für andere Personen und des Anspruchs wegen des eigenen Bedarfs bestehen nicht. Insbesondere sind die Berechnungsansätze identisch. Bei einer Haftungsquotierung, der Obliegenheit zur Schadensminderung (z.B. zur Umorganisation, Rn. 831), einem Vorteilsausgleich müssen die Erwägungen zur Zuordnung des Einsatzes der Arbeitskraft aber in gleicher Weise gelten wie beim Verdienstausfall. Dies wird in diesem Kontext regelmäßig bereits dadurch bewirkt und sichergestellt, daß die Zahl der maßgebenden Arbeitsstunden und ggfs. der Stundensatz korrigiert werden. Danach erst ist die Quotierung wegen einer Mitverursachung durchzuführen. Zum Forderungsübergang (Rn. 946) zeigen sich allerdings immer wesentliche Unterschiede.

819 TIP Einem erhöhten Zeitaufwand in einem Leistungs-, Betreuungsbereich (Rn. 863 ff.) kann angesichts des Alters eines Kindes ein Zeitgewinn in anderen Bereichen gegenüberstehen.[734]

820 Nach dem Maßstab des tatsächlichen Zeitaufwandes ist das auf den Haftungsgrund zurückzuführende **Arbeitszeitdefizit** auszugleichen. Der Wert der beeinträchtigten Haushaltsführung ist daran zu messen, für wieviel Arbeitsstunden eine Hilfskraft benötigt wird, und welcher Geldbetrag für eine solche Hilfsleistung angemessen ist. Der Schaden ist meßbar an der Entlohnung, die für eine Hilfe gezahlt wird (Bruttoaufwand – konkrete Berechnung, Rn. 847) oder an sich gezahlt werden müßte (Nettolösung – pauschalierende Berechnung, Rn. 854)).

821 Berechnungsmodell

> **Berechnungsmodell: Hausarbeits-, Haushaltsführungsschaden**
>
> Zeitdefizit (Stunden)
> vervielfacht mit dem
> Wert je Stunde (Betrag)
> erschließt
> Ausfall (Betrag)
>
> **Erläuterung:** Die **Schadenseinschätzung** und -berechnung ist von drei Faktoren abhängig:
> - einer Auswirkung der Verletzung auf die Hausarbeitsfähigkeit und den Einsatz im Haushalt,
> - dem tatsächlichen (künftigen) Zeitaufwand bei unbeeinträchtigter Arbeitskraft,
> - dem Geldwert, den Kosten.
>
> Das Zeitdefizit kann auf verschiedenen Wegen ermittelt werden (Rn. 858). Der Wert wird meist dem BAT (Rn. 928, Anhang 1) entnommen.

---

[734] *BGH* VersR 1990, 907 = NZV 1990, 307.

Haushaltstätigkeit (Haushaltsführungsschaden)

822 Die persönliche Leistungsinhalte und Beziehungen entziehen sich jeder materiellen Bewertung. Dies gilt im Verletzungs- und Tötungsfall gleichermaßen.

823 Die vereitelte abstrakte Chance, die eigene Arbeitskraft in einem Haushalt mit anderen Personen werthaltig für andere einsetzen zu können, ist vermögensrechtlich nicht geschützt, s. aber Rn. 827 f. Die Beeinträchtigung von Heiratschancen ist immateriell. Einer **verletzten Frau**, die nachzuweisen vermag, daß eine Heirat wegen der Unfallverletzungen unterbleibt und ihr so der **Unterhalt** von dem (künftigen) Ehemann **entgeht**, kann ein Ersatzanspruch aber nach einer früher geäußerten Ansicht des *BGH*[735] zustehen. Nach Maßgabe des § 254 Abs. 2 BGB wird eine mögliche Erwerbstätigkeit und der dadurch erzielte Verdienst oder eine anderweitige Haushaltsführung einen solchen Anspruch mindern oder ausschließen. Ob die Aussicht, durch Eheschließung zu einem Barunterhalt kommen zu können, auch im heutigen Rechtsverständnis vermögensrechtlich auszugleichen ist, ist jedoch eher fraglich. Der vereitelte Barunterhaltsbeitrag ist deliktsrechtlich nur mit dem Band der Ehe und bestehender Unterhaltspflicht abgesichert (Rn. 1055). Für die vereitelte Gelegenheit, die Kraft im Haushalt zu eigenem Nutzen einsetzen zu können, gelten die Regeln zum Mehrbedarf (Rn. 652).

1. Tat und Plan

824 Maßgebend sind die Tätigkeiten, die ohne das Haftungsereignis künftig geleistet worden wären. Wie für den Ausgleich des Personenschadens überhaupt, geht es um die Aufgaben in der **Zukunft** nach dem Haftungsereignis, über die die Arbeit in der Vergangenheit tatsächlich Aufschluß geben kann. Auf die Arbeiten in der Vergangenheit ist der Schadensausgleich weder ausgerichtet noch begrenzt.

825
Beispiel 110

> Der[736] volljährige, verletzte Sohn, der in einer Haushaltsgemeinschaft mit seiner Mutter lebt, die ihm alle hauswirtschaftlichen Arbeiten abgenommen hat und künftig abnehmen wollte, hat keinen Haushaltsführungsschaden, weil er keinen Ausfall erleidet. An die Werthaltigkeit der nicht selbst geleisteten Arbeit darf nicht angeknüpft werden, weil dann im

---

735 *BGH* VersR 1961, 84 = FamRZ 1961, 260.

> Widerspruch zu Grundgedanken des Schadensausgleichs die abstrakte Hausarbeitsfähigkeit eines Menschen Ansatz und Grund für den Schadensersatz wäre.
>
> Ist der erwachsene Sohn dagegen im Haushalt selbst aktiv geworden oder wollte er im Haushalt künftig arbeiten und kann dies verletzungsbedingt nicht verwirklichen, steht ihm zu dem Bereich hauswirtschaftliche Versorgung ein Anspruch wegen des Haushaltsführungsschadens zu.

826 Hat die verletzte Person **vor** dem **Haftungsereignis** eine **Haushaltshilfe** entgeltlich beschäftigt, bekommt sie keinen Geldausgleich für die potentielle (unveränderte) Hausarbeit, weil die Arbeitskraft im Haushalt nicht wertbezogen und werthaltig eingesetzt worden ist und auch nicht werden sollte. Nur der Mehreinsatz (Rn. 848 f., 854) kann einen Ersatzanspruch tragen. Ob und inwieweit üblicherweise Single Hausarbeiten durch entgeltliche beschäftigte Personen erledigen lassen, ist irrelevant und kann nur als (schwaches Indiz) bei der Schätzung und Wahrscheinlichkeitsprüfung helfen.

827 Die verletzte Person darf aufgrund freier **Willensentschließung** persönliche Lebensumstände ändern (Rn. 64). Sie ist nicht im Interesse des Schädigers auf die Lebensführung im Zeitpunkt des Haftungsereignisses beschränkt. Zu einem Arbeitszeitdefizit kommt es – auch – bei einem erst geplanten, nachgewiesenen Soll, das sich wegen der Beeinträchtigungen nicht realisieren läßt.

828 Beispiel 111
> Bei der Verletzung vor der Ehe verwirklicht sich der Schaden zur Versorgung des Ehegatten und anderer Familienangehörigen mit der Eingehung der Ehe durch die Schmälerung des Unterhaltsbeitrags bezogen auf den Beitrag, den die verletzte Person sonst leisten könnte. Die Auflösung des gemeinsamen Haushalts muß dagegen selbst bei einer noch bestehenden Ehe dazu führen, daß der verletzten Person nur der Mehrbedarf zu der Eigenversorgung zu ersetzen ist.

829 Die Behauptung, eine **Hilfe** im Haushalt wäre **ohnehin** beschäftigt worden, ist Einwand des Schädigers zur **Kausalität** und führt dazu, daß die betroffene Person den verletzungsbedingten Einsatz der Hilfe im Haushalt[737] darzulegen und ggfs. zu beweisen hat.

830 Der Aspekt der **Schadensminderung** (Rn. 269) kann zur Organisation und Abwicklung der Arbeiten im Haushalt oder dem Einsatz der ver-

---

736 *OLG Bremen* VersR 1972, 940.
737 *BGH* VersR 1989, 1273 = NJW-RR 1990, 34.

bliebenen Arbeitskraft für einen Haushalt (Rn. 751) durchschlagen. Dies kann im Einzelfall dazu führen, daß gar kein meßbarer Ausfall zu verzeichnen ist. Jedenfalls kann ein sonst zu berücksichtigender Zeitaufwand zu reduzieren sein.

831
Beispiel 112

> Die Arbeitsaufteilung der Ehegatten im 2-PH muß u.U. geändert werden. Geht die verletzte Ehefrau keiner Erwerbstätigkeit mehr nach, hat sie in der früheren Doppelverdienerehe ausreichend Zeit, weitere Arbeiten zu übernehmen und muß dies auch[738]. Arbeiten beide Ehegatten im Haushalt und ist es bei einem Unterarmbruch der Frau ohne weiteres möglich, daß der Mann innerhalb der von ihm regelmäßig aufgewandten Zeit die Arbeiten übernimmt, die ohne die Schädigung die Frau geleistet hat, wegen des Armbruches aber nicht ausführen kann, fällt kein Haushaltsführungsschaden an.[739] Die berufstätige Frau, die wegen einer Arbeits- und Hausarbeitsunfähigkeit über 7 Tage hin nichts verschieben und umorganisieren kann, kann der Schädiger auf eine zumutbare Nacharbeit und Umorganisation dagegen nicht verweisen.[740]

832 Wird infolge der Verletzung (und ggfs. der Beschäftigung einer Hilfe) teilweise das **Nutzungspotential** der eigenen **Kräfte frei** und werden diese Kräfte in der **Freizeit**, für ein Hobby eingesetzt, kann nach den Kriterien zur verbliebenen Arbeitskraft ein (zumutbarerweise erreichter, für anrechnungsfähig zu erachtender) **Vermögenswert** den Ersatzanspruch verringern. Der Ertrag der Freizeitarbeit (vgl. Rn. 132, 966) ist vermögensrechtlich in diesem Kontext nicht anders zu beurteilen als dann, wenn eine Freizeitarbeit verletzungsbedingt beeinträchtigt wird. Wer eine vereitelte ehrenamtliche Beschäftigung schadensrechtlich ausgleichen will (Rn. 1018), muß konsequenterweise auch den **Wert** der (zusätzlichen) **ehrenamtlichen Tätigkeit**, die sonst nicht aufgenommen worden wäre und zeitlich nicht hätte aufgenommen werden können, auf einen Erwerbs- und Haushaltsführungsschaden anrechnen.

833
Beispiel 113

> Wer wegen seiner Konstitution und seinen Lebensbedingungen mehr Zeit als andere benötigt, hat Anspruch auf Schadensausgleich nach seinen persönlichen Verhältnissen.
>
> Wer aber in alter Gewohnheit oder aus Freude an der Beschäftigung im Haus oder Garten die Tätigkeit zeitlich streckt, z.B. auf das doppelte der Zeit, die erfahrungsgemäß benötigt wird, hat keinen Anspruch auf Abgeltung nach der subjektiven Gepflogenheit, weil es um wirtschaftliche Maßstäbe geht.

---

[738] *OLG Köln* r+s 1989, 401, 402.
[739] *OLG Köln* NJW-RR 1994, 350.
[740] *AG Wiesbaden* ZfS 1994, 12.

2. Haushaltsspezifische Behinderung (haushaltsspezifische Minderung der Erwerbsfähigkeit)

Unerläßlich für jeden Anspruch zur Haushaltsarbeit ist die relevante Beeinträchtigung zur Arbeit im Haushalt. Die Minderung der Hausarbeitsfähigkeit ist von der Minderung der Erwerbsfähigkeit (zum allgemeinen Arbeitsmarkt) zu unterscheiden. Maßgebend sind nur die spezifischen Anforderungen im Haushalt. Ist jemand infolge einer (vom Schädiger zu verantwortenden) Nervschädigung auf die Hilfe anderer im Haushalt und bei der persönlichen Versorgung in und außerhalb des Haushalts angewiesen, wird zum Umfang des Ersatzanspruches aber auch schon einmal mit der Minderung der Erwerbsfähigkeit argumentiert.[741]

834

Die Angabe einer abstrakten Minderung der Erwerbsfähigkeit (MdE) ist in aller Regel unergiebig. Die konkrete, spezifische Beeinträchtigung ist zu verdeutlichen.[742] Zur schadensbedingten Erschwernis bei der Hausarbeit muß aber nichts näheres dargestellt werden, wenn die wesentlichen Ansätze dargetan sind,[743] aus denen sich eine relevante Behinderung erschließt.

835

TIP

Haushaltsspezifisch behindern vorwiegend Einschränkungen an Sinnesorganen und Gliedmaßen, überdurchschnittlich Beeinträchtigungen der oberen Glieder, unterdurchschnittlich Einschränkungen bei den unteren Gliedern.

836

Manche leichte Behinderung läßt sich kompensieren. Zur Unfallrente in der Unfallversicherung kommt es bei bleibenden Schäden mit einer Minderung der Erwerbsfähigkeit von mindestens 20 %.[744] Bei der Hausarbeitsfähigkeit geht die Rechtsprechung davon aus, daß eine spezifische Beeinträchtigung zu weniger als 10 %[745] sich praktisch nicht auswirkt, Anpassung und Gewöhnung ausreichend kompensieren helfen. Eine Nervenschädigung beim rechten Arm z.B. ist in gleichem Sinn nicht geeignet, die Fähigkeit, den Haushalt zu versorgen, nennenswert und ausgleichsfähig zu beeinträchtigen.[746] Zu einem Ausgleichsanspruch nach

837

---

741 *OLG Oldenburg* NJWE-VHR 1998, 18 = NdsRpfl. 1997, 306, 307.
742 *BGH* VersR 1991, 179.
743 *BGH* VersR 1992, 618 = NJW-RR 1992, 792.
744 Bei 25% MdE mit der Folge, daß sich dies auf die Tätigkeit im Haushalt auswirkt, spricht *OLG Düsseldorf* VersR 1992, 1412, *BGH* NA-Beschl. v. 16.6.1992 nur vom Schmerzensgeld.
745 *OLG München* DAR 1993, 353 = ZfS 1994, 48, *OLG Oldenburg* VersR 1993, 1491 = r+s 1993, 101; *OLG Düsseldorf* DAR 1988, 24, 25.
746 *OLG Düsseldorf* VersR 1984, 1045, 1046.

§§ 842, 843 BGB kommt es dann nicht. Es steht allein § 847 BGB infrage. Die ganz kurzzeitige, dann behobene Behinderung zeigt nach der hier vertretenen Ansicht[747] ebenfalls keinen Ausgleichsanspruch an.

838
Beispiel 114

Wer nach einem Sturz am Donnerstag im 3-Personen-Haushalt mit einer 12-jährigen Tochter bei Bettruhe für drei Tage bis Montag im Haushalt ausfällt, ein Schmerzensgeld wegen Geringfügigkeit der Beeinträchtigungen nicht erhält, bekommt mit dem Hinweis auf die Hilfe durch eine Freundin ebenfalls (noch) wegen der bloß unwesentlichen Auswirkung keinen Haushaltsführungsschaden ersetzt.[748] Zumindest ist zu verdeutlichen, welche Arbeiten an diesen Tagen erledigt werden mußten. Die Zubereitung der Nahrung allein kann dabei nicht ins Gewicht fallen, weil auch in anderen Situationen – ohne Fremdschädigung – dazu „gewöhnlicherweise" unterschiedliche Gepflogenheiten herrschen.

839

Manche Beeinträchtigung läßt sich nur individuell gewichten (z.B. Gehirntraumen II. Grades und höher). Mehrfachbehinderungen bedürfen stets gesonderter Gewichtung.

840
Beispiel 115
Darlegung eines
Haushaltsführungsschadens
dem Grunde nach

Die Behinderung bei der Hausarbeit ist ausreichend dargelegt[749] (beachte Rn. 118), wenn eine Körperschädigung vorgetragen wird, die es unmöglich macht, schwere Arbeiten im Haushalt auszuführen, und ärztliche Gutachten Einzelheiten ergeben. Eine konkrete Beeinträchtigung und damit die Einschränkung der Hausarbeitsfähigkeit drängt sich z.B. unabweisbar auf

- bei der Kopfverletzung, die nur noch leichte Arbeiten zuläßt[750],
- beim Verlust eines Arms[751],
- bei der Verletzung des linken Arms des Rechtshänders[752],
- bei einer weitgehenden Verkrüppelung des rechten Unterarms und der rechten Hand[753],
- beim Unterarmbruch[754],
- beim Bruch der rechten Speiche und des rechten Handgelenks[755],
- Rippenbrüchen und Fersenbeinbruch rechts[756],

---

747 Näher *Pardey* in DAR 1994, 266 f.
748 *OLG Braunschweig* Urt. v. 30.11.1994, 3 U 72/94.
749 *OLG Frankfurt* ZfS 1992, 297.
750 *OLG Celle* OLGR 1995, 7.
751 *OLG Schleswig* Urt. v. 7.9.1995 7 U 209/89, *BGH* NA-Beschl. v. 21.5.1996 VI ZR 307/95.
752 *OLG Hamm* ZfS 1995, 369.
753 *BGH* VersR 1989, 1273 = NZV 1990, 21 = DAR 1990, 53.
754 *OLG Köln* VersR 1994, 1321 = NJW-RR 1994, 350.
755 *OLG München* VersR 1971, 1069.
756 *OLG Oldenburg* VersR 1986, 1220 = VRS 71, 161.

- der Schädigung des Hüftgelenks[757],
- bei einer spürbaren Beeinträchtigung der Gebrauchsfähigkeit eines Beins,
- beim Oberschenkelhalsbruch[758],
- der irreparablen Knieverletzung, die sogar zu einer Rente auf Lebenszeit (beachte Rn. 299) führen können soll[759],
- bei Beeinträchtigungen an beiden Kniegelenken und einer Spitzfußstellung mit der Folge: Kein Gehen, kein Stehen, kein Bücken, kein Kriechen, kein Heben und Tragen von Lasten[760],
- bei einer Knieschädigung[761],
- beim Unterschenkeltrümmerbruch.[762]

In vergleichbaren Fällen ist der Anspruch auf Ersatz des Haushaltsführungsschadens ohne weiteres dem Grunde nach belegt und sodann zum Umfang und der Höhe nach zu präzisieren.

Die einem Mann mit Hüftgelenksschädigung mit Sicherheit nicht mehr möglichen Gartenarbeiten sollen[763] als **Mindestschaden** so ausgeglichen werden können, daß ein in jedem Garten anfallender Mindest-Zeitbedarf ins Auge gefaßt und mit dem üblichen Stundensatz für eine entsprechende Hilfskraft veranschlagt wird.

841

Beispiel 116

Eine Gliedertaxe wie im Rahmen der Unfallversicherung[764] existiert nicht. Die Gliedertaxe dort stellt für die Gebrauchsunfähigkeit von Gliedmaßen auf den Ort der Schädigung ab. Die Prozentsätze berücksichtigen die unterschiedlichen Auswirkungen auf die Gebrauchsunfähigkeit. Die Arbeitsmarktlage bleibt unberücksichtigt.

842

Wird in einem Sachverständigengutachten die konkrete Beeinträchtigung ausführlich beschrieben, lassen sich darauf gestützt unmittelbar einleuchtende Einschätzungen zur Minderung der Hausarbeitsfähigkeit vornehmen. Für die Vorlage und Einholung eines arbeitstechnischen Gutachtens besteht angesichts eines die Schätzung ermöglichenden medizinischen Befundes kein Anlaß. Im Streitfall sind mittels Sachverständigengutachtens, aber nicht notwendig eines Arbeitsmediziners, nicht notwendig als haus-

843

---

757 *BGH* VersR 1989, 857 = NZV 1989, 387 = NJW 1989, 2539.
758 *OLG Oldenburg* NJW-RR 1989, 1429, *OLG Frankfurt* VRS 70, 328, *BGH* NA-Beschl. v. 10.12.1985.
759 *OLG Karlsruhe* VersR 1982, 978.
760 VersR 1992, 618 = NJW-RR 1992, 792.
761 *OLG Frankfurt* VersR 1980, 1122, *KG* VersR 1982, 978.
762 *LG Hildesheim* ZfS 1993, 297 = SP 1994, 13.
763 *BGH* NJW 1989, 2539.
764 Vgl. zum Teilverlust, zur Teilinvalidität *BGHZ* 110, 305 = VersR 1990, 478 = NJW 1990, 2318; *BGH* VersR 1991, 413 = NJW-RR 1991, 604; *BGH* VersR 1996, 493 = NJW-RR 1996, 793.

arbeitsanalytisches Gutachten, andernfalls Beeinträchtigungen auf ihre Relevanz und ihr Maß hin zu überprüfen.

844 Die Tabelle von *Reichenbach/Vogel*[765], die medizinische und arbeitswirtschaftliche Kriterien in Verbindung gebracht hat, erfaßt 49 einzelne Verletzungsendzustände, denen jeweils die sich daraus ergebende konkrete Behinderung zugeordnet ist.[766] Der *BGH*[767] hat die Anwendung dieser Tabelle im Ergebnis nicht beanstandet. Nun sind Erfahrungswerte in eine überarbeitete Tabelle eingeflossen[768], die bei der Orientierung über die konkrete Behinderung bei einzelnen Haushaltstätigkeiten (9 Gruppen) hilft. Die Tabelle basiert auf medizinischer Erkenntnis und Erfahrung. Sie nennt Prozentsätze für 59 verschiedene Verletzungsfolgen. Bei abweichendem Sachvortrag wird ohne sachkundige Feststellung selten auszukommen sein. Bei Mehrfachverletzungen dürfen die Prozentangaben nicht addiert und anteilig (d.h. dividiert durch neun) angesetzt werden.

845 Für die Einschränkung der Hausarbeitsfähigkeit ist immer der **Gesamtzustand** der Behinderung festzustellen: Einzelne Bewertungsfaktoren ergeben sich aus dem spezifischen Einfluß einzelner Behinderungen bei einzelnen Aufgabenfeldern. Die wirkliche Funktionsbeeinträchtigung zeigt sich aber nur insgesamt.

846 In diesem Sinn ermöglicht eine erste Abschätzung der konkreten Beeinträchtigung zu bestimmten Verletzungsfolgen als Endzuständen die zusätzliche Tabelle von *Schulz-Borck/Hofmann*.[769] Diese Tabelle basiert aber auf reinen Rechenwerten für die Behinderung in % zu 21 Haushaltstypen und bedarf im Einzelfall der kritischen Reflexion nach der konkreten Lage der betroffenen Person (zur Umorganisation z.B. vgl. Rn. 830).

3. Konkreter Aufwand

847 Ist die verletzte Person auf eine entgeltlich beschäftigte Kraft bei den hauswirtschaftlichen Verrichtungen angewiesen, ist der nach der Art der Verletzung und dem Zeitaufwand **angemessene Bruttoaufwand** zu erstatten (konkrete Schadensberechnung). Die Erstattungsfähigkeit grenzt

---

765 VersR 1981, 812 f.
766 Erläuterung von *Vogel* in VersR 1981, 810, 811.
767 NA-Beschl. v. 8.6.1982 zu *OLG Frankfurt* VersR 1982, 981, Anm. *Hofmann* in VersR 1982, 983.
768 *Ludwig* in DAR 1991, 401 ff, *Schulz-Borck/Hofmann* in Schadenersatz ab 4. Aufl. Tabelle 6.
769 *Schulz-Borck/Hofmann*, a.a.O., Tabelle 6a.

§ 249 S. 2 BGB ein. Die Erforderlichkeit kann nach den Maßgaben zur pauschalierenden Berechnung überprüft werden.

Die notwendige Inanspruchnahme partieller Hilfe mit dem entsprechenden Mehraufwand (Wäscherei statt Waschen zu Hause, Verpflegung im Restaurant statt Zubereitung der (warmen) Mahlzeit zu Hause) ist schon früher immer als Vermögensschaden akzeptiert worden.

848

> Erstattungsfähig sind Kosten für die zusätzliche Beschäftigungszeit einer vor dem haftungsbegründenden Ereignis beschäftigten Hilfsperson.[770] **Steuerberatungskosten** sind ersatzfähig[771], wenn verletzungsbedingt eine Hilfe bei Abgabe der Steuererklärung erforderlich geworden ist.

849

Beispiel 117

Ist die entgeltlich beschäftigte **Reinigungskraft**, Stundenhilfe schneller als die verletzte Person mit den Arbeiten fertig, ist der Ersatzanspruch auf den Bruttoaufwand für die Hilfskraft begrenzt. Dazu muß es auf den (quantitativen) **Arbeitsumfang** nach den betroffenen (beinträchtigten) Leistungsbereichen (Rn. 863 ff.), nicht die Zeit ankommen. Ist die Ersatzkraft langsamer und braucht mehr Zeit, darf es im Grundsatz nicht anders sein. Der verletzten Person kann dann vom Schädiger nach Maßgabe des § 254 Abs. 2 BGB allenfalls ein Obliegenheitsverstoß bei der Auswahl der Ersatzkraft entgegengehalten werden.

850

Arbeitet die entgeltlich beschäftigte Hilfe **qualitativ** besser (z.B. auch, weil sie eine (bessere) hauswirtschaftliche Ausbildung hat), wirkt sich dies auf die Ersatzberechtigung nicht aus. Die qualitative Verschlechterung ist durch die Auswahl der fremden Kraft zu vermeiden.

851

Werden ausfallende hauswirtschaftliche Aufgaben nur teilweise fremd beauftragt, kommt es zu einer Mischlösung zwischen der konkreten und der pauschalierenden Berechnung (Rn. 856).

852

Bei realen Aufwendungen für eine Haushaltshilfe schlägt das Umsatzsteuersystem (bisher) nicht durch.

853

4. Pauschalierende Berechnung

a) Verallgemeinerter Vermögensnachteil

Die Beeinträchtigung der körperlichen Integrität, die sich auf die Fähigkeit zur Arbeit im Haushalt auswirken könnte, genügt nicht, um einen

854

---

770 *OLG München* VersR 1991, 1069.
771 VersR 1972, 1020.

Haushaltsführungsschaden zu bejahen. Die Beeinträchtigung der Hausarbeitsfähigkeit muß zu konkreten, unmittelbaren Nachteilen, zu individuellen, **vermögenswerten Erschwernissen** führen. Kann die verletzte Person Arbeiten – wie häufig formuliert wird – nur mit überobligationsmäßigen, d.h. unter ihr körperlich nicht zuzumutenden Anstrengungen erledigen[772], oder helfen Angehörige oder andere Personen unentgeltlich, ist der verantwortliche Schädiger nach dem Gedanken des § 254 Abs. 2 BGB oder des § 843 Abs. 4 BGB anderseits nicht frei. Der Verzicht auf ein Entgelt für die zusätzliche Arbeit im Haushalt bzw. die Anrechnung der unentgeltlichen Abhilfe ist im Verhältnis zum Schädiger überpflichtig, unzumutbar.

855 Der zusätzliche Arbeitsaufwand ist **angemessen** auszugleichen. Die (normative) Schadensberechnung **abstrahiert**. Sie ist aber nicht abstrakt, weil die konkreten Bedingungen und Gegebenheiten relevant sind. Um einen gewöhnlichen Verlauf i.S.d. § 252 S. 2 BGB geht es im Kern nicht. Der zu ersetzende Schaden ist auch nicht abstrakt nach einem Marktwert festzusetzen, da ein Markt für die Hausarbeit in der familiären Haushalts-, Lebens- und Wirtschaftsgemeinschaft nicht besteht[773], die Haushaltstätigkeit mit einer gewerblichen Tätigkeit (auch im Haushalt) nicht uneingeschränkt zu vergleichen ist. Soweit der *BGH* formuliert, daß in dem Verlust der Fähigkeit, weiterhin Haushaltsarbeiten zu verrichten, ein ersatzfähiger Schaden liegt[774], meint er offenbar nicht, daß zur Hausarbeit die abstrakten Fähigkeiten den Schaden bestimmen. Die in sich werthaltige Fähigkeit, Hausarbeiten verrichten zu können, stellt sich vielmehr wie jede andere in sich wertvolle Arbeitsfähigkeit dar, die bei der Verletzung des Körpers oder der Gesundheit nach der höchstrichterlichen Rechtsprechung nicht allein zu einem Vermögensschaden führt. Insbesondere ist für die Hausarbeitsfähigkeit nicht eine allgemeine Stunden – oder Tages-Pauschale anzusetzen. Theoretisch bleibende Gegebenheiten, abstrakte Möglichkeiten sind irrelevant.

856 Die **pauschalierende** Schadensabrechnung tritt innerhalb eines einheitlichen Anspruches bei einer **Mischlösung** neben die **konkrete** Schadensabrechnung, wenn das Zeitdefizit z.T. durch entgeltliche Beschäftigung (für einen Teil der verletzungsbedingt nicht zu erbringenden Tätigkeiten) und z.T. durch überobligationsmäßige eigene oder fremde Anstrengungen aufgefangen wird. Von einer Mischlösung spricht der *BGH*[775] sogar

---

772 *BGH* VersR 1992, 618.
773 *BGH* VersR 1986, 264 (unter II 5b) = NJW 1986, 715.
774 *BGH* VersR 1989, 1273 = NJW-RR 1990, 34.
775 VersR 1989, 1273 = NJW-RR 1990, 34.

bei der Einstellung einer geringer qualifizierten Hilfskraft, wenn wegen der geringeren Qualifizierung ein Defizit verbleibt. Der Umfang, in dem eine Hilfskraft beschäftigt wird, ist allerdings wesentliches Indiz für den Gesamtschaden. Die Überzeugung, daß darüber hinaus ein Hausarbeitszeitdefizit besteht, das durch unentgeltliche Hilfe des anderen Ehegatten oder Dritter oder durch erhöhten/ überobligationsmäßigen eigenen Einsatz (etwa unter Ertragung von Schmerzen oder unter Inkaufnahme längerer Arbeitszeit) aufgefangen werden muß, bedarf einiger Begründung.

b) Berechnungsfaktoren

Das **Arbeitszeitdefizit** ergibt sich nach dem allgemeinen **Differenzgedanken** oder mittels einer **prozentualen Gewichtung**. Beide Berechnungswege sind gleichwertig.

857

> **Berechnungsmodell: Arbeitszeitdefizit**
>
> | Differenzbetrachtung | Prozentuale Gewichtung |
> |---|---|
> | Zeitaufwand – Soll | Zeitaufwand – Soll |
> | abzgl. Zeitaufwand – Ist | x Prozentsatz der Minderung der Hausarbeitsfähigkeit |
> | = Arbeitszeitdefizit | = Arbeitszeitdefizit |
>
> **Erläuterung:** Bei der Differenzbetrachtung ergibt sich die Quote zur Minderung der Hausarbeitsfähigkeit aus dem Verhältnis zwischen dem Arbeitszeitdefizit und der Arbeitszeit bei unbeeinträchtigter Arbeitskraft. Eben diese Quote setzt die prozentuale Gewichtung der Behinderung in der Hausarbeitsfähigkeit (vgl. schon Rn. 894 ff.) zur Berechnung des Arbeitsdefizits ein.
>
> Die prozentuale Gewichtung erleichtert es, zu einem Arbeitszeitdefizit zu finden, weil und wenn zum Soll-Ansatz Erfahrungswerte herangezogen werden (beachte vor allem Rn. 894 ff.) und die ärztliche Erkenntnis unmittelbar zu einem Prozentsatz (Rn. 843) verhelfen kann. Zum realen Arbeitszeitdefizit muß dagegen zunächst mit Befunderhebungen und -feststellungen bei der verletzten Person gearbeitet werden (zum Soll wie zum Ist). Anschließend bedarf es u.U. einer sachverständigen Überprüfung zur Frage der Kausalität der eingeschränkten Arbeit.
>
> Für beide Berechnungswege ist es unverzichtbar, Zeiteinsätze aufzuschlüsseln.

858

Berechnungsmodell

Das Entgelt, das die verletzte Person unter Einsatz ihrer Arbeitskraft auf dem Arbeitsmarkt erzielen könnte oder erzielt hätte, ist irrelevant. Die Höhe eines Arbeitseinkommens oder der Einkünfte bei selbständiger Arbeit stellen aber auch keine Obergrenze für den Wert der Hausarbeit

859

dar.⁷⁷⁶ Die Haushaltsführung ist nicht am Einkommen eines erwerbstätigen Ehe-, Lebenspartners zu messen. Weder die Hälfte eines Nettoeinkommens noch eine andere Quote, die für einen Barunterhalt herangezogen werden könnte, gibt den Wert der Hausarbeit wider und zwar bei Verletzungen ebenso wie bei Tötung. Wirtschaftliche Momente finden sich zwar in der Haushaltsarbeit einerseits und dem Bar-Unterhalt andererseits.⁷⁷⁷ Die Leistung im Haushalt ist trotz dieser wirtschaftlichen Aspekte mittels des Bandes „Unterhaltsverbindung" gleichwohl nicht mit einem Bar-(Natural-) Unterhaltsbedarf identisch. Einkünfte oder/und Beruf fließen mittelbar über den sozialen Stand und Lebenszuschnitt ein. Daraus ergibt sich der Rahmen für die angemessenen und erforderlichen Kosten, die der Schädiger als Schadensausgleich aufzubringen hat. Es bedarf deswegen **eigenständiger** arbeitstypischer und -spezifischer **Wertfeststellungen** (Rn. 923 ff.).

aa) Zeiteinsatz (Zeitaufwand)

860 Die **hauswirtschaftlichen Arbeiten** und Aufgaben folgen der individuellen **Lebensgestaltung** und – planung. Der Zeitaufwand wird durch den Zuschnitt des Haushalts und die im Haushalt anfallenden Aufgaben, die Zeiten der Beschäftigung außerhalb des Haushalts und alle individuellen Lebensgewohnheiten bestimmt. Jede – **freiwillige**, tatsächliche – **Tätigkeit** in der **Haushaltsführungsehe** ist ebenso wie die vereitelte Hausarbeit in der **Doppelverdiener – oder Zuverdienerehe** unabhängig davon zu beachten, ob sie von dem **Mann** oder der **Frau** erbracht wird. Es kommt immer auf den tatsächlichen hauswirtschaftlichen Zeitaufwand an.

861 Es sind alle originären Bereiche zur Versorgung des Haushalts und in der familiären Gemeinschaft zu berücksichtigen, auch unterstützende Leistungen.

TIP

862 Der Zeitaufwand für den Haushalt wird im allgemeinen bestimmt durch:
- den Lebensstil, die Lebenseinschätzungen und -gewohnheiten,
- die Einkommensverhältnisse,
- die Haushaltsgröße (Personenzahl, Raumgrößen),
- das Alter und den Gesundheitszustand der Familienmitglieder, der Haushaltsangehörigen,
- die Ausstattung des Haushalts,
- den Umfang der Erwerbstätigkeit.

---

776 *BGH* VersR 1982, 951 = NJW 1982, 2866.
777 *Stürner* in DAR 1986, 7, 9.

| Leistungsbereiche |

Hauswirtschaftliche Aufgaben im engeren Sinn fallen in folgenden Leistungsbereichen an: 863

- Planen, Gestalten und Organisieren des Haushalts,
- Einkaufen, Beschaffung der für den Haushalt erforderlichen Güter des täglichen Lebens,
- Kochen (Nahrungszubereitung),
- Reinigung der Wohnung,
- Spülen, Säubern des Geschirrs,
- Wechseln und Waschen der Wäsche und Kleidung,
- Aufräumen,
- Reinigen und Beheizen der Wohnräume.

Primäre Tätigkeitsbereiche im Haushalt sind desweiteren: 864

- Betreuung (Kinder, andere Personen im Haushalt),
- Instandhaltung der Wäsche,
- ggfs. Tierhaltung,
- andere kleinere häusliche Arbeiten.

Die Anfertigung von Kleidung, Wäsche und deren Instandhaltung z.B. ist prinzipiell nicht von handwerklichen Leistungen zu trennen. 865

Der *BGH* spricht neben den Haushaltstätigkeiten i.e.S. von **Haushaltsarbeiten im weiteren Sinn**[778] und zwar zu handwerklichen Leistungen bei der Herrichtung der Wohnräume und ähnlichen technischen Arbeiten zugunsten der Lebensführung im häuslichen Bereich. 866

Solche Tätigkeiten sind: 867

- Gartenarbeit, u.a. Fällen von Bäumen, Umgraben[779], s. auch Rn. 874,
- Reparaturen (an der Stelle der Ausführung durch Handwerker)[780],
- Herrichtung von Möbeln,
- Handwerkliche Leistungen bei der Herrichtung der Wohnräume (beachte auch Rn. 953),
- Wartung, Pflege eines PKW[781],
- allgemeiner Schriftverkehr[782],
- Verhandlungen mit Behörden, Versicherungen

---

778 *BGHZ* 104, 113 = VersR 1988, 490 = NJW 1988, 1783 = DAR 1988, 206.
779 *BGH* VersR 1989, 857 = NJW 1989, 2539, dazu *Grunsky* in NZV 1989, 389.
780 *BGH* VersR 1989, 857 = NJW 1989, 2539.
781 *BGH* VersR 1992, 618 = NJW-RR 1992, 792.
782 *BGHZ* 104, 113 = VersR 1988, 490, 492 = NJW 1988, 1783, Anm. *Eckelmann* in DAR 1989, 94, *Schlund* in JR 1989, 68.

Haushaltstätigkeit (Haushaltsführungsschaden)

868

TIP Der Blick auf Haushaltsarbeiten im weiteren Sinn (zum Wohnen und Leben) setzt Akzente zur Schadensbestimmung im Fall der Tötung des Leistenden und Unterhaltspflichtigen. Im Fall der Verletzung müssen Verwechslungen vermieden werden.

> Unterstützende Tätigkeiten (Einkauf, Gartenarbeit, Heizungs-, Winterdienst)

869 Unterstützende Tätigkeiten im Haushalt sind nichts anderes als Arbeiten im Haushalt. Beim Zusammenleben mit anderen und der Verteilung von Aufgaben und Arbeiten zwischen den Familienangehörigen tritt häufig die Frage auf, ob letztlich **jede Handreichung** im Verletzungsfall ausgleichsfähig ist und ob jeder persönliche Entschluß zur Übernahme von Arbeitsleistungen zugunsten anderer einen Erwerbsausfallschaden in der Form des Haushaltsführungsschadens zu begründen vermag.

870

Beispiel 118

> Wirtschaftlich relevante Tätigkeiten, die eine andere Person bei der Erledigung der Hausarbeit unterstützen, und dabei als Hilfstätigkeiten gesehen und verstanden werden, sind ausgleichsfähige Leistungen im und für den Haushalt. Nur Tätigkeiten geringfügiger, unerheblicher Art gehören dazu nicht (vgl. Rn. 1026 ff.). So sind die spontane, punktuelle Aktion im gemeinsamen Haushalt wie der einmalige, seltene Freundschaftsdienst nicht ersatzfähig. Die gelegentlich zufällige, die völlig unregelmäßige, nach freiem Belieben des Leistenden ausgeführte oder geplante Hilfe und Unterstützung bei der hauswirtschaftlichen Versorgung oder alltäglichen Verrichtungen und alle vergleichbaren, sachlich untergeordneten, unwesentlich erscheinende Tätigkeiten sind nicht als wirtschaftlich geprägte Arbeitsleistung aufzufassen.

871 Das *OLG Oldenburg*[783] hält die **Beaufsichtigung der Schularbeiten** von Kindern nicht für eine ersatzfähige Leistung. Es hat jedoch zu Unrecht in einer Haushaltsführungsehe dem **erwerbstätigen Ehemann** schlechthin die Möglichkeit abgesprochen, für seine Tätigkeit im Haushalt bei verletzungsbedingter Beeinträchtigung Ersatz verlangen zu können. Das *OLG* hat verkannt, daß es für den Haushaltsführungsschaden auf die tatsächliche Arbeit im Haushalt ankommt und zum Umfang des Ersatzes nicht nach einer Unterhaltspflichtigkeit gefragt werden darf. Zu der nicht nur geringfügigen Hilfe bei schulischen Aufgaben kann das wirtschaftliche Gewicht angesichts der heute nicht seltenen gewerblichen Angebote nicht mehr verneint stehen.

---

[783] VersR 1983, 890.

Bei dem Entschluß der Familie, **Haustiere** zu halten, z.B. ist die dafür erforderliche Tätigkeit und ein Zeitaufwand zu berücksichtigen. Eine kleinere Tierzucht z.B. oder entsprechende Bemühungen sind aber keine Haushaltsführung. Vielmehr ist ein Ausfall nach Maßgabe des § 252 BGB abzuwickeln.	872
Arbeit ist es – auch –, auf dem Heimweg von der Arbeit **Einkäufe** zu erledigen, weil der Einkauf Element der Arbeit für den Haushalt ist. Wenn arbeitstäglich oder doch häufig (nicht nur geringfügig, Rn. 1030) das Einkaufen erledigt wird, hat dies Einfluß auf den Umfang und den Zeitaufwand der Arbeiten im Haushalt. Müssen ausfallende Einkäufe von anderen Angehörigen miterledigt werden, erhöht sich deren Zeitanteil und Belastung.	873
Wer seinen Beitrag zum Haushalt durch die **Arbeit im Garten** leistet[784], übernimmt eine Tätigkeit aus dem Bereich der Arbeit im Haushalt. Zur Pflege eines Ziergartens wird verschiedentlich ohne sachliche Rechtfertigung teilweise noch eine wirtschaftlich sinnvolle Verwertung der Arbeitskraft infrage gestellt. Gartenarbeiten gehören indes heute anerkanntermaßen zu den Tätigkeiten, die dem Haushaltsführungsschaden zuzuordnen sind, wenn die Familie eine Wohnung oder ein Haus mit (Klein-)Garten bewohnt. Je nach der Jahreszeit fallen sogar zeitaufwendige Arbeiten in der familiären Lebens- und Wirtschaftsgemeinschaft an.	874

> Bei einem Nachbarschaftsstreit hat das *LG Lübeck*[785] gem. § 906 Abs. 2 S. 2 BGB wegen des Abharkens und des Einsammelns von Kiefernnadeln einen jährlichen Arbeitszeitaufwand von 31 Stunden zu je 15,00 DM/Stunde angesetzt. Wer verletzungsbedingt solche Arbeiten nicht ausführen kann, darf deliktsrechtlich nicht schlechter gestellt werden.

875

Beispiel 119

Ein Charakter als Zier- oder Nutzgarten prägt heutige Lebensgepflogenheiten nicht entscheidend. Früher mag dazu über den Anbau von Obst und Gemüse, die Versorgung der eigenen Wohnung mit Blumen nachgedacht worden sein. Heute geht es schlicht um eine sinnvolle Art der Lebensgestaltung, die sich auf den Garten erstreckt, wobei allerdings eine Möglichkeit der Freizeitgestaltung infragesteht. Selbst die Gartenpflege bei der Zweitwohnung ist nicht aus sich heraus ersatzlos zu lassen, wenn die Betroffenen sich nach ihren Lebensverhältnissen dafür entschieden haben und sich dem tatsächlich zugewandt haben (zuwenden wollten) und die Grenzen des Angemessenen (beachte Rn. 833, 892) nicht deutlich überschritten sind.

876

---

[784] *BGH* VersR 1989, 857 = NJW 1989, 2539 = DAR 1989, 341.
[785] *LG Lübeck* NJW-RR 1987, 532.

Haushaltstätigkeit (Haushaltsführungsschaden)

877
Beispiel 120

> Schon vor Jahrzehnten[786] hat der *BGH* zum Garten und dem Einschlagen von Brennholz nicht von einem immateriellen Aspekt gesprochen, sondern von der verletzungsbedingten Mehrbelastung im Zusammenhang mit der Befriedigung des allgemeinen Lebensbedarfs, die ausgleichsberechtigt ist.

878 Bei der erwerbswirtschaftlichen Nutzung eines Geländes geht es um das erwerbswirtschaftliche Ergebnis.

879 Dem Arbeitseinsatz für die **Heizung**, die im Winter ständig bedient und gewartet werden muß, ist nicht der Charakter der manuellen Tätigkeit als ernsthafter Arbeit mit Blick auf eine Freizeitgestaltung abzusprechen. Die gewerblichen **Winter- und Streudienste**, die dem Privaten das Schneeräumen abnehmen, weisen aus, daß dazu neben der Haftungsfrage auch ein wirtschaftlicher Faktor solcher Arbeit nicht zu vernachlässigen ist.

880
Weite Auslegung

> Jede Hilfe z.B. für ältere Menschen, denen die Haushaltsführung, die Erledigung von Besorgungen oder die Versorgung mit Rohstoffen zum Heizen im Winter u.dergl. abgenommen oder erleichtert wird, hat eine wirtschaftlich relevante Größenordnung. Fällt solche, nicht nur gelegentliche (Rn. 1030) Hilfe aus, verlangt dies Abhilfe.

> Berücksichtigungsfähige Zahl von Haushaltsangehörigen im Mehr-Personen-Haushalt

881 Die zeitliche Belastung im Haushalt hängt von der Zahl der zu versorgenden Haushaltsangehörigen ab. Unzweifelhaft ist auf der Basis des **Beitrags zum Familienunterhalt** (vgl. Rn. 1263), daß der Einsatz für alle Personen zugrundezulegen ist, mit denen eine unterhaltsrechtliche Beziehung besteht. Dieses Band des Unterhaltsrechts findet sich zwischen – nicht getrennt lebenden – Ehegatten, Eltern und Kindern (§ 1360 a BGB, §§ 1601 ff. BGB).

882 Der BGH betont jedoch zum Haushaltsführungsschaden die tatsächliche Orientierung des Arbeitseinsatzes. Der Kreis der berücksichtigungsfähigen Personen ist deswegen weiter zu ziehen.

883 So ist die hauswirtschaftliche Versorgung in der eheähnlichen, nichtehelichen **Lebenspartnerschaft** nach verstärkt vertretener Ansicht der Arbeit in der familiären Haus- und Wirtschaftsgemeinschaft gleichzustellen.[787]

---

[786] *BGH* VersR 1958, 454.
[787] *Pardey* in DAR 1994, 265; *AG Bad Säckingen* ZfS 1996, 370 = NJWE-FER 1997, 34.

Die auf Dauer angelegte, enge, stabile[788] Lebensgemeinschaft zwischen Mann und Frau steht nach den Lebensgepflogenheiten als Verantwortungs- und Einstehensgemeinschaft[789] der familiären Unterhalts- und Hausgemeinschaft schadensrechtlich[790] gleich (s. auch Rn. 393). Die inneren Bindungen, das gegenseitige Einstehen der Partner füreinander geht deutlich über die Beziehungen in einer bloßen organisatorischen reinen Wohn-, Wirtschafts-, Haushaltsgemeinschaft hinaus. Bei eheähnlichen Lebensgemeinschaften belegt die Eheschließung der Partner nach dem Schadensfall indiziell die Stabilität der Gemeinschaft. Solange die Beeinträchtigung fortwirkt, ist dann auf jeden Fall die für die Schadensabwicklung maßgebende Lebenssituation verändert. Zumindest für diese Zeit greifen die Kriterien zum Schadensausgleich bei gemeinsamer, u.U. auch doppelter, Haushaltsführung.

884

Daß für die verletzte Person, die in einer Partnerschaft lebt, ein Mehrbedarfsschaden zum Haushalt für den eigenen Anteil anzusetzen ist, folgt unmittelbar den Kriterien zur Beeinträchtigung der Hausarbeitsfähigkeit (Rn. 812). Dies wird häufig übersehen.

885

Schon am 7.5.1974[791] hat sich der *BGH* – damals eher unbemerkt – zu einer Haushaltsgemeinschaft unter Einschluß des **erwachsenen Kindes** geäußert. Dort hat der BGH auf die tatsächliche Arbeitsleistung der Mutter für die Tochter gesehen und das gesamte Ausmaß der Tätigkeit der Mutter herangezogen. Indessen war damals das Kind nicht mehr unterhaltsberechtigt, zumal das volljährige Kind ohnehin keinen unterhaltsrechtlichen Betreuungsanspruch hat. Im Urteil vom 6.6.1989[792] hat der *BGH* den Haushalt des **erwachsenen Sohnes** und seiner Mutter zu beurteilen gehabt. Es ging um die auch fremdnützige Arbeit, um die dem Sohn unmöglich gewordenen „etwas schwereren Hausarbeiten wie Staubsaugen, Teppichklopfen, die ganze Schlepperei". Dazu hat der *BGH* dem Tatrichter eine Mindestschätzung nach dem Mindestarbeitszeitbedarf in einem Zwei-Personen-Haushalt nahegelegt und eine Vergütung, wie sie für eine Stundenhilfe gezahlt werden müßte. Das *OLG Oldenburg*[793] hat, vom *BGH* bestätigt, bei der **18-jährigen Tochter** zugrundegelegt, daß

---

788 Zu § 1570 BGB stellt z.B. *OLG Oldenburg* NJW-RR 1992, 515 für die verfestigte sozio-ökonomische Lebensgemeinschaft auf ein nichteheliches Zusammenleben von drei Jahren ab.
789 Zu § 122 Satz 1 BSHG *BVerwG* NJW 1995, 2802.
790 Jedenfalls bei Einführung einer Registrierungspflicht.
791 VersR 1974, 1016 = NJW 1974, 1651, 1652.
792 NJW 1989, 2539, Anm. *Grunsky* in NZV 1989, 389.
793 *OLG Oldenburg* NJW-RR 1989, 1429 = FamRZ 1989, 862 (Amputation Oberschenkel).

sich die erwachsene Tochter im gemeinsamen Haushalt mit den Eltern regelmäßig selbst versorge, der Aufenthalt der Tochter keine Mehr- bzw. Zusatzarbeit für die den Haushalt führende Mutter bedeute. Wäre das volljährige Kind ohne Unterhaltsanspruch nicht zu berücksichtigen, hätte es des Blicks auf die konkrete Lebenslage gar nicht bedurft.

886
Haushaltsgemeinschaft

> Es spricht viel dafür, daß der *BGH* die Haushaltsgemeinschaft zwischen Ehegatten, Eltern und Abkömmlingen berücksichtigt sehen will allein über die Zahl der Haushaltsangehörigen. Bei volljährigen Kindern ist aber stets zu überprüfen, ob sie sich im entscheidenden Maß ausschließlich selbst versorgen. Dann sind nur sie bei eigener Verletzung anspruchsberechtigt (vgl. Rn. 825).

887 Den Anschluß an den *BGH* sieht das *OLG Oldenburg*[794] (abweichend von der Vorinstanz), als es Leistungen für die seit langem in einen gemeinsamen Haushalt integrierte und dadurch **mitversorgte Tante** mitrfaßt hat. Dies verläßt allerdings die Basis eines Unterhaltsbezugs und eines Beitrags zum Familienunterhalt als Grund für den Ersatz des Haushaltsführungsschadens zur Versorgung anderer Personen (bevor es auf den Umfang ankommt, zu dem stets die tatsächlichen Leistungen entscheidend sind). Demgegenüber hat das *OLG Celle* der **Großmutter**[795] einen Ersatzanspruch versagt, obwohl sie ihr Enkelkind nach einem Unfall verletzungsbedingt einige Zeit nicht mehr so betreuen konnte, wie sie es zuvor an der Stelle ihrer Tochter tat, die entlastet werden sollte und nicht zwingend gehindert gewesen ist, ihr Kind zu betreuen und zu versorgen (also ohne Unterhaltspflicht der Großmutter).

888 Manche Gerichte halten allein für wesentlich, ob eine Haushaltsgemeinschaft besteht oder nicht. Das OLG *Köln*[796] z.B. verneinte bei der Betreuung der 86-jährigen Mutter einen Anspruch der verletzten Tochter, die selbst Rentnerin gewesen ist, weil die Mutter nicht im Haushalt der Kinder lebte. Dementsprechend wäre bei **jeder Lebens-, Wohn- und Wirtschaftsgemeinschaft** zu prüfen, ob Arbeiten im Haushalt für andere (nach deren Zahl) erschwert oder vereitelt sind. Die bloße Anknüpfung an die gemeinsame Wohnung ist jedoch verfehlt. Nur zu §§ 1619, 845 BGB kommt es kraft Gesetzes – zusätzlich – auf den gemeinsamen Haushalt bei volljährigen Kindern an.[797] Im übrigen macht es zwar weder ökonomisch noch rechtlich einen Unterschied, ob die mitversorgte Person z.B. in einer Einliegerwohnung wenige Meter entfernt oder viele Kilo-

---

794 *OLG Oldenburg* VersR 1993, 1491 = r+s 1993, 101.
795 VersR 1983, 40.
796 19. Zivilsenat, NJW-RR 1994, 350.
797 *Scheffen/Pardey*, a.a.O., Rn. 561 ff.

meter entfernt wohnt. Auch hängt die Wertigkeit der Arbeit nicht vom gemeinsamen Wohnen, sondern von der Leistung ab. Dem gemeinsamen Wohnen fehlt aber das „Unterhaltsband", die Unterhaltsbasis.

> Das *OLG Frankfurt* versagte dem erwachsenen Kind, das im Haushalt seiner Eltern ohne unterhaltsrechtliche Verpflichtung geholfen hat, einen materiellen Ersatz[798] wegen der **unentgeltlichen Nützlichkeit** für die Eltern. Gleichsinnig verneinte das *OLG Köln*[799] bei dem verletzungsbedingten Ausfall der Arbeitskraft des Vaters, der unentgeltlich beim Hausbau seines Sohnes (beachte Rn. 958) mithelfen wollte und schon tatkräftig gewesen war, einen Erwerbsschaden des Vaters, weil die Unmöglichkeit, den Wert der Arbeitskraft einem anderen zu schenken, keine materielle Schädigung sei.

889

Beispiel 121

Soweit der *BGH*[800] von der Versorgung eines **Untermieters** spricht, ist der Sache nach ein allgemeiner Erwerbsschaden gemeint, wohl unter dem Aspekt der Chance, Mieteinnahmen zu erzielen.

890

| Konkretisierung des tatsächlichen Zeiteinsatzes |

Individuelle **Aufzeichnungen** über den persönlichen Arbeitseinsatz aus der Zeit vor dem haftungsbegründenden Ereignis geben am ehesten Aufschluß zum Lebensplan, also zum „Soll" für die Verhältnisse danach. Solche Aufzeichnungen stehen aber selten zur Verfügung. Aufzeichnungen zur Hausarbeit nach dem Haftungsfall geben einen gewissen Aufschluß zu Beeinträchtigungen, ohne den Umfang eines Defizits wirklich plausibel zu machen.

891

Meist ist zum Zeitansatz deswegen auf **Erfahrungswerte** zurückzugreifen. Diese Erfahrungswerte **korrigieren zugleich** einen individuell überhöhten Einsatz im Haushalt und begrenzen einen Ausgleichsanspruch zum (tatsächlichen) Zeitaufwand. Das Maß des „Tatsächlichen" (Rn. 820 gegenüber dem Maß der Unterhaltsschuld bei Tötung, Rn. 1263) darf nicht dadurch geprägt sein, daß jeder individuelle Zeiteinsatz und normativ übertrieben erscheinende Aufwand, der verletzungsbedingt nicht mehr betrieben werden kann, zu erstatten ist. Wer sich z.B. wegen eines hohen Freizeitanteils entschließt, für seinen Haushalt (bei den Mahlzeiten, bei der Gartengestaltung) eine (**überdurchschnittliche**) **Zeit** aufzuwenden, muß im Verletzungsfall den Ausgleich des durchschnittlichen, nach den persönlichen Verhältnissen angemessenen Zeitaufwandes hinnehmen.

892

---

798 VersR 1982, 909.
799 11. Zivilsenat, VersR 1994, 356.
800 VersR 1974, 1016, 1017.

Haushaltstätigkeit (Haushaltsführungsschaden)

Arbeitszeitbedarf

893 Bis Anfang der 70er Jahre gab es keine geeigneten statistischen Erhebungen zum Arbeitszeitbedarf für die Versorgung eines Haushalts, die es im Sinne des § 287 ZPO zugelassen hätten, Zeitansätze typisierend festzustellen. Befragungen seitens der Bundesforschungsanstalt für Hauswirtschaft wurden nicht als repräsentativ angesehen. Ihnen konnte keine entscheidende Bedeutung zugesprochen werden. Nach gründlichen und umfangreichen Erhebungen zum Arbeitszeitbedarf in städtischen Haushalten, die unter Anwendung verschiedenster Schätzmethoden weitgehend übereinstimmen, läßt der *BGH*[801] die Feststellung des Arbeitszeitbedarfs anhand der auf diesen Ermittlungen beruhenden Tabellenwerten zu.

894 Erfahrungswerte zum Arbeitszeitbedarf akzeptiert der *BGH* seit 1979.

895 Der *BGH*[802] spricht – auch – für Verletzte von deren Arbeitszeitbedarf. Bei Verletzungen geht es zwar nicht wie bei einer Tötung um den Ausgleich eines Defizits zum (Arbeitszeit-)Bedarf, sondern um die individuelle Lebensgestaltung mit dem tatsächlichen Aufwand, der eingebracht worden ist oder/und künftig werden sollte. Indessen beschreiben *Schulz-Borck/Hofmann*[803], auf die sich der *BGH* seit 1979 stützt, den Arbeitszeitbedarf als Zeitbedarf einschließlich Arbeitszeitaufwand für Betreuung, Einkauf und Haushaltsführung. Die Ansätze kombinieren Aufwandszeiten als Ist-Werte aufgrund von Zeitverwendungsuntersuchungen und Bedarfszeiten als Soll-Werte nach Arbeitsstudien.

896

Arbeitszeitbedarf
Auszug aus Tabelle 1 von *Schulz-Borck/Hofmann*[804] aus dem Jahr 1987
[ohne Zahlenwerte für reduzierte Haushalte
und hier mit einem rechnerischen Zusatz]

	Anspruchsstufe			Hier errechneter
	gering	mittel	hoch	Durchschnitt
2 PH	22,6	33,9	44,6	33,7
3 PH	33,7	47,2	60,0	47,0
4 PH	41,3	56,4	71,4	56,4
5 PH	45,5	63,4	80,2	63,0
6 PH	54,3	74,7	93,6	74,2

---

801 VersR 1979, 670 = NJW 1979, 1501.
802 *BGH* VersR 1989, 1273 = NJW-RR 1990, 34.
803 in Schadenersatz, 4. Aufl. und 5. Aufl.
804 a.a.O., 3. Aufl. 1987.

> **Erläuterung:** Mit „PH" ist der Personen-Haushalt, die Zahl der Haushaltsangehörigen gekennzeichnet. Die Einstufung zum Zeitniveau (Anspruchsstufe gering, mittel, hoch) folgt grundsätzlich der Größe und Ausstattung der Ehewohnung, dem Lebensstil. Im einzelnen ist dazu auf die einschlägigen Tabellen bei *Schulz-Borck/Hofmann* a.a.O. zu verweisen. Ein Regelsatz dahin, im Zweifel die mittlere Anspruchsstufe heranzuziehen, besteht nicht. Die einzelnen Zellen zeigen den Bedarf an Stunden in der Woche.
>
> Spätere Auflagen von *Schulz-Borck/Hofmann* nennen höhere Bedarfswerte (vgl. Anhang 4).

Mit solchen Bedarfswerten rechnen in Verletzungsfällen z.B.: 897

OLG Celle ZfS 1983, 291;
OLG Celle OLGR 1995, 7, 9;
OLG Düsseldorf VersR 1992, 1418, 1419;
OLG Hamburg VersR 1985, 646;
OLG Oldenburg NJW-RR 1989, 1429;
OLG Oldenburg Urteil vom 24.10.1991, 1 U 124/91, *BGH* NA-Beschl. v. 30.6.1991, VI ZR 319/91 (reduzierter 3-PH, weil zum 2-PH jeden 2. Tag eine Person hinzukommt);
LG Hildesheim ZfS 1993, 298;
LG Koblenz NJW-RR 1987, 984.

Es ist nach der hier vertretenen Ansicht daran zu denken, die mittlere Anspruchsstufe bei einer Wirtschaftskraft der Familie, d.h. bei den für Unterhaltszwecke zur Verfügung stehenden Geldmitteln, ab etwa 4.000 DM und die höhere Stufe ab etwa 7.000 DM annehmen zu können. Von einer weiter verfeinerten Unterteilung zum Anspruchsniveau sollte Abstand genommen werden, weil dies nicht zu gerechteren Einzelfallergebnissen führt, sondern nur das Streitpotential erhöht. 898

Wird an die Zeitbedarfsangaben von *Schulz-Borck/Hofmann* angeknüpft, gilt es zu beachten, daß die **Tabellenwerte** die Zeiten **für den gesamten Haushalt** ausmachen. Sie können wegen der spezifischen Familiensituation zu **erhöhen** sein. Da Ansätze zur Haushaltsführung im weiteren, umfassenden Sinn fehlen, können die Tabellenwerte auch deswegen zu erhöhen sein. Zu den unterstützenden Tätigkeiten (Rn. 869 ff.) fehlen aussagekräftige Angaben. 899

Abzuziehen sind von den Tabellenwerten die Zeiten der tatsächlichen (Mit-) Hausarbeitszeit der anderen Haushaltsangehörigen. Die **tatsächliche Mithilfe** der Angehörigen ist anhand des Lebensalters der Betroffenen und der Inanspruchnahme durch Schule oder Beruf zu ermitteln. Bei gleichwertiger beruflicher Belastung der Ehegatten und Versorgung von 900

Zwillingen im Kleinkindalter kann die jeweilige Mitarbeit z.B. bis zu 50 % gehen.

901 Berechnungsweg

Berechnungsweg zum wöchentlichen Arbeitseinsatz im n-PH		
Ausgehend	vom wöchentlichen Zeitbedarf für den gesamten Haushalt	(Stunden/Woche)
zuzüglich	einer Erhöhung wegen besonderer Belastung	(Stunden/Woche)
abzüglich	der tatsächliche Mithilfe von Kindern	(Stunden/Woche)
abzüglich	der tatsächlichen Mithilfe des Ehepartners	(Stunden/Woche)
erschließt sich	der Wochenaufwand der verletzten Person	(Stunden/Woche)

902 Wird auf diese Weise vom Tabellenwerk her eine berücksichtigungsfähige Zeitgröße gefunden, hat die prozentuale Gewichtung (Rn. 858) ihren Ansatzpunkt zur Bestimmung des Arbeitszeitdefizits. Der Wochenaufwand für die verletzte Person ist mit dem relevanten Prozensatz der haushaltsspezifischen Minderung (Rn. 834 ff.) zu multiplizieren. Das Ergebnis stellt das ausgleichsfähige Zeitdefizit dar.

903 Beispiel 122

Der *BGH*[805] hat gebilligt, für den 3-PH einen wöchentlichen Arbeitszeitbedarf von 40 Stunden und nach der Geburt von Zwillingen für den 5-PH einen solchen von 60 Stunden zugrundezulegen und sodann bei der Minderung der Hausarbeitsfähigkeit von 40 % ein Defizit von 16 Stunden bzw. 24 Stunden abzurechnen.

Berechnung:	Stunden 1. Zeitabschnitt, 3-PH	Stunden 2. Zeitabschnitt, 5-PH
Wöchentliche Arbeitszeit – Soll	40	60
Minderung der Hausarbeitsfähigkeit	40 %	40 %
Wöchentliches Arbeitszeitdefizit	16	24

904 **Unterschiedliche Behinderungsgrade** bedürfen ebenso wie **unterschiedliche Zeitansätze** für verschiedene **Zeiträume** stets getrennter Betrachtung.

905 Beispiel 123

	Differenzbetrachtung		Prozentuale Gewichtung	
	Beispiel A	Beispiel B	Beispiel A	Beispiel B
Wöchentliche Arbeitszeit bei unbeeinträchtigter Arbeitskraft – Soll	5	7	5	7
Wöchentliche Arbeitszeit mit verbliebener Arbeitskraft – Ist	3,5	2,1		
Minderung der Hausarbeitsfähigkeit			30 %	70 %

---

805 *BGH* VersR 1989, 1273 = NJW-RR 1990, 34.

Wöchentliches Arbeitszeitdefizit (Stunden)	1,5	4,9	1,5	4,9
Kostenansatz/Stunde (DM)	13,00	13,00	13,00	13,00
Schaden/Woche (DM)	19,50	63,70	19,50	63,70

Erläuterung: Unterstellt ist, daß sich die Sollzahlen in den Spalten zur prozentualen Gewichtung aus einer Betrachtung ergeben, wie sie in Rn. 901 veranschaulicht ist.

Für die Differenzbetrachtung können Sollzahlen ebenfalls wie mit Rn. 901 gekennzeichnet und vorher dargestellt ermittelt werden. Die Istzahlen sind für die Zeit nach dem Haftungsereignis zu konkretisieren, z.B. mittels Aufzeichnungen (Rn. 891), die die Leistungsbereiche (Rn. 863 ff.) abdecken.

Das sich dann ergebende Defizit ist jeweils mit dem Kostenansatz (dazu Rn. 923 ff.) zu multiplizieren, um die Ausgleichsforderung zu beziffern.

Theoretisch ist die prozentuale Gewichtung nicht auf den Geldwert zu beziehen, weil die spezifische Arbeitsfähigkeit und die eingeplante Zeit betroffen ist, nicht der Geldwert. Rechnerisch ist innerhalb einer reinen Multiplikation jedoch die Reihenfolge ihrer Glieder beliebig (kommutatives Gesetz). Der Zahlenwert ändert sich nicht (z.B.: 5 x 30 % x 13 = 13 x 30 % x 5 = 0,3 x 5 x 13). Darauf, ob eine Wochen- oder Monatsvergütung durch Multiplikation (mit Arbeitszeit, Stundenvergütung, anteiliges Urlaubsgeld, anteilige Weihnachtszuwendung, s. Anhang 2) ermittelt werden kann, kommt es also mathematisch nicht an. Nur bei einer zwischengeschalteten Addition (wegen Aufrundung) oder anderen Zwischenerwägungen und (unterschiedlichen) Bezugsgrößen sind unterschiedliche Beträge je nach den Zwischenannahmen zu erkennen.

Eine **anhaltende Behinderung** mit demselben Behinderungsgrad bei gleichen Größen des Ausgangszeitbedarfs führt zu einem **Vielfachen** des Defizits pro Woche oder es sind kürzere Zeiträume zu berücksichtigen. Von der Bemessung des wöchentlichen Defizits her kann dazu ein Defizit für jede andere Zeiteinheit errechnet werden. Problematisch ist allerdings die (normative) Bezugsgröße für die (tatsächliche) Hausarbeit. Während das OLG Oldenburg[806] mit sechs Tagen in der Woche rechnet, berücksichtigt das *OLG Köln*[807] die Arbeit am Wochenende und geht von 7 Tagen in der Woche aus oder auch von der Arbeit an 5 Tagen in der Woche.[808] Es werden z.B. auch bei 3 bis 4 Stunden in der Woche für den Monat 16 Stunden angenommen.[809]

906

---

806 *OLG Oldenburg* VersR 1986, 1220 = VRS 71, 161.
807 VersR 1981, 690.
808 *OLG Köln* r+s 1989, 400.
809 *KG* VersR 1982, 978.

Haushaltstätigkeit (Haushaltsführungsschaden)

907
Zeitumrechnung

	Vorschlag zur Umrechnung in der Zeit (Tag, Woche, Monat, Jahr)	
Ausgehend	vom Zeitaufwand oder dem Defizit in der Woche	(Stunden/Woche)
erschließt		
1/7	den durchschnittlichen Zeitaufwand oder das durchschnittliche Defizit pro Tag	(Stunden/Tag)
oder		
das 4,3 oder 4,348 fache	den durchschnittlichen Zeitaufwand oder das durchschnittliche Defizit im Monat	(Stunden/Monat)

Erläuterung: Der Faktor 4,3 wird in Anlehnung an den korrespondierenden Geldfaktor vorgeschlagen (Rn. 938).

Ausgehend	vom Zeitaufwand oder Zeitdefizit im Monat	(Stunden/Monat)
erschließt		
1/30	den durchschnittlichen Zeitaufwand oder das durchschnittliche Defizit am Tag	(Stunden/Tag)
oder	den durchschnittlichen Zeitaufwand oder	
das 12 fache	das durchschnittliche Defizit im Jahr	(Stunden/Jahr)

Regulierungstabelle

908 Zum wöchentlichen Zeitaufwand in städtischen Haushalten hat *Schulz-Borck* eine Regulierungstabelle untergliedert nach Erwerbstätigkeit der den Haushalt überwiegend versorgenden Person, der Hausfrau, vorgestellt.

909

Regulierungstabelle von *Schulz-Borck/Hofmann*, a.a.O., 3. Aufl., Tabelle 8, S. 31[810]

	Zeitaufwand der Hausfrau bei Nicht-, Teil-, Voll-, Erwerbstätigkeit			Zeitaufwand Durchschnitt alle Hausfrauen	Gesamtzeitaufwand im Haushalt insgesamt
1 PH	20	20	18	19	19
2 PH	38	38	19	31	36
3 PH	45	45	27	39	50
4 PH	49	49	40	48	60
5 PH	50	46	36	46	60
6 PH und mehr	52	46	36	47	69

Erläuterung: Zum 1-PH sind zur Nicht- und Teilerwerbstätigkeit die Angaben geschätzt worden.

---

810 S. auch *Eckelmann/Nehls* in Schadensersatz bei Verletzung und Tötung, 1987, S. 65.

> Bei Anwendung der Tabelle ist dann, wenn von dem Gesamtzeitaufwand für den Haushalt (letzte Spalte) ausgegangen wird, ein Abzug einer tatsächlichen Mithilfe der Angehörigen geboten.
>
> Die Aussagekraft des Befundes für männliche Personen (als Hausmann an Stelle einer Hausfrau) ist nicht ausgewiesen.
>
> Zur Berechnung ist, wenn der Tabelle eine Zahl (zum wöchentlichen Zeitaufwand) entnommen wird, weiter so vorzugehen, wie in Rn. 905 beschrieben.

Auf die Regulierungstabelle stellen z.B. ab: **910**

OLG Düsseldorf DAR 1988, 24, 25;
OLG Oldenburg VersR 1993, 1491, 1492 = r+s 1993, 101;
LG Saarbrücken DAR 1994, 455 = ZfS 1994, 400 (unter Vergleich mit anderen Ergebnissen).

Individualisiertere Zeitannahmen

In jüngeren Auflagen geht *Schulz-Borck* tabellarisch[811] auf den Arbeitszeitaufwand für verschiedene **Haushaltstypen** unter Berücksichtigung des Alters von versorgten Kindern ein. Dort wird unterschieden zwischen Zeitanteilen für den Haushalt insgesamt, den Anteil Frau, den Anteil Mann und den Anteil übrige Personen. Es bleibt abzuwarten, ob jene Zeitansätze in der Praxis akzeptiert werden. Teilweise fließen deutlich höhere Zeitansätze als früher ein. Dies ist nicht unproblematisch. **911**

912

	Gegenüberstellung der Zeitangaben bei *Schulz-Borck* a.a.O. für **Haushalte insgesamt**				
	1-Personen-Haushalt				
4. Aufl.	Typ 1 40,4			Typ 11 26,4	
5. Aufl.	Typ 1 36,6			Typ 10 21,7	
	2-Personen-Haushalt				
4. Aufl.	Typ 2 48,7	Typ 3 63,5	Typ 4 70,5	Typ 12 34,4	Typ 13 49,6
5. Aufl.	Typ 2 64,4	Typ 3 65,0		Typ 11 43,7	

---

811 4. Aufl. 1993, Tabelle 8, S. 49; 5. Aufl. 1997, Tabelle 8, S. 61 unter Heranziehung neuerer Daten aus der Zeitbudgetforschung der amtlichen Statistik.

Haushaltstätigkeit (Haushaltsführungsschaden)

3-Personen-Haushalt						
4. Aufl.	Typ 5 Kind bis 3 Jahre 84,2	Typ 6 4 – 6 Jahre 82,4	Typ 7 7 – 14 Jahre 66,5	Typ 14 82,8	Typ 15 68,6	Typ 16 65,2
5. Aufl.	Typ 4 Kind unter 6 Jahre 75,5	Typ 5 6 – 18 Jahre 71,6		Typ 12 56,8		Typ 13 56,0
4-Personen-Haushalt						
4. Aufl.	Typ 8 89,8	Typ 9 83,2	Typ 10 74,5	Typ 17 85,2	Typ 18 79,2	Typ 19 72,6
5. Aufl.	Typ 6 90,4	Typ 7 74,4		Typ 14 73,6		Typ 15 58,1
5-Personen-Haushalt						
4. Aufl.	Typ 10a nur Frau 64,8			Typ 19a nur Frau 48,1		
5. Aufl.	Typ 8 99,4	Typ 9 75,7		Typ 16 79,4		Typ 17 64,2

Erläuterung: Im einzelnen sind dazu die Tabellen von *Schulz-Borck/Hofmann* a.a.O. auszuwerten und bei Arbeitszeiten für den gesamten Haushalt die tatsächlichen Mitarbeitszeiten anderer Haushaltsangehöriger abzuziehen (Rn. 900).

Auf **zusätzliche Zeiten** wegen spezieller Arbeiten, zur **Haushaltstätigkeit im weiteren Sinn** ist besonders zu achten.

913 Konkrete oder auch **analytische**[812] **Gutachten** sind immer möglich, manchmal unabweisbar.

Insbesondere: Einzelperson

914 Der Begriff des Haushalts läßt viele daran denken, daß es sich bei dem Haushaltsführungsschaden um einen Anspruch handelt, wenn mindestens zwei Personen einen Haushalt führen. Dieses Verständnis verfehlt jedoch die Relevanz der Beeinträchtigung der Hausarbeitsfähigkeit. Der Anspruch wegen eines Mehrbedarfs zur Haushaltsführung (Rn. 812) kommt

---

812 Zum Hohenheimer Verfahren *Landau* in DAR 1989, 166, s. dazu *Jung* in DAR 1990, 161; beachte den in DAR 1990, 194 veröffentlichten Fragebogen.

unmittelbar und persönlich jedem Single[813] und gleichsinnig **jeder Person** zugute, die mit anderen Personen zusammen lebt.[814]

915 Schon das minderjährige und sicher das volljährige Kind, das sich in einem gemeinsamen Haushalt mit den Eltern oder anderen Personen (ganz oder teilweise) hauswirtschaftlich selbst versorgt, muß an diesem Grundsatz partizipieren und im Umfang solcher Eigentätigkeiten selbst berechtigt sein. Aus § 845 BGB (Rn. 1002) leitet sich dazu und dagegen nichts anderes her. Die Einstufung der hauswirtschaftlichen Eigenversorgung in die Schadensgruppe Mehrbedarf berührt § 845 BGB nicht. § 845 BGB gilt allein zu hauswirtschaftlichen Tätigkeiten von Abkömmlingen, die gem. § 1619 BGB den Eltern (familienrechtlich) geschuldet werden.

916 Für alleinlebende Personen sind nach *Schulz-Borck/Hofmann*[815] im Gesamtzusammenhang aller Haushaltstypen für den Haushaltstyp Rentnerin (4. Aufl., Typ 1) bzw. Rentnerin, 60 Jahre und älter (5. Aufl., Typ 1) bzw. den Haushaltstyp Alleinstehende Frau, erwerbstätig (4. Aufl., Typ 11; 5. Aufl., Typ 10) folgende Angaben für den **wöchentlichen Arbeitszeitaufwand** (beachte Rn. 907) herauszustellen:

	1- Personen-Haushalt	
4. Aufl.	Typ 1	Typ 11
	40,4	26,4
5. Aufl.	Typ 1	Typ 10
	36,6	21,7

917 **Innerhalb eines Mehr-Personen-Haushalts** muß in Konsequenz der Ansicht des *BGH* (Rn. 948) kraft Erfahrung und Schätzung für die verletzte **Person** ein **Pro-Kopfanteil** auswertbar sein.

---

813 *BGH* VersR VersR 1992, 618 = NJW-RR 1992, 792; *OLG München* DAR 1993, 353 = ZfS 1994, 48.
814 *BGH* VersR 1989, 1273 = NJW-RR 1990, 34; VersR 1996, 1565 = r+s 1997, 22.
815 *Schulz-Borck, Hofmann*, Schadenersatz bei Ausfall von Hausfrauen und Müttern im Haushalt, 4. Aufl. 1993, Tabelle 8 S. 49; 5. Aufl. 1997, Tabelle 8 S. 61.

Haushaltstätigkeit (Haushaltsführungsschaden)

918

Kopfanteile nach den von *Schulz-Borck/Hofmann*
a.a.O. mitgeteilten **wöchentlichen Zeitbedarfssätzen**
[hier **gerundet** und aus den verschiedenen
Auflagen nebeneinandergestellt]

	Anspruchsstufen/Verhaltensalternativen			
3. Aufl.	gering	mittel	hoch	
4. Aufl.	1	2	3	4
5. Aufl.	1	2	3	4
2- Personen-Haushalt				
3. Aufl.	22,6	33,9	44,6	
Kopfanteil:	11	17	15	
4. Aufl.	24,7	30,1	42,3	58,3
Kopfanteil:	12	15	21	29
5. Aufl.	25,4	30,8	43,0	59,0
Kopfanteil:	13	15	22	30
3- Personen-Haushalt				
3. Aufl.	33,7	47,2	60,0	
Kopfanteil:	11	16	20	
4. Aufl.	37,1	44,4	60,7	82,0
Kopfanteil:	12	15	20	
5. Aufl.	38,3	45,6	61,9	83,2
Kopfanteil:	13	15	21	28
4- Personen-Haushalt				
3. Aufl.	41,3	56,4	71,4	
Kopfanteil:	10	14	18	
4. Aufl.	41,8	50,5	69,0	93,3
Kopfanteil:	10	13	17	23
5. Aufl.	44,1	52,7	71,3	95,5
Kopfanteil:	11	13	18	24
5- Personen-Haushalt				
3. Aufl.	45,5	63,4	80,2	
Kopfanteil:	9	13	16	
4. Aufl.	47,7	57,3	80,1	109,1
Kopfanteil:	10	11	16	22
5. Aufl.	49,0	58,6	81,4	110,4
Kopfanteil:	10	12	16	22
6- Personen-Haushalt				
3. Aufl.	54,3	74,7	93,6	
Kopfanteil:	9	12	16	
4. Aufl.	51,2	61,8	86,4	119,2
Kopfanteil:	9	10	14	20
5. Aufl.	52,5	63,1	87,7	120,5
Kopfanteil:	9	11	15	20

Pauschalierende Berechnung

919 TIP

Einschätzungen zur Arbeitszeit treffen in der täglichen Schadenspraxis häufig nicht ohne Grund auf Bedenken bei Schädigern, Haftpflichtversicherern und Eingangsgerichten. Erfahrungswerte zum Arbeitszeitaufwand sind wegen des individuellen Ausgleichs immer problematisch, begrenzen aber auch und schließen überzogene Ansprüche aus (Rn. 892), wie es manchem Tatrichter möglicherweise nicht deutlich genug ist. Statistische Werte geben zur persönlichen Lebensgestaltung und Verhaltensweise allerdings immer nur eingeschränkt Aufschluß. Statistisch abgesicherte Werte sind für jeden Einzelfall kritisch zu hinterfragen. Der tatsächliche, konkrete Arbeitseinsatz ist vor dem Hintergrund der Erfahrungswerte zu verdeutlichen. Es muß zu einer Gesamtplausibilität kommen.

920

Bei 40 Stunden/Woche sind für das Jahr nicht mehr als 2.040 Sollstunden zugrundezulegen (bei 51 Wochen). Bei täglich 9 Stunden und 63 Wochenstunden wird eine **Grenzbelastung** für eine Person, die den Haushalt allein versorgt (zur Mithilfe Rn. 900), liegen. Die Grenzbelastung von 90 bis 100 Stunden/Woche ist für die entgeltliche Erwerbstätigkeit und eine volle Hausarbeit denkbar. Schon über 60 Stunden/Woche wird zur Gestaltung und zum Ablauf der Versorgung des Haushalts vereinzelter Sachvortrag geboten sein.

921 TIP

Judikate helfen wenig zur Präzisierung eines Zeitaufwandes vor Berechnung des Arbeitszeitdefizits (Rn. 858), weil sie zu sehr von den „Umständen des Einzelfalls" regiert werden. Gleichwohl seien einige Beispiele aufgeführt, um akzeptable Größenordnungen (mit oder neben der Auswertung der Tabellenwerke, Rn. 895 ff.) kennzeichnen zu können.

922

Beispiel 124

Zeitaufwand für den Haushalt insgesamt	Fundstelle	Besonderheiten
• Ein-Personen-Haushalt		
17 Wochenstunden	OLG Koblenz NJW 1991, 183	Anrechnung auf Unterhalt bei Lebensgemeinschaft.
18 Wochenstunden	OLG München DAR 1993, 353 = ZfS 1994, 48	
27 Wochenstunden	OLG Hamburg VersR 1985, 646	Verletzte Hausfrau für die Zeit nach Tod des 22 Jahre älteren Ehemannes in Anlehnung an Einschätzungen für einen reduzierten 2-PH.
28 Wochenstunden	OLG Düsseldorf VersR 1992, 1418	Rentnerin

Haushaltstätigkeit (Haushaltsführungsschaden)

- **Zwei-Personen-Haushalt**

27 Wochenstunden	*LG Hildesheim* ZfS 1993, 297 = SP 1994, 13	
28 Wochenstunden	*OLG Köln* VersR 1981, 690	
35 Wochenstunden	*OLG Hamburg* VersR 1985, 646	Voller Zeiteinsatz im Haushalt auch bei Teilerwerbstätigkeit (Raumpflegerin).
40 Wochenstunden	*OLG Celle* ZfS 1983, 291	
42 Wochenstunden	*BGHZ* 104, 113 = VersR 1988, 490	
45 Wochenstunden	*OLG Frankfurt* VRS 70, 328	
4 Stunden täglich	*LG Aachen*, *OLG Köln* r+s 1989, 400[816]	Für jeden Ehegatten in der Doppelverdienerehe 2 Std/Tag.
3 Stunden täglich	*LG Zweibrücken* NJW 1993, 3207 = FamRZ 1994, 955	
3 Stunden täglich	*OLG Celle* OLGR 1995, 7	

- **Drei-Personen-Haushalt**

40 Wochenstunden	*LG Koblenz* NJW-RR 1987, 984	5,73 Std/Tag, 200 qm Wohnfläche, Garten.
75 Wochenstunden	*LG Saarbrücken* DAR 1994, 455 = ZfS 1994, 400	Kleinkind von 6 Wochen.

- **Vier-Personen-Haushalt**

4 Stunden täglich	*OLG Köln* VersR 1992, 112	100 qm Wohnfläche, Nebenbeschäftigung als Hilfe in anderen Haushalten, zusätzlich Ausgleich des Verdienstausfalls für 13 Std/Woche.
49 Wochenstunden	*OLG Celle* Urt. v. 25.1.1990, 5 U 234/88, *BGH* NA-Beschl. v. 6.11. 1990, VI ZR 75/90	
60 Wochenstunden	*BGH* VersR 1989, 1273 = DAR 1990, 53 = NZV 1990, 21	

---

[816] Vgl. auch *OLG Köln* VersR 1994, 1321 = NJW-RR 1994, 350.

> - Sechs-Personen-Haushalt
> 60 Wochenstunden   *OLG Düsseldorf*
>   DAR 1988, 24
> 60 Wochenstunden   *OLG Hamm*
>   ZfS 1995, 369

bb) Geldwert[817]

> Wertansatz

Vergütungsregeln für unselbständig tätige Arbeitnehmer(innen) sind mangels anderer Wertmesser geeignet, die wirtschaftliche Größenordnung des Haushaltsführungsschadens wiederzugeben, auch wenn die besondere Effizienz[818] der familieninternen Leistung und das persönliche Niveau außer acht gelassen werden. Dementsprechend sind Tarifgehälter nach den hauswirtschaftlichen Vergütungsgruppen des BAT und BAT/O und eher noch wirklichkeitsnähere, u.U. niedrigere regionale Lohntarife für Arbeitnehmer in Privathaushalten heranzuziehen. Übertarifliche Ansätze scheiden aus. 923

Letztlich bietet die ortsübliche Vergütung die geeignete Grundlage für die Wertbemessung. An örtlichen Besonderheiten des Arbeitsmarktes darf jedenfalls nicht vorbeigegangen werden. Am Wohnsitz des Geschädigten im Vergleich zum BAT bestehende günstigere Bedingungen oder ggfs auch ungünstigere Bedingungen sind aufzuklären. 924

Der Wert der Arbeitskraft einer entgeltlich beschäftigten Person ist jedoch von Umständen geprägt, die bei der Hausfrau/dem Hausmann keine Parallele haben. Die familiäre Tätigkeit wird weder sozialversicherungs- noch steuerrechtlich erfaßt. Die sozialversicherungsrechtliche Anerkennung von Kindererziehungszeiten und die Möglichkeit zur freiwilligen Versicherung ändern daran nichts entscheidendes. Im Haushalt besteht Gelegenheit zu anderer Zeiteinteilung als bei einer entgeltlich tätigen Person. Alle gesetzlichen und tarifvertraglichen Schutzregelungen sowie Belange von Arbeitnehmern kommen der Hausfrau/dem Hausmann nicht zugute. Die jeweiligen Arbeitssituationen sind nicht miteinander zu vergleichen. Anders als bei entgeltlich eingesetzten Kräften ist die familiäre Tätigkeit im Haushalt rationeller einzuteilen und gestaltet. Die Alterssicherung ist meist akzessorisch. Arbeitgeberanteile zur Sozialversiche- 925

---

817 Zur Besteuerung einer Schadensersatzrente beachte Rn. 659 f.
818 *BGHZ* 4, 123, 132, *BGHZ* 86, 372 allerdings unter dem Aspekt eines mindernden Einflusses auf die Höhe des Ersatzanspruches.

Haushaltstätigkeit (Haushaltsführungsschaden)

rung drücken von daher den Wert der verlorenen Haushaltsführung nicht mit aus. Steuern fallen nicht an.

926
Netto-Korrektur

> Die pauschalierende Berechnung ist auf den Netto-Lohn einer vergleichbaren Ersatzkraft auszurichten. Dem kann ein Abschlag vom Brutto-Lohn in Höhe von 30 % entsprechen.[819]
>
> Bei der Hilfe durch Angehörige oder Partner, deren eigene Kranken- und Altersversorgung zusätzlich gesichert werden muß, akzeptiert der *BGH* einen Zuschlag zu dem Netto-Betrag.[820]

927 Der **Abzug** von einer Bruttovergütung muß bei dem Schadensausgleich zu wenigen Arbeitsstunden **unterhalb jeder Sozialversicherungspflichtgrenze** und bei Steuerfreiheit **unterbleiben**.

> Eingruppierung

928 Die Eingruppierung, d.h. die Wahl der Vergütungsgruppe, muß von der Betrachtung des Arbeitsplatzes her die beeinträchtigte Tätigkeit wirklichkeitsnah erfassen.[821] Der *BGH* lehnt sich seit 1979 (s. Rn. 893 ff.) nach wie vor an die von *Schulz-Borck/Hofmann* herausgestellten Vergütungsgruppen (Wirtschaftsgehilfe/in, Wirtschafter/in, Haus-, Familien-, Dorfpfleger/in, Hauswirtschaftsleiter/in) an. Die Ausbildungsberufe zur Haus- oder Landwirtschaft[822] geben aber wenig Aufschluß über die Vergleichbarkeit oder zur Vergleichbarkeit mit der Abwicklung der Arbeit in der Haushalts- und Wirtschaftsgemeinschaft.

929 *Schulz-Borck/Hofmann*[823] unterscheiden bei ihrem verfeinerten Eingruppierungsvorschlag (einfache Haushalte ohne Kinder oder mit Kindern, Durchschnittshaushalte ohne oder mit Kindern, gehobene Haushalte ohne oder mit Kindern) zwischen dem zeitweiligen oder dauernden überwiegenden oder völligen Ausfall der haushaltsführenden Person (BAT VIII bis BAT VIa bzw. Vc, ausnahmsweise BAT Va/b, IV) sowie deren zeitweiligen oder dauernden teilweisen Ausfall (BAT X bis BAT VIII).

930 Hinsichtlich der Tätigkeitsmerkmale für die vergleichbare Ersatzkraft gilt es zu beachten, ob und inwieweit die Ersatzkraft über eine gewisse Selbständigkeit in der Haushaltsführung und bei der Kindererziehung

---
819 *BGHZ* 86, 372, 378; VersR 1992, 618 = NJW-RR 1992, 792; anders noch *OLG Hamburg* VersR 1985, 646, 647.
820 *BGH* VersR 1989, 1263 = NJW-RR 1990, 34.
821 *BGHZ* 104, 113, 117 f.
822 Vgl. AusbildungsVO Hauswirtschafter/Hauswirtschafterin v. 30.6.1999 BGBl. 1495, PrüfungsVO Fachauswirtschafter/in v. 9.12.1996 BGBl. 1865.
823 A.a.O., 5. Aufl., Tabelle 3, S. 28.

verfügen müßte. Bei der Eingruppierung muß also insbesondere beachtet werden, ob die Leitung und Organisation von der verletzten Person wahrgenommen werden kann. Bei verletzten Personen, die ihren Haushalt weiter leiten können, stellen das *OLG Oldenburg* und viele andere auf Vergütungssätze nach BAT X ab.[824]

931 Auch bei der Minderung der Hausarbeitsfähigkeit zwischen 20 – 30 % kann noch an Vergütungswerte in dem untersten Lohnbereich zu denken sein, solange einfache mechanische, manuelle Tätigkeiten – wie z.B. Reinigungsarbeiten – auszugleichen sind. Bei voller Hausarbeitsunfähigkeit ist aber selbst für die Einzelperson (Single) an eine Abgeltung der Hilfe von Angehörigen mittels höherer Stundenvergütungen zu denken.

932 Eine Höhergruppierung ist immer aufgrund besonderer Umstände möglich, wenn wegen der Art der Beeinträchtigung Hilfe nicht nur bei den gröberen Arbeiten erforderlich ist, sondern z.B.[825] wegen des Verlustes der Sensibilität des rechten Unterarms und der rechten Hand auch die zahlreiche Fingerfertigkeit und Fingerspitzengefühl erfordernden Arbeiten nicht mehr sachgerecht ausgeführt werden können.

933

Beispiel 125

Vergütungsgruppe	Fundstelle	Besonderheiten
BAT X	*OLG Düsseldorf* VersR 1992, 1418	
BAT X	*OLG Oldenburg* NJW-RR 1989, 1429	
BAT X	*OLG Oldenburg* VersR 1993, 1491 = r+s 1993, 101	Leitungsfunktion nicht eingeschränkt.
BAT X	*LG Münster* ZfS 1991, 230	
BAT VIII	*OLG Oldenburg* VRS 71, 161	4-PH.
BAT VIII	*LG Hildesheim* ZfS 1993, 297, 298	2-PH, 90 % hausarbeitsunfähig.
BAT VII	*OLG Oldenburg* NJW-RR 1989, 1429	Für die Dauer des stationären Aufenthalts 100 % Ausfall, 7-PH.
BAT VI b	*OLG Hamburg* VersR 1985, 646	2-PH, Erfordernis der besonderen psychischen Betreuung der verletzten teilerwerbstätigen Hausfrau berücksichtigt durch höhere Eingruppierung, nicht durch Erhöhung der Stundenzahl.

---

824 *OLG Oldenburg* VersR 1993, 1491.
825 *BGH* VersR 1989, 1273 = NJW-RR 1990, 34.

Haushaltstätigkeit (Haushaltsführungsschaden)

934

Vorschlag zur haushaltsspezifischen Eingruppierung	
Anlehnung an Vergütungsgruppe	Eingruppierungsmerkmal
BAT X, IX a,b	Verletzte Person mit Leitungsfunktion, manuelle Hilfstätigkeiten erforderlich, 1-PH
BAT VIII	2-PH, ab mindestens 50 % Ausfall, 3- PH, 4-PH bis etwa 50 % Ausfall
BAT VII	3- PH, 4- PH bei über 50 % Ausfall, ab 5- PH und mehr

Vergütungsbeträge

935

TIP 20 DM als Entschädigung sieht § 2 Abs. 3 ZSEG je Stunde für die nicht erwerbstätige Person vor oder die teilerwerbstätige Person, die außerhalb ihrer regelmäßigen Arbeitszeit herangezogen wird, wenn sie ständig einen Haushalt mit mehreren Personen (also zumindest den 2-PH) führt. Die demgegenüber bei Schadensregulierungen halbierten Stundenansätze sind mit dem rechtspolitischen Hintergrund des § 2 Abs. 3 ZSEG nicht zu vereinbaren.

936

Beispiel 126

Stundensatz	Fundstelle	Besonderheiten
10 DM	*OLG Celle* VersR 1992, 1417	Für 1990.
10 DM	*KG* VersR 1982, 978	1-PH, Reinigung und Einkauf.
10 DM	*OLG Köln* r+s 1989, 401, 402	2-PH.
10 DM	*OLG Köln* VersR 1992, 112	4-PH.
10 DM	*OLG München* DAR 1993, 353 = ZfS 1994, 48	
10 DM	*OLG Schleswig* ZfS 1995, 10	Für 1990.
10 DM	*LG Koblenz* NJW-RR 1987, 984	Knieverletzung.
12 DM	*OLG Celle* ZfS 1983, 291	Auszugleichen waren 40 Std/Monat.
12 DM	*OLG Celle* OLGR 1995, 7, 9	Ländliches Gebiet, in dem gerichtsbekannt die Kosten für Haushaltshilfen geringer seien als in der Großstadt; der Schaden war zu halbieren wegen Mithaft zum Grund.

12 DM	*AG Wiesbaden* ZfS 1994, 12	Ansatz bei 18 DM brutto, Abzug von 30 %, 2-PH, Schädelprellung, 7 Tage hausarbeitsunfähig, Zeitdefizit 3 Std/Tag.
13 DM	*OLG Düsseldorf* VersR 1992, 1418	Nettobetrag nach BAT X, antragsgemäß zuerkannt 10 DM.
15 DM	*OLG Köln* VersR 1992, 506, 507 = VRS 82, 1, 4	Ansatz bei 17 DM brutto, erwachsener Sohn bei Eltern, 2 x wöchentlich Reinigung, 6 Std/Woche = 27 Std/Monat.

Die Stundenvergütung nach BAT (Anhang 1) gibt den Betrag wieder, der dem auf eine Stunde entfallenden Teil der Grundvergütung zuzüglich Ortszuschlag im Durchschnitt aller Angestellten der entsprechenden Vergütungsgruppe entspricht. Die jeweilige Stundenvergütung wird von den Tarifpartnern in die Änderungstarifverträge aufgenommen und entsprechend in den Ministerialblättern veröffentlicht.   937

Gem. § 30 Abs. 5 S. 3 BVG ist ein Wochenverdienst mit dem Faktor 4,345 auf den Monat umzurechnen. § 34 Abs. 1 BAT sieht zur entsprechenden Umrechnung den Faktor 4,348 vor.   938

Ein **Monatswert** kann nach dem Vorschlag im Anhang 2 berechnet werden.   939 **TIP**

Schulz-Borck/Hofmann a.a.O. berücksichtigen zu ihren Brutto- und Netto-Beträge ausweisenden Tabellen zu **Monatsvergütungen**[826] – getrennt – sogar Überstundenvergütungen. Diese Tabellen sind auf das jeweilige Arbeitszeitdefizit (Wochenarbeitszeiten nach Stunden) ausgerichtet. **Überstunden** dürfen nach der hier vertretenen Ansicht aber nicht angesetzt werden, weil auf arbeitsrechtlich orientierte Zeitvorgaben bezogene Überstunden im Haushalt bei pauschalierender Schadensbewältigung nicht anfallen und dazu keine Entsprechung finden.   940

Wichtiger ist es, das tatsächliche Arbeitszeitdefizit so exakt wie möglich zu erfassen.   941

---

826 aAa.O., Tabellen 5, 5a bis 5c.

c) Vereinfachte Berechnungsvorschläge

942
Berechnungsmodell

> **Modell zur Berechnung mit Stundenvergütungen**
>
> Arbeitszeitdefizit (Stunden/Woche), beachte Rn. 857 ff.
> x Stundenvergütung nach BAT (s. Anhang 1, Vergütungsgruppe s. Rn. 928 ff.)
> x 4,3 (Umrechnung von Woche auf Monat, s. Rn. 938)
> ergibt monatlich ersatzfähigen Rentenbetrag, zu anderen Zeiträumen s. Rn. 907
>
> **Erläuterung:** Gratifikationen wie ein 13. Gehalt zu Weihnachten sollten schadensrechtlich wegen des rein arbeitsrechtlichen Entgeltcharakters nicht[827] berücksichtigt werden. Urlaubsansprüche z.B. wurzeln in der Fürsorgepflicht des Arbeitgebers. Anders als bei der tatsächlichen Beschäftigung einer Ersatzkraft greift bei der pauschalierten Abrechnung solch ein Fürsorgedanke zur Haushaltsführung in der Familie nicht. Dann kann auch ein entsprechender Geldwert nicht hinzukommen. Dies trifft den Urlaubsabgeltungsanspruch ebenso wie ein Urlaubsgeld, das zur Höhe auch (betriebs-)wirtschaftlichen Erwägungen folgt. Eine Bereinigung sollte[828] stets deswegen insgesamt dadurch erfolgen, daß für die pauschalierte Abrechnung alle Nebenkosten eines Arbeitsplatzes und der entgeltlichen Beschäftigung außer Ansatz bleiben. Dies geschieht nach der hier vertretenen Ansicht am zweckmäßigsten durch direkten Zugriff auf die Stundenvergütungen nach dem BAT, BAT/O (Anhang 1) und zwar ohne Kürzung um 30 % (Rn. 925 ff.).
>
> Ggfs. ist zu kapitalisieren oder eine Rente gestaffelt nach Zeitabschnitten unterschiedlicher Betroffenheit zu berücksichtigen.
>
> Zu dem Nettoansatz sind gem. § 22 Nr. 1 Satz 1 EStG auf den Rentenersatzanspruch ggfs. (beachte Rn. 659 f.) anfallende Steuer hinzuzurechnen.[829]
>
> Weitere Schadenspositionen sind gesondert zu berechnen.

---

[827] *OLG Düsseldorf* DAR 1988, 24, 25; anders *OLG Oldenburg* FamRZ 1989, 862, 863 m. *BGH* NA-Beschl. v. 4.4.1989 zum 13. Monatsgehalt, zum Urlaubsgeld, zu einem - soweit tariflich geschuldet - Angestelltenzuschlag sowie mit einem Ortszuschlag (Stufe 1, ledig, ohne Kind).
[828] *Pardey* in DAR 1994, 270 f.
[829] *BGHZ* 104, 113, 122.

943

n-PH	Vorschlag zur Grobeinschätzung des Monatswertes der Hausarbeit im n-PH[830] mit anschließender behinderungsgerechter Gewichtung			
n-PH	wöchentlicher Zeitaufwand	regelmäßiger Stundensatz	Muliplikator	Monatswert
1-PH	20	13,00 DM	4,3	1.118,00 DM
1 Person im Mehr-PH	11	13,00 DM	4,3	gerundet 620,00 DM
2-PH	32	13,00 DM	4,3	gerundet 1.800,00 DM
oder	40	13,00 DM	4,3	2.236,00 DM
3-PH	50	14,00 DM	4,3	3.010,00 DM
4-PH	55	15,00 DM	4,3	3.548,00 DM
5-PH	60	16,00 DM	4,3	4.128,00 DM
6-PH	60	17,00 DM	4,3	4.386,00 DM

Erläuterung: In den unterhaltsrechtlinien Leitlinien der Familiensenate in Bayern (BayL)[831] wird für die Führung des Haushalts eines leistungsfähigen Dritten durch eine nichterwerbstätige Person i.d.R. ein Betrag von 500,00 DM bis 1.000,00 DM angenommen. Schadensrechtlich ist jeder abstrakter Ausgleich untersagt, Rn. 707.

Wegen des Gebots der Mindestschätzung (Rn. 119 und Rn. 722 ff.) und zur Erleichterung einer zügigen Verhandlung über eine Schadensregulierung sollte es aber möglich sein, als einen **ersten Anhalt** Orientierungsdaten zur Hand zu nehmen. Für diesen Zweck sind die vorstehenden Wertvorschläge gedacht, die im Einzelfall reflektiert und verändert werden müssen nach Maßgabe der Erwägungen insbesondere zum **Zeitaufwand für die verletzte Person** (Rn. 893 ff.) und zur Höhe des Stundensatzes (Rn. 936 ff.).

Wird von dem hier zugrundegelegten abstrahierenden Zeitaufwand für den gesamten Haushalt (zu rein rechnerischen Durchschnittszahlen s. Rn. 896, zu weiteren Bedarfswerten für den n-PH s. Anhang 4) ausgegangen, muß im Mehr-Personen-Haushalt der **Leistungsanteil** des verletzten Ehegatten bzw. der betroffenen Person bestimmt werden. Die Haushaltsführungsehe und vergleichbare, berücksichtigungsfähige Gemeinschaften lassen abstrahierend und pauschalierend jedenfalls die ganz überwiegenden Arbeitsanteile bei der haushaltsführenden Person. In der Zuverdienerehe wird abstrahierend der Anteil von 75 % für die überwiegend haushaltsführende, zuverdienende Person berücksichtigt werden können. In der Doppelverdienerehe werden (auch für verletzte Personen, beachte Rn. 1300) wegen der Gemeinschaft die Arbeitsanteile zu Hause abstrahierend zunächst zu halbieren sein. Der höhere Fleiß im Haushalt kann sich nicht an dem Verhältnis der Einkünfte ausrichten, allenfalls am

---

830 S. schon *Pardey* in DAR 1994, 265, 271.
831 NJW 1999, 2019.

Haushaltstätigkeit (Haushaltsführungsschaden)

> Verhältnis der wöchentlichen Arbeitszeit im Erwerbsleben. Die tatsächlich andere Verteilung zwischen den Partnern ist zu konkretisieren. Die entsprechende Quote vom Gesamtzeitaufwand und damit dem Gesamtmonatswert (vgl. rechnerisch Rn. 905 am Ende) ist maßgebend.
>
> Je nach der spezifischen Beeinträchtigung der Hausarbeitsfähigkeit läßt sich sodann nach der groben Einschätzung mit dem Prozentsatz für die konkrete Behinderung direkt eine monatliche Ersatzforderung zugrundelegen. Ist z.B. die Hausarbeitsfähigkeit zu 30 % gemindert, wären für die verletzte alleinlebende Person monatlich 335,40 DM, zum Aufwand für die verletzte Person selbst, die im Mehrpersonenhaushalt lebt, aber nur 186,00 DM anzusetzen.
>
> Für kürzere oder längere Zeiten der Behinderung sind Zeitbruchteile oder das entsprechende Vielfache (Rn. 907) für die Schadensabrechnung maßgebend. Es kann ggfs. zur Kapitalisierung kommen (Rn. 346).

d) Berechnungsbeispiele

944
Beispiel 127

Haushaltsführungsschaden 1 – PH	
Haushaltsspezifische Behinderung durch: Verkürzung des rechten Beines, Muskulatur hochgradig verschmächtigt, Beeinträchtigung des Kniegelenks, Spitzfußstellung kein Putzen, kein Gehen, kein Stehen, kein Bücken, kein Kriechen, kein Heben von Lasten möglich	
Zeitdefizit werktäglich	1 Std
Zeitdefizit wöchentlich	5 Std
Wochendefizit x 4,3 als monatliches Zeitdefizit, gerundet	22 Std
Anspruchszeitraum 36 Monate:	774 Std
Wert je Stunde:	14,00 DM
Gesamtanspruch:	10.836,00 DM
Bei einem Ansatz von z.B. werktäglich 2 Stunden ist der Gesamtanspruch im Ergebnis verdoppelt:	21.672,00 DM
Zugrundegelegt ist, daß kein Steuerschaden entstanden ist (Rn. 660) und Rückstände insgesamt abgewickelt werden.	

945

Beispiel 128

	Haushaltsführungsschaden 4 – PH[832] Behinderung durch Verrenkungsbruch Oberarmkopf	
(Durchschnitt)	Zeitaufwand Familie wöchentlich	49 Std
zuzüglich	Erhöhung	2 Std
abzüglich	tatsächliche Mithilfe:	
	Mann (Reparaturen, Garten)	8 Std
	Kinder (Sohn 6 J., Tochter 13 J.)	0 Std
ergibt	Wochenaufwand für Verletzte bzw.	43 Std
(Woche x 4,3)	Monatsaufwand für Verletzte	184,9 Std
(Monat: 30)	Tagesaufwand für Verletzte	6,16 Std
(Monat x 12; oder Tag x 360)	Jahresaufwand für Verletzte	2218,8 Std

Behinderungsgrad:		Zeitdefizit:	Wert:	Anspruch:
	auf die Dauer von Tagen:	(Stunden)		
100 %	50	308,167	10 DM	3.081,67 DM
50 %	30	92,450	10 DM	924,50 DM
100 %	20	123,267	10 DM	1.232,67 DM
	auf die Dauer von Jahren:			
30 %	4	2662,560	10 DM	26.625,60 DM
Gesamtanspruch:		(auf volle DM gerundet)		**31.864 DM**

5. Rechtsübergang

Der Ansatz wegen vermehrter eigener Bedürfnisse im Haushalt zur eigenen Versorgung der verletzten Person und der Ansatz des Haushaltsführungsschaden als Erwerbsnachteil dann, wenn die Haushaltsführung zugunsten anderer Personen die üblichen Hilfeleistungen übersteigt und nicht (mehr) unbeeinträchtigt ausgeführt werden kann, unterscheidet sich wesentlich zur Frage eines Forderungsübergangs. Zum Forderungsübergang bedarf es **getrennter Feststellung**, in welchem Umfang Ansprüche wegen des Erwerbs- und Mehrbedarfsschadens bestehen.

946

Abgrenzung zum Forderungsübergang

Zum **Eigenversorgungsanteil**[833] besteht Kongruenz wie immer bei vermehrten Bedürfnissen. Das **Pflegegeld** mit dem Zweck, die persönliche Pflegebedürftigkeit zu beheben, soll zu den Verrichtungen im Haushalt für

947

---

832 In Anlehnung an *OLG Celle*, Urteil vom 25.1.1990, 5 U 234/88, BGH NA-Beschl. v. 6.11.1990, VI ZR 75/90, bei Veränderungen insbesondere zum – hier erhöhten – Stundensatz (statt 10,00 DM) unter Berechnung des gesamten Anspruchs für die Vergangenheit. Zur Rente und Kapitalisierung beachte Rn. 278 ff., 338 ff.
833 *BGH* VersR 1996, 1565 = DAR 1997, 66 = NZV 1997, 71.

Haushaltstätigkeit (Haushaltsführungsschaden)

die eigene Person kongruent sein. Bei Leistungen der Pflegekasse bedarf es deswegen nicht der einzelnen Abgrenzung zwischen den Hilfebereichen hauswirtschaftliche Versorgung und der weiteren Lebensbereiche zum Wohnen und Leben, weil die Leistungen den gesamten Mehrbedarfsansatz und -anteil ergreifen können. Entsprechendes gilt für jede Art von Pflegehilfe, u.U. auch für eine häusliche Krankenpflege, wenn es dazu nicht um die Kongruenz mit Heilungskosten geht. Darauf, daß die Pflegeversicherung (i.d.F.d. SGB XI) neben den Hilfebereich hauswirtschaftliche Versorgung die Lebensbereiche: Körperpflege (Waschen, Duschen, Baden; Zahn-, Mundpflege; Haarpflege, Kämmen, Rasieren, Haut- Gesichtspflege; Darm-, Blasenentleerung) und Ernährung und Mobilität (Aufstehen, Zubettgehen; An – und Auskleiden; Gehen, Bewegen, Stehen, Treppensteigen; Verlassen, Wiederaufsuchen der Wohnräume) stellt, Kommunikationsbereiche Sprechen, Sehen, Hören und alle Bereiche des gesellschaftlichen Kontakts mit entsprechenden Betätigungen zurücktreten, ist aber immer wesentlich für die Berechtigung gegenüber dem Schädiger. Seine Verpflichtung bestimmen nur die zivilrechtlich zu unterscheidenden Bereiche.

948 Für den Mehr-Personen-Haushalt soll der Mehrbedarf den **Kopfanteil**[834] innerhalb des Gesamtaufwands und -ausfalls für die Familie ausmachen bzw. auf diesem Wege über die Zahl der versorgten Personen **herausgerechnet** werden können. Der *BGH*[835] rechtfertigt diese Erwägung damit, daß der personenunabhängige Zeitaufwand allen Personen zugute kommt. Die Anstrengungen für die anderen Familienmitglieder verhalten sich – danach – zur Gesamttätigkeit wie 1 zur Gesamtzahl aller versorgten Personen. Dies hat der *BGH* mit Blick auf Zeitwerte zum Arbeitszeitbedarf herausgestellt, die allerdings im Verletzungsfall nicht maßgebend sein sollen, weil die tatsächlichen Momente für entscheidend erachtet werden.

949
Beispiel 129

Haushaltsführungsschaden, Anspruchsaufteilung	Anteile	Betrag	Betrag
Haushaltsführungsschaden (3-PH)		300,00	
Kopfteile in der Familie	3		
Verletztenrente			780,00
verbleibender Anspruchsteil verletzte Person nach Kopfanteil in der Familie	0,33	100,00	
übergehender Anspruch bei voller Haftung (Regreß Berufsgenossenschaft)	0,67	200,00	

---

834 *OLG Schleswig* Urt. v. 16.2.1996 9U 70/95, m. *BGH* NA-Beschl. v. 19.11.1996 VI ZR 98/96.
835 VersR 1985, 356 = NJW 1985, 735.

950 Mit einer **Sozialrente**, die auf die **Erwerbstätigkeit** bezogen ist, besteht Kongruenz nur bei der Beeinträchtigung in der Haushaltsführung für andere Personen, weil dazu der Charakter eines Erwerbsnachteils durchschlägt.

951 Das der verletzten, teilerwerbstätigen Hausfrau gezahlte **Krankengeld** ist bei dem Lohnersatzcharakter mit dem Ausgleich zur Tätigkeit im Haushalt für die anderen Familienangehörigen als Erwerbsausfall über den Beitrag zum Familienunterhalt an sich kongruent.[836] Ist das Krankengeld auf den Verdienstausfall und einen Haushaltsführungsschaden zu beziehen, geht aber jedenfalls insgesamt kein über dem Wert des Krankengeldes liegender Anspruch über. U.U. ist nach Zeitabschnitten abzurechnen (zeitliche Kongruenz, Rn. 389, 798 f.). Das *OLG Koblenz*[837] verneint dagegen (im Ergebnis überzeugend) den Rechtsübergang beim Krankengeld, weil es durch Beiträge erkauft sei, und sieht eine Kongruenz nur zu einem Ausfall wegen des Verdienstausfalls zu einer Teilerwerbstätigkeit.

952 Nach Ansicht des *BGH*[838] ergreift bei einer **Verletztenrente** der Rechtsübergang den Erwerbsschadensanteil zur Haushaltsführung. Gleiches müßte bei einer Erwerbsunfähigkeitsrente aus der Rentenversicherung gelten. Da es nicht Aufgabe des Zivilrechts ist, Sozialleistungsträgern eine Einnahmequelle im wirtschaftlichen Ergebnis zu Lasten der Familienangehörigen zuzubilligen, überzeugt die Lösung des *BGH* aber angesichts der Verletztenrente, die auf dem Versicherungsprinzip und nicht auf sozialer Fürsorge beruht, nicht. Die Verletztenrente aus der gesetzlichen Unfallversicherung als pauschale Entschädigung für abstrakt angesetzte Erwerbseinbußen hat zwar Lohnersatzfunktion.[839] Sie wird aber nicht wegen der Haushaltsführung gezahlt, sondern wegen bzw. nach einer anderen Beschäftigung. Ihr fehlt deswegen nach der hier vertretenen Ansicht ein relevanter Zusammenhang mit dem Schaden. Hätte die verletzte, verheiratete Studentin, die Jahre später Mutter geworden ist, vorausgesehen, daß der *BGH*[840] 2/3 ihres Haushaltsführungsschadens wegen eines Verletztengeldes, das sie aus der gesetzlichen Unfallversicherung erhalten hat, der Berufsgenossenschaft zuweisen würde, hätte sie eher an eine Gesamtabfindung nach § 847 BGB denken können, um für sich und ihre Familie einen angemessenen Ausgleich zu finden. Die Verletztenrente wäre dann ohne Einfluß geblieben.

---

836 *LG Saarbrücken* DAR 1994, 455 = ZfS 1994, 400.
837 VRS 81 (1991), 337.
838 VersR 1985, 356 = NJW 1985, 735.
839 *BGHZ* 109, 291 = VersR 1991, 220 = NJW 1990, 1045.
840 VersR 1985, 356 = NJW 1985, 735; ablehnend *Sieg* in SGb 1985, 393.

6. Handwerkliche Tätigkeiten, insbesondere bei Bauprojekten

953 Kleinere handwerkliche Arbeiten sind als Hausarbeiten im weiteren Sinn einzustufen und abzurechnen (Rn. 866 f.).

954 Wenn das *KG*[841] beim **Erwerb eines instandsetzungsbedürftigen Hauses** in dem Bewußtsein, erforderliche Reparaturen unfall-, verletzungsbedingt nicht selbst ausführen zu können, jeden Ersatz versagt, zieht es die Zurechnungsgrenzen beim eigenen Willensentschluß der verletzten Person (Rn. 61 ff.) zu eng. Den späteren Plan berücksichtigt z.B. das *OLG Zweibrücken*[842] zum Hausbau. Vereitelt der Schädiger eine Nutzung der Arbeitskraft, muß er sich an den stattdessen entstehenden Kosten beteiligen. Für die nach dem Erwerb des Hauses anfallenden Arbeiten, die die verletzte Person unbeeinträchtigt hätte ausführen können und wollen, wäre der Schädiger ausgleichspflichtig.

955 Allerdings darf praktisch die Höhe des Schadensersatzanspruches nicht von jeder Beliebigkeit der verletzten Person abhängen. Der Ersatzanspruch darf nicht um so höher sein, je desolater und renovierungsbedürftiger das erworbene Haus ist. Daß die verletzte Person, die nach einem Unfall ein fertiggestelltes Haus zu einem höheren Preis erwirbt, den Schädiger nicht an den Erwerbskosten beteiligen kann, trägt die Erwägungen des *KG* indes nicht, da es dann nur um den Vermögenseinsatz, nicht aber den Einsatz der Arbeitskraft geht.

956
Beispiel 130

> Denjenigen, der 9jährig[843] in der DDR verletzt, damals an den Bau eines Hauses nicht gedacht haben wird und den Entschluß zum Hauserwerb in den alten Bundesländern erst viele Jahre später gefaßt hat, schlechter zu stellen als einen 9jährigen Verletzten in den alten, westlichen Bundesländern, findet keinen Rechtsgrund und keinen überzeugenden tatsächlichen Ansatz.

957 Nur die ganz ungewöhnliche Reaktion nach einem Schadensfall läßt den Schädiger haftungsfrei. Die Suche nach einem Eigenheim ist eine solche Reaktion angesichts der Lebens- und Wirtschaftsbedingungen in der Gesellschaft nicht.

---

841 NZV 1997, 232.
842 *OLG Zweibrücken* VersR 1996, 864 = NZV 1995, 315 = ZfS 1995, 413 m. *BGH* NA-Beschl. v. 31.1.1995.
843 Für den im Unfallzeitpunkt 14-Jährigen anspruchsverneinend mangels konkreter Anhaltspunkte für die Errichtung eines Eigenheims ohne das Unfallereignis *OLG Hamm* NJW-RR 1996, 170 = MDR 1995, 1126 = ZfS 1995, 412.

958 Müssen wegen des Ausfalls geplanter Eigenleistungen **Fremdleistungen** in Anspruch genommen werden, sind die auf der Fremdleistung beruhenden Mehrkosten der Herstellung (Lohnkosten einschließlich Mehrwertsteuer)[844] Bedarfsschaden iSd § 843 Abs. 1 2. Alt. BGB und zwar in dem Umfang, in dem der Vertrag an die Stelle der Eigenleistung tritt. Die Differenz zwischen den tatsächlichen Baukosten und den geplanten Herstellungskosten unter Hinzurechnung der soweit als möglich realistisch zu bewertenden Eigenleistungen stellt den Vermögensnachteil dar, den der Schädiger zu übernehmen hat.

959 Bei der unentgeltlichen Arbeitshilfe von Angehörigen oder Freunden, die an die Stelle geplanter Eigenleistungen tritt, ergeben sich direkt keine erhöhten Baukosten. Durch die für die verletzte Person bestimmte Hilfe wird der Schädiger aber nicht entlastet. Dafür, daß die Arbeitskraft nicht mehr zum eigenen Nutzen und Vorteil über ein Bauprojekt eingesetzt werden kann, kann die verletzte Person auch dann Ersatz verlangen zum vereitelten wirtschaftlichen Ergebnis der eigenen Leistung und zwar als **Gewinnausfallschaden**. Die Vermögenslage wäre durch die Errichtung des Baus über die dem Bau dienlich gemachten eigenen Arbeitsleistungen verbessert worden. Dies hat der Schädiger auszugleichen (§ 252 BGB).

960 Allein der auf Eigenleistungen und ein künftiges Projekt ausgerichtete Wille reichen jedoch nicht aus, um den Gewinnausfall annehmen zu können. Auch ist nicht allein entscheidend, ob sich der Betroffene nachweisbar in der Vergangenheit entsprechend motiviert gezeigt hat. Der *BGH*[845] stellt vielmehr zu der **nicht ausgeführten Baumaßnahme strenge Beweisanforderungen**, um vorgetäuschten Schadenskonstruktionen vorzubeugen. Vor dem Schadensfall eingeleitete Schritte müssen konkret erschließen lassen, daß das Bauvorhaben wirklich begonnen worden und realisierbar gewesen wäre.

961 **Beispiel 131**

> Die Einholung einer Baugenehmigung ist aussagekräftiges Indiz, das Fehlen eines Bauantrages oder auch das Fehlen einer Baugenehmigung spricht eher gegen[846] ein konkretes Vorhaben. Die verletzte Person muß dartun und ggfs. beweisen, daß die erforderlichen Kenntnisse, Erfahrungen und Fähigkeiten und die notwendige Zeit verfügbar gewesen sind.

---

844 *BGH* VersR 1989, 1308 = NZV 1990, 111; *OLG Köln* VersR 1991, 111 = r+s 1990, 416 = VRS 80, 84, Rev. d. Bekl. nicht angenommen mit *BGH*-Beschl. v. 16.10.1990.
845 *BGH* VersR 1989, 857 = NJW 1989, 2539 = DAR 1989, 341 = NZV 1989, 387.
846 *OLG München* OLGZ 1990, 103; ohne daß die Einholung der Genehmigung Fälligkeitsvoraussetzung ist, *BGH* NZV 1990, 118.

962 Der *BGH* will den Schaden nach dem **Umfang** und dem **Wert der realistischen Eigenleistungen** bemessen wissen. Bei dem nicht realisierten (oder fertiggestellten) Vorhaben geht es jedoch ausschließlich um den Entgang der Steigerung des Grundstückswertes. Dementsprechend muß Maß des Schadens die Differenz zwischen dem hypothetisch erhöhten Grundstückswert und dem realen Wert ohne den Bau sein. Fremdarbeiten, Lohnkosten sind denkbare Schätz – und Rechnungsfaktoren, soweit sie zum Verkehrswert nach einem Vergleichswert oder vom Substanz- oder Ertragswert her ausssagekräftig sind. Das geplante Einfamilienhaus unterscheidet sich dabei nicht wesentlich von dem geplanten Miethaus. Zum Miethaus (und Mietwohnungen) wird jedoch der Ertragswert heranzuziehen sein, während der Wert des eigengenutzten Hauses (oder der Eigentumswohnung) eher durch den Sachwert bestimmt wird und daher der Herstellungswert aussagekräftig ist. Für die vereitelten Eigenleistungen und den korrespondierenden, darauf entfallenden Teil des Wertes des Hauses kann es aber niemals um Stundenlohnansätze zu einer Werkleistung gehen.

963 Der Umbau, die Aufstockung eines Hauses, die Erstellung eines Anbaus[847] oder die Herrichtung einer Garagenzufahrt und dergleichen unterscheiden sich nicht von den Ansätzen zu der erstmaligen Herstellung eines Hauses.

964 Inhaltlich entsprechendes wie zur Herstellung von Grundstücksbestandteilen gilt zu allen Instandhaltungs- und Instandsetzungsarbeiten im Haus und Garten, die der Verletzte selbst erledigen wollte, schadensbedingt aber nicht mehr ausführen kann. Dies bezieht sich auf wirtschaftlich bedeutsame, nach Intensität und Dauer nicht nur geringfügige Arbeiten in Haus, Wohnung und Garten. Gemeint sind handwerkliche, auf die Wohnverhältnisse und den im täglichen Leben benutzten Gegenständen ausgerichtete Arbeiten.

965 Ob diese Arbeiten als **Hausarbeiten im weiteren Sinn** (Rn. 866) verstanden werden, ist – nur – insofern von Bedeutung, als die Arbeitszeit ggfs. zusätzlich zu berücksichtigen ist und der Schadensumfang ggfs. über gesonderte, getrennte Vergütungsansätze (im Vergleich zu der Eingruppierung nach BAT, Rn. 923 ff.) zu bestimmen ist.

966 Dazu gehören[848]:
- Renovierungsmaßnahmen, also z.B. der Ersatz der Lohnkosten für Maler[849],

---

847 *OLG München* NZV 1990, 117, Rev. d. Kl. nicht angenommen durch *BGH*-Beschl. v. 7.11.1989.
848 *BGH* VersR 1989, 857 = NJW 1989, 2539 = DAR 1989, 341 = NZV 1989, 387.
849 *OLG Hamm* VersR 1989, 152 = MDR 1989, 160.

- häusliche Reparaturen,
- Dachdeckerarbeiten,
- Herstellung oder Herrichtung von Möbeln oder kunstgewerblicher Gegenstände,
- die Pflege, Wartung oder Reparatur eines Fahrzeugs.

> Für häusliche Reparaturen, die in Eigenarbeit zu erledigen gewesen wären, soll die durchschnittliche Kostenersparnis in Ansatz gebracht werden.[850]

967

Beispiel 132

Die **Zinsbelastung** aus einem Darlehnsmehrbedarf infolge verletzungsbedingter Unmöglichkeit, Eigenleistungen bei einem Hausbau zu erbringen, ist eine eigenständige Schadensfolge.[851]

968

IV. Andere unentgeltliche Tätigkeiten

1. Betreuungstätigkeit

In der familiären Haushaltsgemeinschaft gehört zur hauswirtschaftlichen Versorgung die höchstpersönliche Betreuung mit allen Hilfen im Alltag von Angehörigen, dem Ehegatten, Kindern. Soweit Betreuung dazu **immaterielle Elemente** der Fürsorge kennzeichnet, kommt es zu keinem Ersatzanspruch (Rn. 822).

969

Bezogen auf **Kinder** meint Betreuung generell die zusätzlichen, besonderen und speziellen Hilfen, auf die Kinder angewiesen sind, um sich altersgerecht entwickeln und entfalten zu können, auch die Hilfe beim Kleiden oder Ankleiden, zur Körperpflege. Insoweit ist Betreuung die Aufgabe der Pflege, Erziehung[852] und Aufsicht. Diese Aufgaben erfassen die beschriebenen Zeitansätze (Rn. 864) mit. Dort kommt es – anders als beim Mehrbedarfsschaden (Rn. 612) – zur Ersatzfähigkeit nicht darauf an, ob sich die Leistung (der Eltern) aus dem selbstverständlichen originären Aufgabengebiet der Eltern heraushebt. Diese eingrenzende Erwägung kann nicht dort durchschlagen, wo gerade das Aufgabengebiet

970

---

850 *BGH* VersR 1989, 857 = NJW 1989, 2539 = DAR 1989, 341 = NZV 1989, 387.
851 *BGH* VersR 1989, 1308 = NZV 1990, 111.
852 Zur Erweiterung der gesetzlichen Unfallversicherung auf erziehende Personen *Fuchs* in SGb 1995, 1 – 5.

auszufüllen ist. Betreuung erfaßt aber z.B. auch die Sicherstellung der Ernährung mit dem mundgerechten Zubereiten der Nahrung. Die Pflegekategorien des PflegeG führen den Bereich des mundgerechten Zubereitens und der Aufnahme der Nahrung allerdings unter dem Stichwort Ernährung neben den hauswirtschaftlichen Versorgungen an, die sich auf das Kochen mit dem Vor- und Zubereiten der Speisen erstrecken. Beim Rechtsübergang kann dies zu Abgrenzungsproblemen führen

971 Zu **ehrenamtlichen** Betreuungsleistungen gegen Aufwandsentschädigung stellen sich im Verletzungsfall Fragen zur Erwerbsschadensberechtigung wie bei anderen ehrenamtlichen Aktivitäten (Rn. 1016 ff.).

972 Betreuungstätigkeiten stehen teilweise unter dem **Schutz durch die gesetzliche Unfallversicherung**.

973
Beispiel 133

> Das *BSG*[853] hat der Großmutter, die auf dem Weg zum Kindergarten verletzt wurde, diesen Schutz gewährt. Eine Betreuung und vorübergehende Beaufsichtigung von Kindern durch Verwandte gibt regelmäßig allerdings keine Grundlage für Leistungen aus der gesetzlichen Unfallversicherung. Die Großmutter hatte das Kind jedoch täglich gegen ein ganz geringes Entgelt allumfassend mit einem Aufwand von mehr als 14 Stunden wöchentlich betreut. Das Kind war nicht in den Haushalt der Oma aufgenommen, die Oma half vielmehr im Haushalt der Tochter, wobei sie ihre Tochter entlasten wollte, die ihrerseits einer Berufsausbildung nachging, und damit letztlich der Erwerbstätigkeit der Tochter diente. Insoweit handelte es sich um eine Tätigkeit, die einer Tätigkeit aufgrund eines Beschäftigungsverhältnisses zumindest ähnlich war. Zugleich handelte es sich nicht um rein familiäre Hilfe, weil die Betreuungstätigkeit nach ihrer Art und der sich über viele Jahre erstreckenden Dauer das unter Verwandte übliche Maß weit überschritt.

2. Pflegetätigkeit

974 Bei der **Verletzung der Pflegeperson** geht es für den Schadensausgleich um die Erkenntnis des materiellen Gewichts der unentgeltlichen, uneigennützigen, fremdorientierten und fremdbestimmten Leistung.

---

[853] VersR 1995, 484 = NJW 1985, 2182 = MDR 1995, 76 zu § 539 Abs. 2 RVO a.F., s. jetzt Art. 1 § 2 Abs. 2 Unfallversicherungs-Einordnungsgesetz v. 7. 8.1996 – SGB VII –; beachte weiter *BSG* NJW 1998, 3141 zum Unfallversicherungsschutz der Tagespflegeperson (Tagesmutter).

Inwieweit ein Pflegegeld unterhaltsrechtlich als Einkommen bewertet wird und[854] als Einkommen unterhaltsrechtlich angerechnet wird oder (kraft ausdrücklicher gesetzlicher Anordnung) nicht angerechnet werden darf, ist nicht entscheidend. Die Familiengerichte weisen jedenfalls zu dem an den Pflegebedürftigen ausgezahlten, aber an die Pflegeperson weitergeleiteten oder ihr jedenfalls wegen ihrer Aktivität zustehenden und durch die Versorgung des Pflegebedürftigen nicht verbrauchten Teils eines Pflegegeldes das wirtschaftliche Gewicht aus. Es kann von daher kein Zweifel an der wirtschaftlichen Relevanz der unentgeltlichen Pflegeleistung aufkommen. Da die Rechtsordnung der Leistung ein materielles Moment zumißt, ist die Gleichstellung der Leistung mit einem Erwerb folgerichtig. Die Pflegeleistung muß schadensrechtlich als ökonomische Größe akzeptiert werden. 975

Die verletzte Person hat bei entsprechenden spezifischen Behinderungen deswegen dazu einen eigenen Ausgleichsanspruch und zwar unbeschadet des Bezugs des Pflegegeldes durch die dazu berechtigte Person. Daß nach einer früher vertretenen, vom *BGH* bestätigten Ansicht[855] die Pflegeperson von dem Pflegegeld, das dem Pflegebedürftigen zusteht, lediglich reflexartig begünstigt wird, nicht Dritter i.S.d. Amtshaftungsregeln ist und deshalb bei amtspflichtwidriger Nichtgewährung keinen Ersatzanspruch durchsetzen kann, steht nicht entgegen. 976

Ob die Pflegeleistung höherwertig ist als das ausgezahlte Pflegegeld, ist aus den vom *BGH* zum Haushaltsführungsschaden für richtig gehaltenen Grundsätzen (zum Ausgleich der tatsächlichen Leistungen) nicht entscheidend: Von vornherein ist der Wert der Pflegeleistung eigenständig nach ihrem Marktwert einzuschätzen, da die vereitelte Tätigkeit ihren Wertausgleich finden muß und nicht das Pflegegeld zu ersetzen ist, das ohnehin die gepflegte Person (unverändert) erhält. 977

Einen Anspruch wegen vereitelter Pflegeleistung muß die verletzte Pflegeperson in jedem Fall haben, wenn die Pflege Element der Unterhaltspflicht gegenüber der gepflegten Person ist. 978

---

854 Zum Pflegegeld als Einkommen des Pflegenden *BGH* FamRZ 1996, 933, *OLG Hamm* FamRZ 1999, 852 (in Höhe von 1/3). Zur unterhaltsrechtlichen Anrechnung des Erziehungsgelds (als familienpolitische Sozialleistung) vgl. *BGH* FamRZ 1992, 162 und *BSG* NJW 1997, 3398; zum Pflegegeld s. u.a. *OLG Hamm* FamRZ 1996, 36. Zur Anrechnung beim pflegebedürftigen Unterhaltsberechtigten (auf den behinderungsbedingten Mehrbedarf) steht § 1610a BGB nicht entgegen.
855 *OLG Stuttgart* VersR 1990, 267 und *BGH* VersR 1990, 268 zu § 69 Abs. 3 S. 2 BSHG.

979

Beispiel 133a

> Eine Pflicht zur Pflege hat der *BGH*[856] zugunsten des erblindeten Ehemanns mit der Folge eines Anspruchs aus § 844 Abs. 2 BGB bei Tötung der Ehefrau bejaht. Pflege und Betreuung durch die nicht berufstätige Ehefrau waren dort Teil ihres – ihr zuzumutenden – Beitrags zum Unterhalt der Familie. Wäre die Ehefrau verletzt worden, wäre sie dementsprechend wegen dieses Beitrags, der sie nicht mehr zu erbringen vermocht hätte, selbst und zwar im Umfang des Wertes der Pflegeleistung für anspruchsberechtigt zu halten gewesen.

3. Mitarbeit bei einem unterhaltsberechtigten Angehörigen, insbesondere dem Ehepartner

980 Schließen Angehörige oder Ehegatten einen Arbeits- oder Gesellschaftsvertrag gelten für die verletzte Person die allgemeinen Regeln einerseits für abhängig Beschäftigte und andererseits für Geschäftsführer[857], Selbständige oder Gesellschafter. Das Motiv für den Vertrag, der einem Fremdvergleich standhält, spielt keine Rolle.

981 Bei der ohne Abschluß eines Arbeitsvertrages geleisteten, werthaltigen Arbeit im Betrieb einer anderen Person oder bei der Unterstützung beruflicher, gewerblicher Aktivitäten anderer Personen ist ein Wert und Nutzen der Arbeitskraft offenbar. Der Wertersatz für die beeinträchtigte Arbeit ist sorgsam zu prüfen. Zunächst muß im Einzelfall die spezifische Beeeinträchtigung der Leistungsfähigkeit, die auf die Verletzung der physischen oder psychischen Integrität (Rn. 22 ff.) zurückzuführen ist, feststehen.

982 Die im **Betrieb eines unterhaltsberechtigten Ehegatten** ohne Abschluß eines Vertrags erbrachte Arbeit, die künftig fortgesetzt werden sollte, kann im **Verletzungs- wie im Tötungsfall** ausgleichsfähig sein. Diese Mitarbeit ist zwar nicht (mehr) ausdrücklich gesetzlich vorgeschrieben. Sie kann aber im Einzelfall Element und Folge der ehelichen Beistands-

---

856 *BGH* VersR 1993, 56 = NJW 1993, 124 = DAR 1993, 25 = ZfS 1992, 403. – In gleichem Sinn sieht *OLG Stuttgart* FamRZ 1994, 1407 zugunsten des schwerstbehinderten Unterhaltspflichtigen einen krankheitsbedingten Mehrbedarf in Form der fiktiven Entschädigung des pflegenden nahen Angehörigen (der Ehefrau) gegenüber dem volljährigen Kind.

857 Zum Gesellschafter-Geschäftsführer einer Ein-Mann-GmbH *BGH* VersR 1992, 1410, *OLG Hamm* ZfS 1996, 11: Die Geschäftsführervergütung ist nur als echtes Arbeitsentgelt beachtlich.

pflicht i.S.d. § 1353 Abs. 1 S. 2 BGB sein und findet dann dort ihre gesetzliche Grundlage, die sie der Erwerbstätigkeit gleichstellt. Darüber hinaus ist die unentgeltlich erbrachte Arbeit[858] Unterhaltspflicht, soweit sie den gesetzlichen Unterhaltsbeitrag der unterhaltspflichtigen, mitarbeitenden Person darstellt, und steht deswegen der Erwerbstätigkeit gleich. Gemeint ist insbesondere die Arbeitsleistung des einen Ehepartners im Betrieb des anderen[859], die den gemeinsamen und einverständlich abgesteckten **Lebensunterhalt absichert**.

Eine Entgeltabsprache – ev. unterhalb der Versicherungspflichtsgrenze – schließt es nicht aus, daß der reale Unterhaltsbeitrag darüber hinausgeht.	983 **Entgeltabsprache**

Der Fiktion eines **faktischen Arbeitsverhältnisses**, von dem das OLG München[860] bei dem im Transportunternehmen der Ehefrau tätigen Fahrzeugführer spricht, ohne möglicherweise ein faktisches Arbeitsverhältnis im Rechtssinn zu meinen, bedarf es für das Schadensrecht nicht. **984**

Bei **Trennung** oder **Scheidung** oder sonst bestehenden Barunterhaltspflichten und -beziehungen kann es zu der Arbeit, die eine Unterhaltspflicht und das Unterhaltsmaß ausfüllt, nicht anders sein als in einer bestehenden Ehe mit gemeinsamer Haushaltsführung. Soweit der *BGH* bisher auf die Gemeinsamkeiten in der intakten Ehe eingegangen ist, beruht dies auf den jeweils zur Entscheidung gestellten Lebensverhältnissen. **985**

Der Blick auf den Unterhalt ist nicht dahin mißzuverstehen, daß die Bar-Unterhaltsforderung bzw. der entsprechende Geldbedarf Wertmesser der auszugleichenden Arbeit ist. Der Schaden ist auch nicht abstrakt arbeitswertorientiert zu bemessen. **986**

Vielmehr ist bei der auf den Unterhaltsbedarf der Familie ausgerichteten, diesen Bedarf wirtschaftlich abdeckenden Arbeit der **Gesamtwert** der **unentgeltlichen Arbeitsleistung** zu erfassen und über ein angemessenes Entgelt für die eingesetzte Arbeitskraft und -zeit zu regulieren.	987 **Gesamtwert**

---

858 Beim Scheitern einer Ehe kann die unentgeltliche Arbeitsleistung, die den anderen Ehegatten während der Gütertrennung durch Mitarbeit in dessen Betrieb begünstigt und über eine bloße Gefälligkeit hinausgeht, auch den Rahmen der Unterhaltspflicht oder die Pflicht zum Beistand in der ehelichen Lebensgemeinschaft überschreitet, zu einem Ausgleichsanspruch des leistenden Ehegatten gegen den von dem Arbeitsergebnis begünstigten Ehegatten führen, *BGHZ* 127, 48 = NJW 1994, 2545 = FamRZ 1994, 1167.
859 *BGHZ* 77, 157, 163 = VersR 1980, 921 = NJW 1980, 2196.
860 NJW-RR 1991, 1179: Ein ausdrücklicher Arbeitsvertrag lag nicht vor.

988 **Maßstab** zum **Umfang** des **Ersatzanspruches** ist also der Geldwert der Arbeitsleistung nach der Intensität der (eigenen) Arbeit. Dementsprechend ist das Entgelt für eine gleichwertige Ersatzkraft heranzuziehen. Die besondere Befähigung, Leistungskraft und – stärke der verletzten Person, die sich wirtschaftlich niedergeschlagen hat oder künftig wahrscheinlich gewesen, nun vereitelt ist, ist materiell darüber hinaus als Folge i.S.d. §§ 252, 842, 843 BGB auszugleichen.

989 Tatsächlich anfallende Kosten für den Einsatz einer **fremden Arbeitskraft** müssen stets[861] geltend gemacht werden dürfen, wenn zugleich der sonst erreichbare Geldvorteil geschmälert ist. Dies läßt sich mittels der Einstellung der Hilfskraft bei Nachweis der ursächlichen Verknüpfung mit dem haftungsbegründenden Ereignis belegen.

990 Wird der Ausfall durch einen **verstärkten Einsatz** des Inhaber-**Ehegatten** oder durch die Zusatzarbeit von Familienangehörigen aufgefangen, ist die Schadensberechnung ebenfalls an der Bezahlung einer Fremdkraft zu orientieren. Es wird möglicherweise auch heutzutage noch eine Nettokorrektur im Sinne der Bewertung beim Haushaltsführungsschaden vorzunehmen sein.[862]

991 Gleicht der mitarbeitende Ehegatte seinen zeitweisen Ausfall durch einen eigenen, verstärkten Einsatz nach der Genesung aus, so daß im Berechnungszeitpunkt kein Nachteil zu verzeichnen ist, kann, muß aber nicht ein Schaden zu verneinen sein. Ist das **Nachholen** der **Arbeit überpflichtig**, bleibt der Schaden bestehen. Hier gilt kraft wertender Betrachtung, was der *BGH*[863] für den Fahrschullehrer betont hat, der alle zunächst ausgefallenen Fahrstunden verlegt hat, ohne daß ein Fahrschüler ausgeschieden ist oder weniger Stunden erteilt worden wären und kein Interessent aus unfallbedingten Gründen abgewiesen werden mußte, die gesamte Ausbildung sich auch nicht etwa in einer sonst relevanten Art verschoben hat. Ob damals die Opfergrenze überschritten gewesen ist, die dem Fahrlehrer wegen seiner Schadensminderungspflicht gesetzt war, ist dort tatrichterlich noch aufzuklären gewesen. Daran ist zu erinnern, weil nicht selten der Leitsatz jener Erkenntnis bemüht wird, ohne auf die Einschränkung (keine Anrechnung „soweit" überpflichtige Maßnahme) zu achten.

992 Bei der **Mitarbeit oberhalb einer Unterhaltspflicht** ist aus der familien-, unterhaltsrechtlichen Grundlage des Arbeitseinsatzes, die zur Mitarbeit

---

861 Wie bei einem Selbständigen, *BGH* VersR 1992, 973 = NJW-RR 1992, 852.
862 *OLG Oldenburg* NJW-RR 1993, 798 = ZfS 1993, 263.
863 *BGHZ* 55, 329 = VersR 1971, 544 = NJW 1971, 836.

im Betrieb des Ehegatten zumeist betont wird, nicht abzuleiten, daß sich die Ersatzberechtigung auf den Umfang einer unterhaltsrechtlichen Pflicht beschränkt. Der Anspruch einer verletzten Person auf Ausgleich des Erwerbsschadens in der familiären Haushalts- und Wirtschaftsgemeinschaft ist vielmehr unabhängig von der eigenen Unterhaltspflicht, wie zur Haushaltsführung herausgestellt ist. Deswegen muß der Finanzbedarf der betroffenen Familie auf die Mitarbeit der verletzten Person in dem Familienbetrieb nicht ausgerichtet sein. Das Motiv der eigenen Tätigkeit kann z.B. sein, sich beruflich verwirklichen zu wollen oder das wirtschaftliche Ergebnis für die Familie zu verbessern oder dem anderen Ehegatten schlicht zu helfen, ihn zu unterstützen. Das Motiv kann auch in anderen Zusammenhängen zu suchen sein. Die in **Erfüllung einer sittlichen Verpflichtung** oder bei sonstiger Motivlage übernommenen Tätigkeiten stehen nicht aus sich heraus einer Erwerbstätigkeit gleich. Innerhalb der ehelichen Gemeinschaft zeigt § 1360 BGB aber für alle Güterstände, daß Leistungen, wenn sie Geldwert haben, durch den korrespondierenden Anspruch auf Familienunterhalt abgedeckt sind. Dies spricht nach der hier vertretenen Ansicht dafür, in der bestehenden ehelichen Gemeinschaft alle solchen Arbeitsleistungen im Verletzungsfall uneingeschränkt für ersatzfähig zu halten.

Der Anspruch des verletzten Ehegatten erstreckt sich auf die gesamte tatsächliche, nicht nur gelegentliche, ernsthaft wirtschaftliche Mitarbeit, die mehr als eine reine Gefälligkeit ist und deswegen einer Erwerbs-, Berufstätigkeit wertend gleichsteht.

993

Anspruchsumfang

§ 1620 BGB enthält eine Schenkungsvermutung bei Aufwendungen oder Zuwendungen eines **volljährigen Kindes**, das dem elterlichen Haushalt angehört. Solche Aufwendungen finden sich auch im Einsatz einer unentgeltlichen, vermögenswerten Arbeitsleistung im Betrieb der Eltern. Dies reicht hin, dem verletzten Abkömmling bei Beeinträchtigung der eingebrachten Arbeitskraft, die nach dem haftungsauslösenden Ereignis nicht mehr nutzbringend zugunsten der Eltern eingesetzt werden kann, einen Ausgleichsanspruch gegen den Schädiger zu gewähren, s. aber Rn. 889, 1009, 1012 f. Ohne einen gemeinsamen Haushalt genügt das enge Familien- und Unterhaltsband zur Gleichstellung der unentgeltlichen Arbeit im Betrieb der Eltern mit einer Erwerbsarbeit.

994

Für **minderjährige Kinder** darf bei ernsthaften, erlaubten, wirtschaftlich nicht nur unerheblichen Arbeiten zugunsten der Eltern und deren Betrieb außerhalb des § 1619 BGB nichts anderes gelten, s. Rn. 34, 1110.

995

996 Bei **Trennung** und **Scheidung** oder sonst bestehenden familienrechtlichen Beziehungen fehlt es (nach der hier vertretenen Ansicht) für die Arbeit **außerhalb** und **oberhalb** einer wirklichen **Unterhaltspflicht** an einer Basis für die Gleichstellung jeder Art einer unentgeltlichen Arbeit zum wirtschaftlichen Nutzen einer anderen Person. Der Nochehegatte oder der geschiedene Ehegatten wird zwar wirtschaftlich begünstigt. Allein diese wirtschaftliche Begünstigung eines anderen legitimiert die Gleichstellung der (beeinträchtigten) Tätigkeit mit einer Erwerbs-, Unterhaltsarbeit aber nicht. Dann geht es vielmehr um mittelbare Nachteile (Rn. 40, 999), die im Verletzungsfall nicht ausgleichsfähig sind. In solchen Fällen wird es praktisch zumeist zu einem (u.U. stillschweigenden) Arbeitsverhältnis kommen oder gekommen sein. Dann gelten für die verletzte Person die allgemeinen Regeln zum Verdienstausfall (Rn. 781).

4. Mitarbeit im familienfremden Betrieb und Unternehmen

997 Jede unentgeltliche unselbständige Tätigkeit oder Mitarbeit im Betrieb einer anderen natürlichen oder juristischen Person und zu deren wirtschaftlichen Nutzen darf nicht für ausreichend erachtet werden, um einschränkungslos einen (eigenwirtschaftlichen) Erwerbsschaden zu bejahen.

998 Die unentgeltlich erbrachte, unselbständige Arbeitsleistung spiegelt sich vor dem haftungsbegründenden Ereignis im (fremd-)wirtschaftlichen Erfolg des (begünstigten) Betriebes oder Unternehmens wider. Die ersatzfähige Vermögenseinbuße besteht aber nicht im Nutzen der Arbeit für den Betriebsinhaber oder im Arbeitswert der verletzten Person für den Betriebsinhaber. Sie ist auch nicht in der Verringerung eines anteiligen Gewinns des Betriebes oder in einem Gewinnausfall überhaupt zu finden. Andernfalls würde – unzulässig – auf die Position der mittelbar betroffenen Person abgestellt werden. Zu §§ 842, 843 BGB und den Parallelnormen müssen aber die Beeinträchtigung der körperlichen Integrität und die negativen Vermögensfolgen in derselben Person korrespondieren. Ausschließlich diese Person hat originär den Anspruch zum Erwerbsschaden[864] und zwar zu allen Vergütungsbestandteilen (Rn. 783).

---

864 *BGHZ* 59, 172 = VersR 1972, 1075 = NJW 1972, 2217.

Mitarbeit im familienfremden Betrieb und Unternehmen

> Der Werkstattinhaber hat keinen erstattungsfähigen (sondern nur einen mittelbaren) Nachteil[865], dessen Werkstatt wegen der Verletzung eines angestellten Meisters oder Gesellen nicht mehr rentierlich ist. Ebenso steht dem Werkstattbetreiber kein Schadensersatzanspruch zu, dessen wirtschaftlicher Erfolg von der unentgeltlich geleisteten Tätigkeit einer Person abhängt und der nach der Verletzung dieser Person in Schwierigkeiten kommt und einen Einnahme-, Gewinnausfall verzeichnen muß. Ob die andere Person ein besonders guter Freund, ein Angehöriger, der in seiner Freizeit aushilft oder unterstützend tätig wird, oder jemand ist, der als „Hobbybastler" oder dergleichen aus reiner Freude an einer Tätigkeit hinzugekommen ist, macht schadensrechtlich keinen Unterschied. Desgleichen gibt die Verletzung des verwandten, unentgeltlich, ohne Beschäftigungsverhältnis aushelfenden Taxi-Fahrers dem Taxen-Unternehmer keinen Anspruch aus eigenem Recht. Wenn der Unternehmer seine Taxe wegen der Arbeitsunfähigkeit des Fahrers nicht oder nur mit erhöhten Aufwendungen einsetzen kann, bleibt er doch nur mittelbar an seinem Vermögen geschädigt.
>
> Aus diesem Grund ist auch die Berechnung des Verdienstausfalls für das Taxi-Unternehmen, dessen Taxe beschädigt ist, von den rechtlichen und wirtschaftlichen Auswirkungen der ggfs. zeitgleichen Verletzung des (mitarbeitenden) Fahrers freizuhalten.[866]

999
Beispiel 134
Ersatzlos bleibende mittelbare wirtschaftliche Ausfälle

Vom „Marktwert" her bestehen zwischen den Aktivitäten in einem Familienbetrieb und den (vergleichbaren) Aktivitäten in einem familienfremden Betrieb allerdings keine Unterschiede: Ob die Arbeit für ein Familienmitglied bei einer (potentiellen) Unterhaltsbeziehung oder die Arbeit zugunsten eines familienfremden Betriebsinhabers/ Unternehmers oder gar einer juristischen Person geleistet wird, beeinflußt ihren Wert **betriebs- und volkswirtschaftlich** nicht.

1000

Auf das Merkmal „**Unterhaltsband**" darf aber nach der hier vertretenen Ansicht nicht vollständig verzichtet werden. Allein dieses Merkmal schafft den **rechtlich tragfähigen Ausgangspunkt** dafür, eine unentgeltliche Leistung in ihrem materiellen Gewicht der entgeltlichen Arbeit gleichzustellen. Dieses Merkmal ist m.a.W. **geeignet**, **erforderlich**, aber auch **hinreichend** dafür, eine unentgeltliche, fremdnützige Arbeit, die zum wirtschaftlichen Erfolg anderer Personen führt oder zu deren wirtschaftlichen Entlastung beiträgt oder die andere Personen in deren hauswirtschaftlichen oder selbst wiederum uneigennützigen Belangen unterstützt, wirtschaftlich erfassen, von daher bewerten und schadensrechtlich bei Verletzung der arbeitenden Person ausgleichen zu können.

1001

---

865 *LG Zweibrücken* VersR 1981, 990 = ZfS 1981, 360.
866 *BGH* VersR 1979, 936.

5. Familiäre Dienstleistungspflicht

1002   Die i.S.d. § 1619 BGB familienrechtlich geschuldete[867] und schadensbedingt ausgefallene Dienstleistung von **Abkömmlingen** führt bei **Verletzung** ebenso wie bei **Tötung** zu einem Ausgleichsanspruch nach § 845 BGB. Wie § 10 Abs. 2 StVG und § 7 Abs. 2 ProdHaftG erfaßt aber § 5 Abs. 2 HPflG den Ersatz für solche entgangenen Dienste nicht, vgl. weiter § 28 Abs. 2 AtomG, § 86 Abs. 2 ArzneimittelG, § 35 Abs. 2 LuftVG, § 25 Abs. 2 UmweltHG, s. aber wie § 845 BGB auch § 53 Abs. 2 LuftVG bei militärischen Luftfahrzeugen. Das kollisionsrechtliche Institut der Angleichung kann zur Anwendung des § 845 BGB führen, wenn z.B. nach dem anzuwendenden heimatlichen Familienrecht keine Dienstpflicht (wie i.S.d. § 1619 BGB) besteht, bei Anwendung dieses Heimatrechts insgesamt aber eine deliktische Generalkausel durchgreift, während nach dem berufenen deutschen Deliktsrecht §§ 845, 1619 BGB zu einem Anspruch führen.

1003   Der **Elternanspruch** ist gegenüber einem Erwerbs-, Fortkommensschaden des Abkömmlings subsidiär. Steht dem verletzten Kind ein Anspruch aus §§ 842, 843 BGB zu, greift § 845 BGB also nicht ein. Für einen Anspruch aus § 845 BGB muß deswegen zugleich vorgetragen und begründet werden, daß das Kind selbst keinen Schadensersatzanspruch hat.

1004   Der Ersatzanspruch aus § 845 BGB gleicht den wirtschaftlichen Ausfall aus, der als Vermögensminderung bei den Eltern eintritt.[868] Der Anspruch steht jedem Elternteil hinsichtlich der ihm selbst, nach seinem Bedarf entgangenen Dienste zu. Die unterhaltsrechtliche verbindliche, geschuldete Mithilfspflicht soll in der Regel mit dem 14. Lebensjahr beginnen.[869] Das minderjährige Kind oder ein volljähriger Abkömmling, die i.S.d. § 1619 BGB mitzuhelfen haben, haben insoweit keinen eigenen Anspruch.

1005   Der Ersatz des Wertes der entgangenen Dienste ist an den **Kosten** für eine **Ersatzkraft**[870] zu orientieren. Geldwerte **Ersparnisse** mindern den Anspruch, insbesondere der Unterhalt, der Wohnbedarf und die Verpfle-

---

867 Zu den Anspruchsvoraussetzungen im einzelnen *Scheffen/Pardey* in Schadensersatz, Rn. 559 ff.
868 *BGHZ* 69, 380 = VersR 1978, 90 = NJW 1978, 159, *Dunz* in LM § 845 BGB Nr. 22.
869 *BGH* VersR 1990, 907 = NZV 1990, 307.
870 *BGH* VersR 1952, 133; 1952, 289; 1952, 432.

gung.⁸⁷¹ Die **Sozialrente** des Verletzten mindert den Ersatzanspruch des Berechtigten trotz der Nichtidentität von Leistungsempfänger und Anspruchsberechtigtem, weil der Sache nach der Erwerbsschaden des beeinträchtigten Versicherten geltend gemacht wird.⁸⁷²

Die Dienstleistungspflicht ist gegenüber gesellschaftsrechtlichen⁸⁷³ und arbeitsvertraglichen Beziehungen abzugrenzen. Eine tatsächliche Vermutung⁸⁷⁴ für ein familienrechtliches Verhältnis und damit eine familienrechtliche Arbeits-, Mithilfspflicht besteht nicht.

1006

> Bei dem 17-Jährigen in einer landwirtschaftlichen Lehre (2. Lehrjahr) auf einem Lehrhof, wo er voll ausgelastet war und der nach beruflicher Selbständigkeit gestrebt und die familiäre Haus-und Wirtschaftsgemeinschaft gelöst hätte, verneint das *OLG Celle*⁸⁷⁵ einen (Feststellungs-)Anspruch der Eltern. Der Vater, ein Berufskraftfahrer, hatte 35 ha von der Schwiegermutter gepachtet. Die Fläche reichte aber nicht als Existenzgrundlage für die mehrköpfige Familie. Auch bei der Hoffnung, der Sohn werde den eigenen Hof übernehmen, ist deswegen – wie das *OLG* meint – nicht anzunehmen gewesen, er würde bis zum 25. Lebensjahr eine eigene soziale Absicherung zurückgestellt, auf einen geregelten Monatsverdienst verzichtet und auf familienrechtlicher Grundlage gearbeitet haben.

1007

Beispiel 135

Der *BGH*⁸⁷⁶ sieht für eine Pflicht des **volljährigen Kindes** i.S.d. § 1619 BGB keinen Raum, wenn die volle Arbeitskraft für eine entgeltliche Erwerbstätigkeit eingesetzt ist. Mit der Erwerbstätigkeit soll das Kind aus dem familienrechtlichen Abhängigkeitsverhältnis ausgeschieden sein. Die Möglichkeit, neben einer Vollerwerbstätigkeit die verbleibende Zeit und Kraft familiär nutzen zu können, hat den *BGH* nicht bewogen, die Dienste in der Freizeit als familiäre Dienstpflicht einzuordnen. Die Kosten einer Aushilfskraft von 2.070,00 DM sind ohne Ausgleich geblieben. Der *BGH* hat eine doppelte Entschädigung ein- und desselben Schadens, die

1008

---

871 *OLG Schleswig* NJW-RR 1998, 1404 = VersR 1999, 632 (ersparte 600,00 DM verrechnet mit etwaigen Ersatzkraftkosten); *OLG Karlsruhe* VersR 1988, 1128 = FamRZ 1988, 1050 m. *BGH* NA-Beschl. v. 29.3.1988, *BGH* VersR 1961, 856.
872 *BGHZ* 69, 380 = VersR 1978, 90 = NJW 1978, 159.
873 *OLG Stuttgart* DAR 1990, 349 m. *BGH* NA-Beschl. v. 17.4.1990 befaßt sich zur Bewirtschaftung eines Hofes beim volljährigen Sohn, der seinen Lebensmittelpunkt nicht mehr im elterlichen Hausstand hat, mit der Frage einer gesellschaftsrechtlichen Basis.
874 Der *BGH* betont die Relevanz des Einzelfalles, VersR 1991, 428 = NJW 1991, 1226 = NZV 1991, 111.
875 NZV 1997, 232, *BGH* NA-Beschl. v. 3.12.1996.
876 VersR 1998, 466 = NJW 1998, 307 = FamRZ 1998, 101, dazu *Gernhuber* in JZ 1998, 365.

Andere unentgeltliche Tätigkeiten

Kombination eines Erwerbsersatzanspruchs des verletzten Abkömmlings und der Eltern vermeiden wollen. Der Erwerbsersatzanspruch des erwerbstätigen Abkömmlings und der Elternanspruch schließen sich aber im theoretischen Ansatz zu den verschiedenen Arbeitsbereichen gegenseitig nur aus, wenn im Verletzungsfall ein Ausgleich zu der unentgeltlichen Nebentätigkeit im elterlichen Betrieb gewährt wird.

1009 Die unentgeltliche Nebentätigkeit im Haus bzw. Betrieb oder Geschäft der Eltern (gegen Kost, Unterkunft, sonstige Beiträge zum allgemeinen Lebensbedarf) nimmt der *BGH* bei einer Vollerwerbstätigkeit aus der Ersatzpflicht nach § 845 BGB bei Tötung heraus.

1010 Bei allen **freiwilligen**, über das Maß des § 1619 BGB hinausgehenden, nicht nur geringfügigen **Leistungen** im Haushalt ist die Anspruchsbefugnis des **Kindes** zum Ausgleich des Haushaltsführungsschadens zu bejahen.

1011
Beispiel 136

Zutreffend stellt das *AG Heilbronn*[877] fest, daß die „üblichen Hilfeleistungen", zu denen ein Kind familienrechtlich verpflichtet ist, die es aber verletzungsbedingt nicht mehr ausführen kann, den Eltern zuzuordnen sind. Wenn das *AG* zugleich auf die Arbeiten: Holzspalten, Rasenmähen, Staubsaugen, Müllentsorgung, Getränkeeinkauf, hinweist, sind allerdings Zweifel angezeigt, ob der Rahmen des § 845 BGB i.V.m. § 1619 BGB betroffen sein konnte. Bei den Arbeiten außerhalb des Mithilfsbedarfs sind die ernstlichen, nicht nur unerheblichen Arbeiten nur über einen eigenen Anspruch des verletzten Kindes auszugleichen. Dies hat das *AG* a.a.O. übersehen.

1012 In Konsequenz der Ansicht des *BGH*[878] zur **unentgeltlichen Nebentätigkeit** zugunsten der Eltern (im Haus, im Betrieb, Geschäft oder Unternehmen) ist im Verletzungsfall dem volljährigen Abkömmling ein Erwerbsschadensersatzanspruch zuzusprechen neben dem Verdienstausfallschaden zu der Haupttätigkeit.

1013
Beispiel 137

Das *OLG Frankfurt* hat allerdings bei einer **unentgeltlichen Mithilfe** auf dem elterlichen Hof keinen Erwerbsschaden des Kindes gesehen.[879]

1014 Eine Dienstleistungspflicht der Eltern gegenüber dem Kind liegt fern.[880] § 1618a BGB hilft nicht.

---

[877] ZfS 1996, 54.
[878] VersR 1998, 466 = NJW 1998, 307 = FamRZ 1998, 101.
[879] VersR 1982, 909; s. auch *OLG Saarbrücken* VersR 1989, 757 = FamRZ 1989, 180 m. *BGH* NA-Beschl. v. 4.10.1988.
[880] *OLG Bamberg* VersR 1985, 290 m. *BGH* NA-Beschl. v. 20.11.1984, s. aber auch *Coester* in FamRZ 1985, 556.

6. Freiwillige, ehrenamtliche Dienstleistungen

Bei einer **Gegenleistung** für eine Arbeits-, Dienstleistung gelten direkt die Regeln zum Erwerbsschaden (Rn. 781). Die Gegenleistung muß nicht notwendig in Geld bestehen. Sie kann ebenfalls in einer Arbeits-, Dienstleistung bestehen. Ob ein Austauschvertrag gegeben ist, richtet sich nach den allgemeinen schuldrechtlichen Regeln.

1015

Bei einer ehrenamtlichen, **unentgeltlichen Tätigkeit**, für die eine Entschädigung des Aufwandes bei der Wahrnehmung der Tätigkeit, aber keine Gegenleistung vorgesehen ist, führt die entgangene Aufwandszahlung mangels Entgeltcharakters nicht zu einem Schadensersatzanspruch.

1016

> Das *OLG Düsseldorf*[881] lehnt es ab, dem verletzten Amateur – Fußballer, der verletzungsbedingt seinem Sport nicht mehr so wie vorher nachgehen kann, für drei Spielzeiten 36.000,00 DM zu gewähren. Bei den zahlreich tätigen ehrenamtlichen Betreuern[882], die Aufwendungsersatz nach § 1835 BGB erhalten oder pauschal nach § 1836a BGB entschädigt werden, und zu ähnlichen Tätigkeiten ist in gleicher Weise zu entscheiden.

1017
Beispiel 138

Die teilweise oder vollständig vereitelte uneigennützige Arbeitsleistung, die ehrenamtliche Tätigkeit oder die sonst zu Gunsten Dritter geldwerte Leistung, die von einer sittlichen Pflicht oder dem gesellschaftlichen Anstand getragen wird, ist im übrigen nicht anders einzuschätzen als die Mitarbeit im familienfremden Betrieb. Sie ist aus den genannten Gründen (Rn. 1001) nicht ausgleichsfähig.

1018

Gemeint sind z.B. ehrenamtliche, freiwillige Tätigkeiten in Religionsgemeinschaften, für Idealvereine, für Parteien. Auf den wirtschaftlichen Nutzen für den begünstigten Rechtsträger kann es wegen dessen mittelbarer Betroffenheit nicht ankommen. Ein **eigener Vermögensschaden** zur – wirtschaftlich – ausschließlich fremdnützig orientierten Arbeitsleistung findet sich für den in seiner körperlichen Integrität betroffenen Menschen nicht, der das Geld nicht dort einsetzen will, wo er seine Arbeitsleistung eingebracht hat. Der ökonomische Wert des nachhaltigen Einsatzes und Arbeitsaufwandes eines Menschen zugunsten anderer steht zwar in allen solchen Fällen außer Frage. Betriebs- und volkswirtschaftliche Kriterien sollten aber nicht dazu verleiten, haftungsrechtlich den inneren Charakter der Anstrengungen einer Person für eine andere zu verkehren.[883]

1019

---

881 VersR 1996, 334 = SpuRt 1996, 204.
882 Zum Unfallversicherungsschutz *Deinert* in SozVers 1996, 35.
883 *Pardey* in NJW 1997, 2094.

Andere unentgeltliche Tätigkeiten

1020 Weder die Marktgängigkeit noch ein Marktwert, die Kommerzialisierung oder die Verkehrsanschauung helfen, die Geldersatzleistung für eine beeinträchtigte ehrenamtliche Arbeit der verletzten Person frei zur Verfügung zu stellen. Demjenigen, der seine Arbeitskraft vor einem Schadensfall anderen zugewendet hat, weist § 249 BGB keine Kompensation dahin zu, daß er nun einen Geldwert für seine Arbeitskraft vom Schädiger beanspruchen kann. Wer eine fremdnützige Arbeit verletzungsunabhängig (zeitweise oder vollständig, gleich oder später) hat aufgeben wollen, ist bereits aus gem. §§ 252 BGB, 287 ZPO abzuklärenden Gründen nicht ersatzberechtigt. Wer das Ergebnis oder den Ausgleich für seine Arbeitsleistung einem anderen Zweck zuführen will oder zuführt, als er der fremdnützigen Arbeit ursprünglich zugrundegelegen hat, kann gleichsinnig wegen des anderen als des ursprünglichen Zwecks nicht vom Schädiger Geld verlangen, auch wenn zu Ersatzleistungen kein Verwendungsnachweis geführt werden muß (Rn. 148), weil die Zweckausrichtung infrage steht.

1021 Für die vorher unentgeltlich aktive Person zeigt sich – nur – ein immaterieller Nachteil, anderen nicht mehr helfen zu können.

1022 Wer wie *Dunz*[884] und andere die Korrespondenz zwischen der Ausrichtung der Arbeit und dem Zufluß des Geldes aufgibt, verzichtet auf Konturen zur Feststellung des Schadens bei der nicht um des Geldwertes willen erbrachten Arbeit.

1023
Beispiel 139

> Das *LG Karlsruhe*[885] akzeptiert bei der verletzten Ortsvereinsvorsitzenden einen Stundensatz von 15,00 DM, der nach Ansicht des *LG* wesentlich niedriger liegt als das nach der Vorbildung und beruflichen Erfahrung der geschädigten Person vergleichbare Entgelt für einen angestellten Sozialarbeiter.

1024 Normativ wertend verlangt eine Verschuldens- oder Gefährdungshaftung allerdings, daß der Schädiger wegen der für die Gesellschaft unverzichtbaren, beeinträchtigten Arbeitsleistungen wirtschaftlich aufzukommen hat. Bei der uneigennützigen Hilfe für Dritte sollte nach der hier vertretenen Ansicht deswegen – ausnahmsweise – die mittelbar wirtschaftlich belastete Rechtsperson den deliktischen Ersatzanspruch geltend machen dürfen. Die Zweckbestimmung und das wirtschaftliche Gewicht der beeinträchtigten Leistung korrespondieren dann mit der Ersatzleistung. Der Nachteil und der Ausgleich sind wirtschaftlich deckungsgleich.

---

884 In Festschrift für Steffen, 1995, S. 136 ff.
885 NJW-RR 1996, 1239 = VersR 1998, 1116: Im Verletzungsfall sei für unentgeltliche Dienstleistungen im sozial-caritativen Bereich und sonstige ehrenamtliche Tätigkeiten ein Wertersatzanspruch zu gewähren. - Im Berufungsverfahren haben sich die Parteien verglichen.

> Für die ehrenamtlichen, gemeinnützigen Dienste von einigem Gewicht, die teilweise oder vollständig vereitelt werden, hilft eine den modernen Lebensverhältnissen angepaßte Interpretation des § 845 BGB in Zusammenschau mit § 843 Abs. 4 BGB weiter. § 843 Abs. 4 BGB will seinem Kern nach die Verlagerung eines Schadens auf eine dritte Person verhindert wissen. § 845 BGB erklärt denjenigen für anspruchsbefugt, der wirtschaftlich belastet ist. Dies weist auf eine Anspruchsberechtigung der wirtschaftlich belasteten Rechtsperson wegen der ihr zugedachten unentgeltlichen, aber vereitelten Arbeitsleistungen hin. Eine andere Lösung kann dahin gehen, die verletzte Person – nur – zur Leistung an die wirtschaftlich belastete Rechtsperson für anspruchsbefugt zu halten.

1025
Auslegung des § 845 BGB

7. Gefälligkeiten ohne relevanten wirtschaftlichen Wert

Jede vereitelte Tätigkeit zugunsten anderer, die für ausgleichsfähig erachtet werden soll, muß nach ihrer Art, ihrem (geplanten) Umfang und ihrer Dauer, von ihrer Intensität und Regelmäßigkeit her einer entgeltlich erbrachten Leistung ähnlich und gleichwertig sein. Geringfügige Tätigkeiten, reine Gefälligkeiten sind nicht materiell orientiert. Solche Tätigkeiten für andere ohne realen Geldwert sind im Verletzungsfall nicht auszugleichen.

1026

> Nur der Tätigkeit von einigem Gewicht kommt eine vermögens- und schadensrechtliche Größenordnung zu. Nur eine solche Leistung stellt eine wirtschaftliche Verwertung der eigenen Arbeitskraft dar.

1027
Bedeutung der Tätigkeit

Die **Grenzen** zwischen werthaltigen und geringfügigen Leistungen aus Gefälligkeit verlaufen bisher weitgehend konturlos. Die Verkehrsanschauung hilft kaum weiter. Es gibt kaum noch Tätigkeitsbereiche des täglichen Lebens, die sich wegen ihrer Eigenart von der Einordnung als Arbeit ausnehmen lassen. Weder das Stichwort Hobby und noch weniger das Stichwort Freizeit schaffen Klarheit zu nichtersatzfähigen Aktivitäten.

1028

> Z.B. fragt sich dann, wenn die Fenster eines Hauses im Wege der Nachbarschaftshilfe unentgeltlich gereinigt oder Gartenarbeiten im Herbst durch den Nachbarn erledigt worden sind und der helfende Nachbar verletzungsbedingt daran gehindert ist, andere einspringen oder ein gewerbliches Unternehmen durch den ursprünglich Begünstigten eingeschaltet werden muß, ob der helfende Nachbar einen materiellen Ausgleich verlangen darf oder der Begünstigte in den Genuß eines finanziellen Ausgleichs kommen sollte. Solche Maßnahmen wie auch der Austausch

1029
Beispiel 140

> defekter Schlösser, das Auswechseln oder der Einbau von Lampen tragen einen Geld- und Marktwert in sich, weil stets eine gewisse Zahl von Arbeitsstunden und der Einsatz der Arbeitskraft erforderlich sind und der wirtschaftliche Faktor nicht zu übersehen ist.
>
> Gleichwohl sollte ein relevantes wirtschaftliches Gewicht verneint werden. Entsprechendes muß gelten, wenn z.B. während der Abwesenheit anderer Personen deren Wohnung, Haus oder Tiere betreut werden. Die Pflege des Grabes von verstorbenen Angehörigen oder nahestehenden Personen hat zwar ebenfalls den Charakter einer Leistung, die mit gewerblichen Dienstleistungen verglichen werden kann. Solche Tätigkeiten werden aber nicht getragen von einem Gedanken, der sich erwerbswirtschaftlich zuordnen läßt und sollten deswegen auch nicht zu einem Erwerbsschaden führen können. Für die Arbeiten, die im Haushalt geringfügig unterstützen (Rn. 869), gilt gleiches.

1030 Nur eine **Quantifizierung der ernsthaften Arbeitsleistung** ist geeignet, Grenzen zu ziehen und zwar zu allen Arbeitsleistungen. Ob zur Abhilfe ein Finanzbedarf besteht oder nicht, ob die Aushilfe nur entgeltlich erlangt werden kann, ist dagegen kein geeignetes Abgrenzungskriterium zum Grund der Ersatzfähigkeit, sondern nur zum Umfang und für den Wertmaßstab. Der Gedanke der ernstlichen, wirtschaftlich gehaltvollen Tätigkeit und der schadensrechtlich nicht relevanten Geringfügigkeit[886] legt es nahe, bei der unentgeltlichen Tätigkeit mindestens einen Arbeitseinsatz von **durchschnittlich fünf Zeitstunden** wöchentlich über ein Kalendervierteljahr hin zu verlangen. Dies knüpft an die in der Gesellschaft akzeptierte Vollzeittätigkeit zwischen 38,5 bis 40 Wochenstunden und eine Schwelle von etwa 1/8 mit einem Aspekt der Dauerhaftigkeit bezogen auf eine Jahresarbeitszeit an.

1031 Dieser Zeiteinsatz ist nach den Maßgaben der §§ 249, 251, 252 BGB aus verständiger Sicht jeweils bezogen auf die konkret betroffenen **Arbeitsbereiche** zu ermitteln. Bei **jahreszeitlich geprägten Tätigkeiten** kommt es auf den Zeitfaktor in der entsprechenden Jahreszeit an. Fällt z.B. die entsprechende Arbeit nur im Sommer an, sind bei der Verletzung im Winter und Ausheilung bis zum nächsten Sommer materielle Belastungen nicht mehr zu berücksichtigen. Wirkt die Verletzung dagegen fort, ist daran anzuknüpfen, ob im Sommer mindestens fünf Wochenstunden zu erbringen sind. Ist dies der Fall, ist die verletzungsbedingte Beeinträchtigung auszugleichen.

1032 Jede Tätigkeit mit einem Umfang, der darunter liegt, sollte nur mittels des § 847 BGB mitabzugelten sein. Ein materieller Ausgleich scheidet

---

886 *Pardey* in DAR 1994, 265, 267.

nach der hier vertretenen Ansicht jedenfalls aus, weil solche Aktivitäten normativ wertend keine wirtschaftlich geprägte Arbeit sind.

All dies betrifft den **eigenbezogenen Einsatz** der eigenen Kräfte und Fähigkeiten nicht. Zur Lebensführung und – gestaltung für die eigene Person sieht § 843 BGB nicht auf den wirtschaftlichen Nutzen, das wirtschaftliche Resultat oder den entgangenen wirtschaftlichen Vorteil, sondern auf den verletzungsbedingten Mehrbedarf. Eingrenzend wirkt hier der Gedanke, daß sich der Bedarf in der Vermögenssphäre niederschlägt (beachte auch Rn. 892).

1033

VI. Immaterielle Belastung

Die Beeinträchtigung der Entfaltung der Persönlichkeit oder die Beeinträchtigung der individuellen Aktionsfähigkeit, der störende Einfluß auf das eigene Belieben zur Gestaltung des täglichen Lebens, auf die Freizeit oder zu gesellschaftlichen Kontakten, die Reduzierung der Lebensqualität, gesundheitliche Dauerbelastungen sind als nachteilige Folgen für die körperliche und seelische Verfassung gem. § 847 BGB[887] zu regulieren. Die billige Entschädigung soll die immateriellen Beeinträchtigungen durch den materiellen Ersatz zumindest teilweise ausgleichen helfen. Zugleich soll ggfs. dem Verletzten Genugtuung für das erlittene Unrecht gewährt werden.[888] Bei Bagatellverletzungen[889] (Atembeschwerden, kleine Bißwunde, Platzwunde, Schürfwunde, s. auch Rn. 59) scheidet dies aus.

1034

Daß das verzinsliche, seit dem 1.7.1990 vererbliche[890] Schmerzensgeld einen Vermögenswert bildet und Billigkeitskriterien bei § 847 BGB regieren, darf nicht Grenzen zwischen materiellen und immateriellen Nachteilen einebnen.

1035

Grenzen

Auch ein in Geld bewertbarer Nachteil kann sich in immateriellen Schadensfolgen niederschlagen.

1036

---

887 Anwendbar auch bei § 664 HGB, *BGH* VersR 1997, 474 = NJW-RR 1997, 539 = NZV 1997, 173.
888 Näher *Scheffen/Pardey* a.a.O. Rn. 623 - 642; BGHZ 128, 117 = NJW 1995, 781 = VersR 1995, 351, *BGH* NJW 1996, 1591 = VersR 1996, 382, *Nixdorf* in NZV 1996, 89 ff.
889 *OLG Köln* VersR 1999, 115, 116 m.w.Nachw.
890 Zur Verzinsung des ererbten Schmerzensgeldes *OLG Köln* NJW 1997, 3099.

1037 Zur Schmälerung der Lebensfreude und Störung der Lebensplanung gehören:

- Unmöglichkeit der Erfüllung eines Berufswunsches[891],
- Aufgabe eines Berufs mit Zukunftsängsten[892],
- nachhaltige Störung einer schulischen Entwicklung durch einen langen Krankenhausaufenthalt,
- Behinderung in der Freizeit,
- Verlust an Freizeit[893] zumal im jugendlichen Alter,
- Behinderung im Beruf,
- Behinderung bei Tätigkeiten im Haushalt und in der Körperpflege.[894]

1038
Beispiel 141

> Derjenige, der unfallbedingt nicht mehr in dem Umfang Sport treiben kann, wie es seinem Interesse und Lebensplan vor dem Unfall entspricht, hat Anspruch auf Schmerzensgeld.[895] Bei der jungen, durch einen Unfall verletzten Person kommt es nicht darauf an, welche Sportart vor der Schädigung konkret ausgeübt worden ist. Wichtiger ist die konkrete verletzungsbedingte Behinderung in der körperlichen Betätigung und Entfaltung.[896] Wer verletzungsbedingt gehindert wird, ehrenamtliche, gemeinnützige Tätigkeiten zum Wohl anderer Menschen wahrzunehmen, muß einen Ausgleich finden. Das uneigennützige Moment einer verletzungsbedingt ausfallenden Leistung ist aber kein Grund, zum angemessenen Ausgleich auf § 847 BGB statt auf §§ 842, 843 BGB zuzugreifen.

1039 Nach Ansicht des *BGH*[897] liegt in Fällen **schwerster Schädigung** die auszugleichende Beeinträchtigung darin, daß die Persönlichkeit ganz oder weitgehend gravierend herabgemindert oder zerstört ist und die betroffene Person mit dem Dauerschaden weiterzuleben hat. Die Wahrnehmungs- und **Empfindungsfähigkeit**, an der es völlig mangelt, kann indes zugleich die Höhe des Schmerzensgeldes mindern.

1040 Bei der Körperverletzung, an deren Folgen die verletzte Person **alsbald verstirbt**, kann ein Schmerzensgeld versagt sein, wenn die Körperverletzung keine abgrenzbare immaterielle Beeinträchtigung darstellt.[898] Das

---

891 *OLG Köln* VersR 1992, 714 (Abbruch der Ausbildung zum Hubschrauberpiloten).
892 *OLG Düsseldorf* VersR 1995, 1449, *BGH* NA-Beschl. v. 31.1.1995.
893 *OLG Düsseldorf* VersR 1997, 65 = r+s 1997, 21, *BGH* NA-Beschl. v. 30.4.1996.
894 *OLG Karlsruhe* VRS 79, 251, 257; *LG Köln* VersR 1990, 1129 m. Anm. *Esser*.
895 *OLG Hamm* NZV 1989, 270, 271.
896 *OLG Hamm* NJWE-VHR 1996, 61 für den verletzten 18-Jährigen, bestätigend *OLG Hamm* NJWE-VHR 1997, 107 = NZV 1997, 182: Ein zeitlicher Anteil vorher betriebener Sportarten muß nicht im einzelnen festgelegt und gegeneinander abgegrenzt werden.
897 *BGHZ* 120, 1; VersR 1993, 585 = NJW 1993, 1531.
898 *BGHZ* 138, 388 = VersR 1998, 1034 = NJW 1998, 2741 = DAR 1998, 351; Vorinstanz *OLG Hamm* NZV 1997, 233 = r+s 1997, 245; s. auch *Huber* in NZV 1998, 345.

kann insbesondere der Fall sein, wenn die Verletzungshandlung unmittelbar zum Tod führt.[899] Dies kann auch der Fall sein, wenn bei schwersten Verletzungen und durchgehender Empfindungslosigkeit des Betroffenen sowie dem Ablauf des Sterbevorgangs die immaterielle Beeinträchtigung nicht faßbar ist und folglich – so meint der *BGH* – auch die Billigkeit keinen Ausgleich in Geld gebietet, die Schmerzensgeldzahlung die verletzte Person nicht mehr erreichen kann. Eine kurze Überlebenszeit wirkt schmerzensgeldmindernd.

> Die Abkömmlinge als Erben der Mutter, die durch einen Unfall lebensgefährliche Verletzungen erlitt und trotz eingeleiteter Notbehandlung eine Stunde später verstarb, ohne das Bewußtsein wiedererlangt zu haben, setzten[900] einen Schmerzensgeldbetrag von 3.000,00 DM durch (gegenüber selbst eingeschätzten 15.000,00 DM). Wegen der Beeinträchtigung des Vaters, der nach dem Unfall bei Bewußtsein und ansprechbar war, 20 Minuten nach dem Unfall ein schmerzstillendes Medikament erhielt, 15 Minuten später in ein künstliches Koma versetzt wurde und zehn Tage später verstarb, ohne das Bewußtsein wiedererlangt zu haben, wurden 28.000,00 DM zuerkannt (bei selbst für angemessen erachteten 70.000,00 DM).
>
> Beim Tod nach ununterbrochenem Koma von acht Tagen spricht das OLG Schleswig[901] 10.000,00 DM zu. Bei dem Tod drei Stunden nach dem Unfall kommt das *OLG Düsseldorf*[902] bei der Mitbeteiligung von 1/3 zum Anspruch in Höhe von 1.500,00 DM.[903] Bei sofortiger Bewußtlosigkeit und einer Überlebenszeit von 10 Minuten hält das *OLG Karlsruhe*[904] vorprozessual gezahlte 3.000,00 DM für ausreichend.

1041

Beispiel 142

Für den erlittenen **Tod**[905] oder für die Verkürzung der eigenen Lebenserwartung[906] sieht das Gesetz keine Entschädigung vor.

1042

Der Schmerzensgeldanspruch ist in sich **einheitlich**, so zu beantragen und festzusetzen unter Berücksichtigung aller Bemessungsfaktoren (zu Rente und Kapital Rn. 278). Insbesondere ist auch die **Leidenszeit** der verletzten Person einer Gesamtbetrachtung zu unterziehen, zu Zeitabschnitten Rn. 544. Für unterschiedliche Bewußtseinsphasen sind keine gesonderten Beträge auszuweisen.

1043

---

899 *KG* VersR 1997, 327, 328.
900 *BGHZ* 138, 388.
901 VersR 1999, 632.
902 NJW 1997, 806 = NZV 1996, 318.
903 Zu weiteren Ansätzen und Beträgen *Jaeger* in VersR 1996, 1177 und MDR 1998, 450.
904 r+s 1998, 375.
905 *OLG Düsseldorf* r+s 1997, 159.
906 *BGH* VersR 1998, 1034 = NJW 1998, 2741 = DAR 1998, 351.

1044 Bei **mehreren Schädigern** sind die jeweiligen persönlichen Verhältnisse des einzelnen Schädigers für die Bemessung des Schmerzensgeldes heranzuziehen.[907] Die von jedem geschuldete Entschädigung kann deshalb unterschiedlich hoch sein.

1045 Die besondere **Schadensanfälligkeit** der verletzten Person, deren konstitutionelle Schadensbereitschaft[908] kann sich anders als die Teilnahme am allgemeinen Straßenverkehr mit den typischen Risiken in der Zivilisation bei der Bemessung des Schmerzensgeldes wegen der Billigkeitsgesichtspunkte mindernd auswirken.[909]

1046 Bei der **Schädigung** des **Ehegatten** oder bei familienrechtlichen Beziehungen zwischen Schädiger und verletzter Person soll im allgemeinen eine geringere Entschädigung geschuldet sein, als ein Fremdschädiger unter gleichen Umständen aufzubringen hätte. Bei intakten Familien (und Eintrittspflicht des Haftpflichtversicherers, der nicht höher haftet als der Schädiger selbst[910]) mindert das Schmerzensgeld – so das *OLG Schleswig*[911] und das *OLG Hamm*[912] –, daß sich der schädigende Ehemann im allgemeinen um eine familiengerechtere Art des Ausgleichs und der Genugtuung bemüht bzw. bemühen wird, indem er sich fürsorglich kümmert und vermehrt Handreichungen abnimmt.

1047 **Bemessungsfaktoren**[913] sind insbesondere:
- die Schwere der Verletzungen, das dadurch bedingte Leiden,
- die Dauer der Leiden,
- die Schwere einer psychischen Belastung oder Störung,
- das Ausmaß der Wahrnehmung der Beeinträchtigung durch den Verletzten,
- das Ausmaß und die Dauer von Lebensbeeinträchtigungen im übrigen,
- der Grad eines Verschuldens des Schädigers, der Mitverursachung durch die betroffene Person.

---

907 *BGHZ* 18, 149, 164 f.
908 *OLG Hamm* NZV 1998, 413 = r+s 1999, 61. Zur Mitschuld bei konstitutionellen Schwächen und dem Umstand, daß sich der Verletzte gleichwohl einer gefahrträchtigen Situation ausgesetzt hat, *BGH* VersR 1984, 286; 1981, 1178.
909 *BGH* VersR 1997, 122 = NJW 1997, 455 = DAR 1997, 70.
910 *BGH* VersR 1989, 1056 = NZV 1989, 471.
911 VersR 1992, 462 = NJW-RR 1992, 95 = NZV 1992, 190 = ZfS 1992, 193, *BGH* NA-Beschl. v. 24.9.1991.
912 r+s 1998, 234, 235.
913 Nachweise zu Schmerzensgeldbeträgen, nach Verletzungsart geordnet für die Zeit ab 1985, u.a. bei *Becker/Böhme* in Kraftverkehrshaftpflichtschäden, S. 533 bis 560.

Zu einer **Doppelentschädigung** über § 847 BGB einerseits und §§ 842, 843 BGB andererseits darf es nicht kommen. Es kann deswegen zu § 847 BGB nicht die wirtschaftliche Seite der Einschränkung der Erwerbsfähigkeit oder der Umfang des Mehrbedarfs bei einer schweren Verletzung einfließen, wenn zugleich Ansprüche nach §§ 842, 843 BGB bestehen (s. auch Rn. 656). Nur die immateriellen Nachteile der Erwerbseinschränkung stehen zur Einschätzung über § 847 BGB offen. Der immaterielle Anteil der nachhaltigen Behinderung in der Haushaltsführung kann schmerzensgelderhöhend wirken. Eine solche Belastung fließt aber allenfalls am Rande[914] als Element in die Bemessung des Schmerzensgeldes ein. Ein Schmerzensgeld deckt niemals den Umfang des wirtschaftlichen, ggfs. pauschaliert zu erfassenden Nachteils ab, der gem. §§ 842, 843 BGB und den verwandten Normen zur Gefährdungshaftung vom Schädiger zu übernehmen ist.

1048

Die unzureichende, deutlich **verzögerte Regulierung** durch einen Haftpflichtversicherer kann – in engen Grenzen – als psychisch belastend zur Erhöhung des Schmerzensgeldes führen[915], wenn die grundsätzliche Leistungspflicht nicht ernsthaft zu bezweifeln ist.[916]

1049

Zum Schmerzensgeldbegehren muß nicht dargelegt werden[917], auf welche Weise mit der Entschädigung ein Ausgleich sichergestellt werden soll. Es steht vielmehr im Belieben des Anspruchsberechtigten, wie das **Schmerzensgeld verwendet** werden soll.[918] Die beabsichtigte Verwendung des Geldes kann wirtschaftlich sinnvoll erscheinen oder nicht. Ob und welche Möglichkeiten bestehen, Einbußen aufzufangen, betrifft den Schädiger nicht. Wird das Schmerzensgeld z.B. für den täglichen Lebensbedarf verbraucht bzw. dort eingesetzt, wird der Anspruch auf Ersatz eines Erwerbsschadens nicht beeinflußt.

1050

§ 308 ZPO hindert es z.B. nicht, über die Mindestvorstellung deutlich hinauszugehen (mindestens 18.000,00 DM, zugesprochen 30.000,00 DM[919]). Zum Schmerzensgeldanspruch sind **Nachforderungen** möglich bei Folgen, die vorher nicht[920] berücksichtigt werden konnten. Gegenüber einer vereinbarten Abfindungssumme muß sich ein krasses Mißverhältnis zeigen.[921]

1051

---

914 *OLG Köln* NJW-RR 1996, 986 = NZV 1995, 399.
915 *OLG Nürnberg* VersR 1998, 731, 732 m. *BGH* NA-Beschl. v. 24.3.1998, *Lemcke* in r+s 1999, 69.
916 *OLG Frankfurt* NJW 1999, 2447.
917 *BGH* VersR 1991, 350 = NJW 1991, 1544 = NZV 1991, 150.
918 *BGH* VersR 1986, 389 = NJW 1986, 183.
919 *OLG Hamm* r+s 1998, 278; zur Beschwer Rn. 584.
920 Näher *Scheffen/Pardey* a.a.O. Rn. 655 f., *OLG München* NZV 1999, 46.
921 *OLG Hamm* VersR 1988, 631, 632.

Immaterielle Belastung

Bei unterschiedlichen Streitgegenständen berührt die Rechtskraft zu dem Erkenntnis über einen Gegenstand niemals das Verlangen zu dem anderen Gegenstand.

1052
Streitgegenstände

> Der *BGH*[922] sieht unterschiedliche Streitgegenstände nach einem Verkehrsunfall und seinen Folgen einerseits zu den sich aus einem Schleudertrauma der Halswirbelsäule ergebenden Beeinträchtigungen – bemessen mit 750,00 DM – (und den Folgeschäden zur Verletzung der Halswirbelsäule) und andererseits zu der später klageweise zur Entscheidung gestellten Psychose, die auf dem Unfallerlebnis beruht – bemessen mit 80.000,00 DM.

1053 Der Schmerzensgeldanspruch ist einem **Forderungsübergang verschlossen**. Dem Schmerzensgeld stehen keine gleichartigen, zweckgleichen Leistungen einer Versicherung oder eines Sozialleistungsträgers gegenüber. Die Verletztenrente bleibt zur Bemessung des Schmerzensgeldes selbst dann unberücksichtigt, wenn die verletzte Person keine Erwerbseinbuße erleidet.[923] Auch eine beamtenrechtliche Grundrente, der beamtenrechtliche Unfallausgleich erfaßt Schmerzensgeldansprüche nicht.[924] Jede Pauschalierung bei der Schadensbewältigung, die sich beim Schmerzensgeld niederschlägt, fließt also ungekürzt um eine fremde Anspruchsberechtigung der verletzten Person zu.

---

922 NJW 1998, 1786, Vorinstanz *OLG Celle* ZfS 1997, 332.
923 *BGH* NJW 1982, 1589 = VersR 1982, 552.
924 *BGH* VersR 1984, 864, Vorinstanz *LG Baden-Baden* VersR 1984, 949, *OLG Hamm* NJW-RR 1994, 991.

3. Teil
Ersatzfähige Nachteile bei Tötung

I. Grundsätze zum Unterhaltsschaden

§ 844 Abs. 2 BGB[925], §§ 86 Abs. 2, 89 Abs. 1 ArzneimittelG, § 28 Abs. 2 AtomG, § 32 Abs. 3 GenTG, § 5 Abs. 2 HaftPflG, § 35 Abs. 2 LuftVG, § 7 Abs. 2 ProdHaftG, § 10 Abs. 2 StVG, § 12 Abs. 2 UmwelthaftG gewähren Schadensersatzansprüche zu den von der getöteten Person familienrechtlich geschuldeten Leistungen (Unterhaltsschaden). Bei einer Geschäftsführung ohne Auftrag können zugunsten der Hinterbliebenen des tödlich verunglückten Geschäftsführers § 844 BGB und auch § 845 BGB (Rn. 1002 ff.) entsprechend anzuwenden sein.[926] Bei Vertragsverletzungen gelten §§ 844, 845 BGB nicht. Jedoch nutzen geschädigten Personen die Verweisungen in § 618 Abs. 3 BGB, § 62 Abs. 3 HGB. Bei entsprechenden Interessenlagen sind §§ 844, 845 BGB ebenfalls anzuwenden. Zu öffentlichrechtlichen Spezialregelungen gelten die Normen zum Teil ebenfalls sinngemäß oder es finden sich vergleichbare Bestimmungen.

1054

1. Unterhaltsbeziehungen

Für den Anspruch auf Ersatz des Unterhaltsschadens muß **im Zeitpunkt der Verletzung** der später verstorbenen Person das **Verhältnis** bestanden haben, das kraft Gesetzes die **Unterhaltspflicht** der getöteten Person gegenüber dem Betroffenen **begründet** hat.[927] Das noch nicht gezeugte Kind erwirbt einen solchen Anspruch nicht.[928] Der Tod gehört zur haf-

1055

---

925 Die Norm gilt auch zu § 644 HGB, *BGH* NJW-RR 1997, 541 = NZV 1997, 172 = ZfS 1997, 132.
926 *BGHZ* 7, 30, 34.
927 *BGHZ* 132, 39 = VersR 1996, 649 = NJW 1996, 1674, *BGH* VersR 1987, 156 = NJW 1987, 322; VersR 1987, 1243, 1244 m. Anm. *Nehls* in FamRZ 1988, 696; VersR 1988, 954 = NJW 1988, 2365.
928 *OLG Hamm* r+s 1997, 65.

tungsausfüllenden Kausalität (Rn. 27, 115). Ein Affektstau und Selbstmord viele Jahre nach einem Haftungsfall (Unfall)⁹²⁹ kann zu zurechenbaren Schadensfolgen führen (vgl. Rn. 24 f.).

1056 Neben dem Ersatzanspruch für ausfallende Unterhaltsleistungen in Geld (Barunterhalt) steht ein Geld-Ersatzanspruch für entfallende persönliche Leistungen in der Familie, bei der Hausarbeit, Betreuung und Pflege (Betreuungsunterhalt, häufig unscharf als Naturalunterhalt bezeichnet, obwohl der Barunterhalt Naturalleistungen einschließt).

1057 Mit der ursprünglich als Billigkeitsregelung empfundenen Vorschrift des § 844 Abs. 2 BGB soll schadensrechtlich der lebensnotwendige Unterhalt sichergestellt werden. Gemeint ist damit die Notwendigkeit des Unterhalts, aber nicht die Sicherstellung eines notwendigen Unterhalts i.S. eines Minimalansatzes. Der Schädiger hat in Geld aufzubringen, was die mittelbar geschädigte Person von der getöteten Person als Unterhalt zu beanspruchen gehabt hat.

1058 Der Schadensersatzanspruch ist auf den Wegfall des Rechts auf den **gesetzlich geschuldeten Unterhalt** der getöteten Person begrenzt. Den **Schadensumfang** bestimmen die ehelichen Lebens-, Erwerbs- und Vermögensverhältnisse bzw. die Lebensstellung zum Barunterhalt und zur Haus- und Familienarbeit (Haushaltsführung, Kinderbetreuung und Erziehung⁹³⁰). Der Anspruch folgt auch der Dauer des Unterhaltsanspruchs (§ 1615 BGB, Rn. 300). Bei jeder individuellen Prüfung eines Schadensfalles sind Kontrollerwägungen zum familienrechtlichen Unterhaltsrahmen geboten. Bei der Entscheidung über eine Unterhaltsrente sind **alle voraussehbaren Veränderungen** zur Unterhaltsbedürftigkeit des Berechtigten und zur (hypothetischen) Leistungsfähigkeit des Unterhaltspflichtigen zu **berücksichtigen**. Davon wird der Richter nicht durch die Möglichkeit einer Abänderungsklage befreit.

1059
Unterhaltsschuld

Entscheidend ist die gesetzliche Unterhaltsschuld zum Grund und zur Höhe. Auf tatsächliche Leistungen, auf den Umfang der Betreuung, das konkrete Ausmaß der Haushaltsführung vor dem Schadensereignis kommt es anders als bei dem Anspruch der verletzten Person aus §§ 842, 843 BGB nicht an.⁹³¹ Inwieweit der Lebensstil, der familienrechtlich gesicherte Lebensstandard fortgesetzt werden kann, bestimmt sich nach den allgemeinen Regeln (zu den fixen Kosten des Haushalts beachte Rn.1192, zu § 254 BGB Rn. 1236).

---

929 *OLG Hamm* r+s 1997, 65.
930 *BGHZ* 86, 372 = VersR 1983, 458.
931 *BGH* VersR 1970, 617; 1974, 1016; 1976, 291; 1988, 1166; 1993, 56.

1060 Unterhaltsberechtigt sind Kinder gegenüber ihren Eltern (§§ 1601 ff., 1615a ff., 1754 BGB), Verwandte in gerader Linie. Das Stiefkind, das tatsächlich unterhalten wird, gehört dazu nicht. Der Unterhaltsanspruch der Mutter nach § 1615 l BGB ist gesetzlicher Anspruch i.S.d. § 844 Abs. 2 BGB zu ihren Gunsten.

1061 Zwischen Ehegatten mit gemeinsamer, u.U. in der intakten Ehe auch doppelter Haushaltsführung gelten §§ 1360, 1360a Abs. 1 BGB. Der Umfang des **Familienunterhalts** (§ 1360 BGB) richtet sich nach dem gesamten Lebensbedarf der Familie. Der Unterhalt umfaßt alles, was nach den Verhältnissen der Ehegatten erforderlich ist, um die Kosten des Haushalts zu bestreiten und die persönlichen Bedürfnisse der Ehegatten und der gemeinsamen unterhaltsberechtigten Kinder zu decken (§ 1360a Abs. 1 BGB). Das Einkommen der Ehegatten, das die Unterhaltspflicht nach oben eingrenzt, und der dadurch geprägte Lebensstil sind maßgebend. Die Art der Unterhaltsleistung ergibt sich aus den Geboten der Lebensgemeinschaft (§ 1360a Abs. 2 BGB).

1062 Die **Ehegatten** können grundsätzlich innerhalb eines weiten **Gestaltungsspielraums** vereinbaren, wer erwerbstätig ist und wer den Haushalt führt, also die Haus- und Familienarbeit erledigt. Sie können beide gemeinsam für den materiellen Unterhalt aufkommen und die Hausarbeit untereinander aufteilen oder auch durch einen Dritten ausführen lassen.

1063 **Unterhaltsgewährung** für das **Kind** bedeutet Befriedigung des gesamten – auch eines gehobenen – Lebensbedarfs. Die für den Unterhalt[932] maßgebende Lebensstellung der Kinder ist aber keine originäre des Kindes, sondern die aus der wirtschaftlichen Situation der barunterhaltspflichtigen Eltern (oder des Elternteils) abgeleitete Stellung. Dies bedeutet, daß die Eltern nicht mehr aufzubringen haben, als ihre Einkünfte hergeben. Die Berufsausbildung erfaßt der Barunterhaltsanspruch mit. Bei einer Zweitausbildung grenzen die unterhaltsrechtlichen Kriterien auch den Schadensausgleich ein.

1064 Gegen den haushaltsführenden Elternteil besteht – auch im gemeinsamen Haushalt – mit Eintritt der **Volljährigkeit** ausschließlich ein anteiliger (§ 1606 Abs. 2 Satz 1 BGB) Barunterhaltsanspruch.[933] Der Bedarf des volljährigen Kindes[934] richtet sich nach dem zusammengerechneten Einkommen der Elternteile, wenn beide leistungsfähig sind. Der Haftungs-

---

932 In das KindesunterhaltsG vom 6.4.1998 führen ein: *Grandke* in NJW 1998, 295 – 299, *Schumacher/Grün* FamRZ 1998, 778 – 797, *Weber* in NJW 1998, 1992 – 2004.
933 *OLG Bremen* OLGR 1999, 194, 195 m.w.Nachw. zur h.M.
934 Zum Einsatz eines eigenen Vermögens vgl. z.B. *OLG Köln* NJWE-FER 1999, 176.

Grundsätze zum Unterhaltsschaden

anteil der Eltern läßt sich über das Verhältnis der über dem Selbstbehalt liegenden Einkünfte bestimmen.

1065
Beispiel 143

> Das *OLG Köln*[935] nimmt einen Unterhaltsanspruch eines Studenten regelmäßig begrenzt bis zum 27. Lebensjahr an, es sei denn, daß das Studium von vornherein auf längere Dauer angelegt ist.

1066 Die **Hausarbeit** des Ehegatten, der keiner entgeltlichen Erwerbstätigkeit nachgeht, ist ein dem anderen **Ehegatten** geschuldeter Beitrag zum Familienunterhalt (§ 1360 S. 2 BGB). Minderjährige **Kinder** haben keinen einklagbaren Unterhaltsanspruch auf Betreuung, auch kein Wahlrecht zwischen Bar- und Betreuungsleistung. Der Unterhaltsanspruch ist auf eine Geldleistung gerichtet (§ 1612 Abs. 1 BGB). Sie haben aber ein **Recht auf Betreuung**[936] (§ 1606 Abs. 3 S. 2 BGB). Volljährige Kinder haben auch dieses Recht nicht. Allenfalls ausnahmsweise wird bei einem **volljährigen**, in Ausbildung befindlichen und im Haushalt der Eltern lebenden Kind ein Betreuungsunterhaltsschaden in Betracht[937] kommen können (zur Verletzung des haushaltsführenden Elternteils vgl. Rn. 885).

1067 Sind im Falle einer **Wiederheirat** die Leistungen des früheren (verstorbenen) Ehegatten und des neuen Ehefrau gleichwertig, wird der Schaden – geldwertmäßig eingeschätzt – ausgeglichen.[938] Von der Witwe oder dem Witwer ist nicht zu verlangen, bereits im Zeitpunkt der Wiederverheiratung für den Fall einer Verschlechterung oder gar des Wegfalls der Unterhaltsansprüche gegen den neuen Ehepartner vorsorglich Feststellungsklage[939] gegen den Schädiger zu erheben (vgl. Rn. 571). Zwischen der Hausarbeit und dem Barunterhalt ist dazu nicht zu unterscheiden.

1068
Wiederverheiratung

> Vom Zeitpunkt der Wiederverheiratung an besteht (für deren Dauer) kein Schadensersatzanspruch des hinterbliebenen Ehegatten.

1069 Der Schadensersatzanspruch von Unfallwaisen wegen Entziehung des Unterhalts wird nicht dadurch vermindert, daß die Waisen **an Kindes statt angenommen** werden. Es wäre unbillig, den Schädiger zu entlasten, wenn und weil es Dritte übernehmen, den durch sein Verhalten hilfsbedürftig gewordenen Waisen zu unterhalten. Gegen eine Anrechnung spricht auch, daß dann die Adoption als solche aus wirtschaftlichen Gründen erschwert werden würde.[940]

---

935 VersR 1990, 1285.
936 *BGH* NJW 1994, 2234, *Scholz* in FamRZ 1994, 1314.
937 *OLG Hamm* FamRZ 1987, 1029 = NJW-RR 1987, 539.
938 *BGH* VersR 1970, 522, 524, *BGHZ* 91, 357, 359.
939 *BGH* VersR 1979, 55 = NJW 1979, 268.
940 *BGHZ* 54, 269 = VersR 1970, 1051.

1070 Daß ein Kind nach der Tötung des einen Elternteils den vollen (Bedarfs-)Anspruch gegen den überlebenden Elternteil hat, beeinflußt seinen Schadensausgleich nicht. Die **Bedarfsdeckung oder Betreuung** (und Erziehung) **durch** eine **Stiefmutter oder** einen **Stiefvater** hat für das Kind, das einen Elternteil verloren hat, keine gesetzliche Grundlage im Unterhaltsrecht.

1071 Die tatsächliche Betreuung durch die Stiefmutter muß sich das Kind nach dem Tod der Mutter auf den Anspruch wegen der ausgefallenen Betreuung und Haushaltsführung nicht anrechnen lassen.[941]

1072 Bei **Tötung des Kindes** kann den Eltern ein Schadensersatzanspruch aus § 844 Abs. 2 BGB zustehen, wenn die Barunterhaltspflicht des Abkömmlings und die Bedürftigkeit der Eltern[942] – in der Reihenfolge der Berechtigungen nach § 1609 BGB – nachzuweisen ist. Die Leistungsfähigkeit des Abkömmlings beurteilt sich nach der Finanzierung des eigenen Lebensstandards und der Erfüllung der sonstigen Verpflichtungen, § 1603 Abs. 1 BGB, unter Beachtung der Reihenfolge der Verpflichteten, § 1606 BGB. Die Eltern müssen außerstande sein, sich selbst zu unterhalten. Zunächst kann für den eigenen Unterhalt nach dem Ertrag einer Arbeit oder den Erträgnissen eines Vermögens sogar ein Vermögensstamm anzugreifen sein (§ 1602 Abs. 1 BGB). Ein Eigenheim z.B. braucht aber nur eingesetzt zu werden, wenn dies wirtschaftlich zumutbar ist. Bei der Tötung eines jüngeren Kindes – insbesondere unter 10 Jahren – wird wegen des Vorteilsausgleichs zu ersparten Baraufwendungen (einschließlich Ausbildung) sowie zur Betreuung und Erziehung allenfalls selten ein Ersatzanspruch der Eltern in Betracht kommen. Ein Beitrag des (verunfallten) Abkömmlings zum Unterhalt(sbedarf) der Eltern, der tatsächlich gewährt, aber nicht kraft Gesetzes geschuldet wird, ist schadensrechtlich irrelevant.[943]

1073 Beispiel 144

> Über § 844 Abs. 2 BGB kommt das *OLG Stuttgart*[944] unter Anwendung der Düsseldorfer Tabelle mit Würdigung des Einzelfalls bei der Tötung des 16-jährigen, der zur Unfallzeit Landwirtschaftsgehilfe gewesen ist und – nach den getroffenen Feststellungen – im Anschluß an den Besuch einer Meisterschule den elterlichen Hof übernommen hätte, zum Ersatz des entgangenen Barunterhalts. Den Eltern wurden beginnend mit dem voraussichtlichen Schulabschluß jeweils monatlich 300,00 DM zugesprochen.

---

941 *OLG Stuttgart* VersR 1993, 1536.
942 *BGH* VersR 1985, 1140; vgl. auch *OLG Köln* VersR 1992, 888 = FamRZ 1992, 55, 56.
943 *BGH* VersR 1988, 1166 = NJW-RR 1988, 1238 = NZV 1989, 18.
944 ZfS 1991, 83 = r+s 1991, 165 m. *BGH* NA-Beschl. v. 18.12.1990.

1074 Die nach § 1619 BGB **geschuldete**, ausfallende (Mit-)**Arbeit** führt zum Schadensausgleich nach § 845 BGB (Rn. 1002 ff.).

1075 Bei **Trennung** oder **Scheidung** der Ehegatten darf schadensrechtlich für die Unterhaltsbeziehung zwischen den Ehegatten nichts anderes gelten als unterhaltsrechtlich. Zum Trennungsunterhalt zwischen Ehegatten sieht § 1361 Abs. 1 S. 1 BGB auf die Lebensverhältnisse sowie die Erwerbs- und Vermögensverhältnisse. Für geschiedene Ehegatten gelten §§ 1569 ff. BGB, zur Scheidungsabsicht s. Rn. 1076. Die familienrechtliche Unterhaltsbestimmung stellt dazu auf Quoten ab, um die Einkünfte aufzuteilen, insbesondere wenn die Einkünfte nicht den vollen Unterhalt aller Beteiligten abzudecken vermögen. Der Anspruch auf den schuldrechtlichen Versorgungsausgleich ist als Unterhaltsanspruch aufzufassen. Der Anspruch auf den öffentlichrechtlichen Ausgleich (mit dem Übergang auf den Erben nach § 1587e Abs. 4 BGB) ist nicht über § 844 Abs. 2 BGB ausgleichsfähig.[945] Eine familiäre Rücksicht, die den Unterhaltspflichtigen entlasten soll, darf dem Schädiger nicht zugute gebracht werden. In solchen Lebensverhältnissen ist eine **Haushaltstätigkeit nicht** gesetzlich geschuldet. Zu einem Ersatzanspruch wegen Ausfalls der Hausarbeit kann es nicht kommen.

1076 Eine **Scheidungsabsicht** blieb früher[946] außer Betracht. Die Vermutungsregeln des geltenden Scheidungsrechts sprechen angesichts der Anlehnung des deliktischen Ausgleichs an die unterhaltsrechtlichen Perspektiven dafür, den fiktiven Ausgang eines Scheidungsverfahrens mit allen unterhaltsrechtlichen Folgen selbst dann bei der Schadensregulierung zu berücksichtigen, wenn das Scheidungsverfahren im Zeitpunkt des Schadensfalles noch nicht anhängig gewesen ist. Bei der erhobenen Scheidungsklage ist der voraussichtliche Ausgang jenes Verfahrens abzuschätzen. Ergeben sich greifbare Anhaltspunkte für eine Versöhnung und die erneute Führung eines gemeinsamen Haushalts, ist auf die Verhältnisse für die intakte Ehegemeinschaft abzustellen.[947]

1077 Geht die **Unterhaltspflicht** des Getöteten kraft Gesetzes (§§ 1586b, 1615l BGB) auf **Erben** über, ist der Schädiger jedenfalls heranzuziehen, wenn die Erben tatsächlich nicht oder nur zu einem geringen Teil die ausgefallenen Leistungen ersetzen. Soweit der von den Erben erfüllte Anspruch nicht als Äquivalent für die Nichtteilhabe des geschiedenen Ehegatten am Nachlaß bewertet wird, läßt sich sonst ein realer Unterhalt-

---

945 *OLG Koblenz* FamRZ 1982, 175, *Lange* in FamRZ 1983, 1181, 1875.
946 *BGH* VersR 1974, 700.
947 *OLG Hamm* VersR 1992, 512 = FamRZ 1991, 1179 mit *BGH* NA-Beschl. v. 11.6.1991.

sausfall nicht erkennen, wie immer dann, wenn die Unterhaltsquelle unverändert/unbeeinflußt bleibt, selbst wenn der Pflichtige wechselt. Auch die Mutter hat im Fall des § 1615 l Abs. 3 Satz 5 BGB nur bei Leistungsunfähigkeit des Nachlasses einen – offenen – Schadensersatzanspruch.

2. Rückstände, Verzicht und Realisierbarkeit

Unterhaltsrückstände für die Zeit vor dem Tod des Unterhaltspflichtigen erfaßt § 844 Abs. 2 BGB nicht.[948] Der Anspruch auf die Zahlung von Rückständen ist keine Forderung, die vom Fortleben des Verunfallten abhängt. Nur auf den laufenden Bedarf ist – jedenfalls – ein Unterhaltsschadenersatzanspruch ausgerichtet. Der Anspruch zu aufgelaufenen Rückständen (vgl. auch § 850d Abs. 1 Satz 4 ZPO) sollte schon unterhaltsrechtlich als Ersatz-, nicht aber als Unterhaltsanspruch verstanden werden.

1078

Ob Unterhaltsansprüche zu Lebzeiten von der getöteten Person – freiwillig – **erfüllt** worden sind[949] oder nicht, ist im Ergebnis ebenso irrelevant wie eine überpflichtige Leistung. Wichtig ist nur, welchen Unterhalt die Hinterbliebenen ohne die Tötung hätten fordern können[950], nicht, welchen Unterhalt sie (früher) erhalten haben und vielleicht erhalten hätten.

1079

Der **Verzicht** der unterhaltsberechtigten Person auf den Unterhalt für die Vergangenheit (§ 1360a Abs. 3 BGB i.V.m. § 1614 Abs. 1 BGB) berührt § 844 Abs. 2 BGB – für die Zukunft – nicht.

1080

Der Ersatzanspruch für den Barunterhalt ist gegenständlich begrenzt: Der Unterhaltspflichtige muß **leistungsfähig** und der Unterhaltsanspruch gegen den getöteten Unterhaltspflichtigen muß realisierbar gewesen sein.[951] Die Leistungsfähigkeit der getöten Person muß die geschädigte Person darlegen und beweisen. Ist die Leistungsfähigkeit nicht gegeben, besteht kein Unterhaltsanspruch und stellt sich von vornherein nicht die Frage nach einem Schaden und einer Ersatzforderung.[952] Davon unterscheidet sich die Frage, ob bei einem gegebenen Unterhaltsanspruch dem Unterhaltsberechtigten ein Vermögensschaden deswegen nicht entstanden ist, weil der Unterhalt nicht beitreibbar gewesen ist, das **Recht auf** den

1081

---

948 *BGH* VersR 1973, 620 = NJW 1973, 1076.
949 *OLG Stuttgart* FamRZ 1996, 1177.
950 *BGH* VersR 1970, 41.
951 *BGH* VersR 1974, 906, *KG* NJW-RR 1987, 1095.
952 *OLG Köln* NJWE-VHR 1996, 152.

Unterhalt gegenüber der getöteten Person (vgl. §§ 1607 Abs. 2 Satz 1, 1608 S. 3 BGB) nicht zu verwirklichen gewesen ist. Die Möglichkeiten, den Unterhaltsanspruch auch realisieren zu können, unterliegen dabei zu Gunsten der geschädigten Person den Beweiserleichterungen durch § 287 ZPO in besonderem Maße.[953]

3. Ausdehnende Anwendung des § 844 Abs. 2 BGB?

1082 **Verlobte** werden von § 844 Abs. 2 BGB nicht geschützt.[954] Ein gesetzlicher Unterhaltsanspruch besteht in diesen Fällen nicht. Nur der Gesetzgeber kann den betroffenen Personen helfen. Immerhin kann die verletzte Frau, wie der *BGH*[955] früher gemeint hat, durchaus einen Anspruch auf Ausgleich wegen eines entgangenen Unterhalts haben.

1083 Eine ausdehnende Anwendung des § 844 Abs. 2 BGB zugunsten der **Ehefrau** bei bloßer Verletzung des später **unfallunabhängig Verstorbenen**[956] ist nicht zu rechtfertigen, auch wenn z.B. die Witwenrente beim Vergleich mit den Rentenleistungen ohne eine verletzungsbedingte Beeinträchtigung des Ehegatten niedriger ausfällt. Der geldwerte Ausfall ist keine Folge einer Tötung, sondern Folge der Verletzung und der dadurch bedingten Arbeitsunfähigkeit.

1084 Die Hausarbeit in einer **eheähnlichen Gemeinschaft** ist zwar geldwert. Sie wird jedoch ebenso wie ein geleisteter Barbeitrag zu persönlichen Bedürfnissen oder zu den festen Kosten des gemeinsamen Haushalts nicht gesetzlich geschuldet.[957] Ein Anspruch aus § 844 Abs. 2 BGB kann nach bisherigem Rechtsverständnis deswegen im Tötungsfall (anders als bei Verletzungen, Rn. 883) nicht erwachsen. Eine unterhaltsrechtliche Gleichsetzung der Ehe und der eheähnlichen Lebensgemeinschaft lehnt der *BGH* ab. Nicht ausschließbare Unsicherheiten bei der Abgrenzung des Personenkreises lassen es nach seiner Auffassung auch nicht zu, bei § 116 SGB X die eheähnliche Gemeinschaft der Ehe in der Wirkung[958]

---

953 Vgl.bei einem Arbeitslosen *OLG Bremen* FamRZ 1990, 403 m. *BGH* NA-Beschl. v. 24.10.1989.
954 *OLG Frankfurt* VersR 1984, 449 = FamRZ 1984, 790.
955 *BGH* VersR 1961, 84 = FamRZ 1961, 260, Rn. 823.
956 *BGH* VersR 1986, 391 = NJW 1986, 984, ablehnend Anm. *Dunz* in JZ 1986, 452, s. weiter *von Einem* in JR 1986, 414 und SGb 1987, 303; *LG Stuttgart* VRS 75, 90 m. *BGH* NA-Beschl. v. 12.4.1988.
957 BGHZ 91, 357, 361 m.w.Nachw., krit. Anm. *Lange* in JZ 1985, 90, *Dunz* in VersR 1985, 509.
958 BGHZ 102, 257, 263 = NJW 1988, 1091.

gleichzustellen. Für solche Gemeinschaften sollte sich künftig die ausdehnende Anwendung des § 844 Abs. 2 BGB durchsetzen. Bei gleichgeschlechtlichen oder der Art nach vorübergehend angelegte Partnerschaften ist § 844 Abs. 2 BGB nicht anzuwenden. Unter den in Rn. 883 gekennzeichneten Einschränkungen sollten allerdings auch gleichgeschlechtliche Lebensgemeinschaften in den Schutz des § 844 Abs. 2 BGB einbezogen werden.

Weder durch ein **tatsächliches Verhalten** noch durch eine **Vereinbarung** kann der Wert der zu berücksichtigenden Unterhaltsschuld erweitert werden bzw. worden sein. Der Entzug eines vertraglich geschuldeten Unterhalts fällt nicht unter § 844 Abs. 2 BGB.[959] Auf u.U. auch stillschweigend zustandekommende vertragliche Beziehungen paßt § 844 Abs. 2 BGB nach Ausrichtung und Ziel auch dann nicht, wenn die Beziehung einer sittlichen Pflicht oder einer auf den Anstand zu nehmenden Rücksicht entsprechen sollte. Vereinbarungen, die den Unterhaltsanspruch als gesetzlichen Anspruch ausweisen, berühren § 844 Abs. 2 BGB dagegen nicht.   1085

Für die von einer **sittlichen Pflicht** getragene Leistung im gemeinsamen Haushalt von Angehörigen drängt sich mit einer dauerhaften Lebens- und Beistandsgemeinschaft die Nähe zur Ausgleichsituation des § 844 Abs. 2 BGB und die Vergleichbarkeit mit dem Verlust des Rechts auf Unterhalt auf. Ein solches gemeinsames Leben steht von der inneren Verbindung her nach allgemeiner Vorstellung der Gemeinschaft zwischen Ehegatten oder Eltern und ihren Abkömmlingen gleich. Auch bei tatsächlichen Anknüpfungsmomenten, die gesichert und nicht für den Schadensfall fingiert sind, kann gleichwohl eine solche Gemeinschaft weder zu Barleistungen noch isoliert zur Hausarbeit so behandelt werden, wie die wechselseitigen Pflichten von Ehegatten und zwischen Eltern und Kindern. Selbst bei familiärer Beziehung und tatsächlicher Betreuung neben Anordnungen i.S.d. Betreuungsgesetzes gibt das geltende Recht ohne ein Unterhaltsrecht oder eine Unterhaltspflicht (s. Rn. 1055) keine Basis für einen Schadensausgleich nach § 844 Abs. 2 BGB insbesondere zum Ausfall persönlicher (Betreuungs-)Leistungen.   1086

Bei karitativen Anstrengungen ohne finanzielle Gegenleistung kommt eine Gleichstellung mit den direkten Anwendungsfällen des § 844 Abs. 2 BGB ebenfalls nicht in Betracht.   1087

---

959 *BGH* VersR 1966, 735, 736 beim Anspruch auf Altenteilsleistung; vgl. *OLG Celle* VersR 1978, 352 zur Pflicht des Hoferben aus § 14 Abs. 2 HöfeO.

4. Weitere Schadensfolgen

1088 Zu dem Ersatzbetrag kommt eine darauf liegende **Steuer** hinzu.[960] Die Unterhaltsschadensrente nach § 844 Abs. 2 führt nach Ansicht des Bundesministeriums der Finanzen[961] weiterhin zu einem wiederkehrenden Bezug i.S.d. § 22 Nr. 1 S. 1 EStG[962], da sie dazu dient, die wirtschaftliche Absicherung des Zahlungsempfängers wiederherzustellen. Dies hat die Folge, daß der volle Betrag der Unterhaltsrente besteuert wird, während die einmalige Abfindung nicht steuerpflichtig ist.

1089
Beispiel 145

> Wird ein Beamter getötet und erhält die Witwe Versorgungsbezüge, die mit dem ausfallenden Unterhaltsleistungen kongruent sind, hat der Schädiger die auf den entsprechenden Teil des Witwengeldes entfallende Einkommen- und Kirchensteuer zu ersetzen.[963]

1090 Die verspätete Geltendmachung von Einkommen- und Kirchensteuern kann die geschädigte Person ersatzlos bleiben lassen.[964]

1091 Die einem Witwer oder einer Witwe durch die mit der Tötung des Ehepartners und der **Aufhebung** der ehelichen **Lebensgemeinschaft** verbundenen, allgemein entstehenden **Steuernachteile** (Verlust des Splittingtarifs, Verringerung von Höchst- und Pauschbeträgen, Veränderung bei den Sonderausgaben) sind nach Ansicht des *BGH* nicht zu ersetzen, weil sich dies als **mittelbarer Vermögensschaden** darstellen soll.[965] Auch bei einem anzurechnenden Barvorteil (Rn. 1323) soll dieser Verlust nicht gegenzurechnen sein. Dies überzeugt indes jedenfalls bei steuerlichen Nachteilen für den Hinterbliebenen nicht, die sich bei einem durch den Tötungsfall veranlaßten und nahegelegten Wohnsitzwechsel und dadurch vorgefundene, gegenüber den früheren Verhältnissen veränderte steuerliche Rahmenbedingungen unabweisbar ergeben.

1092 Wird die im Haushalt tätige, infolge früherer Berufstätigkeit rentenberechtigte Mutter eines Kindes getötet, und **verliert** dieses Kind, weil es in der Krankenversicherung der Rentner versichert ist, den seither von seinem Vater vermittelten Anspruch auf **Familienkrankenhilfe**, kann der

---

960 *BGHZ* 104, 113, 122.
961 Schreiben an die obersten Finanzbehörden vom 8.11.1995, FamRZ 1996, 401.
962 *BGH* NJW-RR 1987, 604.
963 *BGHZ* 137, 237 = NJW 1998, 985 = VersR 1998, 333 = DAR 1998, 99 = FamRZ 1998, 416.
964 *BGH* VersR 1987, 409.
965 *BGH* VersR 1979, 670 = NJW 1979, 1501.

die Versicherungsbeiträge zahlende Rentenversicherungsträger von dem Schädiger **nicht** deren Ersatz beanspruchen: Der Unterhaltsanspruch des Kindes gegen die Getötete erstreckt sich nur auf die persönliche **Betreuung** und nicht auf Barleistungen.[966] Nur zu diesen gehört die Krankenvorsorge (Rn. 1229).

5. Forderungsübergang

Leistungen der **Hinterbliebenenversorgung** durch die Vorsorgeträger (Sozialleistungträger, Dienstherr) sind mit dem Schaden wegen Ausfalls des Bar- oder/und Betreuungsunterhalts sachlich kongruent mit der Folge des gesetzlichen Forderungsübergangs[967], Rn. 368 ff.   1093

Da bei mehreren **Hinterbliebenen** wegen des Entgangs der Haushaltsführung unterschiedliche Ersatzansprüche erwachsen (Rn. 1319), muß ein Forderungsübergang für jeden Anspruchsberechtigten **getrennt** festgestellt werden.[968]   1094

Bei der von der Witwe eines getöteten sozialversicherten Altersrentners bezogenen Witwenrente kommt es zum Rechtsübergang unabhängig davon[969], daß der Versicherungsträger ohne den Unfall u.U. eine höhere Leistung (Rente) aufzubringen gehabt hätte. Die Witwenrente ist dazu bestimmt, die durch den Tod des Versicherten entstehenden Unterhaltseinbußen auszugleichen. Deswegen geht der Ersatzanspruch auf den Rentenversicherungsträger über[970] auch hinsichtlich des Betreuungsunterhalts.[971] Jede Hinterbliebenenrente eines **Ehegatten** gleicht den Ausfall unabhängig davon aus, ob die entsprechende ausgefallene Tätigkeit sozialversichert gewesen ist oder nicht. Die Rente ist keine Gegenleistung, keine erkaufte soziale Sicherheit, sondern soziale Fürsorge, die beim Eintritt des Versicherungsfalles in die familiären Unterhaltspflichten eintritt und sich auf den **gesamten Unterhaltsbedarf** bezieht. Der entsprechende innere Bezug wird nicht dadurch in Frage gestellt, daß eine Rente nicht in einem konkreten Berechnungsverhältnis zu dem tatsächlich entstan-   1095

---

966 *BGH* VersR 1980, 844.
967 Zum Durchgriff gegenüber dem nach bürgerlichem Recht Unterhaltspflichtigen (§ 91 BSHG n.F.) *BGH* NJW 1996, 3273; zu §§ 94, 95 SGB VIII vgl. *OLG Stuttgart* FamRZ 1996, 1177.
968 *BGH* VersR 1972, 176; 1972, 743; 1973, 84; 1973, 939.
969 *BGH* VersR 1971, 636.
970 *BGH* VersR 1982, 291.

denen Schaden steht, sondern nach einem Berechnungsmodus festgesetzt wird, der ihr eine abstrakte Ausgleichsfunktion zuweist. Entscheidend ist allein, daß der Leistungszweck auf dieselbe Einbuße wie die Ersatzforderung zielt. Unschädlich bleibt, daß die Haushaltsführung bei der Bemessung der Rente nicht berücksichtigt ist. Auch der Anspruch wegen des Ausfalls einer zeitlich begrenzten (geschuldeten) Mitarbeit eines Ehegatten im Haushalt[972] geht deswegen[973] auf den Sozialleistungsträger über.

1096 Kommen zu einer im Rahmen der Kriegsopferversorgung geleisteten pauschalen, als Ausgleich auch für die unentgeltliche Hilfe durch einen Ehegatten gedachten Pflegezulage Aufwendungen für eine erhöhte Pflegezulage hinzu, ist Kongruenz gegeben.[974] Die erhöhte Zulage gleicht besondere finanzielle Ausgaben für fremde Hilfsdienste angemessen aus, die im Einzelfall nachweisbar entstehen. Nach dem Tod der Ehefrau bezieht sich dies auf die behindertengerechte notwendige (entgeltliche) Pflege und Hilfe durch eine andere Person – auch die leibliche Tochter, die insoweit nicht zum Unterhalt verpflichtet ist. Die besonderen Aufwendungen für die Betreuung als einem Beitrag, der auch bei einem Gesunden über die Kosten der allgemeinen Haushaltsführung hinausgeht, können dann nach der Differenz zwischen der Pauschale und dem erhöhten Ansatz bemessen werden.

1097 Die **Waisenrente** für das Kind ist – auch – mit dem Betreuungsunterhaltsschaden wegen des fürsorgerischen Prinzips der Existenzsicherung kongruent.[975] Soweit aus der Rentenversicherung der Mutter eine Waisenrente an das Kind gezahlt wird, geht also der Ersatzanspruch wegen Entzugs der Betreuung über. Es entspricht gefestigter Rechtsprechung, daß die Waisenrente den durch den Tod der Mutter entstandenen Bedarf des Kindes an Betreuung deckt, weil sie einen Ausgleich für die Beeinträchtigung der Familiengemeinschaft als eines wirtschaftlichen Gefüges gewährt.

1098 Die von der Sozialversicherung des nachverstorbenen Großvaters gewährte (höhere) Rente hat auf den Unterhaltsschadensersatz des nichtehelichen Kindes, das der Großvater nach der Tötung der Mutter in

---

971 *BGH* NJW 1984, 735. *BGH* VersR 1962, 330 ist überholt.
972 *BGH* VersR 1982, 291: Unstreitig hatte der Ehemann, dessen Ehefrau berufstätig war, einen Teil der Hausarbeit verrichtet, die mit 600,00 DM vierteljährlich bewertet wurde.
973 *OLG Frankfurt* NZV 1993, 474, *BGH* NA-Beschl. v. 15.6.1993.
974 *BGH* VersR 1993, 56 = NJW 1993, 124 = DAR 1993, 25, 26. Kläger war das Versorgungsamt (81a BVG a.F.).
975 *BGH* VersR 1987, 1092 = NJW 1987, 2293 im Anschluß an *BGH* VersR 1982, 291 = NJW 1982, 1045, VersR 1971, 1043 = NJW 1971, 1983.

seinen Haushalt aufgenommen gehabt hat, beim Ruhen der Rente der Mutter aber keinen Einfluß. Die aus Anlaß der Tötung der Mutter erbrachte Unterhaltsleistung des Großvaters an das Kind ist auf den Ersatzanspruch nicht anzurechnen (gewesen) unabhängig davon, ob der Großvater eine gesetzliche Unterhaltspflicht erfüllt hat oder nicht (§ 843 Abs. 4 BGB). Die an die Stelle dieser Leistung getretene Rente ersetzt (pauschal) eben diese Unterhaltsleistung und entlastet den Schädiger ebenfalls nicht.[976]

Die weitere Voraussetzung des Rechtsübergangs – das Kriterium der **zeitlichen Kongruenz**, Rn. 389, 798 f. – legt es zur Schadensregulierung nahe, in verschiedenen Zeiträumen unterschiedlich hohen Unterhaltsschäden sorgsam nachzugehen. Bei **summierten Renten** ist auch in anderen Zusammenhängen **Vorsicht** geboten, Rn. 332.

1099

TIP

II. Ausfall von Barbeiträgen (Barunterhaltsschaden)

Der Barunterhaltsschaden entsteht durch den Ausfall des Einkommens der getöteten Person und des daraus geleisteten Barbeitrags zum **Lebensunterhalt** der unterhaltsberechtigten Person, die dementsprechend gegen den Schädiger legitimiert ist. Der personenbezogene Bedarf der getöteten Person entfällt und ist nicht zu ersetzen. Die fixen Kosten des Haushalts (Rn. 1130) sind Hinterbliebenen ungeschmälert zu ersetzen.

1100

1. Konkrete Berechnung

Die konkrete Berechnung meint, individuell den fiktiven, monatlich ausfallenden Unterhalt über die konkreten, detailgenauen Bedarfsposten zu den einzelnen Lebensbereichen für einen hinterbliebenen Ehegatten oder für unterhaltsberechtigte Kinder zu ermitteln. Für die Schadensregulierung kommt eine solche konkrete Berechnung nur ausnahmsweise in Betracht. Vor allem darf die konkrete Berechnung nicht dahin mißverstanden werden, daß die nach der Tötung aufgebrachten Unterhaltsleistungen vom Schädiger zu ersetzen sind. Maßgebend ist nur, wozu die

1101

---

976 *BGH* VersR 1974, 966 = NJW 1974, 1237, Anm. *Müller* in SGb 1974, 471.

getötete Person im Falle ihres Weiterlebens verpflichtet gewesen wäre (Rn. 1058). Um solche Bedarfsposten geht es.

1102 Checkliste

Berechnungsposten zur Ermittlung eines konkreten Unterhaltsbedarfs	
• Allgemeiner Lebensbedarf, Nahrung, Getränke	...
• Wohnbedarf mit Wohnnebenkosten, Einrichtung	...
• Telefonkosten, Nachrichtenübermittlung, -empfang	...
• Kosten für Kleidung, Schuhe	...
• Aufwand für Kosmetik, Friseur	...
• ggfs. Aufwand Haushaltshilfe	...
• Kraftfahrzeugkosten	...
• Urlaubsaufwand	...
• Aufwand für Sport, Hobby, Tier- (Hunde-)Haltung	...
• Aufwand für kulturelle Veranstaltungen	...
• Aufwand für Restaurantbesuche	...
• Aufwand für Zeitschriften, Literatur	...
• Kleinkosten	...
• ggfs. Mehrbedarf wegen Ausbildung, Krankheit oder Alter	...
• Vorsorgebedarf (Alter, Gesundheit/Krankheit, Pflegebedürftigkeit)	...

1103 Die im Unterhaltsrecht verwendeten Tabellen erleichtern die Bestimmung der Höhe des Unterhalts von **Kindern**. Diese Tabellen, insbesondere die **Düsseldorfer Tabelle**[977], und die darauf ausgerichteten Leitlinien gelten für die Verhältnisse bei nicht intakten Ehen und **grundsätzlich nicht**[978] für das Schadensersatzrecht. Das *OLG Stuttgart*[979] hält die Bemessung des Ausfalls nach der Düsseldorfer Tabelle aus praktischen Gründen für möglich und dann einen Beweis zur Höhe des Anspruchs nicht für erforderlich. Der Anspruchsgegner muß nach dieser Ansicht besondere Umstände geltend machen und beweisen, die eine geringere Höhe des Unterhalts ergeben.

1104

Wenn mangels besser geeigneter Richtsätze die gebotene Schätzung auf der Grundlage einer Unterhaltstabelle erfolgt, ist im Regelfall eine erhebliche Korrektur nach oben zugunsten der Kinder vorzunehmen.

---

977 Mit Stand ab 1.7.1998 in FamRZ 1998, 534 = NJW 1998, 1469: 8.000 DM; vgl. dazu insbesondere *Scholz* in FamRZ 1998, 797. Mit Stand ab 1.7.1999 in FamRZ 1999, 766 = NJW 1999, 1845 mit Leitlinien der Familiensenate des *OLG Düsseldorf* in NJW 1999, 1846 sowie der Berliner Tabelle als Vortabelle in NJW 1999, 1849, vgl. dazu *Scholz* in FamR 1999, 1177. – Zur Regelbetragsverordnung ab 1.7.1999 *Schumacher* in FamRZ 1999, 749.
978 *BGH* VersR 1986, 39 = DAR 1986, 53; VersR 1987, 1243 = DAR 1988, 20; VersR 1988, 954 = NJW 1988, 2365.
979 FamRZ 1996, 1177.

Bei **ausländischen** Arbeitnehmern und ihren Abkömmlingen gilt grundsätzlich nichts anderes als für deutsche Arbeitnehmer. Es ist aber auf die spezifische Lebenssituation – etwa ein Getrenntleben – zu achten mit der Folge, daß u.U. insbesondere direkt die Erwägungen der Unterhaltstabellen und Leitlinien herangezogen werden können.[980]

1105

Ist der Unterhaltsbedarf eines wegen **Erziehungsmängeln** in einem Heim untergebrachten Kindes erhöht, darf dies zum Barunterhaltsersatz nicht übergangen werden. Betreuungskosten wegen eines Heimaufenthalts, die wertmäßig hinzukommen, stellen indes die Frage, ob und inwieweit der Betreuungsbedarf betroffen ist, der nicht nach den Regeln zum Barunterhaltsersatz auszugleichen ist, sondern nach den Regeln zum Betreuungsunterhaltsersatz Bei einem erhöhten Betreuungsbedarf infolge geistiger oder **körperlicher Behinderung** kann sich das Betreuungsrecht des Kindes verstärken. Dadurch wird nicht zwangsläufig der Barunterhaltsanspruch erhöht und besteht nicht selbstverständlich ein korrespondierender Barunterhaltsschaden – Ersatzanspruch und zwar auch nicht anteilig (oder hälftig) oder über die wegen persönlicher, familiärer Betreuung ersparten Baraufwendungen, die bei einer entgeltlichen Fremdbetreuung angefallen wären.

1106

Beim Tod des Vaters des nichtehelichen Kindes ist **mindestens** auf die Höhe der Regelbeträge abzustellen.[981] Beim Tod der Mutter eines solchen Kindes ist nach den Grundsätzen für Vollwaisen (Rn. 1259) zu verfahren, wenn die Unterhaltspflicht des Vaters durch einen (genehmigten) Abfindungsvergleich ausgeschlossen ist.[982]

1107

2. Pauschalierende Berechnung

Schadensrechtlich geht es praktisch meist um den Familienunterhalt innerhalb einer gemeinsam in einem Haushalt wirtschaftenden (intakten) Familie. Um den jeweiligen Unterhaltsausfall bestimmen zu können, bedarf es der Aufteilung der zur Verfügung stehenden Barmittel auf die Unterhaltsberechtigten. Die dazu erforderliche Berechnung wird hier in Anlehnung an die übliche Formulierung zum Ausfall des Betreuungsunterhalts ebenfalls „pauschalierende" Berechnung genannt (vgl. Rn. 1281).

1108

---

980 *OLG Hamm* NZV 1989, 271.
981 Zur Realisierbarkeit *KG* NJW-RR 1987, 1095.
982 *OLG München* VersR 1982, 376 (Betreuung des nichtehelichen Kindes durch die Großmutter).

Ausfall von Barbeiträgen (Barunterhaltsschaden)

1109 Das **Verteilungsmodell** im Anhang 3 weist die Quelle der einzusetzenden Geldmittel und die Verwendung sowie die Zuordnung zu den einzelnen Familienmitgliedern aus. Zugleich erschließt dieses Modell mit wenigen Rechenschritten die wesentlichen Beträge zum Barunterhaltsschaden und zu ersparten Barbeiträgen, die auf den Betreuungsunterhaltsschaden anzurechnen sein können (Rn. 1323). Die einzelnen Berechnungsfaktoren sind dieselben, die im folgenden anhand einer Checkliste und sodann näher zur Zuverdiener-, Doppelverdienerehe (Rn. 1243 ff.) veranschaulicht werden und die in dem Modell im Anhang 3 direkt zu verwenden sind.

1110 **Verzug** mit dem Schadensersatz kann ggfs. schon vor der rechtskräftigen Feststellung von Schadensersatzrenten eintreten. Dann ist ein zusätzlicher Zinsanspruch gegeben.

1111
Checkliste

	Ermittlung des Barunterhaltsschadens
	Monatliche (Netto-) Einkünfte
abzüglich	monatliche Beiträge zur Vermögensbildung
abzüglich	monatliche fixe Haushaltsführungskosten
ergibt	für den persönlichen Bedarf verfügbare monatliche Einkünfte
	Unterhaltsanteil (Quote) der geschädigten Person
erschließt	Entgangener Barbeitrag zu den persönlichen Bedürfnissen (monatlich)
zuzüglich	entgangener (ggfs. anteiliger) Beitrag zu den fixen Kosten (monatlich)
abzüglich	Vorteilsausgleichsbetrag
ergibt	monatliche Barunterhaltsschadensrente
ggfs.	monatliche Renten in verschiedener Höhe zu unterschiedlichen Zeitabschnitten
zuzüglich	ggfs. Vorsorgeausfall
abzüglich	ggfs. Vorteilsausgleich
abzüglich	ggfs. fiktive, nicht erzielte, aber zumutbar zu erreichende Einkünfte
zuzüglich	ggfs. Steuerschaden
ggfs.	Berücksichtigung eines Forderungsübergangs
	Befristung
ggfs.	Kapitalisierung für eine Gesamtabfindung

a) Nettoeinkünfte

1112 Das Einkommen der getöteten Person ist Rechnungsfaktor. Der Unterhaltsschaden ist mit den Einkünften des Getöteten nicht identisch, da ein Teil dieser Einkünfte auf die eigenen Bedürfnisse des Getöteten entfällt und der Eigenverbrauch des Getöteten nicht auszugleichen ist.

Pauschalierende Berechnung

Alle Lohn-, **Vergütungsbestandteile** (Rn. 783) oder Lohnersatzleistungen[983] sind zu berücksichtigen. Kindergeld gehört dazu nicht, beachte § 1612b BGB. Bei Spesen, die zur Deckung besonderer Lasten einer im Außendienst tätigen Person gezahlt werden, werden häufig 1/3[984] des Spesenansatzes den Nettoeinkünften hinzuzurechnen sein. Ganz unberücksichtigt bleiben aber Beträge, die pauschal oder konkret einen besonderen zusätzlichen (beruflichen) Aufwand der getöteten Person abgedeckt haben. Bei freiberuflich tätigen Personen, bei **Selbständigen** ist an einen Mehrjahresdurchschnittsbetrag mindestens von den letzten drei (Wirtschafts-)Jahren vor dem Schadensereignis her (wenn möglich) anzuknüpfen.[985] Bei starken Schwankungen sind Steuerbeträge konkret für die Einzeljahre, nicht über den Gesamtdurchschnitt einzubringen.[986] Bei nicht mehr erwerbstätigen Personen sind **Renten** zu berücksichtigen. Im übrigen können die unterhaltsrechtlichen Leitlinien[987] der Oberlandesgerichte zur Bestimmung der maßgebenden Einkünfte herangezogen werden, wobei auf die spezifischen Gesichtspunkte zum Familienunterhalt und zum Schadensausgleich geachtet werden muß.

1113

Bei tatsächlich unentgeltlicher Arbeit im **Familienbetrieb** ist der Beitrag zum Geschäftsgewinn und das Verhältnis der Arbeitsleistungen[988] beider Ehegatten, letztlich der Wert der Arbeit maßgebend. Die Mitarbeit im Betrieb oder Unternehmen des Ehegatten oberhalb der Unterhaltspflicht, z.B. bei einem nicht finanziellen Interesse an der Erhaltung eines Familienbetrieb, kann Teil der Zuwendungspflicht sein. Sie führt bei Tötung aber mangels der Unterhaltsschuld nicht zu einem Anspruch aus § 844 Abs. 2 BGB. § 1360 b BGB (beachte auch § 685 Abs. 2 BGB)[989] besagt (nach überwiegender Ansicht) zur Mitarbeit im Betrieb und Geschäft oder beim Beruf des anderen Ehegatten, daß die Mehrleistung über die Unterhaltsschuld hinaus im Zweifel ohne Erstattungsabsicht erfolgt. Nur die Leistung, die der Unterhaltspflicht entspricht, ist aber familienrechtlich geschuldet und deswegen bei Tötung zu ersetzen (zur Verletzung Rn. 992).

1114

Grundsätzlich liegt es für den nichtselbständig Erwerbstätigen nahe, nach Abzug von Steuern und Sozialversicherungsbeiträgen (Krankenversiche-

1115

---

983 Zum Pflegegeld vgl. Fn. 854.
984 *BGH* VersR 1987, 507 = NJW-RR 1987, 536 = DAR 1987, 220.
985 *BGH* FamRZ 1982, 680 = NJW 1982, 1642, NJW 1983, 1554.
986 *BGH* NJW 1985, 909, 910.
987 Zusammengestellt z.B. in der NJW, Beilage zu Heft 34/1999 mit Stand 1.7.1999.
988 *BGH* VersR 1984, 353.
989 Für den Fall des Scheiterns der Ehe kann § 1360b BGB entommen werden, daß ein zusätzlicher Geldwert in Betracht zu ziehen ist und als in Geldwert umzurechnende Zuwendung i.S.d. § 1380 BGB in den Ausgleich einzufließen hat, *BGH* NJW 1983, 1113 = FamRZ 1983, 351.

rung, Pflegeversicherung, Rentenversicherung Arbeitnehmeranteil, Arbeitslosenversicherung, ggfs. auch Lebensversicherung) auf die monatlichen Nettoeinkünfte abzustellen. **Ausnahmsweise** sind die **Bruttoeinkünfte** ohne steuerliche Abzug maßgebend, wenn diese infolge von Steuererstattungen und Abschreibungen voll für den Familienunterhalt zur Verfügung gestanden haben, es infolge des haftungsbegründenden Ereignisses aber nicht mehr wie vorher und ohne dieses Ereignis möglich ist, Abschreibungen geltend zu machen. Dann ist der entsprechende Steuerschaden zu ersetzen und zwar in der Form, daß der ausfallende Barunterhalt vom Bruttoeinkommen abzüglich Sozialabgaben (aber nicht weiter abzüglich Steuern) zu ermitteln ist.[990]

1116

Checkliste

Berechnung der monatlichen Erwerbseinkünfte	
(a) Monatliche Einkünfte	
• Bruttovergütung	...
• Vergütungsbestandteile (Zulagen, Gratifikationen, Prämien)	...
• Bei Selbständigen: Geschäftsgewinn (ggfs. Mehrjahresdurchschnitt: 12)	...
• Nebenverdienst	...
• Rente	...
• Sonstiges	...
Zwischensumme a):	...
(b) Monatliche Abzüge	
• Erwerbsbezogene Aufwandsentschädigung	...
• Arbeitnehmeranteil Sozialversicherungsbeträge (Kranken-, Pflegeversicherung, Rentenversicherung, Arbeitslosenversicherung)	...
• Bei Selbständigen: Rücklagen	...
• Prämien freiwillige Versicherungen der getöteten Person (z.B. Risikolebensversicherung; bei Selbständigen Alterssicherung[991] beachten)	...
• Sonstiges[992]	...
• regelmäßig: Steuern	...
Zwischensumme b):	...

1117 **Kapitaleinkünfte** (Vermögenserträge), Einkünfte aus Vermietung und Verpachtung, die dem Unterhalt dienen und soweit sie dem Unterhalt dienen, sind ebenfalls einzubeziehen.

---

990 *BGH* VersR 1990, 748 = NJW-RR 1990, 706 = DAR 1990, 228 = NZV 1990, 306.
991 Die Rücklage für die gemeinsame Alterssicherung ist Teil des geschuldeten Unterhalts.
992 Zum berufsbedingten Aufwand beachte Rn. 743.

Gesamtberechnung der unterhaltsrechtlich relevanten Geldmittel		
	Zwischensumme a)	...
abzüglich	Zwischensumme b)	...
zuzüglich	sonstige zum Unterhalt verwendete, verfügbare Einkünfte	...
ergibt	Monatliche Nettoeinkünfte (1.)	...

1118

Checkliste

b) Vermögensbildung

Die Vermögensbildung ist unterhaltsrechtlich nicht geschuldet.[993] Sie ist kein Teil des Unterhalts, der sich auf den Lebensbedarf mit den Kosten der Lebensführung bezieht. Um das zur Ermittlung des Schadens wesentliche, für Unterhaltszwecke verfügbare Einkommen bestimmen zu können, sind deswegen aus den Nettobeträgen die Aufwendungen zur Vermögensbildung auszuscheiden. Zu solchen finanziellen Aspekten sind konkrete Feststellungen zu treffen. Die Lebenserfahrung hilft nicht.

1119

Die **Grenze** zwischen dem Unterhaltsbedarf und der Vermögensbildung verläuft **nicht scharf**. Kapitalbildung muß nicht immer Vermögensbildung sein, Rücklagen und Ansparleistungen für Gegenstände, die dem Wohnen oder der Mobilität, auch der Freizeitgestaltung dienen, können zum Unterhalt zählen. Teilweise handelt es sich sogar ggfs. um fixe Kosten (Rn. 1135, 1141). Der Erwerb von **Immobilien**, Wohnungseigentum jedenfalls gehört zur Vermögensbildung. Die Anschaffung von **Wertpapieren** jeder Art, von Edelmetall (Gold, Silber) und dergleichen ist ebenso einzuordnen.

1120

Es gibt **keinen Erfahrungssatz** dazu, ob und ggfs. wieviel die Ehegatten von ihrem Einkommen monatlich der Vermögensbildung zuführen. Pauschale Ansätze sind (ebenso wie im Unterhaltsrecht) nicht zugelassen. Allein die individuellen Vereinbarungen der Ehegatten und damit der von ihnen abgesprochene Finanzbedarf, also der von ihnen gewünschte (Lebens-)Standard[994], ihr Lebenszuschnitt bestimmen, welche Teile laufender Einkünfte dem Unterhalt zugeführt werden und welche Teile der Vermögensbildung dienen. Maß der Vermögensbildung sind also im Kern die tatsächlichen Aufwendungen.

1121

Das **Einvernehmen**[995] der Ehegatten setzt sich jedoch nicht schrankenlos durch. Eine verschwenderische Lebensführung (exzentrischer Luxus)

1122

---

993 *BGH* NJW 1992, 1044, 1046.
994 S. jedoch *Lange* in FamRZ 1983, 1181, 1186.
995 *BGHZ* 104, 113 = VersR 1988, 490 = DAR 1988, 206.

bleiben ebenso wie ein übertriebener Konsumverzicht unterhalts- und schadensrechtlich unberücksichtigt.

1123
Angemessenheit

Jede Absprache ist auf „Angemessenheit" hin zu überprüfen. Schadensrechtlich zeigen sich Grenzen durch die „Erforderlichkeit" des Unterhaltsaufwands.[996] Die Darlegungs- und Beweislast für eine volle unterhaltsrechtliche Verwendung hoher Einkünfte (in der Größenordnung von 10.000,00 DM[997] monatlich) sollte uneingeschränkt die Hinterbliebenen treffen.

1124

Aufwendungen zur Vermögensbildung sind Leistungen zum Erwerb und Leistungen zum Erhalt[998] der entsprechenden Güter, Gegenstände und Rechte/Forderungen.

1125
Beispiel 146

Aufwendungen für die Tilgung des für ein Eigenheim aufgenommenen Kredits sind als Bestandteil der Vermögensbildung vom Einkommen abzuziehen. Anders als solche Tilgungsbeiträge müssen aber Zinsen als Beiträge zur Finanzierung des Wohnbedarfs bei der Bemessung des Unterhaltsschadens berücksichtigt werden. Diese Zinsbelastung steht dem Mietzins gleich.

1126
Checkliste

Monatliche Aufwendungen zur Vermögensbildung
- Bausparbeiträge ...
- Andere (laufende oder auf einen Monat umgerechnete) Sparbeträge ...
- Monatlich anteilige Rücklagen
  (soweit nicht in anderen Zusammenhängen zu berücksichtigen) ...
- Sonstige monatliche Leistungen ...
Summe (2.) ...

1127
Beispiel 147

n-PH, Jahr	Monatliche Beträge	Fundstelle
2-PH, 70er Jahre	Vermögensbildung mehrere hundert Deutsche Mark	*OLG Bamberg* FamRZ 1981, 448
2-PH, 1980	Einkünfte rund 2.900,00 DM, Vermögensbildung rund 550,00 DM	*OLG Bamberg* FamRZ 1983, 914

---

996 *BGH* VersR 1984, 961 = NJW 1985, 49.
997 In angemessener Erhöhung des Grenzwerts der Düsseldorfer Tabelle für Kinder, vgl. *Scholz* in FamRZ 1993, 125, 136.
998 Aufwendungen zur Vermögenserhaltung sind gem. § 1581 S. 2 BGB beim Unterhaltsberechtigten (anders als Aufwendungen zur Vermögensbildung) von den Einkünften abzuziehen, um das unterhaltsrelevante Einkommen zu ermitteln, *BGH* VersR 1990, 494 (Einkünfte aus Vermietung – Erhaltung des Gebäudes).

3-PH	für Unterhaltszwecke verteilbar 4.317,49 DM, keine Abzüge für Vermögensbildung	*OLG Stuttgart* Urt. v. 6.12.1990, 13 U 47/90, *BGH* NA-Beschl. v. 24.9.1991, VI ZR 388/90
4-PH, 1971	Einkünfte 5.000,00 DM, Verbrauch für Familienunterhalt 3.000,00 DM	*BGHZ* 73, 109 = VersR 1979, 324
1983	Einkünfte 7.500,00 DM, Sparrücklage 1.100,00 DM zur Anschaffung eines Eigenheims	*BGH* VersR 1990, 317 = DAR 1990, 55
1985	Einkünfte 9.000,00 DM, Vermögensbildung offen gelassen	*OLG Frankfurt* DAR 1990, 464 = NJW-RR 1990, 1440

In der Zuverdiener-, Doppelverdienerehe sind Aufwendungen zur Vermögensbildung entweder nach dem Verhältnis der beiderseitigen Einkünfte zu den gesamten Einkünften auf die Ehegatten aufzuteilen (vgl. Rn. 1216, 1249) oder konkret jeweils zu den Einkünften der Ehegatten zu berücksichtigen. **1128**

Die **Sättigungsgrenze** für Kinder wirkt sich ebenfalls anspruchsbegrenzend aus. **1129**

c) Fixe Kosten der Haushaltsführung

Die fixen Kosten der Haushaltsführung erfassen vor und nach dem Schadensfall gleich hoch anfallende[999] oder nach dem Schadensfall nur unwesentlich verringerte, im Einzelfall aber ggfs. auch erhöhte, **nicht personenbezogene Ausgaben** für den bisherigen, nun fortgeführten Haushalt. Es ist auch von festen Kosten, Festkosten oder unveränderten Haushaltskosten zu sprechen. **1130**

Das Ziel, dem oder den Hinterbliebenen die fixen Kosten als Teil des ausgefallenen Unterhalts effektiv zufließen zu lassen, wird real nur erreicht, wenn von den Einkünften diese Kosten der Haushaltsführung zunächst abgezogen werden und der Ersatzbetrag um die (entgangenen) fixen Kosten erhöht wird. Da die verfügbaren Einkünfte gequotelt werden, heben sich die vorgehende Substraktion und die spätere Addition rechnerisch nicht auf. **1131**

---

999 *BGH* VersR 1984, 79 = FamRZ 1984, 142.

Ausfall von Barbeiträgen (Barunterhaltsschaden)

1132 Ohne Abzug fixer Kosten soll nach teilweise vertretener Ansicht abgerechnet werden (können), wenn den Hinterbliebenen ein – gegenüber der Schadensabrechnung mit fixen Kosten – höherer Unterhaltsanteil gutgebracht wird. Ohne eine solche Erhöhung wird ein Teil dieses Ansatzes als personenbezogen jedoch gar nicht ausgeglichen. Durch geringfügig erhöhte Quoten wird in aller Regel der ersatzfähige Nachteil nicht abgedeckt. Die Erhöhung müßte vielmehr im Umfang der fixen Kosten, also nach deren prozentualem Gewicht gegenüber dem zum Unterhalt zur Verfügung stehenden Einkommen erfolgen. Unnötige und unangebrachte Quotenverschiebungen ersparen den Hinterbliebenen die exakte Erfassung der fixen Kosten, wenn der Schädiger und die Haftpflichtversicherung nicht teilweise den Schadensersatz sparen sollen.

1133

Beispiel 148

	Berechnung ohne Fixkosten	Erhöhte Quote	Berechnung mit Fixkosten
Nettoeinkünfte	4.000,00	4.000,00	4.000,00
Fixkosten	–	–	1.520,00
verteilbare Einkünfte	4.000,00	4.000,00	2.480,00
Witwenanteil	45 %	50 %	45 %
als (Betrag)	1.800,00	2.000,00	1.116,00
Fixkosten	–	–	1.520,00
Rentenanspruch	**1.800,00**	**2.000,00**	**2.636,00**

1134 **Welche Kosten** als fixe Kosten im Einzelfall konkret maßgebend sind, unterliegt der **fallbezogenen Würdigung**. Die wirtschaftlichen Belastungen durch die Fortführung des Haushalts sind mit den in § 287 ZPO angelegten Erleichterungen vom Geschädigten darzulegen und zu präzisieren. Eine genaue Spezifizierung muß nicht stets verlangt werden. Die Lebenserfahrung gibt Anhaltspunkte. Alle Kosten, die im Zusammenhang mit der Erzielung der ausfallenden Einkünfte stehen und künftig entfallen, sind keine fixen Kosten.

1135 Fixkosten treten insbesondere auf als Aufwendungen für die **Unterkunft**:
- Miete,
- Mietnebenkosten: umlagefähige Betriebs-/Nebenkosten mit Schönheitsreparaturen,
- gemeinschaftliche Reinigungskosten/ Winterdienst;
- Reparaturkosten für Einrichtungsgegenstände,
- Rücklagen für Neuanschaffung, Ersatzbeschaffung (streitig).

1136 Beim Hausbau entstehende **Zinslasten**, die den Mietwert widerspiegeln, sind vergleichsweise auf eine angemessene Mietwohnung zu beziehen. Angemessen ist die Wohnung, die hinsichtlich Lage, Zuschnitt und

Bequemlichkeit den tatsächlichen Verhältnissen entspricht.[1000] Der **fiktive Mietwert** für das selbst genutzte Haus aber soll **nicht**[1001] angesetzt werden dürfen. Die Miete einer vergleichbaren, gleichwertigen Wohnung hat nicht die Bedeutung einer Bemessungsgrundlage, weil es an tatsächlichen Aufwendungen fehlt. Dieser Mietvergleich bildet – nur – die Obergrenze, bis zu der tatsächliche Aufwendungen, die nicht der Vermögensbildung dienen, anzusetzen sind. Aufwendungen und Rücklagen für Erhaltungsmaßnahmen sind in diesem Vergleichsrahmen eher großzügig anzusetzen.

Konkrete **Aufwendungen** der Ehegatten für die **Pflege** und **Erziehung** eines **Kindes** mindern das für (andere) Unterhaltszwecke verwendbare Einkommen.[1002] Sogar Kosten für eine Haushaltshilfe können – bei entsprechend hohen Einkünften und entsprechender Lebensgestaltung – zu berücksichtigen sein.[1003]   **1137**

Es sind[1004] darüber hinaus aller Kosten der Lebensführung zu berücksichtigen, die zwar in gewissem Maß von der Zahl der Familienmitglieder, jedoch **nicht** vom **prozentualen Anteil** des **Verstorbenen** am verfügbaren Familieneinkommen **abhängig** sind. Der fortbestehende Bedarf ist festzustellen.   **1138**

Zu den fixen Kosten zählen insofern: **1139**
- Ausgaben für erforderliche Informationen,
- Aufwendungen zur Kommunikation (Telefongrundgebühren),
- nicht personengebundene Steuern,
- Versicherungen (Kranken-, Unfallversicherung, Privathaftpflicht, Hausrat, Rechtsschutz, Brandschutz),
- ausnahmsweise Aufwendungen für die Freizeit, wenn sie nicht über den Unterhaltsbedarf abzudecken sind.

Ggfs. fließen zur Fortführung der wirtschaftlichen Basis des Zusammenlebens in der Familie Betriebs-/Wartungs-, Reparaturkosten für ein (auch Zweit-) Kraftfahrzeug, das nach dem Todesfall tatsächlich weiter benutzt wird, ein. Insbesondere ist die Kfz-Steuer einsetzbar[1005], wohl auch die   **1140**

1000 *BGH* VersR 1990, 317; zur qualitativ gleichwertigen Mietwohnung statt des Eigenheims VersR 1984, 961 = NJW 1985, 49 = FamRZ 1984, 980 sowie VersR 1986, 264 = NJW 1986, 715, VersR 1998, 954 = NJW 1998, 2365.
1001 BGHZ 137, 237 = VersR 1998, 333 = NJW 1998, 985 = DAR 1998, 99; *OLG Köln* VersR 1990, 1285, *OLG Nürnberg* NZV 1997, 439.
1002 *BGH* VersR 1987, 156, 157.
1003 *RGZ* 154, 236, 241.
1004 *BGH* VersR 1987, 1241 = DAR 1987, 325.
1005 *BGH* VersR 1988, 954 = NJW 1988, 2365, Anm. *Nehls* NZV 1988, 138.

Garagen-, Unterstellmiete[1006], nicht aber der Wertverlust des Kfz.[1007] U.U. mag bei einer Tierhaltung (vgl. Rn. 864) entsprechend einer angemessenen, von den Ehepartnern abgesprochenen Lebensgestaltung ein weiterer Bedarfsposten einzurechnen sein.

1141
Checkliste

Fixe Haushaltskosten	
Monatlicher Grundbedarf	
Wohnen: Miete, Mietwert	...
umlagefähige Betriebs-, Nebenkosten	...
Schönheitsreparaturen	...
gemeinschaftl. Reinigungskosten, Winterdienst	...
Einrichtungsgegenstände, Hausrat	
Reparaturkosten	...
Rücklagen	...
Neuanschaffungen	...
Ersatzbeschaffung[1008]	...
Monatliche Aufwendungen für Versicherungen	
Krankenversicherung (soweit nicht Zusatzschaden)	...
Unfallversicherung	...
Lebensversicherungen der Hinterbliebenen (Risikoprämien)	...
Privathaftpflicht	...
Hausratversicherung	...
Rechtsschutzversicherung	...
Brandversicherung	...
Kindergartenkosten[1009]	...
Monatliche Aufwendungen für Information, Kommunikation	
Informationsaufwand	...
Telefongrundgebühren	...
Monatliche Aufwendungen für Kraftfahrzeug	
Betriebs-, Wartungsaufwand	...
KfzSteuer	...
Gesamtsumme (3.)	...

1142 Bei gewissen Positionen kann eine statistische Grundlage Aufschluß[1010] über die (Gesamt-)Höhe geben. Statistiken für verschiedene Haushalts-

---

1006 Ohne fiktiven Ansatz, s. Rn. 1136.
1007 *BGH* VersR 1987,70 = DAR 1987, 17.
1008 Bejahend *OLG Hamm* VersR 1983, 927; verneinend *OLG Celle* ZfS 1987, 229.
1009 *BGHZ* 137, 237 = VersR 1998, 333 = NJW 1998, 985 = DAR 1998, 99 = MDR 1998, 283 = FamRZ 1998, 416.
1010 *BGH* VersR 1988, 954 = NJW 1988, 2365.

typen erschließen aber die wesentlichen Beträge nicht zwingend. Es läßt sich insbesondere nicht schlechthin mit (durchschnittlich) 40 %, 38 % bis 41 % oder 35 % bis hin zu 50 % von den Nettoeinkünften rechnen.

Als **Kontrollansatz** ist eine Größenordnung zwischen 35 % und 45 % der Differenz der Beträge zu 1. (Nettoeinkünfte) und 2. (Aufwand zur Vermögensbildung) vorstellbar. Bei einem vergleichsweise geringeren Einkommen sind – ohne Kfz – die fixen Kosten relativ höher als bei gehobenen Einkommensverhältnissen.

1143

TIP

1144

Beispiel 149

Höhe von fixen Kosten		
n-PH, Jahr	Beträge	Fundstelle
1983	Einkünfte rund 7.500,00 DM, Fixkosten rund 1.900,00 DM	*BGH* VersR 1990, 317 = DAR 1990, 55.
3-PH	Einkünfte 4.317,49 DM, Fixkosten 1.630,00 DM	*OLG Stuttgart* Urt. v. 6.12.1990, 13 U 47/90, *BGH* NA-Beschl. v. 24.9.1991, VI ZR 388/90.
4-PH, 1971	Einkünfte 5.000,00 DM, Fixkosten 825,00 DM	*BGHZ* 73, 109 = VersR 1979, 324.
6-PH, 1985/1986	Einkünfte 9.400,00 DM, Fixkosten 2.750,00 DM	*BGH* VersR 1990, 748, 749 = DAR 1990, 288.

Umzugskosten sind keine fixen Kosten. Solche Lasten sind nur ausnahmsweise zu erstatten, z.B. beim Wohnungswechsel im Interesse an der Geringhaltung des Schadens (Verringerung der Mietkosten).

1145

Getrennt von fixen Kosten sind z.B. Grabpflegekosten zu erfassen, die § 844 Abs. 1 BGB zu dem Tötungsfall wiederum nicht abdeckt (Rn. 1388).

1146

Wenn bei **eigenen Einkünften des hinterbliebenen Ehegatten** aus einer im Verhältnis zum Schädiger unzumutbaren Erwerbstätigkeit Fixkosten nur nach dem Verhältnis der beiderseitigen Nettoeinkünfte zu den Gesamteinkünften berücksichtigt werden sollen – wie es teilweise praktiziert wird –, wären anteilige fixe Kosten nach den Regeln bei der Zuverdiener-, Doppelverdienerehe aufzuteilen. Bei Unzumutbarkeit der Erwerbstätigkeit (vgl. Rn. 1236) sind nach der hier vertretenen Ansicht die fixen Kosten aber ungekürzt, also in gesamter Höhe zu Lasten der Einkünfte des getöteten Ehegatten anzusetzen. Die andere Auffassung steht im Widerspruch zu der Einstufung der Einkünfte des hinterbliebenen Ehegatten als „unzumutbar" mit der Folge der Nichtanrechnung und nicht etwa einer (etwas verborgenen) Teilanrechnung.

1147

d) Verbleibende Einkünfte zum personenbezogenen Bedarf

1148
Checkliste

> Die für den persönlichen, personenbezogenen Bedarf der Familienangehörigen verfügbaren Einkünfte errechnen sich durch Abzug der Fixkosten von den Nettoeinkünften nach Berücksichtigung der Beträge zur Vermögensbildung:
>
>   Ergebnis zu 1.
> abzüglich Zwischensumme zu 2.
> abzüglich Zwischensumme zu 3.
>   ergibt zum personenbezogenen Bedarf verbleibende Einkünfte (4.)

1149 Bei einem Familieneinkommen in einer Größenordnung über den allgemeinen Unterhaltsbedarf hinaus bestimmt sich der Ersatzanspruch der **Kinder** nicht nach einem Prozentsatz am Gesamteinkommen, sondern danach, welche Beträge des Einkommens der Unterhaltspflichtige hätte aufwenden müssen, um dem Kind[1011] denjenigen Lebensunterhalt zu verschaffen, der nach der Lebensstellung angemessen ist. Die Begrenzung auf die Lebensstellung des bedürftigen Kindes und seinen Lebensbedarf (§ 1610 Abs. 2 BGB, Rn. 1063) bedeutet insofern, daß es zu einer **Sättigungsgrenze** kommt. Die Sättigungsgrenze für den Lebensbedarf kann mangels anderer Anhaltspunkte und ohne Nachweis konkreter Bedarfsposten (Rn. 1111) der Höhe nach der (jeweils geltenden) Düsseldorfer Tabelle entnommen werden.

1150
Luxus

> Die Teilhabe am Luxus der Eltern zu deren Lebzeiten führt nicht zu einem Geldersatzanspruch über den angemessenen Lebensbedarf und -standard hinaus.

1151
Berechnungsmodell

Modell zur Berechnung der Sättigungsgrenze beim Unterhaltsbedarf von Kindern		
	Beispiel A	Beispiel B
a) Sättigungsgrenze	8.000,00	8.000,00
Fixkosten-Aufwand	2.000,00	1.900,00
Deckungsgrenze für den persönlichen Bedarf	6.000,00	6.100,00
b) Nettoeinkünfte	9.000,00	5.000,00
Vermögensbildung	200,00	0,00
Fixkostenaufwand	2.000,00	1.900,00
Beitrag zum persönlichen Bedarf	6.800,00	3.100,00

[1011] *BGH* VersR 1985, 365 = NJW 1985, 1460, Anm. *Schlund* in JR 1985, 420.

> c) Ist der Beitrag höher als die Deckungsgrenze, sollte diese Grenze die Bezugsgröße der Quote zum persönlichen Bedarf werden, andernfalls verbleibt es bei der Quote zum (niedrigeren) realen Beitrag.   6.000,00   3.100,00
>
> **Erläuterung:** Nach der hier vertretenen Ansicht ist für die **Deckungsgrenze** zum personenbezogenen Bedarf des Kindes die Differenz zwischen der Sättigungsgrenze und den fixen Kosten zu bilden und sodann mit der Differenz zwischen den für den Unterhalt zur Verfügung stehenden Einkünften (nach den Aufwendungen für die Vermögensbildung) und den fixen Kosten zu vergleichen.

> Bei Einkünften in Höhe von fast 9.000,00 DM hat das *OLG Frankfurt*[1012] zwischen dem vollen Ansatz zugunsten des hinterbliebenen Ehegatten und einer Sättigungsgrenze für die Kinder (in Höhe von – damals – 7.000,00 DM) unterschieden.

1152

Beispiel 149a

Zwischen **Ehepartnern** gibt es in aller Regel eine entsprechende Sättigungs- und Deckungsgrenze **nicht**.

1153

e) Unterhaltsanteile

aa) Eigenverbrauchsanteil der getöteten Person

Der Eigenverbrauchsanteil der getöteten Person an den für Unterhaltszwecke verfügbaren Einkünften ist **nicht ersatzfähig** und dementsprechend rechnerisch auszuscheiden.

1154

Dieser Anteil (Selbstbehalt, Eigenquote am Gesamtunterhaltsbetrag) darf nicht zu gering angesetzt sein. Der entsprechende Betrag liegt in aller Regel deutlich unter dem unterhaltsrechtlich geschützten Selbstbehalt. Jener unterhaltsrechtliche Ansatz erfaßt auch fixe Kosten. Unterhaltsrechtlich fließt zwischen den getrennt lebenden oder geschiedenen Ehegatten die höhere Belastung durch eine doppelte Haushaltsführung ein oder wird das besondere Verhältnis zu den andernorts lebenden Kindern berücksichtigt. Schadensrechtlich treffen dagegen die entgangenen Aufwandsanteile zu allen Fixkosten der intakten Familie den Schädiger.

1155

Im Einzelfall ist es möglich, den Eigenanteil der getöteten Person **vorrangig abzuziehen** und ausschließlich den verbleibenden Restbetrag auf

1156

[1012] DAR 1990, 464 = NJW-RR 1990, 1440, teilweise abgedruckt auch in VersR 1991, 595, m. *BGH* NA-Beschl. v. 31.5.1990.

die Hinterbliebenen aufzuteilen. Da dann der Schaden und nicht das Einkommen verteilt wird, sind **andere Schlüssel** und zwar ggfs. diejenigen zur Aufteilung eines Betreuungsunterhaltsschadens (vgl. Rn. 1321) zu verwenden als bei der Verteilung des für den Unterhalt anzusetzenden Einkommens auf die Familienangehörigen ohne Vorwegabzug des personengebundenen Eigenbedarfs der getöteten Person.

1157 Die Quote für den getöteten Ehepartner ist insbesondere bei der Berechnung einer eventuellen **Barersparnis** zum Betreuungsunterhaltsschaden (Rn. 1323) bedeutsam.

bb) Verteilungsschlüssel

1158 In der Praxis wird zu dem personenbezogenen Bedarf ein pauschalierter Ansatz mittels eines Verteilungsschlüssels für alle Beteiligten (getöteter Ehegatte, hinterbliebener Ehegatte, Kinder) vorgenommen (Quotierungsmethode). Es wird also das nach Abzug der Fixkosten verbleibende (verfügbare, verteilungsfähige) Einkommen einerseits auf die getötete Person und andererseits die Hinterbliebenen nach dem Bedarf für den hinterbliebenen Ehegatten bei intakten Eheverhältnissen sowie nach der Bedürftigkeit für die (Halb-)Waisen verteilt. Die Verteilungsschlüssel (Quotenanteile der betroffenen Familienmitglieder) beruhen auf (richterlicher) Erfahrung und entsprechen richterlichem Schätzungsermessen. Das Ergebnis weist jeweils die ausgleichsfähigen, entgangenen Barbeiträge zum personenbezogenen Bedarf aus.

TIP 1159 Zu grobe Durchschnittsquoten sind mit § 287 ZPO nicht in Einklang zu bringen.

1160 Ggfs. sind Anteile der Berechtigten zu erhöhen, wenn ein zunächst Berechtigter ausscheidet. Eine gleichmäßige Erhöhung der verbliebenen Berechtigten drängt sich dann nicht zwangsläufig auf, kann aber doch zu rechtfertigen sein.

1161
Beispiel 150

> Auf die Verteilung mit 40 / 30 / je 15 (4-PH) für einen Zeitabschnitt, kann für den nächsten Zeitabschnitt die Verteilung über 45 / 35 /20 (3-PH) und schließlich nach dem Ausscheiden des letzten Abkömmlings die Verteilung 55 % (Getöteter) / 45 % (Witwe) folgen, beachte dabei Rn. 1163, 1167.

(1) Ehegatten untereinander

1162 Zwischen den Ehegatten bestimmt grundsätzlich der **Halbteilungsgrundsatz** die Unterhaltsquote.

1163 Zu **Erwerbseinkünften** aus nichtselbständiger Arbeit muß – so der BGH[1013] – ein kleiner **Zuschlag** von etwa 5 % gegenüber dem Ansatz für den haushaltsführenden Ehegatten vorgesehen sein.

1164 Dies entspricht der unterhaltsrechtlichen Pauschale für **berufsbedingte Aufwendungen**.[1014] Höhere berufsbedingte Aufwendungen sind hier wie dort im einzelnen, konkret nachzuweisen, wie es vor allem bei einer anzurechnenden Barersparnis (Rn. 1323) wesentlich sein kann.

1165 Selbst bei einem so bereinigten Einkommen bemißt die Unterhaltsrechtsprechung herkömmlich zusätzlich den **Erwerbstätigenbonus** mit 1/7.[1015] Neuerdings wird der Erwerbstätigenbonus (Arbeitsanreiz) teilweise auf 1/10 ermäßigt, Erwerbseinkünfte werden also nur zu 90 %[1016] angesetzt, nachdem der BGH[1017] den Bonus von 1/7 neben der Pauschale von mindestens 90,00 DM bzw. 5 % zumal neben festgestellter Fahrtkosten von 56,00 DM für nicht unproblematisch gehalten hat. Um solche Begünstigungen der Erwerbseinkünfte geht es beim Familienunterhalt und zum Schadensausgleich nach Zerstörung der intakten Familie indessen nicht.

1166 Der **Taschengeldanspruch** des haushaltsführenden, nicht erwerbstätigen oder geringer verdienenden Ehegatten[1018] als Teilhabe am Einkommen des mehr verdienenden Partners zur eigenen Verfügung außerhalb des Alltagsbedarfs (mit 5 % bis 7 % des zur Verfügung stehenden Nettoeinkommens bei ausreichenden Familieneinkünften) muß Einfluß darauf nehmen, einen **Freibetrag** zugunsten des „Taschengeldberechtigten" aus den eigenen, geringeren Einkünften herauszurechnen (Rn. 1244). Einen Selbstbehalt der getöteten Person um einen solchen Taschengeldansatz zu erhöhen, stünde jedoch im Widerspruch zu den Intentionen des Taschengeldes, die Verfügungskraft zu stärken.

1167 Da sich Bonus und Taschengeld gegenüberstehen, sollte es immer beim Halbteilungsgrundsatz bleiben. Die Quotenverschiebungen innerhalb der Familie müssen zudem vermieden werden (Rn. 1183). Solange der BGH aber seine Rechtsprechung nicht ändert, muß der Zuschlag für die erwerbstätige Person beachtet werden, von dem der für das Deliktsrecht zuständige Senat des BGH[1019] spricht. Wird der Zuschlag als Erwerbs-

---

1013 *BGH* VersR 1987, 507 = DAR 1987, 220.
1014 *OLG Brandenburg* ZfS 1999, 330, 332.
1015 *OLG Düsseldorf* NJW 1999, 1721.
1016 *OLG Karlsruhe* NJW 1999, 1722, 1723 m.w.Nachw.
1017 *BGH* NJW 1998, 2821, 2822.
1018 *BGH* NJW 1998, 1553.
1019 *BGH* VersR 1987, 507 = DAR 1987, 220.

Ausfall von Barbeiträgen (Barunterhaltsschaden)

tätigenbonus verstanden, sollte zum Schadensausgleich in der **Alleinverdienerehe** immerhin maximal von einer relativ um 5 % erhöhten Quote des erwerbstätigen Ehegatten ausgegangen werden. Die auf 10 % verbesserte Quote, die früher vertreten worden ist, verschlechtert die anderen Familienangehörigen innerhalb des Familienunterhalts ohne rechtfertigenden Grund. Dem allein erwerbstätigen Ehemann, der sein Einkommen unter erheblichem Einsatz von Überstunden und Nachtarbeit erwirbt und schwere körperliche Arbeit leistet, soll allerdings aus diesem Grund sogar ein erhöhter Eigenverbrauch an Lebensmitteln, Kleidung, Genußmitteln, Freizeitvergnügen zuzubilligen sein gegenüber der den kinderlosen Haushalt führenden Frau und Witwe. Dies meint jedenfalls das *OLG Düsseldorf*[1020] und kommt selbst in neuerer Zeit zu 60 % für den Ehemann und bloß 40 % für die Ehefrau.

1168 Bei der **Doppelverdiener**- oder **Rentnerehe** ist mit 1/1[1021] zu verteilen wegen des Grundsatzes der gleichmäßigen, hälftigen Teilhabe. Unterschiedlich hohen Einkünften der Partner tragen die Besonderheiten zur Berechnung bei der Doppelverdienerehe (Rn. 1243 ff.) Rechnung und zwar mit den verhältnismäßigen Anteilen am personenbezogenen Bedarf und an den fixen Kosten (Rn. 1249).

1169 Bei der Ehe arbeitsfähiger erwerbsloser oder arbeitsunfähiger Personen ist ebenfalls wegen der gleichmäßigen Teilhabe mit 1:1 anzusetzen.

1170

Quoten zu Erwerbseinkünften im Verhältnis zwischen Ehegatten			
Alleinverdienerehe		oder	kaum noch
Erwerbstätiger Ehegatte	52,5 %	55 %	60 %
Nichterwerbstätiger Ehegatte	47,5 %	45 %	40 %
Doppelverdienerehe			
Erwerbstätiger Ehegatte	50 %		
Erwerbstätiger Ehegatte	50 %		
Rentnerehe oder Erwerbslosigkeit beider Ehegatten			
Ehegatte	50 %		
Ehegatte	50 %		

In der **Zuverdienerehe** mit einer geringfügigen Beschäftigung des primär den Haushalt führenden Ehegatten ist im Einzelfall zu hinterfragen, ob wie bei Doppelverdienern die Baranteile 1/1 zu verteilen sind oder eine andere als die hälftige Quotenverteilung angemessen ist.

1020 r+s 1992, 375 = NZV 1993, 473. Für diese Quote auch *BGH* VersR 1976, 877.
1021 *BGH* VersR 1983, 725 = NJW 1983, 2315; VersR 1984, 79, 81; VersR 1984, 961 = NJW 1985, 49.

1171 Bei **anderen als Erwerbseinkünften** ist in Anlehnung an die unterhaltsrechtlichen Erwägungen – im Rahmen des Abgleichs mit dem Unterhaltsrecht – immer der **Halbteilungsgrundsatz** zu beachten. Eine Herabsetzung der hälftigen Beteiligung bedarf besonderer Gründe.

(2) Kinder

1172 Bei Kindern muß ihre Altersgruppe angemessen berücksichtigt werden. Die **Altersstufen** zum **Regelbedarf** sind aber **nicht** maßgebend.[1022]

1173 Beispiel 151
> Bei einem 14- und einem 2-jährigen Kind dürfen nicht gleiche Quoten von 22,5 %[1023] gewählt werden. Der Ansatz von 22,5 % für das 2-jährige Kind ist dann überhöht.

1174 Bis zum 11. Lebensjahr kann für ein Kind mit Anteilen zwischen 15 % und 20 % und ab dem 12. Lebensjahr mit 23,5 % gerechnet werden. Allerdings wird zumeist häufig der Anteil eines Kindes nicht über 20 % liegen dürfen. Die Quote von 23,5 % liegt am ehesten bei relativ bescheidenen Einkunftssituationen nahe.[1024]

1175
> **Quotentabelle**[1025] **von *Eckelmann/Nehls*[1026]**
> Familien mit Kindern im Alter bis 5 Jahren:
>   1 Kind 16 %   2 Kinder je 15 %   3 Kinder je 14 %
> Familien mit Kindern im Alter von 6 bis 11 Jahren:
>   1 Kind 20 %   2 Kinder je 20 %   3 Kinder je 19 %
> Familien mit Kindern im Alter ab 12 Jahre:
>   1 Kind 25 %   2 Kinder je 23,5 %   3 Kinder je 19 %

1176 In Anlehnung an vorstehende Quotentabelle und unter Beachtung des Umstandes, daß der *BGH* den durchschnittlichen Ansatz von 15 % pointiert[1027] akzeptiert, werden hier gerundete Quotenanteile vorgeschlagen.

[1022] *BGH* VersR 1987, 1244 = FamRZ 1987, 37.
[1023] *BGH* VersR 1987, 1244 = FamRZ 1987, 37.
[1024] *BGH* VersR 1988, 954 = NJW 1988, 2365.
[1025] *BGH* VersR 1987, 507 = DAR 1987, 220 (Welche Quoten der Tatrichter zugrundelegt, unterliegt seinem Schätzungsermessen.); *BGH* VersR 1986, 264 = NJW 1986, 715: Mit der Quotentabelle muß sich der Tatrichter nicht auseinandersetzen.
[1026] NJW 1984, 947.
[1027] *BGH* VersR 1986, 264 = NJW 1986, 715.

Ausfall von Barbeiträgen (Barunterhaltsschaden)

1177

Vorschlag zu Quotenanteilen von Kindern			
Kinder	bis 5 Jahre	bis 12 Jahre	ab 12 Jahre
1 Kind	15 %	20 %	23,5 %
2 Kinder, je	14 %	19 %	23,5 %
3 Kinder, je	14 %	19 %	20 %

(3) Familien mit Kindern

1178 Wird im Haushalt mit **Kindern vorab** deren Unterhaltsanteil unter Beachtung einer etwaigen Sättigungsgrenze (Rn. 1151) und ggfs. eigener Erwerbseinkünfte (Rn. 1217) oder anrechenbarer (§ 1602 Abs. 2 BGB) Vermögenserträge bestimmt, wird deren konkreter Unterhaltsbedürftigkeit betragsmäßig Rechnung tragen. Die nach Abzug des bezifferten Kindesbedarfs verbleibenden verfügbaren Einkünfte sind wegen der Prinzips der gleichmäßigen Teilhabe zwischen den Ehegatten sodann nach Maßgabe vorstehender Quoten (Rn. 1170) zu verteilen.

1179 Für die Verteilung der verfügbaren Einkünfte innerhalb einer Familie mit Kindern **ohne Vorabzug** des Kindesbedarfs ist zu bedenken, daß sich Unterschiede ergeben können je nach der Differenzierung zwischen den Ehegatten (Erwerbstätigkeit, Nichterwerbstätigkeit) und nach dem Alter der Kinder. Der Anteil eines (haushaltsführenden) Ehegatten von nur 37,5 % wird schon an der unteren Grenze liegen.[1028]

1180

Ohne spezifische Beachtung des Kindesalters sind für die Alleinverdiener-, **Haushaltsführungsehe** grundsätzlich folgende, auf den Einzelfall auszurichtende **Quoten** (Schlüssel) für Arbeits-, Erwerbseinkünfte denkbar:

	3-PH			4-PH					5-PH	
			ev. nicht mehr	ev.	ev.	ev.	ev.			ev.
Erwerbstätiger Ehegatte	42,5 %	45 %	50 %	40 %	38 %	37,5 %	35 %		30 %	30 %	24 %
Haushaltsführender Ehegatte	37,5 %	35 %	35 %	30 %	34 %	32,5 %	31 %		25 %	25 %	19 %
Kind 1	20 %	20 %	15 %	15 %	14 %	15 %	20 %	22,5 %	15 %	19 %
Kind 2				15 %	14 %	15 %	14 %	22,5 %	15 %	19 %
Kind 3									15 %	19 %

[1028] *BGH* Beschl. v. 24.9.1991, VI ZR 388/90.

Bei einer solchen Quotierung innerhalb der Familie wird – ausgehend von der Quote für das Kind oder Kinder[1029] – *inhaltlich* meist nachstehende Berechnung zugrundegelegt, die es gestattet, jede Quote der Eltern zu ermitteln, nachdem die Quote für die Kinder eingesetzt ist.

1181

1182

Berechnungsformel

Berechnungsformel Ermittlung von Unterhaltsquoten für die Elternteile neben Quoten für die Kinder		
A	B	C
1 Gesamtbedarf der Familie	1	
2 Quote Kind 1		....
3 Quote Kind 2		....
4 verbleibende Quote für Ehegatten (Ehegatten-, Elternquote)	=B1–C2–C3	
5 Bonus	....	
6 Quote des erwerbstätigen (bonusberechtigten) Ehegatten		=((B4–B5)/2)+B5
7 Quote des nichterwerbstätigen Ehegatten		=(B4–B5)/2

Die **Quotierung nebeneinander** mit einem Bonus des erwerbstätigen Ehegatten führt indes für die Ehegatten untereinander bezogen auf die für die Familie verfügbaren Einkünfte relativ zu einer **Verschiebung** gegenüber dem Bonus nur für das Verhältnis der Ehegatten untereinander und zwar **zugunsten des erwerbstätigen Ehegatten**. Es wird tatsächlich nur der nach dem Abzug für das Kind/die Kinder noch zu verteilende Bedarf zugrundegelegt.

1183

1184

Bonus des erwerbstätigen Ehegatten von 5 %[1030]						
	Quote in der Familie	Bonus	Relative Quote	Relativer Bonus	Quote zwischen Ehegatten	Korrektur	Korrigierte Quote in der Familie
Erwerbstätiger Ehegatte	42,5 %	5 %	53,13 %	6,25 %	52,5 %	–0,625 %	41,88 %
Überhöhter Bonus				1,25 %			
Haushaltsführender Ehegatte	37,5 %		46,88 %		47,5 %	0,625 %	38,13 %
Summe	80 %		100 %		100 %		80 %

1029 Das *LG Kassel* VersR 1982, 562 rechnet z.B. mit 45 % / 40 % / 15 %.
1030 Beachte Rn. 1163.

Ausfall von Barbeiträgen (Barunterhaltsschaden)

Bei anderen Quotenanteilen wird der Bonus relativ u.U. (z.B. im 5-PH) deutlich erhöht.

Bonus des erwerbstätigen Ehegatten von 10 %

Wenn die Ausgangsquoten sogar (Rn. 1167) um 10 % abweichen sollen, ist der Bonus für das Verhältnis der Ehegatten untereinander noch weiter zugunsten des erwerbstätigen Ehegatten überhöht, wie sich für einen 4-PH mit zwei Kindern (für diese insgesamt 30 %) wie folgt zeigt:

	Quote in der Familie	Bonus	Relative Quote	Relativer Bonus	Quote zwischen Ehegatten	Korrektur	Korrigierte Quote in der Familie
Erwerbstätiger Ehegatte	40,00 %	10 %	57,14 %	14,29 %	55,00 %	–2,143 %	37,86 %
Überhöhter Bonus				4,29 %			
Haushaltsführender Ehegatte	30,00 %		42,86 %		45,00 %	2,143 %	32,14 %
Summe	**70 %**		**100 %**		**100 %**		**70 %**

1185

TIP Dies wirkt sich in einem Anrechnungsfall (Rn. 1226) ohne Korrektur dahin aus, daß der Schadensersatzbetrag reduziert wird. In anderen Fällen verschiebt sich ohne Korrektur innerhalb der Familie die Anspruchsberechtigung. Diese Quotenverschiebung zum Bonus wirkt sich dagegen für den hinterbliebenen erwerbstätigen Ehegatten bei einem Vorteilsausgleich angesichts des Entgangs der Haushaltsführung (Rn. 1323) günstig aus. Der Bonus soll sich aber seinem Grundgedanken nach auf die Gesamtsituation der Familie beziehen.

Berechnungsformel 1186

	Überprüfung einer Quotenverschiebung zum Nachteil oder Vorteil einer anspruchsberechtigten Person						
	A	B	C	D	E	F	G	H
1		Quote in der Familie	Bonus	Relative Quote	Relativer Bonus	Quote zwischen Ehegatten	Korrektur	Korrigierte Quote in der Familie
2	Erwerbstätiger Ehegatte	....	....	=B2/B5	=D2−D4	....	=F2−D2	=B2+G2
3	Überhöhter Bonus			=E2−C2				
4	Haushaltsführender Ehegatte	=B2−C2		=B4/B5		=F2−C2	=F4−D4	=B4+G4
5	*Summen*	=B2+B4		=D2+D4		=F2+F4	=G2+G4	=H2+H4
6		wie 100 % abzüglich Quote für Kind/Kinder		als 100 %		muß sein 100 %	muß sein 0	wie B 5

Pauschalierende Berechnung

1187
Berechnungsformel

> **Berechnungsformel**[1031]
> **Bestimmung angemessener Unterhaltsquoten für die Familienangehörigen bei einheitlicher Schadensberechnung**
>
> **Vorbemerkung:** Nach der hier vertretenen Ansicht ist die Quote für die Ehegatten in der Erwerbstätigen-, Alleinverdiener- bzw. Hausfrauenehe stets einheitlich zu handhaben und zwar mit 1:1 oder 52,5 %: 47,5 %, solange ein Bonus von 5 % angenommen wird, oder 55 %: 45 % bei einem Bonus von 10 % (beachte Rn. 1167). Dann ist die jeweilige Quote für die Ehegatten direkt und einfach zu errechnen. Einzusetzen sind zunächst die Quoten für Kinder (Rn. 1172) und ggfs. ein Bonus. Die Verteilung mit der nachstehenden Formel ist gleichsinnig bei beiderseitiger Erwerbstätigkeit mit dem Bonus 0 durchzuführen.
>
> | | A | B | C |
> |---|---|---|---|
> | 1 | | *Quoten für bzw. der Ehegatten:* | *Quoten in der Familie:* |
> | 2 | Quote Kind 1 | | .... |
> | 3 | Quote Kind 2 | | .... |
> | 4 | Quote Kind 3 | | .... |
> | 5 | Verbleibende Quote für Eltern | =1−C2−C3−C4 | |
> | 6 | Bonus eines Ehegatten (bei gleicher Berechtigung der Ehegatten Bonus 0) | .... | |
> | 7 | Bonusberechtigter (erwerbstätiger) Ehegatte | =((1−B6)/2)+B6 | =B5*B7 |
> | 8 | Haushaltsführender Ehegatte oder ebenfalls erwerbstätiger Ehegatte | =(1−B6)/2 | =B5*B8 |

1188
Beispiel 152

	Beispiel A		Beispiel B		Beispiel C		Beispiel D	
		Quoten in der Familie		Quoten in der Familie		Quoten in der Familie		Quoten in der Familie
Quote Kind 1		15 %		14 %		14 %		20 %
Quote Kind 2		–		19 %		19 %		–
Quote Kind 3						20 %		–
Quote für Eltern		85,0 %		67,0 %		47,0 %		80,0 %
Bonus		5 %		5 %		5 %		0 %
Bonusberechtigter (erwerbstätiger) Ehegatte	52,5 %	44,6 %	52,5 %	35,2 %	52,5 %	24,7 %	50,0 %	40,0 %
Haushaltsführender oder ebenfalls erwerbstätiger Ehegatte	47,5 %	40,4 %	47,5 %	31,8 %	47,5 %	22,3 %	50,0 %	40,0 %

1031 Vgl. demgegenüber Rn. 1182.

f) Entgangener personenbezogener Barbeitrag

1189 Der zum personenbezogenen Bedarf entgangene Unterhalt zeigt sich durch die Multiplikation der Quote mit den verfügbaren Einkünften.

1190 Berechnungsformel

> Zwischenergebnis zu 4. x Unterhaltsquote
> = (entgangener) personenbezogener Unterhalt

g) Entgangener Beitrag zu Fixkosten, Fixkostenanteile

1191 Grundsätzlich sind die fixen Kosten (Rn. 1130) **ungekürzt** anzusetzen.[1032]

1192 Die Fixkosten können im Einzelfall aber auch nur in einem **reduzierten** Umfang zu berücksichtigen sein. So kann ein Abschlag von den ursprünglichen Kosten innerhalb des Grundbedarfs bei der Wohnung, aber auch bei den Nebenkosten und z.B. Informationskosten möglich sein. Ein **quantitativer** Verzicht ist u.U. zumutbar, so daß im Falle einer obliegenheitswidrigen Fortsetzung der bisherigen Nutzung und Lebensweise der Ansatz fixer Kosten dementsprechend zu reduzieren sein kann. Eine Qualitätseinbuße ist niemals zumutbar.

1193 Ggfs. ist auch ein **erhöhter** Betrag zu berücksichtigen, z.B. wenn statt einer günstigen Dienstwohnung eine vergleichsweise teurere Wohnung angemietet werden muß.

1194 Dem Tatrichter obliegt nach Maßgabe des § 287 ZPO die Entscheidung, ob bei Berechnung der fixen Kosten einer etwaigen durch den Wegfall der getöteten Person eingetretenen spürbaren Ermäßigung der früheren für die Haushaltsführung insgesamt angefallenen Aufwendungen durch einen pauschalen Abschlag oder auch durch eine vollständige Neuberechnung der nach Maßgabe des fortdauernden Bedarfs der Hinterbliebenen konkret zu ermittelnden festen Kosten Rechnung getragen wird.[1033]

1195 Der auf mehrere Hinterbliebene entfallene Ausgleichsbetrag zu den fixen Kosten ist immer zwischen ihnen aufzuteilen.

1196 Aufteilung der Fixkosten

> Die **Aufteilung** der fixen Kosten zwischen mehreren geschädigten Familienangehörigen bezieht sich auf ihre anteilige **Anspruchsberechtigung** innerhalb der Gesamtverpflichtung des Schädigers.

1032 *BGH* VersR 1966, 588 und VersR 1967, 756, 757.
1033 *BGH* VersR 1986, 39 = DAR 1986, 53, VersR 1986, 264 = NJW 1986, 715.

1197 Zur Aufteilung wird nach teilweise vertretener Ansicht das Verhältnis der Unterhaltsanteile untereinander[1034] herangezogen. Bezugsgröße ist dann die Summe der Quoten der Hinterbliebenen. Die jeweiligen Anteile zeigen sich durch Multiplikation der jeweiligen Unterhaltsquote mit dieser Bezugsgröße.

1198 Berechnungmodell

	Berechnungsmodell		
	Quote in der Familie	Fixkostenanteile Bezugsgröße zur Aufteilung	Einzelanteile nach relativen Unterhaltsquoten
Getöteter Ehegatte	35,2 %		
Hinterbliebener Ehegatte	31,8 %		49,1 %
Kind 1	19,0 %		29,3 %
Kind 2	14,0 %		21,6 %
Summe Quoten hinterbliebener Ehegatte und Kinder:		64,8 %	

Erläuterung: Die Einzelanteile ergeben sich jeweils aus dem Verhältnis der Unterhaltsquote zu der Summe der Quoten der Hinterbliebenen, jeweilige Formel: Eigene Unterhaltsquote des hinterbliebenen Angehörigen/Summe der Unterhaltsquoten aller hinterbliebenen Angehörigen.

1199 Der Anteil eines Elternteils wird nach der Rechtsprechung regelmäßig höher sein müssen als der Anteil eines Abkömmlings.[1035] **Kopfanteile** sind aber jedenfalls ausnahmsweise mit besonderer Begründung möglich.

1200 Beispiel 153

	Anteile an festen Kosten			
	Hinterbliebener Ehegatte	Kind 1	Kind 2	Kind 3
red. 3-PH	2/3	1/3[1036]		
	60 %	40 %		
	70 %	30 %[1037]		
	75 %	25 %		

1034 *BGH* VersR 1972, 166 = NJW 1972, 251; VersR 1986, 39.
1035 *BGH* VersR 1988, 954 = NJW 1988, 2365.
1036 *BGH* VersR 1972, 176 = NJW 1972, 251 nach dem Verhältnis der Unterhaltsquoten in der Familie mit 4:4:2 über das Zwischenverhältnis der Hinterbliebenen mit 4/6 zu 2/6.
1037 *OLG Zweibrücken* VersR 1994, 613 = NZV 1994, 613 m. *BGH* NA-Beschl. v. 26.10.1993.

	red. 4-PH			
	50 %	25 %	25 %[1038]	
	40 %	30 %	30 %	
	1/3	1/3	1/3	
	red. 5-PH			
	40 %	20 %	20 %	20 %

h) Schadensberechnung und Vorteilsausgleich

1201 Kommen infolge der Tötung den Hinterbliebenen Geldwerte zugute, stehen Fragen des Vorteilsausgleichs (Rn. 196) an.

aa) Erwerbseinkünfte

1202 Auf den Schadensersatzanspruch einer Waise nach der Tötung des allein barunterhaltspflichtigen Ehegatten sind Anteile aus einem Erwerbseinkommen des hinterbliebenen Ehegatten grundsätzlich nicht anzurechnen. Anders ist es, wenn die Witwe ein ererbtes Unternehmen, aus dem der Unterhalt der Familie bestritten worden ist, weiterzuführen verpflichtet ist. Unerheblich bleibt es, ob ein überlebender Elternteil nach § 1626 BGB zur unentgeltlichen Vermögensverwaltung verpflichtet ist oder den Kindern gegenüber auf eine Vergütung verzichtet.

1203
Beispiel 154 Der *BGH*[1039] hat beanstandet, daß der Wert einer geschäftsführenden Tätigkeit eines Elternteils in vollem Umfang einbezogen worden ist. Der Wert der Arbeitsleistung hat nicht den Einkünften aus dem Nachlaß zugeordnet werden dürfen. Zu einer unentgeltlichen Ausübung der Tätigkeit als Geschäftsführer ist der hinterbliebene Ehegatte dem Schädiger gegenüber nicht verpflichtet gewesen.

1204 Als Vorteil ist auf den Unterhaltsschaden der Gegenwert der **Geschäftsführertätigkeit** des Erben (oder Miterben) anzurechnen – auch als Ertrag aus einem ererbten Erwerbsgeschäft –, wenn die Geschäftsführung im Rahmen des unter Berücksichtigung von Alter, Gesundheit und Lebensstellung sowie sonstiger Aufgaben Zumutbaren liegt und dadurch – zumutbare – Einnahmen aus der Verwertung der Arbeitskraft erzielt werden.

1038 *BGH* VersR 1988, 954 = NJW 1988, 2365, wenn die Kinder altersmäßig dicht beieinander liegen, s. auch *BGH* VersR 1990, 317 = DAR 1990, 55, *LG Ravensburg* ZfS 1998, 171.
1039 *BGHZ* 58, 14 = VersR 1972, 391.

1205 **Neue** Erwerbseinkünfte des hinterbliebenen Ehegatten verringern den vom Schädiger zu ersetzenden Betrag, soweit die Erwerbstätigkeit und die Anrechnung zumutbar ist. Es soll dann nicht abzurechnen sein wie bei einer Doppelverdienerehe[1040], sondern im Wege des Abzugs. Für erreichbare, aber nicht erzielte wirtschaftliche Summen kann die Obliegenheit zur Schadensminderung zu beachten sein (Rn. 1236).

1206 Der *BGH*[1041] lehnt es ab, die für einen neuen Lebenspartner – ohne Eheschließung – **erbrachte Hausarbeit** auf den Unterhaltsschaden anzurechnen. Die zumutbare Hausarbeit ist jedoch genauso zu behandeln wie eine Aktivität auf dem Arbeitsmarkt, bemessen und bewertet nach den vorgestellten Regeln zur Haushaltsführung (Rn. 734, 923 ff.)

1207 Nach der höchstrichterlichen Rechtsprechung sind im Fall einer quotierten Forderung wegen **Mithaftung** zum Grund (Rn. 223, 1350) Einkünfte u.U. auf den nicht ersetzten Schadensteil zu verrechnen. Dann (Rn. 1354 ff.) ist nur ein überschießender Betrag zusätzlich zu berücksichtigen. Im Ergebnis ist also entweder der höhere Mithaftbetrag oder der demgegenüber höhere Vorteilsbetrag anzurechnen.

bb) Erbschaft

1208 Die Erbschaft, die dazu führt, daß keine Unterhaltsbedürftigkeit und deswegen kein Unterhaltsanspruch mehr besteht, bleibt dem Schädiger gegenüber unbeachtlich (Rn. 1336, beachte aber Rn. 1221).

1209 Beweist der Schädiger nicht eine andere Verwendung des Vermögens oder der Einkünfte, muß davon ausgegangen werden, daß ohne das Schadensereignis dem unterhaltsberechtigten Erben der sich um die Erträgnisse ständig vermehrende Stamm des Vermögens ohnehin – wenn auch erst später – zugefallen wäre. Dementsprechend müssen sich erbberechtigte Hinterbliebene den **Stammwert** einer Erbschaft **nicht** anrechnen lassen, wenn ihnen die Erbschaft in gleichem Umfang bei einem natürlichen Tod des Verunglückten zugefallen wäre. Der Vermögensstamm ist nur zu berücksichtigen, wenn er oder Kapitalerträge schon vor dem Tod des Unterhaltspflichtigen zur Bestreitung des Unterhalts gedient haben und unverändert dazu dienen, s. Rn. 1212. Der *BGH* hat diesen

---

1040 *OLG Nürnberg* NZV 1997, 439.
1041 *BGHZ* 91, 357 = VersR 1984, 936 = NJW 1984, 2510, kritisch *Dunz* in VersR 1985, 509, *Lange* in JZ 1985, 90.

Grundsatz 1974[1042] deutlich herausgestellt. Zu unrecht ist einer früheren Entscheidung[1043] entnommen worden, **Erträge**[1044] seien stets, der Vermögensstamm dagegen nicht auf den Unterhaltsanspruch anzurechnen.

cc) Versicherungsleistungen

1210 Leistungen aus einer **Risikolebensversicherung** sind nicht anzurechnen. Aus der vorsorgenden Spartätigkeit – gerade für den Fall eines vorzeitigen Ablebens zur wirtschaftlichen Sicherung der Hinterbliebenen – darf der Schädiger gegenüber dem Geschädigten keinen Nutzen ziehen.

1211 Die Rechtsprechung[1045], nach der Erträgnisse einer dem Unterhaltsberechtigten ausgezahlten Summe einer Lebensversicherung auf den Erlebens- und Todesfall (sog. **Sparversicherung**) auf den Schadensersatzanspruch aus § 844 Abs. 2 BGB anzurechnen sein sollten, ist vor Jahren aufgegeben worden. Der *BGH* hält[1046] die unterschiedliche Behandlung einer reinen Risikoversicherung und der gemischten Lebensversicherung nicht für angemessen, weil die Prämien zur Sparversicherung nicht nur Rücklagen zur Vermögensbildung, sondern auch Risiken abdecken.

dd) Unveränderte Unterhaltsquelle, unterschiedliche Einkunftsarten

1212 Wechselt die Person des Unterhaltspflichtigen oder die Rechtsträgerschaft durch Erbfolge des hinterbliebenen Ehegatten, wird aber der Unterhalt aus derselben Quelle wie vorher bestritten, sind die Einkünfte – jedenfalls – kraft Vorteilsausgleichs (oder schon zur Bestimmung des Schadens) anzurechnen[1047] (**Quellentheorie**). Steht wirtschaftlich also dieselbe Unterhaltsquelle wie vorher zur Verfügung, kommt dies dem Schädiger zugute. Die Rechtsträgerschaft ist nicht entscheidend.

1213
> Der wirtschaftliche Wert, der vor und nach der Tötung und der Erbschaft der hinterbliebenen Person Unterhaltsfunktion hat, ist zu berücksichtigen.

1042 *BGH* VersR 1974, 700, VersR 1976, 471; s. auch *BGHZ* 115, 228, 233 und *OLG Frankfurt* DAR 1990, 464 = NJW-RR 1990, 1440, teilweise abgedruckt auch in VersR 1991, 595, m. *BGH* NA-Beschl. v. 31.5.1990.
1043 *BGHZ* 8, 325, 329. In dem damals zugrundeliegenden Fall lebte die klagende Tochter mit ihrem getöteten Vater vor dem Unfall von den Einkünften des Vermögens, ohne den Stamm des Vermögens anzutasten.
1044 Eingehend *Ackmann* in JZ 1991, 818 ff. und 967 ff.
1045 *BGHZ* 39, 249.
1046 *BGHZ* 73, 109 = VersR 1979, 323.
1047 *BGH* VersR 1969, 951.

Pauschalierende Berechnung

1214
Berechnungsmodell

Berechnung mit *einheitlicher Quote* (z.B. Rentnerehe ohne Kinder) zu verschiedenen Einkunftsarten bei der getöteten Person	
Nettoeinkünfte der getöteten Person	4.000,00
Sonstige Einkünfte (aus Kapitalvermögen, aus Vermietung oder Verpachtung)	1.000,00
Summe	5.000,00
Fixe Kosten	1.900,00
Für den Unterhalt verfügbarer Betrag	**3.100,00**
Quote für hinterbliebenen Ehegatten	50 %
Entgangener Barbeitrag	1.550,00
Entgangener Beitrag zu Fixkosten	1.900,00
Gesamtentgang	**3.450,00**
Anrechnung verbleibende, unveränderte Unterhaltsquelle:	
Mieteinnahmen des hinterbliebenen Ehegatten	**1.000,00**
Barunterhaltsschaden (monatlich)	**2.450,00**

Erläuterung: Handelt es sich bei den Einkünften ausschließlich um Erwerbseinkünfte, ist in gleicher Weise in den anfänglichen Berechnungsstufen vorzugehen. Von den verbleibenden 3.100,00 DM hätte der hinterbliebene Ehegatte über die Quote von 50 % den Betrag von 1.550,00 DM zu beanspruchen. Der Gesamtentgang stellt den monatlichen Barunterhaltsschaden dar. Eine Anrechnung scheidet aus, weil die gesamten Einkünfte wegfallen.

1215

Der einfache Berechnungsweg bei unterschiedlichen Einkunftsarten (Rn. 1214) **beachtet** aber **nicht**, daß die **fixen Kosten**, die aus der **unveränderten** Unterhaltsquelle mit **aufgebracht** werden, nicht zum Schadensausgleich anstehen. Sie können und müssen nach wie vor aus derselben Unterhaltsquelle bestritten werden. Vor allem wird auf diesem einfachen Weg nicht beachtet, daß der Unterhaltsanteil (die **Unterhaltsquote**) des hinterbliebenen Ehegatten **unterschiedlich sein kann**. Zu Erwerbseinkünften ist der Bonus zu berücksichtigen (vgl. Rn. 1163, 1171), bei Kapitaleinkünften oder Einkünften aus Vermietung oder Verpachtung aber nicht.

1216
Berechnungmodell

Berechnungsmodell mit *unterschiedlichen Quoten* zu verschiedenen Einkunftsarten und Zuordnung der fixen Kosten			Summe
Nettoeinkünfte der getöteten Person	4.000,00		
Sonstige Einkünfte (aus Kapitalvermögen, aus Vermietung oder Verpachtung)		1.000,00	
Anteil der Einkunftsarten von den Gesamteinkünften	0,80	0,20	5.000,00

Ausfall von Barbeiträgen (Barunterhaltsschaden)

Fixe Kosten	1.520,00	380,00	1.900,00
Für den Unterhalt verfügbarer Betrag	2.480,00	620,00	
Quote für hinterbliebenen Ehegatten	47,50 %	50 %	
Entgangene Barbeiträge	1.178,00	310,00	
Entgangener Beitrag zu Fixkosten	1.520,00	0,00	
Zwischensumme, Gesamtentgang	2.698,00	310,00	3.008,00
Anrechnung verbleibende, unveränderte Unterhaltsquelle:			
Mieteinnahmen des hinterbliebenen Ehegatten			620,00
Barunterhaltsschaden (monatlich)			2.388,00

Erläuterung: Diese Berechnungsweise trägt einem Bonus zur Erwerbseinkünften und damit unterschiedlichen Quoten ebenso Rechnung, wie bei dieser Berechnungsabfolge eine einheitliche Quote zu allen Einkunftsarten berücksichtigt werden kann. Zugleich ist ausgewiesen, daß die fixen Kosten, die aus den sonstigen Einkünften aufgebracht werden müssen, nicht zum Schadensausgleich gestellt werden.

Die **fixen** Kosten sind denknotwendig auf die verschiedenen Einkunftsarten aufzuteilen, weil sie aus beiden Einkunftsquellen gedeckt werden. Dies geschieht – vergleichbar zu der Lösung bei Doppelverdienern (Rn. 1249) – über die **Verhältniszahl** der jeweiligen Einkunftshöhe zu den Gesamteinkünften [Formel: Netto(erwerbs)einkünfte/Gesamteinkünfte bzw. Sonstige Einkünfte/Gesamteinkünfte]. Multipliziert mit dieser Verhältniszahl sind die insgesamt zu berücksichtigen fixen Kosten einerseits den Netto(erwerbs)einkünften und andererseits daneben den sonstigen Einkünften zuzuordnen.

Im Vergleich zu dem Beispiel in Rn. 1214 ergibt sich bei gleichhohen Einzelansätzen eine (monatliche) Differenz in Höhe von 62,00 DM zum Nachteil des hinterbliebenen Ehegatten. Diese Differenz entspricht dem verringerten Quotenanteil (50 % – 47,5 % = 2,5 %) von den verfüg- und verteilbaren Erwerbseinkünften in Höhe von 2.480,00 DM [2.480,00 DM x 2,5 % = 62,00 DM] in Konsequenz des unterschiedlichen Berechtigungsanteils.

ee) Anrechnungsfähige, unterhaltsmindernde Einkünfte von Kindern

1217 Bei einem minderjährigen Kind kann es wegen mangelnder **Unterhaltsbedürftigkeit** an einem Unterhaltsanspruch und dann auch an einem Unterhaltsschaden fehlen.[1048]

1218 Ist der Barunterhaltsbedarf eines Jugendlichen nach dem Tod der Mutter durch eine Halbwaisenrente, eigene Zinseinkünfte und das Kindergeld

---

[1048] *BGHZ* 62, 126 = VersR 1974, 601 = NJW 1974, 745.

vollständig abgedeckt, ist nach dem Tod des Vaters kein Ersatzanspruch wegen des Barbedarfs gegeben, wenn und weil gegen den Vater kein Barunterhaltsanspruch bestanden hat. Offen sein kann – nur – der Anspruch wegen vereitelter Betreuung.

Das in gleicher Höhe an den überlebenden Ehegatten fortgezahlte **Kindergeld** entlastet den Schädiger **nicht**.[1049] Es hat schon bei den Einkünften keinen Einfluß.

1219

Von Unterhaltsleistungen unabhängige **BAföG**-Leistungen berühren den Schadensersatzanspruch ebenfalls **nicht**. Wird BAföG notwendig, weil der Unterhalt ausfällt, vermindern die BAföG-Leistungen die Schadensersatzpflicht des Schädigers nicht.

1220

Anzurechnende Einkünfte von **Waisen** beeinflussen jedoch die Höhe ihres Unterhaltsanspruchs (§ 1602 Abs. 2 BGB) und von daher den Unterhaltsschaden. Es kann sich um Ausbildungsvergütungen (Lehrlingsbeihilfen)[1050], Unterhaltszuschüsse oder Vergütungen vergleichbarer Art, u.U. Kapitalzinsen (Ertrag aus einer Erbschaft, wobei gesellschaftsrechtliche **Nachfolgeregelungen** zu beachten sind[1051]) handeln. Da solche Geldzuflüsse den Unterhaltsanspruch insgesamt betreffen, ist § 1606 Abs. 3 Satz 2 BGB zu entnehmen, daß sie jeweils zur Hälfte den Unterhaltsanspruch gegen jeden Elternteil mindern bzw. hälftig auf den Barunterhalt sowie hälftig auf den Betreuungsunterhalt zu beziehen sind. Ein Freibetrag bei lohngleichen Einkünften entspricht unterhaltsrechtlichen Gepflogenheiten. Jedenfalls sind ausbildungsbedingte Aufwendungen mindernd einzusetzen.

1221

Berechnungsmodell Anspruch des Kindes bei eigenen, anrechnungsfähigen Einkünften		
Ausgangsdaten:		
Nettoerwerbseinkünfte		4.000,00
Fixe Kosten		1.140,00
verfügbare Einkünfte		2.860,00
Anteil Kind an Barbeiträgen	20 %	572,00
Anteil Kind an fixen Kosten	40 %	456,00
Ausbildungsbeihilfe:		600,00

1222

Berechnungsmodell

1049 *BGH* VersR 1979, 1029 = DAR 1980, 85.
1050 *BGH* FamRZ 1981, 541, 543; 1988, 159, 162; s. auch *BGH* VersR 1970, 41, VersR 1972, 948, 950 = NJW 1972, 1718.
1051 *OLG Frankfurt* DAR 1990, 464 = NJW-RR 1990, 1440, teilweise abgedruckt auch in VersR 1991, 595, m. *BGH* NA-Beschl. v. 31.5.1990, III ZR 272/88.

Ausfall von Barbeiträgen (Barunterhaltsschaden)

Anteil Kind an verfügbaren Einkünften	572,00		
Ausbildungsbeihilfe	600,00		
Freibetrag	175,00		
Differenz	425,00		
Anrechnung zu 1/2	212,50		
Verbleibender **Baranteil Kind**	359,50	Baranteil Kind	572,00
		Kind	456,00
Anteil Fixkosten Kind	456,00	Zwischensumme	1.028,00
		Anrechnung	212,50
Anspruch	815,50	**Anspruch**	815,50

Erläuterung: Die Anrechnung ist – dem Kongruenzgedanken folgend – beim entgangenen Baranteil vorzunehmen. Rechnerisch bleibt es wegen der Subtraktion gleich, wenn der Minderungsbetrag beim Anspruch des Kindes auf dessen Gesamtentgang bezogen wird.

1223 Solche Veränderungen des Unterhaltsanteils beim Kind haben **Einfluß** auf die für die **Ehegatten** zur Verfügung stehenden Geldmittel. Diesen Veränderungen ist dadurch angemessen Rechnung zu tragen, daß von den zum personenbezogenen **Unterhaltsbedarf** aller Familienangehörigen zur Verfügung stehenden Einkommen vorab der (ermäßigte) Unterhaltsbedarf des Kindes abzuziehen ist. Der verbleibende Barbetrag ist zwischen den Ehegatten aufzuteilen, sodann sind die fixen Kosten zu berücksichtigen. Wer demgegenüber die Anrechnung als Vorteilsausgleich beim Kind versteht, kürzt den Anspruch des hinterbliebenen Ehegatten, Rn. 1226.

1224
Berechnungsmodell

**Berechnungsmodell
Verringerung des Unterhaltsbedarfs des Kindes zugunsten der Ehegatten**

Zum persönlichen Bedarf verfügbare Einkünfte		2.860,00		
			Verbleibender Baranteil der Ehegatten	2.500,50
Restlicher Barbedarf des Kindes		359,50	Anteil getötete Person 52,50 %	1.312,76
			Baranteil Witwe/r 47,50 %	1.187,74
Fixkostenanteil Kind	40 %	456,00	Fixkostenanteil Witwe/r 60 %	684,00
Ersatzanspruch Kind		815,50	**Ersatzanspruch Witwe/r**	1.871,74

Pauschalierende Berechnung

1225

Beispiel 155

**Anrechnung von Erwerbseinkünften beim Kind als Vorteil,
korrigierte Quoten für die Ehegatten**

Nettoeinkünfte		4.000,00			
Fixe Kosten		1.140,00			
Zum persönlichen Bedarf verfügbare Einkünfte		2.860,00	Anteil getötete Person	42,00 %	1.201,20
Baranteil Kind	20 %	572,00	Baranteil Witwe/r	38,00 %	1.086,80
Anrechnung		212,50			
Verbleibender Baranteil		359,50			
Fixkostenanteil Kind	40 %	456,00	Fixkostenanteil Witwe/r	60 %	684,00
Ersatzanspruch Kind		815,50	Ersatzanspruch Witwe/r		1.770,80

Erläuterung: Ein **zu geringer Schaden** des hinterbliebenen, haushaltsführenden Ehegatten wird errechnet, wenn ausschließlich beim Kind die Anrechnung in der Art eines Vorteilsausgleichs vorgenommen wird (obwohl dessen Bedarf unabhängig von der Tötung verringert ist) und nicht – wie geboten – der wirkliche Unterhaltsbedarf vor Ermittlung der verteilbaren Familieneinkünfte berücksichtigt wird.

Die Differenz gegenüber dem monatlichen Ersatzanspruch des hinterbliebenen Ehegatten nach dem Modell Rn. 1224 beträgt mit den korrigierten Quoten (Rn. 1187) 100,94 DM monatlich und gibt 47,5 % von 212,50 DM als Mehransatz wieder.

	Quote in Familie		Vorabzug Kindesbedarf	Mehransatz	
Verfügbarer Unterhaltsbeitrag		2860,00	2860,00		
Quote Kind	20,0 %	572,00			
Anrechnung Baranteil Kind			359,50		
verbleibend		2288,00	2500,50		212,50
Erwerbstätiger, getöteter Ehegatte	42,0 %	1201,20	1.312,76	52,5 %	111,56
Haushaltsführender Ehegatte	38,0 %	1086,80	1.187,74	47,5 %	**100,94**
			Aufteilung des Mehransatzes		212,50
Erwerbstätiger, getöteter Ehegatte				52,5 %	111,56
Haushaltsführender Ehegatte				47,5 %	**100,94**

Wer entgegen der hier vertretenen Ansicht die Verteilungsschlüssel nebeneinander mit einem Bonus des getöteten erwerbstätigen Ehegatten anwendet, kürzt den Ersatzanspruch des haushaltsführenden Ehegatten weiter und zwar um den Betrag der schon aufgezeigten Bonuskorrektur.

Ausfall von Barbeiträgen (Barunterhaltsschaden)

1226

Beispiel 155a

Anrechnung von Erwerbseinkünften beim Kind als Vorteil, *nicht korrigierte* Quoten für die Ehegatten					
Zum persönlichen Bedarf verfügbare Einkünfte		2.860,00			
Baranteil Kind	20 %	572,00	Anteil getötete Person	42,50 %	1.215,50
Anrechnung		212,50			
Restlicher Barbedarf des Kindes		359,50	Baranteil Witwe/r	37,50 %	1.072,50
Fixkostenanteil Kind	40 %	456,00	Fixkostenanteil Witwe/r	60 %	684,00
Ersatzanspruch Kind		815,50	Ersatzanspruch Witwe/r		**1.756,50**

Erläuterung: Im Vergleich zu den gleichen Einsatzbeträgen in Rn. 1225 zeigt sich nun eine um monatlich 115,24 DM niedrigere Ersatzforderung des hinterbliebenen, haushaltsführenden Ehegatten. Dieser Differenzbetrag schlüsselt sich auf durch einen Mehranteil des hinterbliebenen Ehegatten von 100,94 DM und verstärkt durch die Quotenverschiebung im Verhältnis zwischen den Ehegatten:

			Aufteilung des Mehransatzes	212,50
Erwerbstätiger, getöteter Ehegatte			52,5 %	111,56
Haushaltsführender Ehegatte			47,5 %	**100,94**
Bonuskorrektur zu oder gleichsinnig	2288,00	mit	0,625 %	14,30
über verfügbare Einkünfte von	2860,00	mit	0,50 %	14,30

TIP **1227** Auf diese Unterschiede wird in der Regulierungspraxis zu Lasten haushaltsführender Ehegatten wenig geachtet.

i) Zusätzliche Rechnungsfaktoren

1228 Der ersatzfähige (monatliche Renten-) Betrag setzt sich – wie bereits gezeigt – aus dem (monatlich) ausfallenden Beitrag zu den persönlichen Bedürfnissen und dem (monatlich) ausfallenden Beitrag zu den Fixkosten zusammen.

TIP **1229** Neben dem Barunterhaltsersatz im engeren Sinn ist als zusätzlicher Rechnungsfaktor ggfs. ein Ausgleich für die **Krankenvorsorge** oder/und die **Altersvorsorge**[1052] zu überdenken. Beim Verlust des Anspruchs auf Familienkrankenhilfe sind ggfs. Versicherungsbeiträge zu ersetzen, die aufgebracht werden müssen, um dem Hinterbliebenen den Schutz der

---

1052 Zur Entziehung von Vorsorgeaufwendungen im einzelnen *Drees* in VersR 1992, 1169 ff.

gesetzlichen Krankenversicherung zu erhalten.¹⁰⁵³ Zu ersetzen sind Mehrkosten für einen gleichwertigen Krankenversicherungsschutz.¹⁰⁵⁴ Dies gilt aber nur, soweit solche Gesichtspunkte nicht bei den fixen Kosten berücksichtigt werden.

> Beihilfeberechtigte Eltern erfüllen die Pflicht zur Gewährung von Krankenvorsorge i.d.R. dadurch, daß sie im Krankheitsfall ihren Beihilfeanspruch gegen den Dienstherrn einsetzen und eine verbliebene Lücke auf andere Weise (durch Abschluß einer Krankenversicherung) abdecken. Wird, wenn sowohl der Vater als auch die Mutter als Beamte Ansprüche auf Beihilfe für ihr Kind haben, einer von ihnen getötet, und infolgedessen das Kind selbst beihilfeberechtigt, hat der die Beihilfeleistungen erbringende Dienstherr des Verstorbenen aus übergegangenem Recht Anspruch auf Erstattung der Hälfte seiner Beihilfeleistungen für das Kind.¹⁰⁵⁵

1230
Beispiel 156

An der wirtschaftlichen Absicherung des Unterhaltsberechtigten nach dem Tod des Unterhaltspflichtigen ist der Schädiger ebenfalls zu beteiligen. Als Folgeschaden mag es im Einzelfall zum Ausgleich der ausgefallenen **Altersrente** kommen¹⁰⁵⁶ oder die nach dem Tod des Unterhaltspflichtigen geschmälerte Rente schadensrechtlich zu kompensieren sein, wenn nicht schon Rücklagen dazu zu ersetzen sind.¹⁰⁵⁷

1231

Zwischen verschiedenen **Zeitabschnitten** ist bei veränderter Lage sorgsam zu trennen. Ersatzansprüche sind immer zeitlich zu befristen (Rn. 300 ff.).

1232

Ggfs. kommt ein Steuerschaden hinzu (Rn. 1088). Weitere Schadensposten sind zu beachten.

1233

Die Aktivlegitimation ist davon beeinflußt, ob ein **Forderungsübergang** (Rn. 1093 ff.) zu beachten ist.

1234

Die **Sozialhilfe** mindert die Bedürftigkeit nicht. Wegen ihres subsidiären Charakters befreit sie den Unterhaltspflichtigen nicht von seiner Leistungspflicht.¹⁰⁵⁸ Für den Fortbestand der Unterhaltspflicht kam es nicht

1235

1053 *BGH* VersR 1989, 604 (zugleich zum Innenverhältnis zwischen LVA und BG als Gesamtgläubiger eines übergegangenen Unterhaltsersatzanspruchs); zu den Auswirkungen auf einen Anspruchsübergang, wenn ein familienkrankenversicherter Geschädigter der Krankenversicherung freiwillig beitritt *BGH* VersR 1990, 437 = NJW-RR 1990, 344.
1054 *OLG Karlsruhe* VersR 1994, 1250 = NZV 1994, 396 = ZfS 1994, 241, *BGH* NA-Beschl. v. 15.3.1994.
1055 *BGH* VersR 1989, 486 = DAR 1989, 222.
1056 BGHZ 32, 246 = VersR 1960, 551; vgl. *Herzberg* in NJW 1990, 2525, *Drees* in VersR 1992, 1169.
1057 *BGH* VersR 1962, 568, VersR 1970, 128.
1058 BGHZ 78, 201.

darauf an, ob der Sozialhilfeträger von einer Befugnis Gebrauch machte, den Unterhaltsanspruch auf sich überzuleiten.[1059] Der Anspruch nach § 844 Abs. 2 BGB erlischt selbst dann nicht, wenn der Unterhaltsberechtigte Sozialhilfe erhält und der Sozialhilfeträger den entgangenen Unterhaltsanspruch des Unterhaltsberechigten wegen der Beschränkungen des § 91 BSHG nicht auf sich hätte überleiten können. Ist das Fortbestehen des Unterhaltsanspruchs von einer späteren Überleitung nicht abhängig, wird er nicht dadurch berührt, daß von dem Sozialhilfeträger wegen eines gesetzlichen Überleitungsverbots oder einer Überleitungsbeschränkung von vornherein kein Rückgriff gegen den Unterhaltsverpflichteten genommen werden kann.[1060]

1236 Hinterbliebene sind zur **Minderung des Schadens** verpflichtet. So ist das Einkommen einer Witwe auf ihren Schaden anzurechnen, wenn sie eine Arbeitspflicht trifft und vermittelbar ist.[1061] Arbeitet die Witwe nicht, obwohl ihr das zuzumuten ist, wird ihr das erzielbare Einkommen angerechnet. Die **Pflicht zum Erwerb** (auch durch Hausarbeit) hängt von einer am Grundsatz von Treu und Glauben orientierten sachgerechten Abwägung der Interessen des Schädigers an der Geringhaltung des Schadens und der Interessen der Hinterbliebenen an der Aufrechterhaltung der restlichen Familieneinheit ab, wobei den Hinterbliebenen Vorrang zukommt.[1062] Irrelevant ist, ob der haushaltsführende Ehegatte während der bestehenden Ehe erwerbstätig oder während der Ehe zur Arbeitsaufnahme verpflichtet gewesen ist oder als geschiedene Person eine Erwerbsobliegenheit im Verhältnis zum Ehepartner gehabt hätte. Ob und inwieweit[1063] die Erwerbstätigkeit zumutbar ist, entscheiden die wirtschaftlichen und sozialen Verhältnisse (Alter, Vor-, Ausbildung, Leistungsfähigkeit, Art/Charakter der Tätigkeit, soziale Stellung, andere Verpflichtungen).[1064]

1237

Beispiel 157

So kann die (türkische) Witwe verpflichtet sein, sich nach dem Tod des Mannes auf eine Erwerbstätigkeit vorzubereiten[1065], um anschließend einem Beruf nachzugehen.

1238 Ob bei Versorgung minderjähriger Kinder eine Arbeitspflicht besteht, richtet sich nach dem Einzelfall. Feste Regeln zur Betreuungsbedürftigkeit von Kindern nach Kinderzahl und Lebensalter bestehen nicht. Scha-

---

1059 *BGH* FamRZ 1983, 574.
1060 *BGHZ* 115, 228 = VersR 1991, 1417 = NJW 1992, 115.
1061 Vgl. *OLG Brandenburg* ZfS 1999, 330, 332.
1062 *BGHZ* 91, 357, 367.
1063 Instruktiv *OLG Frankfurt* NJW-RR 1998, 1699.
1064 *BGH* VersR 1976, 877.
1065 *OLG Düsseldorf* NZV 1993, 473, 474.

densersatzrechtlich ist – anders als im Verhältnis getrenntlebender oder geschiedener Ehegatten – für die Arbeitspflicht im Verhältnis zum Schädiger stets zu berücksichtigen, daß der Schädiger eine teilweise elternlose Erziehung der Kinder zu verantworten hat. Die Kinder haben ein erhöhtes schutzwürdiges Interesse daran, die Versorgung und Erziehung durch den überlebenden Elternteil nicht mit einer Erwerbsobliegenheit belastet oder gar gestört zu sehen.

> Der *BGH* hat die Zumutbarkeit einer Arbeitsaufnahme für eine junge Witwe, die ein Kleinkind zu versorgen gehabt hat, verneint[1066], ebenso hat er bei einer Witwe mit einem 10jährigen Sohn entschieden.[1067] Der jungen, kinderlosen Witwe ist jedoch eine Arbeitsaufnahme zuzumuten gewesen.[1068] Bei Kindern über dem 12. Lebensjahr kann eine Teilzeitbeschäftigung zumutbar sein.[1069]

1239

Beispiel 158

j) Zusammenfassende Modelle und Beispiele

Wie bei einer Unterhaltsberechnung kann es erforderlich werden, für verschiedene Zeiträume wegen der veränderten Lebensverhältnissen verschiedene Berechnungen durchzuführen.

1240

Berechnungsmodell und -beispiel
Barunterhaltsschaden kinderlose Alleinverdienerehe
bei Erwerbseinkünften[1070], monatlicher Ausfall für haushaltsführenden Ehegatten

1. Erwerbseinkünfte des getöteten Ehegatten
   a) Vergütung nach Steuern   4.000,00
      sonstige geldwerte Vorteile aus der Erwerbstätigkeit
      Zwischensumme Einkünfte des getöteten Ehegatten   4.000,00
   b) Abzüge
      Versicherungen und andere personen-, erwerbsgebundene Ersparnisse:
      Krankenversicherung des getöteten Ehegatten   0
      Rentenversicherung Arbeitnehmeranteil   0
      Arbeitslosenversicherung   0
      Lebensversicherung   0

1241

Berechnungsmodell
Vorschlag für Textfassung zur Berechnung

1066 VersR 1969, 469.
1067 *BGHZ* 91, 357.
1068 *BGH* VersR 1976, 877.
1069 *BGH* VersR 1983, 688.
1070 Bei unterschiedlichen Einkunftsarten s. Rn. 1214 ff.

Ausfall von Barbeiträgen (Barunterhaltsschaden)

2. Aufwendungen für Vermögensbildung	0
Zwischensumme Gesamtabzüge	0
Gesamtbeitrag zum Unterhalt	4.000,00
3. Fixkostenaufwand der Familie	1.140,00
Fixkostenanteil hinterbliebener Ehegatte, Quote	100 %
Entgangener Beitrag zu Fixkosten	1.140,00
4. Unterhaltsbeitrag des getöteten Ehegatten zum persönlichen Bedarf	2.860,00
5. Quotenanteile am Unterhaltsbeitrag	
Getöteter Ehegatte	52,5 %
Hinterbliebener Ehegatte	47,5 %
6. Verteilung Unterhaltsbeiträge zum persönlichen Bedarf	
Entgangener Barbeitrag	1.358,50
7. Entgang (monatlich)	
Entgangener Beitrag zu Fixkosten	1.140,00
Entgangener Barbeitrag	1.358,50
Gesamtentgang	**2.498,50**

1241
Berechnungsmodell
Vorschlag für Textfassung
zur Berechnung

Berechnungsmodell und -beispiel[1071]
Barunterhaltsschaden Alleinverdienerehe bei Erwerbseinkünften, monatlicher Ausfall für haushaltsführenden Ehegatten und für Halbwaisen

	Beispiel A	Beispiel B	Beispiel C
1. Erwerbseinkünfte des getöteten Ehegatten			
a) Vergütung nach Steuern	7.414,13	5.000,00	8.899,00
sonstige geldwerte Vorteile aus der Erwerbstätigkeit (z.B. PKW-Nutzung)	300,00	0,00	0,00
Zwischensumme	7.714,13	5.000,00	8.899,00
b) Abzüge			
Versicherungen, andere personen-, erwerbsgebundene Ersparnisse:			
Krankenversicherung des getöteten Ehegatten	570,64	400,00	0,00
Rentenversicherung Arbeitnehmeranteil	561,00	0,00	0,00
Arbeitslosenversicherung	129,00	0,00	0,00
Lebensversicherung	235,00	0,00	0,00
sonstiges (z.B. Steuervorteil Zählkind)	0,00	0,00	0,00

1071 Vgl. beispielsweise auch *OLG Hamm* OLGR 1996, 67 = NJW-RR 1996, 1221 = ZfS 1996, 211.

Pauschalierende Berechnung

2. Aufwendungen für Vermögensbildung	1.601,00	60,00	1.500,00
Zwischensumme Gesamtabzüge	3.096,64	460,00	1.500,00
Für den Unterhaltsbedarf verbleibende Einkünfte	4.617,49	4.540,00	7.399,00
3. Fixkostenaufwand der Familie	1.630,00	1.589,00	3.560,00
	Anteile:	Anteile:	Anteile:
Hinterbliebener Ehegatte	60 %	50 %	40 %
Kind 1	40 %	25 %	20 %
Kind 2		25 %	20 %
Kind 3			20 %
4. Unterhaltsbeitrag des getöteten Ehegatten zum persönlichen Bedarf der Angehörigen	2.987,49	2.951,00	3.839,00
5. Quotenanteile am Unterhaltsbeitrag			
Getöteter Ehegatte	44,6 %	35,2 %	24,7 %
Hinterbliebener Ehegatte	40,4 %	31,8 %	22,3 %
Kind 1	15 %	19 %	20 %
Kind 2		14 %	19 %
Kind 3			14 %
6. Verteilung Unterhaltsbeiträge zum persönlichen Bedarf			
a) Unterhaltsbedarf des hinterbliebenen Ehegatten	1.206,95	938,42	856,10
b) Berechnung der Deckungsgrenze für den Unterhaltsbedarf der Kinder	**6.370,00**	**6.411,00**	**4.440,00**
aa) Unterhaltsbedarf des Kindes 1	448,12	560,69	767,80
bb) Unterhaltsbedarf des Kindes 2		413,14	729,41
cc) Unterhaltsbedarf des Kindes 3			537,46
7. Entgang			
a) Hinterbliebener Ehegatte			
Entgangener Barbeitrag	1.206,95	938,42	856,10
Entgangener Beitrag Fixkosten	978,00	794,50	1.424,00
Gesamtentgang	2.184,95	1.732,92	2.280,10
ggfs. Abzug wegen Vorteilsausgleich			
ggfs. Aufteilung wegen Forderungsübergang (z.B. Rente BfA)	1.100,00	0,00	0,00
Eigener, verbleibender Ersatzanspruch	1.084,95	1.732,92	2.280,10
b) Entgang Kind 1			
Entgangener Barbeitrag	448,12	560,69	767,80
Entgangener Beitrag Fixkosten	652,00	397,25	712,00
Gesamtentgang	1.100,12	957,94	1.479,80
ggfs. Abzug wegen Vorteilsausgleich			
ggfs. Aufteilung wegen Forderungsübergang			

> c) Entgang Kind 2
> Entgangener Barbeitrag   413,14   729,41
> Entgangener Beitrag Fixkosten   397,25   712,00
> Gesamtentgang   810,39   1.441,41
> ggfs. Abzug wegen Vorteilsausgleich
> ggfs. Aufteilung wegen Forderungsübergang
>
> d) Entgang Kind 3
> Entgangener Barbeitrag   537,46
> Entgangener Beitrag Fixkosten   712,00
> Gesamtentgang   1.249,46
> ggfs. Abzug wegen Vorteilsausgleich
> ggfs. Aufteilung wegen Forderungsübergang
>
> **Erläuterung:** Die Schadensberechnung läßt sich für den Witwer/die Witwe und die Halbwaisen mit den Unterhaltsquoten einheitlich durchführen, um die jeweiligen (einzelnen) Ansprüche zu ermitteln. Jeweils ist zu überdenken, welche Unterhaltsquoten zu verwenden sind (Rn. 1187), ob die Quotierung nebeneinander oder ob die vorrangige Ermittlung des Kindesbedarfs angezeigt ist (Rn. 1224 f.). Innerhalb der Beispiele sind die vorgestellten korrigierten Quoten verwendet worden. Zu den Fixkostenanteilen sind die Erwägungen Rn. 1191 ff. zu beachten. In den Beispielen sind die fixen Kosten nach den eigenständigen Aufteilungsvorschlägen berücksichtigt, nicht nach dem Verhältnis der Unterhaltsquoten.
>
> Eine Deckungsgrenze kann die Ersatzberechtigung der Kinder reduzieren (Rn. 1151).
>
> Kommen weitere Schadensposten hinzu, sind diese getrennt bei den jeweils anspruchsberechtigten Hinterbliebenen zu berücksichtigen und zwar ebenso, wie ein Vorteilsausgleich oder ein Forderungsübergang nur nach den konkreten Umstände und Bedingungen bei dem jeweils Betroffenen entscheidend ist.

3. Besonderheiten bei der Doppel-, Zuverdienerehe

1243   Bei Tötung eines Ehepartners in der Doppel- oder Zuverdienerehe, in der beide Ehegatten mit ihren Einkünften zum Familienunterhalt beitragen, entgeht als Barunterhalt der Anteil, der von dem getöteten Ehegatten zu den fixen Kosten des Haushalts und zu den persönlichen Bedürfnissen der Hinterbliebenen beizutragen[1072] ist.

TIP   1244   Absprachen dazu, daß ein Nebenverdienst dem Ehegatten zur freien Verfügung ohne Einfluß auf die Deckung des Unterhalts verbleibt, sind

---

1072 *BGH* VersR 1984, 353; VersR 1984, 961 = NJW 1985, 49.

früher zumeist tatsächlich als unangemessen erachtet worden.[1073] Kann das **Taschengeld** des zuverdienenden Ehegatten durch den Eigenverdienst gedeckt werden, muß aber nun[1074] der Eigenverdienst jedenfalls in dem Umfang von 5 % bis 7 % des zur Verfügung stehenden Nettoeinkommens berücksichtigungsfrei bleiben.

1245

Berechnungsmodell

Berechnungsgrundmodell					
	Getöteter Ehegatte	Hinterbliebener Ehegatte	Kind 1	Kind 2	Familie bzw. Summen
Verfügbare Nettoerwerbseinkünfte (monatlich)	Eg	Eh			$E = Eg + Eh$
Verhältnis	Eg/E	Eh/E			1
Vermögensbildung	Egv	Ehv			$Ev = Egv + Ehv$
Monatliche Fixkosten (Aufwandsanteile und Betrag)	$Egf =$ $F * (Eg/E)$	$Ehf =$ $F * (Eh/E)$			F
Für persönlichen Unterhaltsbedarf verteilbare Einkünfte	$Eug =$ $Eg - Egv - Egf$	$Euh =$ $Eh - Ehv - Ehf$			$Eu = E - Ev - F = Eug + Euh$
Baranteile an den verteilbaren Einkünften:					
Unterhaltsquoten	Qg	Qh	$Qk1$	$Qk2$	1
Getöteter Ehegatte	$Eug * Qg$	$Euh * Qg$	$Eug * Qk1$	$Euh * Qk1$	Eug
Hinterbliebener Ehegatte	$Eug * Qh$	$Euh * Qh$	$Eug * Qk2$	$Euh * Qk2$	Euh
Baranteile an den fixen Kosten:					
Fixkosten (unverändert, korrigert oder neu ermittelt)					F oder F neu
Aufwandsanteil des getöteten Ehegatten	$[F$ oder F neu$]$ $* [Eg/E]$				
Quoten zu den Fixkosten		Qhf	$Qk1f$	$Qk2f$	1
Entgangener Baranteil		$[F$ oder Fneu$]$ $* Qhf$	$[F$ oder F neu$]$ $* Qk1f$	$[F$ oder F neu$]$ $* Qk2f$	F oder F neu
Entgangene Beiträge:					
Beitrag zum persönlichen Bedarf		$Eug * Qh$	$Eug * Qk1$	$Euh * Qk2$	$Eug - (Eug * Qg)$
Beitrag des getöteten Ehegatten zu den fixen Kosten		$[F$ oder F neu$]$ $* Qhf$	$[F$ oder F neu$]$ $* Qk1f$	$[F$ oder F neu$]$ $* Qk2f$	F oder F neu
Gesamter Entgang		Summe	Summe	Summe	
Anrechnung:					
Ersparter Beitrag zum persönlichen Bedarf		$Euh * Qg$			
Sonstiger Vorteilsausgleich					
Gesamte Anrechnung auf Anspruchsteil		Summe	Summe	Summe	

1073 *OLG* Frankfurt ZfS 1984, 16.
1074 Beachte *BGH* NJW 1998, 1554.

Ausfall von Barbeiträgen (Barunterhaltsschaden)

> Monatlicher Barunterhaltsschaden
> (Rente): Entgang – Entgang – Entgang –
> Anrechnung Anrechnung Anrechnung
>
> **Weitere Schadenspositionen
> getrennt**
> *Ggfs. Aufteilung wegen Forderungsübergang*
>
> **Erläuterung:** Das Verteilungsmodell im Anhang 3 weist die Aufwandsanteile aus den Einkünften aus und ordnet die Verwendung der Einkünfte zu. Das vorstehende Berechnungsmodell zeigt in gleichem Sinn die wesentlichen Positionen der Schadensberechnung bei einer Doppelverdienerehe mit zwei unterhaltsberechtigten Kindern einschließlich des sog. Barvorteils des Witwers bzw. der Witwe wegen der ersparten Beteiligung am personenbezogenen Bedarf des getöteten Ehegatten. Soweit sich der hinterbliebene Ehegatte am Unterhalt wirtschaftlich beteiligt hat, muß er dies auch weiterhin. Die anteilige Mitfinanzierung des persönlichen Bedarfs des getöteten Ehegatten und der fixen Kosten reduziert dementsprechend die Ersatzberechtigung des Witwer's, der Witwe.
>
> Nachstehend folgen einzelne Erläuterungen. Sodann werden vereinfachte Berechnungsmodelle gezeigt, die zu gleichen Lösungen führen.
>
> Insbesondere bei einer Mithaftung wegen des Fehlverhaltens der getöteten Person ist darauf zu achten, daß alle bekannten Berechnungsvarianten nicht immer (s. im einzelnen Rn. 1368) gleichwertig sind.

1246 Die beiderseitigen **Nettoeinkünfte** erschließen sich so, wie es zur Alleinverdienerehe für den erwerbstätigen Ehepartner gekennzeichnet ist (Rn. 1221 ff.). Barbeiträge von Kindern scheiden in dem gesetzlichen Rahmen zur Stärkung der Familieneinkünfte aus. Der Barbedarf kann jedoch durch Barmittel eines Kindes beeinflußt werden (Rn. 1221).

TIP

1247 Aufwendungen zur **Vermögensbildung** (Abk.: Ev) sollten nach dem Verhältnis der beiderseitigen Einkünfte über den jeweiligen Anteil an der Gesamtvermögensbildung aufgeteilt werden (ähnlich wie bei den fixen Kosten, Rn. 1216, 1249), wenn sich nicht kraft der besonderen Umständen des Einzelfalles, insbesondere angesichts der situationsangemessenen Bestimmung der Ehegatten, eine andere Beurteilung aufdrängt oder für jeden Ehegatten konkret eigene Aufwendungen nachzuweisen sind.

1248 Sodann gilt es, die von der getöteten Person anteilig mitaufgebrachten **fixen Kosten** zu erfassen. Da solche Haushaltskosten zumindest meist unverändert bleiben, ist der Betrag zu errechnen, der nach Abzug des Eigenanteils an den festen Haushaltskosten als Beteiligung an dem personenbezogenen Bedarf der getöteten Person zu verstehen ist. Der Anteil des Getöteten an den gesamten fixen Kosten ist dem Verhältnis des beiderseitigen Einkommens der Ehegatten zu dem gesamten Familieneinkommen, das zum Unterhalt verwendet wird, zu entnehmen.

Besonderheiten bei der Doppel-, Zuverdienerehe

Aufteilung fixe Kosten zwischen Zu-, Doppelverdienern	
	1. Berechnungsschritt
	Nettoeinkünfte des getöteten Ehegatten [Eg]
zuzüglich	Nettoeinkünfte des hinterbliebenen Ehegatten [Eh]
ergibt	gesamte Nettoeinkünfte, Formel: Eg + Eh = E.
	2. Berechnungsschritt
	Ermittlung des Verhältnisses der Nettoeinkünfte der getöteten Person zu den gesamten Nettoeinkünften, Formel: Eg/E, Eh/E.
	3. Berechnungsschritt
	Die anteiligen berücksichtigungsfähigen Fixkosten ergeben sich aus der Gesamtsumme der fixen Kosten multipliziert mit der Verhältniszahl Eg/E, Formel: (Gesamtsumme fixe Kosten = F) x (Eg/E) bzw. (Gesamtsumme fixe Kosten = F) x (Eh/E).

1249 Berechnungsmodell

Für die Ehegatten untereinander gilt der Grundsatz der **gleichmäßigen Teilhabe** (1:1, Rn. 1168). Die Verteilung des verfügbaren Einkommens zwischen den erwerbstätigen Ehepartnern und den Kindern unterliegt der tatrichterlichen Würdigung. Bei der aufgezeigten Handhabung (Rn. 1187) sind lediglich die **Quoten für die Kinder** zu bestimmen unter Berücksichtigung der sich ggfs. über die gesamte Dauer der Schadensberechnung (Rn. 300 ff.) verändernden Altersstufen (Rn. 1174). Die verbleibenden Einkünfte sind dann nach der Halbteilung (Verhältnis 1:1; je 50 %) zwischen den Ehegatten aufzuteilen.

1250

Folgende Quoten (Verteilungsschlüssel) für den Unterhalt zu den persönlichen Bedürfnissen sind angesichts des Grundsatzes der gleichmäßigen Teilhabe und auf der Grundlage der intakten Ehe vorstellbar:

1251

1252

Quoten innerhalb der Familie					
	2-PH	3-PH	4-PH		5-PH	6-PH[1075]
Ehegatte	50 %	40 %	35 %[1076]	30 %[1077]	29 %	25 %
Ehegatte	50 %	40 %	35 %	30 %	29 %	25 %
Kind 1		20 %	15 %	20 %	14 %	12,5 %
Kind 2			15 %	20 %	14 %	12,5 %
Kind 3					14 %	12,5 %
Kind 4						12,5 %

1075 *BGH* VersR 1990, 748, 749.
1076 *BGH* VersR 1979, 1029 = DAR 1980, 85, VersR 1990, 317 = DAR 1990, 55.
1077 *BGH* VersR 1984, 189.

Ausfall von Barbeiträgen (Barunterhaltsschaden)

1253 Für den Barunterhaltsschaden der **Kinder** ist darauf zu achten, daß jeweils von den Eltern aufzubringende Anteile zum Barunterhalt und zu den fixen Kosten anfallen. Die Sättigungsgrenze (Rn. 1151) gilt entsprechend, d.h. bezogen auf die Einkünfte beider Eltern insgesamt und relativ gegenüber den Elternteilen.

Berechnungsformel 1254

Barunterhaltsschaden Doppelverdienerehe

Erläuterung: Zu den Aufwendungen zur Vermögensbildung folgen die Bezüge in der Formel Rn. 1247. Bei individualisierten Aufwendungen sind die entsprechenden Felder abzuändern. Zu den Fixkostenanteilen ist hier im Sinne von Rn. 1197 das Verhältnis der Unterhaltsanteile zugrundegelegt. Sollen andere Fixkostenanteile verwendet werden, ist in den entsprechenden Feldern der präzisierte Anteil einzusetzen.

Zu den Quoten der Ehegatten schließt die Formel an Rn. 1187 an.

Die Spalte Kontrolle dient lediglich der Plausibilitätsbetrachtung.

Im Falles eines Forderungsübergangs sind die jeweiligen Ansprüche dementsprechend (Rn. 1093 ff.) nach der Berechnung des monatlichen Rentenanspruchs aufzuteilen. Für verschiedene Zeiträume können wegen der veränderten (Lebens-)Verhältnissen getrennte Berechnungen durchzuführen sein. Es kann auch Rn. 1212 zu beachten sein.

	A	B	C	D	E	F	G
1		Getöteter Ehegatte	Hinterbliebener Ehegatte	Kind 1	Kind 2	Familie	Kontrolle
2	Einkünfte	....	....			=B2+C2	
3	Verhältnis der Einkünfte	=B2/F2	=C2/F2				=B3+C3
4	Vermögensbildung	=F4*B3	=F4*C3			....	=B4+C4
5	Fixkosten, Aufwandsanteile	=F5*B3	=F5*C3			....	=B5+C5
6	Verbleibende Einkünfte	=B2-B4-B5	=C2-C4-C5			=F2-F4-F5	=B6+C6
7	**Anteile an verbleibenden Einkünften**						
8	Unterhaltsquoten	=(1-(D8+E8))/2	=(1-(D8+E8))/2	....	....		=B8+C8+D8+E8
9	Getöteter Ehegatte	=B6*B8	=C6*B8	=B6*D8	=B6*E8	=B9+C9+D9+E9	=B6
10	Hinterbliebener Ehegatte	=B6*C8	=C6*C8	=C6*D8	=C6*E8	=B10+C10+D10+E10	=C6
11			Anteile an fixen Kosten	Anteile an fixen Kosten	Anteile an fixen Kosten		
12	Fixe Kosten (ggfs. angepaßt)					....	ggfs.=F 5
13	Aufwandsanteile	=F12*B3	=F12*C3			=B13+C13	=F12
14	Fixkostenquoten		=C8/(C8+D8+E8)	=D8/(C8+D8+E8)	=E8/(C8+D8+E8)		=C14+D14+E14
15	Entgangener Beitrag		=B13*C14	=B13*D14	=B13*E14	=C15+D15+E15	=B13
16			Entgang	Entgang	Entgang		
17	Beitrag zum persönlichen Bedarf		=B10	=D9	=E9	=C17+D17+E17	=B6-B9
18	Beitrag zu fixen Kosten		=C15	=D15	=E15	=C18+D18+E18	=B13
19	Gesamter Entgang		=C17+C18	=D17+D18	=E17+E18	=C19+D19+E19	
20			Anrechnung	Anrechnung	Anrechnung		
21	Beitrag zum persönlichen Bedarf		=C9				
22	Sonstiger Vorteil		....	....	....		
23	Gesamte Anrechnung		=C21+C22	=D22	=E22		
24			Rentenanspruch (monatlich)	Rentenanspruch (monatlich)	Rentenanspruch (monatlich)		
25			=C19-C23	=D19-D23	=E19-E23	=C25+D25+E25	

Besonderheiten bei der Doppel-, Zuverdienerehe

1255

Vorschlag für Textfassung zur Berechnung

Darstellung der Berechnungsansätze zum Barunterhaltsschaden (Doppel-, Zuverdienerehe)	
1. Familieneinkünfte	
Nettoeinkünfte des getöteten Ehegatten zuzüglich	....
Nettoeinkünfte des hinterbliebenen Ehegatten ergibt	....
Frühere Nettoeinkünfte der Familie abzüglich	(Summe)
Aufwendungen für Vermögensbildung ergibt	....
für den Unterhalt verfügbare Familieneinkünfte	(Differenz)
Verhältnis der Einkünfte:	
Getöteter Ehegatte	....
Hinterbliebener Ehegatte	....
2. Fixkosten	
Fixkostenaufwand der Familie davon	....
Fixkosten-Aufwandsanteil des getöteten Ehegatten nach dem Verhältnis der Einkünfte und	....
Fixkosten-Aufwandsanteil des hinterbliebenen Ehegatten nach dem Verhältnis der Einkünfte	....
Quotenanteile zu den Fixkosten:	
Hinterbliebener Ehegatte	....
Kind 1	....
Kind 2	....
3. Unterhaltsbeiträge des getöteten Ehegatten zum persönlichen Bedarf der Angehörigen	
Nettoeinkünfte des getöteten Ehegatten	(wie vor)
Fixkosten-Aufwandsanteil	(wie vor)
Vermögensbildung-Aufwandsanteil	(wie vor)
Verbleibender Beitrag des getöteten Ehegatten insgesamt	(Differenz)
Unterhaltsquoten:	
Getöteter Ehegatte	....
Hinterbliebener Ehegatte	....
Kind 1	....
Kind 2	....
Barbeiträge zum personenbezogenen Bedarf:	
Baranteil des hinterbliebenen Ehegatten nach Quote	....
Baranteil des Kindes 1 nach Quote	....
Baranteil des Kindes 2 nach Quote	....

Ausfall von Barbeiträgen (Barunterhaltsschaden)

4. Entgang des hinterbliebenen Ehegatten

Unterhaltsanteil am Beitrag des getöteten Ehegatten *(wie vor)*
Fixkostenaufwandsanteil des getöteten Ehegatten
nach Fixkostenquote ………
Gesamtentgang *(Summe)*
abzüglich Vorteilsausgleich, dieser berechnet über:
Nettoeinkünfte des hinterbliebenen Ehegatten *(wie vor)*
abzüglich
Fixkosten-Aufwandsanteil *(wie vor)*
abzüglich
Vermögensbildung-Aufwandsanteil ………
ergibt
verbleibenden Beitrag des hinterbliebenen Ehegatten
zum persönlichen Bedarf der Angehörigen *(Differenz)*
davon Baranteil des getöteten Ehegatten
nach Quote ………
Ersatzanspruch, monatlich *(Entgang − Vorteil)*
ggfs. Aufteilung wegen Forderungsübergang
ggfs. weitere Schadenspositionen

5. Entgang Kinder

a) Kind 1

Unterhaltsanteil am Beitrag
des getöteten Ehegatten *(wie vor)*
Fixkostenaufwandsanteil des
getöteten Ehegatten nach Fixkostenquote ………
Gesamtentgang *(Summe)*
ggfs. Vorteilsausgleich
Ersatzanspruch, monatlich *(Entgang − Vorteil)*
ggfs. Aufteilung wegen Forderungsübergang
ggfs. weitere Schadenspositionen

b) Kind 2

Unterhaltsanteil am Beitrag des
getöteten Ehegatten *(wie vor)*
Fixkostenaufwandsanteil des getöteten Ehegatten
nach Fixkostenquote ………
Gesamtentgang *(Summe)*
ggfs. Vorteilsausgleich
Ersatzanspruch, monatlich *(Entgang − Vorteil)*
ggfs. Aufteilung wegen Forderungsübergang
ggfs. weitere Schadenspositionen

Besonderheiten bei der Doppel-, Zuverdienerehe

1256

Berechnungsformel

Vereinfachte, gleichwertige Berechnungsformel Barunterhaltsschaden Doppelverdienerehe, Anspruch der Witwe/des Witwers

	A	B	C	D	E
1		Einkünfte	Anteilige fixe Kosten	Verfügbare Einkünfte	
2			Entgang:		Entgang:
3	Getöteter Ehegatte	…………	=C8*B4	=B3−C3	=D3/2
4	Aufwandsanteil	=B3/B8			
5					Ersparnis:
6	Hinterbliebener Ehegatte	…………	=C8*B7	=B6−C6	=D6/2
7	Aufwandsanteil	=B6/B8			
8	Familie gesamt	=B3+B6	…………	=B8−C8	=D8/2
9					Ersatzanspruch:
10					=C3+E3−E6

Erläuterung: Rechnerisch sind die beschreibenden Grundgedanken **zu vereinfachen**. Für die Ehegatten bildet die Differenz zwischen den jeweiligen Einkünften und den anteiligen fixen Kosten die jeweilig verfügbaren Einkünfte, die nach dem maßgebenden Schlüssel auf die Ehepartner zu verteilen sind. Dies ergibt direkt einerseits den ersparten Unterhaltsbarbeitrag sowie andererseits den entgangenen Unterhaltsbaranteil. Dabei zeigt die Unterhaltsquote zu den verfügbaren (verbleibenden) Einkünften sogleich den letztlich ersparten Baranteil, solange mit gleichen Quoten für die Ehepartner gerechnet wird.

Aufwendungen zur Vermögensbildung sind ggfs. entsprechend Rn. 1247 ergänzend zu berücksichtigen.

Auf diese Weise kann rechnerisch übersichtlich auch der **Vorteilsausgleichsbetrag** im Zusammenhang mit einem Betreuungsunterhaltsschaden (Rn. 1323 ff.) ermittelt werden.

1257

Beispiel 159

	Einkünfte	Anteilige fixe Kosten	Verfügbare Einkünfte	
		Entgang:		*Entgang:*
Getöteter Ehegatte	4.000,00	1.520,00	2.480,00	1.240,00
Aufwandsanteil	80 %			
				Ersparnis:
Hinterbliebener Ehegatte	1.000,00	380,00	620,00	310,00
Aufwandsanteil	20 %			
Familie gesamt	5.000,00	1.900,00	3.100,00	1.550,00
				Ersatzanspruch:
				2.450,00

347

Ausfall von Barbeiträgen (Barunterhaltsschaden)

1258
Berechnungsformel

Verteilung und Berechnung Barunterhaltsschaden Doppelverdienerehe, Anspruch der Witwe/des Witwers und der Halb- oder der Vollwaisen					
	Vater	Mutter	Kind 1	Kind 2	Familie
Einkünfte	4.000,00	1.000,00			5.000,00
Verhältnis der Einkünfte	80 %	20 %			
Vermögensbildung	160,00	40,00			200,00
Fixkosten, Aufwandsanteile	1.600,00	400,00			2.000,00
Verbleibende Einkünfte	2.240,00	560,00			2.800,00
Anteile an verbleibenden Einkünften					
Unterhaltsquoten	33 %	33 %	19 %	15 %	
Beiträge	selbst	für Vater	vom Vater	vom Vater	
	739,20	184,80	425,60	336,00	
	für Mutter	selbst	von Mutter	von Mutter	
	739,20	184,80	106,40	84,00	
Anteile an Fixkosten					
Fixkostenquoten	50 %	50 %	25 %	25 %	
		vom Vater	vom Vater	vom Vater	
		800,00	400,00	400,00	
	von Mutter		von Mutter	von Mutter	
	200,00		100,00	100,00	

Erläuterung: Für die Familie mit Kindern läßt sich die Verteilungsfrage rein in Formeln und Bezügen nicht einfacher ausdrücken als bisher (Rn. 1254) angesprochen. Dazu hilft aber – vor allem auch für Vollwaisen – das einfache Verteilungsmodell im Anhang 3. Zu den Ansätzen betr. die Vermögensbildung, Fixkostenquoten (oder – anteilen) sowie den Unterhaltsquoten gilt das, was in Rn. 1254 festgehalten ist.

Die einfache Verteilung weist **alle** maßgebenden **Berechnungsgrößen** aus: Abzulesen ist, daß dem Vater bei **Tötung der Mutter** deren Beitrag für Vater (184,40 DM) und deren Fixkostenanteil (200,00 DM) entgeht bei Ersparnis des Beitrags für Mutter (739,20 DM). Der Mutter entgeht bei **Tötung des Vaters** dessen Beitrag für Mutter und der Fixkostenanteil vom Vater bei Ersparnis des eigenen Beitrags für Vater. Für die Kinder (**Halbwaisen oder Vollwaisen**) beziehen sich die Anteile jeweils auf die Berechtigungen gegenüber den Eltern, zu Besonderheiten bei Vollwaisen Rn. 1259 ff.

Werden die fixen Kosten in sich anders aufgeteilt und zwar wie Rn. 1197 vorgeschlagen nach dem Verhältnis der Unterhaltsquoten, zeigt sich dazu folgendes:

> | Anteile an Fixkosten | | | | |
> |---|---|---|---|---|
> | Fixkostenquoten | 49 % | 49 % | 28 % | 22 % |
> | | | vom Vater | vom Vater | vom Vater |
> | | | 788,06 | 453,73 | 358,21 |
> | | von Mutter | | von Mutter | von Mutter |
> | | 197,01 | | 113,43 | 89,55 |
>
> Mit diesen Einsatzbeträgen würde sich dementsprechend die jeweilige Anspruchsberechtigung verschieben.
>
> Weitere Schadensposten sind wie sonst für den einzelnen betroffenen Angehörigen zu berücksichtigen ebenso wie ein Vorteil oder ein Forderungsübergang für jeden Berechtigten gesondert zu berücksichtigen ist.

4. Besonderheiten bei Vollwaisen

Bei Vollwaisen erstreckt sich der Unterhaltsschaden auf den Bar- und den Betreuungsanspruch.[1078] **1259**

Der **Barunterhaltsschaden** ist ggfs. hinsichtlich der Einkünfte der beiden erwerbstätigen Eltern zu errechnen (Rn. 1258). Zur Bemessung des Unterhaltsbedarfs darf nicht unreflektiert auf die allgemeinen Unterhaltstabellen zugegriffen werden.[1079] Die auf die Kinder entfallende Unterhaltsquote ist sorgfältig zu prüfen. Eine Neuberechnung der fixen Kosten wegen der veränderten Lebensverhältnisse ist geboten, wenn bei einem 4-Personen-Haushalt beide Elternteile wegfallen.[1080] Zwischen den Vollwaisen können fixe Kosten – insbesondere bei gleicher Altersstufe – mit 50 % / 50 % aufgeteilt werden. **1260**

> Ziehen die (nicht anspruchsberechtigten) Großeltern zu ihren Enkelkindern und führen den Haushalt fort, sind die fixen Kosten der Großeltern (im Vergleich zu den fixen Kosten des Haushalts mit den Eltern) anspruchsmindernd zu berücksichtigen. Dann sollen die Vollwaisen nicht so gestellt werden – meint der *BGH*[1081] – wie Halbwaisen im fortgeführten Haushalt mit dem (ebenfalls anspruchsberechtigten) hinterbliebenen Ehegatten. Die (kleinen) Vollwaisen werden dadurch bei der verstärkten inne-

1261

Beispiel 160

1078 Instruktiv *OLG Frankfurt* VRS 87, 249, 257.
1079 Nicht überzeugend *OLG Stuttgart* VersR 1983, 932; s. aber auch *OLG Koblenz* ZfS 1983, 169.
1080 *BGH* VersR 1986, 264 = NJW 1986, 715.
1081 *BGH* VersR 1986, 264 bezeichnet sachlich und inhaltlich nur die Höhe der fixen Kosten als bedenklich.

> ren Belastung wirtschaftlich eher noch zusätzlich belastet. Ein angemessener Ausgleich über eine innerfamiliäre Lösung verlangt eine großzügige Schadensregulierung, die der *BGH* insoweit bei den fixen Kosten aus formal überzeugenden Gründen verwehrt.

1262 Der Schadensersatzanspruch der Vollwaisen wegen der ausfallenden **Betreuung** orientiert sich häufig an den Kosten einer möglichen und angemessenen Unterbringung (Rn. 1106, 1280). Auf den Ersatzanspruch zum Betreuungsunterhalt sind – nach allerdings bestrittener Ansicht – eigene Einkünfte anzurechnen, Rn. 1221.

III. Ausfall der Haus- und Familienarbeit (Betreuungsunterhaltssschaden)

1263 Art und Umfang der im Haushalt, wegen der Ehe und Familie erforderlichen (geschuldeten) Arbeiten bestimmt die **Absprache** der Ehegatten. Denn mit der Einführung des 1. Eherechtsreformgesetzes vom 1.1.1977 ist ein Leitbild „Hausfrauenehe" entfallen. An die Stelle des früher nach § 1356 Abs. 2 BGB a.F. maßgeblichen Kriteriums der Sozialüblichkeit ist die Ausgestaltung der ehelichen Lebensgemeinschaft im Einzelfall getreten. Die alltäglichen Lebensumstände, die gesamte soziale und persönliche Lage sind entscheidend. Die Ehegatten haben für ihre Absprache einen weiten Gestaltungsraum. Nach dem Prinzip des § 1360a BGB sind Grenzen durch die Erforderlichkeit oder die Angemessenheit[1082] gesetzt. Alter und Gesundheit, berufliche und familiäre Verpflichtungen sind zu berücksichtigen.

1264
Beispiel 161

> Die dem kriegsblinden Ehemann erbrachte Pflege und Betreuung durch die nicht berufstätige Ehefrau kann gesetzlicher Unterhalt sein[1083], wenn sie einen zumutbaren Beitrag zum gemeinsamen Unterhalt der Familie leistet. Bei einer dauerhaften Körper- und Gesundheitsschädigung gehören die Pflege und Betreuung ebenso wie die Aufwendungen und Anstrengungen für die notwendige ärztliche Behandlung zu den persönlichen Bedürfnissen des beeinträchtigten Ehegatten.

1082 *BGH* VersR 1984, 961 VersR 1985, 365 sowie *BGHZ* 104, 113 = VersR 1988, 490.

Ausfall der Haus- und Familienarbeit (Betreuungsunterhaltsschaden)

1265 Teilen sich die Eltern die Pflege und Erziehung der Kinder, ist die **anteilige (Unterhalts-)Pflicht** jedes Ehegatten hinsichtlich der Betreuung festzustellen: Die Eltern haben für den dem gemeinsamen Kind zu gewährenden Unterhalt als Teilschuldner einzustehen. § 1606 Abs. 3 BGB legt eine (anteilige) Haftung entsprechend den Erwerbs- und Vermögensverhältnissen fest. Bei gemeinsamer Berufstätigkeit findet § 1606 Abs. 3 Satz 2 BGB, der für den Regelfall die Gleichwertigkeit von Pflege und Erziehung der Kinder mit dem Barunterhalt anerkennt, keine Anwendung. Der Anteil der Eltern am Betreuungsunterhalt der Kinder mag dann nach dem Verhältnis des Einkommens der Eltern bestimmt werden können. Er kann dem umgekehrten Verhältnis des beiderseitigen Erwerbseinkommens entnommen werden. Schematisch darf nicht verfahren werden.

TIP

1266 Fällt die gesetzlich geschuldete Haus-, Familienarbeit und Betreuung wegen Tötung der haushaltsführenden, erziehenden Person aus, ist der **spezifische Wert** der ausfallenden Tätigkeit zu **ersetzen**. Bei einheitlicher Schadensberechnung erwachsen mehreren Hinterbliebenen durch den Ausfall der Haushaltsführung eigene Ansprüche als Teilgläubiger. Der Schädiger hat die Geldmittel zu zahlen, die erfahrungsgemäß erforderlich sind, um den Ausfall der (geschuldeten) Arbeitsleistung auszugleichen. Der Anteil jedes einzelnen Hinterbliebenen an der Gesamtversorgung des Haushalts entspricht nicht der Quote beim Barunterhalt.

> Die persönlichen Leistungen sind nicht mit dem Geldbedarf und dessen Wert deckungsgleich.

1267

Persönliche Leistungen

1268 Die Schadensberechnung wird im einzelnen davon beeinflußt, ob und in welchem Umfang reale Aufwendungen entstehen, eine Hilfskraft für die Haushaltsführung eingestellt wird (konkrete Schadensberechnung), der Haushalt nach dem tatsächlichen Zuschnitt wie zuvor fortgeführt wird, Verwandte oder Dritte (unentgeltlich) Hilfe leisten, Kinder/(Halb)Waisen in einer fremden Familie aufgenommen oder in einem Heim betreut werden.

1269 Der hinterbliebene Ehegatte kann nach seiner freien Entscheidung die Lebensgemeinschaft mit dem Kind fortsetzen oder andere (angemessene) Lösungen finden. Sind dann die Arbeiten im Haushalt nur durch überobligationsmäßigen Einsatz des hinterbliebenen Ehegatten und der Kinder zu erledigen oder helfen Angehörige oder andere Personen unentgeltlich, ist die zusätzliche Mühewaltung angemessen auszugleichen (pauschalierende Schadensberechnung). Für die Vollwaisen ist ebenso wie bei Halbwaisen deren Bedarf auszugleichen. Es ist allein auf die in

Ausfall der Haus- und Familienarbeit (Betreuungsunterhaltsschaden)

ihrem Interesse liegende Lebensgestaltung abzustellen. Dazu muß im Einzelfall gefragt werden, welche Maßnahme im wohlverstandenen Interesse des Kindes geboten und möglich ist und wie der entsprechende Schadensbehelf wirtschaftlich angemessen auszugleichen ist.

1270 Bei Trennung der Familie und Auflösung des Haushalts mit Fremdunterbringung ist zwischen Heim-, Internatsaufenthalt (dazu Rn. 1280) und Familienunterbringung zu unterscheiden. In allen solchen Situationen sind die Ansprüche eines hinterbliebenen Ehegatten und der Kinder (Halbwaisen) getrennt abzuschätzen. Für den hinterbliebenen Ehegatten geht es dann um den für seine Versorgung erforderlichen Aufwand. Er ist wie ein alleinstehender Ehegatte zu behandeln.

1271
Checkliste

Einzelpositionen des Betreuungsunterhaltsschadens		

Konkrete Berechnung, Rn. 1272 ff.	oder	Pauschalierende Berechnung, Rn. 1281 ff.
		 1. Feststellung des auszugleichenden Arbeitszeitdefizits
		    a) Gesamtarbeitszeitbedarf der fortgeführten Familie, Rn. 1286 abzüglich
		    b) geschuldete Mithilfepflicht, Rn. 1291 ff.
		 2. Feststellung des Vergütungswertes, Rn. 1313
		 3. Monatlicher Ersatzwert, Rn. 1313 ff.
		 4. Aufteilung des Anspruches auf mehrere Hinterbliebene, Rn. 1319 ff.

	abzüglich	Barvorteil (ersparter Beitrag zum personenbezogenen Bedarf)
	ggfs.	Kürzung wegen Verletzung der Schadensminderungspflicht
	ggfs.	zuzüglich Steuerschaden
	ggfs.	Aufteilung wegen eines Forderungsübergangs
	ggfs.	Berechnungen für unterschiedliche Zeitabschnitte Befristung (Rn. 296 ff., 300 ff.)
	ggfs.	Kapitalisierung (Rn. 338 ff.)

1. Konkrete Berechnung

Konkret ist der Schaden abzurechnen zu zusätzlich anfallenden wirtschaftlichen Lasten. 1272

a) Beschäftigung einer Hilfskraft

Bei der infolge der Tötung notwendigen Beschäftigung einer Ersatzkraft bilden die gesamten **Bruttoaufwendungen** einschließlich von Arbeitgeberanteilen zur Sozialversicherung[1084] den wesentlichen Ansatz für die Schätzung des auszugleichenden Geldbetrages. Fahrgelderstattungen z.B. sind ebenfalls zu ersetzen. 1273

Die Aufwendungen müssen **angemessen** sein[1085] nach dem Maß der Erforderlichkeit. Erforderlich ist die Kraft, deren Tätigkeit der gesetzlich geschuldeten Leistung der getöteten Person bezogen auf die Qualifikation/Qualität und die Arbeitszeit vergleichbar ist. Die „notdürftige" Versorgung durch eine eingestellte Hilfskraft begrenzt den Anspruch zum Nachteil der Hinterbliebenen nicht, weil der Lebensbedarf entscheidet. Wird mit der Hilfskraft die ausgefallene Tätigkeit nur teilweise ausgeglichen, tritt ein ergänzender Anspruch hinzu. Ein Zuschlag bei „minderwertiger (mangelhafter)" Tätigkeit scheidet aber aus, vgl. Rn. 851 bei Verletzten. Auch der Einsatz einer Kraft ohne eine für die ausgefallene Tätigkeit vergleichbare (erforderliche, angemessene) Ausbildung darf nicht zu einem (fiktiven) Zusatzanspruch in Richtung auf einen vollen Ausgleich bei Einsatz einer qualifizierten Kraft führen. Wenn die Hilfskraft die ausgefallene Arbeit im Haushalt und bei der Betreuung erbringt, ist der ausgleichsfähige Nachteil abgedeckt. 1274

Ein nach den **örtlichen** Verhältnissen **erhöhter Geldbetrag**, d.h. die im Vergleich zu anderen örtlichen Gegebenheiten erhöhte Vergütung für eine Hilfskraft, darf abgerechnet werden, wenn tatsächlich eine Kraft aus diesem Raum beschäftigt werden muß.[1086] 1275

Die **Eigenversorgung** der eingestellten Kraft, die ohne die Beschäftigung im (fremden) Haushalt in der Freizeit abzuwickeln wäre, steht der Eigenversorgung der getöteten Person nicht gleich. Insoweit entsteht kein Schaden, dafür ist kein Entgelt zu berücksichtigen. 1276

1083 *BGH* VersR 1993, 56.
1084 *BGH* VersR 1973, 940; VersR 1974, 601, 604.
1085 *BGH* VersR 1973, 84.
1086 *BGH* VersR 1972, 948 = NJW 1972, 1716; VersR 1973, 84.

b) Versorgung in einer Pflegefamilie oder in einem Heim

1277 Bei der Unterbringung in einer Pflegefamilie hat nach der früheren Rechtsprechung des *BGH*[1087] der Ersatzanspruch des Kindes an Hand der Kosten für eine gleichwertige Familienunterbringung geschätzt, d.h. an den gesamten Pflegegeldern orientiert werden können. Daraus war niemals abzuleiten, daß eine Waise auf den billigeren Weg einer Familienunterbringung verwiesen werden konnte. Die Pflegesätze können zudem als Orientierungshilfe allenfalls vergleichsweise zur Bewertung der Haushaltsführung herangezogen werden. Der Barunterhalt ist davon zu trennen.

1278 Der doppelte Satz[1088] nach der Regelbedarfsbetragsverordnung mag sich praktisch zügig abrechnen lassen. Dieser wird aber dem persönlichen Beitrag nicht gerecht.

1279

Bewertung der Arbeitskraft

> Nach der neueren höchstrichterlichen Rechtsprechung ist die Bewertung der Arbeitskraft über den Zeitbedarf wie bei der pauschalierten Berechnung zu bevorzugen.[1089]

1280 Für Waisen, die in einem Heim[1090] oder Internat untergebracht werden, stellen die dafür anfallenden (angemessenen) Kosten die konkrete Belastung dar, die als erforderliche Aufwendung ausgleichspflichtig ist.[1091] Die Grenzen der Erstattungspflicht des Schädigers müssen auch dann aber der gesetzlichen Unterhaltsschuld entnommen werden. Soweit bei den realen Aufwendungen Kosten für Kleidung, Verpflegung sowie Taschengeld u. dergl. enthalten sind, fließen in die Abrechnung ersparte Barunterhaltsanteile ein.[1092]

1087 *BGH* VersR 1971, 1045 = NJW 1971, 2069.
1088 *OLG Celle* VersR 1980, 583 stellt auf den einfachen Satz mit höherer Altersstufe und Zuschlag wegen besserer wirtschaftlicher, sozialer Verhältnisse ab.
1089 *BGH* VersR 1985, 365 = NJW 1985, 1460.
1090 Zur Erstattung von Heimkosten, die von dem Kostenträger der den Eltern eines verunfallten Kindes geleisteten Erziehungshilfe aufgebracht worden sind, *BGH* VersR 1983, 989 = NJW 1984, 258.
1091 *BGH* VersR 1971, 1045 = NJW 1971, 2069; *OLG Frankfurt* VRS 84, 95, 97 m. *BGH* NA-Beschl. v. 14.7.1992.
1092 *OLG Düsseldorf* VersR 1985, 699.

2. Pauschalierende Berechnung

Der Anspruch auf Unterhaltsersatz ist unabhängig davon, ob Kosten wirklich anfallen, da der Unterhaltsbedarf auszugleichen ist. Insoweit ist eine pauschalierte, typisierte oder hypothetische Berechnung als normative Schadensbewertung durchzuführen. Dabei wird nicht fiktiv abgerechnet. Es wird auch kein Schaden fingiert, sondern versucht, den Geldwert des eingetretenen Schadens festzustellen mittels einer (Ein-)Schätzung (Rn. 855, 859). Fiktive Elemente der Betrachtung sind Schätzhilfen. **1281**

Teilweise hält der *BGH* dazu Verallgemeinerungen, Typisierungen für möglich. Insbesondere empfehlen sich im Hinblick auf verschiedene Unsicherheitsfaktoren in der Schadensschätzung gewisse Pauschalierungen. Z.B. erleichtern Durchschnittswerte für den Unterhaltsbedarf der Familienmitglieder über mehrere Jahre anstelle einer zeitlich exakten Staffelung die Schadensregulierungen. Es kommt aber in keiner Phase der Schadensbestimmung zu Regel-Ausnahme-Prinzipien mit veränderten Darlegungs- und Beweislasten. **1282**

a) Feststellung des Arbeitszeitdefizits

Für die Schadensregulierung bei Tötung kommt es – anders als bei Verletzungen (Rn. 816, 895, 992) – auf den **vorhandenen Bedarf** als die Zeit an, die der fortgeführte Haushalt der Hinterbliebenen nach dem Schadensfall erfordert. Die **Eigenversorgung** der getöteten Person im Haushalt ist – ähnlich wie zum Barbedarf der Beitrag zu dem personenbezogenen Bedarf des getöteten Ehegatten – schadensrechtlich **nicht** auszugleichen. Wird ein Gesamtarbeitszeitbedarf für die Versorgung des Haushalts der betroffenen Familie konkret ermittelt, ist deswegen der Anteil an Arbeitszeit für die Eigenversorgung der getöteten Person in Abzug zu bringen. Dieser Anteil muß unter dem Verhältnis der Personenzahlen liegen, innerhalb des Mehrpersonenhaushalts darf die in Abzug zu bringende Arbeitszeit nicht nach Kopfteilen errechnet werden. Andererseits ist ein geringerer Abzug als die prozentuale Kürzung um die weggefallene Person ausreichend. Dies folgt daraus, daß ein erheblicher Anteil des Zeitbedarfs in einem gemeinsamen Haushalt personenunabhängig ist. Ein Ehegatte leistet nur einen Bruchteil des Arbeitsaufwandes für sich selbst. **1283**

Das vom Schädiger auszugleichende Arbeitszeitdefizit ergibt sich erst nach Abzug der Zeit der familienrechtlich gebotenen **Mithilfe** und zwar auch dann, wenn ein Arbeitszeitbedarf für die Familie ohne einen Eigen- **1284**

Ausfall der Haus- und Familienarbeit (Betreuungsunterhaltsschaden)

versorgungsanteil für die getötete Person konkret ermittelt ist. Denn die Zeiten, die die Angehörigen vor dem Haftungsereignis aufzuwenden gehabt haben, haben sie auch danach (unabhängig vom Haftungsereignis) einzusetzen.

1285
Berechnungsformel

> **Formel:** Wöchentliches Arbeitszeitdefizit = verbleibender Bedarf für die Hinterbliebenen = Summe Gesamtarbeitszeitbedarf für den fortgeführten Haushalt abzüglich Summe Mithilfezeiten
>
> | | |
> |---|---|
> | Arbeitszeitbedarf | 27 Wochenstunden |
> | Mitarbeit | 2 Wochenstunden |
> | **Arbeitszeitdefizit** | 25 Wochenstunden |
> | **Zeitbezogene Umrechnung:** | |
> | Vervielfältigung | 4,3 |
> | Arbeitszeitdefizit | 107,5 **Monatsstunden** |
>
> **Erläuterung:** Der Mulitiplikator kann auch feiner gewählt werden, s. Rn. 907. Wenn an dieser Stelle die Umrechnung auf den Monat erfolgt, darf später nicht zusätzlich vervielfältigt werden.

aa) Gesamtarbeitszeitbedarf

1286 Der Zeitbedarf für die Hinterbliebenen kann konkret ermittelt werden. Eine andere Möglichkeit besteht seit 1979[1093] darin, auf **Erfahrungswerte** zurückzugreifen und von einem (wahrscheinlichen) Arbeitszeitbedarf für die Hinterbliebenen auszugehen. Es ist nach der Rechtsprechung des *BGH* sogar die Größenordung des im Tabellenwerk von *Schulz-Borck* (s. Rn. 895 ff. und Anhang 4) ausgewiesenen Arbeitszeitbedarfes einzuhalten. Von den Erfahrungssätzen darf nur unter besonderen Umständen angesichts der Lage des Einzelfalles abgewichen werden. Eine Abweichung ist zu begründen. Der Arbeitszeitbedarf ist ohne den persönlichen Versorgungsanteil der getöteten Person (die Eigenversorgung) zu bestimmen. Dies drückt die Arbeitszeit im reduzierten n-Personen-Haushalt aus.

1287 Bei dem kinderlosen Ehepaar ist also nach dem Zeitbedarf des reduzierten Zwei-Personen-Haushalts zu fragen. Dazu darf aber nicht ohne weiteres auf einen Bruchteil (z.B. von 3/4 oder ähnlich) des Zeitbedarfs für den 2-PH abgestellt werden, Rn. 1283.

1288 Seit der 4. Aufl. weisen *Schulz-Borck/Hofmann* vier Verhaltensalternativen (einfach, mittel, gehoben, hoch) aus mit erhöhten Wertangaben.[1094] Der

---

[1093] BGH VersR 1979, 670 = NJW 1979, 1501.
[1094] S. 23 Tabelle 1 mit S. 24 Tabelle 1 a; dort S. 30 ff. Tabelle 4 b zur Feststellung der Verhaltensalternative.

Begriff Verhaltensalternative kennzeichnet treffender den maßgebenden Blick auf die Lebensverhältnisse. Es geht um unterschiedliche Verhaltensweisen, den jeweiligen Haushaltszuschnitt, ein „Haushaltsmodell". Die Begriffe Verhaltensalternative und Anspruchsstufe lassen sich so verstanden synonym[1095] verwenden. Wird der zu Anspruchsstufen ausgewiesene Bedarfswert mit den später mitgeteilten Arbeitszeiten verglichen, läßt sich jedenfalls ein **Ausgangswert** für die konkrete Schätzung finden.

1289 Arbeitszeitbedarf

> **Berechnungsweg zur Bestimmung des wöchentlichen Arbeitszeitbedarfs im red. n-PH**
>
> | | | |
> |---|---|---|
> | | | Wöchentlicher Arbeitszeitbedarf für reduzierten Haushalt |
> | ggfs. | zuzüglich | Bedarf des reduzierten Haushalts zur Haushaltstätigkeit im weiteren Sinn |
> | ggfs. | | Erhöhung wegen der individuellen Lage, der besonderen Belastung |
> | ggfs. | | Abschlag wegen der besonderen Lebenssituation |
> | ergibt | | Wöchentlichen Gesamtarbeitszeitbedarf |
>
> **Erläuterung:** Mit dem Unterschied, daß bei Tötung der Zeitbedarf auszuwerten ist, gleicht die Zeiteinschätzung im Ansatz den Erwägungen beim Haushaltsführungsschaden, Rn. 893. Werte für den Zeitbedarf sind im Anhang 4 nebeneinander gestellt. Die von *Schulz-Borck* veröffentlichten Bedarfswerte sind nicht für Haushalte mit mehr als 6 Personen hochzurechnen. Interpolationen sind unangemessen. Bei einer höheren Personenzahl ist auch nicht der Wechsel in die höhere Verhaltensstufe zu rechtfertigen. Die konkreten Lebensverhältnisse können einen Abschlag gegenüber dem Normalbedarf angesichts der Lage nach dem Schadensereignis fordern. Der Zeitbedarf ist andererseits insbesondere bei Kleinkindern deutlich zu erhöhen, eventuell um 2 Stunden täglich.[1096] Möglich ist es, bei Kleinkindern den Zeitbedarf täglich um 2 Stunden zu erhöhen, für Kinder bis 7 Jahre an einen erhöhten Bedarf von 7 Stunden wöchentlich und für Kinder zwischen 7 und 12 Jahren vielleicht noch an einen erhöhten Bedarf von 5 Stunden wöchentlich zu denken.

Bei einem **reduzierten 2-Personen-Haushalt** sind für eine Witwe oder einen Witwer etwa 20 bis 25 Stunden in der Woche zu berücksichtigen. Jedenfalls hält sich bei dem reduzierten 2-PH eine Stundenzahl mit wöchentlich 20 (noch) im Rahmen tatrichterlicher Schätzung. Das *OLG Hamm*[1097] hält für den Witwer auch 15 Wochenstunden für möglich. Bei

1290

1095 A.a.O. S. 9.
1096 *BGH* VersR 1982, 951 = NJW 1982, 2866.
1097 *OLG Hamm* VersR 1980, 723.

dem **reduzierten Vier-Personen-Haushalt** mittleren Zuschnitts ist ein Bedarf von etwa 48 bis 49 Wochenstunden zugrundzulegen. Der erhöhte Betreuungsbedarf für (zwei) Kinder bis 7 Jahre kann zu einer Erhöhung um insgesamt 14 Stunden pro Woche führen.[1098] Im Fall eines Ehepaares mit drei Kindern, also zum **reduzierten Fünf-Personen-Haushalt** sind beim Alter der Kinder von 6, 14 und 15 Jahren 70 Wochenstunden in Erwägung zu ziehen. Bei **8 Personen** ist an durchschnittlich täglich 9 Stunden mit Hilfe der anderen Haushaltsangehörigen – also 63 Wochenstunden über 7 Tage – für den Einsatz der getöteten, haushaltführenden Person zu denken.

bb) Mitarbeitspflicht

1291 Die **gesetzliche Pflicht** der Hinterbliebenen zur Mithilfe im Haushalt bleibt von dem Haftungsereignis unberührt. Den Umfang der Mithilfepflicht der Hinterbliebenen bestimmt das Familienrecht. Unwesentlich sind familiäre Gepflogenheiten mit der tatsächlich üblichen Mitarbeit. Die gesetzliche Schuld ist indes durch das Einvernehmen bestimmt und damit doch durch und über tatsächliche Gegebenheiten zu erfassen. M.a.W. kann die Sicht zur Rechtspflicht, eine Mitarbeit im Haushalt zu leisten, von faktischen Erkenntnissen zur Mithilfe auf der Grundlage der Einvernehmensregel zwischen den Ehegatten nicht abgekoppelt werden. Im Einzelfall kann die Mithilfe sogar – ausnahmsweise – durch eine Absprache wirksam abbedungen sein. Feste Kriterien für eine Mithilfe(schuld) gibt es nicht.

1292 Checkliste

Mitarbeit zum fortgeführten Haushalt als nicht ersatzfähiger Anteil an der Arbeit in der Familie	
a) Hinterbliebener Ehegatte	...... (Wochenstunden)
b) Kind 1	...... (Wochenstunden)
c) Kind 2	...... (Wochenstunden)
d) Kind 3	...... (Wochenstunden)
Summe (nicht auszugleichende Arbeitszeit)	...... (Wochenstunden)

1293 Werden Ersatzansprüche des hinterbliebenen Ehegatten und von Halbwaisen **getrennt ermittelt**, ist die Mitarbeitspflicht in dem jeweiligen Verhältnis zu beachten und bei den Halbwaisen zu berücksichtigen, welche ausgleichsfähige Arbeitszeit des getöteten Ehegatten und welche Arbeitszeit des überlebenden Ehegatten ihnen gegenüber geschuldet ist (Rn. 1265).

1098 *BGH* VersR 1990, 907.

(1) Mithilfe von Ehegatten

Den **Rentner** trifft eine erhöhte Mithilfeobliegenheit selbst gegenüber einer nichtberufstätigen (getöteten) Frau.	1294
Der *BGH*[1099] hat wöchentlich 10 Stunden als angemessen nicht beanstandet. Auch eine Reduzierung um 7 Wochenstunden (z.B. von 25 auf 18) ist im Einzelfall möglich.	1295 Beispiel 162
Ist die getötete Person nicht erwerbstätig, ist eine Mithilfe des hinterbliebenen Ehegatten trotz starker beruflicher Beanspruchung von wöchentlich zwei Stunden denkbar.[1100]	1296
In dem Verhältnis zwischen den **berufstätigen Ehepartnern** bestimmt sich die Mithilfepflicht im wesentlichen über die Art und das Ausmaß der beiderseitigen beruflichen Belastung und ihrer Absprachen.	1297
Im Fall eines mindestens täglich dreistündigen Miterwerbs der Frau im Betrieb des Mannes ist[1101] die Obliegenheit des Partners mit drei bis vier Wochenstunden angesetzt worden. Gegenüber der berufstätigen Frau können körperlich schwere Arbeiten, die der Mann übernommen hat, zu beachten sein.[1102]	1298 Beispiel 163
Daß die Ehegatten bei **beiderseitiger voller Erwerbstätigkeit** einem von ihnen allein die gesamte Haushaltsführung übertragen und auch nur 1 Stunde täglicher Mitarbeit ausgeschlossen sein soll, läßt an die Grenze des offensichtlichen Mißverhältnisses für jede Vereinbarung denken. Ein hinterbliebener Ehegatte müßte eine solche ungewöhnliche Absprache plausibel machen. Im Einzelfall kann bei gleichwertiger beruflicher Belastung die Mitarbeitspflicht bis zu 50 % gehen. Vorgeschlagen wird, den Umfang der Mitarbeitspflicht des Ehegatten bei beiderseitiger Berufstätigkeit, also den jeweilgen Anteil der Ehegatten an der Arbeit im Haushalt, **typisierend** einzuschätzen.	1299

1099 *BGH* VersR 1973, 940.
1100 BGHZ 86, 372 = VersR 1983, 458 = DAR 1983, 221.
1101 *OLG Frankfurt* Urt. v. 16.5.1984, 7 U 115/83, *BGH* hat PKH versagt, Beschl. v. 22.1.1985, VI ZR 141/84.
1102 *BGH* VersR 1974, 32.

Ausfall der Haus- und Familienarbeit (Betreuungsunterhaltsschaden)

1300
Berechnungsmodell

Vorschlag zur pauschalierenden Einschätzung von Hausarbeitsanteilen bei beiderseitiger uneingeschränkter Leistungsfähigkeit	
Alleinverdienerehe	100 % Hausarbeit i.e.S. nicht erwerbstätiger Ehegatte, Verteilung Hausarbeit i.w.S. nach Absprache,
Doppelverdienerehe	je 50 % Hausarbeitsanteil
Zuverdienerehe	Hausarbeitsanteile nach Absprache, ohne anderen Anhalt
	25 % für den überwiegend erwerbstätigen Ehegatten,
	75 % für den überwiegend im Haushalt tätigen Ehegatten
Rentnerehe	je 50 % Hausarbeitsanteil
Erwerbslose Partner	je 50 % Hausarbeitsanteil
Die **Betreuung** und Versorgung von **Kindern** bedarf besonderer, an der konkreten Lage ausgerichteter Einschätzung, Rn. 1289 a.E.	

1301 Der *BGH*[1103] hat bei einer gleichen beruflichen Belastung eine (Mit-)Arbeitspflicht des hinterbliebenen Ehemannes von 2/5 zu der Haushaltstätigkeit i.e.S. und dessen ganze Arbeitspflicht zu der Haushaltstätigkeit i.e.S. für angemessen gehalten.

1302
Beispiel 164

Aufteilung der **Hausarbeit** nach *BGHZ* 104, 113				
[Wochenstunden]	(Anteil)	Hausarbeit i.e.S.	Hausarbeit i.w.S.	Summe
2-PH		33,9	8	41,9
Arbeitszeit des getöteten Ehegatten	3/5	20,34	0	20,34
Arbeitszeit des hinterbliebenen Ehegatten	2/5	13,56	8	21,56

(2) Ersatz beim Ausfall der Mitarbeit in der Doppelverdienerehe

1303
Beispiel 165

Bei der im Tag- und Nachtschichtdienst vollzeitbeschäftigten Witwe kann wegen des Todes des zuvor ebenfalls vollzeitbeschäftigten Mannes, der an den Tagen der schichtbedingten Abwesenheit der Frau morgens bzw. abends drei minderjährige Kinder versorgte und sonst die „regelmäßig" dem „Mann" zufallenden häuslichen Arbeiten erledigte, der Ausfall nach § 844 Abs. 2 BGB zu ersetzen sein. Bei einer Hinterbliebenenversorgung ist ggfs. der Versorgungsträger anspruchsberechtigt, Rn. 1095.

1103 *BGHZ* 104, 113 = VersR 1988, 490 = NJW 1988, 1783.

1304 Ein Anspruch auf Schadensersatz zum Ausfall der Haushaltsführung besteht für den hinterbliebenen Ehegatten in der **kinderlosen Ehe** selbst dann, wenn der Haushalt von den Ehegatten zu **gleichen Teilen** versorgt wird. Der Hinterbliebene benötigt mehr Zeit zur Fortführung des Haushalts als zuvor. Durch den Ausfall eines Ehegatten im kinderlosen Haushalt halbiert sich die Haushaltstätigkeit nicht.[1104] Der Rationalisierungseffekt bei gemeinsamer Haushaltsführung muß stets bedacht werden. Für den Schadensersatzanspruch des hinterbliebenen Ehegatten (ohne Kinder) ist der zu ersetzende, theoretische Arbeitsumfang der getöteten Person bezogen auf den Bedarf des red. PH zu ermitteln, während die ersparte, nicht mehr aufzubringende Arbeitszeit zur Eigenversorgung der getöteten Person (und die ohnehin zu leistende Arbeit) als Differenz zwischen den Arbeitszeiten im n- PH und zum red. n-PH zugunsten des Schädigers zu berücksichtigen ist. Der (u.U. gesamte) Anspruch der Witwe auf Ersatz für die zum Familienunterhalt geleistete Mitarbeit ihres verstorbenen Mannes bei der Haushaltsführung kann allerdings von dem Rententräger wegen einer Witwenrente (zum **Forderungsübergang** Rn. 1095) beansprucht werden.

1305 Berechnungsmodell

Berechnungsmodell Arbeitszeitdefizit Zu-, Doppelverdienerehe			
[Wochenstunden]	Hausarbeit i.e.S.	Hausarbeit i.w.S.	Summe
red. 2- PH	27	6	33
	abzüglich	abzüglich	abzüglich
Arbeitszeit des hinterbliebenen Ehegatten	13,56	8	21,56
	ergibt	ergibt	ergibt
	Nachteil	Vorteil	
	in Höhe von	bei rechnerisch	
Arbeitszeitdefizit (ausfallender Arbeitsbeitrag des getöteten Ehegatten)	13,44		
Ersparte Zeitdifferenz		-2	
Verbleibendes Arbeitszeitdefizit			11,44
Erläuterung: Das ausgleichsfähige Defizit ist dem Vergleich zwischen der Zeitbedarfslage nach dem Schadensereignis und der durch das Schadensereignis im zeitlichen Umfang aus der Situation vor dem Schadensereignis unberührt bleibenden Arbeitspflicht des hinterbliebenen Ehegatten zu entnehmen.			

1104 *BGHZ* 104, 113 unter Aufgabe von *BGH* VersR 1984, 961, 963.

Ausfall der Haus- und Familienarbeit (Betreuungsunterhaltsssschaden)

1306
Berechnungsmodell

Gleichwertige Berechnungsvariante				
(Wochenstunden)	Anteil	Hausarbeit i.e.S.	Hausarbeit i.w.S.	Summe
red. 2-PH		27	6	33
Entgangener Arbeitszeitanteil des getöteten Ehegatten daran	3/5	16,2	0	16,2
2-PH		33,9	8	41,9
red. 2-PH		27	6	33
Differenz als ersparter Versorgungszeitanteil des getöteten Ehegatten		6,9	2	8,9
Arbeitszeitanteil des hinterbliebenen Ehegatten an der ersparten Zeit	2/5	2,76	2	4,76
Ausgleichsfähiges Arbeitszeitdefizit				**11,44**

1307
Vorschlag für Textfassung zur Berechnung

Muster Berechnungsansätze (Arbeitsdefizit) zum Betreuungs-, Hausarbeitsschaden		
1. Berechnungsschritt: Bestimmung des Arbeitszeitbedarfs		Wochenstunden
Bedarf des red. n-PH zur Haushaltstätigkeit i.e.S.		27
zuzüglich		
Bedarf des red. n-PH zur Haushaltstätigkeit i.w.S.		6
erschließt		
Gesamtbedarf des red. n-PH		33
2. Berechnungsschritt: Bestimmung der Mitarbeitspflicht		
Bedarf des n-PH zur Haushaltstätigkeit i.e.S.		33,9
davon		
Arbeitsanteil des hinterbliebenen Ehegatten	2/5	13,56
zuzüglich		
Haushaltstätigkeit i.w.S. als Beitrag des hinterbliebenen Ehegatten		8
erschließt		
Gesamtarbeitszeit des hinterbliebenen Ehegatten		21,56
3. Berechnungsschritt: Bestimmung des Arbeitszeitdefizits		
Differenz zwischen Gesamtbedarf des red. n-PH und **Gesamtarbeitszeit des hinterbliebenen Ehegatten**		**11,44**

1308 Bei Tötung eines Ehegatten in kinderloser junger Ehe kann der Überlebende aus Gründen der Schadensminderungspflicht gehalten sein, eine kleinere Wohnung zu beziehen. Ein strenger Maßstab ist jedoch nicht anzulegen.[1105] Auch sonst kann ein unmittelbar Geschädigter wie der mittelbar Geschädigte – u.U. nach einer gewissen Übergangszeit – verpflich-

---

[1105] Im Streitfall wurde dem Kläger zugebilligt, die 64 qm große Wohnung beizubehalten; *BGHZ* 104, 113 = VersR 1988, 490.

tet sein, das auszugleichende **Hausarbeitsdefizit durch** einen **quantitativen Verzicht** (z.B. unter Verkleinerung der Wohnung) zu **verringern**.

(3) Mithilfe von Kindern

Jungen und Mädchen sind während der Zeit, in der sie dem elterlichen Hausstand angehören und erzogen sowie unterhalten werden, in einer ihren körperlichen und geistigen Kräften sowie ihrer Lebensstellung entsprechenden Weise an der Haushaltstätigkeit im Haushalt zu beteiligen.   1309

Pflichtig sind Kinder in der Regel zumindest mit dem 14. Lebensjahr.[1106] Der Mithilfebedarf der Eltern und damit der Umfang der angemessenen Mitarbeit richtet sich nach der Mithilfefähigkeit, dem Gesundheitszustand, dem Entwicklungs- und Ausbildungsstand, der Belastung in Schule oder Berufsausbildung.[1107]   1310

> Für 11 und 12 Jahre alte Kinder ist tatrichterlich[1108] gegenüber der teilberufstätigen Frau mit einem gesamten Arbeitszeitbedarf von 52 bis 54 Wochenstunden in einer ländlichen Gegend eine gemeinsame Pflicht von 6 Wochenstunden bis hin zu 10 Wochenstunden eingesetzt worden. Bei einfachen Verhältnissen ist es rechtlich einwandfrei[1109], die Mithilfe eines Kindes ab Vollendung des 14. Lebensjahres auf sieben Wochenstunden festzulegen. Bei mittleren Lebensverhältnissen kann die Hilfe wenige Stunden betragen.[1110] Eine Mithilfe kann gegenüber der Mutter, die ohne eigene Berufstätigkeit für ihren Mann und ein Mädchen zu sorgen hat, wegen der erheblichen Anforderungen durch eine höhere Schulausbildung ganz entfallen.[1111]

1311

Beispiel 166

Der Ausfall der Mitarbeit kann zu Ansprüchen nach § 845 BGB führen (Rn. 1002).   1312

b) Geldwert

Um die Haushaltstätigkeit nach dem Maß des ermittelten Arbeitszeitbedarfs in einem Ersatzbetrag ausdrücken zu können, bedarf es der   1313

1106 Nach *OLG Stuttgart* VersR 1978, 652 vom etwa 15. Lebensjahr an.
1107 *BGH* VersR 1990, 907 = NZV 1990, 307.
1108 *OLG Frankfurt* Urt. v. 16.5.1984, 7 U 115/83.
1109 *BGH* VersR 1973, 940.
1110 *BGH* VersR 1983, 458 (insoweit nicht in *BGHZ* 86, 372).
1111 *BGH* VersR 1973, 84.

Feststellung eines Geldwertes. Das auf dem Arbeitsmarkt erzielte oder erzielbare Entgelt der getöteten Person ist wegen der Verknüpfung des Ersatzanspruches mit der Unterhaltsleistung und der häuslichen Eigenversorgung (wie im Verletzungsfall, Rn. 859) irrelevant. Anklänge der Arbeit im Haus an eine freiberufliche, selbständige Tätigkeit ergeben keinen Wertspiegel zur (unentgeltlichen, gesetzlich geschuldeten) Hausarbeit. Der Beitrag im Haushalt und für die Familie ist wechselbezüglich zu dem Barunterhalt, ohne von diesem abhängig zu sein. Er darf nicht als Gegenleistung verstanden werden, weil die familienbezogene funktionelle Gleichwertigkeit von Erwerb und Hausarbeit (§ 1360 S. 2 BGB) keine ökonomische, wirtschaftliche Gleichstellung ausdrückt (Rn. 859).

1314 Ähnlich wie im Verletzungsfall sind Vergütungsgruppen (Rn. 923) heranzuziehen. Eine Gehalts(lohn)stufe und die Prognose der Lohnentwicklung kann über Mittelwerte erfaßt werden: Hinsichtlich der gedachten Ersatzkraft ergeben Ansätze je nach der angenommenen Altersstufe Differenzen von mehreren hundert Deutschen Mark, die auf der Schätzungsgrundlage eines durchschnittlichen Alters zurücktreten dürfen, jedoch nicht müssen. So ist es im Einzelfall möglich, die höchste Lebensaltersstufe zugrundezulegen, wenn eine besonders erfahrene Kraft nötig ist. Ein Tariflohn ist zu bereinigen (Rn. 925). Wird eine Hilfskraft eingestellt und verbleibt ein ausgleichsfähiges Arbeitszeitdefizit mit einem – nicht zuzumutenden – eigenen Einsatz der hinterbliebenen Person oder der zusätzlichen (unentgeltlichen) Hilfe anderer Personen, treffen Brutto- und Nettobetrachtung zusammen (Mischlösung, Rn. 856). Der Vorschlag, auf Stundenvergütungen zuzugreifen, gilt auch zum Tötungsfall (Rn. 937, 942).

1315
Berechnungsmodell

	Feststellung des Geldwertes über BAT-Vergütungsgruppen
	Konkrete monatliche Gesamtvergütung nach BAT als Mittelwert
o d e r	Stundenvergütung nach BAT, Berücksichtigung des Mulipikators (4,348), Rn. 938
sowie anschließende	
	Nettokorrektur durch konkreten Abzug von Sozialabgaben und Steuern
o d e r	durch pauschalierenden Ansatz von 30 % des Monatswertes, Rn. 926
erschließt	monatlichen Gesamtersatzanspruch für die Hinterbliebenen

1316 Für die Eingruppierung sind Zahl und Alter der Hinterbliebenen wesentlich. *Schulz-Borck* unterbreitet auch (Rn. 929) dazu[1112] Vorschläge mit Differenzierungen von BAT VIII bis BAT Vc oder auch bis hin zu IV in herausgehobenen Sonderfällen. Bei der kinderlosen Ehe ist – wie in Verletzungsfällen – i.d.R. an eine stundenweise Entlohnung zu denken[1113] oder an BAT X anzuknüpfen.[1114] Im Fall des Witwers mit Kindern (reduzierter 4-PH) hat sich in der Praxis – rechtlich nicht zu beanstanden – ein Ansatz über BAT VII als Mittelwert der in Betracht kommenden Möglichkeiten als angemessen eingespielt. BAT VIII bis BAT VIb ist u.U. möglich.[1115] BAT Vc ist (regelmäßig) zu hoch.[1116]

1317 Eingruppierung

Vorschlag zur haushaltsspezifischen Eingruppierung	
n-PH	Anlehnung an Vergütungsgruppe
red. 2-PH	Stundenlohn einer Hilfe oder BAT X, IXb, IXb
red. 3-PH	BAT VIII[1117]
red. 4-PH	BAT VII[1118] bis VIb
red. 5-PH	BAT Vc

1318 Beispiel 167 Reduzierter 4-PH

Berechnungsvarianten zum Geldwert			
1. Feststellung des Zeitbedarfs und Zeitdefizits			
Arbeitszeitbedarf für reduzierten 4-PH		54 Wochenstunden	
Gesamtmitarbeitszeit		9 Wochenstunden	
Differenz		45 Wochenstunden	
2. Feststellung des Geldwertes Entweder		*ODER*	
		Multiplikator	4,348
		Monatsstunden	195,66
Jeweilige durchschnittliche Monatsvergütung für mehrere Jahre, brutto (DM)	4.174,04	4.174,04	
abzüglich konkrete Sozialabgaben, Steuern	1.711,56	*oder*	
abzüglich pauschal 30 %		1.252,21	
Stundenvergütung			19,53
Monatlicher Ersatzwert	2.462,48	2.921,83	3.821,24

1112 A.a.O. Tabelle 3 A.
1113 *BGHZ* 86, 372.
1114 *BGHZ* 104, 113, 122.
1115 *BGH* VersR 1984, 876.
1116 *BGH* VersR 1982, 951 = NJW 1982, 2866.
1117 *OLG Hamburg* VersR 1988, 135, 136, *LG Saarbrücken* ZfS 1997, 412, 414.
1118 *OLG Frankfurt* VRS 87, 249, 257.

> **Erläuterung:** Für einen Mehr-Personen-Haushalt ist bei der Schadensberechnung für den fortgeführten Haushalt zunächst die maßgebende Arbeitszeit zu ermitteln. Je nachdem, wie ausgehend von wöchentlichen Arbeitszeiten der Monatswert ermittelt wird (beachte Rn. 905 a.E., 907), ist ein Multiplikator zu verwenden oder nicht. Für eine Familie in einfachen Lebensverhältnissen – insbesondere mit Kleinkindern – zeigt sich beim Tod der Hausfrau nicht selten im Vergleich zu anderen Verhältnissen eine höhere Unterhaltsersatzforderung. Dies folgt aus der eher stärkeren Zeitbelastung dieser Frau angesichts begrenzt verfügbarer finanzieller Mittel und zumeist geringerer technischer Hilfsmittel im Haushalt. Zu dem Nettoansatz kann eine darauf liegende **Steuer** (Rn. 1088) zu beachten sein.

c) Aufteilung eines einheitlich ermittelten Wertes auf mehrere Hinterbliebene und Anrechnungen

aa) Versorgungsanteile

1319 Ist bei gemeinsamer Versorgung, d.h. der Fortführung des Haushalts, der Gesamtbedarf für den hinterbliebenen Ehegatten und Kinder einheitlich berechnet, ist der Wert aufzuteilen, weil die Schadensersatzansprüche wegen des entgangenen Unterhalts mehreren Hinterbliebenen jeweils gesondert als Teilgläubigern (Rn. 45) erwachsen. Die Anteile können ähnlich wie Fixkostenanteile erfaßt werden. Sie sind Versorgungsanteile und deswegen Anspruchsteile.

1320 Checkliste
> **Aufteilung eines Hausarbeitsschadens**
> (Anspruchsteile innerhalb der Berechnung für den fortgeführten Haushalt)
>
> Monatlicher Gesamtersatzwert
> a) Anteile der Hinterbliebenen daran
>   Witwe (r)   …
>   Kind 1   …
>   Kind 2   …
>   Kind 3   …
> b) Monatlicher Rentenansatz jeweils über **Formel**:
>   Gesamtersatzwert x individueller Anteil

1321 Welche Aufteilung im **Einzelfall** angezeigt ist, ist Sache der tatrichterlichen Einschätzung.[1119] Da der Ersatzanspruch aufgeteilt wird, darf nicht

---

[1119] *BGH* VersR 1972, 743 = NJW 1972, 1130.

auf die Quoten zum Barunterhalt (Rn. 1158 ff.) zurückgegriffen werden. Das Lebensalter von Kindern muß mitbedacht sein, ohne daß es wesentlich darauf ankommt, ob der Betreuungsbedarf von einem gewissen Alter an oder bei gewissen Lebensverhältnissen verringert erscheint oder in den Anforderungen und Inhalten verändert wird. Das Alter von Kindern kann auch zu einer höheren Eingruppierung führen oder/und bei den Zeitansätzen berücksichtigt sein, mit der Folge einer korrespondierenden besseren Berechtigung am Gesamtersatzwert.

1322

Beispiel 167

n-PH	Anteil Witwe(r)	Anteil Kind	Fundstelle
red. 3-PH	1/2	1/2	*OLG Hamburg* VersR 1988, 135.
	2/3	1/3, auf das Kleinkind muß aber der größere Anteil entfallen	*BGH* VersR 1974, 885, 887 = NJW 1974, 1238; VersR 1984, 876.
red. 4-PH	1/2	je 1/4	*BGH* VersR 1972, 948 = NJW 1972, 176 (im Unfallzeit 12jährige Zwillinge).
	oder 3/5	je 1/5	
red. 5-PH	2/5	je 1/5	*BGH* VersR 1973, 939.

bb) Ersparter Barunterhalt

Während bei mehrseitigen Barbeiträgen der Ehegatten darauf abzustellen ist, das die kongruente wirtschaftliche Ersparnis beim Hinterbliebenen den ersatzfähigen Schadensbetrag mindert (Rn. 1245), ist zum Betreuungsunterhalts-, Hausarbeitsersatz zu fragen, ob und in welchem Umfang für den hinterbliebenen Ehegatten durch den Tod des Ehepartners eine Barunterhaltspflicht entfällt und damit eine Geldersparnis eintritt und inwieweit dies zu Gunsten des Schädigers zu berücksichtigen ist.

1323

Der aus § 843 Abs. 4 BGB hergeleitete Grundsatz, daß Leistungen Dritter, die ihrer Natur nach nicht dem Schädiger zugutekommen sollen, nicht auf den Ersatzanspruch angerechnet werden dürfen, steht einer Anrechnung nicht entgegen. Diese Vorschrift gilt nicht, wenn die Person des Unterhaltspflichtigen wechselt, die Quelle des Unterhalts aber unbe-

1324

Ausfall der Haus- und Familienarbeit (Betreuungsunterhaltssschaden)

einflußt bleibt.[1120] Zur Anrechnung der Barersparnis auf den Hausarbeitsersatz besagt die Norm nichts.

1325 Die alte Rechtsprechung[1121], die die Anrechnung auf den Bereich Verpflegung/Unterkunft beschränkt und Ersparnisse für Kleidung, Körperpflegemittel, Reisen, Zweitwagen und sonstige vom Taschengeld zu bestreitende Aufwendungen für den täglichen Lebensbedarf außer Betracht gelassen hat, setzt der *BGH* nicht fort. Die früher nach § 845 BGB gebotene Beschränkung der Vorteilsfrage steht nach seiner Ansicht mit dem Wesen des Schadensersatzes nach § 844 Abs. 2 BGB nicht in Einklang. Die Erstattungsfähigkeit des Schadens soll zu den ersparten Unterhaltsaufwendungen eine andere Sicht als früher erfordern. Deswegen knüpft der *BGH* in ständiger Rechtsprechung an die Grundsätze zum Vorteilsausgleich an.[1122] Infrage steht danach, welche Ersparnis an gesetzlich geschuldeten Barbeiträgen durch den Tod des im Haushalt arbeitenden Ehepartners eingetreten ist und inwieweit im Verhältnis zwischen dem mittelbar Geschädigten und dem Schädiger die Anrechnung der Billigkeit entspricht.[1123]

1326
Checkliste

> **Berechnungsschritte** zur Errechnung eines Barvorteils
>
> Monatliche Nettoeinkünfte des Erwerbstätigen
> abzüglich Beträge zur Vermögensbildung
> abzüglich monatliche fixe Kosten
> ergibt monatlich verfügbare Einkünfte
>
> zu verteilen nach Schlüssel für getötete Person
> erschließt den auf sie entfallenden Barbeitrag (personenbezogenen Bedarf)

1327 Bei höheren Einkommen ist zu beachten, daß oft wegen der Anrechnung des ersparten Barunterhalts nur ein sehr geringer oder gar kein erstattungsfähiger Schaden zur Haushaltsführung des hinterbliebenen Ehegatten verbleibt.

1328
Beispiel 167

> Verbrauchen kinderlose Ehegatten ohne Vermögensbildung das gesamte Einkommen von 4.000,00 DM und betragen die fixen Kosten 1.200,00 DM errechnet sich mit 4.000,00 DM – 1.200,00 DM = 2.800,00 DM bei einem Anteil von 45 % ein ersparter monatlicher Barunterhalt von 1.260,00 DM und bei einem Anteil von 47,5 % ein personenbezogener Barbeitrag von 1.330,00 DM. Übersteigt der monatliche Wert der entzogenen Hausarbeit diese Werte nicht, steht dem Witwer, der Witwe kein Ersatzanspruch zu.

1120 *BGH* VersR 1969, 951.
1121 *BGHZ* 4, 123, 130; VersR 1961, 856.
1122 *BGH* VersR 1987, 70, 72.
1123 *BGHZ* 56, 389 = VersR 1971, 1065.

1329 Daran übt das Schrifttum zu Recht **Kritik**. *Ludwig*[1124] weist überzeugend nach, daß der gegenseitige Anspruch auf Familienunterhalt bei bestehender intakter Ehe Ausfluß der gegenseitigen Pflichten in der ehelichen Lebensgemeinschaft und nicht ein Äquivalent für die Hausarbeit ist. Deshalb hält er es dogmatisch für unhaltbar, den durch den Tod einer haushaltsführenden und betreuenden, erziehenden Person ersparten Unterhaltsbetrag in voller Höhe auf den Schadensersatzanspruch anzurechnen. Es könne nur eine teilweise Anrechnung erfolgen und zwar in Höhe von 1/3 des ersparten Unterhaltsbarbeitrages. Auf jeden Fall soll die Anrechnung nach seiner Meinung die Hälfte des ersparten Unterhaltsbetrages nicht überschreiten.

1330 TIP Im Rahmen der bisherigen Rechtsprechung des *BGH* kann der Schadensausgleich für den geschädigten Ehepartner nur dadurch günstiger gestaltet werden, daß

- die Einsatzbeträge für die entgangene Haushaltsführung möglichst lebensnah an den auf dem Arbeitsmarkt erzielten Löhnen/Gehältern vergleichbarer Kräfte orientiert werden,
- die festen Haushaltskosten nicht wirtschaftlich unangemessen niedrig bemessen werden,
- sorgfältig geprüft wird, inwieweit Barbeträge für die Vermögensbildung die für den Barunterhalt zur Verfügung stehenden Einkünfte verringern, wobei die Vermögensbildung im Kontext des Barunterhaltsanspruchs wirtschaftlich eine gegenteilige Wirkung hat (weil immer das für den Unterhaltsbedarf verfügbare Einkommen beeinflußt wird, dort zu Lasten des partizipierenden Hinterbliebenen, hier zu Gunsten des Hinterbliebenen, Rn. 1119),
- ein überobligationsmäßig, d.h. nicht gesetzlich geschuldeter, tatsächlich erbrachter Unterhaltsbeitrag zugunsten des hinterbliebenen Ehegatten durch Verminderung der Barersparnis über tatsächlich zusätzliche Aufwendungen berücksichtigt wird.

1331 Eine tatsächlich erbrachte, aber **nicht geschuldete Betreuung**[1125] hat der *BGH* schon mehrfach im Wege eines solchen **Vorteilsausgleichs** berücksichtigt. Auch tatsächliche Aufwendungen nach dem Schadensfall für überobligationsmäßige, nicht geschuldete Leistungen sollten dem einzusetzenden Barvorteil gegenübergestellt werden. Eine finanzielle Mehrleistung kann jedenfalls nach Maßgabe der allgemeinen Kriterien zum Vorteilsausgleich berücksichtigt werden.

1124 DAR 1986, 375, 382.
1125 Zur überobligationsmäßigen Pflege *OLG Zweibrücken* NJW-RR 1989, 479.

1332
Beispiel 168

> Bei der Versorgung der fünfköpfigen Familie mit preiswerten Nahrungsmitteln durch Bewirtschaftung von zwei Gärten mit 600 qm und mit 1000 qm und dem Einkommen des Mannes von rund 3.000,00 DM monatlich und Näharbeiten der besonders fleißigen Frau hat der BGH darauf z.B.[1126] abgestellt. Das Berufungsgericht hat in diesem Fall eine „gesetzlich geschuldete Unterhaltsleistung" verneint. Bei der konkreten Familiensituation ist dies bedenklich. Der tägliche Bedarf darf nicht zu eng gezogen werden. Noch unangemessener ist es, die Versorgung von erstehelichen Kindern des Vaters beim Tod der zweiten Ehefrau nicht beim erstattungsfähigen Schaden einzuordnen. Der *BGH*[1127] hat das den entsprechenden Mehrbedarf des Witwers unberücksichtigt lassende Berufungsurteil abgeändert und über den Vorteilsausgleich den für die Versorgung von zwei (beim Tod der Stiefmutter) 5 und 7 Jahre alten Kindern entstandenen Aufwand auf den ersparten Unterhalt angerechnet.

1333 Ein Forderungsübergang ist zu beachten, Rn. 368 ff., 1093 ff..

cc) Einkünfte von Waisen

1334 Zu berücksichtigende Einkünfte der Waisen können deren Anspruch wegen der entgangenen Haushaltsführung mindern, da die Unterhaltsbedürftigkeit insgesamt zu erfassen und nicht nur der Barunterhalt betroffen ist[1128] (Rn. 1221, 1262).

1335 Hat der Schädiger den Tod des Vaters und der Mutter des Kindes zu verantworten und **erbt** das Kind von dem Vater ein **Vermögen**, dessen Einkünfte höher sind als der vom Vater geschuldete Unterhalt, soll sich der Schädiger nach der bisherigen höchstrichterlichen Rechtsprechung darauf berufen können, daß das Kind durch den Tod der Mutter keinen Unterhaltsanspruch verliert.

1336
Beispiel 169

> In dem entschiedenen Fall[1129] wurde die von der Mutter geschuldete Haushaltsführung mit monatlich 1.000,00 DM angesetzt. Das Kind wurde aber – im Fall des Weiterlebens der Mutter unterstellt – nicht mehr für unterhaltsbedürftig gehalten infolge der **Erbschaft** mit Einkünften aus einem Geschäft in Höhe von monatlich 2.200,00 DM: Der Unterhaltsanspruch des Kindes und damit ein Ersatzanspruch sollte zu verneinen sein,

---

[1126] *BGH* VersR 1979, 670 = NJW 1979, 1501.
[1127] *BGH* VersR 1984, 189.
[1128] *BGH* VersR 1972, 948 = NJW 1972, 1716; VersR 1973, 940; VersR 1974, 601; der Kritik von *Hofmann* in VersR 1977, 296, 304 ist nicht zuzustimmen.
[1129] *BGHZ* 62, 126 = VersR 1974, 601, Anm *Weber* in LM § 844 Abs. 2 BGB Nr. 48.

> wenn keine Bedürftigkeit besteht, weil die Einkünfte des Vermögens zum Unterhalt einschließlich des Betreuungsanspruches ausreichen (§ 1602 BGB).
>
> Diese **Rechtsprechung** des *BGH* **muß aufgegeben werden**. Ihr kann nicht gefolgt werden. Auf den Verlust des Betreuungsrechts sind die Vorteile aus einer Erbschaft nicht anzurechnen. Wenn der Schädiger den vorzeitigen Erbanfall auslöst, ist es (im Sinne des Vorteilsausgleichs jedenfalls) unbillig, dem Kind Schadensersatzansprüche wegen mangelnder Unterhaltsbedürftigkeit zu versagen. Vor allem hat das Kind auch ohne das schädigende Ereignis den um die Erträgnisse vermehrten Stamm des Vermögens und zusätzlich den gewährten Unterhalt zu erwarten gehabt. Die Unterhaltsbedürftigkeit des Kindes darf nur verneint werden, wenn es aus anderem Anlaß als dem schädigenden Ereignis zu einem Vermögen kommt, das den Unterhaltsbedarf deckt.

Ein Pflegegeld, das ursprünglich gezahlt worden ist, nach der Tötung der Mutter wegen einer Heimunterbringung erspart wird, ist nicht gegenzurechnen.[1130] Die **Waisenrente**, die im Kern den Barunterhalt betrifft, kann indes die Berechtigung zur Durchsetzung des Betreuungsschadens schmälern (Rn. 1097).

1337

1338

Vorschlag für Textfassung zur Berechnung

Berechnung Betreuungs-, Hausarbeitsschaden, reduzierter 4 -PH	
1. Arbeitszeitbedarf (Wochenstunden)	
Arbeitszeitbedarf für reduzierten 4-PH	54
Erhöhung/Zuschlag	0
Gesamtbedarf des red. n-PH	54
2. Mitarbeit (Wochenstunden)	
Arbeitszeit Kinder	7
Arbeitszeit hinterbliebener Ehegatte	2
Gesamtmitarbeit	9
3. Arbeitszeitdefizit (Wochenstunden)	
Differenz zwischen Gesamtbedarf und Gesamtmitarbeit	45
4. Umrechnung für Monat	4,348
Maßgebendes Zeitdefizit (Stunden/ Monat)	195,66
5. Geldwert (Stundenvergütung nach BAT ...)	19,53 DM
6. Monatlicher Gesamtersatzwert (alternativ: Berechnung über eine Monatsvergütung)	3.821,24 DM

[1130] *OLG Köln* FamRZ 1997, 1372.

Ausfall der Haus- und Familienarbeit (Betreuungsunterhaltssschaden)

7. Aufteilung auf die Hinterbliebenen		
a) **Anspruchsteil Witwe/r**	40 %	1.528,50 DM
Anrechnung:		
Nettoeinkünfte		4.000,00 DM
Fixe Kosten		1.520,00 DM
verbleibende Einkünfte		2.480,00 DM
Quotenanteil getöteter Ehegatte (neben 35,2% für Witwe/r; 19% Kind 1, 14% Kind 2)		31,80 %
personenbezogener Bedarf getötete Person		788,64 DM
Verbleibender Ersatzwert für hinterbliebenen Ehegatten		739,86 DM
ggfs. Aufteilung wegen Forderungsübergang		
ggfs. Steuerschaden		
ggfs. Kapitalisierung		
weitere Schadensansätze		
b) **Anspruchsteil Kind 1**	30 %	1.146,37 DM
Anrechnung		0,00 DM
ggfs. Aufteilung wegen Forderungsübergang		
weitere Schadensansätze		
c) **Anspruchsteil Kind 2**	30 %	1.146,37 DM
Anrechnung		0,00 DM
ggfs. Aufteilung wegen Forderungsübergang		
weitere Schadensansätze		

d) Verwandtenhilfe

1339 Die familiäre Lösung mit Hilfe von Dritten ist ein Sonderfall der **konkreten Betrachtung**. Für die Berechnung der für die Hilfe auszugleichenden Vergütung bestehen zugleich Schnittpunkte mit der pauschalierten Berechnung.

1340 Bei der Versorgung durch Verwandte oder Bekannte im eigenen, fortgeführten Haushalt ist ebenso wie beim häuslichen Anschluß an eine (andere) Familie (Aufnahme in den Haushalt der Großeltern)[1131] der Grundsatz der voll angemessenen Entschädigung zu befolgen.[1132] Der Schädiger kann sich nicht darauf berufen, daß der Betroffene bei einem Verwandten unentgeltlich aufgenommen wird. Über § 843 Abs. 4 BGB sind freiwillige Leistungen Dritter ebenso wie Unterhaltsleistungen dem Schädiger nicht zugute zu halten.

1131 Instruktiv *OLG Frankfurt* VRS 87, 249, 257.
1132 *BGH* VersR 1982, 951 = NJW 1982, 2866.

Bei dem **Arbeitszeitbedarf** ist zu beachten, daß mit der Aufnahme in eine Haushaltsgemeinschaft die Zeiteinteilung des helfenden Verwandten günstiger als diejenige einer fremden Ersatzkraft gestaltet werden kann. Deswegen sollte der Arbeitszeitbedarf über die Erhöhung der Personenzahl der aufnehmenden Familie erfaßt werden, so daß z.B. bei der Aufnahme in eine dreiköpfige Familie mit gleicher Anspruchsstufe / Verhaltensgewohnheit, -alternative (z.B. bei 60,7 Wochenstunden) der Bedarf für nunmehr eine vierköpfige Familie (z.B. mit 69 Wochenstunden) zugrundegelegt wird, wenn eine Waise mitversorgt wird. Der Anspruch der Waisen ist sodann über die Differenz der Stundenzahl einzuschätzen. Wird eine Waise von einem erwerbstätigen Verwandten aufgenommen, fällt ein höherer Zeitbedarf an.	1341
Die Kosten sind im Rahmen des Angemessenen über die Ermittlung des Arbeitszeitbedarfs unter Heranziehung der maßgebenden **Vergütungsgruppe** zu ersetzen. Das heißt: Die Unterbringung von Kindern bei Verwandten legt es nahe, die Schadensbemessung an den für gewerbliche Kräfte geltenden Sätzen zu orientieren.[1133] Die Wahl der Vergütungsgruppe soll nach Ansicht des *BGH* dadurch beeinflußt werden, ob der Helfende eine in der Kinderpflege und -erziehung ausgebildete Kraft ist. Bei der Eingruppierung kommt es im wesentlichen jedoch auf die tatsächlich ausgeübte Tätigkeit an. Mit den Erwägungen des *BGH* zur Bereinigung der Tarifgehälter können die gewerblichen Ansätze zudem auch bei der Verwandtenhilfe nicht ohne weiteres herangezogen werden. Es verbleibt bei der Bereinigung des Brutto-Betrages über den Netto-Gedanken bzw. den Ansatz einer Stundenvergütung, wie Rn. 942, 1314 vorgeschlagen.	1342
Ein **Zuschlag** zu einem Netto-Betrag drängt sich auf, wenn ein Aufwand für die eigene Kranken- und Altersversorgung des Helfenden geboten ist, weil andernfalls z.B. bei Aufgabe der eigenen Berufstätigkeit ein auszugleichender Nachteil verbleibt. Gibt der Verwandte seinen Beruf auf und versorgt Vollwaisen im Elternhaus, liegt es nahe, den bisherigen, nun entgangenen Arbeitsverdienst jedenfalls dann als korrigierenden Faktor bei der angemessenen Vergütung zu berücksichtigen, wenn der Verdienst die Aufwendungen nicht überschreitet, die bei der Einstellung einer fremden Ersatzkraft – brutto – anfallen würden.[1134]	1343
Eine mit der helfenden Person **vereinbarte Vergütung** ist auf Angemessenheit hin zu hinterfragen. Sie kann den Ansatz für eine sonst erforderliche Kraft erreichen, wird aber praktisch regelmäßig darunter bleiben.	1344

1133 *BGH* VersR 1985, 365 = NJW 1985, 1460, 1462.
1134 *BGH* VersR 1986, 264, 266.

e) Entgang von Hausarbeit und Barunterhalt

1345 Erzielt die im Haushalt arbeitende, getötete Person zugleich Einkünfte, u.U. im Wege des Miterwerbs im Betrieb des Ehepartners (Rn. 982) ist für den Schadensersatz der Gesamtunterhalt aus Bar-[1135] und Betreuungsleistungen entscheidend. Die Berechnung des Barunterhaltsersatzes und des Hausarbeitsersatzes dürfen dabei nicht voneinander isoliert werden. In der Regel kann ein **Mehr an Barunterhalt ein Weniger an Betreuungsunterhalt** bedingen und umgekehrt. Deswegen kann im Verhältnis zwischen den Ehegatten der Unterhaltsersatz unter Minderung des Hausarbeits-, Naturalbeitrages nach deren vollen Arbeitsverdienst bewertet werden. Oder es kann für den im Haushalt und in der Familie, bei der Kinderbetreuung überpflichtig tätigen Ehegatten ein geringerer Beitrag zum Barunterhalt den gebotenen Ausgleich sichern.[1136] Einen Barbeitrag dann auf die Situation einer Halbtagsbeschäftigung zurückzuführen, ist abstrakt unstatthaft. Die konkrete Situation muß aufgehellt werden.

1346 Wegen der rechnerischen Auswirkung der fixen Kosten auf die Schadenseinschätzung ist in allen solchen Fällen ein Vergleich mit der Schadensabrechnung über den vollen Verdienst zu empfehlen.

1347 Bei **berufstätigen Ehegatten ohne Kinder** geht es um den Ausgleich der Mitarbeit (Rn. 1304 ff.) und ggfs. daneben den Ausgleich des Barunterhaltsschadens (Rn. 1243 ff.). Der monatliche Rentenanspruch ergibt sich letztlich als Differenz zwischen dem Wert der entgangenen Haushaltsführung und dem Barvorteil. Übersteigt die Summe aus der entgangenen Haushaltsführung, aus dem entgangenen Unterhaltsbarbeitrag sowie den anteilig aufzubringenden fixen Kosten den von der Witwe, dem Witwer geschuldeten Unterhaltsbarbeitrag nicht, verbleibt finanziell ein geldwerter Vorteil. Eine Ersatzforderung scheidet aus. Dieses Ergebnis ist häufig nicht angemessen. Solange der ersparte Barunterhalt voll abgezogen wird, läßt sich dem nur dadurch begegnen, daß die **Stundenvergütung wirklichkeitsnah** hoch angesetzt wird.

1135 *BGH* VersR 1984, 79 (Gesamteinkommen von mtl. 3.150,84 DM netto im 2-PH); vgl. auch *BGH* VersR 1984, 961; VersR 1983, 688, insoweit nicht in *BGHZ* 87, 121.
1136 *BGH* VersR 1974, 885: Kürzung entweder des Barunterhalts oder des Anspruchs auf entgangene Haushaltsführung. – Zu einer Ausnahmelage bei der Ehefrau, die den Lebensunterhalt der Familie (mit 7 minderjährigen Kindern) fast ausschließlich allein erwirtschaftet, *OLG Frankfurt* VRS 70, 328, 329 m. *BGH* NA-Beschl. v. 10.12.1985.

1348 Bei **allein erziehenden**, berufstätigen Personen kumulieren die sich sonst auf zwei Personen verteilenden Pflichten zum Barunterhalt sowie zur Hausarbeit, Betreuung und Erziehung. Abweichend von der Beurteilung für Ehegatten mit deren Aufgabenteilung und der proportionalen Begrenzung der Bar- und Betreuungsanteile muß der Schadensersatz dem Übermaß an Einsatz gerecht werden. Der Schädiger hat zum Schadensausgleich der Pflichtenhäufung Rechnung zu tragen. Die Grenze des Ersatzes findet sich in der äußerst möglichen Arbeitsleistung. Ein Arbeitszeitaufwand von insgesamt 12 Stunden täglich, im Einzelfall auch 14 Stunden täglich ist allerdings noch nicht als außergewöhnlich zu empfinden.

1349 **Beispiel 170**

Der *BGH*[1137] hat 1969 zwei Söhnen einer alleinstehenden Mutter je 200,00 DM monatlich als entgangenen Barunterhalt und je 500,00 DM als entgangenen Betreuungs-, Naturalunterhalt (insgesamt also jeweils 700,00 DM) zugesprochen.

IV. Einfluß der Mithaft zum Anspruchsgrund neben einem Vorteilsausgleich

1350 Der mittelbar Geschädigte hat keine bessere Rechtsstellung als der unmittelbar Geschädigte. Die Mitverantwortung der getöteten Person beeinflußt den Ersatzanspruch der mittelbar geschädigten Person (§ 846 BGB). Die Haftungsquote in dem direkten Haftungsverhältnis wirkt also auch gegen den mittelbar Geschädigten.

1351 **Beispiel 171**

Nettoeinkünfte		4.000,00 DM
Fixe Kosten		1.500,00 DM
Verteilbare Einkünfte		2.500,00 DM
Anteil des getöteten Ehegatten 52,5 %	1.312,50 DM	
Anteil der Witwe 47,5 %	1.187,50 DM	
Anteil an fixen Kosten		1.500,00 DM
Unterhaltsschaden		2.687,50 DM
Haftungsquote	75 %	
Quotierter monatlicher Ersatzanspruch		2.015,63 DM

1137 VersR 1970, 41.

1352 Ist ein Vorteil zu berücksichtigen (Rn. 197), reduziert sich der Anspruch weiter. Je nachdem, ob der Vorteil vor oder nach der Quotierung wegen der Mithaft eingerechnet wird, schlägt der Vorteilsbetrag rechnerisch teilweise oder vollständig durch (vgl. Rn. 766).

1353
Beispiel 172

Anteil der Witwe an den verteilbaren Einkünften	1.187,50 DM
Anteil der Witwe an den fixen Kosten	1.500,00 DM
Unterhaltsschaden (Entgang)	2.687,50 DM
Vorteil (keine Erwerbseinkünfte)	400,00 DM
Unterhaltsschaden	2.287,50 DM
Haftungsquote 75 %	
Quotierter monatlicher Ersatzanspruch	**1.715,63 DM**

1. Vorrecht des hinterbliebenen Ehegatten im Außenverhältnis

1354 Von dem soeben beschriebenen Abrechnungsweg weicht der *BGH* bei anrechnungsfähigen Erwerbseinkünften des hinterbliebenen Ehegatten (anders als bei Verletzung, Rn. 765) ab. Der *BGH* meint, es sei dem hinterbliebenen Ehegatten nicht zuzumuten, mit eigener Berufstätigkeit im wirtschaftlichen Ergebnis eine Arbeit für den Schädiger zu verrichten. Das eigene Arbeitseinkommen müsse nicht zur Entlastung des Schädigers verwendet werden. Der Schädiger könne nach Treu und Glauben nur durchsetzen, den Mehrbetrag angerechnet zu erhalten.

1355 Es kommt also nach der höchstrichterlichen Rechtsprechung zu einem Vorrecht der mittelbar geschädigten Person gegenüber dem Schädiger, wenn eine Mithaftung und anrechnungsfähige Einkünfte des hinterbliebenen Ehegatten zusammentreffen.

1356 Im Verhältnis zwischen dem Schädiger und dem hinterbliebenen Ehegatten ist letzterer deswegen bevorrechtigt, wenn er die wegen der Mitverantwortung (Mithaftung) des getöteten Ehegatten von der Haftung nicht gedeckte Quote der Unterhaltsleistung des Getöteten selbst wirtschaftlich ausgleicht. D.h., daß im Fall der Mithaft die durch eigene Erwerbstätigkeit erzielten oder fiktiv erzielbaren Einkünfte des hinterbliebenen Ehegatten vorrangig auf den von der Haftung des Schädigers nicht gedeckten Ausfall zu verrechnen sind. Solche Einkünfte mindern den Ersatzanspruch nur in der Höhe, in der sie den von dem hinterbliebenen Ehegatten selbst zu tragenden Schadensteil übersteigen.

1357 M.a.W. darf der hinterbliebene Ehegatte die aufgrund eigener Erwerbstätigkeit verdienten Einkünfte in vollem Umfang (nicht nur mit dem der Haftungsquote entsprechenden Teil) vorrangig zur Deckung des verbleibenden Schadensteils nutzen. [Je nach Sprachgebrauch ist dies der nicht ersetzte Schaden, der verbleibende Nachteil, die ungedeckte Haftungsquote, die Mithaftung, der Mithaftungsanteil, der Selbstbehalt, der Eigenanteil.] Die eigenen Einkünfte sind nur insoweit zur Minderung des Ersatzanspruches zu verwenden, als sie nicht zum Ausgleich des nicht gedeckten Teils des Unterhaltsbedarfs benötigt werden. Nur soweit sie den selbst zu tragenden Schadensanteil übersteigen, sind sie auf den Unterhaltsschaden anzurechnen.[1138]

1358 Billigkeitsgrundsatz Die Billigkeit veranlaßt den *BGH*, das Verhältnis zwischen der Ersparnis (d.h. dem dem getöteten Ehegatten geschuldeten Barbeitrag) und dem Gesamtentgang mit der Mithaftungsquote zu vergleichen. Sind beide Beträge gleich hoch, wird nur einer der Beträge mindernd angesetzt. Andernfalls ist vom Gesamtentgang entweder der (im Vergleich zum Betrag der Ersparnis) höhere Mithaftbetrag oder der höhere Ersparnisbetrag von dem Gesamtentgang abzuziehen. Stets wirkt sich allein der höhere Betrag (der Mithaftbetrag oder der Ersparnisbetrag) aus.

1359 Seinen Grundsatz wendet der *BGH* bei der **Erwerbstätigkeit** der Witwe nach der Tötung des Ehegatten angesichts des Einsatzes der freigewordenen Arbeitskraft an.[1139] Gleichermaßen gilt der Grundsatz für Renteneinkünfte (Altersruhegeld, Zusatzversorgungen), die die Witwe aufgrund eigener Berufstätigkeit verdient bzw. sich erdient hat.[1140] Er gilt auch beim Ersatz der Unterhaltsschäden des Witwers wegen der Tötung der haushaltsführenden Ehefrau. Auch dieser darf gegenüber dem auf eine Schadensquote haftenden Schädiger die wirtschaftlich von der Unterhaltslast frei gewordene Arbeitskraft vorab für den eigenen Bedarf einsetzen, für den während ihrer Lebenszeit die Ehefrau durch ihre Arbeitsleistung gesorgt hat. Entsprechendes gilt[1141] zu der Rente, die der Witwer sich mit seiner früheren Berufstätigkeit verdient hat.

1360 Bei Einkünften aus einem ererbten Vermögen (beachte Rn. 1208 ff.) oder allen anderen denkbaren berücksichtigungsfähigen Vorteilen gelten da-

---

1138 *BGH* VersR 1983, 726; so auch schon *BGH* VersR 1955, 275.
1139 *BGH* VersR 1976, 877, 878.
1140 *BGH* VersR 1983, 726, 727.
1141 *BGH* VersR 1984, 961, 963; v. 16.9. 1986, VersR 1987, 70 = DAR 1987, 17.

gegen die allgemeinen Regeln. Bei jedem Vorteil, der sich nicht als Erwerbseinkommen darstellt, ist also erst der Vorteil abzuziehen und dann zu quotieren.

1361 Für **Kinder** ist die Billigkeitsrechtsprechung nicht ergiebig, wenn sich die Frage stellt, ob eigene Einkünfte anzurechnen sind (Rn. 1221), wenn und weil es nicht um ersparte Beiträge für die getötete Person, sondern um den eigenen Unterhaltsbedarf (die Bedürftigkeit) geht.

1362 Der **Schaden** ist nach der Billigkeitsrechtsprechung im einzelnen wie folgt **abzurechnen**: Zu errechnen ist primär die ersatzlos bleibende Quote an dem entgangenen Unterhalt (Gesamtentgang als Zwischensumme). Darauf ist die Mithaft zum Nachteil des hinterbliebenen Ehegatten wegen des Verursachungsbeitrags des getöteten Ehegatten anzurechnen, d.h. der Gesamtentgang ist zu quotieren nach der Haftungsquote. Der Eigenanteil zeigt sich entweder durch den Differenzbetrag zwischen dem Gesamtentgang und dem quotierten Ersatzanspruch oder durch die nicht ersetzte Quote (= 100 % – Haftungsquote = Mithaftungsquote) auf den Gesamtentgang. Die Unterhaltsersparnis, die sich primär aus dem ersparten Unterhaltsbarbeitrag, im Einzelfall darüber hinaus aus Werten für einen ersparten Betreuungsunterhalt (Mitarbeit zugunsten des Bedarfs der getöteten Person) ergibt, ist zunächst auszuklammern. Es folgt stattdessen der Vergleich zwischen der ersatzlos bleibenden Quote (Mithaftung, Eigenanteil) und der Unterhaltsersparnis.

- Erreicht oder übersteigt der Betrag der Mithaftung die Ersparnis, kann der Schädiger dem Hinterbliebenen das von diesem wirtschaftlich Ersparte nicht zusätzlich entgegenhalten. Dem Hinterbliebenen steht die von dem Schädiger zu tragende Quote an dem entgangenen Unterhalt unverkürzt zu.
- Ist jedoch die ersatzlos bleibende Quote niedriger als die Unterhaltsersparnis, ist der überschießende Teil der Unterhaltsersparnis dem Schädiger zugute zu bringen.

1363 Rechnerisch führt es in den Fällen der Anrechnung eines verbleibenden Vorteils zum selben Ergebnis, wenn auf die Differenz zwischen den insgesamt entgangenen Werten und der gesamten Ersparnis abgestellt wird.

1364
Berechnungsmodell

Berechnungsmodell Verrechnung Mithaft und Ersparnis	
Ausgangsdaten	
Einkünfte Mann	4.000,00
Einkünfte Frau	1.000,00
Summe (Familieneinkünfte)	5.000,00
Fixkosten Familie	1.900,00

Vorrecht des hinterbliebenen Ehegatten im Außenverhältnis

Fixkosten Aufwandsanteile		Mann	1.520,00	
		Frau	380,00	
Verfügbare Einkünfte Mann			2.480,00	
Barbeitrag Mann für Frau			1.240,00	
Hausarbeitsdefizit monatlich (Stunden)		14		
Wert des Hausarbeitsausfalls		15,00 DM	210,00	
		Beispiel A	**Beispiel B**	**Beispiel C**
Entgang Frau				
Hausarbeit des getöteten Mannes		210,00	210,00	210,00
Barbeitrag des Mannes	zzgl.	1.240,00	1.240,00	1.240,00
Fixkostenanteil Mann	zzgl.	1.520,00	1.520,00	1.520,00
Gesamtentgang	ergibt	2.970,00	2.970,00	2.970,00
Haftungsquote		100 %	90 %	60 %
Quotierter Ersatzanspruch		2.970,00	2.673,00	1.782,00
Eigenanteil		0,00	297,00	1.188,00
Vorteil				
Einkünfte Frau		1.000,00	1.000,00	1.000,00
Fixkostenanteil	abzgl.	380,00	380,00	380,00
verfügbare Einkünfte Frau	ergibt	620,00	620,00	620,00
Unterhaltsquote Mann		50%	50%	50%
Ersparnis	ergibt	310,00	310,00	310,00
Verrechnung Eigenanteil und Ersparnis				
Ersparnis		310,00	310,00	310,00
Eigenanteil	abzgl.	0,00	297,00	1.188,00
Verbleibender Vorteil	ergibt	–310,00	–13,00	0,00
Durchführung des Vorteilsausgleichs				
Quotierter Ersatzanspruch		2.970,00	2.673,00	1.782,00
Zu berücksichtigender Vorteil		–310,00	–13,00	0,00
Monatliche Ersatzforderung		2.660,00	2.660,00	1.782,00

Erläuterung: Der Vorteil (die Ersparnis) schlägt neben der Mithaft erst durch, wenn die Mithaftquote höher ist als die Ersparnisquote (bezogen auf den Gesamtentgang). Jede andere Mithaftquote führt zu der Forderung, die sich auch bei 100 % Haftung unter Abzug des vollen Vorteils (der Vorteilsquote) errechnet. Ob der *BGH* dies bewußt der Billigkeit entnommen hat, ist zweifelhaft.

Bei den hier zugrundegelegten Ausgangswerten zeigt sich, daß auf den Vorteil nur zu sehen ist, wenn die Mithaftung kleiner als 10,44 %, die Haftung also höher als 100 % – 10,44 % = 89,56 % ist. Im Ergebnis wirkt sich mindernd immer nur der höhere Abzugsbetrag aus:

	Beispiel A	Beispiel B	Beispiel C
Vergleich:			
Verhältnis Ersparnis/Gesamtentgang	10,44 %	10,44 %	10,44 %
Mithaftungsquote	0 %	10 %	40 %

2. Berechnungsvarianten bei Mithaftung und fixen Kosten für die Doppelverdienerehe

1365 Die beschriebenen Varianten der Schadensberechnung für die Doppelverdienerehe, die nachstehend zusammengefaßt sind, gelten unverändert in Mithaftungsfällen. Diese Varianten (nachstehend als 2. und 3. Variante gekennzeichnet) unterscheiden sich darin, daß in der rechnerisch vereinfachten 3. Variante (vgl. Rn. 1257) direkt der Entgang und der Vorteil nebeneinander gestellt werden, während in der 2. Variante konstruktiv bei den Familieneinkünften angesetzt wird.

1366 Eine in der Praxis häufig anzutreffende einfache Rechnung (nachstehend 1. Variante) setzt ebenfalls bei den Familieneinkünften nach dem Gedanken des Familienunterhalts an. Sie übersieht jedoch den in diesen Einkünften enthaltenen, weiter aufzubringenden Aufwandsanteil des hinterbliebenen Ehegatten und führt so zu Irrtümern. Differenzen werden zusätzlich beeinflußt durch die Billigkeitsrechtsprechung zum Vorrecht des Hinterbliebenen, weil die Quotierung wegen des Haftungsgrundes bei dem Bezug auf die Familieneinkünfte zu einem höheren nicht ersetzten Betrag (Eigenanteil) führt und eine Ersparnis (mit den eigenen Einkünften des hinterbliebenen Ehegatten) demgemäß eingeschränkt zum Tragen kommt.

1367 Nur bei voller Haftung zum Grund oder bei der Abrechnung ohne Fixkosten und ohne Anrechnung von Einkünften des hinterbliebenen Ehegatten bzw. bei bestimmten Größenverhältnissen anzurechnender Einkünfte im Vergleich zum quotierten Unterhalt aus den Familieneinkünften ist die einfache Rechnung über die Einkünfte der Familie verläßlich.

Beispiel 173 **1368**

Vergleich von Berechnungsvarianten					
	Quote	1. Variante	2. Variante	3. Variante	Differenz
Nettoeinkünfte des getöteten Ehegatten		4.000,00	4.000,00	4.000,00	
Verhältnis zu den gesamten Einkünften / Fixkostenaufwandsanteil	80,0 %			1.520,00	
Nettoeinkünfte des hinterbliebenen Ehegatten		1.000,00	1.000,00		
Frühere Nettoeinkünfte der Familie		5.000,00	5.000,00		
Fixkosten der Familie		1.900,00	1.900,00		
Persönlicher Bedarf der Ehegatten		3.100,00	3.100,00		
Beitrag des getöteten Ehegatten Unterhaltsanteil des hinterbliebenen Ehegatten am Familienbedarf bzw. am Unterhaltsbeitrag des Getöteten	50 %	1.550,00	1.550,00	2.480,00 1.240,00	

Nicht zu ersetzende Aufwandsanteile des hinterbliebenen Ehegatten:					
Nettoeinkünfte des hinterbliebenen Ehegatten			1.000,00		
Fixkosten-Aufwandsanteil des hinterbliebenen Ehegatten	20,0 %		380,00		
Unterhaltsbeitrag des hinterbliebenen Ehegatten			620,00		
Unterhaltsanteil des getöteten Ehegatten	50 %		310,00		
Entgang des hinterbliebenen Ehegatten					
Anteil an Familieneinkünften abzgl. Anteil Getöteter			1.240,00		
Fixkosten / Fixkosten-Aufwandsanteil Getöteter		1.900,00	1.520,00	1.520,00	
Gesamtentgang		3.450,00	2.760,00	2.760,00	
Haftungsquote, quotierter Ersatzanspruch	75 %	2.587,50	2.070,00	2.070,00	517,50
Vorteilsausgleich					
Nettoeinkünfte des hinterbliebenen Ehegatten			1.000,00	1.000,00	
Ersparnis: Beitrag für getöteten Ehegatten			310,00		
Unterhaltsanteil für getöteten Ehegatten					
Fixkosten-Aufwandsanteil des hinterbliebenen Ehegatten				380,00	
Unterhaltsbeitrag des hinterbliebenen Ehegatten				620,00	
Unterhaltsanteil des getöteten Ehegatten	50 %			310,00	
Eigenanteil wegen Mithaftung		862,50	690,00	690,00	
Verbleibender Vorteil		−137,50	0,00	0,00	−137,50
Verbleibender monatlicher Ersatzanspruch		2.450,00	2.070,00	2.070,00	380,00

3. Aufteilung eines Ersatzanspruches beim Forderungsübergang

a) Minderbelastung eines Sozialleistungsträgers

Ist beim Forderungsübergang ein Quotenvorrecht eingeräumt, steht die Schadensersatzforderung allein dem bevorrechtigten Rechtsinhaber zu (Rn. 408, 414). Zu einer Aufteilung der Schadensersatzforderung kommt es nicht. Nur der Teil, der nicht übergeht bzw. nicht zur Deckung eines Anspruches oder einer Leistung benötigt wird, kann von einem Unterhaltsberechtigten gegen den Schädiger geltend gemacht werden. — 1369

Eine Ausnahme vom Quotenvorrecht des Sozialversicherungsträgers nach altem Recht (für Schadensfälle vor dem 30.6.1983) und damit ein Vorrecht des versicherten, geschädigten, hinterbliebenen Ehegatten bejahte der *BGH*, wenn die von dem Sozialversicherungsträger schadensbedingt an den Hinterbliebenen zu erbringenden Versicherungsleistungen für die Sozialversicherung **keine wirtschaftliche Mehrbelastung** — 1370 bedeutete.[1142] So verhielt es sich z.B., wenn statt des höheren Altersruhegeldes eine geringere Witwenrente zu zahlen war. Bei hohen fixen Haushaltskosten sowie bei einem etwaigen Hinzuverdienst des getöteten Ehegatten zeigte sich zugleich eine wirtschaftliche Deckungslücke zwischen der Versicherungsleistung und dem Unterhaltsschaden.

1371
Deckungslücke

> Eine bei der Witwe entstandene Deckungslücke war dann primär mit dem Ersatzanspruch gegen den Schädiger aufzufüllen. Auf den Sozialversicherungsträger ging nur der zur vollständigen Schadensdeckung nicht benötigte restliche Schadensersatzanspruch über.

1372 Eine **Ausnahme** von der Ausnahme und damit die Rückkehr zum Grundsatz des Vorrechts des Sozialversicherungsträgers nahm der *BGH* dagegen an, wenn der dem Hinterbliebenen entgangene Unterhalt durch die Versicherungsleistung zuzüglich des gesamten ersparten Unterhaltsbeitrages in voller Höhe gedeckt war. M.a.W. konnte der Sozialversicherungsträger doch die ganze Ersatzforderung geltend machen, wenn der dem hinterbliebenen Ehegatten entgangene Unterhalt durch die Versicherungsleistung des Leitungsträgers zuzüglich des ersparten Unterhaltsbeitrages in voller Höhe abgesichert war. Denn im Verhältnis zum Sozialversicherungsträger mußte sich der Hinterbliebene die aufgrund eigener Erwerbstätigkeit verdienten Einkünfte (Renten) auf den wegen der Mithaftung des Getöteten nicht ersatzfähigen Betrag doch anrechnen lassen. Diese Anrechnung innerhalb des Sozialversicherungsverhältnisses folgte dem Sinn und Zweck des Forderungsübergangs, einen wirtschaftlichen Vorteil des Geschädigten aus dem Schadensereignis auszuschließen. Eine Besserstellung des Hinterbliebenen gegenüber den lebzeitigen Verhältnissen war im damals geltenden Sozialversicherungssystem nicht angelegt. Die Nichtanrechnung im Verhältnis zum Schädiger (Rn. 1358) beruhte auf anderen Erwägungen. Dort ging es um die unbillige Begünstigung des Schädigers auf Kosten und zu Lasten des geschädigten Hinterbliebenen, der unter Verkürzung des Ersatzanspruchs nicht schlechter stehen sollte als zu Lebzeiten der getöteten Person.

1373
Beispiel 174

Witwenrente	769,50 DM
ersparter Barbeitrag der Witwe	
zum personenbezogenen Bedarf des Getöteten	406,30 DM
Summe	1.175,80 DM
Unterhaltsbeitrag des Getöteten	886,25 DM

1142 *BGHZ* 70, 67 = VersR 1978, 179 = NJW 1978, 640; *BGH* VersR 1981, 334 bei Überschreitung einer Höchstsumme.

Erläuterung: Da die Summe aus der Versicherungsleistung und der Ersparnis höher war als der entgangene Unterhaltsbarbeitrag, ging der quotierte Ersatzanspruch im ganzen Umfang auf den Rentenversicherungsträger über (vgl. *BGH*, VersR 1983, 726 f.). Anders z.B., wenn der Entgang mit 1.416,67 DM höher wäre (vgl. nachstehend Beispiel B).

Verteilung des quotierten Ersatzanspruches:

	Im Anschluß an BGH a.a.O	Beispiel B
Gesamtentgang	886,25	1.416,67
Haftungsquote	25 %	25 %
Eigenanteil (nicht ersetzter Anteil am Gesamtentgang)	664,69	1.062,50
Ersparnis (Vorteil)	406,30	990,00
Begrenzter Vorteilsausgleich im Außenverhältnis		
Ersparnis > Eigenanteil, dann Ersparnis, andernfalls Eigenanteil	664,69	1.062,50
Ersatzanspruch	**221,56**	**354,17**
SLT-Leistung	769,50	300,00
Deckungslücke für Hinterbliebenen:		
Gesamtentgang	886,25	1.416,67
Ersparnis	406,30	990,00
SLT-Leistung	769,50	300,00
Wirtschaftlicher Ausfall (Lücke)	−289,55	126,67
Vorrang der Deckungslücke:		
Anspruchsteil des hinterbliebenen Ehegatten	0,00	126,67
Verbleibender Anspruchsteil für Leistungsträger	**221,56**	**227,50**

Mit § 116 Abs. 5 SGB X greift das Gesetz die höchstrichterliche Rechtsprechung zur Ausnahme vom Vorrecht des Sozialversicherungsträgers für die Fälle auf, in denen infolge des Haftungsereignisses keine höheren Sozialleistungen zu erbringen sind als zuvor. Der hinterbliebene Ehegatte ist danach vor dem Sozialleistungsträger berechtigt, wenn eine Deckungslücke verbleibt (der Ausfall bei dem hinterbliebenen Ehegatten durch die Sozialleistung nicht voll abgedeckt ist) und der Leistungsträger wirtschaftlich weniger aufzuwenden hat als vor dem maßgebenden Ereignis. Dies ist ebenso wie früher insbesondere der Fall, wenn die Witwenrente an die Stelle einer Altersrente tritt. Dies kann auch gegeben sein, wenn ein (niedrigeres) Krankengeld (höhere) Leistungen des Arbeitsamtes ersetzt.

1374

1375
Berechnungsmodell

Berechnungsmodell
Aufteilung der Ersatzforderung bei Minderbelastung eines Sozialleistungsträgers

1. Anwendungsvoraussetzung zu § 116 Abs. 5 SGB X:

Altersrente	4.000,00
Witwenrente	2.400,00
Minderbelastung	1.600,00

2. Schadensberechnung:

Altersrente des getöteten Ehegatten		4.000,00
Fixe Kosten		1.520,00
Verteilbare Einkünfte		2.480,00
Baranteil der Witwe	50 %	1.240,00
Entgangene fixe Kosten		1.520,00
Gesamtentgang (Barunterhaltsschaden)		2.760,00
Haftungsquote	50 %	
Quotierter Ersatzanspruch		1.380,00

Nach der relativen Berechtigung (Rn. 421) wäre wie folgt aufzuteilen:

a) Anspruchsteil Witwe

Barunterhaltsausfall (-schaden)	2.760,00	
Witwenrente	2.400,00	
Deckungslücke	360,00	
Haftungsquote	50 %	180,00

b) Anspruchsteil Sozialleistungsträger

Witwenrente	2.400,00	
Haftungsquote	50 %	1.200,00

Wegen der Minderbelastung des Leistungsträgers erhöht sich jedoch der Anspruchsteil der Witwe. Es gilt:

a) Anspruchsteil Witwe:

Barunterhaltsausfall (-schaden)	2.760,00	
Witwenrente	2.400,00	
Deckungslücke		360,00

b) Anspruchsteil Sozialleistungsträger:

Quotierter Ersatzanspruch		1.380,00	
Deckungslücke der Witwe	abzgl.	360,00	
Restanspruch			1.020,00

1376 Zu § 116 Abs. 5 SGB X ist die frühere Rechtsprechung zur Ausnahme von der Ausnahme, wenn der hinterbliebene Ehegatte mit der Sozialleistung unter Hinzurechnung des wirtschaftlich ersparten Barunterhalts mehr erhält als ihm zu Lebzeiten zugeflossen ist, nicht in dem Sinn fortzusetzen, daß sich wie damals das Vorrecht des Leistungsträgers nun seit dem 1.7.1983 die relative Berechtigung durchsetzt. Vielmehr ist zum **Innenverhältnis** aus den Gründen wie früher die Ersparnis, die nach der Billigkeitsrechtsprechung im Außenverhältnis nicht wirken muß, zu Gunsten des Leistungsträgers anzurechnen. Der hinterbliebene Ehegatte ist nur mit einem dementsprechend verringerten Anteil bevorrechtigt.

1377

Berechnungsmodell

Berechnungsmodell zu § 116 Abs. 5 SGB X			
	Beispiel A	Beispiel B	Beispiel C
Gesamtentgang (unterstellt)	900,00	1.400,00	2.760,00
Haftungsquote (unterstellt)	25 %	25 %	50 %
Quotierter Ersatzanspruch	225,00	350,00	1.380,00
Eigenanteil	675,00	1.050,00	1.380,00
Ersparnis (Vorteil – unterstellt)	400,00	900,00	200,00
Ersatzanspruch bei voller Haftung			
(Gesamtentgang abzüglich Ersparnis)	500,00	500,00	2.560,00
Begrenzter Vorteilsausgleich im Außenverhältnis (Ersparnis > Eigenanteil, dann Ersparnis, andernfalls Eigenanteil)	675,00	1.050,00	1.380,00
Ersatzanspruch (Gesamtentgang abzüglich begrenzter Vorteilsausgleich)	225,00	350,00	1.380,00
SLT-Leistung	800,00	300,00	2.400,00
Deckungslücke für Hinterbliebenen:			
Gesamtentgang	900,00	1.400,00	2.760,00
Ersparnis	400,00	900,00	200,00
SLT-Leistung	800,00	300,00	2.400,00
Verbleibender wirtschaftlicher Ausfall (Lücke)	0,00	200,00	160,00
Vorrang Deckungslücke:			
Anteil des hinterbliebenen Ehegatten am Ersatzanspruch	0,00	200,00	160,00
Verbleibender Anspruchsteil Leistungsträger	225,00	150,00	1.220,00
Erläuterung: Würde der von § 116 Abs. 5 SGB X vorgegebene Weg nach der Billigkeitserwägung im Außenverhältnis verlassen und stattdessen eine relative Verteilung vorgenommen, wäre der hinterbliebene Ehegatte in der Innenverteilung zusätzlich benachteiligt (um die Kürzungsquote, die auf ihn entfällt, und alle entsprechenden Verschiebungen, wenn nach dem Vorschlag wie nachfolgend zu § 116 Abs. 3 Satz 1 SGB X beschrieben vorgegangen wird). Dies stünde im Widerspruch zu der Bewertung der Interessenlage in § 116 Abs. 5 SGB X und wäre von § 116 Abs. 3 Satz 1 SGB X nicht getragen.			

b) Einfluß des Außenvorrechts auf relative Berechtigungen

1378 Solange der *BGH* an dem Außenvorrecht des hinterbliebenen Ehegatten festhält, bedarf es der konsequenten Fortführung des Abrechnungsweges zu der Innenverteilung nach § 116 Abs. 3 Satz 1 SGB X.

1379 Beim Forderungsübergang ist der Anspruchsteil des hinterbliebenen Ehegatten nach oben zu begrenzen durch den Ersatzanspruch, der sich nach Abzug der Ersparnis – ohne Mithaft – zeigt. Das Vorrecht des hinterbliebenen Ehegatten im Außenverhältnis besagt nichts zur Verteilung des ersatzfähigen Schadens in der Innenbeziehung. In dieser Beziehung kommt es auf Kongruenz und die wirtschaftliche Deckungslücke an. Als wirtschaftlicher Nachteil des hinterbliebenen Ehegatten zeigt sich im Innenverhältnis nur ein Anspruchteil nach der Vorteilsanrechnung (d.h. nach der Anrechnung der Ersparnis). Jede Differenzlösung wird der Aussage des § 116 Abs. 3 Satz 1 SGB X nicht gerecht, die auf die Relativität abstellt (Rn. 418). Der hinterbliebene Ehegatte hat keinen Anspruch gegen den Leistungsträger, jedenfalls einen Teilbetrag zu erhalten, der der Höhe nach den Betrag erreicht, der sich bei voller Haftung nach Abzug der Ersparnis zeigt. Eine anteilige Befriedigung des Sozialleistungsträgers einerseits und andererseits des geschädigten Ehegatten entspricht dagegen dem Grundmodell in § 116 SGB X. Sinn und Zweck des Forderungsübergangs sprechen dafür, den hinterbliebenen Ehegatten gegenüber dem Grundsatz nicht besser zu stellen. Die Billigkeit mag im Einzelfall den Leistungsträger intern relativ begünstigen, wenn sie denn überhaupt noch den Anspruch bestimmen soll.

1380 Der Anteil des Leistungsträgers am Ersatzanspruch ist nach der hier vertretenen Ansicht deswegen durch das Verhältnis seiner Leistung zum Gesamtschaden (unquotierten Ersatzanspruch) zu bestimmen. Der Anteil des hinterbliebenen Ehegatten am Ersatzanspruch ist daneben über das Verhältnis des wirtschaftlich im Innenverhältnis ungedeckten Teils (Deckungslücke) zum Gesamtschaden zu ermitteln.

1381
Berechnungsmodell

	Berechnungsvorschlag zu § 116 Abs. 3 Satz 1 SGB X			
	Beispiel A	Beispiel B	Beispiel C	Beispiel D
Gesamtentgang	3.472,00	2.760,00	1.528,50	1.528,50
Haftungsquote	70 %	50 %	70 %	20 %
Quotierter Ersatzanspruch	2.430,40	1.380,00	1.069,95	305,70
Eigenanteil	1.041,60	1.380,00	458,55	1.222,80
Ersparnis (Vorteil)	400,00	200,00	909,48	909,48

Ersatzanspruch bei voller Haftung (Gesamtentgang abzüglich Ersparnis)	3.072,00	2.560,00	619,02	619,02
Begrenzter Vorteilsausgleich im Außenverhältnis (Ersparnis > Eigenanteil, dann Ersparnis, andernfalls Eigenanteil)	1.041,60	1.380,00	909,48	1.222,80
Ersatzanspruch (Gesamtentgang abzüglich begrenzter Vorteilsausgleich)	2.430,40	1.380,00	619,02	305,70
SLT-Leistung	2.000,00	2.400,00	700,00	400,00
Kürzungsquote Leistungsträger (Leistung/Ersatzanspruch bei voller Haftung)	65 %	94 %	100 %	65 %
Anteil des Leistungsträgers am Ersatzanspruch nach Kürzungsquote	1.582,29	1.293,75	619,02	197,54
Deckungslücke für Hinterbliebenen:				
Gesamtentgang	3.472,00	2.760,00	1.528,50	1.528,50
Ersparnis	400,00	200,00	909,48	909,48
SLT-Leistung	2.000,00	2.400,00	700,00	400,00
Wirtschaftlicher Ausfall (Lücke)	1.072,00	160,00	0,00	219,02
Kürzungsquote hinterbliebener Ehegatte (Lücke/Ersatzanspruch bei voller Haftung)	35 %	6 %	0 %	35 %
Anteil des hinterbliebenen Ehegatten am Ersatzanspruch nach Kürzungsquote	848,11	86,25	0,00	108,16

c) Verteilung zwischen mehreren Leistungsträgern

1382 Ist neben einem beamtenrechtlichen Versorgungsträger zusätzlich ein Sozialleistungsträger beteiligt, ohne daß Gesamtgläubigerschaft besteht, folgt zum Rechtsübergang bei der wegen einer Mithaftung quotierten Ersatzforderung der Anspruchsteil und Forderungsrang des Versorgungsträgers dem Anspruchsteil der Person, die Versorgungsleistungen bezieht. Bei dem Vorrecht der geschädigten Person gegenüber dem Versorgungsträger nach Maßgabe der Differenztheorie, kann der Versorgungsträger nur einen restlichen, nicht zur Deckung der offenen, ungedeckten Ausfälle benötigten Betrag durchsetzen. Innerhalb eines Bereicherungsausgleichs zwischen dem Sozialleistungsträger und dem Versorgungsträger[1143] wirkt sich dies zu ihrem Verhältnis untereinander aus.

1143 *BGHZ* 106, 381 = VersR 1989, 648.

1383
Berechnungsmodell

> **Berechnungsmodell**
> **Forderungsaufteilung zwischen geschädigter Person, Sozialleistungsträger, Dienstherr**
>
> | | | |
> |---|---|---|
> | **Unterhaltsschaden** | | 1.700,00 |
> | Haftungsquote | 60 % | |
> | **Quotierte Ersatzforderung** | | 1.020,00 |
> | Gesamtdeckungslücke: | | |
> | a) Deckungslücke im Verhältnis zum Sozialleistungsträger | | |
> | Unterhaltsschaden | 1.700,00 | |
> | **Witwenrente** | 900,00 | |
> | Lücke | 800,00 | |
> | b) Deckungslücke im Verhältnis zum Versorgungsträger | | |
> | Deckungslücke im Verhältnis zum SLT | 800,00 | |
> | **Witwenbeihilfe** | 500,00 | |
> | Verbleibende Lücke | 300,00 | |
> | **Anspruchsteil Sozialleistungsträger** | | |
> | wegen der Witwenrente = Leistung | 900,00 | |
> | über die Haftungsquote durchsetzbar | | 540,00 |
> | bei Übergang in den Grenzen der kongruenten Leistung. | | |
> | Restlicher Anspruchsteil | | 480,00 |
> | (in der Höhe wie Haftungsquote zur Lücke im Verhältnis zum Sozialleistungsträger) | | |
> | **Anspruchsteil hinterbliebener Ehegatte** | | |
> | zu ermitteln über die letztlich verbleibende Lücke | | 300,00 |
> | **Restlicher Anspruchsteil für Versorgungsträger** | | 180,00 |

V. Beerdigungskosten

Auf die Kosten einer Beerdigung bei Tötung gehen § 844 Abs. 1 BGB und neben den Verweisungsnormen (§ 618 Abs. 3 BGB, § 62 Abs. 3 HGB) die inhaltsgleichen Normen bei einer Gefährdungshaftung ein (vgl. § 28 Abs. 1 S. 2 AtomG, § 86 Abs. 1 S. 2 ArzneimittelG, § 32 Abs. 4 GenTG § 5 Abs. 1 S. 2 HaftPflG, § 35 Abs. 1 S. 2 LuftVG, § 7 Abs. 1 S. 2 ProdHaftG, § 10 Abs. 1 S. 1 StVG, § 12 Abs. 1 S. 2 UmwelthaftG).[1144] Gemeint sind die Aufwendungen zur Beisetzung und damit eng verbundene Kosten. Der Schädiger ist mit dem Einwand, die getötete Person würde alsbald oder – in kurzer Zeit wegen eines schlechten Gesundheitszustandes[1145] – ohnehin verstorben sein, ausgeschlossen.

1384

Den primär anspruchsberechtigten Erben ist vor der Inanspruchnahme von Sozialhilfe für die Kosten der Beerdigung zuzumuten, alle Mittel einzusetzen, die ihnen durch den Tod zugeflossen sind. Dazu gehört auch ein Ersatzanspruch nach § 844 Abs. 1 BGB.[1146] Der Schadensersatzanspruch steht ggfs. der unterhaltspflichtigen Person (§ 1615 Abs. 2 BGB) oder der Person zu, die sich vertraglich zur Übernahme dieser Kosten verpflichtet hat, letztlich dem Träger der Sozialhilfe (§ 15 BSHG). Ohne eine Zahlungspflicht gelten gegenüber dem Erben § 679 BGB und unmittelbar gegenüber dem Schädiger §§ 677, 683 BGB.

1385

> Die Ersatzfähigkeit ist nach dem Maß des § 1968 BGB an den Ausgaben für eine den individuellen, wirtschaftlichen Verhältnissen entsprechende, nach der Lebensstellung und den Gepflogenheiten, dem eigenen Kulturkreis[1147] angemessenen Bestattung auszurichten.

1386

Dazu gehören[1148]:

1387

- Kosten der Bestattungsfeier und des Beerdigungsaktes mit Nebenkosten,
- Kosten der Herrichtung der (Einzel-) Grabstätte,
- Kosten einer angemessenen Überführung,
- Kosten für Blumen, Kränze, Erstbepflanzung,
- Kosten für Traueranzeigen, Danksagungen,
- Kosten der Sterbeurkunde, wenn ein Nachweis erforderlich ist.[1149]

1144 Die Norm gilt auch zu § 644 HGB, *BGH* NJW-RR 1997, 541 = NZV 1997, 172 = ZfS 1997, 132.
1145 *OLG Düsseldorf* OLGR 1994, 218 = ZfS 1994, 405.
1146 *OVG Münster* NJW 1998, 2154.
1147 *KG* OLGR 1999, 45 = VersR 1999, 504, 506.
1148 Eingehend *Theda* in DAR 1985, 10 ff.
1149 *LG Hamburg* VersR 1979, 64.

1388 Zu den erstattungsfähigen Beerdigungskosten gehören nicht:
- Grabpflege[1150]- und Instandsetzungskosten,
- Kosten für eine Doppel-[1151] oder Familiengrabstätte[1152],
- volle Kosten für ein Grabdenkmal mit einer gesonderten Figur aus Bronze[1153],
- Kosten für einen Erbschein[1154],
- Aufwendungen für eine Reise, die wegen der psychischen Belastung durch die Tötung des Angehörigen unterbleibt.

1389 Dazu gehören regelmäßig nicht:
- Reisekosten naher Angehöriger zur Beerdigungsfeier.[1155]

1390 Wirtschaftliche Ersparnisse können gegenzurechnen sein:
- bei der Anschaffung von Trauerkleidung hinsichtlich der Einsparung bei anderer Kleidung.

1391
Beispiel 175

> Das *OLG Hamm*[1156] kommt über eine **Gesamtschau sämtlicher Aufwendungen** bei einer 19jährigen, die getötet worden ist, pauschalierend zu einem erstattungsfähigen Anspruch von 15.000,00 DM als noch vertretbarem Betrag.
>
> Erfahrungsgemäß wird ein Betrag in der Größenordnung um 10.000,00 DM häufig erreicht.

1392 Das aus Anlaß eines Todesfalles von einem Sozialversicherungsträger oder einer Ersatzkasse gezahlte **Sterbegeld** ist auf den Anspruch aus § 844 Abs. 1 BGB wegen der Beerdigungskosten – mit der Folge des Gläubigerwechsels zugunsten des Sozialversicherungsträgers – anzurechnen.[1157] Für die steuerfreie, pauschale Bestattungsbeihilfe, die auf die Kosten der Beerdigung ausgerichtet ist, liegt der Forderungsübergang bei Beamten und damit die entsprechende Reduzierung des Ersatzanspruches des mittelbar Geschädigten nahe. Das beamtenrechtliche Sterbegeld (als steuerpflichtiges Einkommen des Hinterbliebenen), das neben den Versorgungsbezügen gezahlt wird, und die Anpassung an die veränderten Le-

---

1150 *OLG Düsseldorf* r+s 1997, 159, 160.
1151 *BGHZ* 61, 238.
1152 *OLG Celle* r+s 1997, 160, 161 = NZV 1997, 232.
1153 *OLG Düsseldorf* VersR 1995, 1195 = ZfS 1995, 453.
1154 *OLG Köln* VersR 1982, 558.
1155 *BGHZ* 32, 72, 73 = VersR 1960, 357.
1156 ZfS 1993, 407 = NJW-RR 1994, 155, zustimmend *KG* OLGR 1999, 45 = VersR 1999, 504.
1157 *BGH* VersR 1986, 698 = DAR 1986, 220, *OLG Düsseldorf* OLGR 1994, 218 = ZfS 1994, 405, *OLG Köln* OLGR 1995, 21.

bensverhältnisse erleichtern soll, ist nach Ansicht des *BGH*[1158] insgesamt auch auf den Bestattungsaufwand ausgerichtet und deckt sich als Ganzes mit der Forderung auf Ersatz der Beerdigungskosten. Übersteigen eine Beihilfe und das Sterbegeld die vom Schädiger auszugleichenden Bestattungskosten, muß der Rückgriff zum Sterbegeld jedenfalls beschränkt werden. Für Angestellte im öffentlichen Dienst (§ 41 BAT) ist eine bloße Abtretungspflicht nach § 255 BGB zur eigenen Berechtigung bedeutungslos.[1159] Die Rente im Sterbevierteljahr aus der Sozialversicherung hat Bezug zum Unterhaltsschaden.

VI. Schmerzensgeld

Für den seelischen Schmerz beim Miterleben des Todes eines nahen Angehörigen oder beim Erhalt einer Unfallnachricht, den durch eine seelische Erschütterung ausgelösten Schock wegen des Leidens eines engsten Angehörigen sollte die Rechtspraxis jedenfalls einen Anspruch auf Schmerzensgeld bejahen. Der immaterielle Ausgleich läßt eine „billige Entschädigung" zu.   1393

Ausländische Rechtsordnungen sehen für Hinterbliebene zum **Verlust** eines nahen **Angehörigen** ein Schmerzensgeld vor.[1160] *Odersky*[1161], *Ullmann*[1162], *Gontard*[1163] plädieren dafür, entsprechendes für das deutsche Recht zu erwägen. *Müller*[1164] meint, bei der tiefen Trauer, der Gefühle der Angehörigen sei ein Schadensausgleich nicht geeignet. Eine Geldzahlung soll aber hier nicht einen Schaden ausgleichen oder mildern, sondern eine finanzielle Hilfe geben in einer menschlichen Notlage. Jedenfalls wenn der betroffene Angehörige im Zeitpunkt des Haftungsfalles in einer engen Gefühlsbindung zu der getöteten Person gestanden   1394

1158 Zu §§ 87a, 122 BBG (§ 18 BeamtenVG) *BGH* VersR 1977, 427 = NJW 1977, 802 und VersR 1981, 675; anders zu § 1968 BGB *OLG Oldenburg* MDR 1990, 1015.
1159 *BGH* VersR 1978, 249 = NJW 1978, 536, 537.
1160 *Vondran* in ZRP 1988, 293: Belgien, Frankreich, Griechenland, Italien, Schweiz, Türkei, Ungarn.
1161 Heft 4 der JurStudGes Regensburg, 1989.
1162 FamRZ 1988, 801, 802.
1163 DAR 1990, 375 ff.
1164 VersR 1995, 489, 494.

Schmerzensgeld

hat, sollte deshalb für das wegen der Zerstörung elementarer menschlicher Grundbeziehungen entstandene Leid ein Schmerzensgeld gewährt werden.

1395 Nach der hiesigen Rechtsprechung ist demgegenüber bisher an die eigene Gesundheitsverletzung mit **Krankheitswert** bei dem **Familienangehörigen** anzuknüpfen, vgl. Rn. 26. Depressionen, Verzweiflung, Leistungsminderung allein[1165] oder seelische Leiden auch bei gewissen physiologischen Auswirkungen, aber ohne traumatische Schädigung[1166] rechtfertigen eine Schmerzensgeldforderung nicht.

1396 Ist die Haftung des Schädigers gesetzlich oder vertraglich ausgeschlossen, scheidet – auch – ein Schmerzensgeldanspruch des Angehörigen aus. Ist ein Anspruch gegeben, ist nach §§ 254, 242 BGB (und nicht über § 846 BGB) zu beachten, ob und inwieweit die getötete Person das auslösende Ereignis mitverursacht hat[1167], da deren Verhalten die Haftungslage mitbestimmt.

1397
Beispiel 176

> Schmerzensgeld wird geschädigten Eltern getöteter Kinder[1168] oder geschädigten Ehegatten zugesprochen. Zuerkannte Beträge bewegen sich in der Größenordnung von unquotiert 2.000,00 DM[1169], zwischen 3.000,00 DM und 10.000,00 DM[1170], bis hin zu 18.000,00 DM[1171] und 20.000,00 DM.[1172] In einem besonders schweren Fall sind ausnahmsweise 60.000,00 DM einem Vater und 30.000,00 DM einer Mutter zuerkannt worden.[1173]

1165 *OLG Düsseldorf* NJW-RR 1996, 214.
1166 *OLG Hamm* VersR 1998, 730 = NJW-RR 1997, 1048 = r+s 1997, 246.
1167 Vgl. *BGH* VersR 1971, 905.
1168 *LG Freiburg* NJW-RR 1996, 476.
1169 *KG* OLGR 1999, 45 = VersR 1999, 504, 506 bei einer zum Tod führenden Verletzung eines 10-jährigen Jungen.
1170 *OLG Nürnberg* OLGR 1998, 199 = ZfS 1998, 378: Schockschaden der 12 und 15 Jahre alten Kinder als Augenzeugen einer Schußeinwirkung. Zu 10.000,00 DM für die Witwe eines von Grenzposten erschossenen DDR-Bürgers kommt *LG Lüneburg* DtZ 1995, 376.
1171 *OLG Frankfurt* Urteil vom 26.9.1995, 8 U 86/95 beim Unfalltod des Ehemannes und Auswirkungen dadurch, daß sich die Betroffene ihrer ungeklärten Lage in einem für sie, für den beim Unfall ebenfalls schwer verletzten Sohn und für ein noch ungeborenes Kind fremden Land bewußt war.
1172 *OLG Oldenburg* NJW-RR 1999, 820 (Unfalltod der Tochter, anhaltende Depressionen), *OLG Frankfurt* FamRZ 1999, 1064 (Tod der Mutter infolge Behandlungsfehler, Leidensdruck des kleinen, nichtehelichen, von Großeltern versorgten Kindes).
1173 *OLG Nürnberg* DAR 1995, 447 = ZfS 1995, 370 = r+s 1995, 384 = VersR 1997, 328 (LS), *BGH* NA-Beschl. v. 16.4.1996 (Tod dreier Kinder im Alter von 18 bis 20 Jahren).

Anhang

Anhang 1
Vergütungssätze (Stundenvergütungen nach BAT, DM)

		Ab 01.01.85	Ab 01.01.86	Ab 01.01.87	Ab 01.03.88	Ab 01.01.89	Ab 01.04.89	Ab 01.01.90	Ab 01.04.90		
BAT	X	11,42	11,82	12,22	12,51	12,69	13,02	13,24	13,41		
	IX b	12,03	12,45	12,87	13,18	13,37	13,72	13,95	14,13		
	IX a	12,26	12,69	13,12	13,43	13,62	13,98	14,21	14,40		
	VIII	12,72	13,17	13,62	13,94	14,14	14,51	14,76	14,95		
	VII	13,55	14,02	14,50	14,85	15,06	15,45	15,71	15,92		
	VI a/b	14,44	14,94	15,45	15,82	16,04	16,46	16,74	16,96		
	V c	15,55	16,10	16,65	17,05	17,28	17,74	18,04	18,27		
	V a/b	17,03	17,63	18,23	18,67	18,93	19,42	19,75	20,01		

		Ab 01.01.91	Ab 01.05.92	Ab 01.01.93	Ab 01.07.94	Ab 01.05.95	Ab 01.01.97	Ab 01.01.98	Ab 01.04.99		
	X	14,22	14,99	15,44	15,75	16,25	16,46	16,71	17,23		
	IX b	14,98	15,79	16,26	16,59	17,12	17,34	17,60	18,15		
	IX a	15,26	16,09	16,57	16,90	17,44	17,67	17,93	18,49		
	VIII	15,84	16,70	17,20	17,54	18,11	18,34	18,62	19,19		
	VII	16,87	17,78	18,32	18,68	19,28	19,53	19,82	20,44		
	VI a/b	17,98	18,95	19,52	19,91	20,54	20,81	21,12	21,78		
	V c	19,37	20,41	21,03	21,45	22,13	22,42	22,76	23,46		
	V a/b	21,21	22,35	23,03	23,49	24,24	24,55	24,92	25,69		

		Ab 01.07.91	Ab 01.01.93	Ab 01.10.94	Ab 01.05.95	Ab 01.10.95	Ab 01.01.97	Ab 01.09.97	Ab 01.01.98	Ab 01.09.98	Ab 01.04.99
BAT-O	X	8,21	10,99	12,42	12,82	13,13	13,30	13,46	13,66	13,90	14,34
	IX b	8,65	11,58	13,09	13,50	13,83	14,01	14,18	14,39	14,65	15,10
	IX a	8,81	11,80	13,33	13,76	14,09	14,28	14,45	14,66	14,92	15,39
	VIII	9,15	12,25	13,84	14,28	14,63	14,82	15,00	15,22	15,49	15,97
	VII	9,74	13,04	14,74	15,21	15,58	15,78	15,97	16,21	16,50	17,01
	VI a/b	10,38	13,89	15,70	16,21	16,60	16,82	17,02	17,27	17,58	18,12
	V c	11,18	14,97	16,92	17,46	17,89	18,12	18,33	18,61	18,94	19,53
	V a/b	12,24	16,39	18,53	19,12	19,59	19,84	20,08	20,38	20,74	21,38

Anhang 2
Pauschalierende Berechnung des Ersatzwertes zum Haushaltsführungsschaden

Arbeitszeitdefizit	(Wochenstunden)[1]
vervielfacht mit	Stundenvergütung nach der einschlägigen BAT-Vergütungsgruppe[2] für den maßgebenden Zeitraum
vervielfacht um	4,348 (§ 34 Abs. 1 BAT)
ergibt	monatlichen[3] Zwischenwert
zuzüglich[4]	anteiliges Urlaubsgeld, berechnet durch:
	a) einschlägiges tarifliches Urlaubsgeld dividiert durch regelmäßige tarifliche Arbeitszeit vervielfacht um
	b) konkretes Arbeitszeitdefizit (Wochenstunden) bis maximal in Höhe der regelmäßigen Arbeitszeit
zuzüglich	anteiliges Weihnachtsgeld, berechnet durch:
	monatlichen Zwischenwert dividiert durch 12
ergibt	Monatswert
Nettokorrektur[5]	
entweder unter	
Abzug	fiktiver Steueranteile
	sowie
Abzug	fiktiver Arbeitnehmeranteile zur Sozialversicherung
oder unter	
Abzug	von insgesamt 30 % des Monatswertes
Nach der Korrektur	
zeigt sich	der ersatzfähige monatliche Rentenwert beim pauschalierenden Ausgleich.

---

1 S. Rn. 858 für verletzte Personen, Rn. 1285, 1289, 1306 im Tötungsfall.
2 Beachte Rn. 933, 1317.
3 Zu anderen Zeiteinheiten Rn. 907.
4 Beachte Rn. 942.
5 S. Rn. 926, 1314.

Anhang 3
Verteilungsmodell Familieneinkünfte
(Barunterhaltsbeiträge und -anteile)[1]

	Barbeitrag Ehegatte	....
zuzüglich	Barbeitrag Ehegatte	....
ergibt	Familieneinkünfte	....

Verwendungszwecke der Familieneinkünfte

I. Vermögensbildung:	II. Lebensunterhalt:
....	....
....	davon Anteile Quote
	Ehegatte
	Ehegatte
	Kind 1
	Kind 2
	weitere Kinder
gedeckt durch:	**gedeckt durch:**
Beitragsanteil Ehegatte	Beitragsanteil Ehegatte ....
zuzüglich	zuzüglich
Beitragsanteil Ehegatte	Beitragsanteil Ehegatte ....
	Unterhalt aufgeschlüsselt in
	II. a II. b
	Fixe Persönlicher
	Haushaltskosten .... Bedarf ....
	dazu **dazu**
	Anteile Quote Anteile Quote
	Ehegatte
	Ehegatte Ehegatte
	Kind 1 Kind 1
	Kind 2 Kind 2
	weitere Kinder weitere Kinder
	gedeckt durch: **gedeckt durch:**
	Beitragsanteile Beitragsanteile
	Ehegatte .... Ehegatte ....
	Ehegatte .... Ehegatte ....

---

[1] Vgl. Rn. 1109 ff., 1240 ff.

Anhang 4
Übersicht zum Zeitbedarf

Schulz-Borck teilt in *Schulz-Borck/Hofmann*, Schadenersatz bei Ausfall von Hausfrauen und Müttern im Haushalt, Karlsruhe, 1987 (3. Aufl.), 1993 (4. Aufl.), 1997 (5. Aufl.), jeweils Tabelle 1 (m.w.Nachw.), einen Arbeitszeitbedarf (Zeitbedarf[1] einschl. Arbeitszeitaufwand[2] für Betreuung, Einkauf und Haushaltsführung[3]) in Haushalten bis 6 Personen in Stunden/Woche mit. Zusammengefaßt zeigen sich die dortigen Werte wie folgt:

	Anspruchsstufen			
3. Aufl.	gering	mittel		hoch
	Verhaltensalternativen (Anspruchsstufen)			
4. Aufl., 5. Aufl.	1; einfach	2; mittel	3; gehoben	4; hoch

	2-PH	red. 2-PH	2-PH	red. 2-PH	2-PH	red. 2-PH	2-PH	red. 2-PH
3. Aufl.	22,6	17,9	33,9	27,0			44,6	37,2
4. Aufl.	24,7	15,9	30,1	19,8	42,3	28,7	58,3	40,5
5. Aufl.	25,4	18,8	30,8	22,7	43,0	31,6	59,0	43,4
	3-PH	red. 3-PH	3-PH	red. 3-PH	3-PH	red. 3-PH	3-PH	red. 3-PH
3. Aufl.	33,7	28,7	47,2	40,1			60,0	50,8
4. Aufl.	37,1	37,1	44,4	44,4	60,7	51,2	82,0	69,7
5. Aufl.	38,3	33,5	45,6	39,5	61,9	52,9	83,2	71,4
	4-PH	red. 4-PH	4-PH	red. 4-PH	4-PH	red. 4-PH	4-PH	red. 4-PH
3. Aufl.	41,3	35,5	56,4	49,0			71,4	61,8
4. Aufl.	41,8	38,4	50,5	45,9	69,0	62,5	93,3	84,4
5. Aufl.	44,1	41,5	52,7	49,0	71,3	65,6	95,5	87,5
	5-PH	red. 5-PH	5-PH	red. 5-PH	5-PH	red. 5-PH	5-PH	red. 5-PH
3. Aufl.	45,5	42,0	63,4	57,0			80,2	72,0
4. Aufl.	47,7	44,0	57,3	53,0	80,1	73,0	109,1	89,0
5. Aufl.	49,0	45,2	58,6	54,3	81,4	74,7	110,4	100,5

---

[1] Beachte Rn. 895.
[2] Beachte Rn. 909 ff.
[3] A.a.O. weist die Tabelle 1a die Unterstellungen zur Ermittlung des Arbeitszeitbedarfs und Kennzeichen zu den verschiedenen Verhaltensalternativen/Anspruchsstufen aus.

Anhang 4

	6-PH	red. 6-PH	6-PH	red. 6-PH	6-PH	red. 6-PH	6-PH	red. 6-PH
3. Aufl.	54,3	49,0	74,7	67,0			93,6	84,0
4. Aufl.	51,2	48,0	61,8	58,0	86,4	81,0	119,2	110,0
5. Aufl.	52,5	49,2	63,1	59,0	87,7	82,1	120,5	111,7

Stichwortverzeichnis

Es wird auf die Randnummern der Inhaltsseiten verwiesen.

Abänderung, Abänderungsverfahren, -verlangen 282, 314 ff., 336, 515, 546
Abfindung 212, 329 ff., 347 ff., 461, 481, 495 ff.
Abkömmling *s. Kinder*
Abschläge vom Schaden 58, 81, 724, 926 f.
Absprachen der Ehegatten *s. Einvernehmen*
Abtretung 40, 325, 337
Abzinsung 345
Adoption 1069
Alleinerziehende Person 1060, 1107, 1348 f.
Alleinstehende Person 812, 914 ff.
Alleinverdienerehe 1167, 1180, 1241 f., 1263, 1296, 1338
Alternativverhalten 82
Altersgrenze 287, 292, 296 ff., 729
Altersgrenze, flexible 729
Altersruhegeld *s. Ruhegeld*
Altersruhegeld, vorzeitiges 63, 729, 753
Altersstufen 1172 ff.
Altersversorgung, Altersvorsorge 692, 1229
Anerkenntnis 367, 456, 495 ff., 568
Anfälligkeit *s. Schadensanfälligkeit*
Angehörige 392, 476, 510, 616, 881 ff.
Angehörigenprivileg *s. Familienprivileg*
Anmeldefrist 450
Anpassung, Anpassungsklausel 352, 357, 469, 571
Anrechnungen *s. Einkommen, Vorteilsausgleich*
Anschaffungskosten 658, 665 ff., 958 ff.
Anscheinsbeweis 98 ff.
Anspruchsaufteilung bei Sozialhilfebedürftigkeit, Berechnung von 434
Anspruchsentstehung 33, 138, 578
Anspruchsform 277 ff.
Anspruchsinhaber *s. Berechtigte*
Anspruchsstufe *s. Verhaltensalternativen*
Anspruchsteile, bei gestörter Gesamtschuld 380 ff., 402 f., 405 ff., 1094 1319 ff.
–, Berechnung von 403

Anspruchsübergang *s. Forderungsübergang*
Anspruchsverteilung
– bei Haftungshöchstbetrag, Berechnung 416, 430
– bei Vorrecht im Außenverhältnis, Berechnung 1364
Anteilige Heilbehandlungskosten, Berechnung von 592
Anteilige jährliche Zuwendungen, Berechnung von 785 f.
Anteiliger Betreuungsunterhaltsschaden, Berechnung von 1320
Antrag 504 ff., 521 ff., 549, 560, 561, 584 ff., 738, 1051
Anwaltsregreß 366, 464, 585
Anzeigepflicht 449
Arbeit, eigennützige 781 ff., 801 ff., 812, 953 ff., 1015
– fremdnützige 814, 888 f., 1001, 1025, 1026
– gemeinnützige 832, 971 f., 1016 ff., 1038, 1087
  s. auch Ehrenamt
– geringfügige 782, 870
– unentgeltliche 854 ff., 969 ff., 981 ff., 1012 f., 1026 ff.
Arbeitgeber 407, 601, 641 f., 710 ff., 783
  s. auch Betriebsinhaber
Arbeitgeberanteile zur Sozialversicherung 692, 925
Arbeitnehmer 781 ff., 980
Arbeitsaufwand 127, 168 ff., 682 ff., 854 ff.
Arbeitsfähigkeit *s. Erwerbs-, Hausarbeits-, Leistungsfähigkeit*
Arbeitskraft 28, 706 ff.
– verbliebene 751 ff.
Arbeitslose, Arbeitslosigkeit 372, 799 f., 1169
Arbeitspflicht Hinterbliebener 1204 f., 1236 ff., 1359 ff.
Arbeitszeit im Haushalt *s. Arbeitszeitaufwand und -bedarf*

Stichwortverzeichnis

Arbeitszeitaufwand für den Haushalt   895 ff., 909, 912, 922
Arbeitszeitbedarf für den Haushalt   896, 1289 ff.
Arbeitszeitdefizit   820, 857 ff., 1283 ff.
Arbeitszeitdefizit, Berechnung von   858, 905, 1285, 1305 ff.
Armee   *s. Streitkräfte*
Arzthaftung   23, 73, 86, 94, 97, 116, 471
Arztwahl   589, 595
Asylbewerber   374
Auffahren   99
Aufrechnung   502, 550, 582
Aufsichtspflicht   14
Aufteilung von bei anrechnungsfähigen Einkünften, Berechnung   425, 426
Aufteilung fixen Kosten auf Ehegatten, Berechnung   1147, 1215 f., 1248 f.
Aufwandsentschädigung   787
Aufwendungen, ersparte   *s. Ersparnis*
Aufwendungen, frustrierte, nutzlose, zweckverfehlte   154 ff.
Ausbildungsdauer   669, 733
Ausbildungskosten   658, 733, 742
Ausbildungsvergütung   1221
Ausfall Hausarbeit in Doppelverdienerehe, Berechnung von   1303 ff., 1328
Ausland   370, 1002
Ausländer   65, 395, 450, 1105, 127
Auslegung   *s. Vertragsauslegung*
Ausschlußfrist   449
Ausstattung   *s. Anschaffungskosten*
Ausweichen   19
Autorennen   156

Babysitter-Kosten   619
BAföG   1220
Bagatelle   55, 59, 1034
Barbedarf, Berechnung bei Waisen mit eigenen Einkünften   1222 ff.
Barersparnis   *s. Ersparnis*
Barunterhaltsschaden, Definition   1100
Barvorteil   1212 ff., 1245 ff., 1326
Barwert   *s. Kapitalisierung*
Bastelarbeiten   133
BAT   686, 923 ff., 1315 ff.

Beamte, Beamtenverhältnis   371, 407, 649 f., 750, 753   *s. auch Dienstherr*
Bedarfsschaden   *s. Mehrbedarf*
Bedürfnisse, vermehrte   *s. Mehrbedarf*
Beerdigungskosten   30, 42, 152, 1384 ff.
Befriedigungsvorrecht   435 ff.
Befristung des Rentenanspruchs   284 ff.
Befunde   97
Begleitkosten   600
Begleitperson   656, 668
Behandlungserschwernis   90, 653
Behandlungsfehler   73, 97, 471
Behandlungskosten, fiktive   593 ff., 670
Behandlungspflege   610
bei Ersparnissen, Berechnung von   631, 642 ff., 748
Beihilfe   637 ff., 1392   *s. auch Familienkrankenhilfe*
Beitragsregreß   369
Berechnung Alleinverdienerehe Unterhaltsschaden   1241, 1242, 1338
Berechnungsformel Kapitalisierung   346
Berechtigte   32 ff., 334, 380, 476 ff., 488, 507, 1321
Bereicherung   202, 379
Berufsbedingte Aufwendungen   743, 748, 1113, 1164, 1221
Berufswunsch   58, 67, 1037
Beschwer   584
Bestandskraft   753
Besuchskosten   614 ff., 639
Betragsverfahren   *s. Grundurteil*
Betreuung   601, 609 ff., 619, 684 ff., 970, 1137
Betreuungsunterhalt   1066, 1092, 1137, 1263 ff., 1321, 1345 ff.
Betreuungsunterhaltsschaden, Berechnung von   1307
Betriebsgefahr   19
Betriebsinhaber   40, 999
Betriebskosten   665, 740
Betriebsvermögen   212
Beweiserleichterung   96 ff, 107 ff., 235, 517
Beweislast   12, 56, 67, 77, 92 ff., 199, 215, 235, 619, 694, 716, 760, 829, 960   *s. auch Darlegungslast*
Beweismaß   95, 517, 713 ff.
Beweisverfahren, selbständiges   124
Bewußtsein   5, 12, 52, 1041
Billigkeitshaftung   17, 568
Blindenhilfe, -geld   700

Stichwortverzeichnis

Bonus 1163 ff.
Bruttolohn, -einkommen 692, 788, 792, 1115, 1273

Darlegungslast *s. auch Beweislast* 12, 118, 275, 661, 726, 741, 835, 840 ff., 1050
Dauer von Rentenansprüchen 80, 284 ff., 695
Dauerleiden 595, 664
Deckungslücke, Definition 421
Deckungssumme 437, 501, 524, 580 f., 584
Deliktsfähigkeit 12
Diät 665
Dienste, Dienstleistung, -spflicht 44, 307, 1002 ff., 1309 ff.
Dienstherr 371 ff., 407 ff., 649, 711 f., 753, 1230, 1382 f., 1392
Differenzhypothese 192 ff.
Differenztheorie 407
Differenztheorie, Berechnung von 411 ff., 769 ff.
Direktanspruch 440 ff., 480, 675
Dispositionsfreiheit 670
Doppel-, Zuverdienerehe Unterhaltsschaden, Berechnung von 1245, 1254 ff., 1305 ff., 1368
Doppelentschädigung 380, 655, 1008, 1048
Doppelkausalität 69
Doppelverdienerehe 1128, 1168, 1243 ff., 1297 ff., 1365 ff.
Doppel-, Zuverdienerehe Unterhaltsschaden, Berechnung von 1245, 1254 ff., 1305 ff., 1368
Dritte, Arbeit im Haushalt 175 f.
Dritte, Fehlverhalten 15, 72
Drittleistungen 203, 854 ff., 1070, 1324, 1339 ff.
Durchsetzbarkeit von Ansprüchen 435 ff., 440 ff.
Düsseldorfer Tabelle 943, 1103

Eheähnliche Gemeinschaft *s. Gemeinschaft eheähnliche*
Ehegatten, geschiedene 447, 985, 1075, 1270 *s. auch Scheidung*
Ehrenamt 971, 1016 ff.
Eigenanteil bei Behandlungskosten 630 ff.
Eigenanteil bei Schadensersatz 230, 1357
Eigenanteil bei Unterhalt 1112, 1155 f., 1276, 1283
Eigenarbeiten, -leistungen 666, 954 ff.
Eigenheim *s. Hausbau*
Eigenreparatur 127, 953, 964 ff.

Eigentumsbildung 665 ff., 1120
Eigenversorgung im Haushalt 812 ff., 947, 1276, 1283
Eingruppierung 928 ff. *s. auch Vergütungsgruppe*
Einkaufen 657, 672, 873
Einkommen 690
– der Waisen, Anrechnung 1202, 1221 ff., 1334 ff.
– der Witwe/des Witwers, Anrechnung 1202, 1205, 1236, 1254, 1256, 1323, 1354 ff.
Einkommensdifferenz 727 ff.
Einkommensteuer 659 f., 788, 1089 f.
Einkunftsarten 1163, 1171, 1214 ff., 1353
Einrichtung 665, 1135, 1141
Einsichtnahme 123
Einstweilige Verfügung 551 ff.
Einvernehmen der Ehegatten 1062, 1122, 1263, 1291
Einzelabwägung 247 f.
Einzelschuld 253 ff.
Einzel- und Gesamtschuld, Berechnung bei Nebentätern 265
Einziehungsermächtigung 373
Eltern 616 ff., 682 ff., 881 ff., 1060 ff., 1265
Embryo, Schädigung des 86, 94
Empfindungsfähigkeit 1039
Entgangene Dienste *s. Dienstleistung*
Erben 38, 42, 1077
Erbfall, Erbschaft 38, 203, 212, 445, 1209, 1335 f., 1360
Erfahrungswerte zu Verletzungsendzuständen 844
– zum Zeitaufwand und Zeitbedarf 892 ff., 1286 ff.
Erforderlichkeit 126 f., 148, 191, 589, 654, 1263, 1274
Erfüllung der Unterhaltsansprüche 1079
Erfüllungsgehilfe 272
Erlaß 361 f.
Ersatzanspruch, Dauer 284 ff., 695
Ersatzanspruch, Form 277 ff.
Ersatzkraft 806, 930, 988 f., 1005, 1273 ff.
Ersparnis 202 f., 626 ff., 739 ff., 1390 *s. auch Steuerersparnis*
Ersparnis bei Dienstleistungen 1005, 1009
Ersparnis bei Erwerbsschaden 739 ff.
Ersparnis bei Unterhaltsschaden 1245, 1254, 1255 ff., 1280, 1323 ff., 1245, 1323 ff., 1354 ff.
Ersteingriff, -schädiger, -unfall 71 ff.

Stichwortverzeichnis

Erwerbsausfallschaden, Erwerbsschaden 192 ff., 233, 702 ff.
Erwerbseinkünfte, Berechnung von 1116
Erwerbsfähigkeit 306, 539, 706 f.
Erwerbsschaden, Berechnung von 730 ff.
Erwerbsschadensrente 279 ff., 286, 311
Erwerbstätigenbonus *s. Bonus*
Erwerbstätigkeit und Haushaltsführung 734, 862, 909, 920, 1345 ff.

Fahrlässigkeit 8
Fahrtkosten 600, 607, 620, 743, 1389
Fahrzeug *s. Kraftfahrzeug*
Familienangehörige *s. Angehörige*
Familienarbeit *s. Haushaltsführung*
Familienkrankenhilfe 640, 696 ff., 1092, 1230
Familienprivileg 390 ff., 439
Familienunterbringung 1277 ff., 1339 ff.
Familienunterhalt 881, 1061, 1108
Fernsehgerät 603
Fernwirkungsschaden 26
Feststellung 236, 276, 282 f., 306, 391, 467, 526, 561 ff. *s. auch negative Feststellungsklage*
Feststellungsinteresse 562 ff.
Feststellungswirkungen 579 ff.
Fixe Kosten 1130 ff., 1191 ff.
Fixkostenanteile 1196 ff.
Folgeschaden 46, 71 ff., 97, 109, 149 f., 168 ff., 351, 468, 565, 614 ff.
Forderungsaufteilung bei Minderbelastung und Sozialleistungsträger 1373, 1375
Forderungsaufteilung zwischen Sozialleistungsträger und Dienstherr 1383
Forderungsinhaber *s. Berechtigte*
Forderungsübergang 32, 203, 313, 365, 368 ff., 411 ff., 473, 797, 1053 *s. auch Kongruenz*
Fortkommensschaden 703
Freizeit 128, 155 ff., 165 ff., 175, 177 ff., 189, 605 f., 1034
Freizeitprodukte 132
Freundschaftsdienst 870
Frustrierte Aufwendungen 154 ff.

Gartenarbeit 874, 1011
Gefährdungshaftung 18, 87, 219, 227, 608, 702, 1002, 1054, 1384

Gefälligkeit 870, 880, 993, 1026 ff.
Gehbehinderungen 116, 671, 840
Geistesschwäche 78
Geldentwertung *s. Kaufkraftschwund*
Gemeinnützige Arbeiten *s. Arbeit, gemeinnützige*
Gemeinschaft, eheähnliche 393, 617, 883, 1084
Genehmigungserfordernis 363
Genußentbehrung 157, 163
Geringfügige Arbeiten *s. Arbeit, geringfügige*
Gesamtabwägung 249 ff.
Gesamtbehinderung 839 ff.
Gesamtgläubiger 375, 798
Gesamtkausalität 69
Gesamtrechtsnachfolge *s. Erbfall*
Gesamtschuld 69, 222, 253 ff., 378, 402 f., 413, 443
Geschäftsführung ohne Auftrag 36, 76, 1385
Geschäftsgrundlage 355 ff.
Geschenke 602
Geschwindigkeit 10, 88, 94, 104
Gesellschafter 805, 1006
Gestörte Gesamtschuld 402 f.
Gesundheit, Gesundheitsbeeinträchtigung 22, 28, 1395
Gesundheitsschaden 234, 588 ff.
Getrenntleben 447 f., 985, 996, 1075, 1270
Gewinn, entgangener 28, 37, 158, 185, 623, 704, 715 ff., 804, 872, 878, 959
Gewinnverschiebung 804
Gratifikation 942
Grenzbelastung 920, 1348
Großeltern 206, 887, 1098, 1261, 1340
Größenordnung 504, 584, 880, 923
Grundpflege 610, 672
Grundurteil 237, 493, 525 ff., 542 f., 584
Gutachten *s. Sachverständiger*
Gütergemeinschaft 37

Haftpflichtversicherung 399, 440 ff., 445, 477, 501, 558, 584, 586, 1049
Haftungsausschluß, -beschränkung 20, 1350, 1396 *s. auch Höchstbeträge*
Haftungsbeschränkung im Urteilstenor 523 f., 580
Haftungseinheit 242 ff.
Haftungsgrund 2, 7, 493
Haftungsprivileg 398 ff., 438 f.
Halbwaisen *s. Kind, minderjährig*

Halswirbelsäule 60, 94, 104, 113
Handlung 5
Handwerkliche Arbeiten 866, 953 ff.
Harmlosigkeitsgrenze 104
Hausarbeit *s. Haushaltsführung*
Hausarbeit, unterstützende Tätigkeiten 810, 869 ff.
Hausarbeitsfähigkeit 295 ff., 350, 359, 505, 734, 834 ff.
Hausbau 665 f., 954 ff.
Hausfrauenehe *s. Alleinverdienerehe*
Haushaltsführung 734, 810 ff., 1058 ff., 1263 ff.
Haushaltsführungsschaden 340 ff., 810 ff.
– Berechnungsmodelle 821 ff., 901 ff., 944, 945
Haushaltsgemeinschaft 65, 395, 825, 883
Haushaltshilfe 681, 688, 826, 829, 849 f., 1137
Haushaltskosten, fixe *s. Fixkosten*
Haushaltstätigkeiten i.e.S. 863 f., 1263 ff., 1300
Haushaltstätigkeiten i.w.S. 866 ff.
Haushaltstypen 911
Häusliche Ersparnis 626 ff.
Hauswirtschaftliche Aufgaben 672, 860 ff.
Heilbehandlung, Heilungskosten 589 ff.
Heilbehandlungskosten, Berechnung von 592, 627 ff.
Heilungskosten, versuchte 38
Heimunterbringung 678, 681, 694, 1106, 1280
Heiratsaussicht 823
Hemmung der Verjährung 448, 474 ff.
Herausgabeanspruch 378
Herstellungsaufwand 135 ff., 140, 173 ff., 958
Hilfeleistungen 687 ff., 1011, 1026 ff.
Hinterbliebenenrente, -versorgung 1093, 1095
Hirnschädigung 51, 78, 94, 114, 723, 839
Hobby, Hobbyarbeiten 132 *s. auch handwerkliche Arbeiten*
Höchstbeträge, -summen 280, 332, 416, 430, 523
HWS *s. Halswirbelsäule*

Idealverein 1019, 1023
Immaterieller Schaden *s. Schmerzensgeld*
Immobilien 665 ff., 1120
Informationskosten 606
Innenverhältnis
– bei Gesamtschuldnern 222, 262 f.
– bei Sozialversicherung 377, 405 ff., 1376 ff.
Interesse, wohlverstandenes *s. Kindesinteresse*

Internat 1280
Investitionen 740

Jagdausübung 157

Kalendertag 286, 301
Kapital 325, 326 ff., 531
Kapitalabfindung *s. Abfindung*
Kapitaleinkünfte, -ertrag 709, 1117, 1171, 1214 ff., 1221, 1353, 1360
Kapitalisierung 338 ff.
Kaufkraftschwund 283, 314, 318 f., 322, 354
Kausalität 47, 66 ff., 90, 103 ff., 113, 829
– alternative 70
– haftungsausfüllend 25, 47, 62
– haftungsbegründend 47
– psychische 24, 48
Kenntnis des Geschädigten 463 ff., 472
– vom Schaden 463, 465 ff.
– von Person des Ersatzpflichtigen 463, 470 f.
Kind, erstehelich *s. Stiefkind*
– minderjährig 283, 777 ff., 915, 995, 1060 ff., 1172 ff. 1217 ff. 1242, 1258, 1265 ff., 1289, 1309 ff., 1322
– Mitarbeit im Haushalt *s. Dienste/Dienstleistung*
– volljährig 885, 995, 1008, 1064
Kindergartenkosten 1137, 1141
Kindergeld 1113, 1219
Kindesinterese 564
Klageänderung, -erweiterung 312, 323, 489, 494, 576
Klageantrag *s. Antrag*
Kleidung 665
Knochenverletzungen 467, 836 ff.
Kommunikationskosten 603, 947, 1139
Kongruenz, sachliche 208, 385, 388, 637 ff., 696 ff., 797, 947, 1093 ff.
Kongruenz, zeitliche 389, 797 ff.
Konkrete Schadensberechnung 676 ff., 847 ff., 1101 ff., 1272 ff., 1339 ff.
Konstitution 81, 1045 *s. auch Schadensanfälligkeit*
Kopfanteil 917 f, 948, 1199
Kopfverletzung 115, 467, 840
Körper 22, 102
Körperersatzstücke 388, 665, 696
Körperpflege 665

403

Stichwortverzeichnis

Kosten für Verfahren   150, 191, 586 f.
Kosten, fiktive   593 ff., 670
Kostenpauschale   186 ff.
Kostenvoranschlag   599
Kraftfahrzeug   19, 48, 88, 122, 658, 752, 1140, 1141
Krankengeld   389, 600, 640, 699, 951, 1374
Krankenhausbehandlung   590, 595 f., 599
Krankenhausbesuch   614 ff.
Krankenversicherung   371, 408, 590, 637 ff., 650
Krankenvorsorge   692, 1229
Kreditkosten   191, 665 f., 1125, 1136
Künftige Leistung   281
Kur   595, 626, 665, 668

Landwirtschaft   1007
Langeweile   605
Leben   *s. Tötung*
Lebensalter   283, 287 ff., 307, 339, 350
Lebenserwartung   302 f.
Lebensfreude   165 ff., 607, 655, 1034 ff.
Lebensführung, -gestaltung, -planung   64, 607, 657, 748, 860, 1033
Lebensgemeinschaft   *s. Gemeinschaft eheähnliche*
Lebenshaltungskosten   319, 354, 604 f., 626 ff., 661 ff., 745
Lebensrisiko   49, 55, 89 ff., 162
Lebensstandard   860, 896
Lebensversicherung   1116, 1139, 1141, 1210 f.
Lehrlingsbeihilfe   *s. Ausbildungsvergütung*
Leistung, überobligationsmäßige   854, 991, 1331 f.
Leistungen Dritter   *s. Drittleistungen*
Leistungsbegehren, -klage   281 ff., 315, 489, 503 ff.
Leistungsfähigkeit   175, 295 ff., 802 f., 1058, 1081
Leistungswilligkeit   1079
Leitungsfunktion bei Haushaltsführung   930 f.
Lektüre, Lesestoff   606
Liquidationsschaden   807
Lohnsteuer   788

Marktwert   170, 176, 612, 682, 855, 923 ff., 1000, 1020
Massage, Masseur   94, 665
Mehraufwendungen, -kosten   147 ff., 164
Mehrbedarf, Mehrbedarfsschaden   151, 234, 651 ff., 812 f.
Mehrbedarf, räumlich   665

Mehrbedarfsrente   279 ff., 285, 311
Miete   748, 1135 f., 1192
Mieteinnahmen   709, 1214 f.
Mietwert, fiktiver   1136
Minderung der Erwerbsfähigkeit   707, 806, 835
Minderverdienst   727 ff., 733
Mindestschätzung   119, 520, 708, 777 ff., 841
Mischlösung bei Hausarbeitsschäden   852, 856, 1314
Mitarbeit im Erwerbsgeschäft   212, 982 ff., 1114
Mitarbeit im Haushalt   304, 900, 1004, 1284, 1291 ff.
Mithaftung   *s. Mitverschulden*
Mithilfe   *s. Mitarbeit*
Mitschuldfälle, Berechnungsmodelle   411, 629 ff., 645 ff., 736 ff., 762 ff., 1350 ff.
Mittelbare Schäden   39, 46, 712, 999, 1091
Mitursache   53, 68, 81, 230
Mitverschulden, -verursachung   218 ff., 405 ff.
Monatswert   907, 938, 943, 1315, 1318
Mühewaltungen   175 ff., 183, 685 ff

Nachbarschaftshilfe   870, 880, 1029
Nachforderung   355, 547 ff., 1051
Nachlaß   *s. Erbfall*
Nachteil, immateriell   *s. Schmerzensgeld*
Naturalrestitution   125 ff., 135 ff., 139, 441
Naturalunterhalt   1056, 1345
Naturereignisse   3
Nebenbeschäftigung, -tätigkeit   784, 1009 ff.
Nebenkosten   130, 600 ff., 614 ff.
Nebentäter   69, 70, 246 ff.
Negative Feststellungsklage   241, 492, 570, 573, 583
Nettobetrachtung, -erstattung, -lösung   685, 925 f., 942, 1314, 1343
Nettolohn, -einkommen   788, 1112 ff.
Neurose   52
Normativer Schaden   195, 855
Notlage   553 f.
Notretter   76
Nutzgarten   876
Nutzungsmöglichkeit, -recht   154 ff.
Nutzungspotential der Arbeitskraft   707

Operation, Zumutbarkeit   597

Operationskosten   590, 595
Opferentschädigung   371

Pauschalierte Schadensberechnung   682 ff., 854 ff., 1108 ff., 1281 ff.
Pension   *s. Ruhegeld*
Pensionierung   63, 65, 80
Pfändbarkeit   325
Pflege, Pflegeaufwand   175, 321, 358, 441 ff., 671 ff., 947, 974 ff.
Pflegeeltern, -familie   1277
Pflegegeld   389, 947, 975, 1337
Pflegekind   394, 1277
Pflegekosten   676 ff., 680, 686
Pflegeleistung   *s. Behandlungs- und Grundpflege*
Pflegeperson   609, 676 ff., 682 ff., 1277
Pflegeversicherung   691, 697 ff., 947
Pflegezulage   1096
Pflichtbeiträge   691, 795, 925
Prädisposition   90   *s. auch Konstitution und Schadensanfälligkeit*
Prämienerhöhung, -nachteil   *s. Versicherungsbeiträge*
Pränatale Schädigung   94, 115
Prellungen   60
Primärbeeinträchtigung, -folge   24, 47, 71, 93, 113, 114 f.
Prognose bei Erwerbsschäden   113, 145 f., 517, 713 ff.
Prognoserisiko   146 f., 668
Prognosezeitpunkt   144, 515, 1314
Prozeßführungsbefugnis   37
Prozeßkostenhilfe   516
Psyche, psychische Störung   22 ff., 53 ff., 94
Putzhilfe, Vergütung   *s. Vergütungsgruppe*

Quellentheorie   1212 f.
Querschnittslähmung   467, 671
Quotenanteile   1158 ff., 1250 ff.
Quotentabelle   1170, 1175, 1177, 1180
Quotenvorrecht   407 ff.
Quotierungsmethode   1158

Rationalisierungseffekt   1304
Räumlicher Mehrbedarf   *s. Mehrbedarf räumlich*
Reaktion   6
Rechnungsposten   500, 504, 506, 530, 538 ff.

Rechtsgut   7, 21 ff.
Rechtskraft   241, 547 f., 575, 588 f., 738
Rechtsmittel   316, 535, 545 f., 584
Rechtsübergang   *s. Forderungsübergang*
Rechtsverfolgungskosten   150, 181 ff.
Rechtswidrigkeitszusammenhang   83 ff.
Reflex   6, 26, 62
Regelaltersgrenze   287
Regreß   *s. Forderungsübergang*
Regulierungstabelle   908 f.
Rehabilitation   372, 595, 626, 658
Reinigungskraft   688, 931, 1316
Reisekosten   *s. Fahrtkosten*
Relative Theorie, Berechnung von   418 ff., 421, 642, 772 ff., 1378 ff.
Rentabilität   154
Rente, Abänderung   *s. Abänderungsverfahren*
Rentenanspruch   278 ff., 459 ff., 491, 511, 531, 559
Rentenbarwert   344
Rentendauer   80, 284 ff., 341 ff., 695
Rentenschaden   288, 794 f., 1083
Rentner   1113, 1158, 1231, 1294, 137, 1374
Reparaturen   126 f., 866
Reservursache   77, 81, 290
Rettungsmaßnahmen und -kosten   76, 588
Risikolebensversicherung   *s. Lebensversicherung*
Risikozuschlag   *s. Versicherungsbeiträge*
Rückgriff   382   *s. auch Forderungsübergang*
Rückstände bei Unterhaltsansprüchen   585, 1078
Rückstellungen   783
Ruhegeld   63, 68, 729, 797, 1095, 1370, 1374
Ruhestand   287, 290

Sachkunde   95, 518
Sachschaden   125 ff., 274, 387, 704
Sachverständigenkosten   191, 586, 629
Sachverständiger   59, 95, 129, 291, 468, 674, 843
Sättigungsgrenze   1129, 1149 ff.
Schaden, normativer   *s. normativer Schaden*
Schadensabwendung, -minderung   153, 200, 268, 269 ff., 597 ff., 680, 751 ff., 830 ff., 1192, 1236, 1308
Schadensanfälligkeit   53, 58, 91, 1045
Schadenseinheit   466
Schadensentstehung   *s. Anspruchsentstehung*
Schadensentwicklung   577

Stichwortverzeichnis

Schadensgruppen 31, 209 f., 333, 388, 466, 481, 500, 504, 506 ff., 528 ff., 538 ff.
Schadensminderung *s. Schadensabwendung*
Schadensschätzung 517 ff., 713 ff., 1282
Schadensversicherung 371, 387, 404, 407
Schädigung durch Familienangehörige 390 ff., 438 f., 1046
Scheidung *s. Ehegatten, geschiedene* 396, 469, 996
Scheidungsabsicht 1076
Schlaganfall 12
Schmerzensgeld 31, 37, 266, 595, 608, 1034 ff., 1393 ff.
Schmerzensgeldbegehren, -klage, -rente 278, 322, 487, 513 f., 533, 544, 548, 579, 581, 584
Schock, Schockschaden 24, 94, 1395
Schuhe 665
Schularbeiten 871
Schuldanerkenntnis, abstraktes 456, 497
Schutzbereich der Haftungsnorm 47, 84
Schutzzweck 82, 83 ff., 228
Schwimmbad 667
Selbständige, Selbständigkeit 292, 801 ff., 1113
Selbstbeteiligung, -gefährdung 61
Sicherheitsleistung 324, 328
Sinnesverlust 656, 836
Soldat *s. Streitkräfte*
Sozialhilfe 372, 400, 431, 700, 1235
Sozialleistungsträger 368 ff., 637 ff., 696 ff.
Sozialrente 749, 797, 950, 1005
Sozialversicherungsbeiträge 369, 691, 790
Sozialversicherungsträger *s. Sozialleistungsträger*
Spätschäden 351, 467 f., 565
Spesen 787, 1113
Spezialarzt 590
Spiele 606
Splitting-Tarif 791, 1091
Sport 156, 166, 607, 718, 1017, 1038
Stammrecht 459
Sterbegeld 1392
Steuerersparnis, -vergünstigung, -vorteil 141, 203, 213 ff., 744, 749 f., 790
Steuern 587, 600, 808 f., 853, 1139
Steuerschaden 149, 207, 569, 581, 659 f., 791, 942, 1088
Stichtage 80, 143, 284 ff., 339
Stiefeltern 1070 f.

Stiefkind 394, 1060
Streitgegenstand 486, 504, 538, 541, 574, 1052
Streitkräfte 371, 450, 590, 599
Streitwert 585
Stundenvergütung 611, 677, 688, 936
Substantiierung *s. Darlegung*
Summierte Kausalität 69
Systemänderung 368, 698

Tagespflege 678, 681
Tarifgehalt, Tarifgehälter 686, 923
Taschengeld 1166, 1244, 1280
Teilabfindung *s. Abfindung*
Teilerwerbstätigkeit 909
Teilforderung, -klage 239 f., 494, 495, 509, 528, 549 f.
Teilgläubiger 45, 1266
Teilschuld zum Unterhalt 1265, 1345
Teilurteil 532, 536 ff., 584
Teilvergleich 360 f.
Telefon 603
Tenor 521 ff., 533, 543, 560, 581 f.
Teuerung *s. Kaufkraftschwund*
Therapie 590, 598
Tierhalterhaftung 16
Tierhaltung 16, 740, 872, 1140
Tilgungsbeiträge bei Krediten 665 f.
Tötung 27, 50, 115, 136, 1040, 1042, 1055
Trennung *s. Getrenntleben*
Trinkgeld 602, 784

Übergewicht 653
Überleitung des Unterhaltsanspruches 373, 1235
Übernachtungskosten 621
Überobligationsmäßige Leistung *s. Leistung*
Überstunden 940
Überstundenvergütung 942
Umbau 147, 665 f.
Umdisponierung 624, 831
Umschulung, Umschulungskosten 754 ff.
Umzugskosten 41, 65, 625, 1145
Unfallfeste Position 369
Unfallversicherung 117, 382, 600, 837, 842, 952, 972 f.
Unikat 133
Unmittelbare Betroffenheit 33 ff.

Stichwortverzeichnis

Unterbewußtsein 6
Unterbrechung des Kausalzusammenhangs 64, 71
Unterbrechung der Verjährung 485 ff., 499
Unterhalt, angemessener 1061, 1063 f.
- entgangener 823 *s. auch Unterhaltsschaden*
- ersparter *s. Ersparnis*
Unterhaltsanspruch, gesetzlicher 373, 1058
Unterhaltsanteile 1154 ff.
Unterhaltsbedarf, -bedürftigkeit 669, 1102, 1212, 1217 ff.
Unterhaltspflicht 300, 568, 1072
Unterhaltsquoten, Berechnung von 1182 ff.
Unterhaltsregreß 36
Unterhaltsrückstand 1078
Unterhaltsschaden, Berechnung von 1101 ff., 1108 ff., 1222 ff., 1241 f., 1254 ff., 1307, 1328, 1338, 1368
- Wegfall der Haushaltsführung 1054 ff.
- Wegfall des Barunterhalts 1054 ff., 1101 ff.
Unterhaltsschadensrente 279 ff., 300 ff., 306, 354
Unterhaltsvereinbarung 1085
Unterhaltsverzicht 1080
Unterhaltszahlung 36
Unterhaltung 606
Unterkunft 640, 674, 1135, 1324
Unterlassen 7, 15
Untermiete 890
Unterstützung bei Hausarbeit 869 ff.
Unverträglichkeiten 90
Urlaub, Urlaubsreise 161 ff., 668
Urlaubsgeld 942
Urlaubskosten 160 ff., 668
Ursachenanteile 61 ff., 66 ff., 73, 81, 223, 231 ff., 245, 579, 592
Ursachenbündel 53

Verbliebene Arbeitskraft *s. Arbeitskraft verbliebene*
Verdienstausfall 601, 622, 690, 703 ff.
Vereinsvorsitzende 1023
Verfügungsbeschränkung 363 f.
Vergangenheit 280, 327 f., 491
Vergleich, außergerichtlicher 347 ff.
Vergütung 685 ff., 854 ff., 935 ff.
Vergütungsgruppe 686, 778, 928 ff., 1315 ff., 1342
Verhaltensalternativen 1288
Verhandlungen 474

Verjährung 366, 453 ff., 565
- Hemmung *s. Hemmung*
- Unterbrechung *s. Unterbrechung*
Verjährungseinrede 455 ff.
Verjährungsfrist 458 ff.
Verkehrsopferhilfe 483
Verletztenrente 952, 1053
Verletzung 22 ff., 588 ff.
- haushaltsführende Person 810 ff.
Verlobte 394, 1082
Vermehrte Bedürfnisse *s. Mehrbedarf*
Vermietung, Verpachtung 1214 ff.
Vermögensbildung und Unterhalt 1119 ff., 1247
Vermögensertrag *s. Kapitalertrag*
Vermögensstamm 1209
Vermutung 105, 517 f., 715 f., 1006
Verpflegungskosten 605, 640, 665, 1280, 1325
Verrentung *s. Pensionierung*
Verrichtungsgehilfe 13, 272
Verschulden 8, 47, 99 ff.
Versicherungsbeiträge, -prämien 130, 630, 665, 691 f., 795 f., 1139, 1141, 1229
Versicherungsleistung 371, 379, 384, 484, 558, 1210 ff.
Versorgung, notdürftige 851, 1274
Versorgungsanteile 1283, 1319
Versorgungsausgleich 1075
Versorgungsträger *s. Sozialleistungsträger, Dienstherr*
Versuchte Heilung 38
Verteilung fixer Kosten, Berechnung von 1196 ff.
Verteilungsschlüssel *s. Quotanteile*
Vertragsansprüche 35, 85 f., 224, 384, 458
Vertragsauslegung, ergänzende 348, 354
Verwandtenhilfe 1339 ff.
Verwendungsnachweis 148, 207, 663, 1050
Verwirkung 451 f.
Verzicht 356, 456
Verzicht auf Unterhaltsansprüche 1080
Verzögerung des Berufseintritts 669, 703, 733
Vollwaisen 1107, 1258, 1259 ff., 1269, 1277 ff., 1348
Vorbehalt
- bei Vergleichen 359, 481
- für Betragsverfahren 237 f., 531
Vorsatz 8, 102, 398
Vorschädigung 63, 67, 78, 90, 579, 582, 591 f.

407

Stichwortverzeichnis

Vorteilsausgleich   196 ff., 739 ff., 1201 ff., 1323 ff., 1352 f.
Vorzeitiges Ruhegeld   63, 68, 90, 729, 753

Wahl zwischen Rente und Kapital   327 ff.
Waisenrente   1097 f., 1337
Wert der Hausarbeit   923 ff., 1266 f., 1313 ff.
Wertinteresse   131, 133
Wertzuwachs   203
Wesensänderung   51
Wesentliche Veränderungen   319
Wichtiger Grund   330 f.
Wiedererkrankung   29
Wiederheirat   305, 319, 469, 571, 1067 f.
Wiederherstellung   125, 173 ff., 725
Willensentschluß
– der verletzten Person   54, 61 ff., 106, 728, 732, 758, 827, 954 ff.
– des Schädigers   6, 12
Wirtschaftsgemeinschaft   855, 888, 1007
Wissensvertreter   469
Wochenarbeitszeit, Berechnung von   901, 906, 909, 1289
Wohnbedarf, Wohnung   665 f., 674, 748, 1135, 1192 f., 1308

Zahlungen   481, 496, 501, 508, 553, 556
Zahlungsform   277 ff., 334 ff.
Zeitabschnitt   79, 310, 544, 903 f., 1232
Zeitaufwand   *s. Arbeitszeitaufwand*
Zeitbedarf   *s. Arbeitszeitbedarf*
Zeitdefizit   178 ff., 181 ff.   *s. auch Arbeitszeitdefizit*
Zeitgrenzen   80, 216, 284 ff., 459 ff.
Zeitperiode, Zeitraum   294, 308 ff., 389, 738
Zeitpunkt der Wertbestimmung   140 ff.
Zeitrentenfaktoren   342 ff.
Zeitversäumnis   168, 175 ff., 624
Zessionar   221, 376, 454
Ziergarten   876
Zinseinkünfte   709
Zinsen   461, 665 f., 968, 1110, 1136
Zukunftsschäden   351, 359, 367, 462, 568
Zumutbarkeit   204 ff., 229 ff.
Zurechnungseinheit   242 ff.
Zurechnungsgrenzen   51 ff., 71 ff.
Zuschläge   783 ff.
Zuverdienst-, Zuverdienerehe   *s. Doppelverdienerehe*
Zuvielforderung   309 f., 510, 514
Zuwendung   612
Zuzahlung   630 ff., 646 ff.
Zweiteingriff, -unfall   71

Peter Mock
Gebührenrecht

Dieses Werk stellt das Gebührenrecht anhand von Abrechnungsbeispielen unter Einbeziehung der neuesten Kostenrechtsprechung dar, wobei sich das Buch strikt an die praktischen Bedürfnisse einer Kanzlei anlehnt und die wichtigsten Gebührenvorschriften entsprechend dem jeweiligen Arbeitsabschnitt einer Mandatsbearbeitung erklärt.

Zahlreiche Beispiele, Checklisten, Muster und Tabellen erhöhen den praktischen Wert dieses Werkes.

Aus der Fachpresse:

"...Der Benutzer - Anwalt oder Fachangestellte - kann mit Hilfe des Werkes die täglichen Gebührenprobleme schnell und angemessen lösen. Die verständliche Schreibweise, die auch komplizierte Vorgänge verstehen macht, zeichnet das Werk besonders aus. Dadurch wird somanches "Geheimnis" des Anwaltsvergütungsrechts gelüftet und auch die tägliche Routine hinterfragt. Das Werk sollte in keiner Anwaltspraxs fehlen, weil es nicht nur für den Anwalt sondern zugleich auch für den Rechtsanwaltsfachangestellten in jeder Beziehung eine gute und "ertragreiche Arbeitshilfe" ist.

*Vors. Richter am LG
Uwe Gottwald, Koblenz
NJW 1999, 3031*

1998. XXVII, 428 Seiten. Kartoniert.
DM 88,– öS 642,– sFr 80,–
ISBN 3-8114-7598-3

Hüthig Fachverlage, Im Weiher 10, D-69121 Heidelberg,
Tel. 06221/489-555, Fax 06221/489-476,
Internet www.huethig.de · www.rechtsforum.de

Neues aus der neuen Reihe „Tips und Taktik"
Familienrecht

Erscheint im Dezember

Vertragsgestaltung im Familienrecht
Von Dr. Lothar Müller, Rechtsanwalt und Fachanwalt für Familienrecht.
1999. Ca. 250 Seiten. Kartoniert.
Ca. DM 80,– ca. ÖS 584,– ca. SFr. 72,50.
ISBN 3-8114-6199-0

Beratung im Familienrecht
1999. XIV, 212 Seiten. Kartoniert.
DM 78,– öS 569,– sFr 70,50.
ISBN 3-8114-8698-5

Die besonderen Vorzüge der Reihe:
- Systematischer Aufbau
- Lösungsvorschläge
- Beispiele
- Muster
- Checklisten
- Übersichten
- Tabellen
- Stichwortverzeichnis
- Updates im Internet

In der familienrechtlichen Beratung kann der Rechtsanwalt für seine Mandanten zahlreiche vorhersehbare Streitigkeiten vermeiden.

Dieses neue Buch gibt dem Leser zweckentsprechende Anregungen zur sachgerechten Gestaltung der notwendigen Verträge für jedes Verfahrensstadium des familienrechtlichen Mandats.

Selbstverständlich erhält der Leser für jede Vertragsart die erforderlichen Erläuterungen, damit er die Muster optimal auf seinen Einzelfall anwenden kann.

Dr. Lothar Müller ist als Rechtsanwalt und Fachanwalt für Familienrecht ein versierter Kenner der Materie. Darüber hinaus ist er Seminarleiter sowie Autor des „Tips und Taktik"-Bandes „Beratung im Familienrecht".

Hüthig Fachverlage
Im Weiher 10, D-69121 Heidelberg, Tel. 06221/489-458
Fax 06221/489-476, Internet www.rechtsforum.de und www.huethig.de

Aktuell zur Reform des KindRG und KindesunterhaltsG
Familiensachen

Schwerpunkte der Kommentierung sind der Unterhalt der getrennt lebenden/geschiedenen Ehegatten, der Versorgungsausgleich, die Unterhaltsansprüche der Kinder und Fragen der elterlichen Sorge.

Eingearbeitet sind das am 1.7. 1998 in Kraft getretene **Kindschaftsrechtsreformgesetz** sowie die Änderungen, die sich in den einschlägigen Gesetzen durch die übrigen familienrechtlichen Reformgesetze ergeben **(Beistandschaftsgesetz, Kindesunterhaltsgesetz und Eheschließungsrechtsgesetz).**

Wertvolle Hilfe bei der täglichen Arbeit bietet der Anhang mit seinen Tabellen, wie z.B.

- Düsseldorfer Tabelle
- Berliner Tabelle
- Unterhaltstabellen der Neuen Bundesländer und **neu:**
- Bremer Tabelle zum Altersvorsorgeunterhalt und dem Preisindex für die Lebenshaltung.

bereits in der 6. Auflage

„Nach wie vor gilt, was schon den Vorauflagen bescheinigt wurde: Wer zum "Hoppenz" greift, kann sicher sein, einen detailliert aufbereiteten Überblick über die Rechtsprechung des BGH in Familiensachen und die jeweilige Fundstelle zu erhalten."
Dr. Günter Otto, Vors. Richter am OLG i.R.
in der Deutsche Rechtspfleger, Nr. 12/98

Familiensachen
Kommentar anhand der Rechtsprechung des Bundesgerichtshofs
Von Dr. Rainer Hoppenz, Vorsitzender Richter am Oberlandesgericht Karlsruhe.
6., neubearbeitete und erweiterte Auflage.
1998. XIII, 1.041 Seiten. Gebunden.
DM 154,– öS 1.1124,– sFr 137,–.
ISBN 3-8114-3498-5

Hüthig Fachverlage, Im Weiher 10, D-69121 Heidelberg,
Tel. 06221/489-0, Fax 06221/489-410,
Internet www.huethig.de · www.rechtsforum.de

Bassenge/Herbst
FGG/RPflG

Der aktuelle Kommentar zum FGG/RPflG bietet Ihnen zum einen den schnellen Überblick über das Rechtsgebiet und ist zum anderen eine verläßliche Hilfe bei der Lösung von schwierigen Detailproblemen.

Die Neuauflage berücksichtigt alle Gesetzesänderungen, die das FGG und das RPflG betreffen.

Zur Vorauflage:

Die 7. Auflage berücksichtigt die große Zahl der auch für das FGG und RPflG wichtigen Gesetzesänderungen in den vergangenen vier Jahren sowie die Fortentwicklung der Rechtsprechung und des Schrifttums bis Mai 1995. Erstmals werden die Kommentierungen mit Randnummern versehen, was den Umgang mit dem Kommentar erheblich erleichtert. Die Kommentierung ist knapp, aber doch präzise und erschöpfend. Der Kommentar besticht durch seine Übersichtlichkeit und konsequente Gliederung und wird deshalb zurecht sowohl vom Praktiker als auch dem Studierenden gleichermaßen geschätzt.

Notar Dr. Rastätter, BWNotZ

Von Dr. Peter Bassenge, Vors. Richter am Landgericht Lübeck (FGG); Dr. Gerhard Herbst, Präsident des Bayerischen Obersten Landesgerichts a. D. (RPflG). 8., überarbeitete und erweiterte Auflage 1999. XLII, 855 Seiten. Gebunden. DM 158,-. ISBN 3-8114-3299-0

Hüthig Fachverlage, Im Weiher 10, D-69121 Heidelberg, Tel. 06221/489-0, Fax 06221/489-410, Internet www.huethig.de · www.rechtsforum.de